Nikolaus Netzer
Detlev Hagemann

Praxisbuch QuarkXPress 2017

Strategien und Techniken für moderne Publishing-Workflows

mandl | schwarz
EDITION DIGITAL LIFESTYLE

Herzlich Willkommen!

Liebe Leserin, lieber Leser,

vielen Dank, dass Sie sich für unser »Praxishandbuch QuarkXPress 2017« entschieden haben. Wir freuen uns, Ihnen das Programm im Rahmen dieses Buches näher bringen zu dürfen. Bedingt durch den angewachsenen Funktionsumfang betreffend der Produktion digitaler Medien mit XPress, ist das vorliegende Werk in der Zusammenarbeit zweier Autoren entstanden, die unterschiedliche Themenschwerpunkte beitragen. Gleichzeitig zeigen wir Strategien und Techniken für die Bearbeitung und Ausgabe digitaler Inhalte auf, die in modernen Publishing-Workflows immer mehr Einzug halten. Wir sehen, dass der Hersteller Quark in den letzten Jahren große Innovationskraft gezeigt und durch regelmäßige Überarbeitungen sein Produkt stetig verbessert hat. Es wird verstärkt auf die kreativen Nutzer eingegangen und immer wieder werden neue Features geboten, die einen echten Kaufanreiz darstellen.

Printmedien und Digitales Publishing

QuarkXPress ist eine universelle, leistungsfähige Software für Layouter, Designer und Gestalter, die mächtige Funktionen für die Herstellung und Produktion von Print- und digitalen Medien bietet. Alle in XPress gestalteten Ergebnisse können so verwandelt werden, dass sie, ohne teure Umwege über Drittanbieter-Software, in Form von online durchzublätternden Werken im HTML5-Format anzusehen sind. Für die Ausgabe Ihrer Kreationen als digitale Bücher im ePUB-Format stehen Ihnen vielfältige Werkzeuge und Hilfsmittel zur Verfügung, so dass sich Ihre Dokumente mit Musik, Filmen oder interaktiven Komponenten ausstatten lassen und Sie Apps für Apples iOS oder Android-basierende Geräte bauen können. In der aktuellen Version gelingt dies für iOS kostenfrei, indem Sie ein »Paket« Ihrer App direkt auf Ihrem Datenträger sichern und zur Veröffentlichung weiterleiten.

Neueinsteiger in das Programm werden in diesem Buch Schritt für Schritt in die Funktionsvielfalt eingeführt. Design-Profis wird Hintergrundwissen vermittelt, und Sie entdecken mehr über die technischen Möglichkeiten bei der Herstellung von digitalen Layouts und Dokumenten. QuarkXPress wird als Kaufversion vertrieben und der Hersteller bietet keinerlei Abonnement-Modelle an. Eine Tatsache, die zahlreiche InDesign-Nutzer, die das Modell von Adobe ablehnen, zum

Wechsel veranlasst hat. InDesign-Anwender werden in diesem Buch ebenfalls angesprochen und feststellen, dass man sich in der Benutzeroberfläche von XPress rasch zurechtfindet und Vertrautes wiederentdeckt.

Von Innovation angetriebene Geschichte

Das von Quark entwickelte Satz- und Layoutprogramm QuarkXPress erblickte im Jahre 1987 in der Version 1.0 das Licht der Welt. XPress wurde zunächst für die Apple-Macintosh-Plattform entwickelt. Da sich das PDF-Format zunehmend als Industriestandard für die Druckvorstufe etablierte, hat Quark die Version 4 um PDF-Im- und Export erweitert. Das Tabellenwerkzeug sowie HTML-Layoutfunktionen kamen mit der Version 5 hinzu. Mit der Version 6 wurde das Programm an Apples UNIX-basierendes Betriebssystem Mac OS X angepasst. Unterstützung von Transparenzen und Schatten wurden mit Veröffentlichung der Version 7 erreicht. Die Version 8 führte neben einer überarbeiteten Benutzeroberfläche weitere Neuerungen ein – etwa den Import von Illustrator-Dateien, Objektstile, Drag-and-Drop von Objekten und ostasiatische Typografie. Die Herstellung von Apps für iOS und Android sowie die Ausgabe von Dokumenten im ePUB-Format ließen sich erstmals mit der Version 9 realisieren. Mit dem Sprung zur Version 10 hat der Hersteller – neben vielen Neuerungen – die Grafik-Engine überarbeitet. Die nun dauerhafte hochqualitative Bilddarstellung, die sich dynamisch an die Vergrößerungsstufe Ihres Bildschirmausschnitts anpasst, ermöglicht Ihnen somit ungeahnte Präzision. Mit Veröffentlichung der Version 2015 führte der Hersteller die Jahreszahl als Versionsnummer ein und das Programm arbeitet nun komplett im 64-Bit-Modus. Seit Version 2016 lassen sich Objekte aus Illustrator, InDesign, PowerPoint, Excel oder Affinity Designer über die Zwischenablage als echte XPress-Objekte einfügen. Platzierte Illustrator-, PDF- oder EPS-Dateien wandeln sich per Befehl in native Objekte um.

Das ist neu in 2017

Mit der Version 2017 können Sie Apps für iOS als Paket direkt auf Ihren Datenträger exportieren, ohne dass damit zusätzliche Kosten verbunden sind. Mit neuen nicht-destruktiven Bildbearbeitungsfunktionen manipulieren Sie importierte Bilder. Mischmodi erlauben Ihnen, übereinanderliegende Objekte wie Bilder, Rahmen und Text mit spannenden Funktionen miteinander zu verrechnen. Mit einem weiteren neuen Werkzeug gelingt zudem die Übertragung von Objekt-Formaten. Typografen wiederum profitieren von Textkonturen und Textschattierungen sowie dem Vereinen von Textrahmen. Zudem wird Ihnen immer die zuletzt benutzte Schrift angezeigt. Möchten Sie Ihre Designs in andere Formate wandeln, so können Sie jetzt ganze Layouts inklusive aller enthaltenen Objekte adaptiv skalieren. Grafiken lassen sich nun mit einer ganzen Reihe neuer Formenwerkzeuge gestalten und mehrstufige Verläufe jetzt auch auf Linien anwenden bzw. diese für Randstile nutzen. HTML5-Publikationen können Sie jetzt responsiv gestalten, was bedeutet, dass Sie Ihr Layout an Ausgabegeräte anpassen können. In der Zusammenarbeit mit Word können Sie weiterhin Word-Fußnoten ignorieren und von dort Tabellen importieren. Auch die Unterstützung für HiDPI-Displays unter Windows wurde weiter verbessert. Dies alles und noch vieles mehr erfahren Sie detailliert auf den folgenden Seiten …

Danksagung

Nachdem wir dieses Buch gemeinsam zum Abschluss gebracht haben, fassen wir dankbar zusammen: Es bedurfte einer Vielzahl von Menschen, die im Laufe der Zeit ihre Unterstützung und Impulse in dieses Werk eingebracht haben. Der Dank geht in erster Linie an unsere Familien mit Lennart und Christine Hagemann, Vincent Netzer und Regine Sommerfeldt, die uns mit ihrer Geduld und Unterstützung so manches mal den Rücken freigehalten haben oder auf ihre schreibenden Väter verzichten mussten. Das tolle Team von Quark in Deutschland, Großbritannien und Indien mit Matthias Günther, Sirish Nair und Ramesh Yella war praktisch zu jeder Tages- und Nachtzeit ansprechbar und hat so manche Unklarheit ausgeräumt – vielen Dank dafür. Weitere technische Unterstützung lieferten Joachim Lauterbach und Arnaud Lamy. Ein herzlicher Dank geht an die Testleser Bernd Drienko, Silvia Janka, Burkhard Lieverkus, Thomas Schürger, Michael Stöckl, Ernst-Andreas Weigert und Franz Wohlkönig, die mit ihren Anmerkungen wichtigen Input beigesteuert haben. Einen besonderen Dank verdient der Verlag Mandl & Schwarz, dessen Team unermüdlich an der Qualität des Buches gearbeitet hat, um ein optimales Ergebnis zu erzielen.

Wir wünschen Ihnen viel Spaß bei der Lektüre des Buches.

Nikolaus Netzer und Detlev Hagemann,
Berlin, Merzhausen, September 2017

Installation

Vor einem Vierteljahrhundert haben Designer noch Textfahnen und Fotos mit Schere und Messer bearbeitet, zu Designs auf Montageflächen ausgelegt und mit transparentem Klebeband fixiert. Das Auslegen von Teilen auf Montageflächen fand unter dem englischen Begriff »Layout« für »Anordnung« Einzug in den Sprachgebrauch der Publisher.

Was ist eine Layout-Software?

Eine moderne Layout-Software wie QuarkXPress liefert Anwendern Werkzeuge und Hilfsmittel, um Texte, Bilder und Grafiken auf einer digitalen Seitenfläche anzuordnen und zu gestalteten Werken zu kombinieren. Weiterhin gehören typografische Funktionen, raffinierte Zeichenwerkzeuge und Verfahren, um Farben zu mischen oder Bilder zu bearbeiten, zum Werkzeugkasten des Programms. Dazu kommen ausgefeilte Tools, um Objekte zu synchronisieren. Programme dieser Art sind in ihren Grundfunktionen meistens auf die Herstellung von Zeitschriften, Bücher und Broschüren oder Grafiken ausgerichtet. Die Innovationen der Kommunikationsmedien wie digitale Lesegeräte oder elektronische Bücher fordern von Herstellern neue Designwerkzeuge, um beispielsweise Musik und Videos in Dokumente einzubauen. Medien müssen verwaltet werden, deren Bearbeitung bisher einer dezidierten Spezialsoftware vorbehalten war.

Die Vorteile von Layout-Software

Wesentliches Merkmal der Layoutsoftware QuarkXPress – im Gegensatz zu einer reinen Textverarbeitung – ist die Verwendung von frei skalierbaren Rahmen. Ein Rahmen kann wahlweise Texte, Bilder oder andere Medien enthalten. Bei der Verwendung von Bildern und Grafiken muss sichergestellt sein, dass zehntausende Abbildungen und Zeichnungen mit hunderten Seiten Text in einem Werk vereint werden können. Ausgefeilte Funktionen für Wort- und Buchstabenabstände, Gestaltungsraster, Stilvorlagen für Rahmen oder Texte sowie zahlreiche Automatismen wie automatische Nummerierung helfen Gestaltern bei der täglichen Arbeit. Weiterhin werden wichtige Datenfor-

mate, Arbeitsfarbräume für Monitore und den Druckprozess unterstützt, um eine konsistente Produktion und Ausgabesicherheit für die unterschiedlichsten Medien wie Drucksachen, HTML5 basierende Dokumente, Bücher im ePUB-Format oder Ausgaben innerhalb von Apps für iOS und Android zu gewährleisten.

Installation von QuarkXPress 2017

Für alle Installationsvorhaben – egal, ob unter macOS oder Windows – gilt zunächst, alle möglicherweise laufenden *Antiviren-Programme* zu beenden oder deren Funktion zu deaktivieren.

Nach dem Kauf von QuarkXPress 2017 erhalten Sie Ihre *Seriennummer* und einen Link, über den Sie Ihre Installationsdatei auf Ihre Festplatte herunterladen. Sie können sich auch ohne Kauf eine Installationsdatei auf Ihren Datenträger laden, mit der Sie das Programm testen können.

Die Installation unter macOS

Um QuarkXPress 2017 unter macOS zu installieren, doppelklicken Sie das Disk-Image, das Sie auf Ihren Datenträger geladen haben. Das Disk-Image wird geöffnet und Sie können auf den Inhalt zugreifen. Ziehen Sie das Symbol *QuarkXPress* per Drag-and-Drop auf das daneben befindliche Alias-Symbol des *Programme*-Ordners. QuarkXPress wird dann in Ihren Ordner *Programme* kopiert. Wechseln Sie in den *Programme*-Ordner und öffnen Sie QuarkXPress mit einem Doppelklick auf das Programmsymbol.

Installation unter macOS

Unter macOS ziehen Sie die QuarkXPress 2017-Datei auf das Alias des Programme-Ordners.

Beachten Sie bitte, dass *QuarkXPress 2017* unter macOS jetzt als einzelnes Programm auf der Festplatte residiert und es keinen Ordner mehr gibt, der Programmdateien enthält, wie es bei der Version 2016 oder älteren Vorversionen der Fall war.

Starten Sie QuarkXPress zum ersten Mal, kommt eventuell noch eine Rückfrage durch das Betriebssystem, die um Erlaubnis für die Installation bittet. Das ist abhängig von Ihren Sicherheitseinstellungen. Anschließend startet der *QuarkXPress Setup-Assistent*. Klicken Sie auf *Fortfahren,* um zu den Lizenzbedingungen zu gelangen. Dort müssen Sie möglicherweise ganz hinunterscrollen, um fortfahren zu können. Im Bereich *Validierungscode* haben Sie nun die Auswahl zwischen der Installation einer *3-Tage Testversion* oder einer *Vollständigen Installation*. Ab QuarkXPress 2017, Version 13.0.2 wählen Sie eine 7-Tage Testversion.

> Wählen Sie die Testversion, können Sie sofort loslegen, wobei sich diese jederzeit in eine *Vollständige Installation* umwandeln lässt. Weitere Informationen dazu finden Sie im Abschnitt *Testversion umwandeln*.

Im Falle der vollständigen Installation finden Sie die entsprechende Handlungsanweisungen im gleichnamigen Abschnitt weiter hinten.

Die Installation unter Windows

Nach dem Kauf von QuarkXPress 2017 erhalten Sie einen Link, über den Sie die Installationsdatei auf Ihre Festplatte herunterladen. Führen Sie einen Rechtsklick auf die Installationsdatei aus, um den Inhalt der Datei anzuzeigen. Doppelklicken Sie die Datei *setup* und folgen Sie den Anweisungen auf dem Bildschirm. Nach Bestätigung der Lizenzbedingungen gelangen Sie zum Dialog, in dem Sie den Installationstyp definieren. Wählen Sie im Pull-Down-Menü eine *Vollständige Installation* oder eine *3-Tage Testversion*. Ab QuarkXPress 2017, Version 13.0.2 wählen Sie eine 7-Tage Testversion.

> Wählen Sie die *Testversion*, lässt sich sofort loslegen, wobei Sie diese jederzeit in eine vollständige Installation abändern können. Hierzu erhalten Sie genauere Informationen im Abschnitt *Testversion Umwandeln*.

Wählen Sie die *Vollständige Installation*, so finden Sie weitere Informationen im Abschnitt gleichen Namens.

Seriennummer und Validierungscode

Um QuarkXPress dauerhaft in Betrieb zu nehmen, benötigen Sie die Seriennummer und einen dazugehörigen *Validierungscode*, mit dem Sie Ihre Installation *aktivieren* und freischalten. Die Seriennummer und der Validierungscode sind fest miteinander verbunden.

Systemanforderungen Windows

Microsoft Windows 7 SP1 (64 Bit), Windows 8.1 (64 Bit) mit April 2014 Update und März 2014 Servicing Stack Update, Windows 10 Version 1607 (64 Bit), Microsoft .NET Framework 4.0 oder höher. Für Windows 7 und 8.x wird ein Update für Universal C Runtime benötigt. CPU mit Dual-Core oder besser. Ab 2 GB RAM verfügbar für QuarkXPress. Ab 2 GB Festplattenspeicher für die Installation. Für eine höhere Leistung bei der Arbeit mit komplexen Dokumenten empfehlen wir leistungsstärkere Hardware und einen größeren für QuarkXPress verfügbaren Arbeitsspeicher.

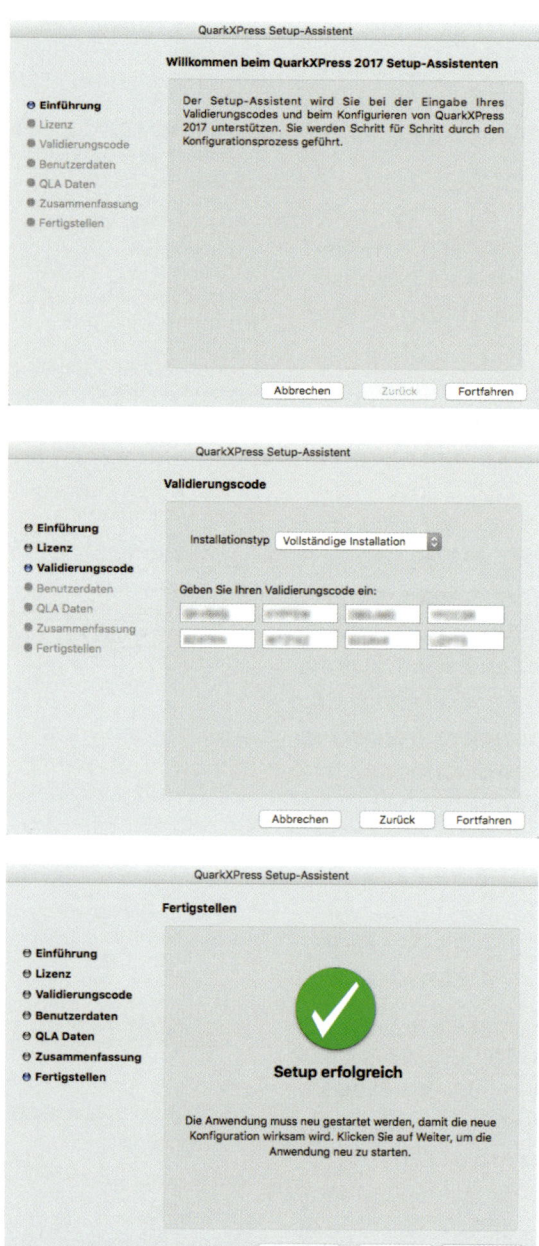

Den Validierungscode haben Sie entweder beim Kauf Ihrer XPress-Version bekommen, oder aber Sie müssen sich den Code mit Hilfe der Seriennummer von der Quark-Website laden. Gehen Sie dazu auf die Internetseite *https://accounts.quark.com/Registration/RetVal Code.aspx* und tragen Sie in das Feld *Seriennummer eingeben* diese ein. Klicken Sie anschließend auf die grüne Schaltfäche *Den Validierungscode erhalten* und folgen Sie den Anweisungen auf dem Bildschirm. Sie erhalten darüber einen 47-stelligen Code, der aus Buchstaben und Zahlen besteht.

Testversion umwandeln

Wenn Sie eine Testversion in eine vollständige *XPress*-Installation umwandeln wollen, starten Sie das Programm mit einem Doppelklick auf das Programmsymbol. Wählen Sie im Menü den Befehl *QuarkXPress (Mac)/Hilfe (Win) | Lizenzcode bearbeiten…* Sofern Sie an geöffneten Dokumenten arbeiten, warnt Sie ein Dialog, dass die Anwendung neu startet. Sichern Sie gegebenenfalls offene Dokumente und folgen Sie den Angaben am Bildschirm. Haben Sie keine offenen Dokumente, dann startet der Setup-Assistent ohne weitere Rückfragen. Klicken Sie auf *Fortfahren* und Sie gelangen zu den Lizenzbedingungen. Scrollen Sie dort ganz hinunter und fahren Sie fort. Im Bereich *Validierungscode* wählen Sie *Vollständige Installation*.

Vollständige Installation unter macOS

Erfolgreiche Installation
Hat der Setup-Assitent die Installation fehlerfrei durchgeführt, erhalten Sie dazu die Rückmeldung *Setup erfolgreich*.

Im Dialog *Validierungscode* tragen Sie nun bei gewähltem Installationstyp *Vollständige Installation* Ihren 47-stelligen Code ein, wobei sich dieser auch in das erste Eingabefeld hineinkopieren lässt – die anderen Eingabefelder werden dann automatisch gefüllt. Anschließend müssen Sie Ihre Nutzerinformationen eingeben, wobei Sie auch Ihre Seriennummer einsehen können. Um Ihre Installation fortzusetzen, verlangt

Quark weiterhin die Eingabe Ihres *Administrator-Passwortes*. Danach gelangen Sie zur *Zusammenfassung*, die Ihnen nochmals den Validierungscode, die dazugehörige Seriennummer und Informationen zur Sprachunterstützung liefert. Klicken Sie auf *Fortfahren*, um die Installation fertigzustellen. Ein Dialog informiert Sie, dass der Setup erfolgreich war. Gleichzeitig wird Ihren Systemeinstellungen das Kontrollfeld (PreferencePane) *Quark Update* hinzugefügt, das Sie für Updates einer bestehenden Installation benötigen.

Vollständige Installation unter Windows

Wählen Sie im Dialog *Validierungscode* unter *Installationstyp* die *Vollständige Installation* und geben Sie Ihren 47-stelligen Code ein. Im folgenden Dialog tragen Sie Zugriffsrechte ein, die Sie den Anwendern einräumen, die auf Ihrem Rechner ein Nutzerkonto besitzen. Anschließend geben Sie Ihre Benutzerinformationen ein. Entscheiden Sie dann, ob Sie einen abweichenden Installationspfad nutzen möchten. In der Grundeinstellung landet die Installation im Verzeichnis *Programme*. Der nächste Dialog initiiert die Installation. Sie werden im Anschluss über eine erfolgreiche Installation informiert. Klicken Sie auf die *Fertigstellen-Schaltfläche*, wenn der Installationsprozess beendet ist. Zusätzlich wird das Programm *Quark Update* installiert, mit dem Sie Installationen ansehen und aktualisieren können.

Registrieren

Beim ersten Start der *Vollständigen Installation* bittet Sie Quark um eine *Registrierung* Ihrer Installation. Klicken Sie im sich zeigenden Dialog auf die Schaltfläche *Registrieren,* werden Sie automatisch auf die Quark-Webseite umgeleitet. Sie können die Registrierung auch überspringen, wenn Sie im Dialog auf die Schaltfläche *Fortfahren* klicken. Die Registrierung bietet Ihnen dabei nicht nur 60 Tage kostenlosen technischen Support, sondern auch die Teilnahme an Aktionen für vergünstigte Angebote bzw. Upgrades, kostenfreie Downloads von XPress-Updates über Ihr Kundenkonto sowie spezielle Zusatzdateien von der Quark-Website.

Aktivierung

Mit der Aktivierung wird letztlich Ihre Installation von XPress mit Hilfe eines Zahlenschlüssels, der auf der Konstellation Ihrer Hardware basiert, mit Ihrem Rechner verbunden und kann nicht ohne Weiteres

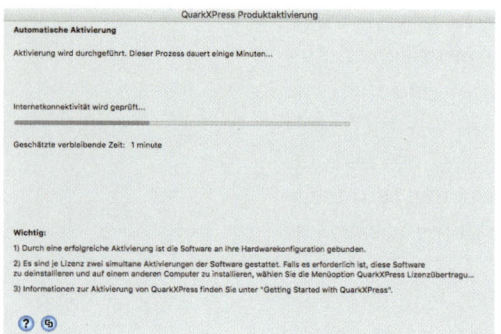

auf andere Maschinen kopiert werden. So lange Sie Ihre Installation nicht aktivieren, erscheint bei jedem Start eine Aufforderung, die Aktivierung durchzuführen. Wenn die Aktivierung nicht innerhalb von 30 Tagen durchgeführt wird, fällt QuarkXPress nach Ablauf der Frist in einen *Demo-Modus*, bei dem Sie Dokumente nur ansehen, aber nicht sichern können.

Es gibt insgesamt drei Codes, über die Ihre *QuarkXPress*-Installation mit dem Quark-Server kommuniziert: *Validierungscode*, *Installationscode* und *Aktivierungscode*. Den Validierungscode kennen Sie bereits. Sie benötigen ihn, um XPress zu installieren und zu starten. Bei der *Aktivierung* erzeugt XPress im Hintergrund einen Installationscode, den Sie nicht sehen, der sich aber aus der einzigartigen Zusammenstellung Ihrer Hardware generiert und an Quark gesendet wird. Binnen Sekunden erhalten Sie im Hintergrund unsichtbar den Aktivierungscode zurück, der Ihre Installation für unbegrenzte Zeit freischaltet. Sie können Ihre Installation übrigens jederzeit auf einen anderen Rechner übertragen. Verwenden Sie dazu die Funktion *Lizenzübertragung*, die im gleichnamigen Abschnitt weiter unten beschrieben ist.

Wenn Sie den *Quark Lizenz-Administrator* verwenden, müssen Sie QuarkXPress nicht aktivieren.

Um die Aktivierung zu starten, wählen Sie den Befehl *QuarkXPress | QuarkXPress aktivieren…* und betätigen die Schaltfläche *Jetzt*. Im erscheinenden Dialog *Produktaktivierung* klicken Sie nun auf *Weiter*, um die automatische Aktivierung über das Internet auszuführen. Steht Ihnen hingegen kein Internet zur Verfügung, so lässt sich über die Schaltfläche *Weitere Aktivierungsoptionen* die Aktivierung auch auf einem anderen Gerät mit Internetzugang über den Webbrowser durchführen.

Doppelte Aktivierung

Sofern Sie eine *Einzelanwenderlizenz* erworben haben, können Sie QuarkXPress auf *zwei* verschiedenen Computern installieren und aktivieren. Sie können beispielsweise eine Installation auf Ihrem Desktop-Rechner und eine zweite Installation auf Ihrem Mobilrechner vornehmen. Die

Installationen dürfen sich sogar auf Rechnern befinden, die unter verschiedenen Betriebssystemen – etwa macOS und Windows – laufen.

Update einer bestehenden Installation

Möchten Sie ein Update einer bestehenden Version vornehmen, kann dies auf unterschiedliche Weise geschehen. Entweder aktualisieren Sie Ihre Installation über das Kontrollfeld *Quark Update*. Hierbei werden die benötigten Daten automatisch bzw. manuell geladen und Ihre Installation aktualisiert. Alternativ können Sie auch über die Internetseite *www.quark.com/de/Support/Downloads/* die gewünschten Komponenten auf Ihren Datenträger laden.

Unterschieden wird dort zwischen *Updates* und *Installer*. Ein *Updater* aktualisiert eine bestehende Installation. Ein *Installer* schreibt hingegen eine komplett neue Installation auf Ihren Datenträger. Ihre bestehende Installation wird also ersetzt. Sofern Sie Ihre bestehende Installation durch eine Neuinstallation ersetzen, kann es durchaus passieren, dass Sie diese Neuinstallation über ein Update wieder auf den aktuellen Stand bringen müssen.

> *Quark Update* kümmert sich um alle Belange betreffend Updates oder Neuinstallationen. Sie müssen nur in Ausnahmefällen auf das manuelle Laden von Installationsdateien zurückgreifen.

macOS. Um für QuarkXPress 2017 unter macOS ein *Update* durchzuführen, rufen Sie die Systemeinstellungen auf und klicken auf das Kontrollfeld *Quark Update*. Sie finden dort vier Bereiche: *Aktualisieren, Installierte Software, Kontaktdaten* und *Nutzungsdaten*. Im Bereich *Aktualisieren* klicken Sie auf *Jetzt Prüfen,* um manuell festzustellen, ob Aktualisierungen für Ihre Installation vorliegen. Bekommen Sie die Rückmeldung, dass neue Software zur Installation bereitsteht, dann bestätigen Sie den Dialog und warten den Download ab – danach beantworten Sie die Rückfragen von *Quark Update*. Weiterhin können Sie dort festlegen, ob *Automatisch* oder *Manuell* nach Software-Updates gesucht werden soll. Über *Automatisch* sucht Quark regelmäßig nach Updates und führt die Downloads selbsttätig durch, wobei sich

Quark-Update
Nach der Installation unter macOS finden Sie in den Systemeinstellungen *Quark Update,* über das Sie automatisiert Aktualisierungen laden können.

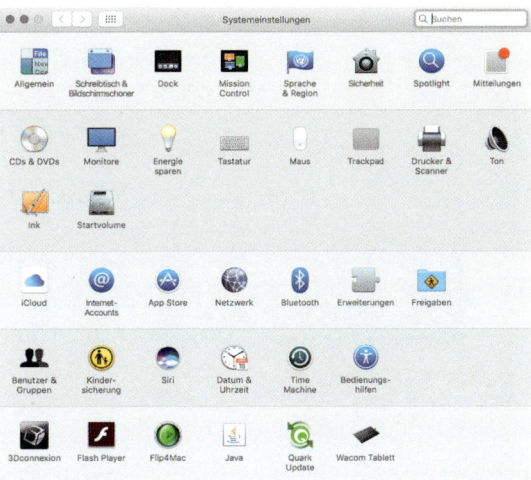

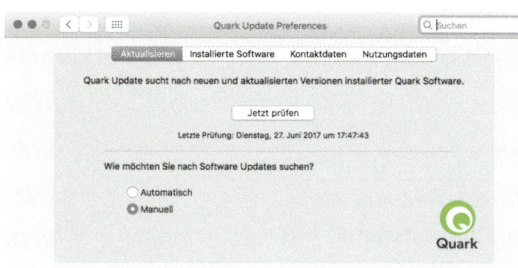

Automatische Suche
Lassen Sie *Quark Update* automatisch nach Software-Updates suchen.

Liste Ihrer Installationen
Eine Liste zeigt Ihnen alle Programme aus dem Hause Quark, die Sie auf Ihrem Datenträger installiert haben.

manchmal *Quark Update* aufdrängt und Sie mitunter zwingt, Ihre Arbeit zu unterbrechen.

Klicken Sie auf die Schaltfläche *Installierte Software*, stoßen Sie auf alle auf Ihrem System befindlichen Softwareprodukte aus dem Hause Quark – kombiniert mit Zusatzinformationen wie der Versionsnummer sowie dem Installationspfad. Möchten Sie das Programm *Quark Update* deinstallieren – was wir nicht empfehlen –, so klicken Sie unten im Dialog auf den Button *Quark Update deinstallieren…* In den Bereichen *Kontaktdaten* und *Nutzungsdaten* tragen Sie, sofern Sie möchten, Ihre Kontaktdaten ein, die an Quark übertragen werden. Dann erhalten Sie Informationen über Produktankündigungen, Sonderangebote und Events. Im Bereich *Nutzungsdaten* entscheiden Sie, ob Sie an Quark anonymisierte Nutzungsdaten senden, die den Entwicklern helfen, das Produkt zu verbessern.

Um zu erkennen, ob Ihre Installation aktualisiert werden soll, muss auch *Quark Update* auf dem neuesten Stand gehalten werden. In Ausnahmefällen müssen Sie *Quark Update* über die Quark-Website laden und manuell aktualisieren.

Für alle Installationen von Produkten aus dem Hause Quark, finden Sie online unter *quark.com/de/Support/Downloads/* die entsprechenden Dateien, um Aktualisierungen auch manuell durchzuführen. Wählen Sie dort das gewünschte Produkt, das Betriebssystem und die Art des Dateityps wie *Test Drive*, *Updater* oder *Installer*. Haben Sie die gewünschte Datei geladen, doppelklicken Sie das Disk-Image. Entweder haben Sie einen Updater heruntergeladen, der Ihre bestehende Installation auf den neuesten Stand bringt, oder Sie haben eine komplette Neuinstallation erhalten, deren Symbol Sie unter macOS per Drag-and-Drop in Ihren Ordner *Programme* ziehen und die bestehende Installation nach Beantworten eines Warndialogs ersetzen.

Windows. Öffnen Sie das Programm *Quark Update*. Dort erhalten Sie eine Übersicht der von Quark auf Ihrem System installierten Software. Klicken Sie im Bereich *Aktualisieren* auf *Jetzt prüfen,* um den Prozess manuell anzustoßen. Hat *Quark Update* Neuigkeiten für Sie, dann bestätigen Sie den Dialog für das Laden und die Installation der Komponenten. Sie müssen ggf. noch ein Administrator-Password eingeben. Möchten Sie automatisch nach Updates suchen lassen, wählen Sie im Bereich *Aktualisieren* die Option *Automatisch*. Alternativ laden Sie sich die entsprechenden Dateien selbst. Sie finden online unter *quark.com/de/Support/Downloads/* die entsprechenden Dateien für Ihr Betriebssystem. Wählen Sie das Produkt und dann das Betriebssystem *Windows OS*. Nachdem Sie die Installations-Datei geladen haben, führen Sie einen Doppelklick auf das *Installer-Symbol* durch und folgen den Anweisungen auf dem Bildschirm. Sobald die Dialogbox für die Eingaben des Validierungscodes erscheint, wählen Sie aus dem Drop-Down-Menü *Installationstyp* den Eintrag *Upgrade*. Tragen Sie Ihren Validierungscode ein und schließen Sie die Aktivierung ab.

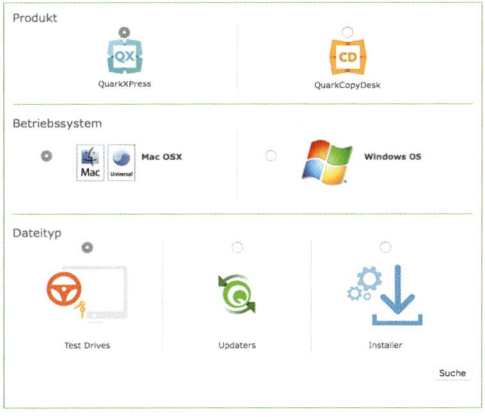

Downloads
Sie können auf der Internetseite von Quark selbstständig nach Softwarekomponenten wie *Testinstallationen, Aktualisierungen* oder *Vollständigen Installationen* suchen und diese laden.

> Beachten Sie, dass eine Neuinstallation ältere Programmversionen unberührt lässt. Sie können mit der QuarkXPress 2017-Installation keine QuarkXPress 2016-Installation überschreiben. Sie können sogar beide Programme gleichzeitig betreiben.

Installation mit dem Quark Lizenz-Administrator

Der *Quark Lizenz-Administrator* ist ein System, um die Verwendung *mehrerer Lizenzen* gleichzeitig zu verwalten. Beim Kauf des Systems erhalten Sie einen Link zum Laden der Installationsdateien des *Quark License Administrator* (QLA). Sie müssen zuerst den *Lizenz-Administrator* installieren, bevor Sie *XPress*-Installationen vornehmen können. Installieren Sie *QuarkXPress* und geben Ihre Registrierungsdaten ein, wird der Dialog *Lizenzserver Details* angezeigt. Tragen Sie in die entsprechenden Eingabefelder den *Host-Namen* oder *IP-Adresse* des Lizenzservers sowie die *Port-Nummer* ein, über die der Lizenzserver kommunizieren wird. Diese Nummer wird bei Ihrer Registrierung der Lizenz-Server-Software von Quark an Sie vergeben.

> Um einen Backup-Lizenzserver zu definieren, der Ihre *XPress*-Installationen freischaltet, falls der Hauptserver nicht verfügbar

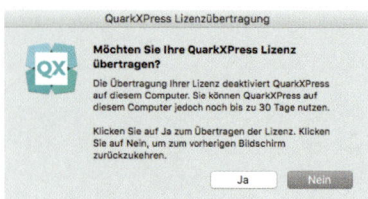

ist, vergeben Sie im betreffenden Dialog den Host-Namen oder IP-Adresse des Backup-Lizenzservers sowie die Portnummer.

Lizenzübertragung

Lizenzübertragung
Der Befehl *QuarkXPress | QuarkXPress Lizenzübertragung…* gibt Ihnen die Möglichkeit, Ihre Lizenz auf einen anderen Rechner zu übertragen.

Mit Hilfe der Funktion *Lizenzübertragung* können Sie eine bestehende Installation *deaktivieren* und eine entsprechende Installation auf einem anderen Gerät *aktivieren*. Das ist nützlich, wenn Sie mit Ihrer Arbeitsumgebung auf ein neues Gerät umziehen bzw. einen neuen Computer einrichten, um dort Ihre Programme zu nutzen. Es kann auch sein, dass bei erheblichen Änderungen an der Hardware Ihres Arbeitsplatzrechners ebenfalls eine *Lizenzübertragung* notwendig wird.

Die *Lizenzübertragung* verhält sich im Grunde wie die Freischaltung, die Sie bei der Aktivierung Ihrer Installation erhalten haben, nur dass diese vorübergehend an Quark zurückgegeben und auf einem anderen Gerät erneut geladen wird.

> Sie müssen unbedingt zuerst die Deaktivierung vornehmen, bevor Sie eine neue Installation auf Ihrem Gerät aktivieren. Sie erhalten sonst eine Fehlermeldung. Sie müssen auch deaktivieren, bevor Sie die Software deinstallieren. Sie können sonst Ihre Lizenz nicht übertragen.

So nutzen Sie die Funktion der Lizenzübertragung:

❶ Starten Sie QuarkXPress.
❷ Wählen Sie *QuarkXPress/Hilfe | QuarkXPress Lizenzübertragung*.
❸ Folgen Sie nun den Anweisungen des Dialogs.

Deinstallation des Programms

macOS. Nachdem Sie die Lizenz zurück an Quark übertragen haben, schließen Sie das Programm mit dem Befehl *QuarkXPress | Beenden QuarkXPress*. Öffnen Sie den Ordner *Programme* und ziehen Sie den Ordner *QuarkXPress 2017* in den Papierkorb.

Windows. Wählen Sie den Befehl *Start | Programme | QuarkXPress | Deinstallieren*. Klicken Sie in der Dialogbox auf die Schaltfläche *Ja*. Das Deinstallationsprogramm nimmt die Arbeit auf und gibt Ihnen die Rückmeldung, dass der Anwendungsordner von QuarkXPress gelöscht wird. Klicken Sie auf die Schaltfläche *Ja,* um mit dem Löschen fortzufahren.

Sie können eine Deinstallation auch durch erneutes Starten des Installations-Programmes einleiten.

Die QuarkXPress 2017-Benutzeroberfläche

Das Programm QuarkXPress verfolgt den Ansatz, dass alle Arbeiten in einer Arbeitsumgebung stattfinden, die als Projekt bezeichnet wird. Ein Projekt enthält ein oder mehrere Layouts, die unterschiedliche Eigenschaften und Seitenformate haben können. Mit Hilfe von Reitern schalten Sie sich durch die zu Ihrem Projekt gehörigen Layouts.

Das Projektfenster teilen Sie zur Arbeitserleichterung horizontal oder vertikal. In den geteilten Ansichten können Sie unterschiedliche Seiten Ihres Layouts oder verschiedene Layouts Ihres Projektes bearbeiten. Sie können auch mehrere Projekte mit ihren darin enthaltenen Layouts nebeneinander stellen. Diese befinden sich jedoch immer in eigenen Projektfenstern. Innerhalb eines Projektes können Sie auf gemeinsame Ressourcen wie Bilder, Logos und Designelemente zugreifen und Inhalte synchronisieren. Um das Projektfenster gruppiert Quark-XPress die *Design-* und *Layout*-Werkzeuge. Auf der linken Seite des Bildschirms finden Sie die *Werkzeug*-Palette, auf der rechten Seite Funktionspaletten wie die Seitenübersicht, Ebenen, Farben oder Stilvorlagen. An der Unterkante des Bildschirms befindet sich in der Grundeinstellung ab Werk die *Maße*-Palette, die interaktiv zu Ihrer Arbeit im Layout Eingabefelder darstellt. Sie können jederzeit die Anordnung, Reihenfolge und Position der Paletten umgruppieren und neu zusammenstellen. Die *Maße*-Palette docken Sie unterhalb der Menüleiste an oder Sie kombinieren die Werkzeuge mit anderen Paletten. Diese Kombinationen speichern Sie als *Ansichtsgruppen*. Das Konzept, mehrere Layouts in einem Projektfenster zu verwalten, hat Vorteile. Sie können für die Produktion einer Musik-CD das Booklet, die Einlegekarte und den Siebdruck für die Scheibe der CD mit unterschiedlichen Seitenformaten verteilt auf mehrere Layouts in einem Projekt verwalten. Dabei unterscheidet XPress verschiedene Layouttypen – den Layouttyp *Print* und den Layouttyp *Digital* –, um die Distribution von Inhalten für Printmedien und digitale Medien in einem Projekt bewerkstelligen zu können. Mit dem Layouttyp *Print* erstellen

Benutzerschnittstelle

Die Funktionen gliedern sich um das Projektfenster in der Mitte des Bildschirms. Links befindet sich die Werkzeugpalette, auf der rechten Seite die Leiste mit den Funktions-Paletten. Die Maße-Palette befindet sich in der Grundeinstellung an der Bildschirmunterkante.

Sie Drucksachen und Grafiken von bis zu 5,6 Meter Seitenlänge. Der Layouttyp *Digital* erlaubt Ihnen, Dokumente als iOS- oder Android-Apps, als E-Book im ePUB-Format oder in Form eines HTML5-online-Blätterkatalogs zu publizieren.

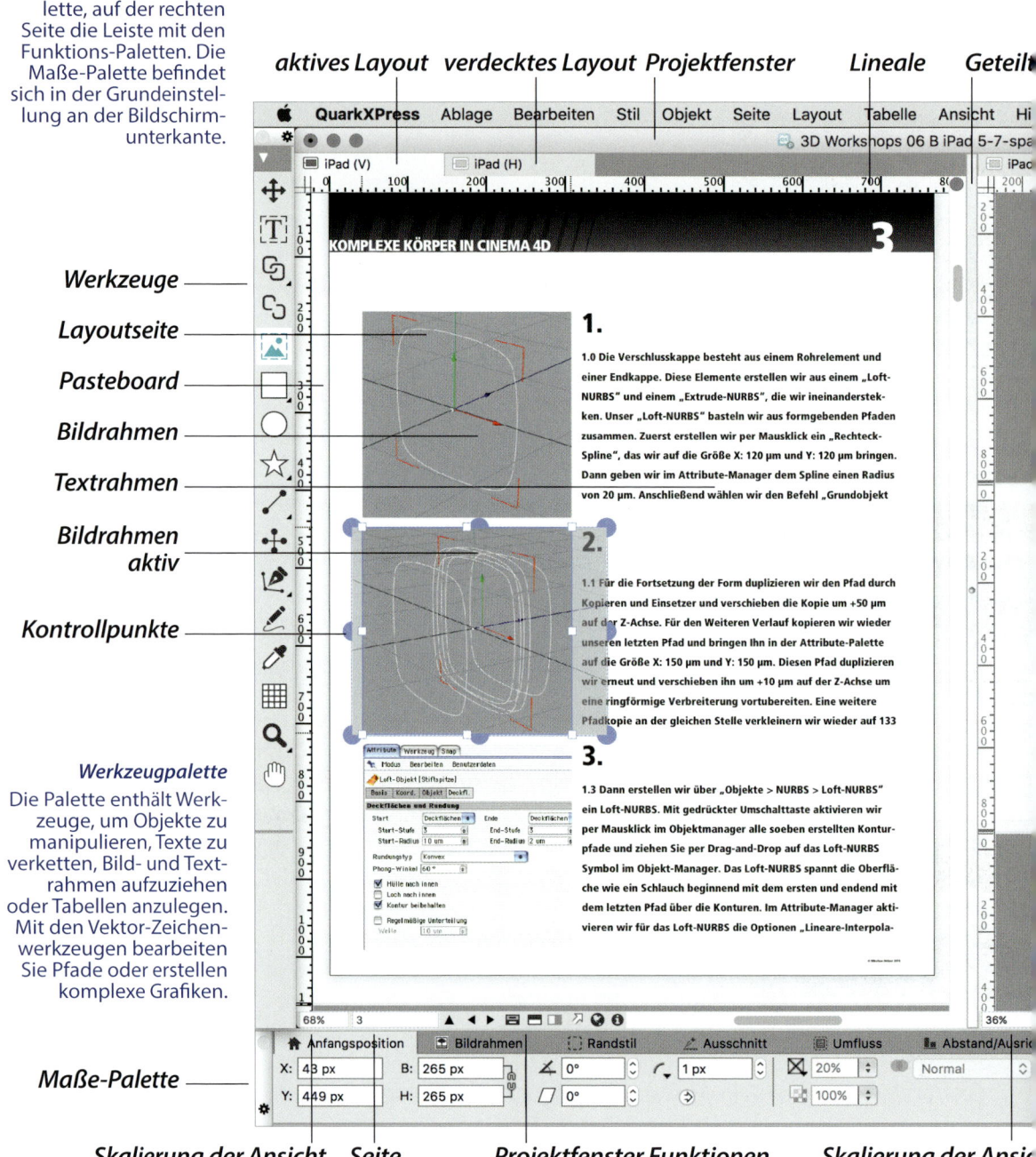

Werkzeuge

Layoutseite

Pasteboard

Bildrahmen

Textrahmen

Bildrahmen aktiv

Kontrollpunkte

Werkzeugpalette

Die Palette enthält Werkzeuge, um Objekte zu manipulieren, Texte zu verketten, Bild- und Textrahmen aufzuziehen oder Tabellen anzulegen. Mit den Vektor-Zeichenwerkzeugen bearbeiten Sie Pfade oder erstellen komplexe Grafiken.

Maße-Palette

Skalierung der Ansicht **Seite** **Projektfenster Funktionen** **Skalierung der Ansicht**

Werkzeuge, Maße und Paletten

Auf der linken Seite der Bildschirmansicht befindet sich die Werkzeugleiste, die Hilfsmittel enthält, um Objekte zu verschieben, Text- und
Bildrahmen aufzuziehen oder Textrahmen miteinander zu verketten.

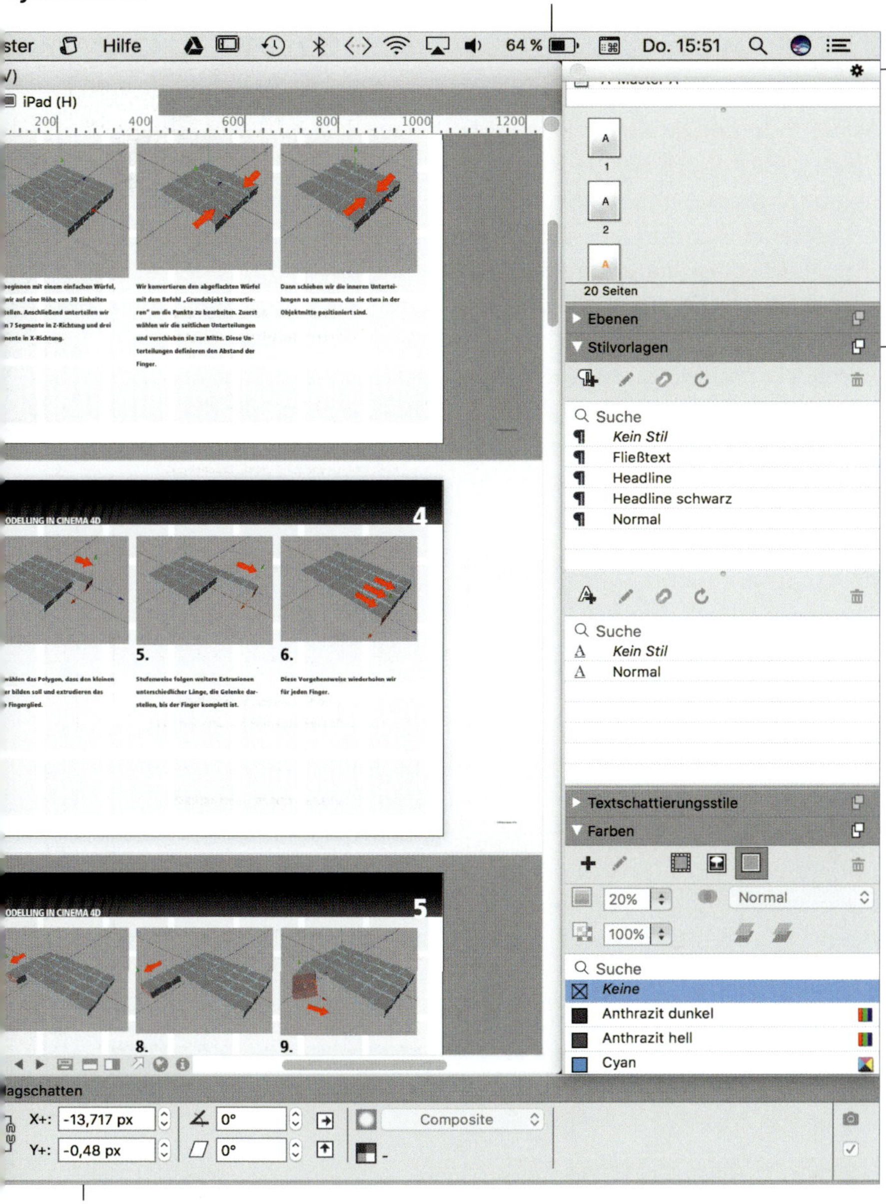

Projektfenster

*Paletten
kombinieren*

Paletten

Palettenname

Paletten

Die Paletten von Quark-
XPress können Sie in der
Reihenfolge beliebig
kombinieren und Ihre
Lieblingskombinationen
als Palettengruppen
speichern und im Hand-
umdrehen wechseln.

Maße-Palette

Die Maße-Palette enthält
alle relevanten Funktio-
nen, um Objekte zu
bearbeiten, Bilder, Texte
oder die Erscheinung
von Rändern einzustel-
len. Sie bestimmen dort
Bildausschnitte, den
Umfluss und richten
Abstände aus.

21

Ihnen stehen Formwerkzeuge für Vielecke und andere Rahmentypen zur Verfügung. Mit Werkzeugen ziehen Sie diagonale, horizontale und vertikale Linien. Vektor-Zeichenwerkzeuge lassen Sie komplexe Formen und Illustrationen gestalten. Das *Formatübertragungs*-Werkzeug für *Objekte* nimmt Formate auf und überträgt sie auf andere Objekte. Das *Tabellenwerkzeug* bietet Ihnen Funktionen, um Tabellen aller Art zusammenzubauen. Mit dem *Zoom*-Werkzeug vergrößern Sie Bildausschnitte auf bis zu 8000 % und navigieren mit dem *Verschiebewerkzeug* durch den Bildschirminhalt.

Maße-Palette. Die Zentrale für die Eingabe von Werten ist die *Maße*-Palette. Im Bereich *Anfangsposition* stellen Sie dabei die Objektkoordinaten, Abmessungen, Winkel, Farbe und Deckkraft von Objekten ein. Im Bereich *Bildrahmen* definieren Sie die Skalierung und Position Ihres Bildes bzw. nehmen eine Maskierung durch die in der Bilddatei enthaltenen Alpha-Kanäle vor. Der Bereich *Randstil* gibt Ihnen die Parameter zur Bearbeitung der Randstärke, Farbe und Deckkraft. Im Bereich *Ausschnitt* bestimmen Sie, wie XPress Bilder freistellt. Sie wählen, ob XPress einen Pfad oder andere Bildelemente für die Erstellung eines Ausschnitts nutzt. Möchten Sie, dass Text Objekte umfließt, dann finden Sie die Einstellungen im Bereich *Umfluss*. Wählen Sie die Art des Umflusses und den Abstand, mit dem der Text das Objekt umfließen soll. Um Objekte aneinander oder in Kombination mit der Layoutfläche auszurichten, wählen Sie den Bereich *Abstand/Ausrichtung*. Versehen Sie Objekte mit weichen Schlagschatten, indem Sie im Bereich *Schlagschatten* die Funktion aktivieren.

Paletten. Auf der rechten Seite der Bildschirmansicht stapeln sich in der Grundeinstellung die Paletten für Funktionen wie *Seitenübersicht*, *Ebenen*, *Stilvorlagen*, *Textschattierungsstile*, *Farben* und *Verläufe*. Dieser Liste können Sie eine Vielzahl weiterer Paletten hinzufügen, die Sie im Menü *Fenster* finden. Dazu gehören Paletten, mit deren Funktionen Sie Inhalte für digitales Publishing gestalten oder Layouts mit interaktiven oder multimedialen Inhalten anreichern. Mit der *Glyphen*-Palette erhalten Sie Einblick in die Vielfalt der Glyphen eines Zeichensatzes. Sie greifen über die Palette auf *Open Type*-Spezialitäten zu. Für

Maße-Palette
In der Maße-Palette finden Sie alle Eingabefelder für Objektparameter und typografische Funktionen.

wissenschaftlich-technische Arbeiten, erstellen Sie *Fußnoten* und *Endnoten*. Mit *Stilen* für *Objekte* oder *Tabellen* beschleunigen Sie den Layoutprozess. Eine umfangreiche Hilfslinienverwaltung listet jede im Layout befindliche Hilfslinie.

Das Menü

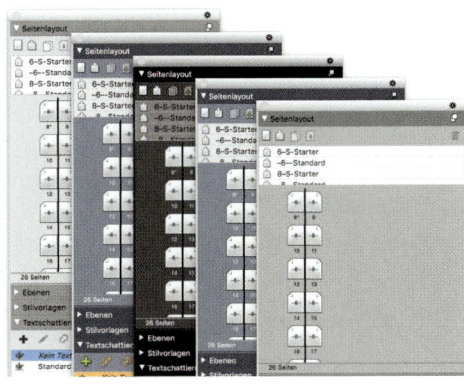

Viele Menüfunktionen finden Sie in Paletten oder in der *Maße*-Palette wieder. Sie haben für die meisten Funktionen die Möglichkeit, wahlweise über die Menüleiste oder in einer Palette zu arbeiten. Die Paletten verfügen über eigene, kleine Menüs. Das Menü gliedert sich neben den Quark-XPress-Wartungsfunktionen in die Bereiche *Ablage*, *Bearbeiten*, *Stil*, *Objekt*, *Seite*, *Layout*, *Tabelle*, den Bereich *Ansicht*, die *Hilfsmittel*, das *Fenster*-Menü und ein *Skript*-Menü. Die *Hilfefunktion* rufen Sie über das gleichnamige Menü am rechten Ende der Begriffe auf.

Farbdesign
Mit den in XPress verfügbaren Farbdesigns passen Sie die Benutzeroberfläche Ihren ergonomischen Bedürfnissen an.

QuarkXPress. Im Menü *QuarkXPress* finden Sie unter macOS Funktionen betreffend Ihrer Lizenz. Sie stoßen dort auch die Suche nach *Updates* und *Aktualisierungen* an. Es verbirgt sich dort auch der Befehl, um den Bildspeicher *Quark Cache* zu leeren. In den *Vorgaben…* finden Sie alle Grundeinstellungen des Programms, die das Erscheinungsbild oder den Umgang mit Bildern, Grafiken oder Typografie regeln.

Ablage/Datei. Im *Ablage*-Menü ist die Dateihandhabung enthalten. Sie *Öffnen*, *Schließen* oder *Sichern* Projekte. Sie importieren Bilder oder exportieren Ihre Werke als *PDF*, *EPS* oder als *iOS*-App, als *E-Book* im *ePUB*- oder *Kindle*-Format. Sie fügen mit dem Befehl *Anfügen…* Ressourcen anderer Projekte an ihr Projekt an. Um Daten weiterzugeben, verwenden Sie den Befehl *Für Ausgabe sammeln…* Nutzen Sie *Job-Jackets*, um zuvor festgelegte Dokumentrichtlinien zu evaluieren.

Bearbeiten. Funktionen wie *Kopieren*, *Ausschneiden* und *Einsetzen* finden Sie im Menü *Bearbeiten*. Mit der Funktion *Als native Objekte einsetzen,* holen Sie sich Objekte aus *Illustrator*, *InDesign*, *Affinity Designer*

oder *Excel* direkt in Ihr Layout und bearbeiten sie dort. Legen Sie *Farben* an oder bearbeiten Ihre Farbbibliothek. Definieren Sie Stile für die Steigerung Ihrer Produktivität. Legen Sie *Farbeinstellungen* Ihrer Layouts für

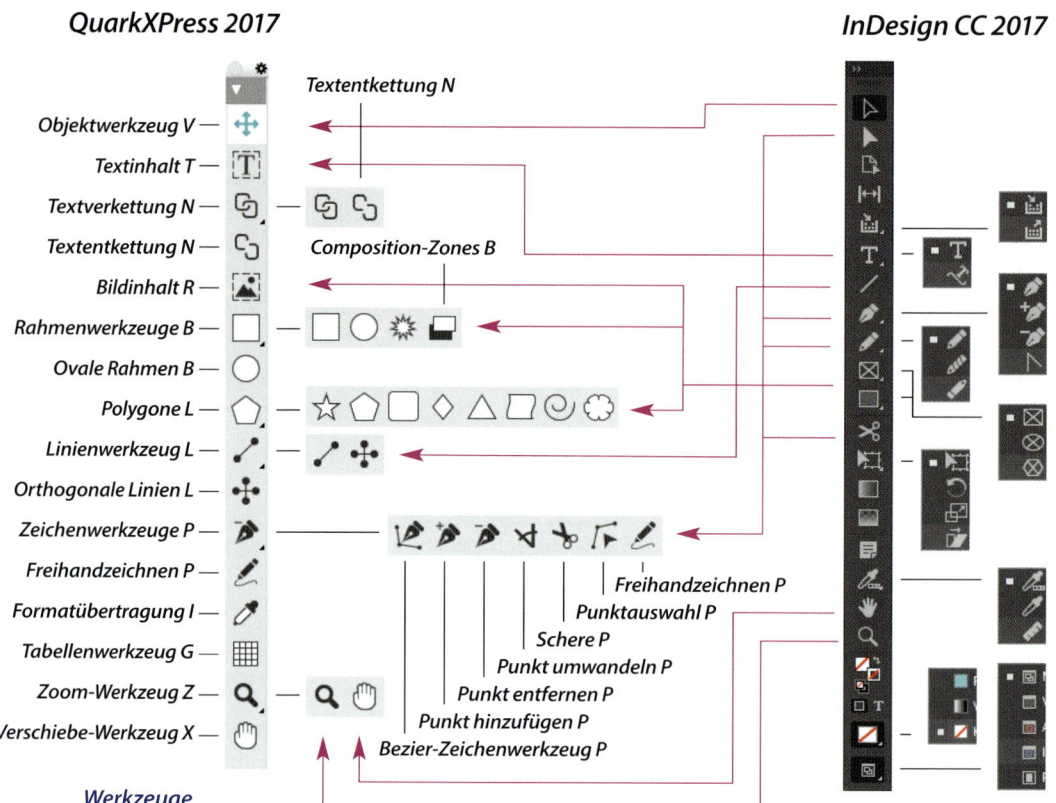

QuarkXPress 2017   InDesign CC 2017

Textentkettung N

Objektwerkzeug V
Textinhalt T
Textverkettung N
Textentkettung N
Bildinhalt R
Rahmenwerkzeuge B
Ovale Rahmen B
Polygone L
Linienwerkzeug L
Orthogonale Linien L
Zeichenwerkzeuge P
Freihandzeichnen P
Formatübertragung I
Tabellenwerkzeug G
Zoom-Werkzeug Z
Verschiebe-Werkzeug X

Composition-Zones B

Freihandzeichnen P
Punktauswahl P
Schere P
Punkt umwandeln P
Punkt entfernen P
Punkt hinzufügen P
Bezier-Zeichenwerkzeug P

Werkzeuge

QuarkXPress fasst Werkzeuge in Gruppen, die einen anderen Fokus aufweisen, als bei InDesign. Viele Werkzeuge, die Sie in InDesign verteilt über die ganze Palette finden, sind in XPress an einer Stelle übersichtlich zusammengefasst.

Quelle und *Ausgabe* fest. Für die Ausgabe als Druckwerk, *PDF*, *E-Book* oder *App* bearbeiten Sie die Ausgabeparameter.

Stil. Die Befehle des *Stil*-Menüs interagieren mit dem auf der Layoutfläche gewählte Objekt. Bestimmen Sie *Schriftart*, *Größe*, *Schriftstil*, *Farbe*, *Tonwert* und *Deckkraft* bei Textrahmen. Wählen Sie *Farbe*, *Tonwert* und *Deckkraf*t und weitere Anpassungen für Bilder, wenn Sie einen Bildrahmen bearbeiten. Haben Sie eine Linie ausgewählt, dann stehen Ihnen entsprechende Funktionen zur Verfügung.

Objekt. Im Menü *Objekt* dreht sich alles um die Bearbeitung von Objekten. Hier lassen sich Objekte vervielfältigen, stapeln, verschachteln oder gruppieren. Nutzen Sie Funktionen, um Objekte auszurichten. Führen Sie unterschiedliche Pfadoperationen wie *Kreuzung* oder *Vereinigen* durch. Wandeln Sie Punktarten um oder konvertieren Sie Texte in bearbeitbare Rahmen. Ändern Sie Objekte und nutzen diese mehrfach. Legen Sie *Composition Zones* an, die Sie an Mitarbeiter senden, um deren Arbeit ins Layout zurückzuspiegeln.

Seite. Die kompletten Funktionen und Befehle für den Umgang mit Seiten finden Sie im Menü *Seite.* Fügen Sie Seiten ein, löschen Sie diese oder verschieben Sie sie im Layout. Teilen Sie Layouts in Kapitel auf. Navigieren Sie zwischen Seiten oder blättern Sie im Dokument.

Layout. Im Menü *Layout* fügen Sie Layouts für die Gestaltung von *digitalen* oder *Print*-Medien Ihrem Projekt hinzu. Erstellen, duplizieren oder löschen Sie Layouts. Definieren Sie Layouteigenschaften oder die Layoutspezifikation. Sammeln Sie Seiten für die E-Book-Ausgabe ein.

Tabelle. Mit dem *Tabellen*-Menü fügen Sie Ihrer Tabelle *Zeilen* oder *Spalten* hinzu oder löschen diese. Bearbeiten Sie die *Aufteilung* oder wandeln Sie Tabellen in einfache XPress-*Rahmen* um.

Ansicht. Darüber vergrößern und verkleinern Sie die *Ansicht* im Projektfenster. Per Befehl springen Sie auf voreingestellte Vergrößerungsstufen oder passen die Seitendarstellung dem Arbeitsfenster an. Schalten Sie dort Optionen der Bildschirmdarstellung ein und aus. Dazu gehören *Hilfslinien, dynamische Hilfslinien, Raster, Lineale* sowie *Sonder-* und *Sichtzeichen.* Wählen Sie dort auch das Farbmodell für den *Bildschirm*-Proof.

Hilfsmittel. Hier fügen Sie *Hilfsmittel Zeichen-* und *Inhaltsvariablen* ein. Führen Sie eine *Rechtschreibprüfung* durch oder zeigen Sie die Wort- und Zeichenanzahl in Rahmen oder Layout an. Weitere Hilfsmittel geben Informationen über *Schriften, Status* und *Position* von importierten Bildern und Grafiken. Dort finden Sie auch Informationen über Farbprofile oder der im digitalen Publishing importierten Film- und Sound-Daten. Auch alle in Ihr Layout importierten und verknüpften *Excel*-Tabellen sind dort gelistet. Mit *Hilfsmitteln* gelingen auch Operationen, die sich als aufwändig darstellen. Mit dem Hilfsmittel *Cloner* vervielfältigen Sie Seiten und Kapitel und verschieben oder verteilen sie in neue Layouts. *Image Grid* ist ein Werkzeug für den Massenimport von Bildern. *Linkster* hilft Ihnen bei der Neuverknüpfung von Textrahmen. Mit dem Werkzeug *ShapeMaker* gelingt Ihnen die nachträgliche Verwandlung von Rahmen. Mit der *Schriftenzuordnung* definieren Sie Ersatzschriften. Mit dem *PPD-Manager* wählen Sie Druckerbeschreibungsdateien aus. Der

Verläufe
Um in XPress Verläufe zu gestalten, greifen Sie zur Verläufe-Palette, die einiges zu bieten hat. Neben Farbe und Position können Sie auch die Transparenz eines jeden Farbübergangs einstellen.

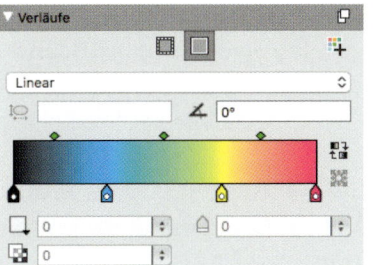

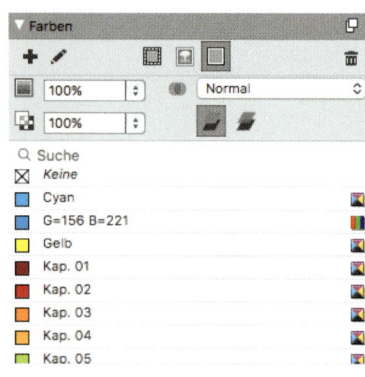

XTension-Manager gibt Infos über den Status einer Erweiterung. Erstellen Sie *QRCodes* oder schalten Sie eine *Änderungsverfolgung* zur Dokumentation von Korrekturen ein.

Fenster. Mit den Funktionen des *Fenster*-Menüs legen Sie neue Fenster an oder teilen bestehende Arbeitsfenster. Verwalten Sie Ihre selbst zusammengestellten Palettenkombinationen als *Palettengruppen*. Sie finden dort alle Paletten aufgelistet, die das Programm zu bieten hat. Schalten Sie sie über das Menü *Paletten* ein.

Farben

Mit der *Farben*-Palette von XPress wählen Sie Farben für *Füllung, Rahmen* oder *Bilder*. Neben prozentualer Wahl eines Farbwertes können Sie auch die *Transparenz* oder einen *Mischmodus* wie *Subtrahieren* auswählen. *Aussparen* oder *Überfüllen* eines Objektes gelingt per Mausklick auf das entsprechende Symbol.

QuarkXPress und InDesign im Überblick

Vergleicht man QuarkXPress mit InDesign, gibt es an einigen Stellen Unterschiede oder gänzlich verschiedene Herangehensweisen. In XPress sind viele einzigartige Funktionen enthalten, für die es keine Entsprechung gibt.

Die Übersichtlichkeit der Nutzeroberfläche, deren Funktionen rasch zu erlernen sind, spricht für XPress. In InDesign haben Sie eine große Vielfalt, Einstellungen vorzunehmen. Die Gestaltungsfreiheit steht hier im Mittelpunkt, die mit unendlich vielen Paletten bedienbar gemacht werden muss, wenn es produktiv werden soll. QuarkXPress erwartet von Ihnen an einigen Stellen Vorbereitungen, damit Sie dann wesentlich schneller und effektiver arbeiten können. Die Produktivität steht bei QuarkXPress im Mittelpunkt.

Was die Bezeichnung von Funktionen angeht, nutzt XPress meist Begriffe der Satz- und Produktionstechnik. InDesign benutzt Begriffe, die aus Kompatibilitätsgründen zu anderen Programmen der *Creative Cloud* nicht unbedingt selbsterklärend sind. Nötige Updates verwalten Sie bei XPress über das Programm *Quark Update*.

Ein vergleichbares Programm wie die *Creative Cloud* App gibt es für XPress nicht. Einmal installiert und freigeschaltet nutzen Sie das Programm unbegrenzt.

Paletten oder Werkzeuge

Manche Funktion ist in InDesign ein Werkzeug, das in XPress eine Funktion ist, die über eine Palette oder einen Menübefehl realisiert wird. Die Handhabung von Konturen wird in InDesign über die *Kontur*-Palette realisiert. In QuarkXPress finden Sie das Pendant in der *Maße*-Palette. Auch im Umgang mit Dokumenten gibt es Unterschiede. In XPress erstellen Sie Projekte, die Layouts enthalten. Innerhalb der Layouts schalten Sie mit Reitern um. InDesign kennt nur Dokumente, die es in Reitern verwaltet. Sie können in InDesign alternative Layouts anlegen. Das dient hauptsächlich dazu, für digitale Medien hoch- und querformatige Designs in einem Dokument gleichzeitig zu bearbeiten. In XPress ist die identische Funktionalität vorhanden. Anders als in InDesign können Sie diese in der *Seitenlayout*-Palette nicht gleichzeitig anzeigen. Gehen Sie dafür in XPress den Weg über geteilte Projektfenster, in denen Sie beide Ausrichtungen zeigen.

Anzeigen und Bearbeiten. Das Umschalten der *Anzeigeleistung* entfällt in XPress komplett. Ein *Xenon* getauftes System zur Bilddarstellung berechnet in XPress, ausgehend von Ihrer aktuellen Vergrößerungsstufe, immer die bestmögliche Bilddarstellung. Selbst die höchste Darstellungsqualität in InDesign reicht nicht an die Darstellungsqualität heran, die XPress bietet. Im Vergleich zu InDesign kennt XPress kein spezielles *Transformieren*-Werkzeug. Sie arbeiten in XPress immer frei transformierend. *Transparenz* und *Schlagschatten* finden Sie in XPress in der *Farben*-Palette oder in der *Maße*-Palette im Bereich *Schlagschatten*. Den *Bildschirmmodus*, in dem Sie eine Beschnittansicht wählen, finden Sie in XPress im Menü *Ansicht | Beschnittansicht*. Dort finden Sie auch andere Anzeigeoptionen wie für die Darstellung von *Hilfslinien* und *Grundlinien*.

Allgemeine Funktionen. Wenn Sie in XPress ein Objekt erstellt haben, können Sie es mit allen Eigenschaften wie *Größe*, *Farbe* oder *Ausrichtung* mehrfach nutzen. Alle *Mehrfach genutzten Objekte* sind miteinander verbunden und verändern sich, sobald ein Objekt geändert wird. Nutzen Sie Verläufe in InDesign, gehen Sie den Weg über die *Verlaufs*-Palette. In XPress finden Sie eine ähnliche *Verläufe*-Palette. Die Palette, die Ihnen verknüpfte Daten zeigt, ist in InDesign die *Verknüpfungspalette*. In XPress erfahren Sie die Informationen unter *Hilfsmittel | Verwendung*. Um Objekte aneinander auszurichten, finden Sie Funktionen in InDesign im *Steuerungsbedienfeld*. XPress beherbergt die Funktionen in der *Maße*-Palette. Die XPress-*Maße*-Palette weist viele Ähn-

Farben anmischen

In InDesign haben Sie eine dezidierte Palette *Farbe*, in der Sie für *Kontur* oder *Füllung* mit Schiebereglern einen Farbton anmischen. In XPress gibt es die *Farben*-Palette, in der Sie Farben verwalten. Zum Anmischen wählen Sie dort das Symbol *Neu* ✚. Über den sich öffnenden *Fabe bearbeiten*-Dialog finden sich alle notwendigen Einstellparameter.

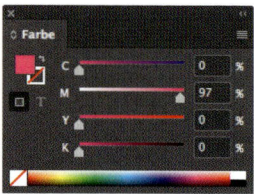

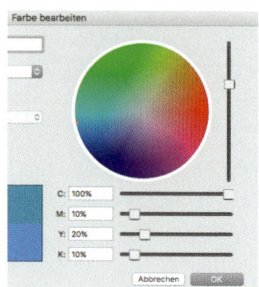

lichkeiten mit der Steuerungspalette von InDesign auf. Für das *Inhaltsaufnahme*-Werkzeug von InDesign, gibt es in XPress keine direkte Entsprechung. Hier gehen Sie in XPress über den Weg des Bildimportes, bei dem Sie immer nur ein Bild laden. Per Drag & Drop können Sie mehrere Bilder gleichzeitig in das Layout bewegen. Für Massenimporte steht Ihnen das Hilfsmittel *Image Grid* zur Verfügung.

Native Objekte. Eine der spannendsten Unterschiede ist die Möglichkeit, platzierte *Illustrator-* und *PDF*-Seiten in XPress-*Objekte* zu wandeln. Über die Zwischenablage transportieren Sie Inhalte aus *InDesign* oder *Excel* zu XPress und setzen sie dort als *native Objekte* ein. Die Tabellenfunktion von XPress funktioniert etwas anders. Wählen Sie in XPress das *Tabellenwerkzeug* in der Werkzeugleiste, klicken Sie auf die Zeichenfläche und ziehen die gewünschte Größe auf. Der Tabellen-Dialog, in dem Sie Angaben über Spalten und Zeilen eingeben, erscheint erst, nachdem Sie einen Rahmen definiert haben.

Text. In InDesign holen Sie sich überlaufenden Text, indem Sie auf das *Textüberlauf*-Symbol klicken und anschließend den Text per Klick auf einen Folgerahmen oder die Zeichenfläche weiterleiten. In XPress nutzen Sie zu diesem Zweck das *Textverkettungswerkzeug*. Sie aktivieren erst den Quellrahmen, dann den Zielrahmen. Der Text fließt hinüber. Weitere Optionen bietet Ihnen das XPress-Hilfsmittel *Linkster*, mit dem Sie vielseitige *Ver-* und *Entkettungs*-Operationen realisieren. Um Teamkollegen Nachrichten zu hinterlassen oder wenn Sie dem Dokument eigene Notizen hinzufügen möchten, können Sie in XPress unter *Objekt | Notizen* eine ähnliche Funktion nutzen wie in InDesign. Der Unterschied besteht darin, dass Sie in XPress die farbigen Notizzettel erhalten, wie Sie es aus *PDF*-Notizen kennen. Selbstredend generieren Sie in XPress *QRCodes* mit allen Optionen, die Ihnen in InDesign zur Verfügung stehen. Lediglich Webadressen müssen Sie die Einleitung *http(s)://www* voranstellen, damit diese funktionieren. In XPress können Sie QRCodes auch als Vektoren anlegen, was Ihnen höhere Ausgabequalität und Farbauswahl ermöglicht. Für die Weitergabe an Dienstleister nutzen Sie in InDesign den Befehl *Datei | Verpacken*. In XPress finden Sie die Funktion unter *Ablage/Datei | Für Ausgabe sammeln…*

Gehen Sie in diesem Buch auf Entdeckungsreise. Sie werden beim Schmökern viel mehr vertraute Bereiche entdecken.

Produktivität

Für die Produktivität in der Herstellung von Publishing-Produkten müssen viele Aspekte berücksichtigt werden, damit Produkte mit standardisierter Qualität wiederholbar hergestellt werden können. Dazu sollten alle Beteiligten die seitens Quark angebotenen Werkzeuge verstehen und anwenden können. Überflüssige und ablenkende Arbeitsschritte müssen minimiert werden.

Vor allen Dingen aber sollte im Team die grundsätzliche Bereitschaft vorhanden sein, Vereinfachungsschritte erkennen und einsetzen zu wollen.

QuarkXPress belohnt diese innere Einstellung mit einem ausgeklügelten softwareseitigen Einstellungssystem. Und Sie belohnen sich, wenn Sie dieses System gewinnbringend einsetzen:

1. **Voreinstellungen und Vorgaben**
2. **Musterseiten, Seitenlayout, Raster & Hilfslinien**
3. **Linkster**
4. **Cloner**
5. **QR-Code**
6. **Projektressourcen:** Absatz- und Zeichenstilvorlagen | Textschattierungsstile | Farben | Listen | Bedingte Stile | Fußnotenstile | Rasterstile | Objektstile | Legendenstile | Tabellenstile
7. **Programmressourcen**
8. **Produktivitätswerkzeuge:** Ebenen | Inhaltsvariablen | Querverweise | Inhalte | Composition Zones | Hyperlinks | Index | Buchfunktion | Bibliotheken
9. **Korrekturen und Anmerkungen:** Notizen | Überprüfung | Rechtschreibprüfung

1 Voreinstellungen und Vorgaben

Gute Voreinstellungen und vor allen Dingen das Verständnis über das Wirken der Vorgaben ermöglichen Zeitersparnis und Konsistenz. Das Quarksche Modell für Vorgaben unterscheidet sich stark von Adobe- oder Microsoft-Produkten. In XPress gibt es:

- **Programmvorgaben** – Änderungen hier wirken sich sofort auf die Reaktion des Programmes aus, aber nicht auf die Dateien! Sie bestimmen hier das Look & Feel von QuarkXPress.

- **Projektvorgaben** – eine Datei in XPress besteht aus einem oder mehreren Layouts. Änderungen hier wirken sich auf alle Layouts dieses Projektes aus.

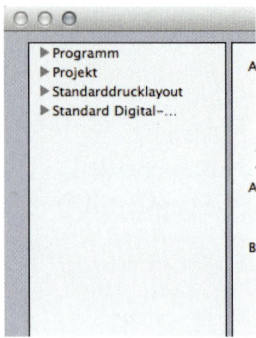

- **Layoutvorgaben** – können nur erstellt werden, wenn kein Projekt geöffnet ist. Nach dem Erstellen eines Projektes werden die *Layoutvorgaben* zu *Layouteinstellungen*. Wenn dann später *Layouteinstellungen* geändert werden, wirken sie sich sofort einzig und allein auf das aktuelle Layout aus. Mögliche andere Layouts des Projektes sind nicht betroffen. *Layoutvorgaben* gelten nicht nur für neue Projekte, sondern immer für neue Layouts, egal ob sie durch den Befehl *Layout | Neu…* oder über *Composition Zones* erzeugt werden. Überlegen Sie also immer gut, ob es nicht besser ist, ein *Layout* zu *duplizieren* und dann zu leeren, als ein neues Layout anzulegen.

- **Projektressourcen** – Farben, Trennverhalten, Stilvorlagen usw., also alles, was Sie in XPress benutzen werden, um das Aussehen der Layouts zu steuern, sind Ressourcen, die allen Layouts eines Projektes gleichartig zur Verfügung stehen. Änderungen betreffen gleichzeitig alle Layouts des Projektes.

- **Programmressourcen** – mit dieser Ressourcenart wird beispielsweise die Ausgabe aus allen XPress-Layouts konsistent gehalten.

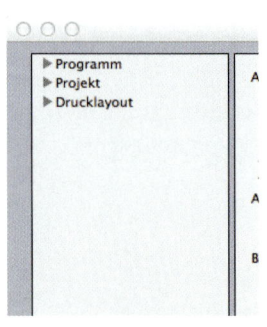

Vorgaben und Einstellungen vornehmen

Der Unterschied zwischen der Mac- und der Windows-Version von QuarkXPress 2017 manifestiert sich nicht nur beim Arbeiten mit der *Maße*-Palette, sondern auch in den Voreinstellungen. Etliche Punkte haben sich am Mac von alten Versionen und von der Windows-Ausführung entfernt. Damit langjährigen Mac-XPress-Anwendern die Orientierung leichter fällt, wurde bei einigen entfallenen Optionen die Ergänzung »nur noch Windows« hinzugefügt, was natürlich keinesfalls abfällig gemeint ist.

Mit dem Tastenkürzel ⌘ alt ⇧+Y / strg alt ⇧+Y gelangen Sie in das *Vorgaben*-Dialogfenster. Hier lassen sich die Programm- und Projektvorgaben sowie die Layouteinstellungen bzw. -vorgaben definieren – jedoch nicht die Ressourcen.

Abschnitt »Programm«

Im Abschnitt *Programm* sind alle programmspezifischen Einstellungen zusammengefasst – alle Änderungen wirken sich sofort auf XPress und das Verhalten von XPress aus.

Abschnitt »Programm« – Kategorie »Anzeigen« ❶

Breite/Stärke der Arbeitsfläche ❷. Der Raum links und rechts neben dem Layout kann als Ablagefläche genutzt werden. 100 % bedeutet genau eine Seitenbreite. Bei 0 % bleiben auf jeden Fall 12,7 mm stehen. Die 0-%-Einstellung ist sinnvoll, wenn Sie Doppelseiten nebeneinander betrachten möchten. Unterstützt wird diese Vorgehensweise durch das Tastenkürzel cmd alt + 0 / strg alt + 0, mit dem Sie die ganze Ablagefläche darstellen können. Oben und unten beträgt die Begrenzung der Arbeitsfläche in XPress aber immer 12,7 mm.

Arbeitsflächenfarbe der Beschnittansicht – nur Mac. Die Arbeitsfläche neben dem Layout besitzt eine andere Hintergrundfarbe als das Layout, in der Beschnittansicht erhält die Arbeitsfläche noch eine andere Farbe. Beide Farben werden in der Kategorie *Farbdesign* eingestellt. Mit der Option *Arbeitsflächenfarbe der Beschnittansicht* setzen Sie in der Beschnittansicht (cmd alt ⇧ + F7) deren Farbe außer Kraft.

Arbeitsflächenfarben – nur noch Windows ❸. Um kenntlich zu machen, welche Montagefläche aktiv ist, können Sie eine Farbe auswählen – gleiches gilt für die Beschnittansicht (strg alt ⇧ + F7). Mac-Anwender nehmen die Voreinstellungen in der neuen Kategorie *Farbdesign* vor.

Opake Textrahmen bearbeiten ❹. Wenn diese Option aktiviert ist, färben sich transparente Textrahmen nur während der Boxauswahl weiß. Hilfreich ist das bei helleren Texten vor dunklen Hintergründen.

Bildschirmprofil ❻. Dieses Menü enthält diverse Standardprofile sowie eventuell installierte spezielle Monitorprofile. Bildschirmprofile steuern die Monitordarstellung von Farben und sind für das Farbmanagement unerlässlich. *Automatisch* sollte erste Wahl sein – und bedeutet: Das Profil des Betriebssystems wird genutzt. XPress zeigt leider manchmal mit anderen Profilen bessere Ergebnisse.

Farbdesign – nur Windows ❼. Neben dem hellgrauen Aussehen steht eine graue Variante zur Verfügung.

Kategorie »Anzeigen«
Hier finden sich Einstellungen, die die Anzeige auf dem Bildschirm betreffen.

Verringerung der Arbeitsfläche
Wenn Sie die Arbeitsfläche verringern, werden alle sich dort befindenden Objekte – entweder als Gruppe oder einzeln – so verschoben, dass sie mit mindestens 2,5 mm Breite vom jeweiligen Rand sichtbar bleiben.

Vertikale Arbeitsfläche oben und unten
Es gibt in QuarkXPress keine Möglichkeit, die Arbeitsfläche nach oben oder unten zu beeinflussen. Schade, denn so können etliche grafische Fähigkeiten nicht genutzt werden.

DPI-Wert anzeigen – nur Windows ❺
Hier können Sie manchmal eine noch bessere Darstellung auf Ihrem Monitor erreichen, wenn Sie die Werte ändern.

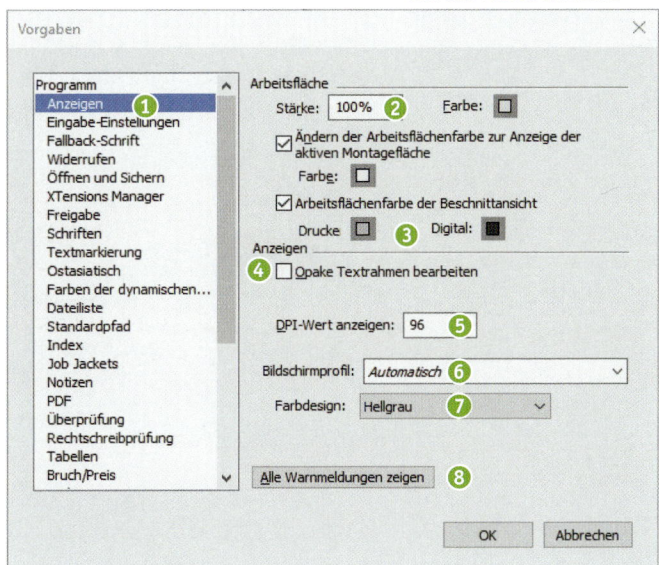

31

Alle Warnmeldungen zeigen ❽. In etlichen Dialogfeldern kann man XPress am »Aufpoppen« bei Warnhinweisen hindern. Wollen Sie die Hinweise jedoch wieder für eine Zeit lang sehen, genügt ein Klick auf dieses Feld.

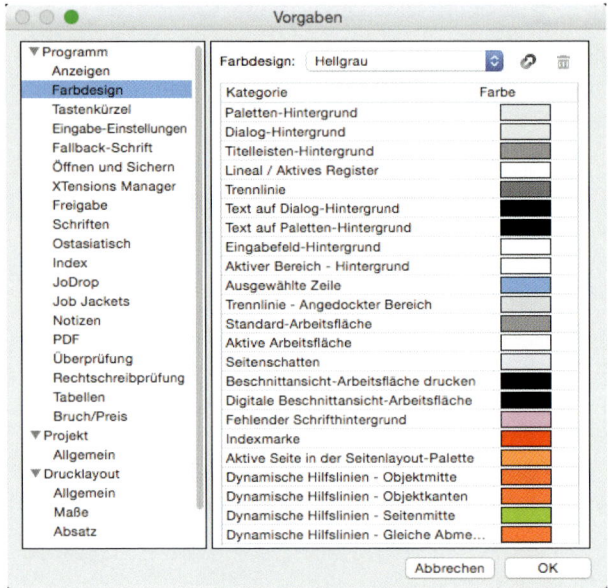

Abschnitt »Programm« – Kategorie »Farbdesign« (nur Mac)

QX 2017 bietet Ihnen auf dem Mac im Dropdown-Menü *Farbdesign* die Wahl zwischen vier vordefinierten Settings. Durch Duplizieren eines dieser Settings entsteht ein weiterer Satz, den Sie dann nach Ihren Wünschen anpassen können.

Etliche neuere Ansichtsfunktionen wie *geschützten Text hervorheben* (*Attribut geschützter Zeichen*), *Querverweise* oder *Inhaltsvariablen* können aber leider noch nicht farblich von Ihnen beeinflusst werden und fehlen bisher in der Auflistung.

Abschnitt »Programm« – Kategorie »Tastenkürzel« (nur Mac)

Seit QuarkXPress 2015 können Sie neue oder geänderte Tastenkürzel für QX 2015, 2016 und 2017 gleichermaßen vergeben. Die Präferenz-Dateien liegen deswegen auch nicht bei einer Programmversion, sondern werden in der Datei */Users/[Benutzername]/Library/Application Support/Quark/QuarkXPress/Quark.CustomKeyShortcuts* gespeichert.

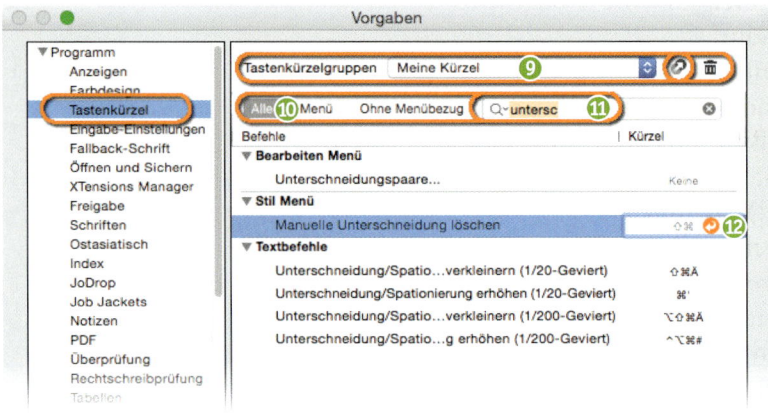

So geht's: Wie bei der Kategorie *Farbdesign* starten Sie mit dem *Duplizieren*  ❾ eines Sets. Jetzt könnten Sie filtern auf *alle* Befehle ❿ oder Befehle mit *Menü* und ohne *Menübezug*. Viel schneller sind Sie jedoch, wenn Sie ein Textfragment in das Suchenfeld ⓫ tippen. Nun erscheinen nur noch wenige Befehle. Seit QX 2016 können Sie den Vorgaben-Dialog endlich auch beliebig weit aufziehen, so dass Sie alle Befehle lesen können. Nun klicken Sie auf den Begriff *Keine* oder einen bestehenden Kurzbefehl, *drücken* ins Feld hinein Ihren neuen Kurzbefehl ⓬ (nicht schreiben) und hoffen, dass der Befehl noch nicht vergeben ist. Falls er doch anderweitig Verwendung findet: XPress nennt Ihnen den anderen Befehl und bietet Ihnen an, den Befehl dort zu entfernen und der gewünschten Funktion *zuzuweisen*.

Durch diese Art der Kürzelvergabe sind nun wenige Kurzbefehle entfallen, die vor der manuellen Vergabe noch möglich waren: XPress erlaubt jetzt keinen Unterschied mehr zwischen Text- und Objektbefehlen und verhindert damit Doppelbelegungen.

Abschnitt »Programm« – Kategorie »Eingabe-Einstellungen«
Hier finden sich verschiedene Einstellungen zu Ihrer Interaktion mit XPress sowie einige sehr wichtige Einstellungen zur Typografie.

Scrollen – nur noch Windows ⓭. Am besten scrollt man in XPress mit dem »Handyman« (alt-Taste drücken und ziehen) – das ist einfach und präzise! Falls Sie dennoch zur Scroll-Fangemeinde zählen, aktivieren Sie die *Echtzeitbewegung*. Dadurch wird der Seiteninhalt bei genügend schnellem Rechner während des Verschiebens über die Rollbalken ständig neu aufgebaut (wird mit alt temporär ein-/ausgeschaltet!). Hilfreich ist bei langsamen Rechnern die Funktion *Schnelles Scrollen*, wodurch die Bilder während des Scrollens ausgegraut werden – der Bildschirmaufbau läuft

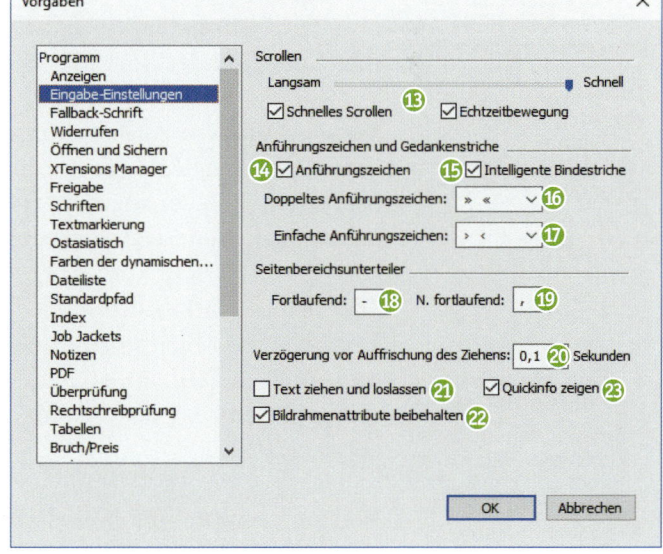

schneller ab. Diese Funktion hängt auch von Ihrer Grafikkarte ab; bei den meisten Rechnern werden die Bilder immer konkret dargestellt.

Neu in XPress 2017

Intelligente Bindestriche ⑮
Die aktivierte Funktion verwandelt zwei aufeinanderfolgende Divise in einen Geviertstrich – beim Import und auch beim Schreiben.

Neu in XPress 2017

Einfache Anführungszeichen und Apostroph
XPress erkennt überwiegend beim Schreiben und beim Import den Unterschied zwischen Apostroph und einfachen Anführungszeichen. Folgt auf das Zeichen »'« ein weiterer Buchstabe, wird ein Apostroph erzeugt – und keine schließende Anführung.

Anführungszeichen ⑭. Sie wählen, ob automatisch beim Tippen und beim Importieren aus »"« An- und Abführungszeichen umgewandelt werden. Dies ist in XPress eine Programmeinstellung und taucht nicht in Stilvorlagen oder in den Spracheinstellungen auf. Programmeinstellungen heißt: Alle neu eingegebenen Anführungszeichen werden nach Voreinstellung behandelt, bestehende werden jedoch nicht gewechselt. Diese Vorgabe spielt mit der Option *Anführungszeichen umwandeln* in *Ablage/Datei | Importieren…* zusammen. Sie entscheidet aber auch darüber, ob man im *Suchen/Ersetzen*-Dialog bei Eingabe von Zoll- oder Anführungszeichen die gewünschten Suchen-und-Ersetzen-Ergebnisse erzielt.

Welche An- und Abführungen in XPress statt »"« oder »'« eingesetzt werden, das bestimmen Sie in den beiden Dropdown-Menüs:

Was wird bei »Anführungszeichen« umgewandelt?		
"XPress"	„XPress", »XPress« oder «XPress»	je nach typografischer Vorgabe ⑯
'Quark'	‚Quark', ›Quark‹ oder ‹Quark› bzw. 'Quark'	QX 2017: je nach typografischer Vorgabe ⑰ QX 2016 und älter: nach engl. Regel
geht's	geht's	(Apostroph)
199,--	354,—	(2 Divis in 1 Geviertstrich)

Ctrl-Taste – nur Mac
Hier können Sie festlegen, ob über die ⌃ctrl⌄-Taste (in Verbindung mit einem Mausklick) das *Kontextmenü* aufgerufen oder das *Zoomwerkzeug* aktiviert wird – so, wie es in uralten XPress-Versionen einmal war. Hier im Buch wird von der neuen Bedienungsweise ausgegangen.

Seitenbereichsunterteiler. Wollen Sie die Seiten 4 bis 8 und die Seiten 17, 19 und 21 in ein PDF umwandeln oder ausdrucken? Ihre Wünsche können Wirklichkeit werden. Der Divis als »bis« für *Fortlaufend* ⑱ und das Komma für *Nicht fortlaufend* ⑲ sind Standardwerte, die auch Ihre Kollegin oder Ihr Kollege erwarten dürfen.

Verzögerung vor Auffrischung des Ziehens – nur noch Windows ⑳. Im Verzögerungsfeld geben Sie ein, wie viele Sekunden Geduld Sie aufbringen müssen, bevor die Vorschaufunktion aktiv wird (vorher sehen Sie auf manchen Rechnern beim Verschieben nur den Rahmen).

Quickinfo zeigen ㉓ – nur noch Windows
Am Mac sehen Sie die Tooltipps (Quickinfo) immer nach geraumer Zeit, wenn Sie mit der Maus über einem Werkzeug oder einer Option stehen. Unter Windows können Sie die Anzeige an- und ausschalten.

Text ziehen und loslassen ㉑. In QuarkXPress kann eine ausgewählte Textstelle per Maus an eine andere Position verschoben werden, wenn diese Option aktiviert ist. Am Mac geht es aber auch schon ohne Aktivierung, wenn Sie das Tastenkürzel ⌘cmd⌄ ⌃ctrl⌄ zum Verschieben von Text beherrschen.

Bildrahmenattribute beibehalten ㉒. Diese Option ermöglicht es Ihnen, beim Reimport eines Bildes die schon bestehenden Einstellungen grundsätzlich zu erhalten. Natürlich können Sie das bei jedem Import umstellen, denn dies ist nur die Standardvorgabe.

Abschnitt »Programm« – Kategorie »Fallback-Schrift«

Mit aktivierter Einstellung *Fallback-Schrift* sucht XPress auf Ihrem System nach einer Ersatzschrift aus der *Schriftenliste*, falls ein Zeichen nicht in der aktuellen Schriftsprache darstellbar ist. Die Einstellungen sind nicht relevant, wenn Sie nur mit lateinischen Schriften in Deutsch, Englisch, Französisch, Spanisch usw. arbeiten – es wird relevant, wenn Sie Griechisch, Russisch, Japanisch etc. in Ihren Layouts verwenden. Für Sprachen aus Osteuropa mit vielen Akzenten wie Rumänisch gibt es keine klare Empfehlung.

Suche. Wenn Sie möchten, dass XPress intelligenter vorgeht, dann klicken Sie diese Option an. Nun sucht XPress entweder in den letzten Absätzen oder in der gesamten Textkette, welche Schrift Sie vorher für beispielsweise Griechisch genutzt haben, und nimmt – sofern gefunden – diese und nicht die in der Schriftliste angegebene.

Schriftenliste. Hiermit definieren Sie, welche grundsätzliche Ersatzschrift XPress benutzen soll, wenn nicht lateinische Zeichen importiert werden. Dies ist wichtig, damit z. B. chinesische Zeichen auch als solche erkannt werden und Sie nicht nur »Kästchen« sehen wollen.

Schrift der Infozeile
Dies gibt die Schriftart an, die XPress beim Export von PDF oder beim Drucken mit Passkreuzen für die Textangaben nutzt. Diese Schrift ist also später Bestandteil des PDFs. Hier empfiehlt sich eine »rote« (also postscript-basierte) OpenType-Schrift.

Abschnitt »Programm« – Kategorie »Widerrufen« (nur noch Windows)

In diesem Dialog wählen Sie ein Tastenkürzel zum Wiederherstellen (!): `strg`+`Y`, `strg`+`Z` oder `strg`+`⇧`+`Z`. Dementsprechend verändern sich die Befehle zum Widerrufen. Die maximale Anzahl umkehrbarer Aktionen kann zwischen 1 und 100 liegen.

Abschnitt »Programm« – Kategorie »Öffnen und Sichern«

Save safe! Wer hat noch nie Daten verloren nach einem Absturz? XPress bietet einige Einstellungen, die dieses Risiko minimieren helfen.

Automatisch sichern alle x Minuten ❶. Mit der Funktion *Automatisch sichern* wird nicht einfach die Originaldatei in dem definierbaren Zeitintervall überschrieben (was bei ungewollten Änderungen fatale Folgen haben könnte), sondern es wird – von vielen fast unbemerkt – eine temporäre Arbeitsdatei mit dem Namen »xxx.qxp.a$v« im selben Ordner angelegt. Bei jeder manuellen Sicherung ($\boxed{cmd}$+$\boxed{S}$ / $\boxed{strg}$+$\boxed{S}$) wird diese Arbeitsdatei zurückgesetzt und das Originaldokument überschrieben. Falls ein Systemabsturz der manuellen Sicherung zuvorkommt, meldet QuarkXPress beim späteren Öffnen des Originaldokuments diesen Umstand und bietet an, auf die automatisch gesicherte Arbeitsdatei zurückzugreifen. Sobald die Datei geöffnet und manuell gesichert wird, verschwindet diese Arbeitsdatei wieder. Diese Arbeitsdatei darf weder umbenannt noch gelöscht, verschoben oder geöffnet werden. Das gewählte Zeitintervall ❷ sollten Sie bei größeren Dokumenten oder langsamen Speichermedien nicht zu klein wählen!

XPress versucht den letzten Stand der Datei zu sichern, bevor es abstürzt. Da das nur bei 80–90 % aller Fälle zuverlässig funktioniert, sollten Sie sich nicht darauf verlassen. Sollte XPress es doch noch geschafft haben, finden Sie auf Ihrem Schreibtisch einen Ordner namens »QuarkRescueFolder«, in dem die Dateien liegen (lassen Sie sich von dem kryptischen Namen nicht abschrecken). Die betreffenden Dateien enden zur besseren Kennzeichnung auf »e$S«, wobei Windows-Nutzer zum Wiederöffnen die Datei mit dem Suffix ».qxp« versehen müssen.

Automatische Sicherungskopie ❸. Im Gegensatz zur automatischen Sicherung wird die *Automatische Sicherungskopie* im Sinne eines automatischen Backups immer dann angelegt, wenn das Dokument manuell gesichert wird. Dadurch dauert der Sicherungsvorgang doppelt so lang: gut angelegte Zeit! An die zusätzlichen Sicherungsdateien wird zur Kennzeichnung eine fortlaufende Nummer angehängt. Wichtigster Vorteil: Da die Backup-Kopien auf ein zweites Speichermedium gesichert werden können, werden auch bei einem Harddisk-Crash keine Daten verloren gehen. Als Ziel ❹ wählen Sie darum am besten eine zweite interne Harddisk (falls vorhanden). Auf keinen Fall sollten Sie den Projektordner wählen, da die Backup-Kopien sonst zusammen mit den Dokumenten abgelegt werden, und Sie sollten auch nicht in einen Ordner im Netz sichern lassen. Eine gewisse Vorsicht ist bei der Versionsanzahl ❺ angebracht. Für normale Produktionsarbeiten reichen meist zwei Versionskopien aus. Beachten Sie, dass immer die älteste Version überschrieben und dieser die höchste,

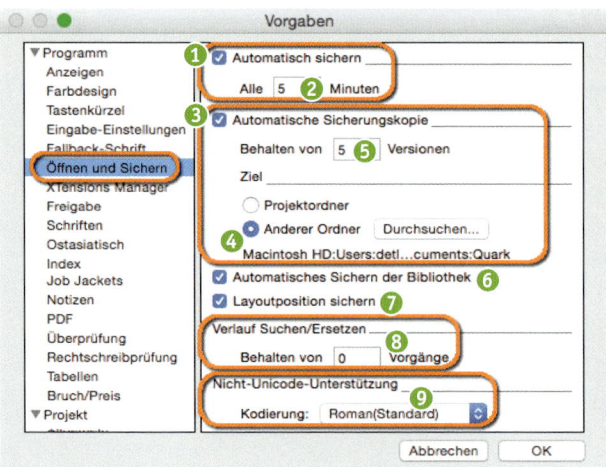

also neueste Versionsnummer zugewiesen wird. Jede Sicherungskopie stellt ein vollwertiges Dokument dar. Vergessen Sie also auch nicht, bei abgeschlossenen Arbeiten an einer Datei die zugehörigen Sicherungskopien zu löschen!

Automatisches Sichern der Bibliothek ❻. Bei aktivierter Option wird bei jedem Hinzufügen oder Löschen eines Bibliothekseintrags die ganze Bibliothek sofort gesichert.

Layoutposition sichern ❼. Möchten Sie die Fensterplatzierung so wieder geöffnet haben, wie Sie sie geschlossen hatten? Wenn Sie *Layoutposition sichern* aktivieren, platziert XPress das Layout beim nächsten Starten so, als hätten Sie es nie verlassen. Aber die Voreinstellung heißt leider nicht: »Letzte bearbeitete Seite wieder anzeigen«.

Nicht-Unicode-Unterstützung ❾. Für Texte, die nicht Unicode kodiert sind, können Sie hier angeben, in welchem Sprachraum diese importiert werden sollen.

Abschnitt »Programm« – Kategorie »XTensions Manager«

Unter *Hilfsmittel | XTensions Manager…* können Sie XTensions aktivieren oder deaktivieren. Beachten Sie, dass Änderungen erst nach einem Neustart von XPress wirksam werden. Im Voreinstellungsdialog geben Sie an, ob und wann der *XTensions Manager* beim Starten automatisch angezeigt werden soll. Lassen Sie diese Option auf der Voreinstellung bei *Fehler beim Laden* stehen, denn Sie können immer beim Starten des Programms den *XTensions Manager* manuell per gedrückter *Leertaste* aufrufen. Deaktivierte XTensions werden von XPress 2017 nicht mehr geladen.

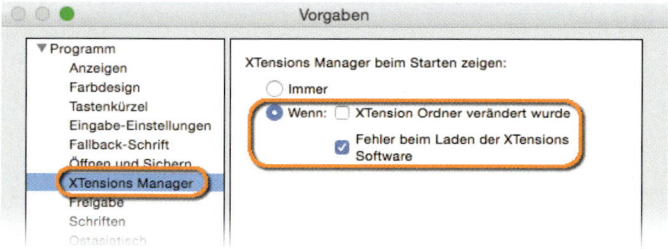

Sichern, automatisch
Sichern, automatische Sicherungskopie, Sichern unter anderem Namen
Ketzereien zu diesem Thema: So vehement im Haupttext für die automatische Sicherung und die automatische Sicherungskopie bei kleineren Dateien argumentiert wurde, genauso heftig kann gegen sie argumentiert werden, wenn es um große, wertvolle Kataloge mit vielen Bildern auf Servern in wochenlanger Arbeit geht. Hier bietet sich eine disziplinierte Arbeitsweise ohne Automatismen und stattdessen mit einem selbst geknüpften Sicherheitsnetz an: manuell sichern (häufig!), Datei schließen und Wiederöffnen (jede Stunde) und spätestens jeden halben Arbeitstag unter neuem Namen sichern, damit kontrollierte Versionsdateien entstehen!

Neu in XPress 2017

Verlauf Suchen/ Ersetzen ❽
XPress merkt sich seit Version 2016, welche Suchen- und Ersetzen-Einträge Sie vorgenommen haben. Gerade wenn Sie mehrfach nach Leerschlagkombinationen gesucht haben, verlieren Sie die Kontrolle, was in den Feldern steht. Jetzt können Sie mit Wert 0 die Merkfunktion ausschalten, aber auch bis zu 20 Einträge erinnern lassen.

Abschnitt »Programm« – Kategorie »Freigabe«

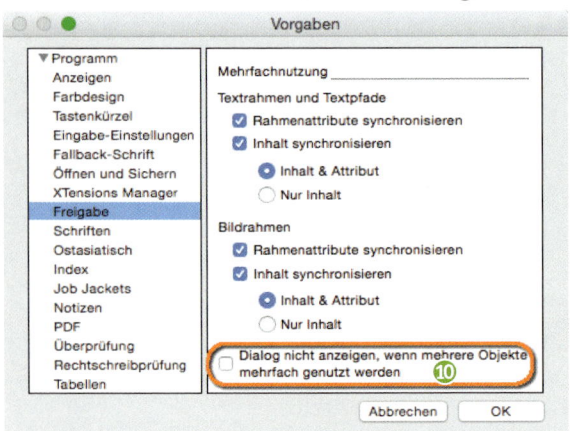

Früher hieß diese Kategorie noch »Mehrfachnutzung« Damit legen Sie – für Text- und Bildobjekte getrennt – die Grundeinstellungen im Dialogfenster *Objekt | Mehrfach nutzen…/Freigabe* oder der *Inhalt-Palette* fest. Da Sie diese jederzeit manuell ändern können, stellen Sie sie einfach auf den Wert, den Sie am häufigsten nutzen.

Wenn mehrere Objekte gleichzeitig zur *Mehrfachnutzung* (Mac) oder *Freigabe* (Windows) ausgewählt sind, kann das zugehörige Dialogfenster komplett unterdrückt werden ⑩ – es gelten dann die hier getroffenen Einstellungen. Ist die Option nicht gesetzt, lassen sich folglich auch nicht unterschiedliche Objekte *mehrfach nutzen/freigeben*.

Abschnitt »Programm« – Kategorie »Schriften«

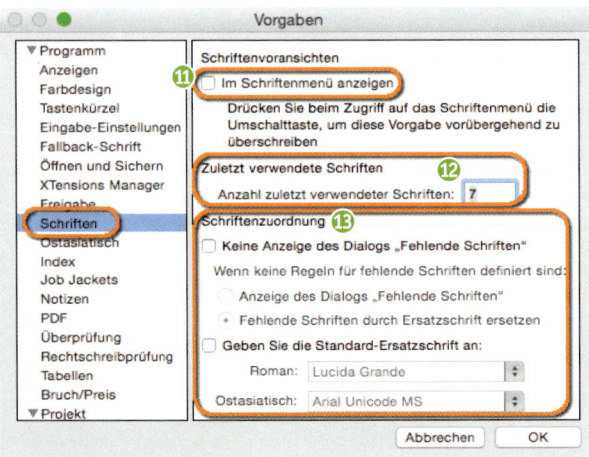

Schriftenvoransichten im Schriftenmenü anzeigen ⑪. Diese Option für die Schriftenvorschau in Menüs ist standardmäßig aktiviert, lässt sich aber auch vorübergehend über die ⇧-Taste außer Kraft setzen. Deaktivieren Sie die Option, wenn Sie Ihre Schriften kennen: Sie erhöhen auf diese Weise die Reaktionsgeschwindigkeit des Auswahlmenüs und können manche Schriftnamen nun auch lesen. Nun können Sie bei gedrückter ⇧-Taste die Schriftenvorschau temporär einschalten.

Neu in XPress 2017

Zuletzt verwendete Schriften ⑫

XPress 2017 führt am Kopf der Schriftliste nun die zuletzt benutzten Schriften auf. Sie bestimmen die *Anzahl* zwischen 0 und 20.

Schriftenzuordnung ⑬. Hinter den Voreinstellungen steckt enorm viel Produktionspower, denn die Einstellungen greifen beim Öffnen einer Datei auch in die Stilvorlagen für Zeichen und Absätze ein – im Verwendungsdialog für Schrift passiert das nicht!
Die folgenden Workflow-Fälle gehen davon aus, dass Sie keine automatische Fontaktivierung durch eine Fontverwaltung benutzen.

Ist keine Option aktiviert, wird beim Öffnen jeder Datei mit fehlenden Schriften die Warnmeldung erscheinen:

Benutzen Sie in Ihrem Projekt automatisch mitwachsende Tabellen, sollten Sie keinesfalls im Warndialog auf *Weiter* ⑭ drücken, denn die Tabellen könnten sich in ihrer Größe verändern.

Über *Schriften auflisten* ⑮ gelangen Sie in die Liste/Dialog zum Ersetzen fehlender Schriften. Wenn Sie eine Schrift austauschen möchten, drücken Sie *Ersetzen* ⑯ und treffen Ihre Ersatzentscheidungen. Wenn es sich nicht nur um eine einmalige Aktion handelt, können Sie den eingestellten Ersatz *als Regel sichern* ⑰.

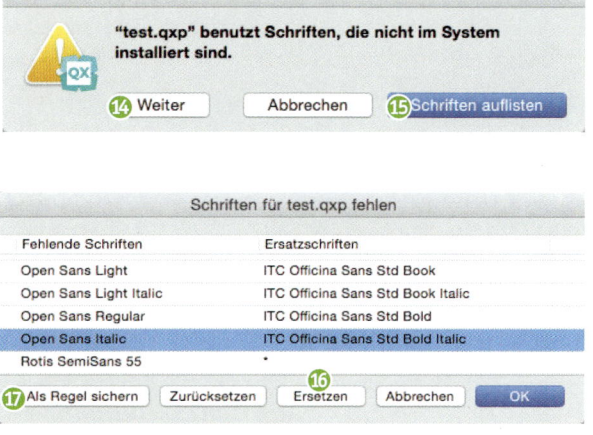

"test.qxp" benutzt Schriften, die nicht im System installiert sind.	
⑭ Weiter	Abbrechen	⑮ Schriften auflisten

Schriften für test.qxp fehlen

Fehlende Schriften	Ersatzschriften
Open Sans Light	ITC Officina Sans Std Book
Open Sans Light Italic	ITC Officina Sans Std Book Italic
Open Sans Regular	ITC Officina Sans Std Bold
Open Sans Italic	ITC Officina Sans Std Bold Italic
Rotis SemiSans 55	.

⑰ Als Regel sichern | Zurücksetzen | ⑯ Ersetzen | Abbrechen | OK

Was passiert bei den Einstellungen der Schriftenzuordnung?

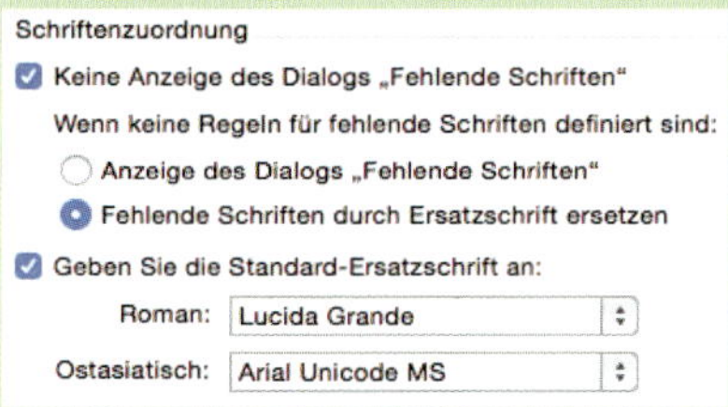

Schriftenzuordnung ☑ Keine Anzeige des Dialogs „Fehlende Schriften" Wenn keine Regeln für fehlende Schriften definiert sind: ○ Anzeige des Dialogs „Fehlende Schriften" ◉ Fehlende Schriften durch Ersatzschrift ersetzen ☑ Geben Sie die Standard-Ersatzschrift an: Roman: Lucida Grande Ostasiatisch: Arial Unicode MS	Bei vorhandenem Regelwerk werden die dort genannten Schriften nach Regelwerk automatisch abgearbeitet. Die Schriftart aller Textstellen und Stilvorlagen mit fehlender lateinischer Schrift (Roman) ohne Regelwerk werden auf die Standard-Ersatzschrift (hier Lucida Grande) getauscht – ohne jegliche Rückmeldung.
 **Schriftenzuordnung** ☐ Keine Anzeige des Dialogs „Fehlende Schriften" Wenn keine Regeln für fehlende Schriften definiert sind: ○ Anzeige des Dialogs „Fehlende Schriften" ◦ Fehlende Schriften durch Ersatzschrift ersetzen ☑ Geben Sie die Standard-Ersatzschrift an: Roman: Lucida Grande Ostasiatisch: Arial Unicode MS	XPress gibt die Warnmeldung beim Öffnen. In der geöffneten Schriftenliste sind bei den fehlenden Schriften die Schriften des Regelwerks und bei den anderen Schriften die Standard-Ersatzschrift vorbereitend eingesetzt.
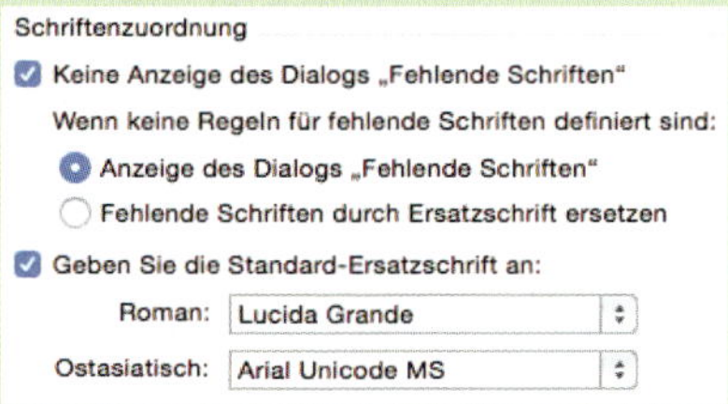 **Schriftenzuordnung** ☑ Keine Anzeige des Dialogs „Fehlende Schriften" Wenn keine Regeln für fehlende Schriften definiert sind: ◉ Anzeige des Dialogs „Fehlende Schriften" ○ Fehlende Schriften durch Ersatzschrift ersetzen ☑ Geben Sie die Standard-Ersatzschrift an: Roman: Lucida Grande Ostasiatisch: Arial Unicode MS	XPress gibt die Warnmeldung beim Öffnen nur dann, wenn unbekannte Schriften enthalten sind, die nicht im Regelwerk definiert wurden. Regelwerk-Schriften werden ersetzt. In der geöffneten Schriftenliste sind bei den fehlenden Schriften die Schriften des Regelwerks und bei den anderen Schriften die Standard-Ersatzschrift vorbereitend eingesetzt.
 **Schriftenzuordnung** ☑ Keine Anzeige des Dialogs „Fehlende Schriften" Wenn keine Regeln für fehlende Schriften definiert sind: ◉ Anzeige des Dialogs „Fehlende Schriften" ○ Fehlende Schriften durch Ersatzschrift ersetzen ☐ Geben Sie die Standard-Ersatzschrift an: Roman: Lucida Grande Ostasiatisch: Arial Unicode MS	XPress gibt die Warnmeldung beim Öffnen nur dann, wenn unbekannte Schriften enthalten sind, die nicht im Regelwerk definiert wurden. Regelwerk-Schriften werden ersetzt. In der geöffneten Schriftenliste sind im Problemfall bei den fehlenden Schriften die Schriften des Regelwerks eingesetzt, aber keine Standard-Ersatzschrift.

Das Regelwerk können Sie jederzeit nachträglich editieren. Gehen Sie zu *Hilfsmittel | Schriftenzuordnung.* Über *Bearbeiten* – also Austausch der Ersatzschrift –, *Löschen,* aber auch *Importieren* und *Exportieren* stehen alle notwendigen Optionen für eine automatisierte Schriftersetzung zur Verfügung. Der Wechsel von Nicht-OpenType-Schrift auf OpenType-Schrift oder von Arial auf Helvetica kann so zum Kinderspiel werden. Nochmals zur Erinnerung: Das Ersetzen von Schriften im Öffnen-Dialog verändert die zugehörigen Stilvorlagen!

Abschnitt »Programm« – Kategorie »Textmarkierung« (nur Windows)

Vorkommen fehlender Schriften anzeigen
Befinden sich in Ihrem geöffneten Layout Textstellen mit fehlender Schrift, werden sie in XPress hervorgehoben. Die Hervorhebung können Sie nur in der *Ansicht | Ansichtsgruppe | Ausgabevorschau* unsichtbar machen.

Wenn Sie Ihre Datei mit fehlenden Schriften layouten, dann wird oftmals der Umbruch nicht richtig berechnet. XPress zeigt Ihnen diese Stellen mit einem farbigen Hintergrund – die Farbe bestimmen Sie hier: *Fehlender Schrifthintergrund.* Am Mac lassen sich diese Einstellungen im Abschnitt *Farbdesign* vornehmen.

Abschnitt »Programm« – Kategorie »Ostasiatisch«

Hier können Sie die ostasiatischen Funktionalitäten aktivieren, so dass Sie ostasiatische Typografie im Layout neu aufbauen und nicht nur weiternutzen können. Nach Neustart von XPress befindet sich das Programm im »Ostasien-Modus«. Neue Optionen in den Menüs und Paletten sind nun aktiv – etliche Dialoge sind nicht mehr deutsch lokalisiert, sondern erscheinen in englischer Sprache. In diesem Buch wird deshalb auf diese Funktionalität nicht tiefer eingegangen.

Abschnitt »Programm« – Kategorie »Farbe der dynamischen Hilfslinien« (nur Windows)
Die Farbe der dynamischen Hilfslinien (strg ⇧ + F7) kann in diesem Abschnitt verändert werden. Am Mac lassen sich diese Einstellungen im Abschnitt »Farbdesign« vornehmen.

Abschnitt »Programm« – Kategorie »Dateiliste« (nur noch Windows)

Hier passen Sie die Anzeige der zuletzt geöffneten und gesicherten Dateien im Menü *Datei* an. Sie entscheiden, wie viele Dateien (3 bis 9) angezeigt werden, ob sich die Liste direkt bequem im Menü *Datei* oder übersichtlich im Untermenü *Öffnen* befinden soll, ob eine alphabetische Sortierung stattfindet und ob der komplette Dateipfad angezeigt wird. Am Mac nutzt XPress die Vorgaben des Betriebssystems.

Abschnitt »Programm« – Kategorie »Standardpfad« (nur noch Windows)

Hier bestimmen Sie, an welchen Orten XPress standardmäßig Dateien sucht oder speichert. Natürlich können Sie über den Systemdialog weiterhin in Ihrem Dateisystem browsen, es geht hier nur um den Ausgangspunkt. Sie können Standardpfade festlegen für die Funktionen *Öffnen, Sichern, Sichern unter, Importieren, Importieren in Textrahmen* und *Importieren in Bildrahmen*. Eine große Hilfe unter Windows, um die Navigationszeiten im Betriebssystem drastisch zu senken!

Abschnitt »Programm« – Kategorie »Index«

Nächster Eintrag. Die in diesem Feld befindliche Zeichenkette erscheint im Index zwischen dem Ende des Texteintrags und der entsprechenden Seitenzahl. Standardmäßig ist hier ein (naturgemäß schwer zu erkennendes) Leerzeichen vorgegeben. Sie können aber beliebig variieren und auch Steuerzeichen einsetzen, z. B. »\t« für einen Tabulator oder »\n« für einen Zeilenumbruch. Wenn Sie das Leerzeichen weglassen, steht die Seitenzahl direkt am Texteintrag.

Zwischen Seitenzahlen. Dieses Feld enthält die Zeichen, die sich zwischen den einzelnen Verweisen (Seiten oder Seitenbereichen) befinden. Üblich ist hier ein Komma, wieder gefolgt von dem obligaten Leerzeichen (,·).

Zwischen Seitenbereich. Verwenden Sie dieses Feld, um Seitenbereiche zu trennen, zum Beispiel mit einem Bindestrich.

Vor Querverweis. Falls Ihr Index Querverweise enthält, bestimmen Sie in diesem Feld deren Formatierung. Üblich ist ein Punkt mit Leerzeichen (.·); alternativ könnten Sie den Querverweis auch per Zeilenumbruch (\n) in einer neuen Zeile darstellen.

Stil Querverweis. Dieses Menü erlaubt die Auswahl einer schon bestehenden *Zeichenstilvorlage* für die Querverweise im Index. Es bieten sich zum Beispiel kursive oder fette Stilvorlagen an.

Zwischen Einträgen. Standardmäßig kommt zwischen den Indexeinträgen ein Absatzumbruch zur Anwendung. Für verschachtelte Indizes, deren Einträge nicht auf einzelnen Zeilen liegen, können Sie hier beispielsweise ein Semikolon mit Leerzeichen (;·) eingeben.

Abschnitt »Programm« – Kategorie »Job Jackets«

Layout-Evaluierung. In diesem Bereich geben Sie an, ob Ihr Layout zu bestimmten Zeiten automatisch evaluiert, also anhand der definierten Prüfregeln mit den im *Job Jacket* beziehungsweise *Job Ticket* vorgegebenen Optionen verglichen werden soll. Dies kann beim Öffnen, beim Sichern, bei der Ausgabe oder beim Schließen des Layouts erfolgen (Mehrfachnennungen sind möglich). Zudem können Sie entweder den Standardordner (Dokumente-Ordner des Benutzers) oder einen eigenen für mehrfachgenutzte Job Jackets definieren.

Abschnitt »Programm« – Kategorie »Notizen«

In XPress können Sie Notizzettel im Text verankern. Die Farbe der Zettel, die Schriftgröße und die Schriftart wählen Sie hier.

Vorgaben für Index
In dieser Kategorie definieren Sie die Trennzeichen, die bei der automatischen Erstellung eines Index zur Anwendung kommen, sowie die Farbe der Indexmarken im Layout. Windows-Anwender können hier die Farbe der Index-Marken bestimmen, Mac-Anwender wechseln in die Kategorie *Farbdesign*.

Abschnitt »Programm« – Kategorie »PDF«

PDF Workflow. XPress kann Layouts ohne den Umweg über Distiller *direkt als PDF* ❶ speichern – der empfohlene Weg. Alternativ lässt sich auch eine *PostScript-Datei für späteres Distillieren erstellen*. In diesem Fall haben Sie die Möglichkeit, einen *Kontrollordner* ❷ (der vom Distiller überwacht werden kann) zu verwenden.

Nur Mac: Der *virtuelle Speicher* ❸ für die Exportfunktion kann zwischen 32 und 1024 MB betragen. Setzen Sie den Wert hoch, wenn Ihre Rechner über mehr als 4 GB RAM verfügen.

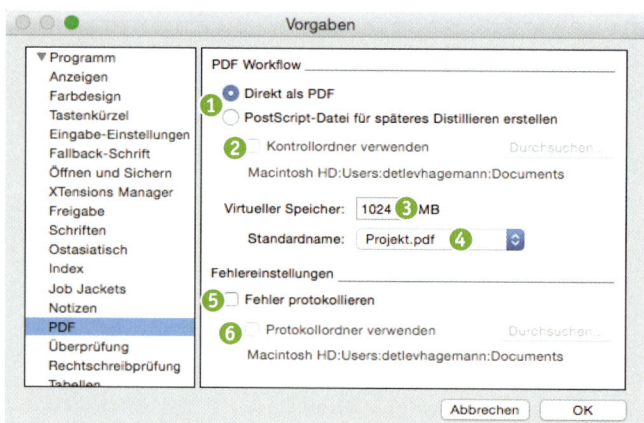

Als *Standardname* ❹ schlägt XPress im Dropdown-Menü *Projekt.pdf* vor, *Projekt_Layout.pdf, Layout_Projekt. pdf*, und *Layout.pdf* sind weitere Auswahlmöglichkeiten dieses Menüs. Zur Beachtung: Die Vorgaben können nur geändert werden, wenn keine Datei oder aber eine Datei mit mehreren Layouts geöffnet ist.

Fehlereinstellungen. Mit *Fehler protokollieren* ❺ erzeugt XPress eine Logdatei neben der entstandenen PDF-Datei oder in dem von Ihnen festgelegten Protokollordner ❻.

Abschnitt »Programm« – Kategorie »Überprüfung der Textänderungen«

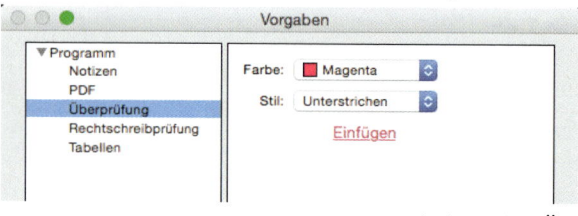

In XPress können Sie wie in einer Textverarbeitung aufzeichnen lassen, wenn im Text Korrekturen vorgenommen werden. In dieser Kategorie definieren Sie die Farbe des geänderten Textes, wenn Sie unter *Hilfsmittel | Überprüfung* die Optionen *Hervorheben der Änderungen* und *Änderungen nachverfolgen lassen* aktiviert haben. Zusätzlich können Sie diese Ansicht durch eine Unterstreichung besonders betonen. Diese hervorgehobenen Änderungen landen sogar im Druck-PDF, wenn Sie die Ausgabeoption *Überprüfung | Änderungen hervorheben* aktiviert haben.

Abschnitt »Programm« – Kategorie »Rechtschreibprüfung«

Rechtschreibprüfungs-Ausnahmen. Wörter mit *Zahlen* sowie *Internet- und Dateiadressen* lassen sich von der Rechtschreibprüfung ausnehmen. Außerdem können Sie festlegen, ob *Groß- und Kleinschreibung* bei der Rechtschreibprüfung miteinbezogen werden soll. Wenn Großschreibung berücksichtigt wird, dann ist das Wort »buch« falsch und »Buch« wird vorgeschlagen. Ebenso werden kleingeschriebene Wörter am Satzanfang bemängelt – manchmal ärgerlich, wenn es viele Aufzählungen im Layout gibt. Da in den

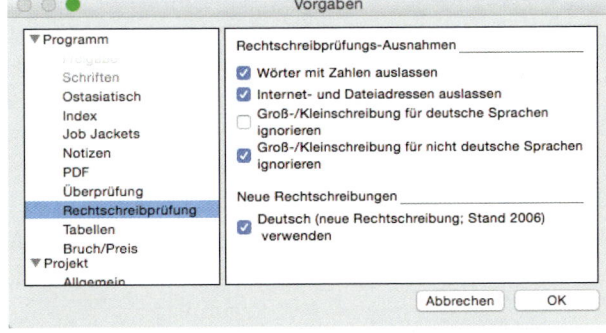

meisten Sprachen außer Deutsch wenig Wörter groß geschrieben werden, lässt sich das für deutsche (gemeint sind Deutsch und Schweizerdeutsch) und nicht-deutsche Sprachen getrennt einstellen.

Verbesserte Rechtschreibprüfung und deutlich mehr Sprachen
Die XTension Spell Checker Pro von Creationauts stellt in XPress zusätzliche die Rechtschreibprüfung Hunspell zur Verfügung.

Abschnitt »Programm« – Kategorie »Tabellen«
Mit QuarkXPress können Sie Zellen-Tabellen im Text verankern. Wenn diese Tabellen zu groß sind und in die Umbruchzone am Spaltenende kommen, lassen sich diese verankerten Tabellen in die nächste Spalte (hier meist gleichbedeutend mit nächster Seite) automatisch umbrechen. Inline-Tabellen sind von dieser Einstellung nicht betroffen, da sie immer umbrechen.

Abschnitt »Programm« – Kategorie »Bruch/Preis«
Hier bestimmen Sie das Erscheinungsbild von Text, dem die Formatierungen aus *Stil | Schriftstil | Bruch* oder *Preis* zugewiesen werden soll. Auf diese Technik der Brucherzeugung sollten Sie nur noch selten zurückgreifen, denn eine OpenType-Schrift mit Extra-Bruchfunktion liefert deutlich bessere Ergebnisse. Legen Sie das Aussehen von Zähler, Nenner und Bruchstrich gesondert fest. Die Werte *Vertikal* und *Horizontal* bestimmen dabei, um wie viel die Ziffern bzw. der Bruchstrich verkleinert werden. 65 % würde bedeuten, dass das jeweilige Zeichen 65 Prozent der Originalgröße erhält.

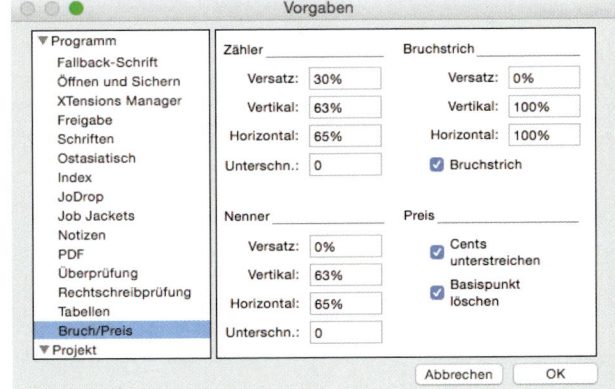

Die Vorgabe für die Ziffern liegt bei 50 %. Bei vielen Schriften wirken Zähler und Nenner dann zu klein, so dass Sie den Wert gegebenenfalls etwas erhöhen sollten. Der *Versatz* des Zählers sollte so eingestellt sein, dass die Ziffer nicht allzu weit über dem Bruchstrich steht. Die Voreinstellung 35 % funktioniert bei vielen Schriften ganz gut, sollte im Zweifelsfall aber ausprobiert werden. Dasselbe gilt für die *Unterschneidung* des Zählers gegenüber dem Bruchstrich. Den *Versatz* des Nenners lassen Sie normalerweise auf 0 % stehen, damit er auf der Grundlinie steht. Verwenden Sie eine Schrift, die ein Bruchstrich-Zeichen enthält, sollten Sie die vorgegebenen Werte in der Gruppe *Bruchstrich* unverändert lassen. TrueType-Schriften für den PC enthalten jedoch keinen schrägen Bruchstrich. Bei diesen Schriften verwendet die Extension stattdessen den normalen Schrägstrich, der zu dick ist. In diesem Fall ändern Sie die Werte so, dass der Schrägstrich etwas dünner wird.

Abschnitt »Projekt«

Dokument = Datei = Projekt ≠ Layout

Zur Info für Umsteiger aus anderen Programmen: QuarkXPress verfügt (wie Excel) über die grundsätzliche Möglichkeit, verschiedene Layouts (Arbeitsblätter) in einer Datei oder einem Dokument zusammenzufassen. Quark nennt eine Datei »Projekt«.

Im Abschnitt *Projekt* mit der Kategorie *Allgemein* sind wenige projektspezifische Einstellungen zusammengefasst. Einige Änderungen können sich sofort auf das geöffnete Projekt und darin enthaltene Layouts auswirken und zu neuem Umbruch oder Aussehen in den Layouts dieses Projektes führen. Ist kein Projekt geöffnet, werden die vorgenommenen Definitionen zu Projektvorgaben weiterer Projekte.

Autom. Bildimport ❶. Eine Änderung dieser Einstellung wirkt sich nicht auf geöffnete Dateien aus. Wenn ein Bild in ein Layout geladen wird, speichert XPress dessen Modifikationsdatum und erkennt daran beim nächsten Öffnen des Dokuments bei aktivierter Voreinstellung, ob das Bild unterdessen eventuell verändert (modifiziert) worden ist. Sollen Bilder beim Öffnen automatisch aktualisiert werden oder nicht? Die empfohlene Einstellung sollte *Aus* ❷ sein …
- damit eine Datei schnell auf dem Bildschirm erscheinen kann,
- damit die Datei nicht schon allein durchs Öffnen verändert wird.

Aber es gibt natürlich Ausnahmen: Zum Austausch von Grob- gegen Feindaten bietet sich die kurzzeitige Aktivierung von *Ein* an. Unabhängig von dem gewählten Modus würde XPress spätestens bei der Ausgabe reklamieren und Sie dazu auffordern, die Bilder zu aktualisieren. Wählen Sie *Prüfen*, gibt Ihnen ein Dialogfenster beim Öffnen der Datei die Gelegenheit, sich für oder gegen die Bildaktualisierung zu entscheiden.

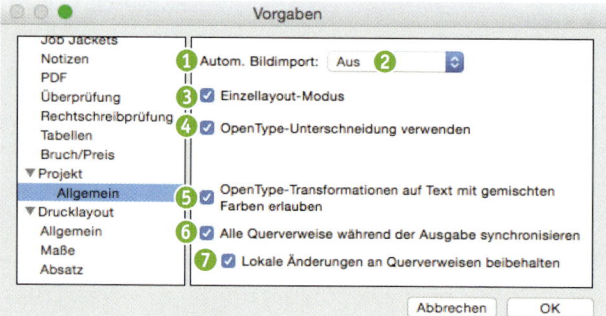

Achtung: Aktivierter *Automatischer Bildimport* kann den Umbruch von

Layouts verändern, wenn textumflossene Bilder den Text dann anders verdrängen sollten.

Einzellayout-Modus ❸. Ohne geöffnetes Projekt bewirkt diese Einstellung die automatische Markierung des *Einzellayout-Modus* im Dialogfenster *Ablage/Datei | Neu | Projekt*. Ist bereits ein Projekt geladen, das nur aus einem Layout besteht, kann das Projekt an dieser Stelle nachträglich in ein »echtes« Einzellayout-Projekt umgewandelt werden.

OpenType-Unterschneidung verwenden ❹. Diese Option ist standardmäßig ausgewählt und aktiviert die Standardunterschneidungen für OpenType-Schriften. Sie können dann für OpenType-Schriften keine eigenen Unterschneidungen mehr mit dem *Bearbeiten | Unterschneidungspaare…* definieren. Manuelle Unterschneidungen können jedoch weiterhin vorgenommen werden. Eine neue Einstellung kann den Umbruch verändern, weil andere Unterschneidungswerte gelten.

OpenType-Transformationen auf Text mit gemischten Farben erlauben ❺. Mit Zeichen aus speziellen Fonts lassen sich bei Aktivierung mehrfarbige Zeichen oder Buchstaben erzeugen. Bekanntestes Beispiel: Mit dem Font *Chartwell* lassen sich mehrfarbige Charts aufbauen wie diese Tortengrafik. Im Texteditor sehen Sie die Prozentzahlen der Tortenstücke und das »m« für den Kreis in der Mitte.

Alle Querverweise während der Ausgabe synchronisieren ❻. Hier aktivieren Sie, ob XPress – ungeprüft von Ihnen – bei der Ausgabe alle Querverweise im Text aktualisieren soll. Querverweise können ja im Gegensatz zu Inhaltsvariablen im Text verändert werden. Mit Aktivierung von *Lokale Änderungen an Querweisen beibehalten* ❼ werden diese Stellen von der Synchronisierung ausgenommen.

> **Neu in XPress 2017**
> Die Synchronisierung von Querverweisen kann jetzt automatisch erfolgen.

Drucklayout und digitales Layout

Nochmal zur Erinnerung: Die layoutspezifischen Einstellungen wirken sich nur auf das momentan aktive Layout aus bzw. (wenn Sie keine Datei geöffnet haben) werden zur Vorgabe für alle danach neu erstellten Layouts. Layouts eines Projektes können also unterschiedliche Layout-Vorgaben besitzen.

Abschnitt »Layout« – Kategorie »Allgemein«
Hier definieren Sie die allgemeinen Vorgaben/Einstellungen eines Layouts.

> *Neues Layout versus dupliziertes Layout*
> In einem Projekt verfügt ein neu angelegtes Layout *(Layout | Neu…)* über die Einstellungen aus den Vorgaben – ein dupliziertes Layout *(Layout | Duplizieren…)* jedoch über die Vorgaben des ursprünglichen Layouts!

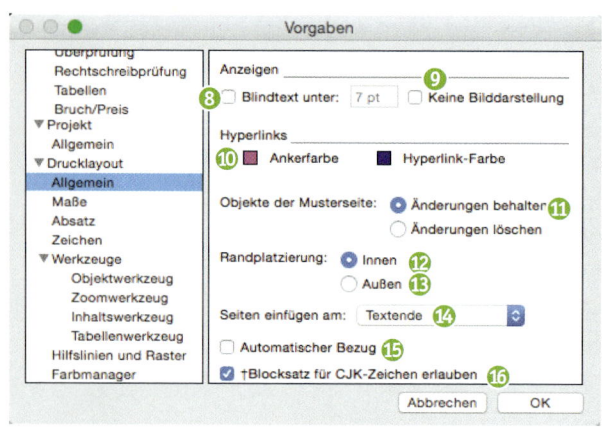

Anzeigen – Blindtext unter ❽: Mit der Punktangabe ist nicht die tatsächliche Schriftgröße aus den Typo-Einstellungen gemeint, sondern diejenige der effektiven Bildschirmdarstellung: Eine 2-pt-Schrift ist beim 800-%-Zoom 16 Punkt groß. Liegt die effektive Darstellungsgröße der Schrift unter dem Wert, werden graue Balken angezeigt. Für die normale Arbeit unschön, aber auf langsamen Rechnern ein Geschwindigkeitsbooster, wenn man nur noch Bilder platzieren oder überprüfen will. Dann kann man die Größe z. B. auf 60 pt stellen – mit dem Ergebnis, dass fast keine Schrift gerendert werden muss.

Anzeigen – Keine Bilddarstellung ❾. Noch ein Geschwindigkeitsbooster: Ein Mausklick und schon werden alle Bilder eines Layouts nur noch als graue Flächen dargestellt! Sobald Sie mit der Maus auf eine solche Bildbox klicken, wird dieses eine Bild – und nur dieses – sofort gezeigt. Die Funktion *Keine Bilddarstellung* hat selbstverständlich keinen Einfluss auf die Ausgabe.

Hyperlinks ❿. In XPress-Layouts können Hyperlinks für die PDF-Erstellung eingegeben werden. Hier können Sie *Anker-* und *Hyperlink-Farbe* für die Bildschirmdarstellung des Layouts in XPress bestimmen.

Objekte der Musterseite ⓫. Elemente der Musterseite können auf den Layoutseiten problemlos abgeändert werden. Sollen alle diese Änderungen bei einem *nochmaligen Zuweisen* der Musterseite gelöscht oder behalten werden? Wenn möglich, arbeiten Sie mit der Einstellung *Änderungen behalten*, so dass die abgeänderten Kapiteltitel nicht wieder mit dem Eintrag von der Musterseite überschrieben werden.

Für grafische Projekte (Vergrößerung einer Form) benötigt man die Randplatzierung »Außen« Veränderte Grundeinstellungen wirken sich nur dann auf eine Box aus, wenn ein neuer Wert in die Randstilstärke eingegeben wird.

Randplatzierung ⓬. Was soll XPress machen, wenn Sie an einen Textrahmen eine 1 mm dicke Umrandung definieren? Soll der Rand nach *Innen ⓬* wachsen oder nach *Außen ⓭* den Platz verringern? In 99 % aller Fälle – besonders beim Anzeigensatz – muss der Rand nach *Innen* wachsen, da sonst die Definition der Rahmenbreite nicht mehr die tatsächliche Objektbreite wiedergibt.

(Automatisches) Seiten einfügen am ⓮: Diese Option steht nur für Drucklayouts zur Verfügung. Eine Veränderung kann sofort Ihre Seitenzahl erhöhen und sogar zu Umbruchveränderungen bei doppelseitigen Layouts führen. Sie steuern hier, was XPress machen soll, wenn in einem automatischen Textrahmen nicht mehr genügend Raum für den ganzen Text vorhanden ist: Soll für den Textüberlauf eine neue Seite eingefügt werden? Falls ja, wo soll diese Seite eingefügt werden? Für Umbrucharbeiten an Büchern oder längeren Beiträgen empfiehlt sich anfangs *Textende*, für Akzidenzjobs und kurz vor Abschluss der Layoutarbeiten für alle anderen Dateitypen dagegen *Aus*. Übernehmen Sie die Arbeit an XPress-Dateien von Kollegen, Auftraggebern oder Kunden, sollte Ihr erster Blick zu dieser Voreinstellung gehen. Damit XPress auch tatsächlich automatisch neue Seiten einfügt, müssen folgende drei Bedingungen erfüllt sein:

- Die Textbox auf der Musterseite muss verkettet sein: Damit wird sie zur »automatischen Textbox«.
- Sie schreiben oder importieren Text in die von der Musterseite stammende automatische Textbox, und der Text ist zu lang für die letzte Textbox.
- Als Einfügemethode muss entweder *Textende*, *Abschnittsende* oder *Dokumentende* (Layoutende) gewählt worden sein.

Automatischer Bezug ⓯. Nicht einschalten! In diesem Arbeitsmodus werden sich überlagernde, neu erstellte Objekte in eine hierarchische Beziehung zueinander gebracht. Wenn Sie sich viel Ärger ersparen möchten, aktivieren Sie diese Funktion ganz einfach nicht! In Spezialfällen kann man dies auch später manuell im Layout definieren.

Blocksatz für CJK-Zeichen erlauben ⓰
CJK steht für China, Japan und Korea – also eine Einstellung für ostasiatischen Satz.

Abschnitt »Druck-/Digital-Layout« – Kategorie »Maße«

Horizontales und vertikales Maß. Bei uns im deutschsprachigen Raum empfiehlt sich für Druckprojekte die Verwendung der Einstellung *Millimeter* – für digitale Layouts *Pixel*. Arbeitet jemand intensiv im Inserate-Bereich (Höhe wurde oft in Cicero, Breite in Millimeter angegeben), könnte das horizontale und das vertikale Maß entsprechend unterschiedlich eingestellt werden.

Umrechnungsfaktoren Punkte/Zoll und Cicero/cm. In diesen Feldern können Umrechnungsfaktoren verändert werden, die bei der Neuberechnung von Layouts aus alten Satzsystemen (mit anderen Definitionen) die Grundlage bilden und den Nachbau in XPress erleichtern. Eine Veränderung an einer bestehenden XPress-Datei bewirkt einen Neuumbruch!

Objektkoordinaten (nur Drucklayout). Wenn Sie in der XPress-Seitenlayout-Palette beispielsweise drei Seiten nebeneinander stellen, werden diese drei Seiten von XPress als Montagefläche angesehen. Sie können hier wählen, ob jede Seite mit einem eigenen Nullpunkt beginnen oder ob sich die numerische Einteilung auf die ganze Montagefläche beziehen soll.

Abschnitt »Druck-/Digital-Layout« – Kategorie »Absatz«

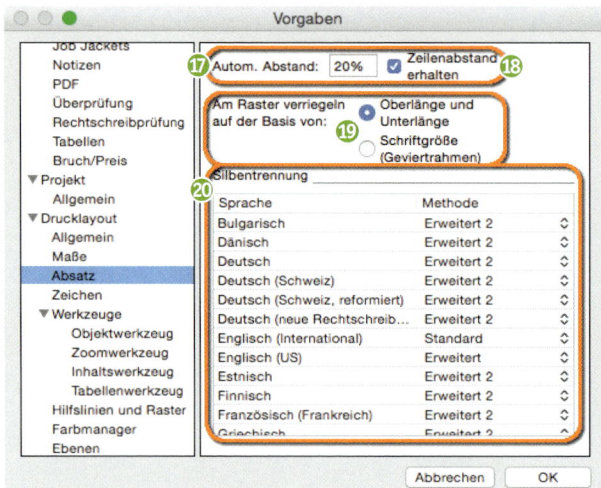

Für diesen wichtigen Vorgabenbereich, den man bei Fremddatenanlieferung immer überprüfen sollte, gibt es einen speziellen Kurzbefehl: cmd alt + Y / strg alt + Y. Alle Veränderungen in dieser Kategorie können einen sofortigen Neuumbruch bewirken!

Automatischer Abstand ⑰. Der automatische Zeilenabstand (ZAB) wird wirksam, sobald dieser nicht manuell definiert wird. Die Voreinstellung beträgt Schriftgröße +20 % – ein praktikabler Wert.

Zeilenabstand erhalten ⑱. Wird Text in einem Textrahmen von einem anderen Element (z. B. einem Bild) zu einem Umfluss gezwungen, geschieht das in Abhängigkeit von der Einstellung *Zeilenabstand erhalten*. Ist die Option aktiviert, wird der vorgegebene Zeilenabstand für den Text weiterverwendet. Ist diese Funktion nicht aktiviert, schiebt sich die erste Zeile nach dem zu umfließenden Element mit der Oberlänge so nahe wie möglich an dieses heran – natürlich abhängig davon, wie der Umfluss dieses Elements eingestellt worden ist.

Zeilenabstand erhalten
Die Einstellung hat großen Einfluss auf das Verhalten Ihres Layouts! Empfehlung: bei Broschüren und Büchern *Ein*, bei Anzeigen *Aus*.

Am Raster verriegeln auf der Basis von ⑲. XPress kann Text auf zwei verschiedene Arten auf der Grundlinie ausrichten: Über Oberlänge und Unterlänge (so wie XPress in Europa immer gearbeitet hat) oder über Schriftgröße, wie es im asiatischen Raum eher genutzt wird. Eine Umstellung im Layout kann zu Umbruchveränderungen führen.

Silbentrennung ⑳. XPress enthält eine sehr gute Silbentrennung mit Dieckmannschen Trennalgorithmen für verschiedene Sprachen. Hier sollte immer die letzte (beste) Einstellung genommen werden – für die vier deutschen »Sprachen« sollte es also *Erweitert 2* sein.

Abschnitt »Druck-/Digital-Layout« – Kategorie »Zeichen«

Alle Veränderungen können einen sofortigen Neuumbruch bewirken. Der Screenshot ㉑ zeigt für *Hochgestellt*, *Tiefgestellt*, *Kapitälchen* und *Index* Einstellungen, die für die meisten »alten« Schriften akzeptable Ergebnisse ermöglichen. Hier stellen Sie die Werte für den Schriftsatz mit *nicht ausgebauten* Schriften ein. Nicht ausgebaut bedeutet: Die Schrift enthält keine extra hochoder tiefgestellten Zeichen, keine echten Kapitälchen und keine Indexzeichen. Nutzen Sie lieber eine OpenType-Pro-Schrift und deren OpenType-Features.

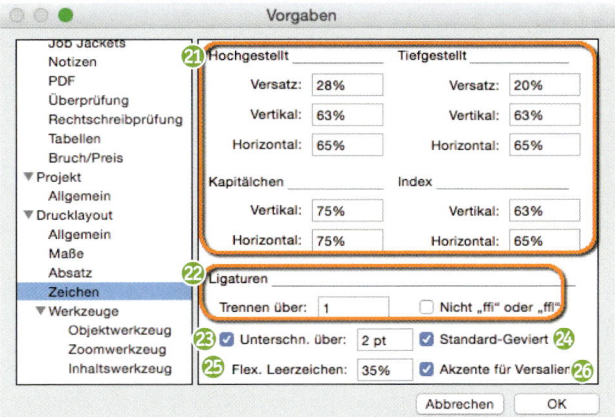

Unterschneiden über ㉓. Die meisten Schriften verfügen über eingebaute Unterschneidungs- oder Ästhetiktabellen. Mit der Einstellung *Unterschn. über* können Sie schriftgradbezogen den Einsatzpunkt steuern. Wenn Sie alle Schriftgrößen unterschnitten haben möchte, stellen Sie diesen Wert auf die Schriftgröße 2 Punkt.

Leerzeichen ㉕. Das flexible Leerzeichen wurde vor über zwanzig Jahren von Quark »erfunden«, damit die bekannten »Typoabstände« wie »Achtelgeviert« oder »Geviert« nachempfunden werden konnten. Das Eingabefeld akzeptiert Werte zwischen 1 % und 400 % – ausgehend von der 100 %-Größe des Halbgevierts. Die Größe des Halbgevierts ist ihrerseits abhängig von der Einstellung des »Standard-Gevierts«.

Akzente für Versalien ㉖. Ist diese Funktion aktiviert, behalten alle akzentuierten Kleinbuchstaben, z. B. Umlaute, bei der Umstellung in den Versalmodus ihre Akzente. Beispiel: *Süderlügum* wird zu *SÜDERLÜGUM*. Im französischsprachigen Satz stellt man diese Funktion aus.

Abschnitt »Druck-/Digital-Layout« – Kategorie »Werkzeuge«

Bei den Voreinstellungen für die Werkzeuge bestehen seit Quark XPress 10 große Unterscheide zwischen Windows und Mac. Am Mac lassen sich hier nur noch vier Werkzeuge einstellen: Alle Linien, Pfad und Rahmeneigenschaften werden direkt im Layout am Objekt in die Voreinstellungen übergeben. Übrigens: Keine der Werkzeugvorgaben verändert sofort eine Datei, denn es sind und bleiben immer Vorgaben.

Index-Formatierung
Die Indexziffern richten sich immer an der Versalhöhe der Schrift aus, weswegen es keine Versatz-Einstellung gibt.

Ligaturen ㉒
Die Einstellungen werden im Typographie-Kapitel erläutert.

Standard-Geviert ㉔
Die Einstellungen werden im Typographie-Kapitel erläutert.

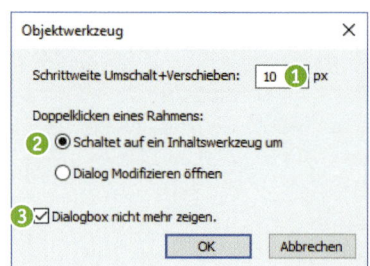

Objektwerkzeug ✥. Hier geben Sie an, um wie viele Pixel ❶ Objekte durch die Tastenkombination *Umschalt+Cursortaste* (⇧+↑→↓←) verschoben werden. Leider sind nur Angaben in Pixel möglich. Abhilfe schafft hier die kostenpflichtige XTension *TypoX* von JoLauterbach. Bewegen Sie Objekte hingegen durch ↑ oder ↓ in Feldern mit »Ticker« der *Maße*-Palette, gelten die Werte der zugehörigen Maßeinheit.

Unter Windows können Sie einstellen, was bei Doppelklick auf einen Rahmen geschehen soll, wenn das *Objektwerkzeug* aktiv ist. Wählen Sie *Schaltet auf ein Inhaltswerkzeug um* ❷, so wechseln Sie automatisch schnell ins *Textinhaltswerkzeug*, wenn Sie auf einen Textrahmen doppelklicken. Diese *Dialogbox* ❸ können Sie grundsätzlich unterdrücken.

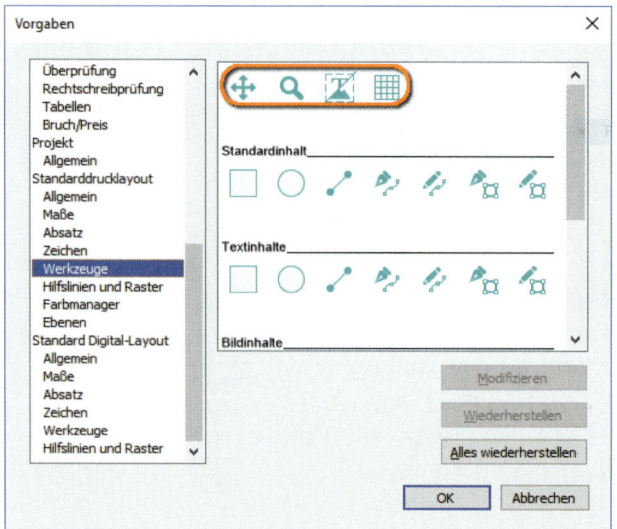

Lupenwerkzeug 🔍. Das *Lupenwerkzeug* erlaubt das Vergrößern/Verkleinern der Ansichtsgröße in zu definierenden Schrittweiten. Wenn Sie mit der »Klick«-Funktion arbeiten (besser: mit der Lupe den gewünschten »Zoombereich« aufziehen), dann geben Sie dafür vernünftige Schrittweiten ein. Meist empfehlen sich Werte zwischen 50 % oder 200 %, je nach Auftrag.

Inhaltswerkzeug 🔳. Schon seit XPress Version 8 gibt es kein Bild- und Textrahmenwerkzeug mehr, sondern nur noch *Inhaltswerkzeuge*. Um diesen Bruch in der Bedienung nicht so deutlich ausfallen zu lassen, bietet Quark zwei grundsätzliche Methoden an, mit diesen Werkzeugen umzugehen: beim Ziehen soll entweder ein *Rahmen erstellt* oder eine *Auswahl* erzeugt werden. Die erste Methode verlangt mehr Klicks, um verschiedene Elemente im Layout auszuwählen – die zweite Methode erfordert Tastatur-Unterstützung beim Aufziehen eines Bilder- oder Textrahmens mit der Maus.

Einsortierungsfehler

Die Voreinstellungen für das *Objektwerkzeug* und das *Inhaltswerkzeug* sind **keine** *Layoutvorgaben*, sondern *Programmvorgaben*. Leider hat Quark das noch immer nicht berichtigt.

Tabellenwerkzeug 𝄜. Am Mac stehen hier nur noch die Tabellen-Erstellungseigenschaften zur Verfügung. Die anderen Einstellungen werden direkt im Layout am Tabellenobjekt in die Vorgaben übergeben. Ist die Option *Erstellungsdialog anzeigen* gewählt, wird das Aufziehen einer Tabelle immer mit dem üblichen Dialog weitergeführt.

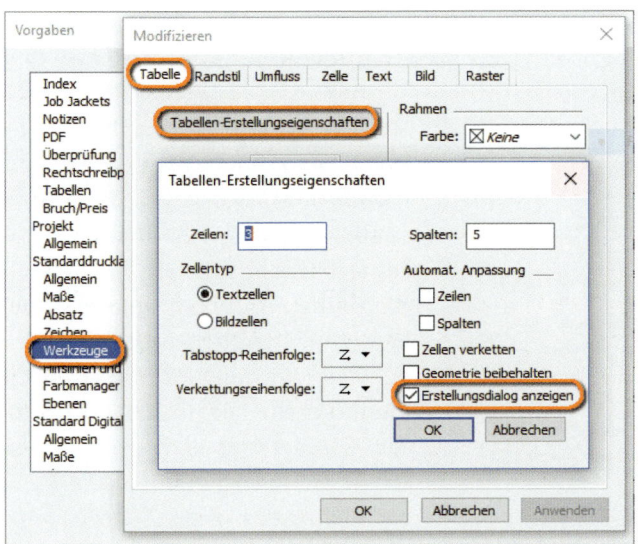

Unter Windows können weiterhin übersichtliche Feineinstellungen folgender Eigenschaften vorgenommen werden: Randstil, Umfluss, Zelle, Text, Bild und Raster.

Werkzeuge: Standardinhalte, Textinhalte und Bildinhalte – nur noch Windows. In dieser Gruppe können Sie über die Schaltfläche *Modifizieren* alle rahmenspezifischen Einstellungen für das jeweilige Werkzeug vornehmen. Als *Farbe* für die Textboxen wählen Sie praktischerweise bei grafikorientierten Produktionen *Kein(e,r)*, damit Sie die Textrahmen wie transparente Folien übereinander legen können. Bei der Funktion *Umfluss* wählen Sie dementsprechend *Kein(e,r)*, sonst verdrängen sich die Textboxen gegenseitig. In einer fest definierten Arbeitsumgebung, z. B. für eine Buch- oder Zeitungsproduktion, kann man die Einstellungen natürlich auch ändern. Für die Bildinhalte stellen Sie üblicherweise die *Hintergrundfarbe* auf *100 % Weiß* und den *Umfluss* auf *0 Punkt*. Vorteil von *100 % Weiß*: Bei einer Farbwahl müssen Sie nicht zuerst den Tonwert auf 100 % umstellen. Sie können hier auch eingeben, ob Sie Linien immer mit 0,25 pt erzeugen oder die Rahmen von Anfang an abgerundete Ecken erhalten wollen.

Composition Zone-Vorgaben – nur Windows
Auch für diese Objekte können Sie Rahmen, Randstil, Umfluss und die Deckkraft des Layouts festlegen. Mehr über Composition Zones erfahren Sie weiter hinten in diesem Kapitel.

Werkzeuge: Standardinhalte, Textinhalte, Bildinhalte und Composition Zones – nur Mac. Sie nehmen in einem Layout an Beispielobjekten die Einstellungen vor und rufen den Befehl *Bearbeiten | Werkzeugvorgaben entsprechend der Auswahl festlegen | Für das aktuelle Layout* oder auch *Für neue Layouts* auf. Sie können unter *Bearbeiten | Werkzeugvorgaben auf Standard-Vorgaben zurücksetzen*.

Abschnitt »Druck-/Digital-Layout« – Kategorie »Hilfslinien und Raster«

Fangradius Hilfslinien. Dieser Wert ist in Bildschirmpixel angegeben. Für grafische Arbeiten empfehlen sich Werte zwischen 4 – 6 Pixeln ❹.

Die Definition in Pixel ist abhängig vom Zoomfaktor – und der Fangradius bleibt dadurch auch bei kleinen Ansichtsgrößen (z. B. 50 %) gleich groß.

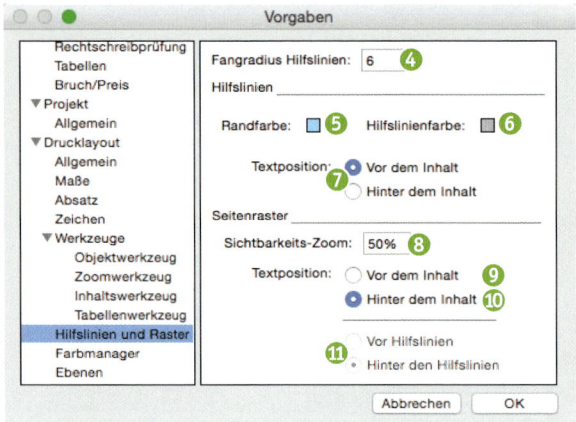

Hilfslinienfarbe dezent wählen. Kräftige Farben sind zwar gut sichtbar, auf die Dauer aber anstrengend. Wählen Sie besser dezente Farben, z. B. ein leichtes Grau. Für die Spalten- oder Satzspiegelränder nutzen viele ein helleres Blau als die XPress-Vorgabe. Die *Hilfslinienfarbe* ❻ benutzt XPress nicht nur für Hilfslinien, sondern auch für die Darstellung der *Freistell-* und *Ausschnitt*pfade von Bildern. Die *Randfarbe* ❺ setzt XPress hingegen für die *Umfluss*pfade von Bildern ein. Wenn *Textposition Vor dem Inhalt* ❼ gewählt ist, sehen Sie die Hilfslinien auf jeden Fall bei eingeschalteter Sichtbarkeit (*Hilfslinien* einschalten [F7]). Liegen sie jedoch hinter dem Inhalt, werden sie durch Bilder oder Farbflächen verdeckt.

Seitenraster (Grundlinienraster der Seite). Das Feld *Sichtbarkeits-Zoom* ❽ bestimmt, ab welchem Zoomwert das Seitenraster bei aktivierter Option *Ansicht | Seitenraster* ([alt]+[F7] / [strg]+[F7]) eingeblendet wird. 50 % bis 100 % haben sich in vielen Produktionen bewährt. Wieder lässt sich die Textposition *(Vor* oder *hinter dem Inhalt)* und abhängig von der für die Hilfslinien getroffenen Einstellung gegebenenfalls auch die Stapelfolge des Rasters bezüglich der Hilfslinien *(Vor* oder *hinter den Hilfslinien* ⓫) wählen.

Abschnitt »Drucklayout« – Kategorie »Farbmanager«

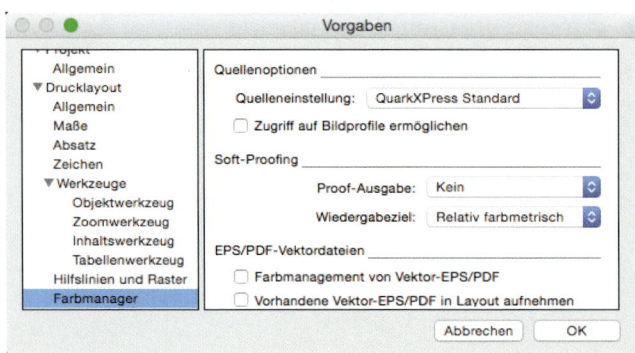

Im Kapitel »Ausgabe und Farbmanagement« werden die Einstellungen ausführlich diskutiert. Daher hier nur eine kurze Übersicht:

Quellenoptionen. Quelleneinstellungen beschreiben Farben eines Layouts, wie sie vor der Ausgabe aussehen – oder anders ausgedrückt: woher die Farben stammen. Die Quelleneinstellungen enthalten Profile und

Wiedergabeziele für Volltonfarben und auch für Bilder in RGB, CMYK, LAB und Graustufen. Die Option *Zugriff auf Bildprofile ermöglichen* erlaubt Veränderungen an einzelnen Bildprofilen über die Palette *Profilinformationen* sowie im *Bild laden*-Dialog.

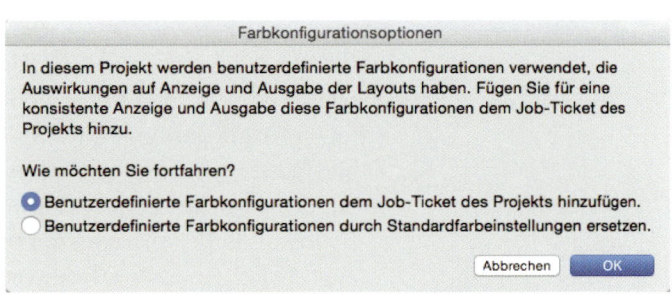

Soft-Proofing und Wiedergabeziel. Hier stellen Sie ein, ob und wie QuarkXPress eine ungefähre Simulation des Druckergebnisses vornehmen soll.

Farbmanagement von Vektor-EPS/PDF. Mit dieser Option beziehen Sie auch vektorbasierte EPS-Dateien und PDFs in das Farbmanagement mit ein. Vorsicht: Die Einstellung wirkt sich nur auf Dateien aus, die nach dem Aktivieren des Kontrollfelds importiert werden. Bereits in das Layout importierte Vektorgrafiken erfassen Sie mit *Vorhandene Vektor-EPS/PDF in Layout aufnehmen*.

Programmressource in Layouteinstellung
Wenn Sie bei bei *Proof-Ausgabe* eine eigene Farbausgabeeinstellung wählen, »verheiraten« Sie eine Programmressource mit Ihrem Layout. Fehlt diese Programmressource auf Ihrem Rechner, wird XPress Sie bei jedem Öffnen der Datei daran erinnern.

Abschnitt »Drucklayout« – Kategorie »Ebenen«

Hier werden die Vorgaben für neu erstellte Ebenen definiert. Die XPress-Standardvorgaben sind auch die praktischsten: *Sichtbar* und *Umfluss beibehalten* sind aktiviert – *Gesperrt* und *Ausgabe unterdrücken* sind deaktiviert.

Versteckte Voreinstellungen

Wer sich daran traut, kann mit Texteditoren auch weitere Voreinstellungen verändern, die bis jetzt kein User-Interface in XPress erhalten haben: Schrittgröße für »Ticker-Felder« in der Maße-Palette mit ⌃⬇, ⇧+⌃⬇ oder alt+⌃⬇ in der *Datei DefaultUnitsIncrement.pref* oder nur unter Windows das Erscheinungsbild von XPress in der Datei *C:\Program Files\Quark\QuarkXPress2017\XPressUIThemes.xml* als Beispiele.

❷ Musterseiten, Seitenlayout, Raster & Hilfslinien

Dieser Abschnitt bietet Anleitungen zum Umgang mit Musterseiten, grundlegende Tipps & Tricks zum Layoutaufbau und zur Navigation in oder zwischen Dokumenten. Das Verketten und Steuern von langen Textstrecken im Layout wird beschrieben. Begleitende Produktionsmittel wie Hilfslinien und Raster werden ausführlich in ihren Einsatzmöglichkeiten, aber auch in ihren Grenzen diskutiert.

Neue Druckprojekte

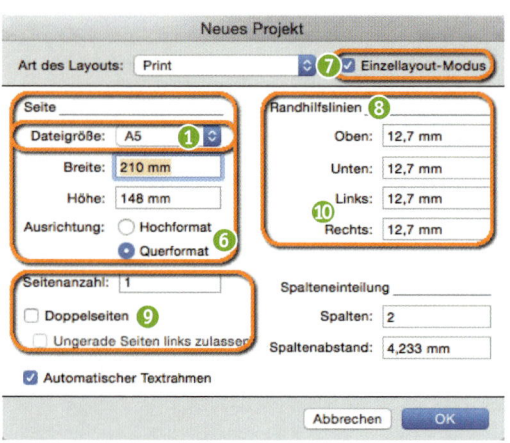

XPress benutzt für neue Projekte alle Einstellungen, die es in den aktuellen XPress-Vorgaben findet. Jedes Mal, wenn ein neues Projekt oder Layout angelegt wird, merkt sich XPress die verwendete Layoutgröße in den XPress-Vorgaben und überträgt diese Werte auch ins erste Layout des nächsten Projekts, das mit dem Befehl *Ablage/ Datei | Neu | Projekt...* ⌘+N / strg+N erstellt wird. Im Dropdown-Menü ❶ finden Sie nur noch die Seitengrößen A3, A4 und A5 sowie die US-Formate Legal und Letter. Alle anderen, häufiger von Ihnen benötigten Größen, müssen Sie selbst erstellen:

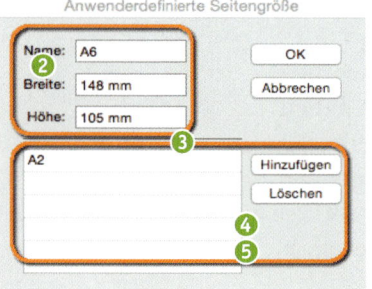

❶ Sie haben im Dropdown-Menü die Option *Neu...* gewählt.
❷ Daraufhin springt der Dialog *Anwenderdefinierte Seitengröße* auf.
❸ Sie vergeben einen sinnvollen Namen und geben die gewünschten Maße ein.
❹ Mit *Hinzufügen* wird das neue Format in die zusätzliche Formateliste aufgenommen.
❺ Sie können in der Formate-Liste auch einen Namen auswählen und diesen Eintrag damit wieder löschen.

Um ein Layout im Querformat zu erstellen, markieren Sie das entsprechende Kontrollfeld ❻. Als Papiergröße wählen Sie immer das Endformat des Druckerzeugnisses ohne zusätzliche Anschnittswerte. Die Länge der Beschnittzeichen können Sie im Druckdialog unter *Beschnittzeichen* selbst definieren. Sie bestimmen die Größe des Beschnitts ebenfalls erst im Druckdialog. Hilfslinien für Beschnitt und Sicherheitszone werden über die *Hilfslinien*-Palette halbautomatisch bei Bedarf erzeugt. Die maximale Papiergröße liegt bei gigantischen 5689,6 mm für Poster und das Minimum bei 2,823 mm. Dieses Minimalmaß ist gerade für die automatische Anzeigenproduktion von großem Nutzen.

Einzellayout-Modus kann Bildschirmplatz sparen. Benennen Sie das erste Layout innerhalb eines Projektes sofort. Wählen Sie erst dann den Einzellayout-Modus ❼, so erhalten Sie sofort ein sinnvoll benanntes Layout. Der Layoutname wird nun nicht links oben beim Koordinaten-Ursprung der Lineale innerhalb einer eigenen Registerleiste angezeigt. Wenn Sie weitere Layouts innerhalb dieses Projekts erzeugen oder importieren, werden die Namen aller Layouts doch noch eingeblendet.

Randhilfslinien sind der moderne Satzspiegel. Mit den Werten unter *Randhilfslinien* ❽ wird der Satzspiegel festgelegt. Entsprechend der Voreinstellung für die Hilfslinienfarbe zeigt XPress den Satzspiegel auf allen Seiten an. Die hier gewählte Randeinstellung wird genauso wie die Einstellung für *Spalten* zur Vorgabe für Musterseiten und »leere« Seiten, wobei Ränder und andere Seitenparameter auf Musterseiten auch nachträglich noch verändert werden können.

Doppelseiten für Bücher und Magazine – Einzelseiten für Flugblätter und Anzeigen. Das Kontrollfeld *Doppelseiten* ❾ erstellt ein Layout mit Bund und links und rechts liegenden Seiten. Dieser Modus ermöglicht Musterseiten, deren Aussehen je nach Lage der Seite (links oder rechts vom Bund) unterschiedlich sein kann. Ein typischer Anwärter für den Modus *Doppelseiten* sind Zeitschriften oder Bücher mit klassischem Satzspiegel oder Bücher mit außen liegender Pagina. Achten Sie darauf, dass die Felder zur Eingabe der Seitenränder im Doppelseiten-Modus von *Links/Rechts* ❿ in *Innen/Außen* wechseln. Der Wert für das Feld *Innen* bezieht sich auf den Abstand des Satzspiegelrands zur Bundmitte. Einfache Arbeiten wie Flugblätter, Plakate, Anzeigen, Visitenkarten, Memos usw. werden am besten im Einzelseiten-Modus erstellt.

Nachträglicher Seitenmoduswechsel ist möglich, aber…! Um ein Layout vom Einzelseiten- in den Doppelseiten-Modus umzuwandeln, wählen Sie *Layout | Layouteigenschaften…* (cmd alt ⇧ + P / strg alt ⇧ + P).

Spalten ⓫
Ein Layout hat immer mindestens 1 Spalte – 0 ist nicht möglich.

Spaltenabstand ⓬
Minimaler Abstandswert ist 1,059 mm – der maximal mögliche Abstandswert beträgt 101,6 mm.

Der hier gewählte *Spaltenabstand* wird zum Erzeugen von Hilfslinien genutzt.

Wird ein *Automatischer Textrahmen* ⓭ gewählt, wird der Abstandswert nur an diese Textrahmen übergeben.

Keine Weitergabe an andere Voreinstellungen!
Der Spaltenabstandswert wird nicht an das Textrahmenwerkzeug und nicht an den Spaltenfluss weitergegeben. Diese beiden Voreinstellungen müssen Sie also – falls gewünscht – selbst zusätzlich vornehmen.

Hier finden Sie einen ähnlichen Dialog wie beim Neuanlegen und somit auch die entsprechende Checkbox für die Modusänderung. Bevor aber ein doppelseitiges Layout in ein einzelseitiges umgewandelt werden kann, müssen Sie zuerst alle doppelseitigen Musterseiten löschen oder durch einzelseitige Musterseiten ersetzen! Erst dann ist das Kontrollkästchen ❾ aktivierbar.

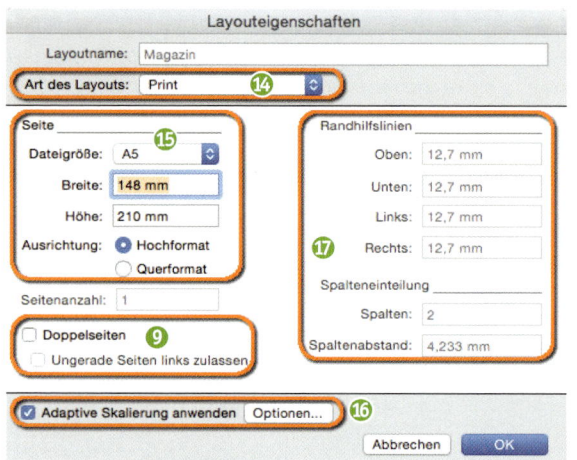

Seitengrößen nachträglich verändern. Mit dem Befehl *Layout | Layouteigenschaften…* lassen sich die *Art des Layouts* ⓮ und die *Größe* ⓯ aller Seiten auch nachträglich noch verändern. Größere Skalierungsschritte sollten Sie jedoch über die vorzügliche *adaptive Skalierung* mit ihren zahlreichen Optionen ⓰ ausführen. Die *Spaltenanzahl* und *Ränder* ⓱ können Sie hingegen über diesen Dialog nicht abwandeln – dazu müssen Sie auf die *Musterseite* wechseln und das Menü *Masterhilfslinien und -raster* auswählen.

Seitengröße beim Drucken. Bei der Ausgabe kann die Layoutgröße durch die Eingabe eines Prozentwerts an die physikalische Papiergröße entweder manuell oder automatisch angepasst werden. Ein A3-Format kann zum Beispiel mit einer Reduktion auf 71 % auf einem A4-Drucker ganzseitig ausgegeben werden (141 % für A4 zu A3). Wählen Sie die Option *Im Druckbereich einpassen*, errechnet XPress den Skalierungsfaktor selbstständig.

Automatische Textrahmen ⓭ für jedes Layout? Bei frei gestalteten Seiten: nein! Denn in den meisten Fällen ist es störend, wenn sich auf jeder Seite per Vorgabe ein Textrahmen befindet (außer beim Buchumbruch o. Ä.). Ein solcher Textrahmen kann auch später noch auf einer Musterseite platziert werden (mit viel besserer Kontrolle und mehr Möglichkeiten). Allerdings: Für ganz einfache Textanzeigen bietet sich diese Einstellung wieder an, denn bei Formatänderungen passt sich die Größe des Textrahmens automatisch mit an. Auch wenn ein Layout beim Anlegen noch keinen automatischen Textrahmen enthält: Platzieren Sie später einen Textrahmen so, dass alle vier Randhilfslinien berührt werden, passt XPress diesen bei Formatänderungen automatisch an die neuen Gegebenheiten an – egal, ob sich der Rahmen im Layoutbereich oder auf der Musterseite befindet.

Musterseiten

In der traditionellen Druckvorstufe wurden immer wiederkehrende Seitenelemente mittels eines sogenannten Stammbogens in der Plattenkopie mit dem eigentlichen Seiteninhalt zusammen kopiert. Der Seiteninhalt selbst wurde mit Hilfe eines Satzspiegels (geometrische Einteilung der Seite) an einem Leuchtpult auf Papier oder auf durchsichtigen Film montiert. XPress führt dieses Prinzip in digitaler Form 1:1 weiter und nennt es »Musterseiten«. Auf diesen Musterseiten können sich drei grundsätzlich unterschiedliche Elemente befinden:

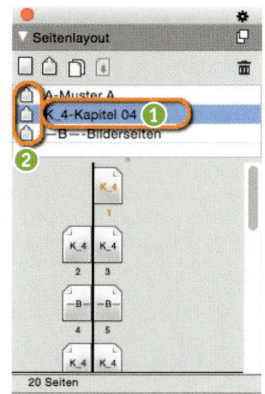

- Der Satzspiegel als Hilfskonstruktion in Form von Seitenrändern, Hilfslinien und dem Grundlinienraster
- Feste, immer wiederkehrende Elemente wie Seitenköpfe, Spaltenlinien, Platzhalter für Seitenzahlen und Logos mit immer gleicher Position
- Vorplatzierte Elemente, die auf Layoutseiten abgeändert werden. Beispiel: Kapiteltitel, Erscheinungsdaten, vorformatierte Textboxen.

Der Umgang mit diesen XPress-Musterseiten ist überwiegend selbst erklärend. Es gibt aber doch einige Spezialfälle, die Sie kennen sollten. Und denken Sie dran: Die Ebenenfunktion von XPress steht auch für Musterseitenelemente zur Verfügung!

Musterseiten erstellen. In jedem neuen Layout legt XPress automatisch eine Musterseite mit dem Namen »A-Muster A« an. Diese anfänglich fast »leere«Musterseite kann Ihren Wünschen entsprechend angepasst werden, zum Beispiel mit dem Kapitelkopf, einem Logo, vielleicht einer Spaltenlinie und einer Textbox, die immer am gleichen Ort stehen sollen.

Musterseiten benennen. Mit einem Klick auf den Namen ❶ (nicht auf das Symbol) einer Musterseite lässt sich dieser verändern. Ein Divis (Bindestrich) im Namen ist zwingend: Vor dem Divis können ein, zwei oder drei Zeichen stehen. Wenn Sie keinen Divis eingeben oder den Namen mit einem Divis starten, ergänzt XPress automatisch einen Buchstaben vor dem Bindestrich und ist dabei nicht sonderlich kreativ. Wenn Sie vor dem Divis mehr als drei Buchstaben eingeben, kürzt

Zu Musterseiten springen
XPress bietet Ihnen fünf Möglichkeiten, zu Musterseiten zu wechseln:

- im Menü *Seite | Anzeigen | Name der Musterseite*
- Doppelklick in der Seitenlayout-Palette auf das Icon ❷ einer Musterseite
- das Dropdown-Menü ❸ im linken Layoutfuß
- Schaltfläche *Musterseite betrachten* ❹ weiter rechts im Layoutfuß
- Tastenkombination ⇧+F10 / ⇧+F4, womit Sie sogar direkt zu derjenigen Musterseite springen, mit der die aktuelle Layoutseite verknüpft ist. Um wieder zu Ihrer aktuellen Dokumentseite zurückzukehren, drücken Sie das Tastenkürzel ⇧+F10 / ⇧+F4 erneut.

Musterseiten ausdrucken

Wenn man sich auf der Musterseite befindet, kann man diese auch ausdrucken. Es gibt jedoch keinen Befehl, um auch die Hilfslinien und das Raster aufs Papier zu bringen.

Musterseiten, aber auch eine andere Welt

Beachten Sie, dass die Suchbefehle getrennt für Layout- und Musterseiten aufgerufen werden müssen. Zwar ersetzt XPress auf den Layoutseiten die von den Musterseiten stammenden Texte/Objekte; auf den Musterseiten bleiben diese gleichwohl unverändert.

Gesperrte Musterseiten-Elemente

Wenn Sie die Objekte der Musterseite gegen Veränderungen schützen wollen, können Sie entweder die dort verwendeten Ebenen sperren (und auf den Layoutseiten mit anderen Ebene arbeiten) oder Sie setzen die Elemente mit *Objekt | Sperren* fest. Letztere Methode hat den Vorteil, dass Sie so z. B. nur die Position der Objekte sperren, aber Inhaltsänderungen (Bild einladen) erlauben können.

Ebenen auf Musterseiten – kein Hindernisgrund

Wenn Sie Elemente der Musterseite auf Layoutseiten auf eine andere Ebene bewegen, behalten diese Elemente jetzt den Bezug zur Musterseite.

XPress diese auf die ersten drei Zeichen. Die Zeichen vor dem Divis werden in der Seitenlayout-Palette auf die Layoutseite übertragen: z. B.»Inh-Inhalt«, »Kap-Kapitel«.

Musterseiten löschen. Die Musterseiten werden in der Palette durch einen Klick auf den Papierkorb gelöscht. Wenn sie gerade nicht benutzt werden, erfolgt keine Warnmeldung, und es lässt sich auch nicht rückgängig machen, also Vorsicht! Ist die Musterseite in Gebrauch, wäre es schön, wenn XPress nicht nur *OK* oder *Abbrechen* anbieten würde, sondern wenn man eine Ersatzseite auswählen könnte.

Musterseiten aus anderen Layouts übernehmen. Für die Übernahme von Musterseiten aus anderen Layouts steht in XPress leider kein spezifischer Befehl zur Verfügung. XPress bietet jedoch zwei Wege: Sie kopieren mit *Hilfsmittel | Cloner* eine oder mehrere Seiten in ein anderes Layout oder wählen den Weg über die Miniaturen (wählen Sie dazu für beide Layouts den Befehl *Ansicht | Miniatur* und ziehen Sie die stark verkleinerte Seite aus dem einen in das andere Layout). Bei beiden Wegen werden die diesen Seiten zugewiesenen Musterseiten in das Ziellayout übernommen! Es spielt dabei keine Rolle, wie die Musterseiten benannt sind, sogar zweimal derselbe Name ist erlaubt (was nichts anderes bedeutet, als dass in einem Layout mehrere Musterseiten mit demselben Namen enthalten sein können).

Objekte der Musterseite im Layout ändern? Objekte, die den Layoutseiten von der Musterseite »geliefert« werden, können auf den Layoutseiten jederzeit und ohne spezielle »Freischalt-Befehle« verändert werden – ein großer Unterschied zu vielen Programmen. Wie XPress mit solchen Änderungen umgehen soll, wird über *Vorgaben | Drucklayout | Allgemein | Objekte der Musterseiten* eingestellt.

Die Option *Änderungen behalten* bewirkt, dass von Ihnen geänderte Objekte zum Bestandteil der Layoutseite (sie verlieren also ihren Bezug zur Musterseite) werden und beim Neuzuweisen der Musterseite als »normale« XPress-Objekte weiterhin erhalten bleiben. Wenn Sie Modifikationen am Rahmen selbst durchführen, verliert dieser den Bezug zur Musterseite bereits bei minimalen Verschiebungen oder wenn Rahmengröße, -farbe oder -form wechseln. Wenn Sie Anpassungen am Rahmeninhalt vornehmen, wertet XPress bereits einen einzigen gelöschten Buchstaben als Änderung. Die ursprünglichen Objekte der Musterseiten werden nach einer Änderung zusätzlich ins Layout übertragen, wenn Sie die Musterseite dieser Layoutseite noch einmal neu zuweisen: Ändern Sie zum Beispiel einen von der Musterseite stammenden Kapiteltitel auf der Layoutseite manuell und weisen danach die Musterseite dieser Layoutseite noch einmal neu zu, dann befinden sich plötzlich zwei Kapiteltitel auf der Seite!

Im Modus *Änderungen löschen* hingegen entfernt XPress die Änderungen – wie es der Name sagt – und weist die Objekte der Musterseite noch einmal zu. Beachten Sie, dass zwei deckungsgleiche Objekte nur dann sichtbar sind, wenn die Rahmen nicht deckend sind und wenn sie sich nicht durch einen Umfluss-Befehl gegenseitig verdrängen.

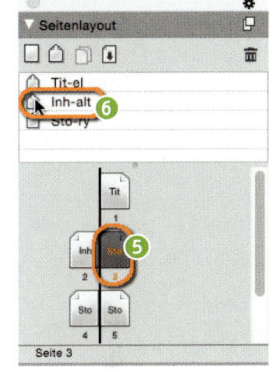

Musterseiten zuweisen in der Seitenlayout-Palette. Um Musterseiten einer vorhandenen Layoutseite zuzuweisen, wählen Sie die Seite ❺ oder auch mehrere Seiten in der Layout-Palette aus und drücken dann bei gedrückter ⌥-Taste auf das Musterseiten-Icon ❻ der gewünschten Musterseite.

Automatischer Textrahmen auf der Musterseite. Mit der Option *Automatischer Textrahmen* beim Neuanlegen eines Layouts erstellt XPress automatisch eine mit dem Verkettungssymbol ❼ verkettete Textbox ❽ auf der Musterseite mit der eingestellten Spalteneinteilung. Damit ist die Grundvoraussetzung dafür geschaffen, dass XPress automatisch neue Seiten einfügen kann, wenn Text länger ist, als die bisher genutzte Textbox an Platz bietet. Damit diese Funktion greifen kann, darf in den *Vorgaben | Allgemein | Seiten einfügen am:* nicht *Aus* eingestellt sein. Sie können auch Layouts ohne sofortigen automatischen Textrahmen neu anlegen und dann nachträglich einen Textrahmen auf der Musterseite mit dem »Nirvana-Symbol« verbinden.

Wie erkennt man nachträglich »automatische Textrahmen« im Layout? Leider nur sehr indirekt im Vergleich mit der zugehörigen Musterseite. Im Layout selbst können Sie nicht erkennen, ob die Verbindung zur Musterseite immer noch besteht. Ob die Musterseite einen automatischen Textrahmen enthält, das verrät Ihnen ein Klick mit dem *Verkettungswerkzeug* N/T auf das »Nirvana-Symbol«.

Merkpunkte für den Aufbau einer Musterseite. Für den Aufbau einer Musterseite steht der Befehl *Seite | Master-Hilfslinien und Raster...* zur Verfügung. Dieser Befehl kann nur angewählt werden, wenn Sie sich wirklich auf einer Musterseite befinden! Hier finden Sie auch Optionen für die Definition des Rasters. Mehr zu diesem Thema erfahren Sie weiter hinten in diesem Kapitel. Folgendes Vorgehen ist sinnvoll, wenn

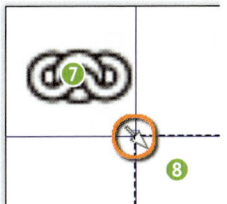

»Nirvana-Symbol«
Auf jeder Musterseite sehen Sie bei aktivierter Hilfslinienansicht F7 links oben das Symbol für Textverkettung ❼ bis (fast) ins Unendliche. Ist dieses Symbol mit einem Textrahmen oder einer Textrahmenkette verkettet ❽, handelt es sich per Definition um einen »Automatischen Textrahmen«.

Kein Text im automatischen Textrahmen
Der automatische Textrahmen auf der Musterseite kann und darf keinen Text enthalten – eine Stilvorlage kann jedoch schon zugewiesen werden.

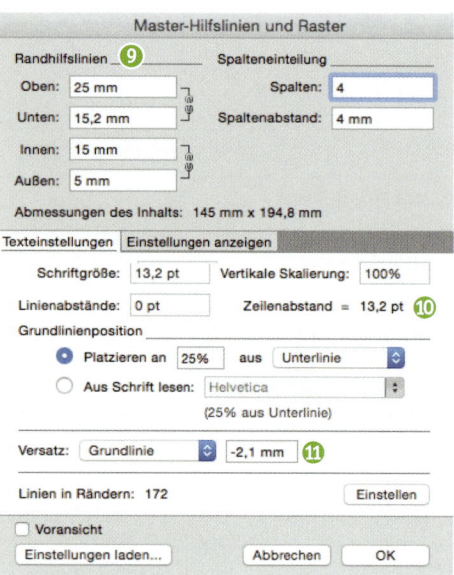

Sind Sie auf der Musterseite, können Sie im Dialog *Master-Hilfslinien und Raster* auch noch nachholen oder verändern, was schon beim Erstellen eines neuen Layouts abgefragt worden ist: Spaltigkeit und Abstände.

»Mastermustermutter«
Beim Aufbau von Publikationen mit mehreren Dokumenten und Layouts, die mehrere Musterseiten erfordern, empfiehlt es sich aus organisatorischen Gründen, diese Musterseiten innerhalb eines einzigen Mastermuster-Dokuments und nicht verteilt in mehreren Musterdokumenten anzulegen. Eine einzige Änderung einer Stilvorlage, Farbe usw. bedeutet sonst stundenlangen Mehraufwand! Voraussetzung dafür ist allerdings, dass sich die unterschiedlichen Musterseiten nicht »beißen« (z. B. sich überschneidende Stilvorlagen oder Farben).

Sie nicht tiefer in die Seitenraster-Technik von XPress einsteigen wollen:

- Austesten der Grundschrift: Schriftart, Größe, Zeilenabstand und Satzbreite. Zudem empfiehlt sich am Seitenrand einen nicht mitdruckenden Zeilenzähler (gleicher Zeilenabstand wie bei der Grundschrift) anzulegen.
- Falls für den Lauftext *Am Grundlinienraster ausrichten* eingesetzt wird, sollten Sie die Startposition der ersten Grundlinie ⑪ und die Schrittweite ⑩ entsprechend dem Zeilenabstand definieren. Um eventuell halbe Zeilensprünge zu erlauben, kann auch ein halber Zeilenabstand als Schrittweite verwendet werden.
- Mit einer Textbox prüfen, ob der Text an der richtigen Position steht.
- Auf der Höhe der Schriftoberlänge der ersten und der Schriftgrundlinie der letzten Zeile je eine Hilfslinie platzieren. Daran werden später die Bildrahmen ausgerichtet.
- Merken Sie sich die Position der fertigen Textbox und übertragen Sie diese Werte auf die Seitenränder (Randhilfslinien ⑨) im Befehl *Master-Hilfslinien und Raster…*

Doppelseitige Musterseiten. Elemente sollten möglichst nicht über den Bund greifen. Wo es nur irgend geht, trennen Sie die Elemente im Bund auf. Zur Beachtung: Die überlappenden Objekte gehören mit ihren Koordinaten immer zur linken Seite!

Immer doppelseitige Musterseiten bei Mehrseitern benutzen? Wenn Sie mit zwei unterschiedlichen Musterseiten arbeiten, können Sie auch einfach zwei unterschiedliche einseitige Musterseiten nebeneinander stellen.

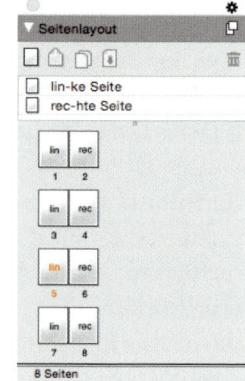

- Was gewinnen Sie? Die Gefahr von Layoutveränderungen beim Zwischenschieben von Seiten wird wesentlich minimiert.
- Was verlieren Sie gegenüber »echten« Doppelseitenlayouts? Alle Automatismen beim Erzeugen von weiteren Seiten mit Rechts-Links-Wechsel greifen nicht mehr.

Voneinander abhängige Musterseiten. Das gibt es in XPress leider nicht. Mit den Funktionen *Mehrfach genutzte Inhalte, Inhaltsvariablen* und *Objektstilen* lassen sich fast alle Wünsche und noch mehr jedoch erfüllen.

Automatische Verkettung beim manuellen Hinzufügen von zusätzlichen Layoutseiten. Layoutseiten mit der darauf enthaltenen – aktiven! – Textbox oder Textboxkette ⑫ können nen automatisch mit dem Befehl *Seite | Einfügen…* weiter verbunden werden. Die ausgewählte Musterseite ⑬ muss allerdings eine verkettete Textbox enthalten. Wenn Sie innerhalb der *Seitenlayout*-Palette eine Musterseite aus dem Musterseitenpool ins Layout ziehen und die Verkettungsoption erhalten möchten, müssen Sie das Musterseiten-Icon bei gedrückter ⌥alt-Taste ins Feld der Layoutseiten ziehen.

Wie wird aus einer Layout- eine Musterseite?
Nur so: alle Seitenobjekte kopieren und in die Musterseite an gleicher Stelle einfügen.

Seitenlayout-Palette, Seitenzahlen, Seitennavigation

Die Seiten-Palette dient ursächlich der Organisation der Seiten im Layout. Ein Nebeneffekt: Sie kann von Ihnen auch zum Navigieren innerhalb des Layouts genutzt werden.

Die gerade aktive Seite des Layouts wird in der *Seitenlayout*-Palette in der Aktivierungsfarbe angezeigt. Diese Darstellung ist allerdings nur sichtbar, wenn der Scrollbereich dazu passend eingestellt ist. Befinden Sie sich hingegen auf einer Musterseite, wird der dazugehörige Eintrag in der Palette durch Fettung und nicht durch Färbung hervorgehoben. Die Seitenlayout-Palette ist in fünf Zonen unterteilt:

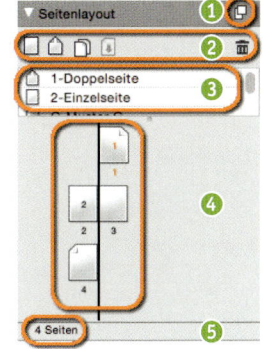

❶ Im Palettenkopf finden Sie rechts außen den Optionen-Knopf mit vielen Möglichkeiten in Abhängigkeit davon, was Sie in der *Seitenlayout*-Palette gerade aktiviert haben.

❷ Der »Verwaltungsbereich« bietet die Möglichkeit, eine leere Einzel- oder Doppelseite in den Musterseitenpool oder in den Layoutbereich darunter zu ziehen. Ein Klick auf das *Duplizieren*-Symbol verdoppelt eine Musterseite im Musterseitenpool – jedoch keine Layoutseiten. Das *Abschnitts*-Symbol ruft den Dialog auf, um Abschnitte zu bestimmen und somit automatische Seitenzahlen zu steuern.

❸ Im Musterseitenpool finden Sie die vorbereiteten ein- und doppelseitigen Musterseiten, die Elemente enthalten können.

Leere Einzel- oder Doppelseiten?
Sie sind nicht ganz leer – sie enthalten aber nur die Randhilfs- und Spaltenlinien. Sie sind zum Beispiel gut geeignet für Anzeigenseiten.

Neu in XPress 2017

Abschnittsbeginn – 1
Neu in QuarkXPress 2017 ist die Option, dem Kapitelbeginn einen Namen ⑭ zu geben. Eine Auswertung dieses Namens geschieht nur beim Erstellen eines Inhaltsverzeichnisses in HTML5-Publikationen.

❹ Im Layoutbereich finden Sie alle Seiten, die Sie hier durch Verschieben auch umorganisieren können.

❺ Im Informationsbereich unten sehen Sie die Anzahl der Seiten oder – wenn Sie eine Seite im Seitenlayout ausgewählt haben – die Seitennummer.

Seitennummerierung – Automatische Seitennummerierung. XPress nummeriert alle Seiten automatisch durch. Ohne einen Eingriff von Ihnen ist die erste Seite des Layout auch die *Seite 1* und die zweite Seite die *Seite 2*. Und so greifen Sie in der einfachsten Variante in die Nummerierung ein:

- Sie haben eine Seite in der *Seitenlayout*-Palette selektiert und klicken auf das Symbol für Abschnittsbeginn ❻.
- Der Dialog *Abschnitt* öffnet sich ❼.
- Sie starten einen Abschnittsbeginn ❽.
- Sie geben die gewünschte Nummer ein ❾ und verlassen mit *OK* den Dialog.
- Die immer noch selektierte Seite zeigt durch ein »*« ❿, dass an ihr ein *Abschnittsbeginn* definiert wurde. Ab hier werden alle Seiten wieder automatisch um eine Nummer hochgezählt.
- Auch im Informationsbereich gibt das Sternchen Ihnen die Mitteilung über den Abschnittsbeginn und die neue *Seite(nnummer)* ⑪ wird zurückgemeldet.
- Klicken Sie bei vorher gedrückter ⌥-Taste die zweite Seite ⑫ in der Palette an, wird Ihnen die absolute Seitenzahl durch ein vorangestelltes »+« vor der 2 ⑬ angezeigt.

Layouts automatisch paginieren (Seitenzahl anzeigen lassen). Wenn Sie die aktuelle Seitenzahl im Layout sichtbar machen möchten, müssen Sie einen Seitenzahlplatzhalter in eine eigene Textbox eingeben, mitten im Text einfügen oder auf einen Textpfad setzen: Der Kurzbefehl lautet ⌘+③ / strg+③ – weitere Eingabewege sind *Hilfsmittel | Zeichen einfügen | Sonderzeichen | Aktueller Rahmen Seite #* oder auch über die *Inhaltsvariablen*-Palette die *Aktuelle Seitenzahl* einfügen.

Layouts automatisch durchpaginieren. Wenn Sie den Seitenzahlplatzhalter auf der Musterseite in einem Textrahmen oder auf einem Textpfad platzieren, werden alle zu dieser Musterseite gehörigen Seiten im Layout die automatische Seitenzahl anzeigen.

Dokumente in »Abschnitte« aufteilen. Bei der Arbeit mit umfangreichen Dokumenten drängt sich eine Aufteilung in mehrere Abschnitte aus Handhabungsgründen und auch aus Gründen der Datensicherheit auf. Damit so aufgeteilte Dokumente aber trotzdem durchnummeriert werden können, wird für die jeweils erste Seite eines Dokuments ein Abschnittsbeginn mit eigener erster Seitenzahl definiert. Richtig praktisch wird's, wenn Sie diese Dokumente als »Buch« zusammenfassen. Dann übernimmt das »Buch« die automatische Nummerierung aller Abschnitte.

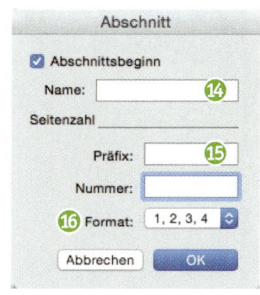

Gehe zu… – jump! Mit dem Kurzbefehl »Jump« `cmd`+`J` / `strg`+`J` öffnet sich ein Dialogfenster, in das Sie die gewünschte Seite eingeben. Mit »+7« springen Sie auf die siebte Seite des Layouts – unabhängig davon, ob Sie die Seitenzahlen durch manuellen Abschnittsbeginn oder Aufnahme des Layouts in ein Buch verändert haben. Bei Eingabe von »Ende« springen Sie tatsächlich auf die letzte Seite.

Navigation über den Layout-Fuß. Sie können mit der Maus die linke untere Ecke Ihres Layouts ansteuern und im dortigen Navigationsbereich entweder eine Seitenzahl ⑰ mit relativen oder absoluten Seitenzahlen eingeben. Rechts daneben aktiviert ein Klick auf den Nach-Oben-Pfeil ⑱ den großen Seitenslider, der am Mac wesentlich mehr Komfort bietet. Am Mac erhalten Sie hier eine Miniaturvoransicht aller Seiten, die Sie mit Cursortaste rauf ⬆ oder runter ⬆ sogar vergrößern oder verkleinern können. Noch weiter nach rechts finden Sie jene Tasten ⑲, um zur vorherigen ◀ oder nächsten Seite ▶ zu springen.

Abschnittsbeginn – 2

Das Präfix ⑮ kann einer Seitenzahl vorangestellt werden. Maximal 4 Zeichen sind möglich – das letzte sollte üblicherweise ein Divis oder ein Leerschlag sein.

Ist ein Präfix vergeben, heißt die Seite mit allen Konsequenzen so: Beim Sprung mit dem Jump-Befehl oder beim Drucken muss bei relativen Namen das Präfix miteingetippt werden.

Beim Format ⑯ stehen die üblichen Zählarten wie arabisch, römisch oder Buchstaben zur Verfügung.

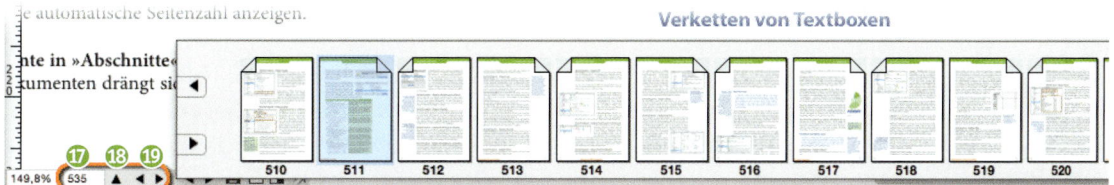

Verketten von Textboxen

Der Navigationsmeister in QuarkXPress. In kaum einem Programm kann man so schnell zwischen Seiten auf so effektive Weise navigieren wie seit Jahrzehnten mit XPress – hier ein kleiner Ausschnitt:

Sprung zur Seite oder in die Miniaturvoransicht

Mit dem Befehl `cmd`+`J` / `strg`+`J` erreichen Sie den *Gehe zu Seite*-Dialog. Mit `cmd` `alt` +`J` / `strg` `alt` +`J` »poppt« die Miniaturvoransicht am Layoutfuß auf.

Funktion	macOS	Windows
Exakt von einer Montageflächenposition zur vorigen oder zur nächsten	`alt`+`⬆` oder `alt`+`⬇`	`alt`+`Bild⬆` oder `alt`+`Bild⬇`
Definitiv zur vorigen oder nächsten Seite (oft zum Koordinatenursprung)	`⬆`+`⬆` oder `⬆`+`⬆` bzw `ctrl` `⬆`+`K` oder `ctrl` `⬆`+`L`	`⬆`+`Bild⬆` oder `⬆`+`Bild⬇`
Erste Seite	`ctrl` `⬆`+`A`	`strg`+`Bild⬆`
Letzte Seite	`ctrl` `⬆`+`D`	`strg`+`Bild⬇`

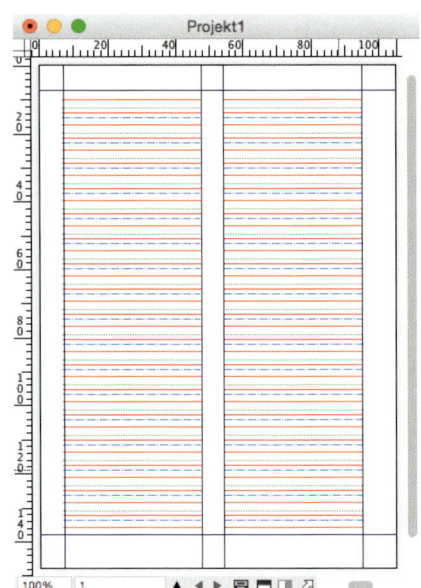

Raster, Raster, Raster

QuarkXPress ist eines der besten Layoutprogramme für Satz nach ostasiatischer und europäischer Tradition. CJK-Typografie – CJK steht für China, Japan, Korea – zeichnet sich durch oftmals strenge Gestaltung in vertikalen und horizontalen Rastern aus. Damit ostasiatische Typografie perfekt gelingen kann, finden Sie in XPress ausgeklügelte Techniken, um Raster anzulegen und anzuwenden. Diese Techniken bieten auch uns Europäern hervorragende Möglichkeiten, exakten Satz zu erstellen.

Jede Musterseite in XPress besitzt ihr eigenes Raster: die Master-Hilfslinien und Raster ❷⓿. Jede Textbox in XPress besitzt ebenfalls ihr eigenes Raster: die Rastereinstellungen. Bei uns in Europa nur horizontal benutzt, für ostasiatische Typografie sogar zusätzlich vertikal (Kästchenraster). Die ostasiatische Typografie können Sie in den *Vorgaben* | *Ostasiatisch* einschalten. Horizontale Raster nennt man in Europa Grundlinienraster.

Grundlinienraster oder Seitenraster?

XPress bietet in allen Befehlen nur noch den Begriff »Seitenraster« statt »Grundlinienraster« an, weil XPress mehr als nur die Grundlinie einblenden kann.

Das Raster einer Layoutseite, das ja auf der zugehörigen Musterseite basiert, wird bei der Arbeit in XPress bevorzugt angeboten – die Raster von Textrahmen sind meist versteckt. Auf diese Grundlinienraster lässt sich Text zwingen – für gleichmäßigen Zeilenfall über ein ganzes Layout. Benötigen Sie zusätzliche Raster z. B. für Bildbeschriftungen oder Marginalien, müssen Sie Textrahmenraster einsetzen.

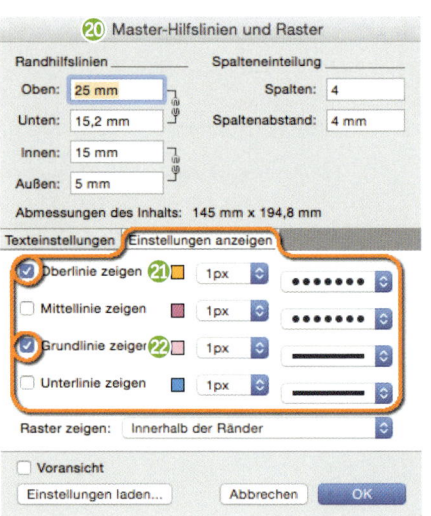

Mehrstufige Sichtbarmachung und »Magnetisierung« von Rastern: ein ganz typisches Vorgehen in Quark XPress. Da XPress vier unterschiedliche Linienraster basierend auf der wichtigen *Oberlinie* ❷❶, der *Mittellinie*, der extrem wichtigen *Grundlinie* ❷❷ und der *Unterlinie* sichtbar machen kann, müssen Sie zuerst entscheiden, welche dieser Linien Sie grundsätzlich sehen möchten. Voreingestellt in XPress ist die *Grundlinie*. Ist Ihre Vorauswahl für die Musterseiten (!) getroffen, können Sie dann mit dem Befehl *Ansicht* | *Seitenraster* entscheiden, ob Sie dieses Seitenraster tatsächlich sehen wollen oder nicht. Der wichtige Kurzbefehl lautet: [alt]+[F7] / [strg]+[F7].

Zusammengefasst: Wenn für keine der Linien das *Zeigen*-Attribut gesetzt ist, können Sie zwar den Befehl

Ansicht | Seitenraster aufrufen, Sie werden aber keine Rasterlinien zu sehen bekommen.

Mit dem Attribut *Linie zeigen* geben Sie diesen *Seitenrasterlinien* gleichfalls mit auf den Weg, dass sie magnetisch werden können, wenn Sie Objekte in die Nähe dieser Rasterlinie bewegen. Die magnetische Reaktion müssen Sie unter *Ansicht | An Seitenrastern verriegeln* ein- und ausschalten. Der Kurzbefehl lautet: ⌥ ⇧ + F7 .

Sichtbarkeitszoom
Per Vorgabe werden Raster erst ab 50 % gezeigt.

Unsichtbare Kräfte
Wenn Sie die Sichtbarkeit des Seitenrasters ausstellen, beeinflussen Sie damit nicht den Magnetismus von Seitenraster-Linien.

Textrahmenraster – gut versteckt. Es gibt keinen (!) Menübefehl, um Textrahmenraster einer Textbox zu steuern. Sie können die *Rastereinstellungen…* ㉓ nur über das Kontextmenü eines Textrahmens erreichen. Die Voreinstellung für Textrahmen in XPress ist weiterhin so definiert, dass alle Linien *nicht gezeigt* werden. So bleibt auch meist der Befehl *Ansicht | Textrahmenraster* oder kurz ⌘ ⌥ + F7 / ⌃ ⌥ + F7 ohne optische Auswirkung. Zwingen Sie einen Absatz auf das *Textrahmenraster*, wirkt dieser Befehl natürlich auch ohne Sichtbarkeit dieses Rasters. Textrahmenraster sind ansonsten *nicht* magnetisch für Objekte.

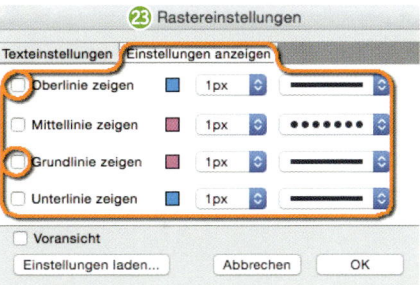

In früheren Versionen konnte man eine der Linien des Textrahmenrasters mit gedrückter ⌘ / ⌃ -Taste mit der Maus fassen und magnetisch an einer Linie des Seitenrasters ㉔ einschnappen lassen. So konnte an einer Stelle eine Synchronisierung einer Grundlinie von Haupttext und von Text in einer Textbox erreicht werden. Das war sehr praktisch bei Bildlegenden am unteren Seitenrand. Hoffentlich fügt Quark dieses Feature bald wieder zu XPress hinzu.

Hilfslinienraster. Über *Ansicht | Hilfslinien-Palette* bietet Ihnen XPress im Palettenmenü rechts oben zwei weitere Möglichkeiten, (Gestaltungs-)Raster auf die Seiten zu legen:

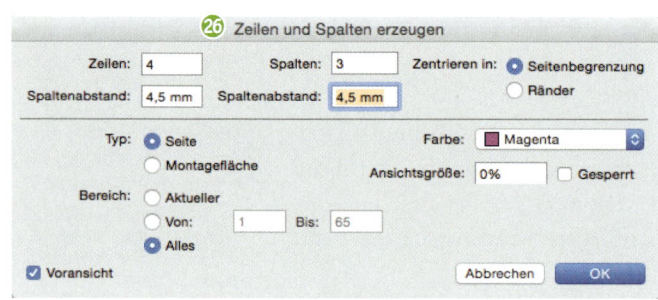

Raster erzeugen… ㉕ und *Zeilen und Spalten erzeugen…* ㉖. Die Rasterfunktion aus Hilfslinien teilt Seiten in symmetrische Bereiche, während der Zeilen-und-Spalten-Befehl die Seite wie eine Tabelle einteilt. Den Erstellungsbereich dieser Raster können Sie dabei auf bestimmte Seiten begrenzen.

Arbeitstechniken mit Seitenraster bzw. Grundlinienraster

In der Magazin- und Zeitungstypografie wird üblicherweise die Oberkante eines Bildes auf der Versalhöhe des Fließtextes und die Unterkante auf der Grundlinie ausgerichtet. Der Zeilenabstand von Text und Raster sollte gleich sein. Der folgende kleine Workshop zur Einrichtung des Grundlinienrasters geht von dieser Voraussetzung aus.

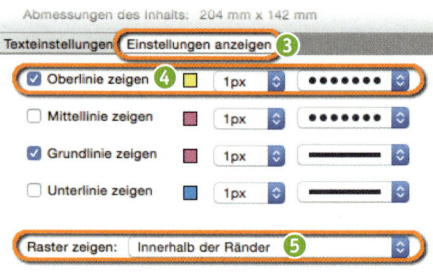

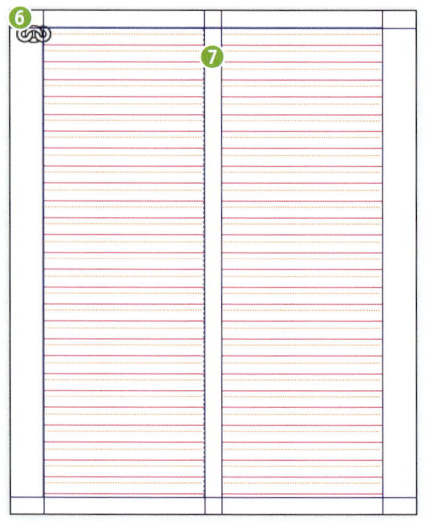

❶ Sie wechseln aus dem Layout am schnellsten mit dem Kurzbefehl ⇧+F10/⇧+F4 auf die Musterseite.

❷ Sie rufen unter *Seite* die *Master-Hilfslinien und Ränder* auf. (Mac-User sollten sich in den Vorgaben hierfür einen Kurzbefehl kreieren.)

❸ Im aufspringenden Dialog steuern Sie zuerst die Sichtbarkeit des Seitenrasters mit *Einstellungen anzeigen*.

❹ Sie aktivieren die Oberlinie und geben ihr eine nicht zu auffällige Farbe und Form.

❺ Zu 99 Prozent bietet sich für das gewünschte Szenario die *Raster zeigen*-Einstellung *Innerhalb der Ränder* an.

❻ Aktivieren Sie spätestens jetzt die Voransicht.

❼ Bei der Voransicht *Innerhalb der Ränder* werden die Rasterlinien nur innerhalb der Spalten angezeigt. Und was für die Produktion noch wichtiger ist: Das Seitenraster ist definitiv nur innerhalb der Spalten magnetisch (*Ansicht | An Seitenrastern verriegeln –* alt ⇧+F7) – an den Rändern und zwischen den Spalten ist »magnetfreie Zone«. Allein aus diesem Grund kann es sich lohnen, mehr Spalten anzulegen als benötigt werden.

❽ Nun wechseln Sie auf das Register *Texteinstellungen*, um das Ausrichten des Rasters vorzunehmen.

❾ Sie benötigen einen Textrahmen auf der Musterseite (den Sie eventuell schon beim Layout anlegen erzeugt haben). Er sollte momentan *nicht* mit dem Ketten-Symbol der Musterseite verknüpft sein, damit Sie Text in Ihrer gewünschten Schriftgröße eingeben können.

❿ Dieser Textrahmen sollte beim Ausrichten auf *Versalhöhe* und nicht auf *Oberlänge* definiert sein. Der Text muss weiterhin am Seitenraster verriegelt sein. Die Anzahl *Spalten* sollte zuerst auf 1 gestellt werden, damit der automatische Zeilenzähler (*Linien in Rändern:*) verwertbare Ergebnisse liefert.

⓫ Als *Schriftgröße* geben Sie im ersten Schritt näherungsweise einen Wert ein, der ca. 10 Prozent unter der tatsächlich gewählten Schriftgröße liegt. Verändern Sie diesen Wert so lange, bis die Versalhöhe des Versal-H mit der Rasterlinie für die Oberlänge, den Sie in Punkt ❹ angelegt haben, zur Deckung kommt.

⓬ Nun sollten Sie die *Linienabstände* so definieren, dass in der Summe mit der Schriftgröße der gewünschte *Zeilenabstand* entsteht.

⓭ Damit das Versal-H mit der Satzspiegeloberkante zur Deckung kommt, erhöhen Sie den *Versatz der Grundlinie*. Hier liegt der Wert – je nach Schriftart – meist bei rund 60 Prozent der Schriftgröße der benutzten Schrift.

⓮ Nun ist der richtige Zeitpunkt gekommen, sich um die genaue Ausrichtung des Satzspiegels zu kümmern. Sie zoomen zur linken unteren Layoutecke und überprüfen, ob die Textbox unten ein Stück über den Satzspiegel hinausragt.

⓯ Rufen Sie den Dialog *Einstellen* auf, dessen Fenster sich *Linien in Rändern einstellen* nennt.

⓰ Der *obere* und/oder der *untere Rand* werden nun so vergrößert oder verkleinert, bis die Grundlinie genau mit der unteren Satzspiegelkante übereinstimmt.

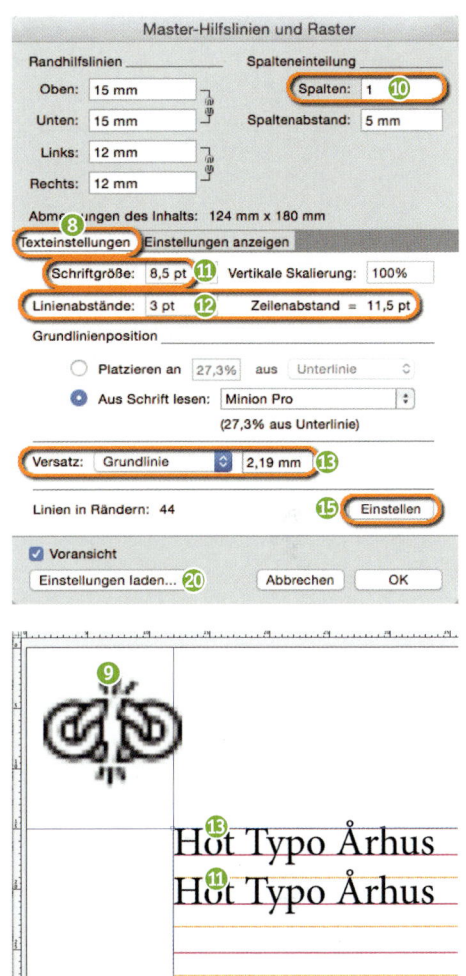

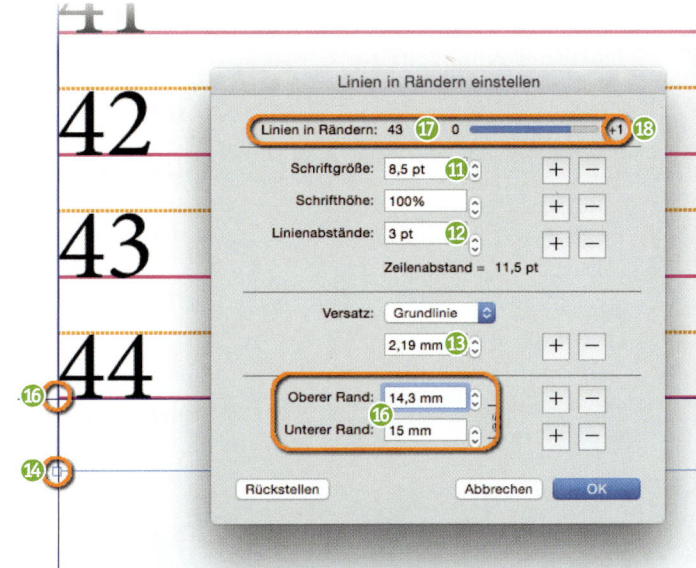

Zeilenabstände

Die Zeilenabstände von Musterseite und Fließtext sollten gleich sein – oder halb so groß, wenn man mit halbzeiligen Absatzabständen arbeiten möchte.

⑰ Die Rückmeldung über die *Linien in Rändern* ist jetzt um 1 ⑱ erhöht, weil Sie die letzte Zeile so platziert haben, dass die Unterlänge aus dem Satzspiegel herausragt.

⑲ Abschließend löschen Sie den Textinhalt aus dem Textrahmen und verketten ihn mit dem Ketten-Symbol der Musterseite (wenn Sie ihn als automatischen Textrahmen nutzen wollen) und stellen auch die gewünschte Spaltenanzahl wieder ein.

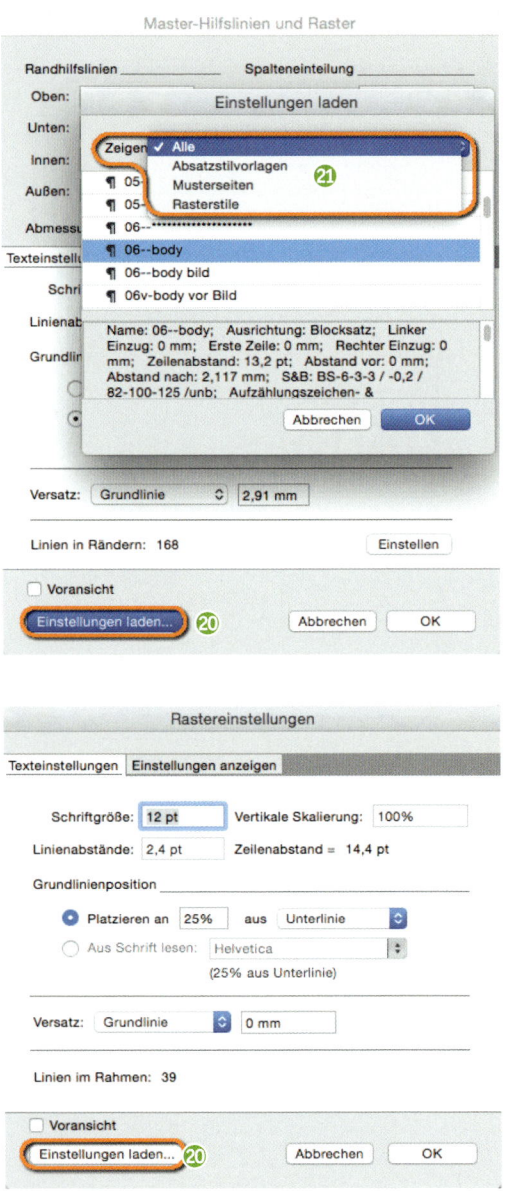

Grundlinienraster schneller erstellen. Sie können aus bestehenden Absatzstilvorlagen, aber auch aus anderen Musterseiten oder schon bestehenden Rasterstilen dieser Datei das Seitenraster auslesen und zur Grundlage Ihrer Einstellungen machen. Dazu klicken Sie auf *Einstellungen laden…* ⑳ und wählen aus der Liste ㉑ die gewünschte Grundlage aus.

Noch schneller, aber zuerst ungenau. Sie können den Dialog im Fenster *Linien in Rändern einstellen* ⑮ bei zuerst einspaltigen Boxen auch so benutzen: Sie möchten gerne 60 Zeilen auf einer A4-Seite haben. Nun »spielen« Sie mit den Werten für Zeilenabstand und Rändern, bis Sie den Wunschwert erreicht haben. Zum »Spielen« sind die Plus- und Minuszeichen neben den Feldern vorgesehen. Feintuning ist allerdings – wie in den Punkten ⑬ bis ⑯ beschrieben – weiterhin vonnöten. Die erzielten Zeilenabstandswerte übernehmen Sie dann – wie an anderer Stelle schon erwähnt – manuell in Ihre Stilvorlagen.

Textrahmenraster – Rastereinstellungen

Oft – wie z. B. in diesem Buch – benötigt man unterschiedliche Grundlinienraster. Die Brotschrift soll dabei immer gleich ausgerichtet sein. Gleiches gilt auch für Bildunterschriften, Kästchen und Marginalien. Ein Raster pro Seite reicht also nicht immer. Für solche Aufgaben hat Quark neben den Musterseitenrastern auch Textrahmenraster in XPress implementiert. Textrahmenraster werden – wie der Name schon sagt – auf Textrahmen angewandt. Jeder Rahmen kann genau ein Textraster bekommen. Zwei verschiedene Rahmen können entweder das gleiche Raster oder unterschiedliche Raster erhalten. Ansonsten gelten für Textrahmenraster fast die gleichen Einstellmöglichkeiten wie bei Musterseitenrastern – nur dass die Seitenränder fehlen. *Einstellungen* ⑳ können auch aus Musterseiten *geladen* werden. Hier sei nochmals darauf hingewiesen: Sie können das Raster einer Textbox nur über das Kontextmenü einstellen. Um dieses Manko auszugleichen: Für eine produktive Arbeitsweise lassen sich Raster per Stil anwenden und verwalten – dazu gibt es später in diesem Kapitel weitere Informationen.

Textrahmenraster und Objektstile
Leider lässt sich das Feature des Textrahmenrasters nicht über Objektstile zuweisen und verwalten.

Rasterstile
Mit Rasterstilen lassen sich Beziehungen zwischen Stilvorlagen für Text und dem Textrahmenraster in Textboxen herstellen.

Hilfslinien und dynamische Hilfslinien

Mit Hilfslinien wird Ihnen das Ausrichten von Layoutelementen viel leichter fallen. XPress bietet einerseits kurzfristig sichtbare *dynamische Hilfslinien* während des Verschiebens und Aufziehens von Objekten und andererseits im Layout platzierte *Hilfslinien* an.

Die Funktionalität von Hilfslinien:
- Hilfslinien können sichtbar oder unsichtbar geschaltet sein. Der Kurzbefehl lautet ⌨F7.
- Hilfslinien sind nur magnetisch, wenn unter *Ansicht* die *Hilfslinien magnetisch* geschaltet wurden – der Kurzbefehl lautet ⇧+F7. Mit demselben Befehl wird der Magnetismus auch wieder ausgeschaltet.
- Hilfslinien gehören nicht zu Ebenen, wie es in vielen anderen Programmen üblich ist.
- Die jeweilige Farbe der Hilfslinien ist eine Hilfslinieneigenschaft – und somit nicht abhängig von Ebenen.
- Hilfslinien sind entweder einer einzigen Seite ❶ oder einer einzigen Montagefläche ❷ zugeordnet.
- XPress kennt nur vertikale und horizontale Hilfslinien.
- Hilfslinien können gegen unbeabsichtigtes Verschieben geschützt werden.
- Hilfslinien besitzen einen »Zoom-Schwellwert«, ab welcher Zoomstufe sie sichtbar

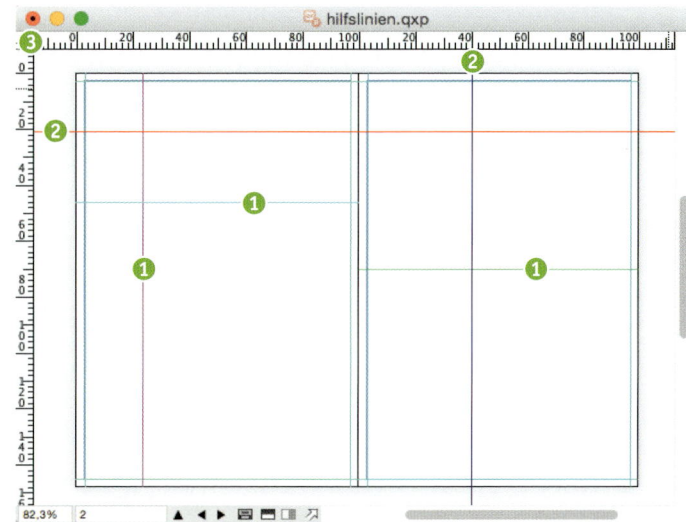

sind. Der Wert kann auch 0 betragen: gleichbedeutend mit immer sichtbar, wenn die Sichtbarkeit der Hilfslinien eingeschaltet ist

- Hilfslinien können manuell mit gedrückter Maus aus den Linealen oben und links nur dann heraus ins Layout gezogen werden, wenn die Sichtbarkeit der Hilfslinien überhaupt eingeschaltet ist. Die Sichtbarkeit der *Lineale* ❸ wiederum lässt sich mit ⌘+R / strg+R ein- und ausschalten.

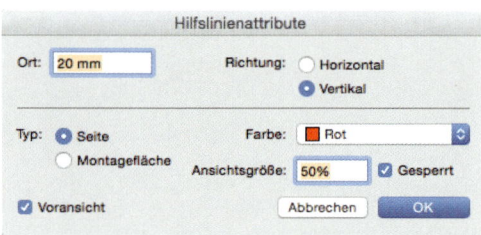

Bestehende Hilfslinie manuell verändern. Sie möchten eine Hilfslinie an einer bestimmten Position platzieren, umfärben oder sperren usw. Dazu drücken Sie die ⌘-/strg-Taste genau über der Hilfslinie oder wechseln ins *Objektwerkzeug* – das Verschiebe-Symbol wird sichtbar, wenn es sich um eine *nicht gesperrte* Hilfslinie handelt. Bei gesperrten Hilfslinien gibt es keine optische Rückmeldung. In beiden Fällen doppelklicken Sie bei gedrückter ⌘-/strg-Taste die Hilfslinie, so dass sich der Hilfslinienattribute-Dialog öffnet. Hier können Sie alle Attribute ändern.

Zwei Hilfslinien an selber Position?
Wenn Sie für eine neue oder importierte Hilfslinie identische Positionen eingeben, wird die neue oder geänderte Hilfslinie um 1 pt daneben oder darunter platziert! Das kann bei Unachtsamkeit zu einer großen Anzahl unbenötigter und überflüssiger Hilfslinien führen.

Hilfslinien manuell löschen. Eine ungesperrte Hilfslinie löschen Sie, indem Sie sie mit gedrückter ⌘-/strg-Taste oder mit dem *Objektwerkzeug* zurück ins Lineal ziehen – gesperrte Hilfslinien müssen Sie vorher entsperren. Um mehrere ungesperrte Hilfslinien auf einer Seite zu löschen, müssen Sie wissen, ob es sich um Hilfslinien innerhalb von Layoutseiten oder um Montageflächen-Hilfslinien handelt:

- Für Montageflächen-Hilfslinien platzieren Sie Ihr Layout so auf dem Monitor, dass die Montagefläche oben und links sichtbar ist. Ein alt-Klick ins obere Lineal entfernt alle ungesperrten, horizontalen Montageflächen-Hilfslinien – ein alt-Klick ins linke Lineal löscht die vertikalen.
- Für Seitenhilfslinien platzieren Sie Ihr Layout so auf dem Monitor, dass die Seite oben und links sichtbar ist, aber keinesfalls die Montagefläche! Ein alt-Klick ins obere Lineal entfernt alle ungesperrten, horizontalen *Seitenhilfslinien* – ein alt-Klick ins linke Lineal löscht die vertikalen.

Hilfslinien-Palette – der Sprung vom Handwerker zum Manager

Über *Fenster* können Sie die Palette *Hilfslinien* öffnen. Darin lassen sich die Eigenschaften aller Hilfslinien eines Layouts zentral bearbeiten. Weiterhin stehen Ihnen hier Befehle zum Löschen, Kopieren, Einsetzen und Erzeugen von Hilfslinien zur Verfügung.

Hilfslinien-Palette stand alone. Um mit der Hilfslinien-Palette sinnvoll arbeiten zu können, sollten Sie diese Palette wegen der benötigten Breite nicht mit anderen Paletten vereinigen. Wenn Sie die Breite der einzelnen Spalten verbreitern, honoriert XPress diese Änderung leider nur bis zum nächsten Öffnen der Palette: Danach befinden sich alle Spalten wieder im Ursprungszustand.

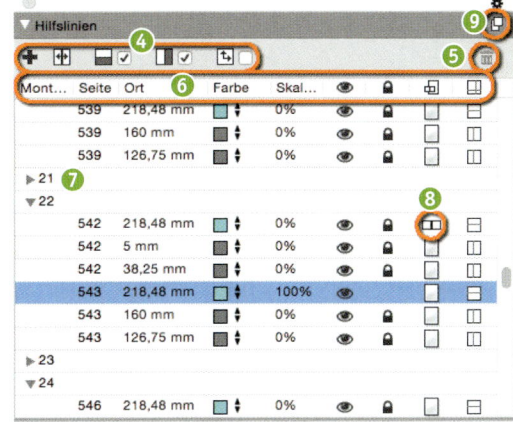

Einige wichtige Funktionen in der Befehlszeile ❹ der Palette. Mit einem Klick auf das Plus-Symbol erzeugen Sie eine neue Hilfslinie über den *Hilfslinienattribute*-Dialog. Das nächste Symbol wird von Ihnen selektierte Hilfslinien spiegeln. Die eingeschalteten dritten und vierten Symbole sorgen dafür, dass Sie dann alle horizontalen und vertikalen Hilfslinien sehen werden. Bei Aktivierung des fünften Symbols sehen Sie nur noch die Hilfslinien der gerade aktiven Montagefläche – bei vielen Seiten sehr zu empfehlen. Mit dem Papierkorb ❺ können Sie nur ungesperrte Hilfslinien löschen.

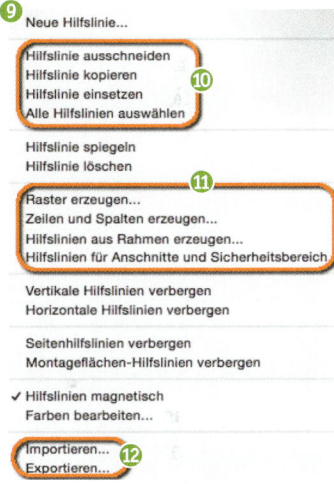

Ohne Funktion – die Spaltenüberschriften ❻. Der Reihe nach: Montageflächen-Nummer ❼ (damit können Sie die Hilfslinien einklappen) und Seitennummer. Veränderbare Werte: Ort, Farbe und Skalierung (Zoom-Schwellwert). Die klickbaren Einträge: Sichtbarkeit einzelner Hilfslinien, Sperrschloss, Seitenhilfslinie oder Montageflächen-Hilfslinie ❽; vertikale oder horizontale Hilfslinie.

Hilfslinien-Set exportieren und importieren

Sie können beliebige selektierte Hilfslinien einer Montagefläche exportieren und importieren ⓬.

Das Kraftpaket im Palettenmenü ❾ – manches davon geht auch per Kontextmenü. Sie können eine oder mehrere Hilfslinien einer Montagefläche selektieren, dann ausschneiden oder kopieren ❿ und auf einer

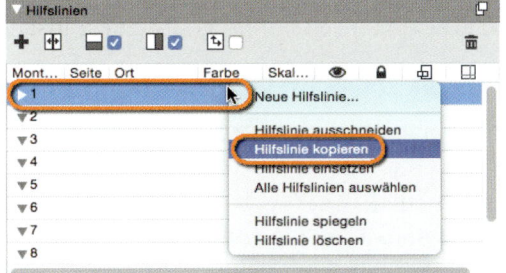

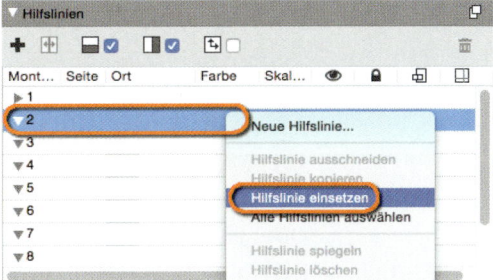

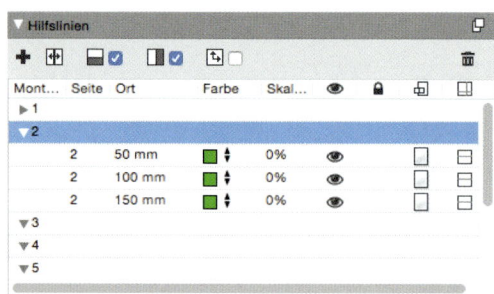

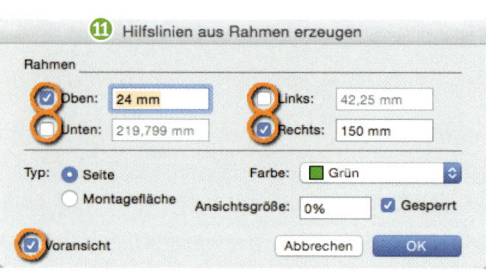

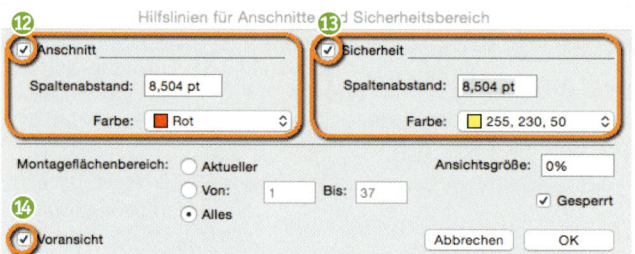

anderen Montagefläche wieder einsetzen (im Beispiel von Seite 1 auf Seite 2) – das erspart Ihnen oftmals den Aufbau weiterer Musterseiten. In der *Hilfslinien*-Palette können Sie sogar alle Hilfslinien aller Montageflächen gemeinsam auswählen und dann durch Klick auf ein Auge oder Schloss einer (!) Hilfslinie – und nicht des Spaltenkopfes – sichtbar oder unsichtbar beziehungsweise sperren oder bearbeitbar machen.

Spezielle Möglichkeiten, um Hilfslinien zu erzeugen, bietet Ihnen XPress ebenfalls im Palettenmenü des Fensters: Die Optionen *Raster erzeugen* sowie *Zeilen und Spalten erzeugen* für das Layoutraster sind schon beschrieben worden. Bevor es die Funktion der dynamischen Hilfslinien gab, war der Befehl zum *Erzeugen von Hilfslinien aus Rahmen* ⓫ eine sehr wichtige Funktion. Besonders hervorzuheben ist hier die Möglichkeit, die Erzeugung von einzelnen Kanten eines ausgewählten Rahmens zu nutzen.

Hilfslinien für Beschnitt und Sicherheitszone. In XPress finden Sie nur in der *Hilfslinien*-Palette die Möglichkeit, Hilfslinien mit den häufig geforderten 3 mm (8,504 pt) um die Seiten für den Beschnitt ⓬ oder innerhalb der Seite als Sicherheitszone ⓭ zu definieren. Während des Erzeugens sollten Sie die Voransicht ⓮ nutzen, bevor Sie mit *OK* bestätigen: Zu viel oder falsch erzeugte gesperrte Hilfslinien wieder zu löschen, das kann in großen Aufwand ausarten. Alle Hilfslinien verlieren nach der Erzeugung ihren Bezug zur Seitengröße. Verändern Sie die Dimensionen Ihres Layouts, wandern die Hilfslinien nicht mit!

Layoutkopie und Hilfslinien

Weil bestehende Hilfslinien nicht an die Dimensionen des Layouts gekoppelt sind, werden bei *Layout | Duplizieren* keine Hilfslinien übernommen, um nicht evtl. hunderte von falschen Hilfslinien im neuen Layout zu haben.

Dynamische Hilfslinien

XPress stellt Layoutern weitere Hilfslinien für schnelles und präzises Layouten zur Seite: die dynamischen Hilfslinien. Während Sie Objekte auf der Seite bewegen, aufziehen, vergrößern oder verkleinern, können Hilfslinien und Abstandsmaße in Ihrem Layout eingeblendet werden. Das geschieht immer dann, wenn diese Objekte von XPress in symmetrischen Zusammenhang mit den Seitendimensionen oder anderen

Objekten gebracht werden können. Dabei geht es wieder ganz Quark-typisch zur Sache: Zuerst sollten Sie einstellen, welche der dynamischen Hilfsmittel und Informationen Sie überhaupt sehen wollen. Das geht nur, wenn Sie auch die Sichtbarkeit der dynamischen Hilfslinien eingeschaltet haben. Nach der Einstellarbeit steuern Sie generell, ob die eingestellten Informationen und Linien über *Ansicht | Dynamische Hilfslinien zeigen* wirksam werden oder nicht: nämlich die Sichtbarkeit und (!) gleichzeitig der Magnetismus. Die Kurzbefehle für Mac und Windows lauten: `cmd`+`F7` / `strg` `⇧`+`F7`.

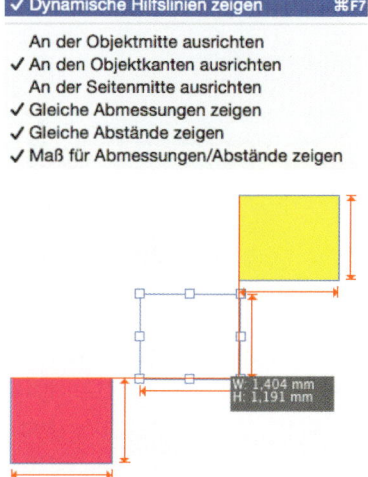

Geschwindigkeitsverluste durch Hilfslinien-Palette und dynamische Hilfslinien. Lassen Sie sich in einem feingliedrigen Layout mit sehr vielen Elementen auf einer Montagfläche alle dynamischen Hilfslinientypen anzeigen oder haben Sie die *Hilfslinien*-Palette mit hunderten von Hilfslinien geöffnet, können Sie auf einigen Rechnern einen Geschwindigkeitsverlust beim Layouten bemerken.

Abstand und Ausrichtung. Im Kapitel *Grafik, Bilder und Farben* wird ausführlich auf das objektbezogene Ausrichten von Layoutelementen zueinander eingegangen.

❸ Verketten und Vereinen von Textboxen: Linkster und Konsorten

Das Verlinken von automatischen Textrahmen auf der Musterseite wurde in diesem Kapitel schon thematisiert. In diesem Abschnitt rückt jetzt die Textfluss-Organisation in den Fokus. Dazu können Textverkettungen aufgelöst, neu verbunden oder umorganisiert werden. Neu in QuarkXPress 2017 hinzugekommen ist die Möglichkeit, Textrahmen mit ihrem Textinhalt zu vereinigen.

Das Neuverketten. Beim Verketten von Textboxen und/oder Textpfaden gibt es einen Startrahmen und einen Zielrahmen beziehungsweise Pfad. In der weiteren Beschreibung der Arbeitsweisen wird der Hinweis auf den Textpfad nun nicht mehr angeführt.
Es lassen sich nur Rahmen verketten, die tatsächlich schon Textrahmen sind. Weiterhin muss man beim Verketten zwei grundsätzliche Fälle unterscheiden: Der Zieltextrahmen enthält noch keinen Text, oder es befindet sich schon Text im Rahmen.

Begriffliche Rückkopplung von Redaktionssystemen
Eine verkettete Textstrecke wird in Redaktionssystemen »Story« genannt. Dementsprechend sehen Sie im Texteditor (auch Story-Editor genannt) eine Textstrecke – unabhängig von den Textrahmen. In diesem Abschnitt wird ebenfalls der Begriff »Story« in diesem Sinn benutzt.

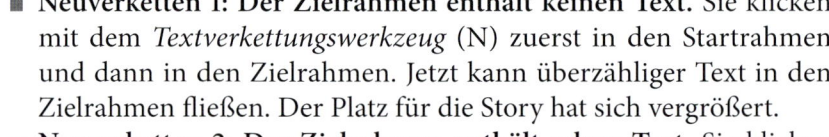

Neu in XPress 2017

Gefüllte Textboxen verketten – so einfach!
Sie klicken einfach in die Startbox und in die Zielbox – fertig!

- **Neuverketten 1: Der Zielrahmen enthält keinen Text.** Sie klicken mit dem *Textverkettungswerkzeug* (N) zuerst in den Startrahmen und dann in den Zielrahmen. Jetzt kann überzähliger Text in den Zielrahmen fließen. Der Platz für die Story hat sich vergrößert.
- **Neuverketten 2: Der Zielrahmen enthält schon Text.** Sie klicken wie gerade beschrieben mit dem *Textverkettungswerkzeug* (N) zuerst in den Startrahmen und dann in den Zielrahmen. XPress setzt hinter das letzte Zeichen der ersten Story eine Absatzschaltung und fügt dann die Story des Zielrahmens dazu. Die beiden Storys sind vereinigt worden.
- **Neuverketten 3: Der Zielrahmen enthält Text – Variation.** Sie möchten gerne den Umbruch beim Story-Verbinden erhalten. Hierbei drücken Sie zusätzlich die ⌥-Taste, während Sie in den Zielrahmen mit dem *Verkettenwerkzeug* klicken. Beim Drücken der ⌥-Taste wird dem Verkettensymbol ein »T« ☞ hinzugefügt. XPress fügt bei diesem Verlinkenvorgang an das Ende der Story im Startrahmen den *Nächster-Rahmen*-Umbruchbefehl ↕ (⇧+⌧) hinzu und schließt dann die Story aus dem Zielrahmen daran an. Der Umbruch bleibt nur erhalten, wenn im letzten Textrahmen der Startstory kein Textüberlauf vorhanden ist.
- **Neuverketten 4: Ein bisher leerer Textrahmen wird in die Mitte der Storykette aufgenommen.** Sie müssen mit dem *Verkettenwerkzeug* nur in die gewünschte Startbox und dann in die leere Zielbox klicken. XPress übernimmt die Weiterverlinkung von allein.

Der Preis für diesen Verlinkungskomfort. In wenigen Fällen hatte das alte Verhalten in XPress auch Vorteile, denn Sie konnten Textketten »weiterschieben«. Das Beispiel: Die erste Textkette besteht aus den Textrahmen 1, 2 und 3. Die zweite Textkette besteht aus den Rahmen 4, 5 und 6. Verketteten Sie bis QuarkXPress 2016 den Rahmen 3 mit dem Rahmen 4, entstand folgende Verkettung: Die erste Textkette besaß nun Rahmen 1, 2, 3 und neu die 4 – die zweite Textkette nur noch die Rahmen 5 und 6. Die Meisterung dieser Aufgabe ist in QX 2017 wesentlich aufwendiger.

Der Linkster als Verkettungsgehilfe

Unter *Hilfsmittel* können Sie den *Linkster…* aufrufen. Nur mit der *Linkster*-Palette ließen sich bis QX 2016 etliche der geschilderten Verkettungen durchführen. In XPress 2017 gibt es zwei Anwendungsfälle, die nur vom *Linkster* in einem Rutsch erledigt werden können. Immer dann, wenn Sie etliche Textboxen in nur einem Arbeitsgang verlinken möchten, ist der *Linkster* das richtige Werkzeug.

① Sie selektieren nacheinander in der gewünschten Reihenfolge die leeren oder auch gefüllten Textboxen mit dem *Objektwerkzeug.*

② Sie rufen unter *Hilfsmittel* den *Linkster…* auf.

③ Sie wählen die *Auswahl.*

④ Sie aktivieren *Verketten* und entscheiden sich entweder für den Textanschluss mit *Absatzschaltung* ↵ (keine Aktivierung von *Text in gleichem Rahmen behalten*) oder für den Anschluss mit dem Umbruchbefehl *Nächster Rahmen* ↕, indem Sie die Option aktivieren.

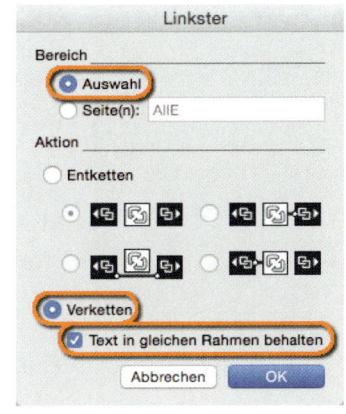

Wenn Sie im Bereich die Option *Seiten* aktivieren und dann *Verketten* aufrufen, erwarten Sie bitte nicht zuviel: Es werden nur Elemente wieder verkettet, die vorher vom *Linkster* auch schon entkettet wurden.

Umorganisieren des Textflusses
Wenn Sie mit der Organisation des Textflusses unzufrieden sind, versuchen Sie erst die folgende einfache Methode, bevor Sie zum *Entkettungswerkzeug* greifen.

■ **Verkettungsreihenfolge ändern.** Sie können mit dem *Verkettungswerkzeug* einfach in der gewünschten Reihenfolge in einzelne Textboxen dieser Textkette klicken. XPress ändert die Reihenfolge blitzschnell, die Flusspfeile informieren Sie dabei ständig über den neuen Textfluss. Wollen Sie über mehrere Seiten arbeiten, verkleinern Sie einfach die Zoomstufe der Layoutansicht.

Entketten von verketteten Textrahmen
Ihre Story besteht aus mehreren Textrahmen und Sie möchten einen Schnitt einführen: An einem Rahmen soll der Textfluss abgebrochen werden. Dazu klicken Sie mit dem *Entkettenwerkzeug* auf die rechte untere Ecke des späteren Endrahmens oder auf die linke obere Ecke des später abgetrennten Rahmens (und seiner weiterhin mit ihm verketteten Folgerahmen). Die Folge ist, dass die zweite Story keinen Text mehr enthält und die erste Story einen Textüberlauf besitzt.

Entketten mit Trennung der Story. Klicken Sie jedoch bei gedrückter ⎇ -Taste mit dem *Entkettenwerkzeug* 🖾 auf eine der beiden beschriebenen Ecken, werden aus ehemals einer Story nun zwei Storys. Durch automatischen Umbruch werden genau über die Rahmengrenzen getrennte Wörter zerschnitten, wodurch Einzüge entstehen können.

> Dies ist eine Story, die über zwei Rahmen fließt. Der Textfluss aus dem Ausgangs-

> rahmen heraus wird durch entketten unterbrochen werden.

> Dies ist eine Story, die über zwei Rahmen fließt. Der Textfluss aus dem Ausgangs

> rahmen heraus wird durch entketten unterbrochen werden.

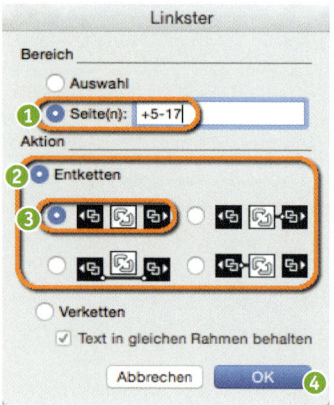

Der Linkster als Entkettungsmagier

Beim Entketten von langen Storys über viele Rahmen gibt es viele Möglichkeiten – je nachdem, was denn am Ende genau entstehen soll. Hier bietet der *Linkster* fast alle denkbaren Optionen an.

Alle oder ausgewählte Seiten komplett entlinken – die »brutale« Methode. Ein Einsatzbeispiel: Sie haben aus einer Datenbank oder mit einem speziellen Textmanuskript Ihre XPress-Seiten mit fortlaufendem Text gefüllt: Am Ende jeder gewünschten »Seitenbefüllung« im Layout wurde schon beim Anlegen des zu importierenden Textes der Umbruchbefehl *Nächster Rahmen* ↕ eingefügt. Nun möchten Sie auf den Seiten die volle Layout-Freiheit genießen. Hierzu rufen Sie den *Linkster* auf:

❶ Sie wählen *Alle Seiten* oder Ihren gewünschten *Seitenbereich* aus.

❷ Weiterhin soll *entkettet* werden.

❸ Die zu entkettenden Objekte – also alle aus der Auswahl von Punkt ❶ – sollen keine Verbindung mehr zum vorhergehenden und zum nachfolgenden Rahmen besitzen.

❹ Mit *OK* werden alle Textrahmen dieser Strecke entkettet. Der Text bleibt in den Rahmen erhalten. Alle Textrahmen enthalten nun eigene Storys.

Natürlich sind auch beim Seiten-Entlinken andere Entlinkungsoptionen möglich, wobei es gibt nur wenige sinnvolle Anwendungsfälle gibt.

Ausgewählte Textrahmen entlinken. Mit dem *Linkster* sind vier Entkettungs-Variationen möglich:

❺ Aus den ausgewählten Textrahmen entstehen selbständige Storys, die vorhergehenden und die nachfolgenden Textrahmen enthalten jeweils eigene Storys.

❻ Bei dieser Option bleiben die ausgewählten Textrahmen mit den nachfolgenden Textrahmen in einer Story. Die vorhergehenden Textrahmen bilden ebenfalls eine Story.

❼ Hier werden die ausgewählten Textrahmen aus der Story herausgelöst und bilden eigene Storys. Die vorhergehenden und nachfolgenden Textrahmen bilden zusammen eine neue Story.

❽ Bei dieser Option verbleiben die ausgewählten Textrahmen mit den vorherigen Textrahmen in einer Story. Die nachfolgenden Textrahmen bilden ebenfalls eine Story.

❹ Cloner – das Schweizer Messer für Duplikate

Mit der *Cloner*-Funktion stellt Quark in XPress eines der mächtigsten Hilfsmittel im Layoutbereich zur Verfügung, um Seiten aus gleichen oder verschiedenen Layouts neu zusammenzustellen oder um ausgewählte Elemente auf viele Seiten zu kopieren. Der Einstieg in dieses Powerwerkzeug fällt meist etwas holprig aus, da die benutzten Begriffe bis heute nicht selbsterklärend sind.

Cloner und Seitenzahlen
Da in einem Layout durch mehrere Abschnitte die gleiche Seitenzahl mehrfach vorkommen kann, arbeitet der Cloner nur mit absoluten Seitenzahlen.

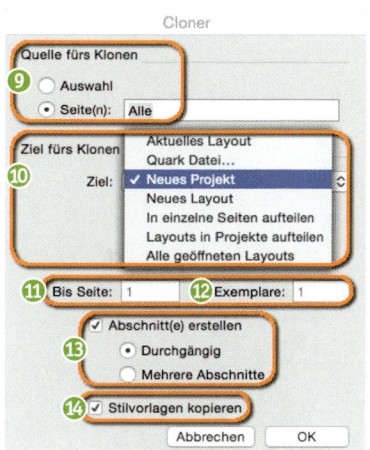

Was müssen Sie beim Arbeiten mit dem Cloner einstellen?

- Sie müssen definieren, was kopiert werden soll ❾: entweder ausgewählte Objekte von einer (!) Seite oder eine Seitenstrecke.
- Dann wählen Sie aus einer großen Auswahl von Möglichkeiten ein oder mehrere *Ziele* fürs Klonen ❿ aus – je mehr Dateien Sie gleichzeitig geöffnet haben, umso größer ist die Auswahl für Sie.
- Für viel Verwirrung sorgt der Begriff *Bis Seite* ⓫. Haben Sie ein oder mehrere Objekte als Quelle ausgewählt, wäre der Begriff *Ab Seite beginnend* richtig. Haben Sie jedoch *Seiten* ausgewählt, wäre der Begriff *Hinter Seite beginnend* viel passender.
- Auch der Begriff *Exemplare* ⓬ ist nicht optimal – das Handbuch spricht hier von *Kopien*, was den Sachverhalt besser umschreibt – gemeint ist noch genauer *Anzahl Kopierschritte*.
- Wenn Sie Seitenstrecken kopieren, kann die Frage wichtig werden, ob durch die einkopierten Seiten *Abschnitte* ⓭ im Ziellayout notwendig werden und wie damit umgegangen werden soll.
- Bei Aktivierung der Option *Stilvorlagen kopieren* ⓮ werden neben den benutzten Stilvorlagen auch die *unbenutzten* Stilvorlagen mit ins Zieldokument genommen. Hier wäre ebenso eine bessere Beschriftung wünschenswert.

Aber all diese Kleinigkeiten sollen nicht schmälern, dass der *Cloner* ein geniales Werkzeug ist!

Der Cloner und Doppelseiten/Montageflächen. Der *Cloner* unterscheidet beim Kopieren von Objekten nicht zwischen linker oder rechtee Seiten: Er kopiert auf jede Seite.

Seiten in einem Layout duplizieren. Für diesen Arbeitsschritt bestimmen Sie die *Seiten* ❾ mit absoluter Seitenzahl, wählen *Aktuelles Layout* ❿ und definieren hinter welcher Seite ⓫ – wiederum mit absoluter Sei-

Ziel fürs Klonen:
- *Aktuelles Layout* – kopiert in diesem Layout.
- *Quark Datei…* – kopiert in ein zu öffnendes Projekt.
- *Neues Projekt* – kopiert in ein neues Projekt.
- *Neues Layout* – kopiert in ein neues Layout im aktuellen Projekt.
- *In einzelne Seiten aufteilen* – erzeugt Projektdateien mit jeweils einer Seite.
- *Layouts in Projekte aufteilen* – erzeugt jeweils ein Projekt mit nur einem Layout von jedem Layout dieses Projekts – Seitenzahlen bleiben ohne Auswirkung.
- *Alle geöffneten Layouts* – kopiert in alle Layouts dieses und anderer geöffneter Projekte.

QR-Code verändern.
Selektieren Sie den Rahmen mit dem QR-Code. Dann gehen Sie zu *Hilfsmittel | QRCode erzeugen…*, wobei XPress den Dialog mit jenen Werten öffnet, die den Code erzeugt haben. Bei einer Änderung erzeugt XPress einen neuen Code.

tenzahl – das Duplikat eingeschoben werden soll. Um weitere Duplikate zu erhalten, müssen Sie den Vorgang wiederholen, denn die Angaben bei *Exemplare* sind von Quark deaktiviert.

Ausgewählte Objekte auf mehrere Seiten kopieren. Sie selektieren die gewünschten Objekte, die sich nur auf einer Seite befinden sollten. Im *Cloner* ist *Auswahl* ❾ schon aktiv. Sie bestimmen, in welche Layouts ❿ kopiert werden soll. Bei *Seite* ⓫ geben Sie die absolute Seitenzahl ein, auf der die ersten Duplikat-Objekte platziert werden sollen. Bei *Exemplare* ⓬ legen Sie fest, auf wie viele Seiten die Duplikate kopiert werden sollen. Ein Beispiel: Sie möchten Elemente auf die Seiten 7 bis 17 kopieren. Bei *Seite* wählen Sie »7«, bei *Exemplare* »11«.

❺ QR-Code

Als Brücke zwischen gedruckten Medien und smarten Geräten dient der QR-Code. Er wird mit einer App des Smartphones oder Tablets gescannt und öffnet dann im mobilen Device eine weitere App wie einen Browser oder ein Mailprogramm. Mit Quark XPress können Sie einen QR-Code direkt im Programm erzeugen und nach der Erzeugung auch noch korrigieren.

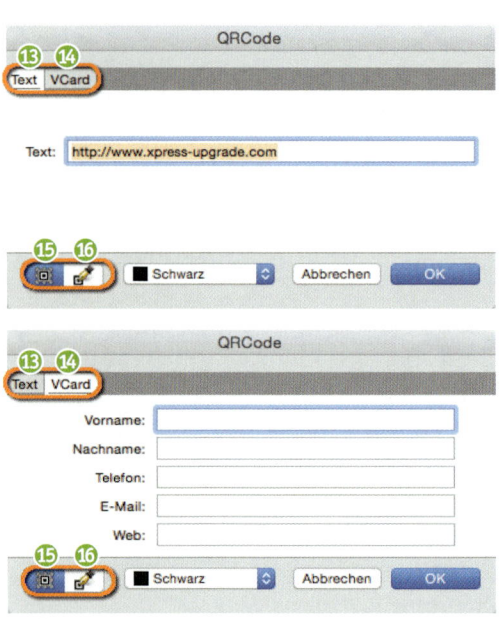

Mit XPress einen QR-Code erzeugen. Sie ziehen einen beliebigen Rahmen in der Breite und Höhe auf, die der QR-Code im gedruckten Zustand haben soll. Dann rufen Sie unter *Hilfsmittel* den Befehl *QRCode erzeugen…* auf. Daraufhin öffnet sich der Dialog. Wenn Sie *Text* ⓭ wählen, können Sie entweder einen URL- oder einen Mail-to-QR-Code erzeugen. In das Textfeld geben Sie dann eine URL (mit »http://« oder »https://« beginnend) oder eine Mail-Adresse (mit »mailto:« beginnend) bzw. Daten für VCard ⓮ ein.
Dann wählen Sie, ob eine PNG-Datei ⓯ oder eine XPress-native Vektorform ⓰ entstehen soll.
XPress nimmt den kleineren Wert von Breite und Höhe des Rahmens und erzeugt mit diesem Wert ein Quadrat, das entweder mit dem Bild oder der Vektorform gefüllt wird. Die Bilddatei wird in Ihrem Dokumente-Ordner abgelegt – und nicht bei der XPress-Datei.

❻ Projektressourcen

Schon seit QuarkXPress 7 gibt es *Job Jackets* und damit den Begriff der Ressourcen: Farben, Stilvorlagen, S&B, Aufzählungs- und Gliederungsstile, Listen, Striche & Streifen, Hängende Zeichen, Hyperlinks, Rasterstile und Quelleneinstellungen – alles das sind Projektressourcen. Das Spezielle an XPress: Etliche Ressourcen lassen sich wieder in andere Ressourcen einbinden.

Das Projektressourcen-System. Nachdem Ressourcen definiert werden (oder schon von XPress installiert wurden), kann sie der Layouter oder Produzent in jedem Layout des Projektes anwenden. Ressourcen werden durch den Befehl *Anfügen* (cmd alt + A / strg alt + A) zwischen Dateien ausgetauscht – bei wenigen lassen sie sich im- und exportieren. Bei nicht geöffnetem Projekt werden die definierten Ressourcen zu Projektressourcen-Vorgaben neuer Dateien. Dadurch, dass einige Ressourcen wiederum in andere Ressourcen eingebunden werden können, ergibt sich eine Reihenfolge. Die »untersten« Basis-Ressourcen für die Typografie sind *Farbe, S&B-Einstellungen, Hängende Zeichen* und *Striche & Streifen*. Eine »mittlere« Ressource ist *Textschattierung,* die Farbe und Striche & Streifen enthalten kann. In Absatz- und Zeichenstilvorlagen werden diese Ressourcen mit weiteren Eigenschaften zusammengeführt. Darauf setzen dann die Automatisierungsressourcen wie *Aufzählungsstile, Bedingte Stile* und *Fußnotenstile* auf.

Ressourcen können verändert werden. Alle Textstellen und alle Objekte, denen eine Ressource sauber zugewiesen wurde, werden diese Veränderung mitmachen. Schneller und präziser kann man kaum produzieren.

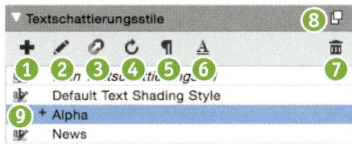

Die Standard-Funktionen. Die Fenster (Paletten) von Ressourcen zeigen ähnliche Funktionen: In den Fenstern können Stile oder auch Farben mit dem Pluszeichen neu angelegt ❶, mit dem Stift bearbeitet ❷, mit dem Verschiebepfeil dupliziert ❸, mit dem Recycling-Kreis temporäre Veränderungen in die Ressource zurückgeschrieben ❹, auf verschiedene Eigenschaften wie hier Absatz ❺ und Zeichen ❻ gerichtet oder mit dem Papierkorb gelöscht ❼ werden. Meist stehen in den Fenstern wie hier bei den Textschattierungsstilen zur Bedienung Icons zur

XPress-Standard-Ressourcen und eigene Ressourcen

XPress wird mit Standard-Ressourcen ausgeliefert. Diese Ressourcen lassen sich grundsätzlich nicht löschen, sondern nur verändern. Häufig sollten sie deshalb nur als Anschauungs- oder sogar Startmaterial für eigene Ressourcen genutzt werden, denn Ressourcen können auch dupliziert werden.

Profis arbeiten immer mit eigenen Ressourcen

Eigene Ressourcen lassen sich löschen und durch andere Ressourcen ersetzen! Dieser Vorteil kann nicht genügend hervorgehoben werden.

Sie können später Stunden und Tage an Arbeit sparen, wenn Sie Ihre Dateien anpassen müssen oder für digitale Produktionen einsetzen wollen.

Zur Schnellanwendung vieler Ressourcen gibt es eigene Fenster (Paletten)

Für Farben, Stilvorlagen, Listen usw. können Fenster geöffnet werden – Einträge stehen auch in der Maße-Palette oder Dialogen zur Auswahl.

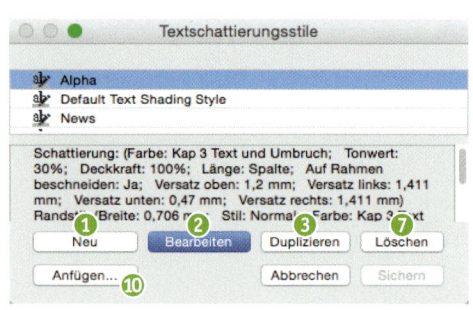

Verfügung, aber manchmal auch nur Kontextmenü oder das Palettenmenü ❽ rechts oben. Wenn ein Stil unsauber übergeben wurde, schmückt ein kleines + ❾ vor dem Namen den Stil.

In den generellen Dialogen der Ressourcen, die alle unter *Bearbeiten* aufgerufen werden, findet man entsprechend die Anordnung *Neu* ❶, *Bearbeiten* ❷, *Duplizieren* ❸ und *Löschen* ❼. Über *Anfügen…* ❿ können Sie Ressourcen anderer Dateien importieren. *Sichern* schließt die Einstellarbeiten ab – *Abbrechen* verwirft sie.

Vergleichen von zwei Ressourcen. Wählen Sie zwei Ressourcen und drücken die ⌗alt⌗-Taste, verwandelt sich *Anfügen…* ❿ in *Vergleiche*. Im aufspringenden Fenster sehen Sie alle Eigenschaften der Ressourcen – Unterschiede werden durch Fettschrift hervorgehoben.

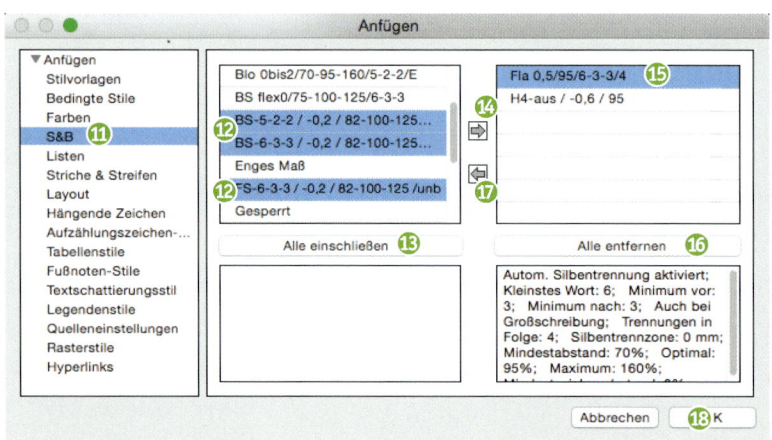

Anfügen von Ressourcen. Den generellen Befehl *Anfügen* für alle Ressourcen finden Sie unter *Ablage/ Datei*. In diesem Dialogfenster werden alle Projektressourcen aufgelistet. Sogar Layouts sind für XPress anfügbare Ressourcen! Ist über *Anfügen* eine Datei ausgewählt und geöffnet worden, können Sie die einzelnen Ressourcen durchklicken und entscheiden, welche Eigenschaften Sie in Ihrer Datei oder in Ihren Vorgaben ebenfalls nutzen möchten. So geht's:

Indirektes Anfügen
Kopieren Sie Textstellen oder Objekte von einer Datei in eine andere Datei, werden alle benutzten Ressourcen mitgenommen. Sie werden aber nicht auf Konflikte hingewiesen, so dass die einkopierten Elemente anders aussehen können als im Ursprungsdokument.

❶❷ In der dazugehörigen Liste der *Ressourcen* wählen Sie in der Mitte eine oder mehrere Ressourcen aus, oder Sie entscheiden sich für *Alle einschließen* ❶❸.
❶❹ Mit einem Klick auf den *Nach rechts-Pfeil* transportieren Sie die ausgewählten Ressourcen der »Fremddatei« in Ihre Umgebung (eine geöffnete Datei oder Vorgaben).
❶❺ Ressourcen, die Sie nach rechts bewegt haben, können Sie einzeln oder auch komplett per *Alle entfernen* ❶❻ und einem Klick auf den *Nach links-Pfeil* ❶❼ noch vom Import ausschließen.

⑱ Mit *OK* verlassen Sie den Dialog. Nun schließt sich ein Konflikt-Dialog an, weil Ressourcen gleich benannt, aber aber unterschiedlich definiert sind.

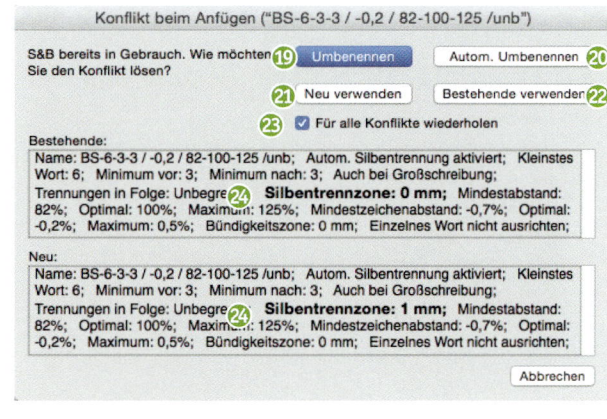

⑲ Sie können die frisch importierte Ressource manuell *Umbenennen*.

⑳ Sie können auch *Automatisch Umbenennen*. Diese Ressourcen tragen Namen mit *Sternchen und landen somit meist ganz oben in der Liste.

㉑ Sie können aber auch der neuen Ressource gegenüber der alten den Vorzug geben. *Neu verwenden* überschreibt die alte Ressource.

㉒ Wenn Sie *Bestehende verwenden* wählen, werden vor allem bei einem Mehrfachimport nur die neuen Ressourcen angefügt, die alten bleiben unverändert erhalten.

㉓ *Für alle Konflikte wiederholen* meint auf gut deutsch: »Nerve mich nicht mit ständigen Nachfragen, sondern wende meine Wahl aus ⑳ bis ㉒ ohne weitere Nachfrage an.«

㉔ Die einzelnen Konflikte werden durch fette Schrift im unteren Bereich des Dialogs angezeigt.

Die wichtigste Ressource: Stilvorlagen – für Text

Möchten Sie den vollen Nutzen aus den umfangreichen XPress-Features ziehen, kommen Sie um die konsequente Arbeit mit Stilvorlagen nicht herum. Stilvorlagen, also gespeicherte und jederzeit abrufbare Sätze von Formatierungsanweisungen, sind das Mittel der Wahl für einen konsistenten, professionellen Satz. Mit wenigen Klicks können Sie allen Überschriften oder Textauszeichnungen im gesamten Dokument eine andere Formatierung verpassen: Sobald Sie an einer Stilvorlage eine Änderung vornehmen, werden alle mit dieser Stilvorlage formatierten Texte automatisch entsprechend umformatiert.

Zwei grundlegende Arten von Stilvorlagen. XPress unterscheidet zwei Arten von Stilvorlagen: absatzbasierende Stilvorlagen und zeichenbasierende Stilvorlagen. Demgemäß ist die *Stilvorlagen*-Palette auch in zwei Abschnitte unterteilt: Der obere listet die Absatz-, der untere die Zeichenstilvorlagen auf. Der zugehörige Beispiel-Screenshot zeigt, dass der selektierte Text mit dem Absatzstil »06--body« und dem Zeichenstil »z06--body« formatiert ist. Da kein »+« die Namen schmückt, sind die Stile sauber zugewiesen.

Stil oder Format?
Andere Programme nennen Stil oder Stilvorlagen einfach nur Formate oder etwas länger Formatvorlage oder auch Absatzbeziehungsweise Zeichenvorlage.

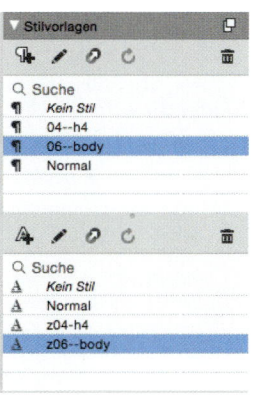

Zwei Arten von Absatzstilvorlagen. In den Absatzstilvorlagen verstecken sich alle Absatzformatierungen: Formate, Tabellen, Absatzlinien und Spaltenfluss ❶ sowie Zeichenformatierungen. Die Zeichenstile darin können auf zwei Arten eingebunden sein: entweder als eigene Zeichenstilvorlage (unser Beispielbild) oder als vollständig durchgeführte Zeicheneinstellungen *Standard* ❺.

Das Bearbeiten einer Stilvorlage geschieht in den Registern *Formate* bis *Spaltenfluss* ❶ wie später im großen Kapitel Typographie und Umbruch ausführlich beschrieben wird. Zusätzlich erscheint das Register *Allgemein*.

Tastenkürzel ❷. Der gewünschte Kurzbefehl wird nicht ins Eingabefeld geschrieben, sondern direkt eingegeben. Sie können die Ziffern auf dem Ziffernblock sowie die Funktions-Tasten und zusätzlich auch Modifikatortasten verwenden. Quark hat die meisten Funktionstasten zusammen mit ⇧ und/oder [alt] bereits für eigene Befehle verwendet. Klare Empfehlung für Kürzel beim Arbeiten in gemischten Mac-Windows-Umgebungen für die wichtigsten Absätze ist [cmd]/[strg] mit Ziffern vom Ziffernblock. Am Mac bieten sich auch Kombinationen mit [ctrl] und Funktionstasten an.

Voneinander abhängige Stilvorlagen ❸. Stellen Sie sich vor, in Ihrer Publikation gäbe es verschiedene Überschriften (z. B. H1 bis H6), die alle in »Minion« formatiert sind und über unterschiedliche Schriftgrößen verfügen. Jetzt kommt der Art Director hereingestürmt und möchte statt der »Minion« die »Myriad«. Kein Problem für Sie, wenn Sie aufeinander basierende Formate – *Vorlage* genannt – nutzen! Sie können eine bestehende Stilvorlage als Grundlage für ein oder mehrere andere Stile verwenden. Der *Vorlagen*-Eintrag *Kein Stil* bedeutet folgendes: Dieser Stil basiert nicht auf einer anderen Stilvorlage.

Anschlussstil definieren ❹. Ebenso praktisch ist die Möglichkeit, einen Folgestil zu bestimmen. Um ein Beispiel zu nennen: Alle Absätze, die auf eine Überschrift folgen werden, sollen mit der Stilvorlage »Body« formatiert werden. Dann verknüpfen Sie die Überschriftstilvorlagen im *Nächsten Stil* mit der Stilvorlage »Body«. Beim Drücken der [↵]- oder der [↵]-Taste am Ende einer Überschriftenzeile wird der nächste Absatz automatisch das Format »Body« erhalten. Diese Abfolge von Stilen kann an weiteren Stellen genutzt werden. Wählen Sie an dieser Stelle keinesfalls »*Kein Stil*«!

Zeichenstil (im Dialog *Absatzstilvorlage bearbeiten*) ❺. Wenn Sie bei gewähltem Standard auf *Bearbeiten…* ❻ klicken, definieren Sie die Zeichenformatierung jenes Absatzes, der nicht auf einer Zeichenstilvorlage beruht. Wählen Sie einen schon vorhandenen Zeichenstil, bearbeiten Sie diese Stilvorlage direkt. Wählen Sie *Neu…*, erstellen Sie eine neue Zeichenstilvorlage, die sofort in die Absatzstilvorlage aufgenommen wird.

Stilvorlagen definieren: Das Anlagen von Stilvorlagen wird zum Kinderspiel, wenn Sie sich als Vorbereitung einen Mustertext anfertigen. Gehen Sie dazu folgendermaßen vor:

❼ Gestalten Sie einen (Blind-)Text in einer Textbox inklusive Überschriften vollständig durch, also auch schon mit jeweils *einer* Textauszeichnung wie fett, kursiv oder hochgestellt. Die Spaltenbreite dieser Textbox sollte schon der Endproduktion entsprechen. Der momentan gültige Stilvorlagenname darf *nicht* »Kein Stil« sein.

❽ Aktivieren Sie zwei oder drei Buchstaben (sonst erwischen Sie eine eventuell vorhandene Buchstabenpaar-Unterschneidung) des »normalen« Lauftextes, erzeugen Sie einen Zeichenstil mit einem Klick auf *Neu* ▲ in der *Stilvorlagen*-Palette und benennen Sie ihn. Die Zeichenstilvorlage ist sofort dieser Textstelle zugewiesen.

❾ Erzeugen Sie nun sofort auch einen Absatzstil mit einem Klick auf *Neu* ▲ in der *Stilvorlagen*-Palette und benennen Sie ihn. Die Absatzstilvorlage mit dem gerade geschaffenen Zeichenstil ist definiert und zugewiesen.

❿ Nun gestalten Sie in Ihrem Beispielabsatz an den jeweils komplett aktivierten fetten, kursiven oder hochgestellten Textstellen – wie in Punkt ❽ beschrieben – weitere Zeichenstile und benennen Sie sie sinnvoll.

⓫ Diesen Vorgang wiederholen Sie mehrfach für die Überschriften und Bildlegenden.

⓬ Zum Abschluss editieren Sie Ihre Stilvorlagen mit folgenden Zielen: Ist es sinnvoll, einzelnen Absatzstilen *nächste Stile* ❹ zuzuordnen? Sollen einzelne Zeichenstilvorlagen ⓭ als Vorlage ⓮ für andere Zeichenstile dienen?

Stilvorlagen gruppieren
XPress kennt keine Option, um Stilvorlagen zu gruppieren. Die Gruppierung müssen Sie über Benennung in alphanumerischer Reihenfolge selber durchführen – ein Muss für größere Projekte, die eine übersichtliche Strukturierung erfordern. Ergänzt um »Dummy«-Stilvorlagen als Gruppierungsüberschriften gelingen mit dieser Arbeitstechnik auch Zeitungsproduktionen mit Hunderten von Stilvorlagen.

In vielen Produktionen hat es sich sehr bewährt, alle Zeichenstilvorlage mit »z« beginnen zu lassen.

⓭ Zeichenstilvorlage bearbeiten

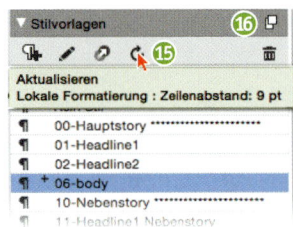

Arbeiten mit Stilvorlagen. Um eine Stilvorlage einem Absatz zuzuweisen, klicken Sie mit dem Cursor irgendwo im Absatz einfach auf den Stilvorlagen-Namen oder betätigen den Kurzbefehl für den Absatz. Für eine Zeichenstilvorlage markieren Sie die gewünschte Zeichenfolge.

Stilvorlagen »verschmutzt »– oder das Kreuz mit dem »+«. Wird eine Stilvorlage angewendet und werden nachträglich über die XPress-Menüs oder die Maße-Palette am Text Änderungen vorgenommen, wird das mit einem dem Namen der Stilvorlage vorangestellten Plus (z. B. +Body) gekennzeichnet. Wird bei einer kombinierten Stilvorlage (Verknüpfung zwischen Absatz- und Zeichenstilvorlage) eine Typografie-Änderung vorgenommen, erscheint das Plus gleich zweimal: sowohl bei den Absatz- als auch bei den Zeichenstilvorlagen – außer, wenn die Änderung nur ein Absatz- und kein Zeichenattribut betrifft (wird z. B. der linke Einzug verändert, bekommt nur die Absatzstilvorlage ein Plus vorangestellt). Seit XPress 8 können Sie erkennen, was die Stilvorlage »verschmutzt«: Einfach mit der Maus über den Aktualisieren-Knopf ⑮ fahren und der Tooltipp zeigt's an.

Stilvorlagen-Recycling ⑮
Sie haben eine Veränderung an der Formatierung vorgenommen und wünschen, dass ab jetzt jede Textstrecke diese Formatierung erhält? Dies geht einfach durch Klick auf die entsprechende Schaltfläche ↻ in der Stilvorlagen-Palette. Haben sich Absatz- und Zeichenstilvorlage zusammen geändert, erfolgt der Klick zuerst auf den »Recycling-Button« bei den Zeichen- und dann bei den Absatzstilen.

Zuweisen deluxe. Im Palettenmenü ⑯ der *Stilvorlagen*-Palette können Sie das Schweizer Messer für das Zuweisen der Stilvorlagen aufklappen. Im Bereich *Absatz* ⑰ finden Sie die Abfolgebefehle ⑲ für Absätze mit *Nächstem Stil* ❹.

»Falsch gestylte« Texte reinigen – Holzhammer oder smarte Methode? Sie arbeiten mit Stilvorlagen. Durch Textimporte oder verschiedene Arbeitsschritte liegen Ihre Texte nicht mehr sauber auf Stilvorlagen. Nun können Sie einen Absatz erst auf *Kein Stil* und dann auf den gewünschten Stil legen. Schneller geht's, indem Sie mit gedrückter [alt]-Taste auf den gewünschten Stilvorlagennamen klicken. Jede fremde Formatierung wäre damit gnadenlos entfernt: der Holzhammer. Sie können aber auch im Palettenmenü ⑯ der *Stilvorlagen*-Palette im Anwendenbereich für Absätze ⑱ oder für Zeichen ㉒ eine wesentlich weichere und smartere Methode wählen, um einer Textstrecke zum gewünschten Verhalten und Aussehen zu verhelfen.

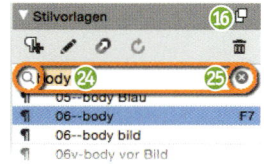

Stilvorlagen filtern (Teil 1). Wenn Sie die Suche innerhalb der Absatz- ㉔ oder Zeichenstile ㉓ sehen wollen – oder eben auch nicht –, finden Sie über das Palettenmenü ⑯ die Steuerung zwischen *Suche verbergen/ Suche zeigen*. Die Suchbegriffe ㉑ werden mit dem × ㉕ entfernt.

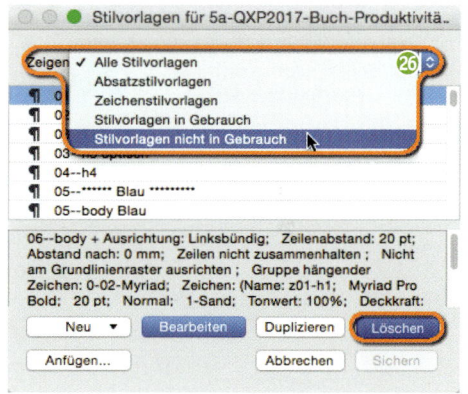

Stilvorlagen filtern (Teil 2) und Stilvorlagen löschen. Auch innerhalb des Dialoges *Bearbeiten | Stilvorlagen…* (⇧+F11) können Stilvorlagen gefiltert werden, aber nicht nach Namen, sondern nach Typ und Verwendung ㉖. So können Sie blitzschnell alle unbenutzten Stilvorlagen in einem Rutsch durch *Löschen* entfernen.

Benutzte Stilvorlagen löschen. Hier fragt XPress nach, welche Stilvorlage Sie stattdessen benutzen möchten. Vorsicht bei der Wahl von *Kein Stil:* Nach erneutem Zuweisen einer Stilvorlage sind alle Auszeichnungen wie *fett* oder *kursiv* verloren.

XPress-Texte neutral einkopieren. Beim Kopieren oder Einfügen von Text innerhalb von XPress nimmt der Text immer seine Formatierung mit. Sie können Text aber auch neutral einkopieren, so dass diese Passage vollkommen das Aussehen der Umgebung übernimmt. Der Befehl heißt *Bearbeiten | Einsetzen ohne Formatierung.* Die Kurzbefehle sind am Mac cmd alt +V und unter Windows ctrl alt +U.

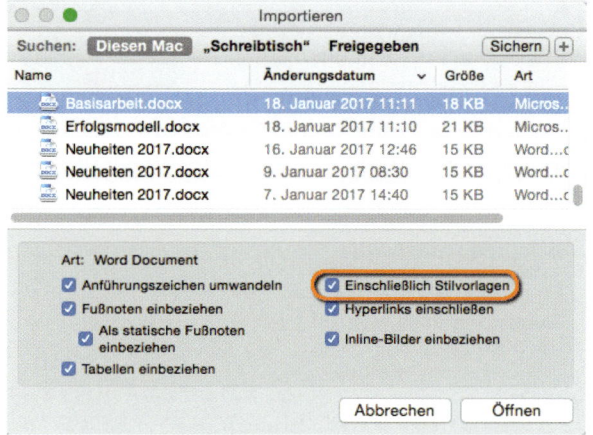

Stilvorlagen beim Word-Import übernehmen. Beim Importieren von Word-Dateien – nur noch .docx wird unterstützt – können Sie die enthaltenen Stilvorlagen in Ihr XPress-Layout übernehmen. Aktivieren Sie dazu im Dialogfeld *Ablage/Datei | Importieren* nach der Auswahl der gewünschten Word-Datei das Kontrollkästchen *Einschließlich Stilvorlagen*.

Das Format bzw. die Formatvorlage »Standard« von Word wird dabei immer in die

XPress-Absatzstilvorlage »Normal« umgewandelt. XPress weist Sie auf die Unterschiede der Definitionen der beiden Stilvorlagen hin. Ist schon in Word gegen die Formatvorlage verstoßen worden, wird auch in XPress gegen die Stilvorlage »Normal« verstoßen und ein »+« schmückt den Namen in der *Stilvorlagen*-Palette.

Stilvorlagenvorgabe der Stilvorlage »Normal«

Zu überprüfen wären an der Stilvorlage »Normal«:

- Haben Sie die Sprache auf Ihr Deutsch eingestellt: Deutschland/ Österreich oder Schweiz – reformiert oder nicht reformiert?
- Hoffentlich haben Sie keine von Quark vorinstallierte S&B wie »Standard« eingebunden?
- Welche OpenType-Funktionen sollten schon vorausgewählt sein, auch wenn Sie erst später eine gut ausgebaute OpenType-Schrift nutzen werden?

Textschattierungsstile

Diese Ressourcen können über eine eigene Palette auf Absätze oder Zeichen zugewiesen werden, aber auch bei den Zeichen- oder Absatzformaten. Anhand von formatiertem und mit »manuellen« Textschattierungen geschmücktem Text können Textschattierungsstile in der eigenen Palette über *Neu* erzeugt werden. Sie werden aber im Gegensatz zu den Zeichen- und Absatzstilen nicht sofort als Textschattierungsstil angewandt. Das Erzeugen von Textschattierungen wird ausführlich im Kapitel *Typografie und Umbruch* beschrieben.

Farben

In XPress ist »Farbe« immer eine Ressource. Ist die gewünschte Farbe von Ihnen noch nicht erstellt bzw. definiert oder importiert worden, können Sie auch noch kein Element damit einfärben. Zur einfacheren Bedienung kommt uns Quark entgegen: In so gut wie allen Formatierungsdialogen können Sie neben dem Auswählen von vorhandenen Farben auch eine neue Farbe anlegen. Seit Quark XPress 2016 können Sie Farben auch mit der *Farbpipette* aus Bildern oder XPress-Elementen aufnehmen und zu den Farbressourcen hinzufügen.

Sonderfall Verläufe

Seit der XPress-Version 2016 können Sie mehrfarbige Verläufe mit fast beliebigen Farbstützpunkten an einem Objekt definieren. Für diese Funktionalität hat Quark die *Farben*-Palette von XPress neu gestaltet und eine eigene *Verläufe*-Palette hinzugefügt. Kreieren Sie dort Verläufe, können diese zu den anderen Farben in die *Farben*-Palette bewegen ❶. Verläufe innerhalb der *Farben*-Palette können nur im Namen verändert werden, jedoch nicht im Aussehen. Nur durch Neuanlegen eines Verlaufes und durch Löschen und nachfolgendem Ersetzen können Verläufe sich fast wie die anderen Ressourcen verhalten. Und es gibt noch weitere Einschränkungen: Verläufe können nicht allen XPress-Ressourcen (z. B. Text) zugewiesen und auch nicht in *Job Jackets* integriert werden.

Listen

> In XPress gibt es auch »logische« Projektressourcen, wobei mit logisch Folgendes gemeint ist: Durch das Auswerten von Informationen lassen sich mehr oder weniger dynamische Inhalte erstellen oder für Navigationszwecke einsetzen. Mit der Listenfunktion werden Vorkommen von Absatz- oder Zeichenstilvorlagen nach einem von Ihnen erstellten Regelwerk gesammelt und zum Beispiel für die Erzeugung eines Inhaltsverzeichnisses genutzt. Diese erstellten Regelwerke sind die Listen-Ressourcen.

Der Job ist fix und fertig, jetzt fehlt Ihnen nur noch das Inhaltsverzeichnis? XPress kann Ihnen diese lästige Arbeit abnehmen – vorausgesetzt, Sie haben Stilvorlagen wirklich konsequent eingesetzt. Und Sie beachten ein, zwei Dinge. Dann ist die Listenerstellung schnell und zuverlässig – fast auf Knopfdruck – erledigt.

Was sind eigentlich Listen? Betrachten Sie anfangs die Listen lediglich als klassische Inhaltsverzeichnis-Funktion. Die Funktionsweise ist ganz einfach: Im ersten Schritt sammeln Sie Überschriften – auf Wunsch auch mitsamt der aktuellen Seitenzahlen – in einer eigenen Palette. Im zweiten Schritt lassen Sie diese Listen aus der Palette in einen beliebigen aktiven Textrahmen einfließen. Die Listen sind dabei auch für gegliederte Inhaltsverzeichnisse gerüstet: typisch z. B. für wissenschaftliche Arbeiten. Dies funktioniert ohne nennenswerte Mehrarbeit auch kapitelübergreifend im Buch. Da auch alphabetische Sortierungen und mehrere Listen in einem Dokument – auch im Buch – möglich sind, ist der Einsatzbereich der Listen sehr weitreichend.

Striche und Streifen

Diese Ressourcen für Linien, Pfade und Randstile verfügen über keine eigene Palette und können bei Text nur in den Absatzlinien und Textschattierungen angewandt werden. Wie Sie neue Striche oder Streifen erstellen, wird im Kapitel *Grafik, Bilder und Farben* beschrieben.

Quelleneinstellungen

Diese Ressourcen für die Umwandlung von Farbräumen können nur in den Vorgaben von XPress vom Farbmanager genutzt werden – siehe Kapitel *Ausgabe und Farbmanagement*.

Unterstreichungsstile

Um Texte mit farbigen Unterstreichungen zu versehen, wurden in uralten Tagen von XPress *Unterstreichungsstile* eingeführt, aber nie wirklich ins Programm integriert: Sie können sie nur über *Stil | Schriftstil | Unterstreichungstile* ausgewählten Zeichen zuweisen. Diese lassen sich nicht in andere Stilvorlagen aufnehmen, auch in den Job Jackets sind sie nicht zu finden. Weiterhin werden sie auch nicht wie Ressourcen angefügt, sondern ex- und importiert. Setzen Sie besser die Textschattierungsfunktion ein.

**Der Weg zu einer Liste –
nutzbar als mehrstufiges Inhaltsverzeichnis**

❶ Unter *Bearbeiten* wird der Menüpunkt *Listen...* aufgerufen.

❷ Sie klicken im aufspringenden Dialogfenster auf *Neu*. Im Beispiel sind schon drei Listen erzeugt worden.

❸ Im linken Teil der Palette bei den *verfügbaren Stilen* sehen Sie alle Absatz- und Zeichenstilvorlagen Ihres Projektes. Sie wählen mindestens eine Stilvorlage aus.

❹ Die ausgewählten Stilvorlagen bewegen Sie in den rechten Teil zu den *Stilen in Liste*.

❺ Hier bestimmen Sie die Hierarchie jeder einzelnen Gliederungsebene, wenn Sie unterschiedlich wichtige Überschriften gliedern wollen.

❻ Bei der *Nummerierung* stehen Ihnen *Nur Text*, Text gefolgt von Seitenzahl (*Text...Seitenzahl*) und Seitenzahl gefolgt von Text zur Auswahl.

❼ Das Aussehen eines später erzeugten Inhaltsverzeichnisses oder einer Liste bestimmen Sie bei *Formatiere als*. Sie können hier leider nur schon bestehende Formatierungen auswählen. Konsequenz: Sie sollten vorher schon ein Probe-Inhaltsverzeichnis erstellt und dazu passende Stilvorlagen erzeugt haben.

❽ Über *Fenster | Listen* [alt]+[F11] / [strg]+[F11] wählen Sie bei *Listenname* Ihre frisch erstellte Liste aus und XPress zeigt alle Textstellen von den Stilvorlagen, die Sie unter Punkt ❸ ausgewählt haben.

❾ Mit einem Doppelklick auf einen der erzeugten Listenpunkte springen Sie zu genau dieser Textstelle in Ihrem Layout – extrem praktisch! Wegen dieser universellen Einsetzbarkeit heißt die Funktion *Liste* und nicht einfach nur *Inhaltsverzeichnis*.

❿ Doch weiter auf dem Weg zum Inhaltsverzeichnis: Sie setzen Ihren Cursor an eine Textstelle – am besten in einen leeren Textrahmen auf der gewünschten Seite – und drücken auf *Erstellen*.

⓫ XPress fügt die Liste ein, die Sie optimal für die Erstellung als Inhaltsverzeichnis vorbereitet haben.

Wichtige Eigenschaften und Merkpunkte für die Listenfunktion:

- Sortierung in der Liste – außer bei alphabetischer Sortierung:
    1. von erster Seite bis letzte Seite (die Textkette priorisierend) …
    2. mehrfach auf selber Seite: von oberer Box zu unterer Box …
    3. dieselbe Box: von vorne nach hinten …
- Sie können verschiedene Listen auswählen. Es besteht auch durch die Buchfunktion Zugriff auf andere Layouts. Doppelklick auf einen Listeneintrag bei eingesetzter Buchfunktion öffnet die zugehörige Datei und das richtige Layout.
- Bis zu acht Hierarchie-Ebenen sind möglich.
- Die platzierte Liste im Layout besitzt keine Referenz zur Palette. Wenn Sie Änderungen in der erstellten Liste auf der Layoutseite vornehmen, werden diese Änderungen *nicht* an die Palette zurückgegeben und verschwinden bei Neuerstellung der Liste.
- Die Suche ⑫ reagiert momentan leider nur auf den Textanfang des Listeneintrags, innere Textteile werden nicht gefunden.
- *Aktualisieren* ⑬ in der *Layout*-Palette bedeutet, dass die Liste in der *Listen*-Palette aktualisiert wird – also eventuelle Textänderungen an den Urspungstexten ab dann wieder berücksichtigt werden.

Erneuerung einer Liste im Layout. Nachdem eine Liste aktualisiert wurde, sollte die exportierte Liste auch im Layout erneuert werden. So einfach geht's: Stellen Sie Ihren Textcursor an eine beliebige Textstelle. XPress erkennt nun,

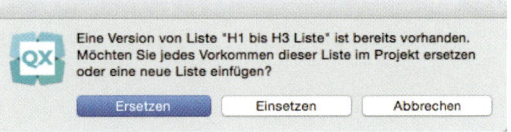

dass es die Liste im Layout schon gibt und bietet zwei Wahlmöglichkeiten an: *Ersetzen* (ersetzt die ursprüngliche Liste an früherer Stelle) oder *Einsetzen* (erzeugt an der Cursorstelle eine neue Liste), und die Verbindung zur ursprünglichen Stelle wird gekappt.

Bedingte Stile

Eine weitere »logische« Projektressource sind *bedingte Stile*: Hier wird durch das Vorkommen von Satzbefehlen oder Zeichen im Text eine Formatierungsänderung durchgeführt. Return, Tabulator oder einfach nur ein Punkt können diese Änderung ausführen. In diesem Buch werden die Anreißer der Absätze durch den ersten Punkt im Absatz dynamisch auf fette Schrift umgestellt.

Für den sinnvollen Einsatz bedingter Stile ist es notwendig, konsequent mit Zeichen- und Absatzstilvorlagen zu arbeiten. Ohne diese Stilstruktur werden keine Automatismen ausgelöst werden können.

Liste oder Index?
Studieren Sie genau, ob es nicht einfacher ist, zusammen mit der Listenfunktion und Excel einen Index zu erstellen,, anstatt mit der sperrigen Index-Funktion von XPress zu kämpfen.

Ein typischer Anwendungsfall für bedingte Stile: das Interview.
Das Regelwerk lautet: In jedem (!) Absatz wird einschließlich des ersten Doppelpunkts der Absatzbeginn gefettet:

Günther: Ja, aber natürlich gibt es Momente im Leben, in denen das schwarze T-Shirt, womöglich auch noch ärmellos, einfach nicht mehr angebracht ist.¶
Verleger: Seit über 20 Jahren entwerfen Sie Mode. Die Bundeskunsthalle in Bonn widmet Ihrem bisherigen Werk gerade eine große Ausstellung. Rührt Sie das?¶
Günther: Ja. Zutiefst …¶

Bedingte Stile programmieren

In einer Textstrecke können grundsätzlich zwei Tätigkeiten ausgeführt werden:
Formatierung anwenden (über einen zu bestimmenden Bereich oder *Gehe zu Vorkommen eines (Satz-)Zeichens.*

Dieses angesteuerte Satzzeichen oder auch eine Auswahlbegrenzung gibt dann weitere Möglichkeiten frei, auf welche Auswahl (vorwärts und rückwärts) die gewünschte Formatierung angewendet werden soll.

Weiterhin muss man sich mit einem Regelwerk der zu formatierenden Textstrecke auseinandersetzen und mit den einfachen Programmiermöglichkeiten der *bedingten Stile* sowie den Satzzeichen und Umbruchbefehlen von XPress.

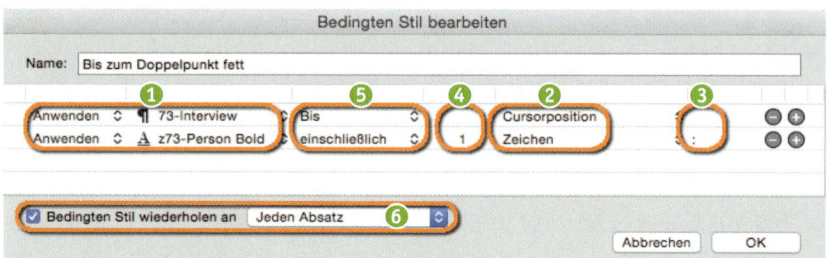

In unserem Interview-Beispiel besitzt wirklich jeder (!) Absatz den Namen des Befragten oder des Fragestellers mit anschließendem Doppelpunkt. Die Regel lautet also:

- *Wende* die *Absatzstilvorlage* fürs Interview ❶ aufgrund einer *Cursorposition* ❷ *Bis* ❺ an (gleichbedeutend mit der von Ihnen ausgewählten Textstrecke).
- Dabei beachte, dass zusätzlich eine *Zeichenstilvorlage* »Person Bold« ❶ in der ausgewählten Textstrecke so lange *angewendet* wird, bis das *Zeichen* ❷ »:« ❸ im Absatz unter der *Bedingung* das erste Mal (= 1 ❹) vorkommt, welches *einschließlich* ❺ mitformatiert werden soll.
- Den *bedingten Stil wende wiederholt an jedem Absatz an* ❻.

Anwendungsfall für bedingte Stile: Filmankündigung

Das Regelwerk lautet: In jedem (!) Absatz wird einschließlich des ersten Doppelpunkts der Absatzbeginn gefettet. Aber hier erfordert die Textschattierung einen ständigen Wechsel der Schattierung und damit Absatzstilvorlage, damit die Schattierungen nicht zu einer Fläche zusammengezogen werden:

Start: ↵
3.·August·2017¶

Genre: ↵
Action,·Abenteuer¶

Regie: ↵
Matt·Reeves¶

Cast: ↵
Andy·Serkis,·Woody·Harrelson, Steve·Zahn¶

OV-Titel: ↵
War·For·The·Planet·Of·The· Apes¶

Autor: ↵
Matt·Reeves,·Mark·Bomback

Das zweite Beispiel zu einem Filmankündigungskasten ist eine Variation des Themas. Wieder kann der Doppelpunkt als Wechsel der Formatierung genutzt werden. Der grüne Hintergrund und die orange Unterstreichung werden durch das Feature der Textschattierung realisiert. Wie im Kapitel »Typografie und Umbruch« zu lesen, fallen die Hintergrundflächen aber zusammen, wenn sie identisch sind. Um sich aus diesem Dilemma zu befreien, werden die Flächen mit unterschiedlich benannten, aber gleichartigen Farben schattiert. Die Folge für bedingte Stile: Es gibt kein gleichartiges Regelwerk mehr, oder es fehlt der Programmierbefehl: »Nach zwei Absätzen beginne von vorne ❻«.

Für die Befreiung aus kleinen Problemfällen bietet XPress ein Satzzeichen an, das hier zum Einsatz kommen kann: die *bedingte Stilmarke*, die mit dem Kurzbefehl cmd alt ⇧ +7 / ctrl alt ⇧ +L eingefügt wird.

- *Wende* die *Zeichenstilvorlage* für den Filmtitel ❽ aufgrund vom Vorkommen des Zeichens ❾ »:« ❿ unter der Bedingung erstes Vorkommen (= 1 ⑪) an, und zwar so lange, *Bis* ⑫ es vorkommt – der Doppelpunkt wird also nicht unterstrichen.

- Dabei wende für diesen Absatz bis zum Absatzende die *Absatzstilvorlage* »Film A« ❽ an.
- Nun wiederholt sich die Zeichenformatierung am nächsten Absatz.
- Der zweite Absatz wird mit der Absatzstilvorlage »Film B« formatiert, damit eine Schattierungslücke zwischen den Absätzen entstehen kann.
- Der dritte Absatz würde aus dem Regelwerk fallen, wenn er nicht mit dem Satzzeichen *bedingte Stilmarke* eingeleitet und durch den Wiederholungsbefehl *Bedingte Stilmarke* ⑬ unterstützt würde.
- Zusammengefasst: Zu Beginn des dritten, fünften, siebten usw. Absatzes (der erste ist überflüssig) wird das Einfügen einer *Bedingten Stilmarke* benötigt, wenn in der Programmierung zwei aufeinanderfolgende Absätze abgehandelt werden.

Reihenfolge der Eingabe
Im modalen Dialog *Bedingte Stile bearbeiten* ist die Reihenfolge der einzelnen Punkte von Quark so gewählt, dass logische Sätze im englischen Sprachrhythmus entstehen. Diese Reihenfolge entspricht jedoch nicht einer sinnvollen Eingabeabfolge in diesem Dialog.

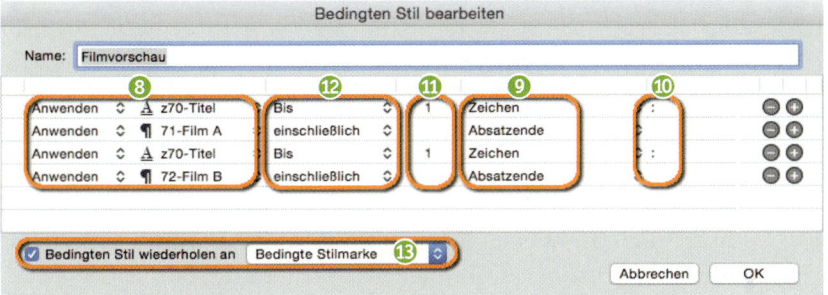

Wichtige Eigenschaften und Merkpunkte für *Bedingte Stile*:
- Es gibt bis jetzt keine If-Else-Programmierung (wenn, dann) für *bedingte Stile* in XPress. Damit wird die Bedienung sehr einfach gehalten, ist dadurch aber auch begrenzt.
- Die Grundlage – meist versteckt im Hintergrund – für *bedingte Stile* ist immer die Stilvorlage »Normal«, egal wie Sie den Text vor dem Anwenden von bedingten Stilen formatiert haben.
  Setzen Sie im Palettenmenü den *Markierten Text auf Basisstil zurück* ⑭, wird die bedingte Formatierung entfernt und die Stilvorlage »Normal« angewandt.
- Bedingte Stile setzen andere Stilvorlagen außer Kraft – nur einige manuelle Formatierungsänderungen können durchgeführt werden.
- Die durch bedingte Stile erfolgte Formatierung können Sie komplett erhalten und für andere Zwecke als »Vor-Formatierer« nutzen, indem Sie die aktivierte Textstrecke auf *keinen* bedingten Stil setzen oder im Palettenmenü den Befehl *Bedingte Stile vom markierten Text entfernen* ⑮ ausführen.

Alle Wenns und Danns …
Die Arbeit mit bedingten Stilen erfordert strategisches Vorgehen und liegt nicht jedem.
Mit den zwei gegebenen Beispielen erhalten Sie einen Einstieg in die Arbeitsweise und das Rüstzeug, eigene Erfahrungen zu sammeln. Die Auswirkungen von allen Befehlskombinationen der Bedingte-Stil-Programmierung im Zusammenspiel mit Stilen genauer zu beschreiben, sprengt dieses Buch bei weitem.

Weitere Beispiele für bedingte Stile finden Sie auf der Website xpress-upgrade.com im Download-Bereich

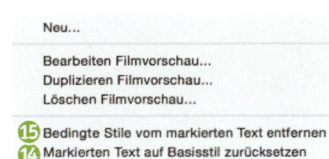

Fußnotenstile

Um mit Fußnotenstilen arbeiten zu können, sollten Sie über Grundlagenwissen aus den Abschnitten über automatische Aufzählungen (Kapitel Typografie und Umbruch) und über Formatierungen mit Absatzstilvorlagen (siehe weiter vorn in diesem Kapitel) verfügen.

In Büchern, Zeitschriften und wissenschaftlichen Arbeiten trifft man häufig auf kleine Ziffern im Text zur Erklärung eines Sachverhalts oder für Quellenangaben. Erscheinen diese Erklärungen oder Quellenangaben noch auf derselben Seite, spricht man von *Fußnoten*[1], werden Sie an das Ende der Textstrecke gestellt, von *Endnoten*. Fußnoten verringern den Platz für den laufenden Text und »arbeiten« sich von unten nach oben in derselben Textspalte – Endnoten vergrößern hingegen den Platzbedarf der Textstrecke am Ende.

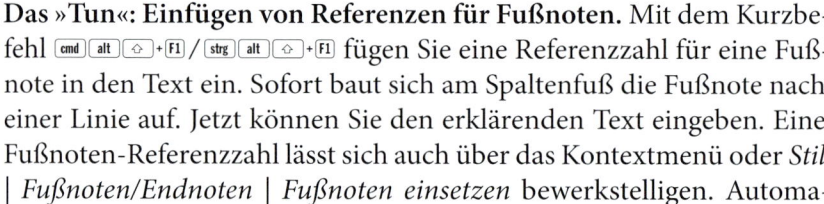

Das »Tun«: Einfügen von Referenzen für Fußnoten. Mit dem Kurzbefehl [cmd][alt][⇧]+[F1] / [strg][alt][⇧]+[F1] fügen Sie eine Referenzzahl für eine Fußnote in den Text ein. Sofort baut sich am Spaltenfuß die Fußnote nach einer Linie auf. Jetzt können Sie den erklärenden Text eingeben. Eine Fußnoten-Referenzzahl lässt sich auch über das Kontextmenü oder *Stil | Fußnoten/Endnoten | Fußnoten einsetzen* bewerkstelligen. Automatisch wird der *Standard Fußnoten-Stil* aus der *Fußnoten-Stile*-Palette genutzt, außer Sie haben manuell in der Palette einen anderen Stil ❶ schon ausgewählt.

Wenn Sie auf den Knopf *anwenderdefinierte Fußnote/Endnote* ⊡ in der Palette klicken ❷, können Sie im sich nun öffnenden modalen *Einsetzen*-Dialog ❸ bei Aktivierung der eigenen Fußnote ❹ andere Referenzsymbole wie zum Beispiel Sternchen ❺ oder beliebige Symbole nutzen.

Nummerierung neu starten

Der *Fußnote/Endnote einsetzen*-Dialog bietet auch die Möglichkeit, mit einer Zahl zwischen 1 und 16383 die *Nummerierung neu* ❻ zu beginnen.

Einfügen von Endnoten. Mit dem Kurzbefehl [cmd][alt][⇧]+[F2] / [strg][alt][⇧]+[F2] fügen Sie eine Referenzzahl für eine Endnote in den Text ein. Sofort baut sich am Ende der Story – evtl. viele Seiten weiter – die Endnote nach einer Linie auf. Dort können Sie jetzt sofort den Text eingeben.

Zurück zum Verweis. Stehen Sie mit dem Cursor in einer Fußnote oder Endnote – auch einer leeren –, können Sie jederzeit mit dem Kurzbefehl [cmd][alt][⇧]+[F4] / [strg][alt][⇧]+[F4] zurück zur Marke springen; auch der Menübefehl *Stil | Fußnoten/Endnoten | Zurück zum Verweis* oder das Kontextmenü bringen Sie dorthin.

Vom Verweis zur Endnote springen. Arbeiten mit Endnoten bedingt auch häufiges Springen von Marke zum Text. Dazu selektieren Sie die

---

[1] Ich bin die erste Fußnote und noch nicht »gestylt«.

Marke und können dann mit dem Menübefehl *Stil | Fußnoten/Endnoten | Gehe zu Fußnote/Endnote* oder mit dem Kontextmenü navigieren.

Fuß- und Endnoten-Texte lassen sich in XPress jederzeit überarbeiten. Die gesammelten Fußnoten einer Seite oder alle Endnoten können gemeinsam manuell neu formatiert oder auch kopiert werden, der gesamte Fußnotenbereich einer Spalte oder der Endnotenbereich verhält sich dabei wie ein eigener Textrahmen. Löschen Sie den Text in der Fußnote/Endnote, bleibt die Fußnoten/Endnoten-Zone weiterhin leer erhalten, genau wie die Referenzmarken oder -zahlen im Text.

Volle Dynamik beim Löschen oder Hinzufügen von Referenzmarken. Wenn Sie Marken verschieben, löschen oder einfügen, wird »on the fly« eine Aktualisierung der Nummerierung und der Platzierung der Fußnoten/Endnoten-Texte vorgenommen. Diese Nummerierung beginnt nach jeder Story (Textkette) neu – im Handbuch wird für diesen Bereich der Begriff »Textabschnitt« benutzt. Texte in verankerten Textboxen zählen zur selben Story – Texte in Legenden (Marginalien) jedoch nicht.

Wichtige Eigenschaften und Merkpunkte für Fußnoten/Endnoten
- Der Import von .docx-Texten (z. B. MS Word) mit Fußnoten/Endnoten wird unterstützt.
- Der Textexport von Fußnoten/Endnoten aus QuarkXPress wird nicht unterstützt.
- Jede Fußnoten/Endnoten-Zone ist jeweils ein abgeschlossener Bereich – sie können nicht gemeinsam selektiert werden.
- Kopieren oder schneiden Sie einen Marker aus, wird der zugehörige Fußnoten/Endnoten-Text ebenfalls kopiert bzw. ausgeschnitten.

Fußnoten/Endnoten-Stile und Trennlinienstile
Drei Bereiche sind für das Fuß- und Endnoten-System zu »stylen«, also durch Stilvorlagen zu formatieren: die Referenzzahl mitten im Text, der Fuß- oder Endnotentext und die Abtrennlinie zwischen laufendem Text und Fußnote/Endnote.

In der *Fußnoten-Stile*-Palette haben Sie keinen Zugriff auf alle Stile für die Gestaltung der Fußnoten – nur unter *Bearbeiten | Fußnoten-Stile…* erreichen Sie alle Parameter: Fußnoten ▦, Endnoten ▣ und Fußnoten-Trennlinien ▤.

Einzelne Endnoten zu Fußnoten umwandeln oder umgekehrt

Wenn Sie eine bestehende Referenzmarke selektieren, können Sie in der Fußnoten-Stile-Palette auf einen anderen Stil klicken, und schon bewegt die Marke den dazugehörigen Text an die richtige Stelle mit allen Konsequenzen.

Fußnoten stehen unter Spalten

Die in XPress 2017 neue Funktion des Spaltenverbinders steht noch nicht für Fußnoten bereit – Stand Sommer 2017.

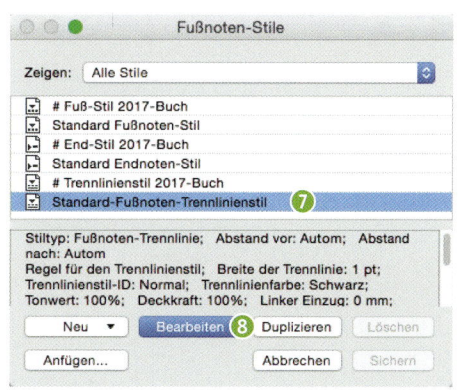

Das Aussehen der Fußnoten-Trennlinie ist eine Objekteigenschaft! Jeder (!) Textrahmen besitzt eine Voreinstellung, wie eine Fußnoten-Trennlinie in ihm aussehen wird, wenn eine Fußnote erzeugt wird. Ohne eine Erweiterung von Ihnen wird es immer der *Standard-Fußnoten-Trennlinienstil* sein, der unter *Stil | Fußnoten-Trennlinienstil* eingestellt sein wird. Es gibt keine andere Stelle in XPress, einem aktivierten Textrahmen seinen Trennlinienstil zuzuweisen als über den Menübefehl. Wollen Sie z. B. in einem Buch unterschiedliche Trennlinienstile einsetzen, sollten Sie schon den Textrahmen auf der Musterseite den Stil mit auf den Weg geben.

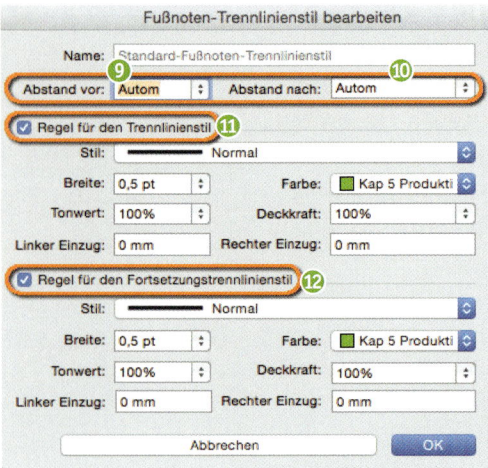

Einstellen des Standard-Fußnoten-Trennlinienstils. Unter *Bearbeiten | Fußnoten-Stile* rufen Sie das *Fußnoten-Stile*-Fenster auf, selektieren den Stil ❼ und klicken auf *Bearbeiten* ❽. Bei *Abstand vor* ❾ stellen Sie den minimalen Abstand vor der Trennlinie zum Fließtext ein. Bei *Abstand nach* ❿ stellen Sie den Abstand ein, der zwischen der ersten Fußnote und der Trennlinie herrschen soll.

Fußnoten-Trennlinie unsichtbar machen oder feiner einstellen. Wenn Sie die Option *Regeln für den Trennlinienstil* deaktivieren ⓫, wird keine Trennlinie sichtbar sein. Die weiteren Eigenschaften entsprechen den bekannten Einstellungen von Absatztrennlinien. So können Sie die Linie schmaler und farbiger[2] gestalten. *Fortsetzungstrennlinien* ⓬ kommen zum Einsatz, wenn die Masse der Fußnoten-Texte eine weitere Spalte erfordert.

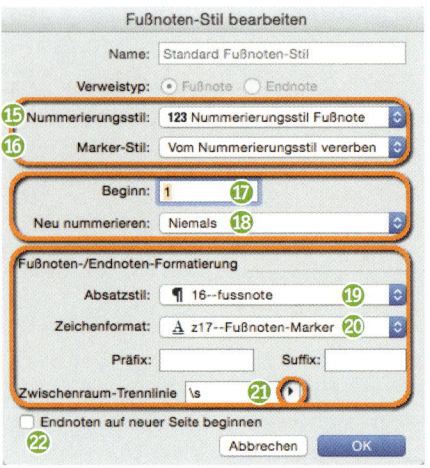

Der Weg zur gestylten Standard-Fußnote. Für perfektes und nachsteuerbares Vorgehen:

⓭ Sie haben einen *Zeichenstil* für das Aussehen der Referenzzahl erstellt.

⓮ Sie haben diesen *Zeichenstil* in einen eigenen *Nummerierungsstil* für die Benutzung bei Fuß- und Endnoten aufgenommen. In unserem Beispiel enthält der Nummerierungsstil als Präfix und Suffix Klammern.

⓯ Sie editieren den Standard-Fußnoten-Stil und wählen den erstellten Stil als *Nummerierungsstil*.

⓰ Sie aktivieren ihn auch (statt hoch- oder tiefgestellt).

[2] Farbe und Stärke der Fußnoten-Linie wurde geändert.

⑰ Hier bestimmen Sie den *Zählbeginn*.

⑱ Statt *Niemals* können Sie auch *Seite* oder *Textabschnitt* für einen automatischen Neunummerierungsbeginn[3] definieren.

⑲ Für die Formatierung des Fußnotentextes wählen Sie eine *Absatzstilvorlage* aus – optimalerweise extra für die Fußnoten erstellt.

⑳ Damit die Fußnotenziffer so aussieht wie die Marke im Text, wählen Sie die gleiche *Zeichenstilvorlage*, die Sie in den Nummerierungsstil ⑮ eingebaut haben.

㉑ Den Abstand in der Fußnote zwischen Marker und Anmerkungstext wählen Sie hier als Code aus[4]. Quark nennt diesen Raum etwas unglücklich *Zwischenraum-Trennlinie*.

㉒ Das Konfigurieren für Endnoten funktioniert analog wie bei den Fußnoten: Neuer Punkt ist nur, dass Sie bestimmen können, dass die *Endnoten auf einer neuen Seite beginnen*. Falls Sie die Option wählen, sollten Sie das *Automatische Seiten einfügen am Ende* des Textes in den Vorgaben nicht ausgeschaltet haben.

Verdrängte Wirkung = 0
Text in Fuß- und Endnoten wird nicht durch darüberliegende Elemente verdrängt.

Suchen und Ersetzen von Text in Fußnoten und Endnoten.
Zum Aktivieren von *In Fußnote suchen* müssen Sie zuerst *Layout* wählen. Wenn die Option *In Fußnoten suchen* markiert ist, ist die Option *Attribute ignorieren* deaktiviert. Jetzt kann nur nach Text gesucht und ersetzt werden.

---

[3] Das Aussehen der Referenzmarke wurde angepasst, sie nummeriert jetzt durchgehend weiter.

[4] So sieht die fertig formatierte Fußnote aus.

Rasterstile

Bei Rasterstilen handelt es sich um Stile, die auf Textrahmen angewendet werden. Sie steuern einerseits die Raster jeder Textbox und gleichzeitig die grundsätzliche Sichtbarkeit der einzelnen Rasterlinientypen wie Grundlinie oder Oberlinie.

Wenn Sie Absätze in einem Textrahmen auf dem Textrahmenraster verriegeln, wirkt das darin immer voreingestellte und meist nicht sichtbar gestellte Rahmenraster. Damit das Einstellen der Sichtbarkeit und verschiedener Grundlinienabstände nicht zur Sisyphos-Arbeit ausartet, spendiert Quark *Rasterstile*. Alle Einstellungen kennen Sie bereits aus dem Abschnitt über Textrahmenraster weiter vorne in diesem Kapitel.

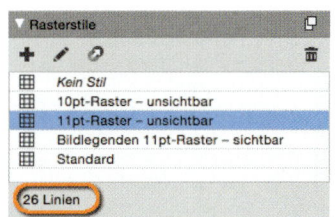

Objektstile

Objektstile sind zwar Projektressourcen, aber sie werden nicht aus anderen Dateien angefügt. Sie lassen sich dafür im- und exportieren. Weiterhin sind sie nicht Bestandteil von *Job Jackets*. Wenn in

Objektstile andere Ressourcen wie eigene Farben oder Striche & Streifen integriert sind, kommt es in QuarkXPress 2017 nur noch in sehr wenigen Fällen zu Problemen von mehrfach auftauchenden Objektstilen, die aber einfach gelöscht und ersetzt werden können.

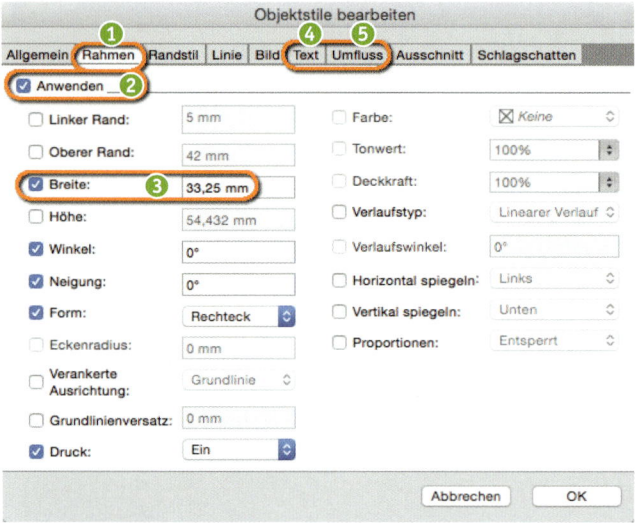

In einem Objektstil lassen sich fast alle Einstellungen aus den verschiedenen Registern des Dialogfelds *Modifizieren* oder der *Maße*-Palette speichern. Und genau wie bei Stilvorlagen für Text: Wenn Sie die Attribute eines Objektstils ändern, werden die Layoutelemente, denen Sie diesen Objektstil zugewiesen haben, automatisch aktualisiert.

Unterschiede. Ein Vorteil von Objektstilen gegenüber Stilvorlagen ist, dass Sie selektiv Attribute im Stil ausschließen können: Wenn Sie Kästen in der Marginalspalte haben, die alle gleich aussehen sollen, aber eine unterschiedliche Höhe haben, dann schließen Sie die Höhe aus dem Objektstil einfach aus. Randstil, Hintergrundfarbe und selbst Breite der Rahmen ändern sich fortan konsistent, nur die Höhe des Rahmens bleibt unberührt.

Objektstil für die Textboxen in der Marginalspalte

Im Register *Rahmen* ❶ ist durch *Anwenden* ❷ eingestellt, dass sich dieser Objektstil überhaupt um Rahmenattribute kümmern wird. Als wichtige Eigenschaft ist weiterhin die Breite ❸ der Marginalspalte eingetragen. Im Register *Text* ❹ werden die Textrahmeneigenschaften gesteuert und bei *Umfluss* ❺ wird das Verdrängen von Text ausgeschaltet (praktisch für Marginal-Objekte, die mit einem Legendenanker verbunden sind.)

Objektstile erzeugen. Es gibt zwei grundlegende Arbeitstechniken:

- Sie gestalten Ihr Layoutelement mit Farben, Rändern und Textabständen durch. Sie selektieren das Element und klicken dann am oberen Rand der *Objektstile*-Palette auf das Pluszeichen. Viele Attribute sind dann schon fertig im Stil ausgefüllt, und Sie müssen meist einige der Einstellungen wieder deaktivieren.
- Sie selektieren *kein* Objekt und starten mit einem Klick auf das Pluszeichen der *Objektstile*-Palette. Kein einziges Attribut ist nun aktiviert. Sie nehmen Ihre Einstellungen vor und speichern diese.

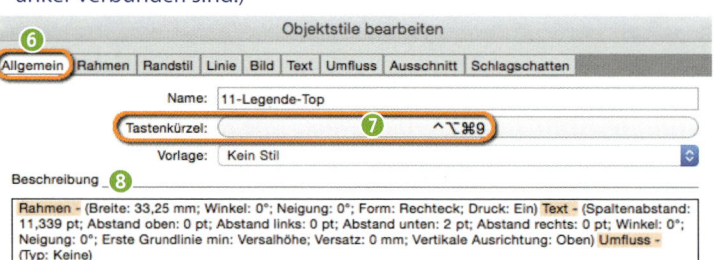

Im Register *Allgemein* ❻ können Objektstile ein Tastenkürzel ❼ wie die Stilvorlagen für Text bekommen. In der Beschreibung ❽ sehen Sie alle definierten Eigenschaften des Stils.

Abhängigkeiten. Auch voneinander abhängige Objektstile können Sie über *Vorlage* ❾ erzeugen. Analog zu den Stilvorlagen verwenden Sie einen bestehenden Objektstil als Grundlage für einen anderen. Allerdings mit dem Unterschied, dass an-

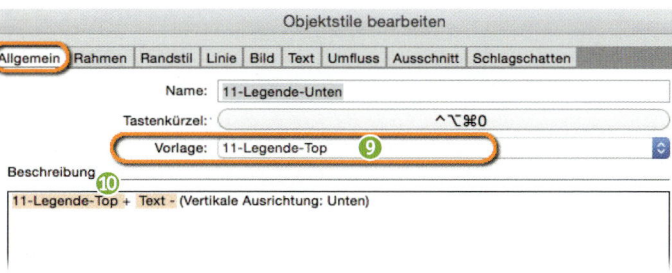

ders als beim Anlegen von abhängigen Stilvorlagen es nun nicht mehr genügt, wenn Sie die abweichenden Optionen definieren. Vielmehr werden im neuen Objektstil alle Formatierungen des zugrunde liegenden Objektstils explizit definiert. Deshalb müssen Sie jetzt alle Optionen deaktivieren, die der neue Objektstil von seiner Vorlage dynamisch »erben« soll, die also bei einer Änderung der Vorlage auch im abhängigen Objektstil geändert werden sollen. In unserem Beispiel wird ein Objektstil benötigt, der Text im Textrahmen unten ausrichtet. Als *Vorlage* dient der Legenden-Top-Stil. Als einzige Aktivierung ❿ bleibt die Textausrichtung stehen, die auf unten geändert wurde.

Objektstile zuweisen. Objektstile lassen sich mit einem einzigen Klick zuweisen: Markieren Sie das bzw. die gewünschte(n) Layoutelement(e), klicken Sie in der *Objektstile*-Palette auf den Namen des Objektstils oder rufen den vergebenen Kurzbefehl auf. Ein alternativer Weg führt Sie über den Menübefehl *Stil | Objektstile*.

Objektstile bearbeiten
Zur nachträglichen Bearbeitung eines Objektstils achten Sie darauf, dass in Ihrem Layout nichts ausgewählt ist (damit Sie den Stil mit der nachfolgenden Aktion nicht versehentlich dem ausgewählten Objekt zuweisen). Markieren Sie den Namen des Objektstils in der Palette und klicken Sie auf das Stiftsymbol am oberen Palettenrand. Nehmen Sie im Dialogfeld *Objektstil bearbeiten* die gewünschten Änderungen vor und klicken Sie auf *OK*.

Verwendete Objektstile anzeigen. Ganz ähnlich wie für Bilder und Schriften gibt es für Objektstile eine Übersicht: *Hilfsmittel | Objektstile Verwendung…* Im folgenden Dialogfeld sehen Sie eine Auflistung aller verwendeten Objektstile mitsamt Seitenzahl und Status. Der Nutzen bleibt bei vielen Objekten, die mit einem Objektstil belegt sind, leider gering, da es keine Sortiermöglichkeit nach Status oder Name gibt. Das

Fenster *Objektstile Verwendung* lässt sich zudem nicht vergrößern. Mit einem Klick auf den *Namen* eines Elements und dann nachfolgend dem *Zeigen*-Button springen Sie zum entsprechenden Rahmen. Der Status *Modifiziert* zeigt an, ob das Objekt gegenüber dem Stil verändert wurde. Sie können die Anwendung aktualisieren und die »Fehlformatierung« verschwindet.

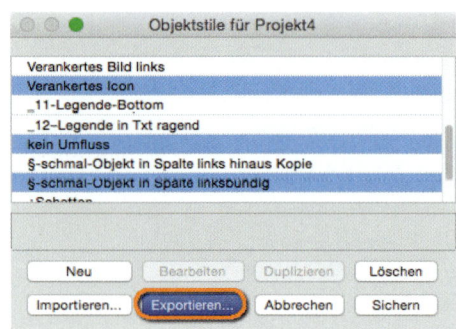

Objektstile weitergeben. Hierfür rufen Sie über *Bearbeiten | Objektstile…* das Objektstile-Fenster auf. Sie wählen die gewünschten Stile mit gedrückter ⌘/strg-Taste für den Export aus und *Exportieren…* sie unter Angabe eines Namens und Ablageortes. Es entsteht eine ».xis«-Datei, die Sie nun weitergeben können.

Durch *Importieren…* gelangen die exportierten Stildefinitionen in andere Dateien oder bei nicht geöffneter Datei in die Vorgaben von XPress.

Legendenstile

Mit Legenden wird eine Beziehung zwischen Objekten, dem Layout einer Seite und dem darin fließenden Text hergestellt. Der Träger des Stils ist der Legendenanker im Text. Der Stil wird also dem Anker und nicht dem Legenden-Objekt zugewiesen.

Die Ausrichtemöglichkeiten

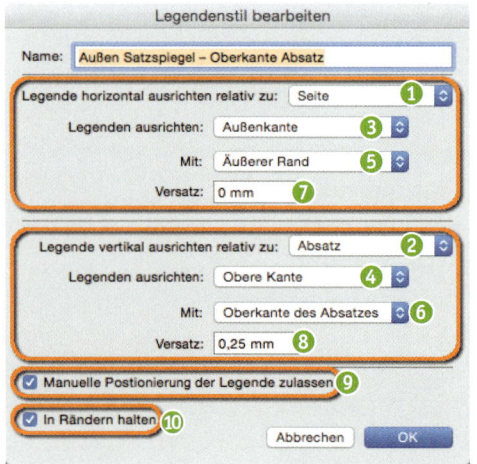

❶ *Legenden können horizontal relativ zur* Seite, zur Montagefläche, zum Rahmen oder der Tabellenzelle (die den Legendenanker enthalten), zum Absatz (der den Anker enthält) oder direkt zum Legendenanker positioniert werden.

❷ Die gleichen Auswahlmöglichkeiten stehen *vertikal* zur Verfügung.

❸ Vom Legenden-Objekt wird horizontal die Mitte, linke Kante, rechte Kante und – bei Doppelseiten wichtig – die innere oder Außenkante als Ausrichte-Option herangezogen.

❹ Vertikal stehen als Ausrichtemöglichkeit von der Legende die Mitte sowie die untere oder obere Kante zur Auswahl.

❺ Hier wird für die horizontale Ausrichtung des Objektes bestimmt, mit was die unter ❸ ausgewählte Kante der Legende und der unter ❶ eingestellten Bezugsgröße ausgerichtet wird.

Hier stehen, wenn Sie *Seite* gewählt haben, Seiten- und Randmitte, linke und rechte sowie Innen- oder Außenkante der Seite – aber auch des Randes (= Satzspiegel) – zur Verfügung. Bei anderen Bezugsgrößen erscheinen andere Ausrichtemöglichkeiten.

❻ Hier wird für die vertikale Ausrichtung der Legende bestimmt, mit was die unter ❹ ausgewählte Kante der Legende und der unter ❷ eingestellten Bezugsgröße ausgerichtet wird. Sofern Sie *Absatz* gewählt haben, stehen dort Ober- und Unterkante des Absatzes zur Verfügung.

❼ Zum Feinjustieren oder für komplexe Lösungen können positive oder negative Versatzwerte das Objekt horizontal genau platzieren.

❽ Der vertikale Versatzwert wird meist benötigt, um die Ungenauigkeiten von Versalhöhe und Unterlänge auszugleichen.

❾ Wenn die manuelle Positionierung der Legende nicht zugelassen wird, können Sie diese nicht mehr verschieben. Gut gegen versehentliche Fehler, manchmal hinderlich, wenn man »mal schnell« was ändern möchte.

❿ *In Rändern halten* – der absolute Powerknopf! Hiermit werden die als Legende verankerten Objekte innerhalb des Satzspiegels gehalten. Damit wird der unter ❶ oder ❷ eingestellte Seitenbefehl aufgehoben und durch *Satzspiegel* ersetzt. Dieser Knopf bewirkt auch, dass Elemente unten am Satzspiegel »aufsetzen« und nicht weiter nach unten wandern, bevor der Legendenanker nicht in die nächste Spalte gerutscht ist.

In diesem Buch werden neben dem im Beispiel vorgestellten Stil zwölf verschiedene Legendenstile eingesetzt: mit Bezügen zum Absatz, zur Seite (begrenzt durch in Rändern halten) oder zur Textbox, in der der Legendenanker mitfließt.

Tabellenstile für Inline-Tabellen

Den Inhalt von Inline-Tabellen können Sie in XPress nicht ändern. Sie können jedoch mit (Inline-)Tabellenstilen und den darin definierten Regeln das Aussehen der Tabelle anpassen.

Tabellenstile sind vollwertige Projektressourcen, die sich in *Job Jackets* einbinden und synchronisieren, aber natürlich auch über *Anfügen* in andere Layouts bewegen lassen. Eine Einführung in die Erstellung der Stile wird im Kapitel *Typografie und Umbruch* gegeben.

Wichtigster Importweg für Inline-Tabellen-Stile ist die Interpretation einer Excel-Tabelle. Dabei erstellt XPress selbsttätig einen neuen Tabellenstil, bei komplexen Excel-Tabellen mit Dutzenden von Regeln. Zugang zu Tabellen-Stilen gibt es nur über die *Tabellenstile*-Palette.

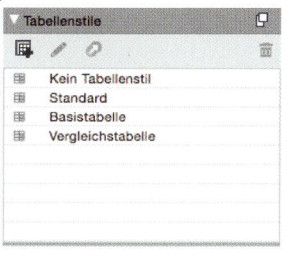

Träger des Tabellenstils ist die gesamte Inline-Tabelle, die ja ein verankertes Objekt im Text ist.

Legendenanker und Suchen/Ersetzen

Wenn Sie mit Legendenankern arbeiten, seien Sie äußerst vorsichtig beim Suchen und Ersetzen. Der Suchen-Dialog »sieht« Legendenanker überhaupt nicht. Wenn ein Legendenanker innerhalb einer Suchphrase vorkommt und Sie etwas neues einsetzen, wird der Legendenanker und – was meist viel schmerzvoller ist – die Legende mit ihrem Inhalt gelöscht.

Hyperlinks

Die Hyperlink-Funktion von QuarkXPress enthält auch einen Projekt-ressourcen-Anteil: die *Anker* (die Sprungziele eines Links). Sie können über *Ablage/Datei | Anfügen* an andere Projekte weitergegeben werden oder sogar zur Vorgabe für neue Projekte werden, wenn Sie beim Anfügen kein Projekt geöffnet haben. Sinnvoll ist dieses Vorgehen, wenn Sie häufig Dateien mit Hyperlinks zu Ihrer Website oder mit Ihrer Email erstellen. Hyperlinks sind jedoch nicht Bestandteil von *Job Jackets*. Sie erfahren mehr über die Hyperlink-Funktionen weiter hinten in diesem Kapitel.

Vorgaben auf Layoutebene

Die Trennausnahmen, das zugeschaltete Hilfslexikon, die Sichtbarkeit der Hilfslinien und die definierten Spationierungs- sowie Unterschneidungstabellen gehören zu den Vorgaben auf Layoutebene. Auch der Name der ausgewählten PPD befindet sich im Layout.

❼ Programmressourcen

Backup von Programm-ressourcen
Zur Sicherheit sollten Sie nach dem Erstellen von Programmressourcen diese sofort exportieren und an einem Ort verwahren, der nicht durch Updates, Upgrades oder Neu-Installationen gefährdet ist.

Programmressourcen können zu jedem Zeitpunkt in Quark XPress erstellt werden und stehen ab sofort bei jedem Arbeitsschritt zur Verfügung. Programmressourcen werden durch Exportieren und wieder Importieren zwischen Installationen ausgetauscht.

In XPress gibt es momentan zwei Programmressourcen, mit denen Sie tagtäglich zu tun haben: die *Farbeinstellungen für die Ausgabe* und die *Ausgabestile*. Informationen und Arbeitstechniken zu diesen beiden Programmressourcen finden Sie im Kapitel *Ausgabe und Farbmanagement*.

Weitere Vorgaben auf Programmebene

Die Einstellungen bei der Erzeugung des letzten Layouts sowie die Sichtbarkeit und Platzierung der Paletten werden auf Programmebene gespeichert.

❽ Produktivitätswerkzeuge

QuarkXPress verfügt nicht nur über produktivitätssteigernde Vorgaben und Ressourcen, sondern auch über Werkzeuge, die die grundlegende Organisation beim Layouten unterstützen oder bei Synchronisierungen vieler Eigenschaften helfen.

In diesem Abschnitt erfahren Sie, wie Ebenen, Composition Zones, (mehrfach genutzte) Inhalte, Inhaltsvariablen, Querverweise, Hyperlinks, Index, Buchfunktion und Bibliotheken viele Arbeitsschritte vereinfachen und beschleunigen.

Ebenen

Die Ebenenfunktion in QuarkXPress kann für verschiedene Zwecke eingesetzt werden. So lässt sich beispielsweise der Sprachwechsel bei mehrsprachigen Dokumenten erleichtern. Sie können aber auch den typischen Layout-Aufbau von historischen EBV-Systemen (elektronische Bildverarbeitung) simulieren, der heute zu erheblich schnellerem und qualitativ besserem PDF-Export aus XPress führt. Ein weiterer Einsatzpunkt ist die Unterstützung bei grafischen Arbeiten.

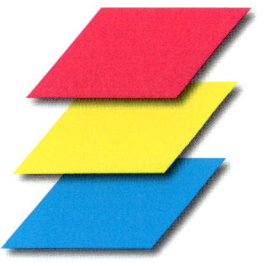

Objektestapel: Auf jeder Arbeitsfläche (nebeneinander liegende Seiten plus den umgebenden Raum) befinden sich alle Rahmen, Linien und Tabellen in einem Objektestapel. Ein Element ist das unterste, ein anderes liegt ganz oben drauf – dazwischen die anderen. Dabei gilt: Neu erzeugte Objekte liegen zuerst immer ganz oben. Mit folgenden Befehlen verändern Sie die Lage eines oder mehrerer Elemente im Objektestapel:

Gruppierte Elemente
Der große Unterschied zu anderen Programmen: In QuarkXPress werden Objekte nicht gezwungener Maßen in der Stapelreihenfolge zusammengefasst – und somit oftmals das Layout zerstört –, nur weil sie gruppiert werden.

Auch über verschiedene Ebenen können Objekte gruppiert werden, ohne in die Stapel- und Ebenenreihenfolge einzugreifen.

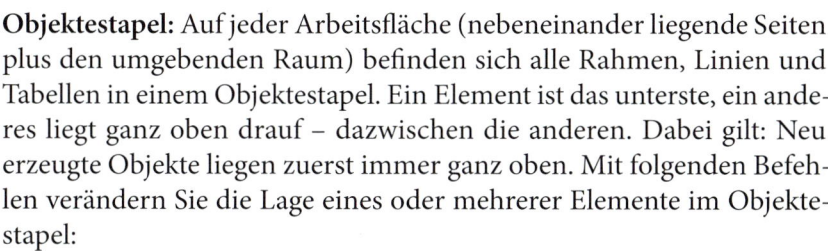

Reihenfolge ändern im Objektstapel	macOS	Windows
Ganz nach vorn	F5	F5
Ein Objekt weiter nach vorn	alt + F5	strg + F5
Ganz nach hinten	⇧ + F5	⇧ + F5
Ein Objekt weiter nach hinten	alt ⇧ + F5	strg ⇧ + F5

Ebenen und Objektestapel: Wenn Sie in XPress mit einer zweiten Ebene arbeiten, erstellen Sie einen zweiten Objektestapel. Sie organisieren in XPress mit Ebenen also verschiedene Objektestapel. Erstellen Sie weitere Ebenen, erzeugen Sie dementsprechend weitere Objektestapel. Die **Konsequenz**: Alle Befehle zur Änderung der Reihenfolge im Objektestapel gelten jetzt jeweils nur noch auf einer Ebene.

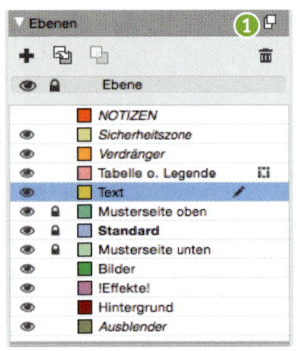

Ebenenreihenfolge

Die Stapelfolge der Ebenen im Layout entspricht ihrer Anordnung in der Ebenen-Palette. Entsprechend einfach lassen sich beide verändern, indem Sie die Reihenfolge der Ebenen in der Palette durch Klicken und Ziehen an Ihre Bedürfnisse anpassen.

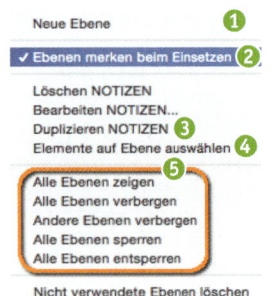

Die Schaltzentrale für Ihre Arbeit mit Ebenen ist die gleichnamige Palette (*Fenster | Ebenen*). Ein neues Layout besteht zunächst nur aus der Standardebene. Da es sich dabei gleichzeitig um die aktive Ebene handelt, ist sie in der Palette rechts vom Namen durch ein Bleistiftsymbol ✏ gekennzeichnet. Ganz links befindet sich das Sichtbarkeitssymbol 👁, der Bereich daneben ist dem Vorhängeschloss für gesperrte Ebenen 🔒 vorbehalten. Durch Anklicken der entsprechenden Bereiche in der Palette können Sie Ebenen Ihres Layouts ein- und ausblenden sowie sperren und entsperren. Wenn Objekte aktiviert sind, melden sie ihre Ebenenzugehörigkeit durch das Quadrat mit den acht symbolisierten Anfassern ▦.

Neue Ebenen erstellen. Neue Ebenen legen Sie am einfachsten über die Schaltfläche *Neue Ebene* ➕ in der Palette an. Sie können bis zu 255 Ebenen erzeugen – viel Spaß dabei!

Die neue Ebene wird über der gerade aktiven Ebenen erstellt und erhält sofort einen Standardnamen und eine von den anderen Ebenen unterschiedliche Farbe. Beides lässt sich durch einen Doppelklick auf die Ebene in der Palette oder über den Befehl *Bearbeiten* im Kontextmenü beziehungsweise Palettenmenü verändern.

Mit Ebenen arbeiten. XPress legt neu erstellte Objekte immer auf die Ebene, die in der *Ebenen*-Palette mit dem Stift ✏ markiert ist. Durch einfaches Klicken auf einen Ebenennamen in der Palette setzen Sie den Stift um und markieren diese Ebene als aktive Ebene – was auch durch die Farbhinterlegung angezeigt wird. Wozu ist der Stift dann gut? Bei Mehrfachselektion zeigt er Ihnen, welche Ebene für die Objekterzeugung aktiv ist – das kann zu jeder Zeit immer nur eine Ebene sein.

Die Power steckt im Palettenmenü ❶ **(oder im gleichen Kontextmenü).** Wichtigster Punkt hier ist, ob Elemente beim Einkopieren wieder in derselben Ebene eingesetzt werden (*Elemente merken beim Einsetzen* ❷). Weiterhin können hier Ebenen mitsamt ihres Inhalts dupliziert werden ❸. Nicht aus dem Produktionsauge verloren gehen sollte der Befehl *Elemente auf Ebene auswählen* ❹, der häufig einer der Hauptgründe für den Einsatz von Ebenen ist.

Die *Alle Ebenen Zeigen-/Verbergen-* beziehungsweise *Sperren-/Entsperren*-Befehle sind nur hier ❺ aufrufbar. Wenigstens der Befehl *Andere Ebenen verbergen* kann auch durch einen Klick mit gedrückter ctrl / strg -Taste durchgeführt werden. Zur großen Aufräumaktion für obsolete Ebenen steht Ihnen der Befehl *Nicht verwendete Ebenen löschen* zur Verfügung.

Ebenenwechsel. Um Elemente von einer Ebene zu einer anderen Ebene zu bewegen, gibt es mehrere Wege. Sie selektieren die gewünschten Objekte und …

- klicken in der Palette auf das Symbol *Objekt verschieben auf Ebene* 🔁. XPress fragt Sie nun per Dialog, auf welche Ebene denn verschoben werden soll. Vorteil: Liegen die Objekte auf verschiedenen Ebenen, werden alle Objekte auf einmal bewegt;
- verschieben die Objektsymbol(e) ⸬ in der Palette auf die gewünschte Ebene.

Ebenen löschen. Mit der Ebenenfunktion von XPress können Sie markierte Ebenen löschen 🗑 und bestimmen, was mit den darauf enthaltenen Objekten geschehen soll. Falls die Ebene nicht leer war, erhalten Sie nun das Dialogfenster *Ebene löschen*. Hier geben Sie die Objekte der gewählten Ebene zum Löschen frei oder verschieben sie auf eine nicht gesperrte andere Ebene Ihrer Wahl. Mit *OK* bestätigen Sie den Schritt, über *Abbrechen* bleibt Ihnen die Ebene erhalten. Wie beim *Objekte-auf-andere-Ebene-verschieben* bleibt wieder die Stapelreihenfolge weitgehend erhalten.

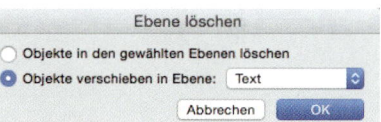

Ebenen zusammenführen. Wenn Sie mehrere Ebenen in der Palette markiert haben, steht Ihnen auch die Funktion *Ebenen vereinen* 🔁 zur Verfügung. Da hierbei alle bis auf eine der gewählten Ebenen gelöscht werden, müssen Sie sich für eine Zielebene entscheiden, die alle Elemente der zuvor markierten Ebenen enthalten wird. Ist die Ebene »Standard« in der Auswahl enthalten, werden die Objekte dieser Ebene zwar bewegt, die Ebene aber nicht gelöscht. Der Objektestapel bleibt wiederum weitgehend erhalten. Beachten Sie auch, dass alle ausgewählten Ebenen vor Anwendung dieser Funktion entsperrt werden müssen.

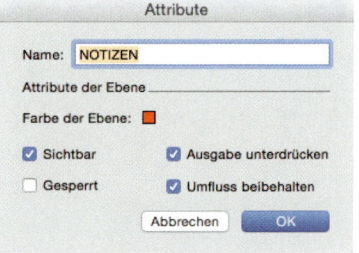

Ebenenattribute. Produktivitätsbooster verstecken sich in den Ebenenattributen, die Sie durch Doppelklick auf das Farbfeld oder den Ebenennamen erreichen. Hier lassen sich nicht nur die *Farbe* des Ebenenindikators einstellen, die Ebene gegen Bearbeitung *sperren*, *ausblenden* und global alle Elemente vom Druck fern halten (*Ausgabe unterdrücken*), sondern auch die mächtige *Umfluss beibehalten*-Option einstellen. *Umfluss beibehalten* bedeutet: Wenn die Objekte der Ebene nicht sichtbar sind (also die Ebene ausgeblendet ist), werden die Umfluss-Optionen dieser Elemente gegenüber den anderen Ebenen so beibehalten, als wären die Objekte noch sichtbar.

Objektestapel und Ebenenwechsel

Elemente, die Sie von einer unteren Ebene auf eine höhere Ebene ziehen, landen im Objektestapel der Zielebene unten (und nicht wie in anderen Programmen zuoberst).

Elemente, die Sie von einer höheren Ebene nach unten bewegen, landen im Objektestapel dieser Ebene ganz oben.

So werden Layoutveränderungen wirkungsvoll minimiert.

Kursiv kommt nicht

Ist der Ebenenname in der Ebenen-Palette kursiv dargestellt, wird diese Ebene nicht ausgegeben. Wenn kein Objekt auf der Ebene ausgewählt ist, funktioniert der Schnelltest: *Ansicht | Unterdrückte verbergen*.

Transparenzverflachung und Ebenen

Ebenen sind das Hilfsmittel, um in komplexen Layouts die Übersicht zu behalten, welche Elemente von Transparenzverflachung betroffen sein könnten: Texte, Logos und Linien ohne Transparenz oder Schatteneffekte gehören auf die oberen Ebenen, die anderen nach unten.

Wichtige Eigenschaften und Merkpunkte für Ebenen

- Jede Ebene ist auf allen Seiten und Montageflächen eines XPress-Layouts vorhanden, nicht nur auf einer bestimmten Seite.
- Die Bedienung erfolgt nur über die *Ebenen*-Palette.
- Behalten Sie immer den Aktivitätsstift ✎ in der *Ebenen*-Palette im Auge, wenn Sie neue Objekte aufziehen wollen. Ein Klick auf ein Element einer anderen Ebene verändert sofort die Ebenenaktivierung.
- Durch gesperrte Ebenen können Sie problemlos hindurchklicken.

Quark hat mit fast jeder Version seit XPress 5 Verbesserungen an der Ebenen-Funktionalität vorgenommen, aber es bleibt immer noch manches zu tun:

- Ebenen sollten zu Layout- oder Projektressourcen weiterentwickelt werden und über *Job Jackets* synchronisierbar sein.
- Kopieren einer Ebene von einem Layout in ein anderes.
- Schutz vor Bearbeitung sollte 100-prozentig funktionieren – gesperrte Ebenen können leider durch *Suchen/Ersetzen* verändert werden.
- Ebenenanzeige im Dialogfeld *Verwendung*.
- Ebenenzugehörigkeit muss auch in die Bibliothek übergeben und zurückgeholt werden können.
- Ebenen sollten sich zu Gruppen zusammenfassen lassen mit Wechselwirkung zwischen Textebenen: »Deutsch an, Englisch automatisch aus«.

Inhaltsvariablen

Mit XPress 6 begann Quark die Implementierung zur Automatisierung, Synchronisierung und Mehrfachnutzung von Textstrings und Layoutelementen. Gestartet wurde mit synchronisiertem Text, dann kamen *Composition Zones* und *Job Jackets* hinzu. Weiter ging es mit Inhaltsvariablen und zuletzt mit verbesserten Querverweisen. Die Stärken und Schwächen der einzelnen Verfahren werden im Folgenden dargelegt und Workflows aufgezeigt.

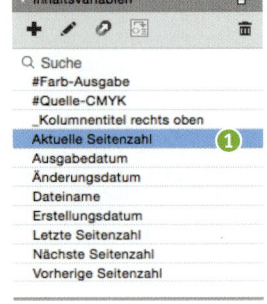

Mit Inhaltsvariablen können Sie Textinhalte einfügen, die sich je nach Umgebung oder Kontext dynamisch anpassen. Drei den Inhaltsvariablen ähnliche Befehle kennen XPress-Anwender seit Jahrzehnten: die aktuelle Seitenzahl (der Kurzbefehl zum Einfügen lautet ⌘+3 / strg+3) sowie die Seitenzahl der vorherigen oder der nächsten Seite bei Textfortsetzungen. Mit den *Inhaltsvariablen* ergibt sich ein universeller und leicht geänderter Einsatz. Hier lässt sich durch *Doppelklicken* auf den Eintrag *aktuelle Seitenzahl* ❶ in der *Inhaltsvariablen*-Palette die Seitenzahl einfügen. Sie wird durch farbige Hinterlegung als Variable (Voreinstellung Orange) kenntlich gemacht, wenn unter *Ansicht* die Option *Inhaltsvariablen hervorheben* aktiviert ist. Wenn Sie Seiten hinzufügen oder löschen, wird die Variable entsprechend aktualisiert.

Das große XPress-Plus: Inhaltsvariablen verhalten sich wie ganz normaler Text: Zeilenumbrüche und Silbentrennung wird an Variablen durchgeführt – auch *Suchen/Ersetzen* bezieht Inhaltsvariablen mit ein.

Das wird geliefert: QuarkXPress wird mit vielen grundsätzlichen Inhaltsvariablen wie Erstellungsdatum usw. installiert. Von vielen dieser vorgegebenen Variablen können Sie das Format jederzeit ändern. Die vorgegebenen Variablen können sogar Quark-untypisch gelöscht werden. Variablen stehen immer im ganzen Projekt zur Verfügung.

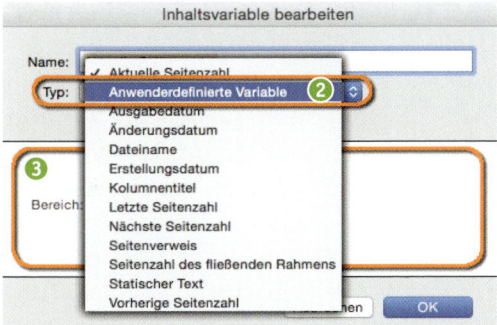

Neue Inhaltvariable erstellen: Rufen Sie über *Fenster | Inhaltsvariablen* die zugehörige Palette auf klicken Sie auf das Pluszeichen **+** in der Palette. XPress erzeugt sofort eine neue Inhaltsvariable auf Basis der *Aktuellen Seitenzahl* mit automatischer Namensvergabe. Sie müssen nun einen anderen Typ ❷ auswählen. In Abhängigkeit Ihrer Wahl verändert sich dann der Definitionsbereich ❸ darunter.

Bestehende Inhaltsvariablen verändern. Hierfür müssen Sie immer die Palette *Inhaltsvariablen* über den Menübefehl *Fenster* aufgerufen haben. Durch Klick auf den Stift ✏ können Sie die ausgewählte Inhaltsvariable bearbeiten. Sie können dann jederzeit den Namen oder die Definitionen ändern – den Typ jedoch nicht.

Inhaltsvariablen in statischen Text umwandeln. Jede Variable können Sie in der Palette durch einen Klick 🖾 in statischen Text umwandeln, womit alle Vorkommen im Layout als »normaler« Text erscheinen.

Erklärungen zu einigen Variablen
- Erstellungsdatum – das Datum der ersten Sicherung der Datei. Die Datumsformate können angepasst werden.

Vorgegebene Variablen
Das voreingestellte Format wurde bei einigen Datumsangaben verändert.
- *Aktuelle Seitenzahl:* 105
- *Letztes Ausgabedatum* (PDF, Druck u. ä.): 25-August-2017
- *Änderungsdatum:* 28. August 2017
- *Dateiname:* 2-QXP2017-Buch-Produktivität1302-v99
- *Erstellungsdatum:* 2017 | 08 | 25
- *Letzte Seitenzahl* (hier des Layouts): 124
- *Nächste Seitenzahl:* 106
- *Vorherige Seitenzahl:* 104

Beispiele für »Benutzerdefinierte Variablen«
- *Kolumnentitel* (aufgrund des letzten Vorkommens einer bestimmten Stilvorlage): 8 Produktivitätswerkzeuge
- *Seitenverweis* (Seitenverweis durch einen Hyperlink-Anker mit einem Text vor und nach der Seitenzahl): ab S. 101 ff.
- *Seitenzahl des fließenden Rahmens* (Seitenzahl des nächsten verketteten Rahmens dieser Story): <#>
- *Statischer Text:* Dieser Text kommt häufig vor und soll immer gleich geschrieben werden.
- *Anwenderdefinierte Variable* (Kombination aus vorherigen Variablen und Texten): Dies ist Seite 105. Dieses Kapitel geht bis Seite 124.

Drei Dinge gehören dazu

Zur Funktion der *Inhalts-variablen* gehören eine Palette, ein Menübefehl mit Unterpunkten unter *Hilfsmittel* und ein An- und Ausschalter für die Erkennbarkeit von einge-fügten Variablen im Text unter *Ansicht*.

Einfügen von Inhaltsvariablen

Drei Wege bietet XPress zum Einfügen an:

1) Menü *Hilfsmittel | Inhaltsvariable* (direkt unter *Zeichen einfügen*),

2) Kontextmenü *Inhalts-variable* (ca. in der Mitte),

3) Doppelklick auf den gewünschten *Inhaltsva-riablen-Namen* in der zugehörigen Palette.

Verteilen von Inhaltsvariablen

Wenn Sie Text mit plat-zierten Inhaltsvariablen in ein anderes Projekt kopieren, kopieren Sie damit auch die Definition der Inhaltsvariable gleichzeitig mit. Gibt es im Ziel-Projekt schon eine gleich benannte Inhaltsvariable, setzt sich die dort schon beste-hende Formatierung durch.

- *Ausgabedatum* – fügt das Datum ein, an dem das Layout das letzte Mal exportiert oder gedruckt wurde.
- *Dateiname* – kann mit oder ohne Suffix erzeugt werden.
- *Seitenzahl des fließenden Rahmens* – hiermit wird die Seitenzahl des vorherigen oder nächsten Rahmens dieser Textkette erzeugt.
- *Letzte Seitenzahl* – sie generiert entweder die letzte Seitenzahl dieses Layouts oder als Variante auch dieses Abschnitts (das bedeutet: letzte Seite vor neuem Abschnittsbeginn – sichtbar in der *Seitenlay-out*-Palette).
- *Nächste Seitenzahl* – diese Variable fügt die nächste Seitenzahl des aktuellen Layouts in den Text ein. Eine Variationsmöglichkeit ver-wendet stattdessen die erste Seitenzahl des folgenden Abschnitts.
- *Vorherige Seitenzahl* – ähnlich wie nächste Seitenzahl. Der Bezugs-punkt kann alternativ auch auf den aktuellen Abschnitt begrenzt werden.
- *Seitenverweis* – diese Variable kann mit Text vor und nach der Sei-tenzahl des ausgewerteten Ankers erweitert werden.
- *Kolumnentitel* – kann auch für jeden anderen Zweck genutzt werden. Hier wählen Sie eine Quellen-Stilvorlage zur Auswertung aus. Der Text der letzten Fundstelle (bezogen auf das Vorkommen entweder auf einer Seite oder einer Montagefläche) dieser Stilvorlage lässt sich damit überall automatisch einfügen.
- *Statischer Text* – Sie können einen hier von Ihnen eingegebenen Textstring überall einfügen. Bei Bedarf erfolgt eine Textänderung zentral in dieser Palette. Ein Wechsel der Formatierung innerhalb dieses Textes ist nicht möglich – auch Umbruchbefehle können nicht eingegeben werden.

Die Power-Variante: Anwenderdefinierte Inhaltsvariablen

Erstellen einer anwenderdefinierten Inhaltsvariable: Sie können in XPress aufwendige Variablen mit Textstrings und anderen Variablen zu einer einzigen Va-riable zusammenfassen: der *Anwenderdefi-nierten Inhaltsvariable*. Bei *Textstring* ❹ ge-ben Sie Text ein, bei *Textvariable* ❺ wählen Sie aus dem Dropdown-Menü eine bestehen-de vorinstallierte oder eine selbst erstellte Va-riable mit gewünschtem Typ aus. Mit + ❻ er-weitern Sie die Variable. So entstehen längere Textpassagen, die mit einem Klick eingesetzt und zentral in der Palette geändert werden können.

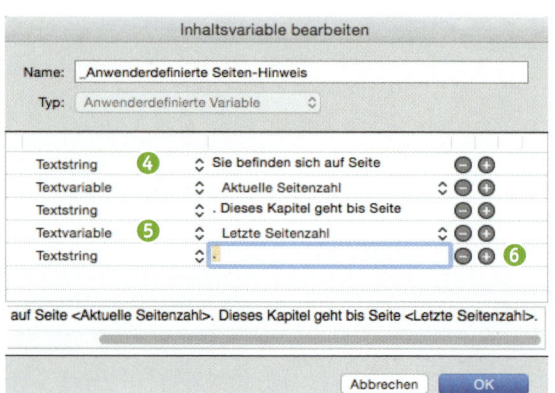

Inhaltsvariablen löschen. Wenn Sie eine benutzte Inhaltsvariable in der Palette löschen wollen, werden Sie darauf hingewiesen, dass der Inhalt an allen Stellen in statischen Text umgewandelt und somit nicht gelöscht wird. In den Text eingesetzte Variablen werden wie ein einziges ganz normales Zeichen gelöscht.

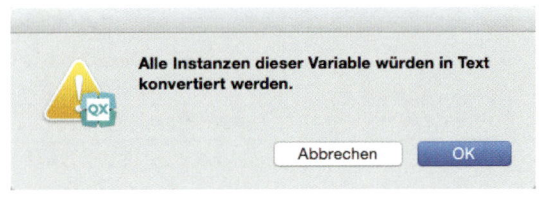

Querverweise

Mit *Querverweisen* werden Bezüge zwischen verschiedenen Textstellen hergestellt. Der Nutzen kann sein, dass man per Hyperlink in einem PDF an die Referenzstelle springen kann. Der große Nutzen kann aber auch sein, dass die Seitenzahl oder sogar der Referenztext geholt und an einer gewünschten Stelle eingefügt wird. Querverweise reagieren nicht dynamisch, sie können aber synchronisiert werden. Der eingefügte Text kann sogar inhaltlich verändert werden und mitten im eingefügten String unterschiedlich formatiert sein.

Querverweise – vier unterschiedliche Bezugsarten. QuarkXPress 2017 bietet Ihnen Verlinkungsmöglichkeiten zu *Fußnoten*, *Endnoten*, *Textankern* und nummerierten Elementen (nummerierte Aufzählungen – siehe Kapitel *Typografie und Umbruch*).

Kurzgefasst: Einfügen eines Querverweises. Sie stellen Ihren Cursor an die gewünschte Stelle und wählen im Menü *Stil | Querverweis | Querverweis einfügen*. Anschließend bestimmen Sie im aufspringenden Dialog *Querverweis* einen *Verweistyp* ❼. XPress zeigt Ihnen darunter sofort an, welche passende Quelle ❽ zu diesem Typ in der Datei vorkommt. Nachdem Sie das Gewünschte ausgewählt ❾ haben, entscheiden Sie, in welcher Art ❿ der ausgewählte Verweis eingefügt ⓫ werden soll.

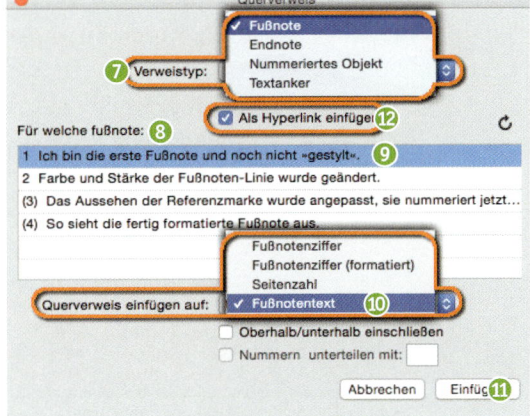

Als Hyperlink einfügen ⓬. Wenn Sie diese Option aktivieren und beim späteren PDF-Export dann auch noch die Hyperlinks einschließen, werden Sie im erstellten PDF von dem eingefügten Verweis zur Verweisquelle springen können. Diese haben Sie unter Punkt ❾ gerade ausgewählt.

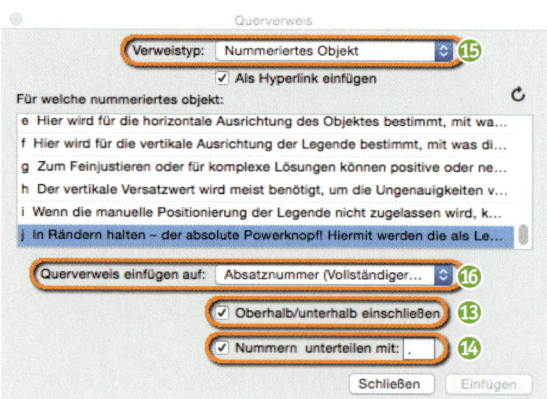

Referenz ausschmücken mit dem Zusatz »oberhalb« oder »unterhalb«. Möchten Sie dem Leser mitteilen, dass sich die referenzierte Textstelle *vor* dem Verweis befindet, können Sie die Option *Oberhalb/unterhalb einschließen* ⑬ aktivieren. Der Verweis sieht dann so im Layout aus: siehe »Seite 41 Oberhalb« statt nur »41«. Vergleichbares gilt dementsprechend für einen Verweis, bei der sich die referenzierte Textstelle erst im Folgenden findet: »47 Unterhalb«.

Nummern unterteilen mit: ⑭. Diese Option steht Ihnen nur zur Verfügung, wenn Sie als Typ auf ein *Nummeriertes Objekt* verweisen ⑮ und zudem durch die Einfügeart ⑯ die Absatznummer übernommen wird. Jetzt könnte zum Beispiel aus einer eigentlich vorhandenen Punktgliederung eine Divisgliederung durch Eingabe eines Divis in das Feld werden: »1.1.4« wird zu »1-1-4«.

Vom eingefügten Verweis schnell zur Referenzstelle
Sie stellen Ihren Cursor in den Verweistext und drücken das Tastenkürzel cmd alt ⇧ + F12 / strg alt ⇧ F12.

Querverweis sichtbar? Zu Kontrollzwecken können Sie jederzeit unter *Ansicht* die platzierten *Querverweise hervorheben* oder wieder verbergen. Die in den Beispielen simulierte meist graue Hinterlegung des Verweises wird nicht gedruckt oder ins PDF übergeben.

Synchronisieren von Querverweisen. Wenn sich der referenzierte Inhalt eines Querverweises verändert, reagiert der Querverweis nicht dynamisch. Sie müssen manuell eingreifen:

- **Einzeln:** Sie platzieren den Cursor auf dem gewünschten Querverweis und gehen zu *Stil | Querverweis | Querverweis synchronisieren*. Nur dieser Querverweis wird synchronisiert.
- **Alle:** Ihr Cursor steht an einer beliebigen Stelle im Text – nun wählen Sie *Stil | Querverweis | Alle Querverweise synchronisieren*. Nun werden alle Querweise erneuert.

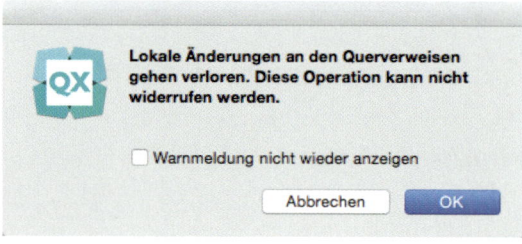

Wenn Sie an den Querverweisen lokale Änderungen vornehmen, werden diese Änderungen komplett wieder von der Referenz ersetzt. XPress warnt Sie auch vor anderen eventuellen Problemen.

Inhalte (Mehrfach genutzte Inhalte)

Mit Inhaltsvariablen haben Sie eine Technik kennengelernt, die in Texte verschiedene Variablen einfügt, die in einer Palette definiert und auf diese Weise auch mehrfach dynamisch genutzt werden können. Mit dem Querverweis ist es umgekehrt möglich, Bestandteile aus vorhandenem Text an anderer Stelle zu referenzieren und einzufügen. Ein drittes Konzept in XPress erlaubt die Synchronisierung ganzer Elemente: Quark nennt es nun nach mehrfacher Namensänderung einfach nur noch »Inhalte«. In *Inhalte* stehen die mehrfach genutzten Inhalte auf demselbem Level: Eine Veränderung in einem Element verändert das andere.

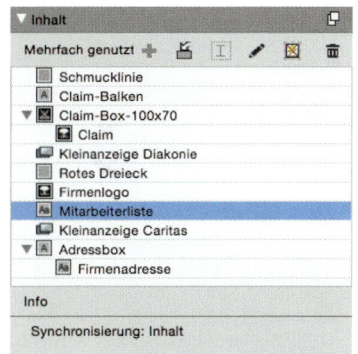

An den blauen S-Blitzen wirst Du sie erkennen
Objekte, die in Beziehung zur Inhalte-Palette stehen, werden in XPress durch kleine blaue Blitze an den acht Anfassern eines Rahmens kenntlich gemacht.

Verwenden Sie diese Features unter anderem dazu, um bestimmte Elemente Ihrer Layouts – etwa fertig gestaltete Bilder, Textboxen usw. – in anderen Layouts (z. B. Print und Digital) dieses Projektes oder auf anderen Seiten desselben Layouts wiederzuverwenden. Ein simples Beispiel: Wenn ein Rahmen mit der Firmenadresse an mehreren Stellen im Layout oder in unterschiedlichen Layouts mehrfach benötigt wird, kann man mit XPress mehrere Instanzen dieses Textes einfügen. Die Formatierung des Textes muss dabei nicht gleich sein.

Inhalte synchronisieren

Die Vorgehensweise ist einfach: Die Palette *Inhalte* bietet Ihnen das komplette Handwerkszeug zum Erzeugen und Organisieren von mehrfach genutzten Inhalten. Je nachdem, welche Art von Inhalt mehrfach verwendet wird, erscheint in der Palette ein anderes Symbol. Für synchronisierte Rahmen samt Inhalt können Sie den Paletteneintrag noch ausklappen, um auch den Inhalt des Rahmens darzustellen. So geht's:

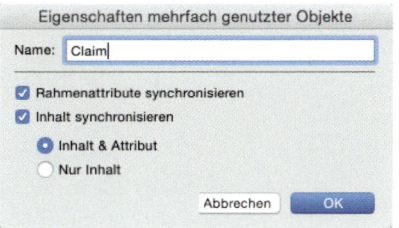

Eine gut gefüllte Palette mit *Inhalten* kann die Produktion enorm beschleunigen.

❶ Markieren Sie zunächst das gewünschte Objekt im Layout.
❷ Klicken Sie in der Palette auf *Objekt hinzufügen* ✚.
❸ Geben Sie einen passenden Namen ein und definieren Sie, welche Merkmale der Markierung *mehrfach genutzt* werden sollen. Sie können nur die Rahmenattribute (zum Beispiel seine Breite, Farbe usw.) und/oder den *Inhalt synchronisieren*, wahlweise mit Erhalt seiner Formatierung (= *Attribut*) im mehrfach genutzten Element. Wenn Sie *Nur Inhalte* synchronisieren, können Sie die Formatierung der einzelnen aus dem mehrfach genutzten Objekt erstellten Instanzen ändern, ohne dass das Erscheinungsbild der

übrigen Instanzen mit geändert wird. Bei einem intelligenten Einsatz dieser Kombinationsmöglichkeiten erzielen Sie in Ihren Layouts eine ungeahnte Flexibilität.

Mehrfach genutzte Elemente verwenden

Nachdem Sie das gewünschte mehrfach genutzte Objekt und/oder den kompletten Inhalt eines Objektes in der Palette abgelegt haben, erzeugen Sie eine beliebige Anzahl von Instanzen, indem Sie das Objekt aus der Palette direkt in das gewünschte Layout ziehen.

Möchten Sie nur das »reine« Bild (also ohne das eventuell zugehörige Objekt) in einen anderen Rahmen einfügen, ziehen Sie ein Bildersymbol ⊡ aus der Palette ins Layout über einen Bilderrahmen und lassen es dort fallen. Sollte der Rahmen bereits mit einem Inhalt versehen sein, klicken Sie auf *OK*, um ihn durch den synchronisierten Inhalt zu ersetzen.

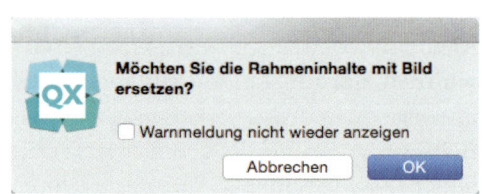

Möchten Sie nur den »reinen« Text (ohne das zugehörige Objekt) in einen anderen Rahmen einfügen, ziehen Sie das Textsymbol Ⓐⓐ aus der Palette ins Layout über einen Textrahmen und lassen es dort fallen. Ist der Rahmen schon mit Text gefüllt, erhalten Sie ebenfalls eine Warnmeldung.

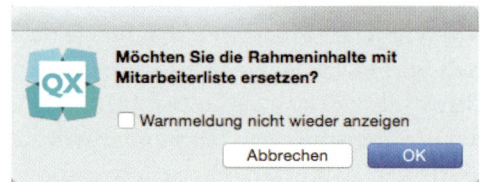

Synchronisierung aufheben. Wenn Sie eine Instanz eines synchronisierten Elements im Layout modifizieren, werden auch die übrigen Instanzen entsprechend geändert. Bei Bedarf desynchronisieren Sie eine Instanz jedoch, wenn Sie nur diese abändern möchten, ohne dass die übrigen Instanzen davon betroffen sind. Markieren Sie die Instanz dazu und wählen Sie *Objekt | Desynchronisieren*. Alternativ desynchronisieren Sie sämtliche Instanzen, die danach alle unabhängig voneinander bearbeitbar sind, indem Sie das entsprechende Element in der Palette auswählen und auf den Button *Alle desynchronisieren* ⊠ klicken.

Synchronisierte Elemente aus der Palette entfernen. Wählen Sie ein Element in der Palette *Inhalte* aus und klicken Sie auf das Papierkorbsymbol 🗑 – nun desynchronisiert XPress zwar alle im Layout enthaltenen Instanzen, belässt sie aber im Layout. Sie sind nun unabhängig voneinander bearbeitbar.

Text- und Bildinhalte austauschen. In jeden Bilderrahmen, dessen Inhalt synchronisiert ist, können Sie Bilder über die Palette austauschen oder erstmals laden. Aktivieren Sie in der Palette im aufgeklappten Bildobjekt-Icon ⊠ das dazugehörige Bild-Icon ▣ und drücken den *Importieren*-Knopf 🖱. Das gleiche Procedere gilt entsprechend für Textrahmen.

Inhalte-Palette aufladen – Inhalte-Palette entladen

Ziehen Sie einfach Bilder oder Text aus dem *Finder* oder aus dem *Explorer* in die *Inhalte*-Palette. Wenn Sie zwanzig kleine »Textbrocken« platzieren müssen, ziehen Sie sie einfach gemeinsam in die Palette. Es besteht keine Verbindung mehr zwischen dem Text in der Palette und der Textdatei auf Ihrem Rechner oder Server. Platzieren Sie nacheinander alle Texte in jeweils vorbereitete Rahmen und löschen – falls sie nicht weiter benötigt werden – dann das Element aus der Palette. Einfacher können Sie das Abarbeiten von vielen Textimporten in XPress kaum erledigen. Phantastisch wäre es, wenn die importierten Texte dabei in der Palette den Dateinamen vom Betriebssysten übernähmen …

Hierarchische Musterseiten? Ja, aber anders!

XPress bietet von Haus aus keine hierarchischen Musterseiten. Hierarchische Musterseiten heißt, dass man eine Hauptmusterseite hat, auf der die meisten Inhaltsseiten liegen, und Untermusterseiten, die auf dieser Hauptmusterseite basieren und z. B. zusätzlich die Kapitelüberschriften enthalten. So kann man Elemente, die überall genutzt werden, an nur einer Stelle (der Hauptmusterseite) ändern, und die Änderungen vererben sich auf alle anderen Musterseiten (und damit auch Layoutseiten). Mächtig, aber auch sehr komplex.

Mit XPress ist das mit synchronisierten *Inhalten* viel einfacher: Arbeiten Sie wie gewohnt mit Ihren Musterseiten. Elemente, die auf allen Musterseiten gleich sein sollen, synchronisieren Sie einfach. Fertig.

Duplizieren oder Kopieren?

Wenn Sie synchronisierte Objekte *duplizieren*, entstehen Objekte, die ebenfalls synchronisiert sind. Wenn Sie Layouts mit synchronisierten Elementen in Ihrem Projekt *duplizieren*, enthält das duplizierte Layout – egal ob *Print* oder *Digital* – genau diese synchronisierten Elemente.

Inhalte – das Denkmodell

Synchronisierte Elemente und Inhalte befinden sich immer in der Palette – und meist auch im Layout.

Die Palette wird durch das Hinzufügen aus dem Layout mit verschiedenen Elementen gefüllt.

Die Palette kann auch mit Texten und Bildern durch Drag & Drop vom Finder/Explorer gefüllt werden.

Composition Zones – siehe Folgeseiten – können ebenfalls in die Palette aufgenommen werden.

Kopieren Sie jedoch synchronisierte Elemente und fügen Sie irgendwo wieder ein, dann ist die Synchronisation für dieses eingefügte Objekt aufgehoben.

Composition Zones und mehrfach genutzte Layouts

Nicht nur einzelne Objekte lassen sich als mehrfach genutzte *Inhalte* nutzen, sondern auch mehrere Elemente oder sogar ganze Layouts. Damit das Konzept von Ihnen in der ganzen Weite betrachtet und dann umgesetzt werden kann, lassen Sie sich doch gleich auf den folgenden kleinen Workshop ein:

❶ Ziehen Sie einen Rahmen mit der Größe einer typischen ⅛-Seiten-Anzeige auf: z. B. 84 mm × 60 mm. Weiterhin erzeugen Sie einen kleinen farbigen Kreis oben auf diesem Rahmen.

❷ Aktivieren Sie den Rahmen und den Kreis. Verwandeln Sie diese beiden Objekte mit dem Befehl *Objekt | Composition Zones | Anlegen* in eine *Composition Zone* – im Deutschen meist kurz Compo-Zone genannt. Nun sehen Sie in Ihrem Layout einen neuen Rahmen mit einer Vorschau. Der Rahmen kann übrigens im Layout nicht mehr direkt in der Größe verändert werden.

❸ Nun wechseln Sie per Kontextmenü oder über *Objekt | Composition Zones | Bearbeiten* in das Layout der Composotion Zone. Ein weiteres Layout-Fenster öffnet sich.

❹ Über den Kurzbefehl `cmd` `alt` `⇧`+`P` / `strg` `alt` `⇧`+`P` *(Layout | Layouteigenschaften)* geben Sie dem Layout einen aussagekräftigen Namen, z. B. »kostenlose caritative Anzeige«. Das Layout besitzt übrigens genau die Maße des ursprünglichen Rahmens und enthält die beiden angelegten Objekte.

Was kreiert man mit einer Composition Zone?

Im Projekt entsteht ein kleines zusätzliches Layout, das noch nicht sofort als solches erkennbar ist, also auch nicht mit dem Befehl *Layout | Gehe zu* angesteuert werden kann.

❺ Duplizieren Sie mit dem *Hilfsmittel | Cloner* die Seite, so dass das Layout nun zweiseitig ist und verändern diese zweite Seite. Sie können beide Seiten nach dem Erkennen des Prinzips zu vollwertigen Anzeigen ausgestalten.

❻ Verlassen Sie die *Composition Zone* – also das zusätzliche Layout – einfach durch *Fenster schließen*. Es wird kein Sichernbefehl notwendig sein, denn Sie sind immer noch im selben Projekt.

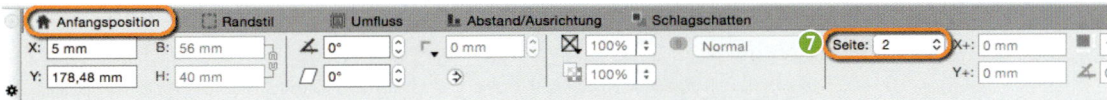

❼ Nun selektieren Sie die Compo-Zone und begeben sich am Mac in die *Maße*-Palette zum Register *Anfangsposition* (Windows: *Objekt | Modifizieren… | Layout*) – dort wählen Sie die gewünschte *Seite*.

Erstes Fazit

- *Composition Zones* kann man mit mehrseitigen platzierten PDF-Dateien vergleichen, von dem mal diese oder jene Seite in XPress abgebildet wird. Nur befindet sich bei diesen bisher beschriebenen Compo-Zonen der Inhalt nicht *extern*, sondern noch *intern*. Das heißt: Alle Projektressourcen gelten gleichermaßen für alle Layouts dieser Datei – auch für die internen Compo-Zonen.
- Vorteil 1: Die Inhalte der Compo-Zonen werden nicht »aus Versehen« beim Layouten verändert.
- Vorteil 2: Mit gedrehten Compo-Zonen steht Ihnen eine gute Methode zur Verfügung, um 90° gedrehte Seiten innerhalb eines Layouts zu bearbeiten.

Vorteil oder Nachteil?
Die Vorschau von *Composition Zones* im Layout ist nicht besonders gut. Manchmal ist das ein Nachteil – für einige Workflows kann aber auch ein großer Vorteil durch die Umwandlung in Compo-Zonen entstehen: XPress muss nun riesige Bilddateien oder komplexe Vektoren nicht ständig in hoher Auflösung rendern.

Sie wünschen sich mehr?

❽ Um den Komfort und die Administrierbarkeit zu erhöhen, fügen Sie die Compo-Zone doch gleich noch der *Inhalt*-Palette – wie auf den vorhergehenden Seiten beschrieben – hinzu. Dabei geht ein abgeänderter Dialog auf: Sie werden jetzt gefragt, ob dieses Layout eventuell auch in anderen Projekten genutzt werden darf (= *Alle Projekte*).

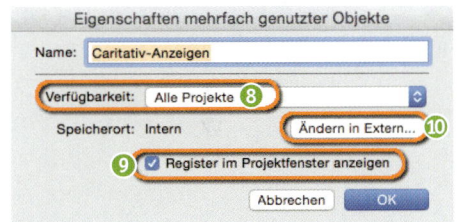

❾ Sie möchten für Ihr Projekt immer wissen, dass eine Compo-Zone enthalten ist? Dann aktivieren Sie immer *Register im Projektfenster anzeigen*. Nun kann dieses Layout auch viel leichter geöffnet werden.

❿ Oder Sie entscheiden, ob aus dem bisher nur *internen* Layout auch ein selbstständiges Projekt mit diesem Layout entstehen soll. Wenn das gewünscht wird, dann klicken Sie auf *Ändern in Extern…* Sie bestimmen den Ablageort und vergeben einen Projektnamen.

Ein kleiner Workflow
Ein externer Grafiker soll für eine Doppelseite eine erklärende Grafik erstellen. Damit er die Beschriftung mit den richtigen Farben, Schriften und Objektgrößen erstellt, geben Sie ihm eine vorbereitete *Composition Zone* in den richtigen Maßen mit den richtigen Elementen …

Zweites Fazit

- Sie können jetzt komfortabel eine Anzeige oder ähnliches aus der *Inhalt*-Palette in die Seite ziehen und wechselnde Motive auswählen.
- Sie können die entstandene *externe* Datei jedem, der QuarkXPress 2017 besitzt, zur Weiterverarbeitung oder »Veredelung« geben.

Solange keine geänderte Compo-Zonen-Datei an der Abspeicherstelle liegt, wird die ursprüngliche Compo-Zone für die Ausgabe genutzt. Gibt es jedoch eine geänderte Datei, aktualisiert XPress mit minimaler Zeitverzögerung und ohne jegliche Rückfrage.

Weitere wichtige Eigenschaften und Befehle von Composition Zones

Vorsicht bei Transparenzen und Schatten! XPress behandelt eine *Composition Zone* gegenüber dem umgebenden Layout wie ein platziertes EPS. Transparente Elemente innerhalb einer Compo-Zone sind somit nicht transparent gegenüber anderen Elementen des Layouts. Sie können Compo-Zonen in Ihrem Layout auch in Bilder umwandeln *(Objekt | Composition Zones | In Bild umwandeln)*: Es entstehen platzierte EPS-Dateien, die Sie wie alle platzierten EPS-Dateien über den Befehl *Stil | In native Objekte konvertieren* können – angewandte Transparenzverflachung innerhalb von XPress!

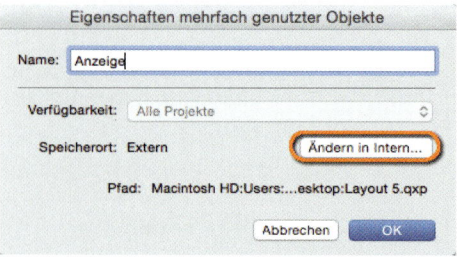

Extern nach intern wandeln – und umgekehrt. In der *Inhalt*-Palette können Sie jederzeit das externe Layout wieder in ein internes Layout umwandeln. Aktivieren Sie die gewünschte *Composition Zone* in der *Inhalt*-Palette und drücken Sie den *Bearbeiten*-Stift ✐. Im folgenden Dialog *Ändern* Sie die Compo-Zone *in Intern*. Das geht auch, wenn die externe Datei nicht vorhanden ist!

Composition Zones direkt in normale Elemente zurückwandeln? Diese Funktion gab es nur in Technologie-Studien zu sehen. Heute müssen Sie die Compo-Zone öffnen, die Inhalte der Seite kopieren und in Ihr Layout einsetzen. Dann löschen Sie den Rahmen mit der *Composition Zone*. Das geht ruck, zuck.

Composition Zones in andere Objekte importieren. Was früher ein harter Kampf mit den *Kollaborationseinstellungen…* war, gelingt mit aktuellen XPress-Versionen im Handumdrehen: das Importieren von Compo-Zonen als mehrfach genutzte Inhalte. Heute geht das so: Sie gehen unter *Ablage/Datei* zum Befehl *Anfügen…*, suchen die Datei, öffnen sie und fügen das gewünschte Layout an. XPress erkennt die Compo-Zone und reiht sie automatisch in die *Inhalt*-Palette ein.

»Normales« Layout in mehrfach nutzbares Layout umwandeln. Dazu rufen Sie den Befehl *Layout | Erweiterte Layouteigenschaften…* auf. Im aufspringenden Dialog aktivieren Sie die Option und entscheiden dann, ob dieses Layout auch in anderen Projekten *verfügbar* sein darf. Das Layout erscheint augenblicklich in der *Inhalt*-Palette, kann aber natürlich nicht ins selbe Layout eingefügt werden.

Aktualisierung verloren gegangener Verknüpfungen zu externen Composition Zone-Dateien. Im »ganz normalen« *Verwendungsdialog* (cmd + F6 / F2) gibt es ein Register extra für *Composition Zones*. Hier können Sie über *Aktualisieren* die Verlinkung zu einer vermissten XPress-Datei reparieren.

Hyperlinks

Hyperlink – wörtlich: »Überverknüpfung« – ist eine elektronische Verweistechnik von einem Ort zum anderen. Zu einem »Sprungbrett« (wie die Technologie *Hyperlink* genannt wird) muss es jedoch immer einen »Landeplatz« (*Anker*) geben. Um in ein Bild vom Flugverkehr zu wechseln: Sie dürfen erst losfliegen, wenn die Koordinaten des Landeplatzes bekannt und eindeutig bestimmt sind. Von »Abflugtechniken« und auch »Landetechniken« haben Sie schon einige in diesem Abschnitt kennengelernt: *Listen/ Inhaltsverzeichnis, Fuß- und Endnoten, Inhaltsvariablen* und *Querverweise*. Im folgenden Abschnitt stehen die Erzeugung manuell eingefügter *Anker* und *Hyperlinks* und deren Verknüpfung zu funktionierenden »Flugverbindungen« im Mittelpunkt.

Landeplätze müssen sich nicht in einer XPress-Datei befinden

Man kann in XPress mit der Definition von *Hyperlinks* auch ohne Definition eines *Ankers* beginnen, wenn sich der Landeplatz im Web befindet oder eine schon bestehende Seite im Layout angesprungen werden soll.

Die Verwaltung von Ankern und Hyperlinks erfolgt in XPress in der *Hyperlinks*-Palette. Damit Sie im Text eingefügte Anker und Hyperlinks erkennen können, versehen Sie unter dem Menübefehl *Ansicht* die Option *Sichtzeichen* mit einem Aktivitätshäkchen.

Die Hyperlinks-Palette selbst dient als Sprungbrett. Sie möchten gerne immer wieder zu einer bestimmten Seite im Layout springen? Gehen Sie in die *Hyperlinks*-Palette und drücken Sie den *Neuen Hyperlink*-Knopf ❡. Im aufspringenden Dialog wählen Sie im Dropdown-Menü als *Typ: Seite* ❶ und darunter die gewünschte Seitenzahl ❷. Ein passender Name erleichtert Ihnen später die Anwendung. Mit einem Doppelklick auf den Eintrag ❸ in der Palette springen Sie zur definierten Seite. Die Seiten reagieren dynamisch. Vergeben Sie über *Abschnitt* neue Seitenzahlen, wird trotzdem die richtige Seite als Landeplatz genutzt.

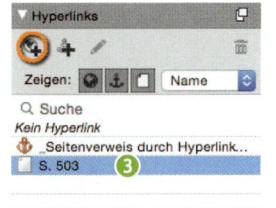

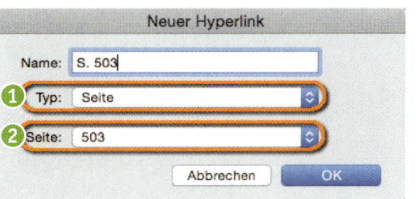

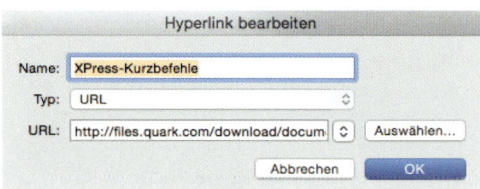

macOS
http://files.quark.com/
download/
documentation/
QuarkXPress/2017/
German/QXP-2017-
KeyCommand-Guide-
Mac-de-de.pdf

Windows
http://files.quark.com/
download/
documentation/
QuarkXPress/2017/
German/QXP-2017-
KeyCommand-Guide-
Windows-de-de.pdf

Webadressen und Mailaufrufe sind ebenfalls direkt aus der Palette möglich und können sogar als Ressource per *Ablage/Datei | Anfügen* verwaltet werden. Ein praktisches Beispiel gefällig? Erstellen Sie sich einen Link auf die PDF-Datei mit den XPress-Kurzbefehlen. Schneller können Sie nicht in der Liste stöbern und suchen.

Und noch ein Beispiel: Sie möchten während Ihrer Arbeit in XPress schnell eine Mail schreiben, dann erzeugen Sie einen Link mit der *URL mailto:* und XPress wird nach einem Doppelklick Ihre Mail-Applikation starten.

Anker definieren »pur«. Sie wissen, wie viele Anker Sie benötigen. Sie wissen aber noch nicht, an welcher Stelle. Öffnen Sie die *Hyperlinks*-Palette. Achten Sie darauf, dass kein Objekt aktiv ist. Jetzt können Sie auf den *Neuer Anker*-Button ⚓ klicken. Sie müssen einen Namen nach strengen Regeln vergeben – verboten sind alle Varianten von Klammern, das Größer- und das Kleiner-Zeichen sowie Leerzeichen (gemäß PDF- und W3C-Konventionen). Nachdem Sie *OK* gedrückt haben, zeigt XPress in der *Hyperlinks*-Palette einen ⚓ Anker-Eintrag in *fetter* Schrift.

Anker im Text. Um im Text einen Anker zu setzen, klicken Sie an die gewünschte Stelle oder markieren Sie eine beliebige Textstelle in einem Textrahmen. Klicken Sie dann auf das Symbol *Neuer Anker* in der *Hyperlinks*-Palette. Im folgenden Dialog wählen Sie entweder einen schon definierten »leeren« Anker aus, oder Sie erstellen einen neuen mit einem eindeutigen Namen. Haben Sie nur den Cursor gesetzt, ist das Dialogfeld leer. Haben Sie jedoch eine Textstrecke aktiviert, übernimmt XPress die ersten 250 Zeichen und bietet sie als Vorschlag an, wobei die Sonderzeichen entfernt werden. Den Vorschlag können Sie – falls Sie wollen – überschreiben. Bei Bildern oder anderen Objekten müssen Sie einen Namen nach den strengen Regeln selbst vergeben. Nachdem Sie *OK* gedrückt haben, sehen Sie am Textanfang des markierten Textbereichs einen fetten Pfeil. Er hat die Farbe, die Sie unter *Vorgaben | Drucklayout | Allgemein* für Anker definiert haben. Bei anderen Objekten wird ein Anker als Sichtzeichen in der rechten obe-

Hyperlinks und Anker definieren
Es gibt drei Stellen, an denen Hyperlinks und Anker definiert werden können:
1. im *Menü Stil | Hyperlink* bzw. *Anker,*
2. im *Kontextmenü Hyperlink* bzw. *Anker* für markierte Textpassagen oder Objekte wie Bildrahmen und Linien sowie
3. mit den Buttons in der *Hyperlinks*-Palette, die Sie sich mit *Fenster | Hyperlinks* anzeigen lassen können.

ren Ecke eingeblendet. Zusätzlich zeigt XPress in der *Hyperlinks*-Palette einen ⚓ Anker-Eintrag mit *dünner* Schrift an. Sollten Sie keinen Pfeil sehen, schalten Sie im Menü die Option *Ansicht | Sichtzeichen* an.

Hyperlink mit Anker im Layout verbinden. Sie aktivieren in XPress ein Objekt oder eine <u>Textstrecke</u>, die mit einem Anker verbunden werden soll, und klicken auf den *Neuer Hyperlink*-Knopf 🔗. Im aufspringenden Dialog wählen Sie im Dropdown-Menü als *Typ: Anker* ❹ und darunter den gewünschten Landeplatz. Die zum *Hyperlink* erklärte <u>Textstrecke</u> wird durch eine Unterstreichung in der Farbe, die Sie unter *Vorgaben | Drucklayout | Allgemein* für Anker definiert haben, hervorgehoben, damit sie im Layout identifizierbar bleibt. Objekte erhalten zur Kennzeichnung eine Kette 🔗 in der rechten oberen Ecke.

Und wie geht es weiter?
Um die Anker- und Hyperlink-Verbindung nutzen zu können, müssen Sie das XPress-Layout als PDF exportieren. Dies geschieht über *Ablage | Exportieren | Layout als PDF…*

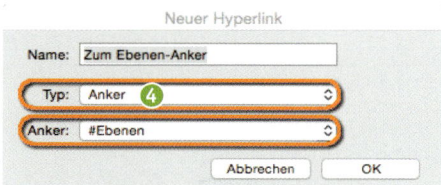

Index

Erwarten Sie keine Wunder von der *Index*-Funktion in XPress – sie ist ein ungeliebtes Kind bei Quark. Über die Jahre haben wir Autoren keine zukunftssichere Arbeitsweise herausbekommen, die zu empfehlen wäre. Solange es die käufliche *IndeXTension* gab, wurde diese von uns eingesetzt. Mit der sehr guten Listenfunktion von XPress und Sortierarbeit in einer Tabellenkalkulation wurde der Index dieses und der vorangegangenen Bücher erstellt. Ein gutes Register braucht auch weiterhin erhebliche Hirn- und Handarbeit, keine Software wird dies in absehbarer Zeit automatisieren. Alphabetische Schlagwortregister mit einer einzigen Ebene lassen sich in XPress mit Einschränkungen bewerkstelligen. Bei umfangreichen Registern mit mehreren Ebenen verliert man allerdings rasch die Übersicht.

Für einen funktionalen *Index* in XPress fehlt z. B. eine Ist-Soll-Liste mit grammatikalischen Wendungen: Plural- und Genitivformen müssten in die Grundform transponiert werden. Setzt man die XPress-Suchautomatik ein, sind »Schwäne« und »Schwan« zwei separat rubrizierte Begriffe, die von XPress mit eigenen Paginierungen zusammengestellt werden. In diesem Zusammenhang fehlt auch, dass man eine Liste der Indexbegriffe aus einer Datei exportieren und für die automatische Indizierung in ein anderes Dokument importieren kann. Der *Index* arbeitet dateibezogen, das macht die kapitelübergreifende Begriffsrubrizierung im Buchdokument schwierig – da, wo sie sinnvoll wäre.

Index und das Handbuch
Im Handbuch zu Quark XPress 2017 finden Sie eine gute Anleitung. Wir Autoren können leider keine ergänzenden Tipps geben, um besser, schneller oder sicherer mit der Index-Funktion zu arbeiten.

Buchfunktion

Lange Dokumente wie Kataloge, Magazine, Zeitungen etc. werden selten am Stück erstellt. Allein das Risiko, bei einem Systemabsturz das ganze Projekt zu verlieren bzw. die fehlende Möglichkeit, mit mehreren Benutzern an einem Dokument zu arbeiten, führt zu einer Arbeitsweise mit mehreren Dateien. Die XPress-Buchfunktion hält zusammengehörige Dokumente beieinander, kann viele Ressourcen zwischen den Dateien synchronisieren, verwaltet die durchgehenden Seitenzahlen und ermöglicht das Erzeugen einer einzigen Ausgabedatei.

Bis zur QuarkXPress-Version 9 gab es eine Buchfunktion. Mit ihr konnte man leider kein gemeinsames PDF von im Buch zusammengefassten Dateien exportieren. Mit XPress 10.0 wurde dann sogar kurzfristig eine Version komplett ohne Buchfunktion ausgeliefert.

Phönix aus der Asche. Mit XPress 10.1 wurde die neue Buchfunktion eingeführt, die xml-basiert arbeitet und durch viele weitere Verbesserungen kein Fremdkörper mehr beim Arbeiten mit XPress ist. Die wichtigste Neuerung gegenüber der alten Version: Es lassen sich mehrere Layouts von einer Datei in ein Buch aufnehmen. Damit ist der XPress-Projekt-Gedanke mit mehreren Layouts in einer Datei wirklich zum Produktionsbooster geworden.

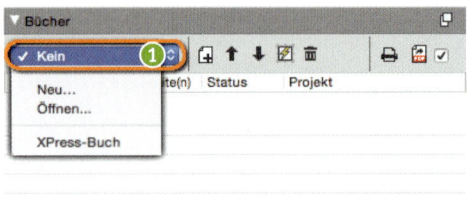

Buch anlegen. Unter dem Menübefehl *Ablage/Datei | Neu* gab und gibt es Verzweigungen: *Projekt*, *Bibliothek…* und *Buch…* Zu empfehlen ist aber der generelle Weg über die *Bücher*-Palette, die Sie mit dem Menübefehl *Fenster | Bücher* öffnen. Die Palette wird noch kein Buch anzeigen, da Sie zuerst eines im Dropdown-Menü ❶ öffnen oder anlegen müssen. Bei *Neu…* werden Sie nach Ablageort und einer Namenvergabe gefragt. Zur Buch-Datei entsteht im selben Moment auch eine *Job Jacket*-Datei im XML-Format.

Einzelkämpfer oder Arbeiten im Team? Als Einzelkämpfer können Sie die Buch-Datei auf einem lokalen oder Server-Volumen ablegen. Wenn Sie jedoch im Team arbeiten, müssen sich die Buch-Datei und alle zugehörigen XPress-Dateien auf einem Server-Volumen befinden – und nicht im freigegebenen Bereich eines Teammitglieds. Die Buch-

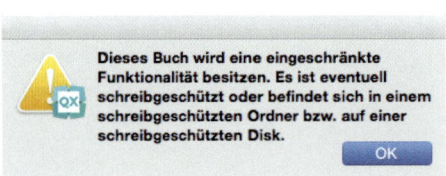

Datei kann von allen Mitarbeitern gleichzeitig genutzt werden. Ist die Datei schon von jemandem in Benutzung und wird sie ein weiteres Mal geöffnet, erscheint eine Meldung, dass die Datei für diesen Nutzer schreibgeschützt geöffnet wird. Er kann die Datei nutzen, ohne Änderungen vornehmen zu können.

Die Bücher-Palette ist eine Sammelstation für XPress-Dokumente. Über einen Klick auf das Symbol für *Kapitel hinzufügen* fügen Sie dem Buch schon bestehende XPress-Layouts aus einem oder mehreren Projekten hinzu. Wenn sich das Projekt nicht auf demselben Laufwerk

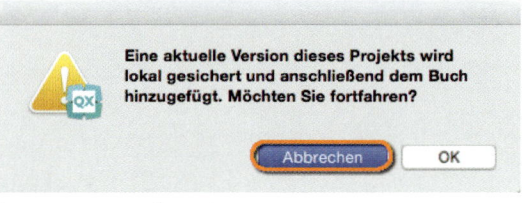

befindet, werden Sie evtl. mit einer Warnung konfrontiert. Brechen Sie ab und kopieren Sie die Datei spätestens jetzt auf dasselbe Volume.

Kapitel öffnen. Wenn Sie Kapitel in ein Buch aufgenommen haben, sollten Sie sie auch nur noch von der *Bücher*-Palette aus durch Doppelklick auf den Kapitelnamen öffnen. Sicherlich könnten Sie die einzelnen Dateien auch wie gewohnt öffnen. Dadurch würden Sie allerdings den Abgleich mit dem Buch verhindern; die Palette würde dann für das entsprechende Dokument den Status »modifiziert« zeigen – ähnlich wie bei geänderten Bildern.

Automatische Paginierung – Ja oder Nein? XPress geht bei der automatischen Paginierung davon aus, dass Kapitel *immer* auf der rechten Seite beginnen und mit einer linken Seite enden. Damit ist dieser Funktionsteil auf Romane und Sachbücher beschränkt, die dieser Regel folgen. Ansonsten müssen Sie die Kapitel manuell mit eigenem Abschnittsbeginn definieren. Die *Bücher*-Palette zeigt durch Sternchen an, dass Sie die Kapitel manuell paginiert haben.

Kapitel verschieben. Wenn Sie ein Kapitel mittels Auf-/Ab-Symbol ⬆⬇ in der Palette verschieben, ändert sich automatisch die Seitenzahl in den Layouts, selbst wenn die Kapitel nicht geöffnet sind.

Einzelne Kapitel oder das ganze Buch als PDF exportieren oder drucken. Haben Sie kein ❷ bzw. alle Kapitel in der Palette ausgewählt, werden sämtliche Kapitel ausgegeben. Haben Sie dabei die Option für eine gemeinsame Export-Datei aktiviert ❸, wird bei Drücken des PDF-Symbols ein Gesamt-PDF erstellt. Wenn Sie aber ein oder mehrere Kapitel ausgewählt haben, werden nur diese Kapitel ausgegeben – dabei wird ebenfalls die Einstellung für den gemeinsamen Export berücksichtigt ❸.

Kapitel-, Layout- und Projektname. In der *Bücher*-Palette werden Layoutnamen *(Layout | Layouteigenschaften | Layoutname)* als Kapitelname ❸ genutzt. Der Projektname ❹ entspricht dem Dateinamen.

Versteckte Infos im XPress-Dokument

Durch das Anfügen eines Projekts an ein Buch werden verschiedene Informationen in die Projektdatei geschrieben, weil z. B. die Seitennummerierung automatisch angepasst werden muss. Auch wird vermerkt, dass dieses Projekt Bestandteil eines bestimmten Buchs ist, d. h., es ist für die Aufnahme in andere Bücher gesperrt und Sie bekommen eine entsprechende Warnmeldung. Entweder Sie entfernen dieses Kapitel aus dem alten Buch oder Sie sichern dieses Dokument unter einem neuen Namen. Dadurch entfernt XPress alle Referenzen zum alten Buch.

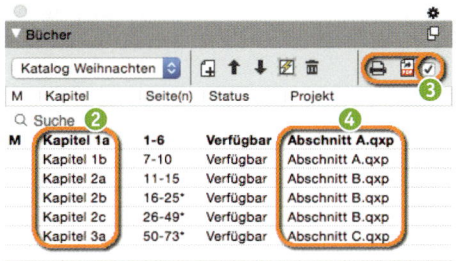

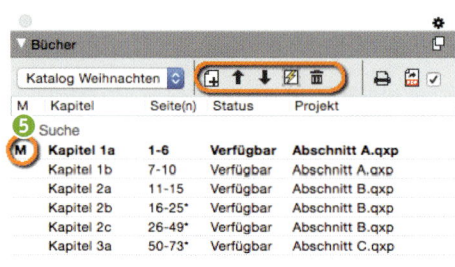

Das »Muster«. Wenn sich ein Buch, obwohl es aus verschiedenen XPress-Dokumenten besteht, nach außen hin wie ein einziges Dokument verhalten soll, muss es auch Stilvorlagen und Seitenzahlen konsistent verwalten. Und genau das können Sie erreichen. Mit dem *Synchronisieren*-Button ⬚ gleicht XPress im Buch Stilvorlagen, Farben, Listen und anderes ab. Als Musterdatei wird dabei immer die erste zu einem Buch hinzugefügte Datei herangezogen (gekennzeichnet durch ein fettes »M« ❺ in der linken Palettenspalte. Falls Sie das Musterkapitel aus einem Buch löschen, übernimmt automatisch die zweite hinzugefügte Datei diese Funktion. Wird diese auch gelöscht, die dritte und so weiter. Eine mächtigere Art, Stilvorlagen, Farben und alle Ressourcen zu verwalten, ergeben sich mit *Job Jackets*. Mehr zu *Job Jackets* erfahren Sie im Kapitel *Ausgabe und Farbmanagement*.

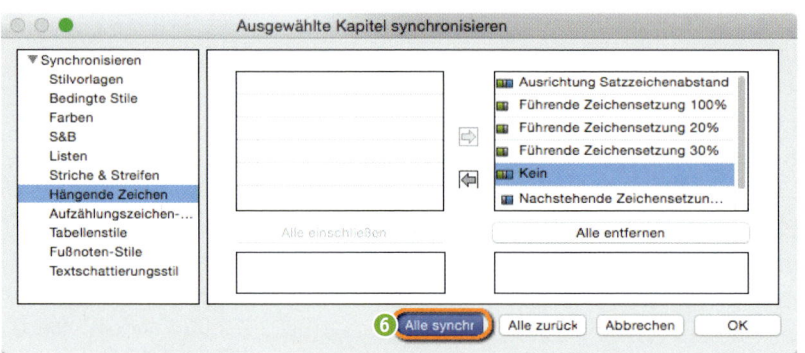

Synchronisieren. Synchronisiert werden nur ausgewählte Kapitel. Ist nichts markiert, werden alle Kapitel abgeglichen. Ausnahme: fehlende oder von anderen Anwendern geöffnete Projekte. Sie können eine selektive Synchronisierung analog der Anfügen-Funktion durchführen. Schon bei der Aufnahme eines Kapitels in das Buch wurde das Farbmanagement synchronisiert – so fällt die Liste hier kürzer aus. Sie können aber auch *Alle* Eigenschaften *synchronisieren* ❻. Beim Synchronisieren werden alle Ressourcen mit identischem Namen ohne Rückfrage überschrieben. Ressourcen im zu synchronisierenden Kapitel, die im Musterkapitel nicht aufgeführt werden, bleiben unangetastet.

Bücher statt Arbeitsvorbereitung? Auf den ersten Blick könnte man versucht sein, Arbeitsvorbereitung für umfangreichere Projekte via Synchronisieren abzukürzen. Das ist nicht empfehlenswert: Der Einsatz der Buchfunktion setzt einen disziplinierten Aufbau der dem Projekt zugrunde liegenden Musterdatei voraus. Wenn Sie sich für die Projektorganisation mit der Buchfunktion entschieden haben, werden Sie vermutlich mehr, dafür aber kleinere XPress-Dateien anlegen, als Sie es ohne Buch getan hätten. Das ist auch sinnvoll. Leider pflanzen sich dann Flüchtigkeitsfehler, die Ihnen eventuell auf den Musterseiten unterlaufen sind, virusartig fort. Auch die Zuweisung von Stilvorlagen und Farben müssen Sie konsequent durchhalten: Nur dann können spätere Änderungen durch das Synchronisieren zuverlässig greifen. Bei sorgfältiger Planung ist die Buchfunktion ein äußerst effizientes Werkzeug.

Suchen/Ersetzen
Leider lässt sich die Funktion *Suchen/Ersetzen* nicht über mehrere oder alle Kapitel eines Buch einsetzen.

Listen im Buch. Kapitelübergreifende *Listen* sind im *Buch* ohne Aufwand realisierbar: Im Musterkapitel legen Sie eine *Liste* an und synchronisieren diese im Buchdokument in alle Layouts hinein. Sie müssen nur darauf achten, dass in *Liste zeigen für:* ❼ das aktuelle Buch ausgewählt ist und der *Listenname:* ❽ die richtige Liste zeigt. Die Sortierung passiert automatisch ohne Ihr Zutun… In der *Listen*-Palette kommen Sie per Doppelklick auf einen Eintrag sofort in den jeweiligen Text. Auch dann, wenn dieser Text in einem geschlossenen Buchkapitel steht. Somit eignet sich die *Listen*-Palette auch hervorragend zum Navigieren in Büchern.

Bibliotheken

So geht es fix: Einmal erstellte Elemente-Kombinationen in ein Depot hinein- und von dort bei Bedarf wieder schnell herausziehen. Das leisten *Bibliotheken* in einem Layout-Programm. Bei Quark findet die Bibliotheksfunktion seit Jahren wenig Beachtung. Die Funktion wurde im Jahr 1990 in XPress integriert und sie hatte Vorbildcharakter – seitdem hat sich an dem genialen Werkzeug nicht mehr viel getan, außer dass man jetzt die Vorschauen vergrößert darstellen kann. Viele Verbesserungen in XPress der letzten Jahre haben keine Integration in die *Bibliothek* gefunden. Und trotzdem kann man nicht auf sie verzichten …

Crossplattform?
Leider können Bibliotheken immer noch nicht zwischen den beiden Plattformen (macOS und Windows) ausgetauscht werden.

Eine Bibliothek wird über den Befehl *Ablage/Datei | Neu | Bibliothek* (cmd alt + N / strg alt + N) angelegt. Sie ist ein eigener Dateityp, der sich meistens wie eine Palette verhält – manchmal jedoch auch wie ein ganz normales XPress-Dokument.

Ebenen und Bibliotheken
Die Bibliotheken unterstützen keine Ebenen. Ziehen Sie ein Element aus der Bibliothek ins Layout, landet alles auf der aktiven Ebene.

Eine Bibliothek – ein Benutzer! Bibliotheken können immer nur auf einem Gerät gleichzeitig geöffnet werden. Bei serverbasierter Arbeitsweise müssen die Clients mit lokalen Kopien arbeiten. Probieren Sie in Ihrem Umfeld, ob Sie eventuell mit schreibgeschützten Bibliotheken auf dem Server allen Benutzern einen Zugriff ermöglichen können.

Ebenen und Position
Objekte, die in eine Bibliothek hineingezogen werden, merken sich nicht die X- und Y-Koordinaten, um sie später an einer vergleichbaren Position wieder einfügen zu können.

Bibliotheken und verkettete Textboxen
Verkettete Textboxen können nicht nur kopiert, sondern auch in der Bibliothek abgelegt werden. Dadurch ist es zum Beispiel möglich, vorbereitete Textblockgeometrien in Zeitungs- und Zeitschriftenumgebungen – zusammen mit ihren Verkettungen – in der Bibliothek abzulegen und später mit intakten Verkettungen wieder zu platzieren.

Die Bibliothek vergisst nicht. In Bibliotheken wird alles eingefügt. Ziehen Sie Elemente in die Bibliothek, gehen alle benutzten Ressourcen mit – auch aus verschieden konfigurierten Projekten. Werden Objekte aus einer Bibliothek gelöscht, bleiben Farben, S&B-Einstellungen, Stilvorlagen etc. erhalten. So kann eine häufig bestückte Bibliothek ungewollt zu einem großen, nicht ganz ungefährlichen Sammelbecken werden. Löschen Sie lieber Bibliotheken, anstatt sie nur zu leeren.

Das Parallel-Universum hilft immer. Erstellen Sie immer zu einer Bibliothek parallel eine XPress-Datei, in der alle Elemente geparkt werden. Bei Problemen mit einer Bibliothek nutzen Sie diese nicht weiter, sondern legen schnell eine neue an und bestücken sie wieder.

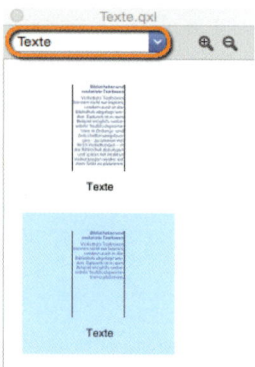

Bibliothekseinträge. Ordnung muss sein! Haben Sie einige Hundert Objekte in die Bibliothek gezogen, dürfte das Herausfischen des richtigen Eintrags langsam, aber sicher zur Qual werden. In solchen Fällen hilft die integrierte Sortierfunktion zur Auflistung der Einträge nach Namen in Form des Dropdown-Menüs. Um einen Eintrag zu benennen, genügt ein Doppelklick auf dessen Symboldarstellung in der *Bibliotheks*-Palette.

❾ Korrekturen und Anmerkungen

Zur typischen Arbeit im Redaktionsteam gehören Korrekturen und Überprüfungsschritte. XPress bietet hier drei unterschiedlich gut ausgebaute Funktionalitäten: Anmerkungen als *Notizen* einfügen, Aufzeichnung der Änderungsschritte mit *Überprüfung* und eine *Rechtschreibprüfung*.

Zur typischen Arbeit im Redaktionsteam gehören Korrekturen und Überprüfungsschritte. XPress bietet hier drei unterschiedlich gut ausgebaute Funktionalitäten: Anmerkungen als Notizen einfügen, Aufzeichnung der Änderungsschritte mit Überprüfung und eine Rechtschreibprüfung.

Im redaktionellen Umfeld und im Produktmanagement benötigt man eine Kontrolle, welche Textveränderungen des Korrektorats und des Lektorats wünschenswert sind und welche nicht. Für die Überpüfung dieser Arbeitsschritte stellt Quark eine Palette zur Überprüfung bereit.

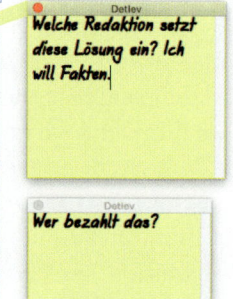

Notizen

Bevor Sie beginnen, mit Notizen zu arbeiten, sollten Sie die zugehörige *Ansicht | Notizen zeigen* einschalten. Eingefügt werden Notizen am sinnvollsten per *Kontextmenü | Notiz | Einsetzen*. Es stehen aber auch gleiche Objektbefehle (!) zur Verfügung. *Notizen* gehören also zu einem Objekt, werden aber im Text eingefügt. Dies geschieht an der Stelle

Ihres Textcursors. Ein Notizzettel öffnet sich, und Sie geben Ihre Anmerkung ein. Am Mac wird der Notizzettel außerhalb des Layouts mit einem Link zur Textstelle eingeblendet, unter Windows sehr nah an der Einfügemarke. Im Text wird jetzt eine Marke sichtbar.

Das Aussehen. In den Vorgaben des Programms steuern Sie die Farbe der Marken und der »Post-it-Zettel« sowie die Schriftart.

Der Mehrwert. Mit dem Befehl *Notiz | Alle Notizen im neuen Projekt öffnen | Nach Namen* oder *Nach Farben* erzeugen Sie eine Datei, in der alle Notizen gesammelt und mit Datumsangabe ausgedruckt werden können. Die Diskussion im Team kann beginnen …

1. **[Notiz 1]**Detlev (07/16/17 12:31:01) : Welche Redaktion setzt diese Lösung ein? Ich will Fakten.

2. **[Notiz 2]**Detlev (07/16/17 13:41:37) : Wer bezahlt das?

Überprüfung

Im redaktionellen Umfeld und im Produktmanagement benötigt man eine Kontrolle, welche Textveränderungen ▲des Korrektorats und des Lektorats wünschenswert sind und welche nicht. Für die Überpüfung dieser Arbeitsschritte stellt Quark eine Palette zur *Überprüfung* bereit.

Die Steuerzentrale. Öffnen Sie mit dem Menübefehl *Fenster | Überprüfung* die Palette. Mit dem Cursor im Text und der Aktivierung der *Hervorhebung* 🗏 werden alle Funktionen aktiv geschaltet. Den Aufzeichnungsvorgang starten und stoppen Sie mit dem Drücken des *Änderungen nachverfolgen*-Symbols 🗹. Formatierungsänderungen werden übrigens nicht aufgezeichnet, sondern nur reine Textkorrekturen.

Der Überprüfungslauf. Mit dem Vorwärts- und dem Rückwärtspfeil navigieren Sie als Überprüfer dann von Textstelle zu Textstelle und lehnen eine Änderung ab 🗶 oder akzeptieren 🗹 sie. Bei vielen Änderungen und mehreren Überprüfern können Sie die Ansicht 🗏 nach Personen und Texteinfügungen und -entfernungen filtern.

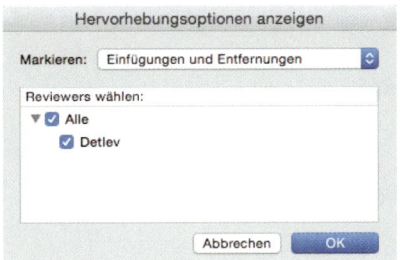

Hervorhebungen drucken oder ins PDF schreiben. Sowohl im Export als auch im Druckdialog gibt es jeweils einen eigenen Einstellungspunkt zur Überprüfung, so dass auf Wunsch die geänderten Stellen wie am Bildschirm hervorgehoben werden.

Rechtschreibprüfung

Die Sprache des Textes (eine Zeicheneigenschaft) ist die Grundlage für die Rechtschreibprüfung in XPress. Wenn Wörter in einer Ergänzungsliste zur Standardliste aufgenommen werden sollen, muss ein sogenanntes Hilfslexikon angelegt und dazugeschaltet werden. Dazu gehen Sie zu *Hilfsmittel | Rechtschreibprüfung | Hilfslexikon…* Die Überarbeitung des Hilfslexikons geschieht unter *Hilfsmittel | Rechtschreibprüfung | Hilfslexikon bearbeiten…* Die kleine Palette mit sechs gleichzeitig sichtbaren Wörtern, die nicht alphabetisch sortiert werden können, bietet nur geringen Komfort.

Zugehörigkeiten. Ein in einem Layout geöffnetes Hilfslexikon bleibt mit ihm verknüpft, bis Sie das Hilfslexikon im Dialog schließen oder ein anderes Hilfslexikon öffnen. So können Sie ein Hilfslexikon für Motorradzubehör in einem Layout des Projektes und ein anderes Hilfslexikon für Weihnachtsartikel im anderen Layout nutzen und pflegen. Dabei kann in einem Layout jeweils nur ein Hilfslexikon geöffnet sein.

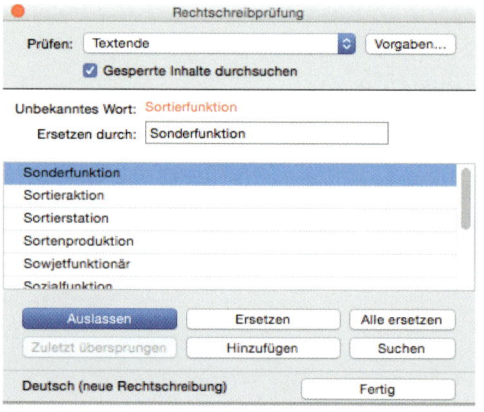

Aufrufen der Rechtschreibprüfung. Gehen Sie hier strategisch vor: Möchten Sie die gefundenen, bisher nicht bekannten Wörter in den meisten Fällen ins Hilfslexikon aufnehmen und besitzt Ihr Dokument eine lange Textstrecke (Story)? Dann setzen Sie Ihren Cursor an den Textanfang und gehen mit dem Kurzbefehl für *Rechtschreibprüfung | Textende* cmd alt ⇧ +F3 / strg alt ⇧ +F3 auf die Korrektur-Reise.

Daran anschließend können Sie mit *Rechtschreibprüfung | Layout* cmd alt ⇧ +U / strg alt ⇧ +W auch die übrigen Textrahmen »abklappern«.

Zusätzliche XTensions für die Rechtschreibkorrektur. Die begrenzten Möglichkeiten der XPress-eigenen Rechtschreibkorrektur reichen für den Redaktionsalltag nicht aus. So gibt es schon seit Jahrzehnten zusätzliche XTensions für diesen Bereich.

Aktuell werden im August 2017 für QuarkXPress 2017 zwei XTensions angeboten: die Spell Checker XTension von Creationauts und die AutoCorrectXT von AthenaSoft.

Text in Form –
Typografie und Umbruch

Gute Typografie muss nicht aufwändig sein. Das Verstehen der verschiedenen Einflussgrößen und das sich dadurch bildende Wissen für optimale Voreinstellungen wird Ihnen erlauben, sehr schnell und dabei hoch präzise zu arbeiten.

Vergleich der Versalhöhe vom H mit der Akzenthöhe des Akut-Akzentes über dem A.

Wenn Sie eine Textverarbeitung starten, dann haben Sie sofort ein virtuelles weißes Blatt vor sich – und Sie können direkt losschreiben. Aber haben Sie sich schon einmal gefragt, wie groß dieses Blatt Papier eigentlich ist? – Es ist so groß, wie es der momentan (!) angeschlossene (Laser-)Drucker über eine Datei an den Rechner meldet: in Europa meist A4 und in Amerika das Letter-Format. Und wie groß ist der beschreibbare Raum darauf? Dies wird durch die Randeinstellungen der Textverarbeitung vorgegeben – keine weitere Arbeit notwendig.

Unterlängen unter Q und g in runder Ausformung.

Ein Layout-Programm erstellt jedoch vorrangig PDF-Daten für Druckereien. So müssen Sie einem Layout-Programm wie QuarkXPress zuerst einmal »erzählen«, wie groß die Seiten sein sollen und dann auch noch, in welchen Bereichen dieser Seiten der Text stehen soll. Dies geschieht immer mit Textrahmen oder seltener mit Textpfaden.

In den Textrahmen verhalten sich die Buchstaben und Absätze ebenfalls nicht genau so, wie Sie es aus Textverarbeitungsprogrammen kennen. Drei Einflussgrößen – oder sinnbildlich unterschiedlich starke »Kräfte« – bestimmen das Aussehen und das Verhalten von Text und Textmengen (Satz mit Umbruch) in einem Layout-Programm:

Die Oberlänge des kleinen k überragt die Versalhöhe des großen K.

❶ die Zeichen-Eigenschaften der einzelnen Buchstaben, Zahlen, Sonderzeichen usw.,
❷ die Absatz-Eigenschaften wie rechts- oder linksbündig, einleitende Initial-Buchstaben oder Aufzählungszeichen, Absatzabstände usw.,
❸ die formgebenden Textrahmen, Textpfade oder Textverdränger,
❹ und zusätzlich in QuarkXPress 2017 die neuen Texteigenschaften, die das Regelwerk von »das kann nur eine Objekt-Eigenschaft sein« aufheben: farbige und auch transparente Texthinterlegung und Textumrandung (in XPress Textschattierung genannt) sowie die Auflösung des strengen Spaltenflusses in Textrahmen durch Spaltenüberspanner oder Spaltenteiler.

Minuskel- oder x-Höhe der Kleinbuchstaben – mit Unterlänge in gerader Ausführung.

❶ Zeichen- und Zeichenattribute

Layout-Programme können meist viel mehr unterschiedliche Zeichen – genauer ausgedrückt: Glyphen und spezielle Satzzeichen – aus einem einzigen Schriftschnitt auslesen als Textverarbeitungsprogramme. Um alle Glyphen eines Schriftschnitts sehen zu können, öffnen Sie unter *Fenster* die Palette *Glyphen*.

Glyphe
Eine Glyphe ist eine konkrete grafische Darstellung eines Zeichens. In einem modernen Schriftschnitt (Font) sind in einer Unicode-basierten Tabelle alle Zeichen und ihre Glyphen beschrieben. Ein Zeichen kann durch unterschiedliche Glyphen dargestellt werden, so z. B. das Zeichen fi als Einzelglyphe und als Ligaturglyphe. Es gibt aber auch Zeichen (wie das Leerzeichen), die keine Glyphe besitzen. Wenn es mehrere Glyphen zu einem Zeichen geben könnte, erkennen Sie das am kleinen Dreieck unten rechts in der Ecke.

Sie sehen in diesem Beispielbild vom Schriftschnitt Minion Pro (Regular), mit dem dieses Buch gesetzt wurde, und der Option *Gesamte Schrift* momentan nicht mal ein Zehntel aller Glyphen.

Schnellzugriff auf häufig benutzte Glyphen. Wenn Sie eine bestimmte Glyphe häufig benötigen, ziehen Sie die Glyphe aus dem Hauptteil in das untere Raster. Sie können hier Glyphen aus unterschiedlichen Schriftarten ablegen und mit einem Doppelklick an der Stelle der Einfügemarke im Layout platzieren. Bei Glyphen wird bei diesem Vorgang nicht die Schriftart des Zieltextes angenommen, aber seine Absatz- und Zeichenformatierung.

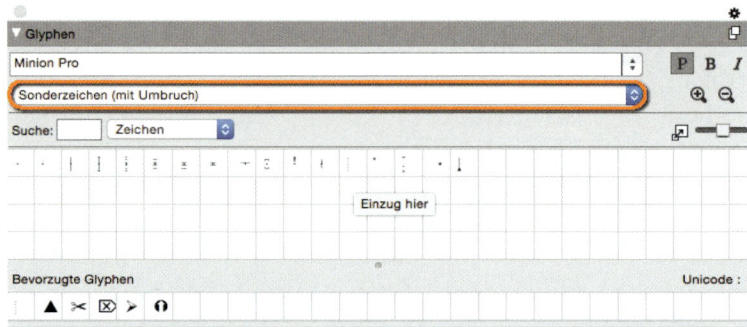

Filtern auf Sonderzeichen. QuarkXPress kennt auch sehr viele unterschiedlich breite Leerzeichen, die ebenfalls über die *Glyphen*-Palette in den Text eingesetzt werden können. Dazu wählen Sie unterhalb der Schriftart die *Sonderzeichen* (mit oder ohne Umbruch am Zeilenende). Hervorragend: Im Gegensatz zu den Glyphen übernehmen die Sonderzeichen beim Einfügen auch die Schriftart der Umgebung.

Unicode – die Technik für die Glyphen

Unicode ist der Versuch, allen Schriftzeichen, Symbolen und Emojis der Welt jeweils einen einzigartigen Identifizierungscode zuzuweisen. Der Unicode-Standard wurde bereits im Jahr 1991 vom Unicode Consortium veröffentlicht und 1996 als ISO-Standard ISO 10646 angenommen. Er wird ständig erweitert, und mit Stand vom Juni 2016 sind mittlerweile über 128.000 Zeichen codiert worden.

Funktionsweise. Der Unicode-Zeichensatz ermöglicht die Darstellung von Glyphen in Form binärer Zahlen. Jeder Glyphe wird ein eindeutiger Bytewert zugeordnet, so dass Texte problemlos zwischen verschiedenen Schrift- und Sprachsystemen ausgetauscht werden können. Auf das lateinische Alphabet folgen das griechische, kyrillische, hebräische, arabische, indische und andere. Weiter geht es mit Satzzeichen und Symbolen, worauf die japanischen Schriften Hiragana und Katanka, die phonetische Übertragung des chinesischen PinYin in lateinische Buchstaben sowie das koreanische Hangul folgen.

Unicode-Ebenen. Anders als ASCII (7 Bit = 128 Zeichen) kodiert die gebräuchliche erste Ebene des Unicode-Zeichensatzes jede Glyphe mit 16 Bit = 2 Byte. Diese *Basic Multilingual Plane* ermöglicht 65536 Zeichen. Die meisten heutigen Betriebssysteme unterstützen zumindest die Doppelbyte-Zeichensätze der Basic Multilingual Plane. Die Kodierung für Unicode-Zeichen der Basic Multilingual Plane wird als Universal Character Set 2 (UCS-2) bezeichnet. Normalerweise meinen wir mit Unicode diesen UCS-2-Zeichensatz. Die ersten 256 Glyphen entsprechen denen des ISO-Latin-1-Zeichensatzes (ISO 8859-1) mit den westeuropäischen Zeichen.

Darum kodiert Unicode nie falsch. Der große Unterschied von Unicode zu anderen – meist älteren – »Kodierungen« ist, dass falsche oder nicht mehr benötigte Zeichen nicht ersetzt werden, sie bleiben als »Überbleibsel« in der universellen Kodierungstabelle.
Es wird davon abgeraten, dieses Zeichen im Computersatz oder im Internet zu nutzen. Stattdessen wird empfohlen, das neue Unicode-Zeichen einzusetzen (das natürlich auch eine andere Unicode-Nummer vom Konsortium erhalten hat).

Unicode – nur wichtig bei Sprachen?
Im Gegensatz zu der verbreiteten Meinung, Unicode wäre nur beim Einsatz unterschiedlicher Sprachen wichtig, ist Unicode gerade beim Austausch zwischen den beiden Plattformen macOS und Windows eine notwendige Voraussetzung: Da beide Systeme für die gleichen Sonderzeichen und Umlaute eine unterschiedliche Kodierung nutzen, sind ohne Unicode »kreative« Ersetzungen häufig zu beobachten. Einige Schriften sind optimal für einen Sprach- und Schriftwechsel codiert, andere hingegen für typografische Feinheiten.

Achtung
Es gibt Schriften aus den Jahren vor 2000, die tatsächlich falsch codiert worden waren. Es wird dringend davon abgeraten, Schriften aus den Herstellungsjahren bis 1999 noch einzusetzen.

ϕ – das armenische Zeichen »Feh« (Schrift Quivira). Unicode-Tabellen finden Sie z. B. auf den Websites www.unicode-table.com/de oder www.sonderzeichen.de

Suche nach Unicode-Wert. Kennen Sie den Unicode-Wert einer Glyphe, dann können Sie danach in der Palette suchen. Der armenische Buchstabe »Feh« besitzt den Wert 0586 – XPress zeigt durch das gelbe Ausrufezeichen an, dass diese Glyphe in der Minion Pro unbesetzt ist.

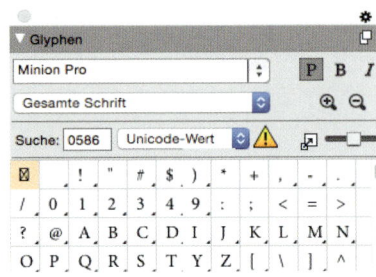

Fallback-Schrift und Schriftenzuordnung
Wer grundsätzlich mit Texten arbeitet, die aus Ländern mit lateinischem Schriftsystem stammen, kann diese Funktion ausschalten. Wollen Sie jedoch (Word-)Texte aus Osteuropa, Griechenland, Nordafrika oder Asien importieren, überprüfen Sie diese Voreinstellung immer, bevor Sie den Text importieren: »Will ich möglichst alle Buchstaben sehen – oder will ich, dass es auf keinen einen Schriftartwechsel gibt?«

Fehlende Glyphen und Font-Fallback. XPress enthält die Option *Fallback-Schrift* (Rückgriff auf eine Ersatzschrift). Wenn diese Option aktiviert ist und das Programm dann auf eine Glyphe stößt, die in der aktuell gewählten Schrift nicht vorhanden ist, wählt XPress automatisch aus den in Ihrem System installierten Schriften den ersten verfügbaren Alternativfont mit der gewünschten Glyphe.

Die Option *Fallback-Schrift* ist standardmäßig in XPress aktiviert. Wenn Sie dies ändern möchten, dann wählen Sie *Vorgaben | Fallback-Schrift* und deaktivieren das Kontrollkästchen *Fallback-Schrift*.

Unicode und Sprache. Die vollständige und für Layout-Programme sinnvolle Implementierung von Unicode bedeutet, dass die Spracheigenschaft eine Zeichen- und keine Absatzoption sein sollte – für Office- oder Web-Programme sieht dies oft anders aus. In XPress können Sie die Sprache in der *Maße*-Palette im Modus *Zeichen* für einzelne ausgewählte Glyphen verändern. Mit anderen Worten: Ein und derselbe Absatz kann für Wörter oder Zeichen unterschiedliche Sprachzuweisungen enthalten, was auch bei Rechtschreibprüfung und Silbentrennung berücksichtigt wird.

Verzerrte Schrift
Häufig findet man in Boulevard-Zeitungen verzerrte Schrift, um die typische Blockwirkung zu erreichen. Im Beispiel ist die obere Zeile (Helvetica 75) für die mittlere Zeile so verzerrt worden, dass die Marginalspaltenbreite genutzt wird. In der unteren Zeile sehen Sie das Ergebnis, wenn die originale Helvetica Expanded Heavy genutzt worden wäre.

Zeichen- und Stilattribute

Nachdem im ersten Abschnitt dieses Kapitels verdeutlicht wurde, dass hinter allen sicht- und unsichtbaren Zeichen in XPress Unicode-Tabellen wirken, ist die Basis geschaffen, dass Sie die Zeichenattribute *(Stil)* optimal einsetzen können. In XPress kann man einem Zeichen zuweisen: eine Schrift (Font), die Größe in DTP-Punkt, Spationierung (Textsperrung), Versatz gegen die normale Grundlinie, vertikale oder horizontale Skalierung (Verzerrung), Farbe und Deckkraft, Sprache (wirkt bei Trennung und Korrektur) sowie viele Attribute, die Sie aus der Textverarbeitung kennen wie fett, kursiv und hochgestellt. Das Ganze wird ergänzt um Ligaturmöglichkeiten und ausgefeilte OpenType-Eigenschaften.

XPRESS →
XPRESS
XPRESS

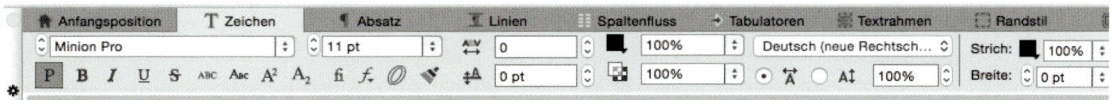

Das Beispielbild der *Maße*-Palette im Modus T zeigt, dass momentan ein oder mehrere Zeichen im Schriftschnitt Minion Pro (Normal = P) in 11 pt Schriftgröße ausgewählt sind. Es sind keine (»Alte-Technik«-) Ligaturen »fi« aktiv. Die Zeichen sind nicht zueinander gesperrt (⚏ = 0) und stehen auf der Grundlinie (0 pt). Die Schrift ist 100 % Schwarz mit 100 % Deckkraft. Die Sprache der ausgewählten Zeichen ist Deutsch (neue Rechtschreibung). Die Zeichen sind nicht vertikal oder horizontal verzerrt. Was Sie leider jedoch nicht sofort sehen können: Welche OpenType-Eigenschaften verstecken sich hinter dem ∅?

Schriftgröße über Tastenkürzel verändern. In der *Maße*-Palette werden Ihnen Werte zur Schriftgrößen-Veränderung vorgeschlagen. Diese Werte werden von XPress abgerufen, wenn Sie mit dem Tastenkürzel für »große Sprünge« (um Vorgabewert erhöhen) arbeiten.

Haben Sie schon einmal ausprobiert, ausgewählte Buchstaben unterschiedlicher Größe gemeinsam zu vergrößern oder zu verkleinern? Auf jede einzelne Schriftgröße wird der jeweilige Befehl angewandt.

7 pt	Nach 72 geht
8 pt	es mit 24er-
9 pt	Sprüngen wei-
10 pt	ter über 96,
12 pt	120, 144, 168 bis
14 pt	zur 192. Nun
18 pt	geht es weiter
24 pt	mit 96er-
36 pt	Sprüngen über
48 pt	288, 384, 480
60 pt	bis 576, dann
72 pt	weiter mit

192er-Sprüngen über 768, 960, 1152, 1344 bis 1536, dann folgen noch 2360 und abschließend 3184 als Sprungziel.

Schriftgröße verändern	macOS	Windows
Um Vorgabewert erhöhen	cmd ⇧ + . (Punkt)	strg ⇧ + 0
In 1-pt-Schritten erhöhen	cmd alt ⇧ + . (Punkt)	strg alt ⇧ + 0
Um Vorgabewert verringern	cmd ⇧ + , (Komma)	strg ⇧ + 7
In 1-pt-Schritten verringern	cmd alt ⇧ + , (Komma)	strg alt ⇧ + 7

Schriftgröße: Genauigkeit ist gefragt. Da die Normung der tatsächlichen Schriftgrößen leider bei der Entwicklung von PostScript-Schriften in den 80-Jahren vergessen und nicht nachgeholt wurde, erlaubt XPress die Eingabe von drei Stellen nach dem Komma, die auch tatsächlich berechnet werden! Sinnvoll sind solche Zwischengrößen vor allem dann, wenn eine Satzarbeit an bestehende Gestaltungsmuster angepasst werden muss oder unterschiedliche Schriften gemischt werden. So ist es mit XPress-Bordmitteln – das Gleiche gilt auch bei Adobe-Produkten – nicht möglich, mehrere Schriften mit nominell identischer Schriftgröße in einer Zeile auf die identische Versalhöhe oder x-Höhe (in Millimetern) zu bringen. Dafür gibt es die zusätzliche XTension *TypoX* von JoLauterbach. Wer z. B. in der Außenwerbung oder in der Pharma-Branche mit genormten Schriftgrößen arbeiten muss, sollte sich diese Erweiterung gönnen.

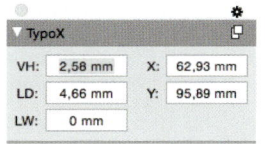

Normal	⇧⌘P
Fett	⇧⌘B
Kursiv	⇧⌘I
Unterstrichen	⇧⌘U
Wort unterstrichen	⇧⌘W
Einzelne Durchstreichung	
Doppelte Durchstreichung	
Konturiert	⇧⌘O
Schattiert	⇧⌘Y
VERSALIEN	⇧⌘V
Kapitälchen	⇧⌘H
Hochgestellt	⇧⌘+
Tiefgestellt	
Index	⇧⌘C

Schriftstil. In XPress stehen mehr als ein Dutzend verschiedener Stil-attribute zur Verfügung, die – ähnlich wie in Office-Programmen – untereinander frei kombiniert werden können. Aber auch hier gilt die Regel: Lieber einfach! Die Angaben für Kapitälchen, Hoch- und Tief-stellung sowie für die Indexziffer finden Sie bei den typografischen Vor-gaben *(Vorgaben | Drucklayout | Bereich Zeichen).*

Bevor Sie nun intensiv mit den Schriftstilen wie hochgestellt arbeiten, bedenken Sie bitte, dass Sie wahrscheinlich noch nicht den Abschnitt über OpenType gelesen haben. Mit OpenType stehen Ihnen oft deut-lich schönere Methoden zur Verfügung.

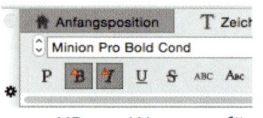

XPress-Warnung für unerlaubtes Fett- oder Kursivstellen von Text

Unterstrichen

Ein Relikt aus der Schreibmaschinenzeit – nehmen Sie lieber die in XPress 2017 neuen Text-schattierungsoptionen und in älteren Versionen *Stil | Unterstreichungsstile.*

Konturiert

Es gibt bei diesem »Alt-befehl« keine Möglich-keit, die Stärke der Kon-tur zu beeinflussen! Aber mit dem in XPress 2017 neuen Konturbefehl können Sie alle Eigen-schaften einer Schrift-kontur exakt steuern.

Schattiert

Der Schatten wird immer mit 20 % Schwarz ausge-geben, verändern kön-nen Sie den Wert nicht.

~~Doppelt~~ *durchgestrichen*

Für ostasiatischen Satz ein Muss …

Warum Fett nicht fett sein muss. Wenn Sie in der *Maße*-Palette auf den *Fett*-Button klicken, wird der markierte Text am Bildschirm fett dargestellt. Klingt einfach – kann aber dennoch zu Problemen führen. Nur wenn die gewählte Schrift tatsächlich über einen echten Fett-Schnitt verfügt, kann XPress diesen auch in der Ausgabe anwenden. Sonst wird die Schrift nur am Bildschirm als pseudofette Schrift darge-stellt. Dasselbe gilt für den *Kursiv*-Button; hier generiert XPress unter Umständen eine pseudokursive Schrift. Wenden Sie Schriftstile also nur dann an, wenn Sie sicher wissen, dass der entsprechende Schnitt auch wirklich vorhanden ist – XPress gibt ja eine Rückmeldung!

55 wird zu 75 und 45 wird nur manchmal zu 65. Was macht XPress, wenn Sie mit der Schrift Helvetica (Roman 55) schreiben und dann in der *Maße*-Palette den Stil *Fett* wählen? Nein, das Betriebssystem (und damit XPress) wechselt nicht auf die nächste Hierarchiestufe (Medium 65), sondern überspringt diese Stufe und wählt bei dieser Schrift auto-matisch den übernächsten Schnitt (Bold 75). Das ist vom Schriften-designer so gewollt und von ihm in die Schrift einprogrammiert.

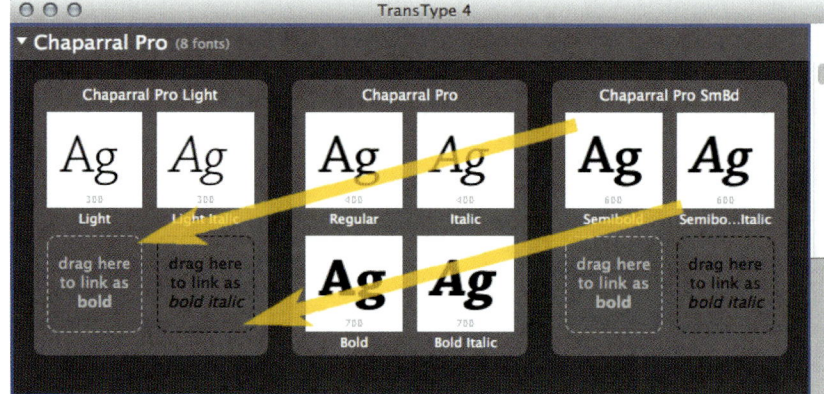

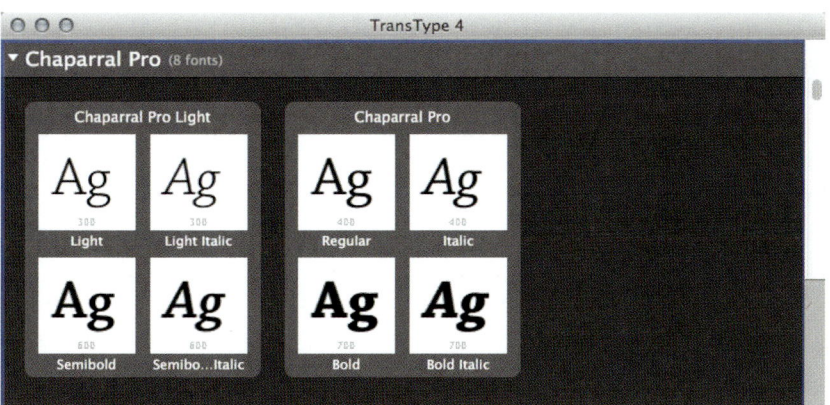

Häufig sind bei Schriften die Light-Schnitte (»45«) nicht mit den Semi-bold-Schnitten (»65«) zu einer Kleinfamilie zusammengefasst. Mit Tools wie *TransType* ließe sich die Kleinfamilie auf Dateisystemebene erzeugen – bitte die Copyrights der Schriftenhersteller beachten!

Schriften – QuarkXPress ist kein Adobe-Programm. QuarkXPress be-nutzt die Fonts, die vom Betriebssystem (und dessen eventuellen Hel-fern wie *Suitcase*, *Font Explorer* etc.) allen Programmen zur Verfügung gestellt werden. QuarkXPress »sieht« also die Schriften, die systemna-he Programme am Mac oder unter Windows auch sehen. Adobe-Pro-gramme hingegen laden die Schriften auf eigenem Weg. Manchmal zum Vorteil für den Anwender – aber nicht immer. Die zusätzlichen Programmerweiterungen (XTensions) der genannten Font-Helfer kön-nen das Betriebssystem ansteuern und damit erreichen, dass zusätzli-che Schriften vom Betriebssystem geladen oder deaktiviert werden.

Unterschneiden versus Spationieren. *Unterschneiden* bedeutet in XPress den Abstand eines einzelnen Paares zu verändern. *Spationieren* verändert hingegen die Laufweite von einem oder mehreren Zeichen. Entscheidend ist: Stehen Sie gerade mit der Texteinfügemarke (I) ir-gendwo im Text, dann erscheint in der *Maße*-Palette der Tooltipp zum Befehl *Unterschneidung* zur Veränderung des Abstands zwischen die-sen beiden Buchstaben. Sobald Sie Zeichen mit dem Textwerkzeug markieren, ändert sich der Befehl in *Spationierung* und dient jetzt der Veränderung der Laufweite mehrerer Buchstaben. Mit positiven Spa-tionierungswerten können Sie Text sperren, mit meist negativen *Unter-schneidungen* können Sie Schwächen der Schrift ausgleichen.

MAVAY
MAVAY

In der oberen Zeile wurden die Zeichen-paare A-V und V-A *unter-schnitten*.
In der unteren Zeile wurde hingegen die Laufweite des Textes ver-ringert, also *spationiert*, so dass auch M und A näher aneinanderge-rückt sind.

Unterschneiden/Spationieren über die Tastatur. Genau wie die Schriftgrößen können Sie auch die Werte für die Unterschneidung/

Neu in XPress 2017

Erhöhung der Werte über Cursor-Tasten
Dazu müssen Sie nur in einem Eingabefeld stehen und die Höher-/Tiefer-Taste drücken.

Suchen/Ersetzen bei benutzten Unterschneidungen.
Leider unterstützt die Funktion *Bearbeiten | Suchen/Ersetzen* keine Kerning-Informationen. Das kann fatale Folgen haben: Ein ersetztes Wort verliert nämlich dabei alle manuellen Unterschneidungen.

Spationierung über die Tastatur eingeben. 200 Einheiten (maximal 500 sind möglich) entsprechen dabei einem Geviert, wobei die Geviertbreite (Schriftgröße im Quadrat) wiederum von den typografischen Vorgaben abhängt.

Sie können aber auch über die *Maße*-Palette durch Klicken auf die zugehörigen Pfeiltasten (1/20-Geviert) die Werte verändern. Das zusätzliche Drücken der alt-Taste verringert die Werte auf 1/200.

Unterschneidung/Spationierung	macOS	Windows
Um 1/20-Geviert erhöhen	cmd ⇧ + #	strg ⇧ + .
Um 1/200-Geviert erhöhen	cmd alt ⇧ + #	strg alt ⇧ + .
Um 1/20-Geviert verringern	cmd ⇧ + Ä	strg ⇧ + ,
Um 1/200-Geviert verringern	cmd alt ⇧ + Ä	strg alt ⇧ + ,

Standardmäßige Unterschneidung. In der Grundeinstellung wendet XPress bei allen Schriften über 4 pt die integrierte Unterschneidung an – ein vernünftiger Wert. Dies ließe sich über *Vorgaben | Drucklayout | Zeichen* jedoch ändern.

Unterschneidungen entfernen. Unterschneidungen sind schnell gemacht, aber schwer zu entdecken und zu entfernen! Auf die Sprünge hilft der Befehl *Stil | Manuelle Unterschneidung löschen*, der alle Unterschneidungen im selektierten Textbereich entfernt. Eine andere, dafür aber gefährlichere Möglichkeit: Stilvorlage bei gedrückter *Alt*-Taste erneut zuweisen. Spationierungen hingegen sind viel leichter entdeckt: Wenn Sie eine Textstrecke selektieren, erscheint entweder ein Wert – oder bei unterschiedlichen Werten bleibt das Spationierungsfeld leer.

Automatische Unterschneidungen. QuarkXPress unterscheidet zwischen OpenType- und anderen Schriften. Für Open-Type-Schriften ist per Vorgabe die Unterschneidung eingeschaltet (*Vorgaben | Projekt | Allgemein*). Wenn Sie die Option ausschalten, rücken die Open-Type-Zeichen deutlich auseinander. Bei PostScript-Schriften (und bei ausgeschalteter OpenType-Unterschneidung auch bei OpenTypes) können Sie die vom Schriftengestalter mitgegebenen Unterschneidungswerte ändern und ergänzen (*Bearbeiten | Unterschneidungspaare*): vertikal und – die XPress-Spezialität – auch horizontal. Damit können Schriftprofis mit selbst entworfenen oder abgewandelten Schriften für das Corporate Design besondere typografische Effekte automatisieren.

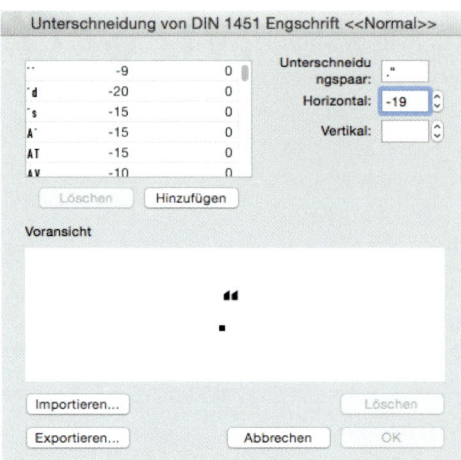

Grundlinienversatz. Der Grundlinienversatz dient dazu, einen oder mehrere Buchstaben von der Grundlinie wegzubewegen. Hier ein Beispiel mit Grundlinienversatz zwischen -3 pt und +10 pt:

TONLEITER RAUF UND RUNTER

Sinnvoller Einsatz des Grundlinienversatzes. Wichtigster Einsatzpunkt ist der optische Ausgleich von Zwischenüberschriften zwischen Textblöcken. Sollten Sie den Versatz zum vertikalen Ausgleich von zwei oder mehr Spalten nutzen, sollten Sie immer bedenken, dass Korrekturschritte dann meist sehr viel aufwändiger ausfallen. Der früher häufige Einsatz des Grundlinienversatzes zum Erzeugen von Brüchen ist bei gut ausgebauten OpenType-Schriften nicht mehr nötig. Um die Schrift punktweise von der Grundlinie wegzubewegen, können Sie die folgenden Kürzel verwenden:

Grundlinienversatz verändern	macOS	Windows
Um 1 pt nach oben	`cmd` `alt` `⇧` +`+` Buchst.-Bl.	`strg` `alt` `⇧` +`+` Buchst.-Bl.
Um 1 pt nach unten	`cmd` `alt` `⇧` +`−` Buchst.-Bl.	`strg` `alt` `⇧` +`−` Buchst.-Bl.

Konturierte Schrift – neu in QuarkXPress 2017
Der Kampf um lesbare Schrift über Bildern hat ein Ende, denn nun können Sie Schrift konturieren, ohne den Text vorher in Vektoren auflösen zu müssen. Drei Gehrungsstile stehen zur Auswahl, die durch den Gehrungswert variiert werden können. Der Knopf *Keine Füllung* hebt die normale Textfarbe auf und lässt den Hintergrund vollständig durchscheinen. Die Konturfarbe (*Strich*) übernimmt immer die Opazität der Textfarbe. Schriftkontur ist eine Zeicheneigenschaft:

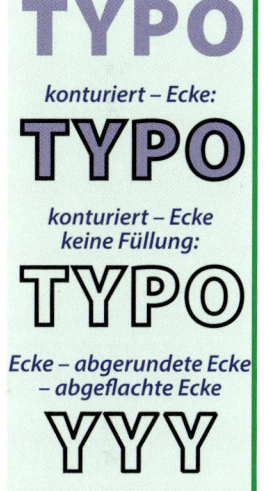

Grundlinienversatz und Schriftgröße.
Der Grundlinienversatz ist XPress-intern mit der Schriftgröße verknüpft. Er wird beim Vergrößern/ Verkleinern der Schriftgröße ebenfalls modifiziert. Reduzieren Sie eine 50-pt-Schrift mit 4 pt Grundlinienversatz auf einen 25-pt-Schriftgrad, dann beträgt der Grundlinienversatz nur noch den halben Wert, also 2 pt!

TYPO

konturiert – Ecke:

TYPO

konturiert – Ecke keine Füllung:

TYPO

Ecke – abgerundete Ecke – abgeflachte Ecke

YYY

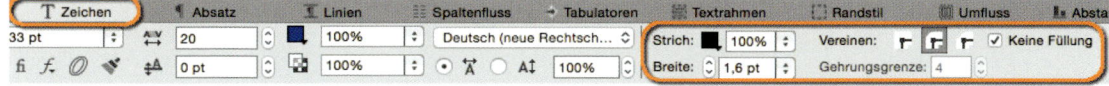

Unsichtbare Zeichen

Die Unicode-Unterstützung stellt dem Layouter nicht nur mehr Buchstaben und Zahlen (Glyphen) zur Verfügung, sondern auch viele unsichtbare Zeichen – und das gilt für alle Fonts. Diese unsichtbaren Zeichen benötigen Sie, um alle Erfordernisse beim Setzen von Büchern oder Zeitschriften präzise und dabei höchst produktiv erfüllen zu können. Bei den Leerzeichen unterscheidet man dabei Zeichen, die die benachbarten Glyphen rechts und links am Zeilenende zusammenhalten – *geschützt* (*nicht umbrechend*) – oder sie eben nicht zusammenhalten (*umbrechend*).

Geschützte Räume. Sie verhindern den Zeilen- oder den Spaltenumbruch. Einfache Beispiele dafür sind Hausnummern, die nicht vom Straßennamen abgetrennt werden sollen (Mörikestraße 16), Postleitzahl und Ort oder Zahlen mit Maßeinheiten, die immer zusammen geschrieben werden sollten (123 km, 2 Liter Milch) und natürlich auch Telefonnummern wie 573 33 32.

Nichtdruckende Zeichen. In QuarkXPress stehen drei Wege zur Verfügung, um Satzbefehle einzusetzen. Das geschieht über *Tastenkürzel*, über die *Glyphen*-Palette (**G** in der folgenden Tabelle) oder über *Hilfsmittel | Zeichen einfügen | Sonderzeichen/Sonderzeichen (geschützt)* (**H** in der Tabelle).

Weitere Satzbefehle
Über die *Glyphen*-Palette oder über den *Zeichen einfügen*-Befehl sind weitere Leerzeichen wie Drittelgeviert erreichbar. Sie können diese weiteren Satzbefehle am Mac auch über *Vorgaben | Programm | Tastenkürzel* mit eigenen Shortcuts belegen.

Was ist ein Geviert?
Die einfachste Erklärung ist: ein Quadrat um ein Zeichen. Benutzt wird der Begriff aber als Breitenangabe im Verhältnis zur Schriftgröße. Ist die Schrift 12 pt groß, müsste die Breite des Geviert-Leerraums normalerweise 12 pt betragen … Sie erinnern sich aber auch an die Aussage, dass bei Computerschriften vergessen wurde, die Größe zu eichen? Dementsprechend fällt die Breite meistens schmaler aus.

Neu in XPress 2017

Geschützte Zeichen sehen
Unter *Ansicht* können Sie erreichen, dass sich die *Geschützten Zeichen* hervorheben.

Geschützte Zeichen als Eigenschaft
Unter dem Menübefehl *Stil* können Sie bei aktiviertem Text das *Attribut geschützter Zeichen* zuweisen oder entfernen.

Nichtdruckende Zeichen	G/H	Sym	macOS	Windows
Neuer Absatz		¶	⏎	⏎
Neue Zeile		↵	⇧+⏎	⇧+⏎
Tabulator		→	→│	→│
Tab für Einzug rechts (Zeilenspalter)	H	→	alt+→│	⇧+→│
Tabulator in Tabellenzellen		→	ctrl+→│	strg ⇧+→│
Einzug hier (hängender Einzug)	H	┊	cmd+#	strg+7
Nächste Spalte		↓	⤓ (Ziffernblock)	⤓ (Ziffernblock)
Nächster Rahmen		⤵	⇧+⤓ (Ziffernbl.)	⇧+⤓ (Ziffernbl.)
Leerzeichen (Breite S&B-abhängig)	G	·	ler (Leerzeichen)	ler (Leerzeichen)
Geschütztes Leerzeichen (S&B-abhängig)	G/H	∶	cmd+5	strg+5
Halbgeviert-Leerzeichen	G/H	⥿	alt+ler	strg ⇧+6
Geschütztes Halbgeviert-Leerzeichen	G/H	⥿	cmd alt+5	strg alt ⇧+6
Geviert-Leerzeichen	G/H	⥣	cmd+6	strg ⇧+2
Geschütztes Geviert-Leerzeichen	G/H	⥣	cmd alt+6	strg alt ⇧+2
Achtelgeviert-Leerzeichen	G/H	┊	cmd+7	strg ⇧+1
Geschütztes Achtelgeviert-Leerzeichen	G/H	┊	cmd alt+7	strg alt ⇧+1
Interpunktionsleerzeichen	G/H	!	⇧+ler	⇧+ler
Geschütztes Interpunktionsleerzeichen	G/H	!	cmd ⇧+ler	strg ⇧+ler
Flexibles Leerzeichen (Voreinstellung)	G/H	↕	alt ⇧+ler	strg ⇧+5
Geschütztes Flexibles Leerzeichen	G/H	↕	cmd alt ⇧+ler	strg alt ⇧+5
Bedingter Trennstrich (Trennvorschrift)	H	┊	cmd+−	strg+−
Trennverbot (unmittelbar vor Wort)	H	┊	cmd+−	strg+−
Bedingter Zeilenumbruch (Trennstelle)	H	˙	cmd+⏎	strg+⏎

Spezielle Satzzeichen

Divis, Binde- und Gedankenstrich. Schriften enthalten normalerweise fünf waagerechte Satzstriche: Divis (-), Halbgeviert- (–), Geviert- (—), Unterstrich (_) und Minuszeichen (− Unicode 2212). Sie finden

Halbgeviert- und Geviertstrich sowie das Minuszeichen in der *Glyphen*-Palette auch unter *Symbole*. Das *Minuszeichen* ist in den meisten Schriften einen Tick höher gesetzt als der Halbgeviertstrich und genauso breit wie das Pluszeichen der Schrift. Über die Mac-Tastatur lässt sich dieses Zeichen nicht abrufen. Auf der Schreibmaschine gab es nur das Bindestrich-/Minuszeichen, das in Ermangelung anderer Tasten für alle Striche herhalten musste. Deshalb ist in einigen Billigfonts auch nur ein einziges Zeichen für alle Fälle eingebaut.

Satzzeichen »Striche«	G/H	macOS	Windows
Divis (Bindestrich)	H	`-`	`-`
Geschützter Divis	H	`cmd`+`=`	`strg`+`+` (Buchst.-Block)
Halbgeviertstrich (mit Umbruch)	H	eigenes Kürzel vergeben!	`alt`+0150
Geschützter Halbgeviertstrich	G/H	`alt`+`-` (Buchst.-Block)	`strg`+`^`
Geviertstrich (mit Umbruch)	G/H	`alt`+`⇧`+`-` (Buchst.-Bl)	`strg`+`⇧`+`^`
Geschützter Geviertstrich	H	`cmd`+`alt`+`=`	`strg`+`alt`+`⇧`+`^`
Unterstrich (geschützt)	G/H	`⇧`+`-` (Buchst.-Block)	`⇧`+`-` (Buchst.-Block)

Gegen verlorene Striche. Die folgende Tabelle zeigt Ihnen den korrekten Einsatz des Divis. Wird die richtige Kombination für den jeweiligen Einsatz gedrückt, gibt es keine »verlorenen« Bindestriche am Zeilenanfang oder vergessenen Trennstriche mitten in der Spalte mehr. Den Ergänzungsstrich nennt man übrigens auch Auslassungsstrich.

Funktion des Divis	Beispiel	macOS	Windows
Bindestrich	H-Milch	`-`	`-`
Trennstrich	Trennungen am Zeilenende	`cmd`+`-`	`strg`+`-`
Ergänzungsstrich	An-, Aus- und Überfahrt	`cmd`+`=`	`strg`+`+` (Buchst.)

So kann man den Halbgeviertstrich umgeben. Office-Programme erkennen beim Schreiben die Kombination Leerraum-Divis-Leerraum und erzeugen bei entsprechender Voreinstellung dann immer automatisch Leerraum-Halbgeviertstrich-Leeraum – unabhängig vom tatsächlichen Einsatzzweck. Dieser Strich dient jedoch vielen Herren und fühlt sich in spezieller Umgebung jeweils am wohlsten:

Halbgeviertstrich	Beispiel	Umgebung
Gedankenstrich	...wxyz – wie gesagt – abcd...	normale Leerzeichen
Bis-Strich	2 – 3 Monate	geschützte Achtelgevierte
vs-Strich	Eintracht – Borussia	erst geschütztes, dann
Streckenstrich	Paris – Freiburg	umbrechendes Achtelgeviert
Aufzählungsstrich	– am Zeilenanfang	am besten mit `→` weiter
Währungsstrich	... das kostet 49,– € ...	im Fließtext
Wörterbücher	Deutsch–Portugiesisch	ohne Zwischenräume

Neu in XPress 2017
Je nach XPress-Vorein-stellung werden zwei aufeinander folgende Divise in einen Geviert-strich umgewandelt.

Den Geviertstrich sieht man nur noch selten. Er ist meist so breit wie zwei Nullen und ersetzt sie in Tabellen.

Geviertstrich	Beispiel	Umgebung
Währungsstrich	49,—	in Tabellen
Streckenstrich	Paris—Freiburg	in Fahrplanwerken

Satzgestaltung in Zeiten des Web und der Apps
Zum Gliedern von Adressen oder Links bietet sich der senkrechte Strich an: Home | Kontakt | Anfahrt Tastaturkürzel am Mac ist *Option-7* (alt+7).

Schräge und senkrechte Satzstriche. In vielen Schriften – auch schon in den alten Fonts vor OpenType – sind zwei senkrechte und drei schräge Striche enthalten: der *vertikale Strich* (|), der *unterbrochene senkrechte Strich* (¦ – Unicode 00A6, am Mac nicht direkt aufrufbar), der *Backslash* (\), der *Abtrennungsstrich* (/) und der deutlich schrägere *Bruchstrich* (⁄ – Unicode 2044), der ebenfalls am Mac nicht direkt über die Tastatur abrufbar ist.

Brüche – Teil 1. In fast allen Schriften sind drei feste Bruchzeichen enthalten: ¼, ½ und ¾ – diese Zeichen sind also nicht aus Zähler, Nenner und Bruchstrich zusammengesetzt.

Die programmweiten Einstellungen für die elektronischen Brüche werden unter *Vorgaben | Programm | Bruch/Preis* vorgenommen.

Brüche – Teil 2. In Vor-OpenType-Zeiten erzeugte man alle anderen Brüche in XPress mit verkleinerten und hochgestellten Zahlen über den Menüaufruf *Stil | Schriftstil | Bruch*: Damit werden aus 1/3 dann »elektronische« ⅓. Hierbei leidet zwar die Stärke der Buchstaben, aber immerhin tauscht QuarkXPress automatisch den Abtrennungsstrich gegen den Bruchstrich aus.

Brüche – Teil 3. Die »schönen« Brüche erzeugen Sie mit gut ausgebauten OpenType-Schriften – siehe folgender Abschnitt.

OpenType

OT-Schriften, die von QuarkXPress seit Version 7 unterstützt werden, bieten Ihnen gleich mehrere Vorteile: Zunächst leisten sie wertvolle Dienste in Produktionsteams, die aus Mac- und Windows-Nutzern bestehen. Alte PostScript-Type 1-Schriften sind sowohl für Windows als auch für macOS verfügbar, jedoch funktionieren sie nicht auf der jeweils anderen Systemplattform. OpenType bietet eine gänzlich unkomplizierte und geniale Lösung: Ein und dieselbe OpenType-Schrift funktioniert uneingeschränkt sowohl unter macOS als auch unter Windows.

Verwechseln Sie Glyphen nicht mit Zeichen. Unter »Glyphen« versteht man die verschiedenen Formen, die ein Zeichen, etwa ein Buchstabe, annehmen kann. Bei Ligaturen können auch mehrere Zeichen zu einer Glyphe zusammengefasst sein.

Das ist aber bei Weitem noch nicht alles. Das Format ermöglicht vielmehr auch stark erweiterte Zeichensätze und Layout-Features wie Ligaturen, Brüche, alternative Buchstabenformen und unterschiedlich breite Leerräume wie Achtelgeviert oder Wortverbinderzeichen (Ø pt breiter Leerraum). Ein OpenType-Font besitzt die Kapazität, über 1,1 Millionen Glyphen in einer einzigen Schriftdatei zu speichern.

Hier schlagen wir den Bogen zurück zu Unicode. OpenType-Schriften enthalten Unicode- und andere Tabellen. Damit OpenType-Schriften ihre volle Wirksamkeit entfalten können, müssen die Betriebssysteme und die Programme dafür eingerichtet sein, diese Tabellen auszuwerten.

Professionelle Office-Programme lesen von OpenType-Schriften eher sprachrelevante Tabellen aus, Layout-Programme wie Quark XPress nutzen eher die typographischen Tabellen.

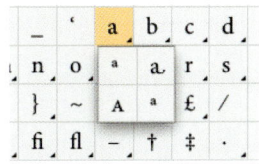

Die vier zusätzlichen Glyphen des kleinen »a« in der Schrift Minion Pro Regular.
Das linke untere »a« ist das Kapitälchen-a = A.

OpenType ist nicht gleich OpenType. Komplizierte Welt: OpenType ist nur ein Mantel um eine unicode-codierte PostScript- oder True-Type-Schrift. Einige OpenType-Schriften enthalten knapp über 200 Zeichen wie die alten Schriften, andere enthalten aber 10.000 Glyphen – über 1 Million wären sogar möglich. Einige OpenType-Schriften sind vom Schriftentwickler hervorragend codiert, andere leider nicht.

Pro versus Standard. Gut ausgebaute und neu konzipierte OpenType-Schriften tragen häufig im Namen den Zusatz *Pro*. Schriften, die nur aus alten Schriften ins plattformunabhängige OpenType-Format umgewandelt wurden (*alter Wein in neuen Schläuchen*), tragen manchmal aus Fairnessgründen den Zusatz *Std*. für Standard.

QuarkXPress erkennt die Schrifttypen. Das Programm kann die vier Schrifttypen unterscheiden und zeigt Ihnen in den Schriftmenüs folgende Icons an:

O TrueType-basierte OT (*OpenType mit TrueType-Geschmack*)
O PostScript-basierte OT (*OpenType mit PostScript-Geschmack*)
Tr TrueType
a Postscript Type 1

Internationale Typo. Eine OpenType-Schrift mit dem Zeichensatz *Adobe Western 2* unterstützt die Sprachen Afrikaans, Baskisch, Bretonisch, Dänisch, Deutsch, Englisch, Finnisch, Französisch, Gälisch, Holländisch, Indonesisch, Irisch, Isländisch, Italienisch, Katalanisch, Norwegisch, Portugiesisch, Sami, Schwedisch, Spanisch und Suaheli,

TrueType ist nicht gleich TrueType
Das Datei-Suffix .ttf steht für TrueType-Font – aber leider auch für TrueType-basierte OpenType-Schriften. Anhand der Endung kann man von der Betriebssystemseite her nicht erkennen, wie die Schrift im Inneren aufgebaut ist – sprich: Welche Glyphen sind mit welchen Funktionen zu erwarten?

Rekordhalter 2016
Die Schrift mit den meisten eingebetteten Zeichen ist die Arial Unicode mit etwa 50.000 Zeichen.

äåãáâàæ ç ð éêëè íîï ñ óôöòõøœ ßš þ úûüù ýÿ ž – mit diesen zusätzlichen Zeichen zu den im englischen Sprachraum benutzten Buchstaben lassen sich die west- und nordeuropäischen Sprachen sowie Suaheli und Indonesisch abbilden.

die auch von den meisten Type 1- und TrueType-Schriften unterstützt werden. 17 weitere Zeichen wie € oder ℓ für Liter ergänzen diese mittlerweile verbreitete Minimalkonfiguration für OpenType-Schriften.

Zentraleuropa (CE) und Osteuropa. Enthält eine Schrift auch noch akzentuierte lateinische Zeichen für Zentraleuropa – Estnisch, Kroatisch, Lettisch, Litauisch, Polnisch, Rumänisch, Serbisch (Lateinische Schreibweise), Slowakisch, Slowenisch, Tschechisch, Türkisch, Ungarisch und Sorbisch (in der Lausitz) – wird meist der Zusatz CE genutzt. Die Schriftzeichen für Osteuropa werden in kyrillischen Erweiterungen angeboten. Griechisch (GR) wird in einem eigenen Set zusammengefasst. Selbst Unterstützung für Sprachen wie Arabisch, Chinesisch, Hebräisch, Koreanisch, Japanisch und Vietnamesisch bieten einige OpenType-Fonts.

Anwendung von OpenType-Funktionen in QuarkXPress

In der *Maße*-Palette bietet Ihnen XPress über die Reiter *Anfangsposition* (unter Windows »Classic« genannt) und *Zeichen* Zugriff auf die OpenType-Funktionen unterm Label ⊘. Unter Windows erreichen Sie die Einstellmöglichkeiten auch noch unter *Stil | Zeichen… | OpenType aktivieren*. So gut wie keine OpenType-Schrift nutzt alle OpenType-Optionen – Sie können sich nur bei installierter Schrift tatsächlich ein Bild machen.

Welche OpenType-Funktionen die jeweilige Schrift unterstützt, wird Ihnen in der *Glyphen*-Palette übersichtlich und vollständig angezeigt – hier unser Beispiel mit der Minion Pro Regular. Falls Sie die Ordinalzeichen vermissen: XPress erweitert unter *Hochgestellt* die dort vorhandenen Ziffern um diese Zeichen – eine sinnvolle Erleichterung beim Arbeiten mit OpenTypes.

Kapitälchen aus Großbuchstaben (c2sc)
Auf Groß-/Kleinschreibung reagierende Formen (case)
Bedingte Ligaturen (dlig)
Nenner (dnom)
Historische Varianten (hist)
Standardligaturen (liga)
Versalziffern (lnum)
Zähler (numr)
Mediävalziffern (onum)
Schmuckzeichen (ornm)
Proportionale Ziffern (pnum)
Stilistische Zeichenvarianten (salt)
Wissenschaftliche Tiefstellung (sinf)
Kapitälchen (smcp)
Stylistic Set 1 (ss01)
Stylistic Set 2 (ss02)
Tiefgestellt (subs)
Hochgestellt (sups)
Tabellenziffern (tnum)
Durchgestrichene Null (zero)

Erweiterungen für Ostasien. Sie können QuarkXPress auch so umstellen, dass zusätzlich die ostasiatischen OpenType-Eigenschaften entsprechender Schriften mit angezeigt werden. Dazu aktivieren Sie die Option unter *Vorgaben | Programm | Ostasiatisch*. Nun starten Sie QuarkXPress neu, und die weiteren Eigenschaften stehen zur Verfü-

---

SPRACHEN

OpenType-Wundertüte 1

Monotype/Linotype bietet »unsere« Satzschrift Minion Pro auf ihrer Website mit allen lateinischen Buchstabenformen sowie griechischem und vietnamesischem Zeichensatz an. Etliche kyrillische Zeichen – aber nicht alle – sind ebenfalls enthalten, werden jedoch nicht genannt.

BESONDERHEITEN

OpenType-Wundertüte 2

Besonderheiten kurz erwähnt: auf Groß-/Kleinschreibung reagierende Zeichen, Nenner, Brüche, Standardligaturen, Versalziffern, lokalisierte Formen, Zählerzahlen, Mediävalziffern, Ordinalzeichen, proportionale Zahlen, wissenschaftliche Tiefstellung, Hochstellung, Tabellenziffern, nur Kapitälchen (Kapitälchen aus Großbuchstaben), Kapitälchen, stilistische Zeichenvarianten, historische Varianten, Tiefstellung, Schmuckzeichen, bedingte Ligaturen, Stylistic Set 1, durchgestrichene Null, Stylistic Set 2 – zusätzlich noch automatische Erweiterung bei Versalstellung, OpenType-Unterschneidung und passende optische Schriftschnitte.

gung. Ein kleiner Wermutstropfen: XPress ist nun nicht mehr vollständig auf deutsche Sprache lokalisiert. Stellen Sie später im Programm die Ostasien-Option wieder aus, kehrt die Lokalisation zurück – alle Einstellungen bleiben natürlich erhalten und wirksam.

OpenType – aus der Sicht einer Stilvorlage. Zusätzlich zum Weg über die Stilvorlage können Sie nur unter Windows auf die Optionen auch über den Menübefehl *Stil | Zeichen… | OpenType* zugreifen. Die Optionen werden in beiden Fällen folgendermaßen angeboten:

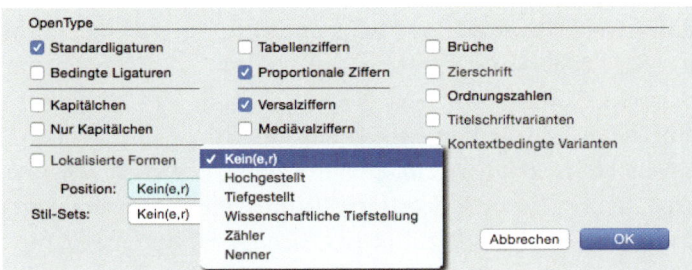

OpenType-Anwendung in der *Maße*-Palette. Alle Funktionen, die mit eckigen Klammern markiert sind, werden von der aktuellen Schrift *nicht* unterstützt. Häkchen vor den Funktionen zeigen, dass die Funktion angewandt wird. Jedoch können Sie OpenType-Features, die für die gewählte Schrift nicht verfügbar sind, trotzdem auswählen. Praktisch ist das beispielsweise, wenn Sie den Text später in einer anderen Schriftart formatieren, in der die Features verfügbar sind. Diese werden dann automatisch aktiviert. Beachten Sie außerdem, dass Sie der Auswahl mehrere OpenType-Features zuweisen können. XPress 2017 bietet jetzt 33 Stil-Sets.

Der Unterschied zwischen unechten Kapitälchen oder Hoch- und Tiefstellung und OpenType. Wozu sollten Sie OpenType-Features für Kapitälchen, Hoch- und Tiefstellung verwenden, wenn Sie diese Formatierungsmerkmale doch über die Textstile in der *Maße*-Palette und das Dialogfenster *Zeichenattribute* zuweisen können? Der Unterschied ist, dass die über die Zeichenformatierungsoptionen übertragenen Schriftmerkmale häufig kein perfektes typografisches Ergebnis brin-

Für die Minion Pro gibt es optisch angepasste Schriftschnitte – aus der Sicht von XPress am Mac.

gen – XPress skaliert »elektronisch«, um das Erscheinungsbild zu simulieren, ohne die OpenType-Funktionalität der entsprechenden regulären Buchstaben der gewählten Schrift zu nutzen. Wählen Sie dagegen das entsprechende OpenType-Feature, setzt XPress die eigens dafür gestaltete OpenType-Glyphe ein.

Die simulierten Kapitälchen in der Marginalie oben sind einfach verkleinerte Versalien, weshalb ihre Striche zu dünn sind (vergleichen Sie mit dem Versal-K am Anfang des Wortes). Die echten OpenType-Kapitälchen im unteren Wort sind extra für diesen Zweck gestaltet, ihre Stärke passt deshalb perfekt zum Versal-K. Ferner gelten bessere Unterschneidungswerte, so dass der Buchstabenabstand viel harmonischer aussieht – die Lesbarkeit nimmt zu.

Nur Kapitälchen. Zusätzlich enthält das OpenType-Dropdown-Menü noch den Befehl *Nur Kapitälchen*. Damit formatieren Sie *alle* markierten Buchstaben in Kapitälchen, gleichgültig, ob es sich um Versalien oder um »Gemeine« handelt. Ein praktisches Einsatzgebiet für diese Option ist beispielsweise Versalsatz in sehr kleinen Schriftgraden.

Ligaturen

Ligaturen verbinden kritische Zeichen sinnvoller. Über den Menüpunkt *Stil | Schriftstil | Ligaturen* oder in der *Maße*-Palette können Sie für die meisten Type 1- und OpenType-Schriften die Ligaturen für »fi« und »fl« aktivieren, auch wenn sich nicht bei jeder Schrift eine tatsächliche optische Zusammenziehung ergibt. Im Beispiel wird beim Ligatur-»f« der Officina Serif der Bogen zum »i« gekürzt – bei der Minion wird der i-Punkt zum Bestandteil des oberen Bogens. Möchten Sie weitere Buchstabenkombinationen als Ligaturen gestalten, benötigen Sie eine entsprechend ausgestattete OpenType-Schrift. Ob die ausgewählte Schrift über solche erweiterten OpenType-Ligaturen verfügt, erkennen Sie im Menü *OpenType* der *Maße*-Palette an den nicht eingeklammerten Ligatureneinträgen. Sind die Einträge in eckige Klammern gesetzt, gilt wie immer: Dieses Feature ist für die ausgewählte OpenType-Schrift nicht verfügbar.

Das Verhältnis von »normalen« Ligaturen zu OpenType-Standardligaturen. Bei aktivierter Option *Standardligaturen* deaktiviert XPress die Ligaturen im Menü *Stil | Schriftstil*. Wählen Sie umgekehrt die Ligaturen im *Schriftstil*, werden die OpenType-Standardligaturen deaktiviert. Dieser Umstand lässt sich im Dialogfeld *Bearbeiten | Stilvorlagen… | Neu | Zeichen* gut verfolgen. Wenn Sie hier das Kontrollkästchen *Ligaturen aktivieren* anklicken, wird gleichzeitig in den Open-

KAPITÄLCHEN
KAPITÄLCHEN

Beide Eigenschaften können nicht gleichzeitig zugewiesen werden: Eine Kapitälchen-Funktion schaltet die jeweils andere aus.

Officina Serif · · · Minion
oben ohne Ligatur

fi fl · · · fi fl
fi fl · · · fi fl

unten mit Ligatur
Officina Serif · · · Minion

fi fl ffi ffl fj Th
fi fl ffi ffl fj Th
fi fl ffi ffl fj Th

Type-Optionen das Kontrollkästchen *Standardligaturen* deaktiviert. Bei *Ligatur* erhalten Sie – sofern in der gewählten OpenType-Schrift vorhanden – Ligaturen für fi, ffi, ffl, fi, und fl. Aktivieren Sie stattdessen die OpenType-Option *Standardligaturen*, dann erhalten Sie zum Beispiel bei der Minon Pro noch Ligaturen bei Th, fb, ff, ffb, ffh, ffj, ffk, fft, fh, fj, fk, ft, fb, fh, fi,fk,fl, ff, ft, ffi, ffl, Ṭh und Ťh. XPress weiß übrigens immer dank Unicode, welche Buchstaben hinter den unterschiedlichen Ligaturen stecken. Die Rechtschreibkorrektur und das automatische Trennen gelingen!

Bedingte OpenType-Ligaturen. Einige OpenType-Schriften enthalten noch weitere, meist auf historischen Vorbildern basierende Ligaturformen, die Sie über *Bedingte Ligaturen* im OpenType-Menü aktivieren und vor allem für ornamental gestaltete Texte verwenden können. Auch Buchstabenkombinationen wie ct, sp und st werden dann mit Ligaturen versehen (welche bedingten Ligaturen genau vorhanden sind, hängt von der gewählten Schrift ab).

sp ct   sp ct

Wenn Sie sich für *bedingte Ligaturen* (rechtes Beispiel) entscheiden, sollten Sie zusätzlich die *Standardligaturen* aktivieren. Sie sind nicht automatisch in den bedingten Ligaturen enthalten.

Ligaturen und gesperrter Text. Über den Befehl *Vorgaben | Drucklayout | Zeichen* legen Sie im Eingabefeld *Trennen über* fest, ab wann Ligaturen in Einzelbuchstaben aufgelöst werden, sobald Sie den Text sperren. Die Einstellung gilt für das gesamte Projekt. Geben Sie einen Spationierungswert zwischen 0 und 100 ein, wobei 1 einem Zweihundertstel-Geviert entspricht. Bei Spationierungen über den Wert löst XPress die Ligaturen auf. Die Option *Nicht ffi oder ffl* greift bei OpenType-Schriften und aktivierter Option Standardligaturen *nicht*. Falls die Ligatur für ffi oder ffl vorhanden ist, wird sie auch eingesetzt.

Bedingte Trennung und Ligaturen

Geben Sie zwischen den Ligaturzeichen einen bedingten Trennstrich *(cmd-Divis/Strg-Divis)* ein, wird die Ligatur in jedem Fall aufgelöst:

fi fi

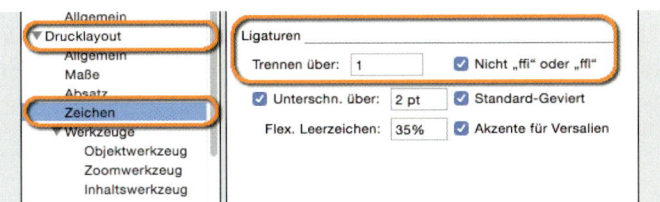

Die »ß«-Ligatur – versal oder als Kapitälchen. Das ist nur wenigen Grafikern bekannt: Das Scharf-S (auch SZ genannt) »ß« ist zwar historisch eine Ligatur aus dem Lang-S »ſ« und dem »z« mit Unterschlinge – seit Jahrhunderten wird es aber als Verbindung von »ſ« und »s« zur Ligatur »ß« genutzt. Wenn dieser Buchstabe nun *Versal* oder in *Kapitälchen* geschrieben wird, soll er noch in SS oder ss aufgelöst werden. Seit Juni 2017 ist das Versal-ß offizielles Zeichen. Leider unterstützen nur wenige OpenType-Schriften die richtige Auflösung.

Gießen
GIEẞEN
GIESSEN
GIEẞEN
GIEẞEN
GIEẞEN

Versal-ß = Unicode 1E9E

Haftung

mit Ligatur auf jeden Fall
richtig

Hoftür

ohne Ligatur auf jeden
Fall richtig

Der Begriff »Dickte«

Er bezeichnet die Breite
eines Zeichens inklusive
der Vor- und Nachbreite
(»Fleisch«).

*Ziffernvarianten
Beispiel Minion Pro*

Die Optionen wurden
auch auf den Text
angewandt!

2376 Tulpen
1911 Rosen

ohne OpenType-Einstel-
lungen

2376 Tulpen
1911 Rosen

Tabellenziffern (mit und
ohne aktivierter Versalzif-
fern-Einstellung)

2376 Tulpen
1911 Rosen

Proportional & Versal

2376 Tulpen
1911 Rosen

Mediäval

2376 Tulpen
1911 Rosen

Tabelle & Mediäval

2376 Tulpen
1911 Rosen

Proportional & Mediäval

Ligaturen sollten stets gut kontrolliert werden. Legen Sie Wert auf typografisch korrekte Ligaturen, müssen Sie hier manuell nachbessern. Im deutschen Sprachraum wurden Ligaturen in der Vergangenheit nur eingesetzt, wenn die verbundenen Buchstaben bei Wortzusammensetzungen nicht unterschiedlichen Wörtern angehören. QuarkXPress berücksichtigt diesen Regelunterschied nicht automatisch.

Ziffernvarianten

Viele OpenType-Schriften enthalten außer ihrem standardmäßigen Zahlenformat noch weitere Ziffernvarianten.

Versalziffern. Die meisten Schriften nutzen Versalziffern bei Zahlen, auch wenn Sie keine OpenType-Einstellung getroffen haben. Versalziffern sind so hoch wie die Großbuchstaben einer Schrift. Ob die Zahlen Unterschneidungswerte zu anderen Zahlen oder Zeichen haben und ob alle Zahlen den gleichen Raum benötigen, hängt von der gewählten Schrift ab: In OpenType-Pro- und in PostScript-Type 1-Schriften überwiegt das Verhalten als Tabellenziffer.

Tabellenziffern. Wie der Name bereits sagt, nutzen Sie Tabellenziffern für eine korrekte Ausrichtung im Tabellensatz. Sie zeichnen sich durch identische Dickten (Breite eines Zeichens inklusive der Vor- und Nachbreite) und nicht definierte Unterschneidungswerte aus.

Setzen Sie die Funktion *Tabellenziffern* nur für Zahlen und eventuell auch noch für Satzzeichen ein, denn die Unterschneidung der Zeichen wird außer Kraft gesetzt.

Proportionalziffern. Anders verhält es sich mit Proportionalziffern mit ihren unterschiedlichen Dickten. Häufig besitzt jede Proportionalziffer auch noch Unterschneidungswerte gegenüber den übrigen Ziffern und auch gegenüber Satzzeichen. Damit sind diese Ziffern für den Fließtext sehr gut geeignet.

Mediävalziffern. Die normalen Mediävalziffern verfügen in den meisten Schriften über identische Dickten und keine Unterschneidungswerte. Im Unterschied zu den bisher erläuterten Ziffernformen stehen sie auf Höhe der Kleinbuchstaben – mit Ober- und Unterlängen. Zu klassischen Schriften wie Garamond usw. passen Mediävalziffern gut.

Die Ziffernoptionen kombinieren. Wie immer im OpenType-Dropdown-Menü lassen sich die Merkmale kombinieren, sofern sie unterschiedlichen Gruppen im Menü entstammen (erkennbar an den waagerechten Trennbalken). So ist es zu empfehlen, Mediäval- mit Proportionalziffern zu kombinieren. Sie erhalten dann Mediävalziffern mit unterschiedlichen Dickten und Unterschneidungswerten.

Brüche – Teil 3. Die meisten Schriften beinhalten feste Glyphen für ½, ¼ und ¾, manche auch noch für ⅓, ⅔, ⅛, ⅜, ⅝ und ⅞. Benötigen Sie andere Brüche und können keine OpenType-Schrift mit Bruchfunktionalität einsetzen, müssen Sie – wie schon wenige Seiten vorher beschrieben – den Weg über *Stil* | *Schriftstil* | *Bruch* gehen.
OpenType-*Brüche* ist eine Option, die Sie im OpenType-Dropdown-Menü in der *Maße*-Palette auswählen können. Die OpenType-Option ist die bessere Wahl, weil sofort nach dem Aktivieren bei Texteingaben oder ausgewählten Textstrecken automatisch in Brüche umgewandelt wird. Erkennt XPress einen Abtrennungsstrich »/«, wird dieser sofort und in jedem Fall in einen Bruchstrich »⁄« mit entsprechendem Unterschneidungsverhalten umgewandelt. Und wenn nun noch Ziffern direkt an den Bruchstrich grenzen, dann werden die Ziffern vor dem Bruchstrich zum Zähler und hinterm Bruchstrich zum Nenner.

Beim Setzen von Kochrezepten: Aktivieren Sie die OpenType-Option *Brüche* in Stilvorlagen für den ganz normalen Text nur dann, wenn Sie sicher sind, dass im Text selten Abtrennungsstriche benötigt werden.

Gemischte Brüche setzen. Wenn Sie Brüche in Kombination mit anderen Ziffern – wie beispielsweise bei 1⅓– benötigen, dann müssen Sie XPress »klarmachen«, wo der Bruch beginnt, damit nicht $^{11}/_{3}$ entsteht. Die Lösung: Sie fügen einen geschützten sehr kurzen Leerraum oder das *Wortverbinderzeichen* (Breite 0 Geviert) über *Hilfsmittel* | *Zeichen einfügen* ein. Benötigen Sie dieses kurze Zeichen öfter, können Sie sich momentan nur am Mac einen eigenen Kurzbefehl kreieren.

Ordnungszahlen. Dieses OpenType-Feature eignet sich für englischsprachige Texte, denn sobald es aktiviert ist, formatiert XPress Ordnungszahlen wie 1st, 2nd und 3rd automatisch mit den entsprechenden hochgestellten Zeichen. Auch die Abkürzung für Numero wird automatisch richtig formatiert, wenn Sie »No« eingeben.

Water is the No 1 drink in Germany, 2nd is beer.
Water is the N° 1 drink in Germany, 2nd is beer.

Diese Option sollte nur auf die gewünschte Textstelle aktiviert werden.

Bruchvariationen Beispiel Minion Pro

Die Optionen wurden auch auf den Text angewandt!

½ Liter

OpenType-Bruch

½ Liter

eine feste Glyphe

½ Liter

Bruch über Stil-Befehl

Frau⁄Mann

OpenType-Bruch

Frau/Mann

deaktivierter OpenType-Bruch

Gemischte Brüche Beispiel Minion Pro

$^{11}/_{2}$ Liter

ohne Wortverbinder

1½ Liter

mit Wortverbinder

das passiert 1
½ Litern …

… wenn Sie ein ungeschütztes Leerzeichen eingeben: Umbruch am Zeilenende

Blühende Gärten im Mai 1966

Blühende Gärten im Mai 1966

Die Bickham Script Pro enthält 19 Glyphen für das kleine »h«.

Weitere OpenType-Schriftvarianten stilistischer Art

Zierschrift. Für ornamental gestaltete Texte eignen sich die Zierschrift-buchstaben, mit denen manche OpenType-Schriften ausgestattet sind. Häufig sind dies alternative Buchstaben oder auch spezielle Buchstaben für Wortanfang *(viel Schwung)* oder manchmal auch Wortenden, die meist über einen verlängerten Endstrich verfügen. In vielen anderen Anwendungen und der Adobe Type Library wird dieses OpenType-Feature Schwungschrift genannt. Die Bickham Script Pro hält zwischen zehn und zwanzig unterschiedliche Glyphen für einen Buchstaben vor. Der Automatismus zum Einsetzen der einzelnen unterschiedlichen Glyphen im Zusammenhang mit der Umgebung (Kontext) ist bei dieser Schrift sehr gut, aber nicht extrem ausgeprägt.

Bei nicht kontextbedingter Auspuffführung

Bei   kontextbedingter Auspuffführung

Kontextbedingte Varianten. Für dekorativ ausgestaltete Texte können Sie auch zu den kontextbedingten Varianten greifen. Wenn dieses Feature für die gewählte OpenType-Schrift vorhanden ist, setzt XPress je nach Buchstabenzusammenstellung entsprechende Ligaturen und Buchstabenvarianten ein – die Kombinationen befinden sich in einer Tabelle der OpenType-Schrift. Bis zu vier Buchstaben nach vorne und hinten werden dabei bedacht. Gerade bei Schreib- und kalligrafischen Schriften erzielen Sie mit dieser Funktion ein natürliches und lebhaftes Erscheinungsbild.

Stylistic Set Beispiel Minion Pro

R-Kakadu

»normale« Glyphen

R-Kakadu

Das Stil-Set 1 enthält nur Alternativ-Glyphen für K, k und R. Einmal in eine Stilvorlage aufgenommen, würde zum Beispiel immer das K mit Schwungfuß gesetzt.

Stylistic-Sets – sortierte Variantensammlung. Seit QuarkXPress 2016 werden nun auch Stil-Sets (Stylistic Sets) aus OpenType-Schriften ausgelesen und angewandt. Der Schriftentwerfer kann von Glyphen mit Alternativformen jeweils eine Alternativ-Glyphe auswählen und mit anderen in bis zu 33 Sets sortieren. Der Anwender muss dann nur ein Set auswählen, und schon ergibt sich automatisch ein anderes Schriftbild mit geänderten Glyphen.

Titelschriftvarianten. In Bleisatz-Zeiten gestaltete man für die verschiedenen Schriftgrößen eigene Schriftvarianten, zum Beispiel für Titel, Fließtext (Brottext) usw. Für jede dieser Varianten wurde die

Strichstärke, die Buchstabenbreite und die Laufweite entsprechend justiert. Bei großen Schriftgraden, die zum Beispiel für Titel zum Einsatz kamen, wurde beispielsweise die Laufweite verringert, damit der Text leichter lesbar wurde. Auch die Strichstärke wurde dahingehend optimiert, dass sich ein angenehmes optisches Erscheinungsbild des Titels ergab. In Zeiten des Computersatzes gerieten diese typografischen Feinheiten in Vergessenheit. Ein einziger Font wurde für alle Schriftgrößen verwendet. Mit OpenType können Sie sich auf solche typografischen Feinheiten zurückbesinnen: Einige OpenType-Schriften enthalten neben den normalen Versalien auch spezielle Varianten von Großbuchstaben für den Titelsatz. Wenn Sie bei größeren Versalüberschriften die Option *Titelschriftvarianten* einschalten, ersetzt XPress die Standardversalien im Text durch Titelschriftversalien.

Beachten Sie jedoch, dass Sie die Titelschriftversalien keinesfalls in Texten mit gemischter Schreibweise – also Versalien und Gemeinen – verwenden sollten, da die abweichende Schriftstärke der Titelschriftversalien zu einem unschönen Erscheinungsbild führen würde.

Titelschrift-Option am Beispiel Adobe Garamond Pro

TALER
TALER
TALER

Oben die Titelschrift-Variante, in der Mitte die Normal-Ausführung – darunter wurden beide Formen zur Deckung gebracht (in Grün die zierlichere Titelschrift). Die Titelschrift-Variante ist wirklich nur für Versalsatz geeignet, wie die fehlende Unterschneidung zwischen T und a unten zeigt!

Taler

OpenType-Funktionen in der Praxis

Nehmen Sie OpenType-Eigenschaften in jede Stilvorlage auf. Sie ersparen sich jede Menge Nacharbeit, wenn Sie später doch noch OpenType-Eigenschaften nutzen wollen. Für die Brotschrift in diesem Buch haben wir die *Standardligaturen* und *Proportionale Ziffern* aktiviert.

OpenType-Zeichen über Suchen/Ersetzen einfügen. Haben Sie bis jetzt auf falsche Kapitälchen gesetzt und wollen echte Kapitälchen eintauschen, sieht die *Suchen/Ersetzen*-Konfiguration wie rechts dargestellt aus. Im Open-Type-Bereich sollten Sie die links vorhandenen Optionen auch rechts partiell einschalten, damit es keine unangenehmen Überraschungen geben kann.

Die Glyphen-Palette in der Praxis

Zugriff auf alle Glyphen einer Schrift. Viele OpenType-Schriften beinhalten weit mehr Glyphen, als Sie über die Tastatur erreichen können. Die *Glyphen*-Palette bietet Ihnen Zugriff auf sämtliche Zeichen einer bestimmten Schriftart (dies gilt sowohl für OpenType- als auch für Schriften anderer Formate). Auch die Symbolzeichen in Unicode-Schriften erreichen Sie über die *Glyphen*-Palette: Setzen Sie die Einfügemarke einfach an die Stelle, an der Sie ein bestimmtes Zeichen einfügen möchten. Wählen Sie *Fenster | Glyphen* und fügen Sie das gewünschte Zeichen mit einem Doppelklick ein.

Standarddarstellung in der *Glyphen*-Palette. Standardmäßig sehen Sie in der *Glyphen*-Palette sämtliche Zeichen der gewählten Schriftart. Ist kein Textcursor in einem Textrahmen oder auf einem Textpfad gesetzt, sehen Sie die Schrift der Zeichenstilvorlage *Normal*. Mit den Knöpfen *P*, *B* und *I* zeigen Sie die aktuelle Schrift entweder als Normalschnitt, eventuell falscher Fett- und/oder falscher Kursivschrift an (und fügen das ausgewählte Zeichen mit einem Doppelklick in dieser Formatierung in Ihr Projekt ein). In der Grundeinstellung werden die Glyphen in der Palette recht klein dargestellt. Mit der *Plus*-Lupe können Sie die Felder vergrößern. Optimieren Sie dann die Größe der Glyphen im Feld mit dem Schieberegler.

Bestimmte Zeichensätze anzeigen. Wie Sie gesehen haben, enthalten manche OpenType-Schriften Tausende von Zeichen. Hier kann die Darstellung sämtlicher Zeichen der Schriftart sehr unübersichtlich sein. Erleichtern Sie sich die Arbeit, indem Sie sich nur den erweiterten Zeichensatz anzeigen lassen, der Ihr gesuchtes Zeichen enthält: Öffnen Sie das zweite Dropdown-Menü von oben und wählen Sie den gewünschten Zeichensatz, zum Beispiel *Standardligaturen* für die in der Open-Type-Schrift enthaltenen Standardligaturen, *Mediävalziffern* für die *mittelalterlichen* Zahlen usw. Der Inhalt dieses Dropdown-Menüs ändert sich je nach der gewählten Schrift.

Alternativzeichen auswählen. Sehen Sie, dass manche Glyphen mit einem kleinen Dreieck in der rechten Ecke ausgestattet sind? Das heißt, dass für diese Glyphe Alternativzeichen vorhanden sind. Halten Sie die Maustaste auf einer solchen Glyphe gedrückt, zeigt XPress Ihnen sämtliche Alternativzeichen, die Sie mit einem Klick auswählen können.

Falls Ihnen diese Technik nicht liegt, können Sie nach der Auswahl des entsprechenden Zeichens im Text auch in der *Glyphen*-Palette das zweite Dropdown-Menü von oben öffnen und hier den Eintrag *Alternativen für Auswahl* wählen. Mit einem Doppelklick auf die gewünschte Alternative ersetzen Sie die Markierung im Text. Auch für Nicht-OpenType-Schriften gibt es dieses Dropdown-Menü. Hier zeigt es fast immer die folgenden Optionen: Alternativen für Auswahl, Sonderzeichen (mit Umbruch), Sonderzeichen und nach dem Trennstrich noch Europäische Zeichen und Symbole.

Europäische Zeichen. Wählen Sie diesen Satz, wenn Sie gezielt auf modifizierte Zeichen aus dem lateinischen Alphabet zugreifen möchten, zum Beispiel auf Zeichen mit Tilden und Akzenten.

Symbole. Wenn Sie bereits mit früheren XPress-Versionen gearbeitet haben, erinnern Sie sich, dass Sie sich für durchaus gebräuchliche Symbole wie das *TM*-Symbol oder den runden Aufzählungspunkt eine Tastenkombination merken mussten – nun geht's viel einfacher.

Sonderzeichen und Sonderzeichen mit Umbruch. Die *Glyphen*-Palette enthält auch unsichtbare Satzzeichen wie *Sonderzeichen (mit Umbruch)* sowie *Sonderzeichen* – gleichgültig, welche Schrift momentan ausgewählt ist. Beide Sätze enthalten Glyphen mit zunächst hieroglyphischer Anmutung. Diese wurden von Ascender Corp gestaltet, und Sie fügen damit verschiedene Arten von Leerzeichen ein. Wenn Sie mit der Maus über die Zeichen in der *Glyphen*-Palette fahren, sehen Sie anhand eines Tool-Tipps, um welche Art von Leerzeichen bzw. Umbruch es sich handelt. Auch diese Zeichen fügen Sie mit einem Doppelklick an der Stelle der Einfügemarke ein.

Glyphen personalisiert

Sehr praktisch ist die Möglichkeit, im unteren Abschnitt der *Glyphen*-Palette alle von Ihnen häufig benötigten Glyphen zum schnelleren Abruf zu sammeln. Dies erspart Ihnen viel aufwändige Sucherei. Die unter *Bevorzugte Glyphen* gesammelten Glyphen können ganz unterschiedlichen Schriftarten und Zeichensätzen entstammen.

Die Glyphen-Sammlung erstellen. Falls im unteren Bereich der *Glyphen*-Palette lediglich das Wort *Bevorzugte Glyphen* angezeigt wird, klicken Sie es einmal an. Darunter erscheint nun eine Reihe mit leeren Glyphen-Feldern. Ziehen Sie die von Ihnen häufig benötigten Glyphen einfach in die leeren Felder. Ist eine Kästchenzeile gefüllt, fügt XPress automatisch eine weitere Zeile an. Falls Sie diese nicht sehen, ziehen Sie die

Doppellinie zwischen regulärer Glyphendarstellung und bevorzugten Glyphen ein Stückchen nach oben. Möchten Sie eine favorisierte Glyphe entfernen, öffnen Sie auf dieser das Kontextmenü und wählen Sie *Aus Favoriten entfernen*. Möchten Sie diese bevorzugten Glyphen auf andere Arbeitsplätze verteilen, kopieren Sie einfach die Präferenz *GlyphPalette.prf* aus dem Präferenzenordner.

Bevorzugte Glyphen nehmen die Schriftart mit – bevorzugte Satzzeichen nicht. Fügen Sie per Doppelklick *Bevorzugte Glyphen* oder Satzzeichen in den Text ein, dann gelten folgende Regeln: Stehen Sie mit dem Textcursor zwischen zwei Zeichen oder haben eine Textstrecke selektiert, bringen die bevorzugten Glyphen ihre Schriftart mit, übernehmen aber Farbe und Größe vom Zeichen vor der Einfügemarke oder Aktivierungsstrecke. Satzzeichen hingegen nehmen die momentan eingestellte Schriftart *oben* aus der *Glyphen*-Palette mit – das ist sehr praktisch.

> Müssen Sie häufiger unterschiedliche Buchstaben aus einer anderen Schrift einfügen, können Sie einfach ein einziges Zeichen dieser Schrift über die bevorzugten Glyphen einfügen und haben damit schon die gewünschte Schrift – nun einfach das Zeichen überschreiben.

Die Suchen/Ersetzen-Palette in der Praxis

> **Suchen/Ersetzen-Palette wieder schließen**
> XPress verfügt auch hier über einen Kurzbefehl: *cmd-alt+F/Strg-alt+F* (cmd alt +F / strg alt +F)

In QuarkXPress kann man nach Zeichen und Zeicheneigenschaften suchen und diese auch ersetzen. Nach Aufruf des Befehls *cmd+F/Strg+F* (cmd +F / strg +F) öffnet sich eine Palette, die ständig geöffnet sein kann. Nach Objekten mit bestimmbaren Eigenschaften können Sie in XPress übrigens mit dem Befehl *Bearbeiten | Objekt suchen/ersetzen* fahnden und an sie dann neue Eigenschaften vergeben. Was jedoch in XPress nicht geht: nach Absatzeigenschaften wie rechts- oder linksbündig suchen.

> **Das ganze Layout durchsuchen?**
> Normalerweise sucht XPress nur in der selektierten Textstrecke ab Einfügemarke. Aktivieren Sie *Layout*, dann werden auch andere Textboxen und Tabellen durchsucht.

Nach dem ersten Start von QuarkXPress präsentiert sich die *Suchen/Ersetzen*-Palette textlich unausgefüllt, aber mit aktiviertem *Stil ignorieren*-Attribut. Den ersten Klick sollten Sie sofort auf das Feld *Stil ignorieren* durchführen, damit Sie immer wissen, was im Hintergrund des Suchen-Fensters eingestellt ist. Die Anzeige variiert auch bei den nicht aktivierten Feldern, je nachdem, wo gerade Ihr Textcursor steht und wann Sie die *Suchen*-Palette aufgerufen haben.

Suche vorne beginnen

Wollen Sie die Suche beim 1. Vorkommen beginnen, dann drücken Sie die »Mach's-anders-Taste« alt , und schon verwandelt sich *Weitersuchen* in *Suche Erstes*.

Sonderzeichen beim Suchen

\? = Joker (nur beim Suchen)
\2 = vorherige Seitenzahl
\3 = aktuelle Seitenzahl
\4 = nächste Seitenzahl
\5 = ⅓-Geviert-Leerzeichen
\8 = Ziffernleerzeichen
\^ = ⅙-Geviert-Leerzeichen
\$ = ¼-Geviert-Leerzeichen
\[= ⅛-Geviert-Leerzeichen
\\ = Backslash \
\{ = ½4-Geviert-Leerzeichen
\b = Neuer Rahmen
\c = Neue Spalte
\d = Bedingter Zeilenumbruch
\e = ½-Geviert-Leerzeichen
\f = flexibles Leerzeichen
\i = Einzug hier (Zeilenspalter)
\h = Bedingte Trennung
\j = Wortverbinder-Zeichen
\m = Geviert-Leerzeichen
\n = Neue Zeile
\o = Fuß-/Endnoten-Marke
\p = Neuer Absatz
\r = Bedingte Stilmarke
\t = Tabulator
\v = Inhaltsvariablen-Referenz
\z = Leerzeichen mit 0 Breite
\. = Interpunktionsraum

In unserem Beispiel stehen wir mit dem Cursor an einer Textstelle mit deaktivierter oder nicht geladener Schrift – beim Ersetzen wird dann eine versteckte OpenType-Einstellung wirksam. Ein Klick auf das Dreieck würde die OpenType-Optionen öffnen, und Sie können erkennen, was eingestellt ist. Durch Drücken der alt -Taste wechselt *Weitersuchen* auf *Suche Erstes*. Wenn Sie wissen, was Sie tun und was Sie eingestellt haben, dann können Sie mit einem Klick auf das untere Dreieck die Palette minimieren oder später wieder aufklappen.

Sonderzeichen suchen und ersetzen. Der mit Abstand einfachste Weg ist, das zu suchende und das neu einzusetzende Zeichen im Text zu erzeugen und dann ins *Suchen/Ersetzen*-Fenster einzukopieren.

Suchen und Ersetzen von Anführungszeichen.

Oft gelangen falsche An- und Ausführungszeichen oder Apostrophe in den Text: » " « " « » << >> in doppelter Ausführung sowie ‚‚ ` ´ '' ‹ › < > in einfacher Ausführung. Wenn Sie beim Suchen und Ersetzen wirklich die Kontrolle übernehmen wollen, was gefunden und dann eingetauscht wird, dann müssen Sie den XPress-Automatismus während des Suchens ausschalten! Das geschieht über *Vorgaben | Eingabe-Einstellungen | Anführungszeichen | Deaktivieren*.

Bis hierher macht XPress keinen Unterschied, ob es sich um umbrechende oder geschützte Zeichen handelt, und setzt ungefragt ungeschützte Zeichen ein. Erst durch die Aktivierung der Option *Sonderzei-*

chen und die dort vorgenommene Auswahl kümmert sich Quark XPress seit der Version 2016 um dieses oftmals sehr wichtige Detail.

So einfach kann es sein!
Wenn Sie erreichen möchten, dass alle Millimeter-Angaben – also die Maßeinheit – nicht von ihren Werten getrennt werden, dann müssen Sie nur einen Leeraum und »mm« eingeben. Auf der Ersetzen-Seite genügt es, die Sonderzeichen auf *Geschützte* zu stellen, die Phrase muss nicht mehr wiederholt werden. Dabei wird nicht nur das Satzzeichen geschützt, sondern auch die Glyphen. Der Glyphen-Schutz ist in QX 2016 noch nicht sichtbar.

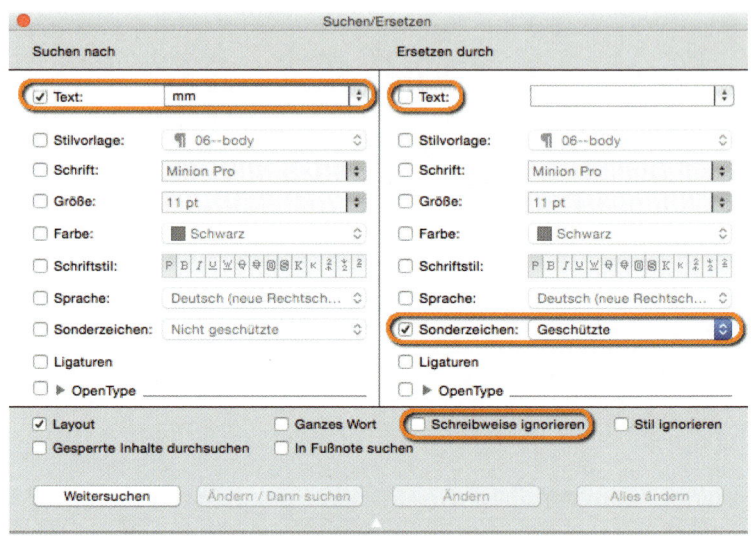

Neu in XPress 2017

Geschützte Zeichen sehen
Unter *Ansicht* können Sie erreichen, dass sich die *Geschützten Zeichen* hervorheben.

Geschützte Zeichen als Eigenschaft
Unter dem Menübefehl *Stil* können Sie bei aktiviertem Text das *Attribut geschützter Zeichen* zuweisen oder entfernen.

Immer rechtsbündiger Tabulator (Zeilenspalter)
Der Austausch-Befehl in *Geschützte Sonderzeichen* greift auch bei Tabulatoren! So werden immer rechtsbündige Tabulatoren (*Tabulator für Einzug rechts* nach XPress-Terminologie) eingetauscht.

Wollen Sie gleichzeitig den normalen Leerraum z. B. durch eine kürzere Variante ersetzen – zum Beispiel durch ein ⅙-Geviert –, müssen Sie auch das *Ersetzen durch*-Textfeld bei ansonsten gleichen Einstellungen ausfüllen und aktivieren.

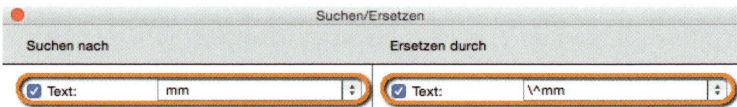

Unbekannte Schriften ersetzen. Sie haben eine Textstelle in der Datei, die mit der Farbe des *fehlenden Schrifthintergrunds (Vorgaben | Farbdesign)* kenntlich gemacht wurde, und Sie wissen nun nicht, welche Schrift gerade hier verwendet wurde? Stellen Sie die Einfügemarke in die Textstelle, schließen Sie die *Suchen/Ersetzen*-Palette und rufen Sie sie wieder auf: Nun wird Ihnen der Name der Schrift angezeigt und Sie können gezielt diese Schriftstellen ansteuern:

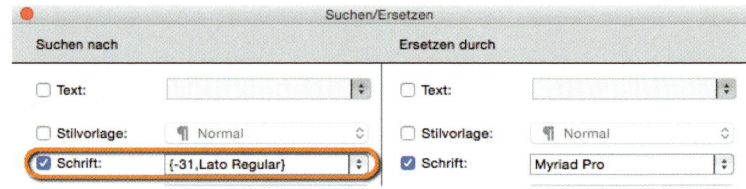

Fehlende Schriften ersetzen

Dieses Thema berührt beim Arbeiten mit XPress mehrere Bereiche, die an vielen Stellen im Buch diskutiert werden:

- im Verwendungsdialog (cmd+F6 / F2),
- bei allen Ausgabe-Wegen und beim *Für Ausgabe sammeln*,
- beim Öffnen schon bestehender QuarkXPress-Dateien,
- und zusätzlich auch beim Konfigurieren von XTensions zur Schriftverwaltung (*Suitcase, Font Explorer* etc.).

In diesem Kapitel über Typografie und Umbruch haben wir bis hierher alle Zeicheneigenschaften beschrieben, die nicht in Abhängigkeit von Absatz- oder Textboxeigenschaften stehen. Falls Sie Angaben über Aufzählungen, Initialzeichen oder über den optischen Randausgleich vermissen, verweisen wir Sie auf die nun folgenden Abschnitte.

❷ Absätze und Absatzattribute

Um Absatzattribute in Layoutprogrammen vergeben zu können, sollte man verstanden haben, was für XPress ein Absatz ist: Jedes Zeichen, das alleine in einer Textbox oder auf einem Textpfad steht, ist schon ein Absatz – und somit können an ihn Absatzeigenschaften vergeben werden. Ansonsten gilt: Ein Absatz endet, wenn er mit *Return* (Buchstabenblock), *Enter* (Ziffernblock) oder *Umschalt-Enter* abgeschlossen wird.

Die wichtigsten Absatzeigenschaften werden in QuarkXPress mit dem Kurzbefehl cmd ⇧+F / ctrl ⇧+F aufgerufen. Am Mac springt man damit in die *Maße*-Palette in den Modus ¶ *Absatz*. Unter Windows geht wie früher eine eigener Dialog auf.

Zeilenabstand

Der Zeilenabstand ist eine Absatzeigenschaft. Diese Aussage gilt für QuarkXPress generell. Das bedeutet für Sie: Es genügt, dass Ihr Cursor irgendwo im Absatz steht, und schon können Sie den Zeilenabstand (ZAB oder auch Durchschuss genannt) des ganzen Absatzes verändern. Aber lesen Sie unbedingt den nächsten Abschnitt!

Automatischer oder relativer Zeilenabstand stört Regeln. In einer leeren Textbox und einem nicht weiter konfigurierten XPress steht der

Die Absatzschaltung (Return) erkennen Sie am »¶«, wenn die Sichtbarkeit unter *Ansicht | Sonderzeichen* eingeschaltet ist. Auch der Befehl *neue Spalte* (☒ = »↓«) und der Befehl *neuer Rahmen* (⇧+☒ = »↕«) lässt einen neuen Absatz beginnen, egal wie viele Spalten der Rahmen hat.

1) Zu beachten!
QuarkXPress kennt keinen definitiven Befehl »neue Seite«.

2) Zu beachten!
Der eingestellte Zeilenabstand wirkt nicht gegen die oberen und unteren Textrahmen-Begrenzungen!

Zeilenabstand normalerweise auf »Autom«. Dies sind meist 120 % der Schriftgröße. Im Kapitel über die Voreinstellungen haben Sie erfahren, wie Sie diesen Voreinstellungswert ändern. Haben Sie in Ihrem Absatz mit automatischem Zeilenabstand aber unterschiedlich große Schriften oder Schriftarten gemixt, dann wird der ZAB doch noch zur indirekten Zeicheneigenschaft – die Zeilenabstände können nun im Absatz von Zeile zu Zeile variieren. Das gleiche Verhalten gilt beim Einsatz von relativem Zeilenabstand. Hier hilft wirklich nur, mit fest eingestellten Werten (oder mit Grundlinien-Techniken) zu arbeiten.

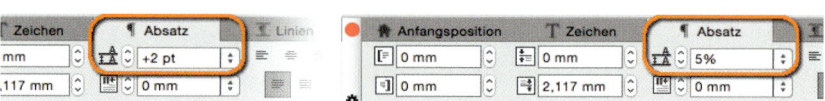

Neben der Definition über einen Fixwert (präziser ZAB, z. B. 14 pt) können Sie den Zeilenabstand in Relation zur Schriftgröße definieren. Dazu schreiben Sie ein »+« unmittelbar vor den Zahlenwert (z. B. +2 pt). Bei einer Schriftgröße von 12 pt ergäbe der relative Zeilenabstand +2 pt einen effektiven Wert von 14 pt (von Schriftlinie zu Schriftlinie). Auch negative Werte sind möglich. Das bedeutet aber auch: Befinden sich unterschiedlich große Zeichen oder Schriften in einem Absatz, kann der ZAB innerhalb des Absatzes variieren.

Zeilenabstand verändern	macOS	Windows
In 1-pt-Schritten erhöhen	cmd ⇧ + L	strg ⇧ + Ä
In ¹⁄₁₀-pt-Schritten erhöhen	cmd alt ⇧ + L	strg alt ⇧ + Ä
In 1-pt-Schritten verringern	cmd ⇧ + K	strg ⇧ + Ö
In ¹⁄₁₀-pt-Schritten verringern	cmd ⇧ + K	strg alt ⇧ + Ö

Zeilenabstand verändern. Den »Autom«-Wert können Sie entweder in der *Maße*-Palette im Feld *Zeilenabstand* oder über die Tastatur sofort verändern. Weiterhin kann der ZAB auch unter Sichtkontrolle in der *Maße*-Palette über die beiden Pfeile bearbeitet werden. Halten Sie gleichzeitig auch noch die »Mach's-Besser-Taste« alt gedrückt, ändern sich die Werte in ¹⁄₁₀-pt-Schritten.

Zurück zum automatischen Zeilenabstand. Kein Problem: Schreiben Sie in das Feld der *Maße*-Palette einfach den Wert »0« (Null). XPress springt dann auf den Wert »Autom«.

Definierte Abstände zwischen Absätzen

Abstand vor/nach. Im Modus *Absatz* der *Maße*-Palette (cmd ⇧ + F / ctrl ⇧ + F) befindet sich die Funktion zum Einfügen von Raum vor und

---

Neu in XPress 2017

Relativ in Prozent oder in Punkt
Bisher konnte man in XPress auf folgende Art relativen Abstand definieren:
– Automatisch
– Mit Plus und Minus-Werten in Punkt
– Neu: Nun auch mit Prozentwerten

Das Arbeiten mit relativen Zeilenabständen ist für Ihre Layout-Entwicklung mit Überschriften äußerst praktisch. Bedenken Sie aber folgendes Regelwerk:

❶ Absatz mit rel. Abstand
❶ Absatz mit rel. Abstand
❷ Absatz mit fixem Abstand
❸ Absatz mit Auto-Abstand
❷ Absatz mit fixem Abstand

Zwischen den Absätzen vom Typ ❶ und ❶ sowie ❶ und ❸ wird der Absatz-Abstand auch durch den relativen Zeilenabstand bestimmt, der in der vorhergehenden Zeile herrscht! Das gilt jedoch nicht, wenn auf Typ ❶ der Typ ❷ folgt! Bei der Abfolge vom Typ ❸ und dann Typ ❷ gilt hingegen wieder eine sehr starke Beeinflussung.

Zeilenabstand 0 pt?
In XPress wird für »0« im Zeilenabstand die Definition »Autom« (Automatischer Zeilenabstand) verwendet. Nicht verzagen: Mit der Zahl 0,001 erhalten Sie fast 0 pt! Das »fast« schränkt Sie jedoch ein, wenn Sie mit aktiviertem Grundlinienraster arbeiten.

nach einem Absatz. Hier sind nur positive Werte möglich. Die *Abstände vor Absatz* und die *Abstände nach Absatz* wirken nur direkt zwischen Absätzen! Sie wirken nicht wie in Office-Programmen gegen den Seitenrand.

Der Abstand vor dem Absatz wird am Spaltenkopf unterdückt, genau wie der Abstand nach am Spaltenfuß!

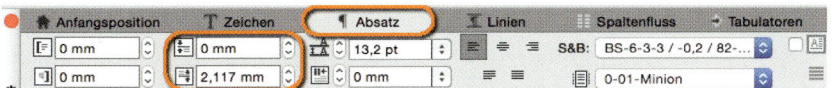

Abstand vor/nach versus doppelte Absatzschaltung. Vermeiden Sie doppelte Absatzschaltungen. Ihr Korrekturaufwand würde dadurch stark steigen, und das Weiternutzen des Textes für andere Medien wird unnötig erschwert. Ihr Nutzen ohne doppelte Absatzschaltung:

- automatische Unterdrückung des Abstandes am Spaltenkopf,
- bei Aufnahme des Abstandes in eine Stilvorlage kann mit einfachem Klick ein geänderter Abstandswert schnell auf alle Fälle übertragen werden.

Wichtig zu wissen!
Abstand vor dem Absatz und Abstand nach dem Absatz wirkt nur gegen andere Absätze – nicht gegen den Spaltenrand. Einzüge hingegen wirken gegen den Spaltenrand!

Abstand vor und Abstand nach – in der Praxis. Die *Abstände vor/nach Absatz* sind nur sauber in größeren Textpassagen anzuwenden, wenn Sie *nicht* mit relativem oder automatischem Textabstand arbeiten. Ob Sie beim Lauftext besser mit Abstand vor oder nach arbeiten, hängt von der Satzumgebung ab.

Dies ist der Leadtext. Er sollte zwischen sechs und acht Zeilen lang sein und dem Leser Appetit machen, die ganze Meldung bis zu Ende zu lesen.

AUTOREN-NAME

Dies ist der Fließtext. Perspicax zothecas agnascor chirographi. Quadrupei celeriter imputat syrtes. Optimus adfabilis ossifragi fermentet apparatus bellis, utcunque tremu

Lauftext (!) – und seine Abstandsdefinitionen	Abstand vor/nach
Keine Zwischenüberschriften, aber *immer* Abstände zwischen Absätzen	vor oder nach
Mit Zwischenüberschriften – diese sollen aber *keinen* Abstand zum Folgeabsatz des Lauftextes haben	nach
Zwischenüberschriften mit gleichem oder größerem Abstand zum Folgeabsatz	meist vor
Gelegentliche Lauftext-Absätze – diese mit Abstand versehen	vor

Leadtext fast immer mit Abstand nach.
Die Autorenzeilen mit Abstand vor und Abstand nach definieren? – Was aber tun, wenn die Autorenzeile einmal wegfällt? Besser: *Abstand nach* für den Leadtext und auch *Abstand nach* für die Autorenzeile wählen.

Stilvorlagen mit automatischem Seitenwechsel. Mit dem Befehl *Abstand vor Absatz* können Sie eine Stilvorlage erstellen, die den Text automatisch auf eine neue Seite springen lässt (z. B. Kapiteltitel). Dazu definieren Sie für diese Stilvorlage einfach einen riesengroßen Abstand vor (z. B. Seitenhöhe plus 1 cm). Weil der Text nun keinen Raum mehr im aktuellen Textrahmen findet, kann er automatisch bei entsprechendem Layout auf die nächste Seite gedrängt werden!

Dies ist der Leadtext. Er sollte zwischen sechs und acht Zeilen lang sein und dem Leser Appetit machen, die ganze Meldung bis zu Ende zu lesen.

Dies ist der Fließtext. Perspicax zothecas agnascor chirographi. Quadrupei celeriter imputat syrtes. Optimus adfabilis ossifragi fermentet apparatus bellis, utcunque tremu

Abstände und Zeilenraster. Um mit dem Befehl *Zeilenabstand* oder *Abstand vor* oder *Abstand nach* millimeter- oder punktgenau arbeiten zu können, dürfen die entsprechenden Textelemente nicht an einem Grundlinienraster verriegelt sein.

Der Befehl *Am Raster verriegeln* ist einer der stärksten Anweisungen, die XPress kennt, um die Position von Text im Layout zu erzwingen.

Einzüge

Wenn der negative Erst-zeilen-Einzug größer ist als der linke Einzug, reklamiert XPress den Wert, gibt gute Rat-schläge und setzt in der Maße-Palette den Wert zurück.

Mit den Funktionen *Linker Einzug* und *Rechter Einzug* in der *Maße*-Palette im *Absatzmodus* entfernen Sie den ganzen Absatz um einen bestimmten Wert von der linken und der rechten Satzkante. Zudem haben Sie die Möglichkeit, die erste Zeile zusätzlich um einen positiven Wert einzuziehen oder um einen negativen Wert gegen den vorhande-nen (!) linken Einzug wieder nach außen zu treiben.

Die vier häufigsten Absatztypen und wie man sie einstellt				
Typ	Beschreibung	Einzug Links	1. Zeile	Einzug Rechts
I	Lauftext ohne Einzug	Ø	Ø	Ø
II	Lauftext mit Erstzeilen-Einzug	Ø	+ Wert	Ø
III	Zitat mit Rechts-Links-Einzug	+ Wert	Ø	+ Wert
IV	Aufzählung mit Negativ-Einzug	+ Wert	– Wert	Ø

Erstzeilen-Einrückung für Absätze – die Methoden.

- Nehmen Sie als Einzug möglichst *keinen* normalen Leerschlag, denn der unterliegt dem Blocksatz und fällt dann schmal oder breit aus.
- Sie könnten einen festen Leerschlag wie ein Halbgeviert oder einen Tabulator für diesen Zweck setzen.
- Sie definieren beim Absatz einen Einzug in Millimetern.
- Sie bestimmen beim Absatz einen Einzug proportional zur Schrift-größe in Prozent des Gevierts. Dann wächst oder verkleinert sich der Einzug mit der Größe der Schrift – sehr praktisch in der Ent-wicklungsphase des Layouts.

… der letzte Text eines großen Absatzes.
    Der Einzug in der ers-ten Zeile von diesem Ab-satz beträgt 150 % des Ge-vierts. Der Blindtext geht nun weiter.

»Einzug hier«. Statt den Einzug in der *Maße*-Palette zu definieren, können Sie mit dem Kürzel `cmd`+`#` / `strg`+`7` auch an jeder beliebigen Cur-sorposition in Ihrem Text einen sogenannten *Einzug-hier*-Befehl set-zen. Alle folgenden Zeichen werden dann von dieser Position aus ein-gezogen. Sobald der Absatz beendet wird, deaktiviert sich der Einzug von selbst. Mit der Tastenkombination `⇧`+`⏎` erzeugen Sie eine neue Zeile (weiche Zeilenschaltung), aber keinen neuen Absatz – der Text bleibt also eingezogen. Im *Suchen/Ersetzen*-Dialog reagiert der *Einzug hier* auf «\i».

Text · – der · ab · Strichel-
    linie · eingezogen ·
    ist, · bis · ein · neuer ·
    Absatz · beginnt. ¶
Text → der · ab · Strichel-
    linie · eingezogen ·
    ist, · bis · ein · neuer ·
    Absatz · beginnt. ¶

Einrückungen links für Absätze – die Methoden.

- Tabulator setzen und definieren (siehe Abschnitt »Tabulatoren« in diesem Kapitel) – kombiniert mit Einzug hier,

- linken Einzug am Absatz definieren,
- mit der Gliederungsfunktion (siehe Abschnitt in diesem Kapitel),
- mit den «Dirty-Tricks» der Webdesigner: verankerte verdrängende leere Objekte – muss jeweils an Absatzlänge angepasst werden.

Einrückungen rechts für Absätze – die Methoden.
- rechten Einzug am Absatz definieren,
- mit den «Dirty-Tricks» der Webdesigner: verankerte verdrängende leere Objekte – muss jeweils an Absatzlänge angepasst werden.

Ausrichtung und S&B

Die Textausrichtung wie *Blocksatz* oder dem Gegenteil *Flattersatz* (linksbündig, rechtsbündig oder zentriert) bestimmt, welche Einstellungen von der Vorgabe *Silbentrennung und Blocksatz* – in QuarkXPress immer *S&B* genannt – abgerufen werden: Die Flattersatz-Einstellungen fragen andere Felder ab als die zwei Blocksatzmodi. Einen Kurzbefehl gibt es nur unter Windows: strg alt + J

Dies ist der Leadtext. Dieser sollte zwischen sechs Zeilen lang sein und dem Leser Appetit machen, die ganze Meldung bis zu Ende zu lesen.¶

Dies ist der Fließtext…

Linksbündig

Dies ist der Leadtext. Dieser sollte zwischen sechs Zeilen lang sein und dem Leser Appetit machen, die ganze Meldung bis zu Ende zu lesen.

Dies ist der Fließtext…

Rechtsbündig

Dies ist der Leadtext. Dieser sollte zwischen sechs Zeilen lang sein und dem Leser Appetit machen, die ganze Meldung bis zu Ende zu lesen.¶

Dies ist der Fließtext…

Zentriert

Ausrichtungsmodus »Erzwungener Blocksatz«. In der *Maße*-Palette stehen Ihnen fünf Ausrichtungsmodi zur Verfügung. Nach Ihrer Anweisung arbeitet XPress dann den Zeilenumbruch des Absatzes anhand der hinterlegten *S&B-Vorgaben* (*Bearbeiten | S&B…*) ab. Die ersten vier Modi dürften wohl selbsterklärend sein. Der erzwungene Blocksatz ist zu 99 % identisch mit dem normalen Blocksatz, mit dem kleinen Unterschied, dass eine mit »¶«, »↓« oder »↕« abgeschlossene Zeile – also die Endzeile eines Absatzes – ebenfalls auf die volle Satzbreite ausgetrieben wird. Dieser Ausrichtungsmodus ist nicht zu verwechseln mit der Funktion *Erzwungener Blocksatz*, die bei den S&B-Vorgaben zu finden ist und nach richtiger Konfiguration wesentlich effektiver ist: Sie müssen dann als Belohnung keine abschließende Absatzschaltung mehr setzen.

Dies ist der Leadtext. Dieser sollte zwischen sechs Zeilen lang sein und dem Leser Appetit machen, die ganze Meldung bis zu Ende zu lesen.¶

Dies ist der Fließtext…

Blocksatz

Dies ist der Leadtext. Dieser sollte zwischen sechs Zeilen lang sein und dem Leser Appetit machen, die ganze Meldung bis zu Ende zu lesen.

Dies ist der Fließtext…

Erzw. Blocksatz

Blocksatz für eine Zeile entblocken. Wenn Sie gezielt eine neue Zeile im Blocksatz erzeugen wollen, sollten Sie vor dem ⇧+⏎ noch einen *immer rechtsbündigen Tabulator* eingeben: also alt+→ / ⇧+→. Der andere Weg: Sie definieren per Stilvorlage einen Tabulator, der außerhalb der Spaltenbreite liegt. Anschließend genügt ein *Tab* (→). So ist der Text in anderem Umfeld allerdings nicht optimal nutzbar.

Blocksatz hebt man für eine Zeile mit der Kombination (rechtsbündiger) Tabulator plus Shift-Return auf.   →   ⏎
Der gleiche Absatz geht nun weiter bis hierher.¶
Neuer Absatz …

S&B sind Ressourcen

Zum besseren Verständnis: S&B-Einstellungen sind »Ressourcen«.

Wikipedia gibt eine gute Erklärung für den Begriff: *Ressourcen sind ein Mittel, um eine Handlung zu tätigen oder einen Vorgang ablaufen zu lassen.*

Und für XPress umformuliert: *Ressourcen hat man im Zugriff. Man kann sie verändern, aus anderen Dateien holen oder neu erzeugen. Dann kann man sie jederzeit anwenden.*

Um Blocksatz erzeugen zu können, muss ein Layoutprogramm ein Regelwerk abarbeiten: Wie breit oder schmal dürfen Leerräume werden? Dürfen die Räume zwischen den Zeichen verringert oder erhöht werden, damit die Zeilen vom linken bis zum rechten Spaltenrand gefüllt werden? Wie soll bei langen Wörtern vorgegangen werden, wenn sie getrennt werden sollen?

QuarkXPress fasst diese Voreinstellungen in eigenen Vorgaben – von XPress intern Ressourcen genannt – in *S&B* zusammen. *Silbentrennung & Blocksatz*-Einstellungen sind Ressourcen, die sich in Ihrer Datei befinden.

QuarkXPress stellt häufig schon ab der Installation mehrere Ressourcen bereit – so auch bei *S&B*. Sehen Sie diese Ressourcen bitte nur als Vorschläge und Ideengeber an – verändern oder benutzen Sie sie nicht, wenn Sie später vor Überraschungen gefeit sein wollen: beim Arbeiten mit Bibliotheken, beim Zusammenfügen von Texten aus verschiedenen Dateien oder Quellen, nach einem Upgrade usw.

Benennung von Ressourcen

Verwenden Sie beim Benennen von Ressourcen wie S&B , Stilvorlagen oder Farben möglichst eine Kombination aus Buchstaben und Zahlen oder Zeichen, um einmalige oder genaue Namen zu erhalten. Dadurch können Sie fast sicher sein, dass es nicht zu Konflikten zwischen Datei-Inhalten kommt.

Die mitgelieferten *S&B*-Ressourcen können Sie übrigens nicht löschen – Sie können sie auch nicht umbenennen! Duplizieren Sie im ersten Schritt doch einfach einmal die S&B-Ressource *Standard*.

Wortabstand manuell verändern gegen S&B

Mac: in großen oder kleinen Schritten erhöhen:

cmd ctrl ⇧ + 6

oder cmd ctrl alt ⇧ + 6

Mac: in großen oder kleinen Schritten verringern:

cmd ctrl ⇧ + 5

oder cmd ctrl alt ⇧ + 5

Win: in großen oder kleinen Schritten erhöhen:

strg ⇧ + 2

oder strg alt ⇧ + 2

Win: in großen oder kleinen Schritten verringern:

strg ⇧ + 1

oder strg alt ⇧ + 1

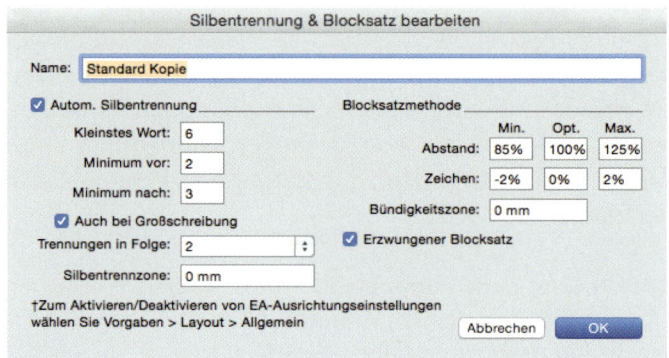

Im rechten Teil des Fensters sehen Sie Werte, die sich um die Abstände von Wörtern und Zeichen kümmern. Auf der linken Seite finden Sie die Einstellungen, die das Trennverhalten steuern.

S&B und Flattersatz. Bei links- und rechtsbündigem sowie zentriertem Satz werden nur die automatischen Trenneinstellungen sowie die Opt.-Werte für Wort- und Zeichenabstände ausgelesen.

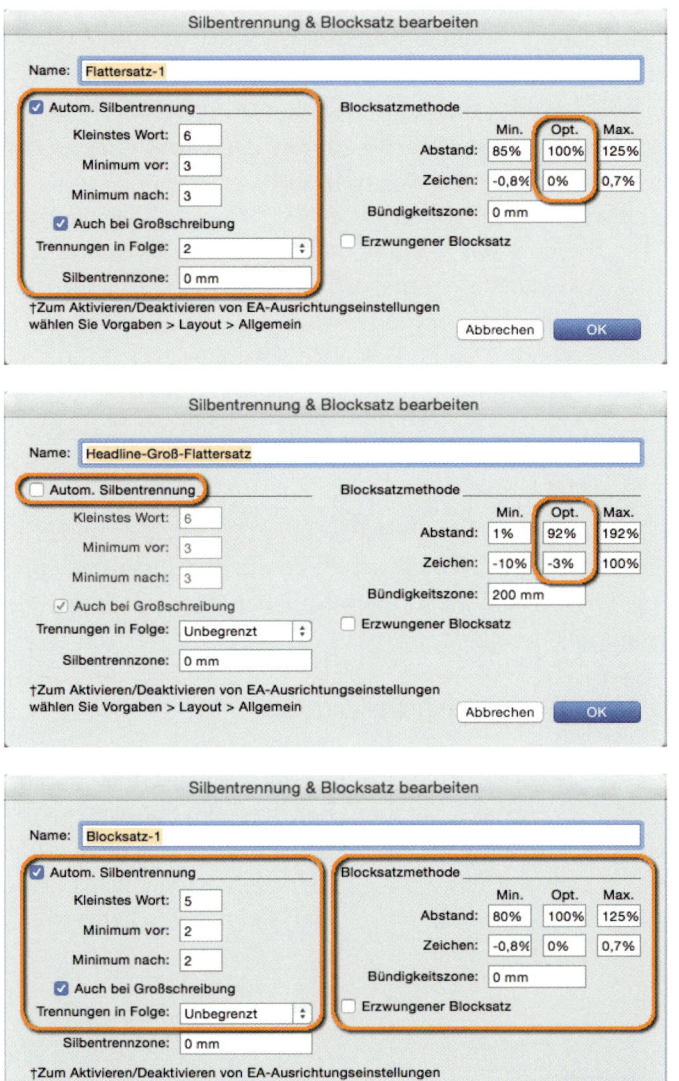

Für den Flattersatz sind die Einstellungen unter »Min.« und »Max.« nicht maßgeblich. Sie sollten aber trotzdem gut eingestellt sein, falls jemand diese Einstellungen aus Versehen für den Blocksatz nutzt.

Überschriften und S&B

Überschriften werden nur sehr selten im Blocksatz gesetzt, also gelten für sie auch nur die *Opt.-Werte* und die *Trennregeln* – wie bei jedem Flattersatz.
Sollte jemand aber eine S&B-Einstellung für Überschriften fälschlicherweise für Blocksatz einsetzen, kann man die übrigen Werte so definieren, dass der Fehler sofort auffällt.

Optimale Abstände

Eine alte Setzerregel besagt: Der Innenraum des kleinen »n« sollte dem Buchstabenabstand entsprechen.

Der Wortabstand sollte durch ein »i« ersetzbar sein.

In der Praxis aber entscheidet das geschulte Auge!

Maximalwerte – nicht zu hoch eingeben!

Eine sichtbare *Zeichenspationierung* ist im europäischen Schriftsatz verpönt, um zu einem Ausgleich im Blocksatz zu kommen.

S&B und Blocksatz. Im Blocksatz wird nur die Silbentrennzone *nicht* ausgewertet. Alle anderen Werte werden nach einem umfangreichen Regelwerk abgearbeitet:

So bricht XPress Ihre Zeilen um. Haben Sie sich schon gefragt, wie XPress seine Zeilenschaltungen im Blocksatzmodus berechnet? Was hat Priorität: die Laufweite, der Buchstabenabstand oder die Silbentrennung?

❶ XPress füllt die Zeile mit Wort- und Zeichenabständen nach der *Opt.-Einstellung*. Im Blocksatzmodus führt das aber in 99 % aller Fälle nicht zu einer »vollen« Zeile.

❷ Ausgehend von der rechten (!) Satzkante sucht XPress die nächstgelegene Trennstelle (wenn die *Autom. Silbentrennung aktiviert* ist) durch *Verkleinerung* des Wortabstands.

❸ Entspricht diese Trennstelle einer Wortabstandsveränderung innerhalb der Toleranz bei *Abstand Min.*, wird die Trennung ausgeführt und der Wortabstand entsprechend verkleinert. Eine mögliche, noch weiter vom Spaltenrand entfernte Trennung wird nicht durchgeführt. Auch dann nicht, wenn sie optimaler wäre.

❹ Falls die Trennung noch nicht ausgeführt werden konnte, versucht XPress als Nächstes, zusätzlich zum Wortabstand auch noch den *Buchstabenabstand* innerhalb der von Ihnen vorgegebenen Toleranz zu verkleinern.

❺ Falls bis jetzt immer noch kein Zeilenumbruch durchgeführt werden konnte, erhöht XPress den Wert für den *Abstand Max.* selbstständig bis zum erfolgten Zeilenumbruch. Egal wie breit – Blocksatz wird's auf jeden Fall.

Das Geviert und die Breiten-Definitionen

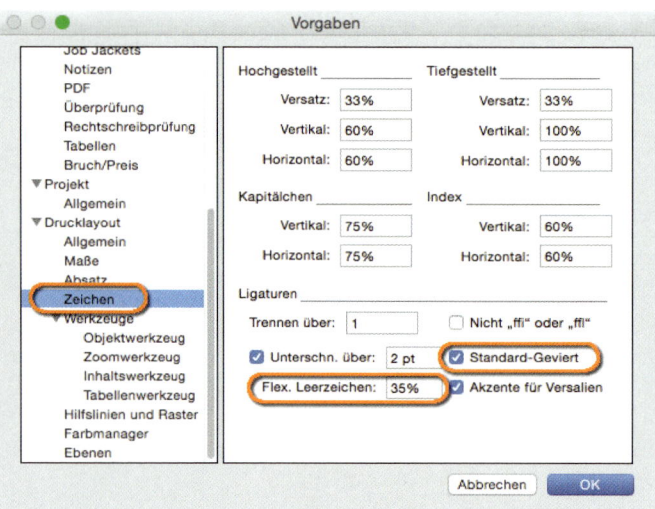

Zuerst entscheiden Sie in den *Vorgaben | Drucklayout | Zeichen* darüber, wie das Schriftgeviert berechnet wird. Ist das *Standard-Geviert aktiviert*, wird die Breite des Gevierts von der Schriftgröße abgeleitet – diese Einstellung ist heutzutage unbedingt zu empfehlen. Früher war in XPress hingegen die Berechnung des Gevierts auf die Breite von zwei Nullen (Doppel-0) ausgelegt. Das war für den damaligen Tabellensatz eine sehr praktikable Voreinstellung.

Alle Leerzeichen mit dem Begriff »Geviert« im Namen reagieren auf die Berechnungsgrundlage *Standard-Geviert* oder Doppel-0 – alle anderen Leerzeichen bleiben von dieser Voreinstellung unberührt.

Flexibel und Normal. Die »uralte« QuarkXPress-Spezialität eines zusätzlichen frei einstellbaren Leerzeichens – *Flex.-Leerzeichen* genannt (ⁱ) – mit eigenem Kurzbefehl ist hier im Beispiel auf 40 % eingestellt – Bezugspunkt ist das Halbgeviert (abgeleitet von der Breite des gerade erwähnten Standard-Gevierts): 40 % sind somit ein ⅕-Geviert-Leerzeichen. Die Breite des Flex-Leerzeichens und das Geviert sind Layout-Vorgaben (!) und können somit innerhalb einer Projektdatei von Layout zu Layout variieren.

Das »normale« Leerzeichen ist das einzige Leerzeichen, das im Blocksatz breit oder schmal gemacht wird – alle anderen Leerzeichen reagieren nicht auf Veränderungen in den *S&B*-Einstellungen. Die Breite des »normalen« Wortabstands, der im Flattersatz direkt spürbar ist, wurde vom Schriftendesigner festgelegt. 100 % Wortabstand aus S&B entsprechen dieser Vorgabe – bei den meisten Schriften liegt dieser Wert zwischen einem ¼- und einem ⅕-Geviert. Die Breite eines Leerzeichens ist also genau wie die Zeichenhöhe nicht genormt.

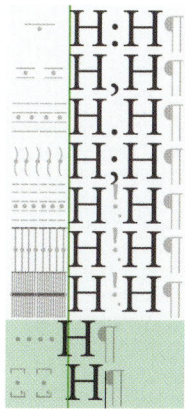

Wenn Sie die Zeichen identifizieren möchten: Öffnen Sie die *Glyphen*-Palette in XPress und filtern Sie auf *Sonderzeichen (mit Umbruch)*.

So groß ist 1 % für den Zeichenabstand bei den S&B-Einstellungen. 1 Prozent entspricht einem ¹⁄₂₀₀ eines Gevierts – also genau so viel wie eine Unterschneidung oder Laufweitenkorrektur mit einem Wert »1«. Durch dieses Verhalten ist es möglich, die optimalen *S&B*-Einstellungen anhand der Spationierung von Zeichen und Wortabständen aus der *Maße*-Palette erst herauszulesen, diese Werte dann in das *S&B*-Fenster zu übertragen und die Spationierung wieder auf 0 zu setzen. So meldet Ihnen XPress beim Anwenden eines Absatzstils im Spationierungsfeld immer den Wert »0« – gleichbedeutend mit: *Alles ist gut!* Der Zeichenabstand wird somit zur Absatzeinstellung und ist keine Laufweiten-Modifikation mehr auf Zeichenebene.

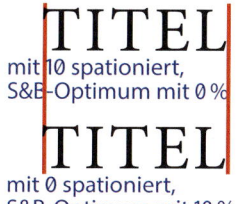

mit 10 spationiert,
S&B-Optimum mit 0 %

mit 0 spationiert,
S&B-Optimum mit 10 %
– das gleiche Ergebnis!

Arbeiten Sie mit Variationen. Von Ihrer S&B-Grundeinstellung sollten Sie Duplikate mit leicht verringerter bzw. erhöhter Laufweite anlegen: Bei Ihrer optimalen Blocksatzlaufweite von beispielsweise 100 % können Sie eine weitere Einstellung mit 93 % und eine andere mit 106 % definieren. Durch Wechsel der *S&B*-Einstellung wenden Sie immer saubere Typografie an.

Wichtig zu wissen!
Über S&B wird der Zeichen- und Wortabstand zur Absatzeigenschaft! Gegengesteuert wird entweder durch die Wahl einer anderen S&B-Ressource oder durch Laufweitenveränderungen auf Zeichenebene.

Optimaler Wortabstand sollte zur Schrift passen. Aus typografischer Sicht sollten für Fonts mit unterschiedlichem Erscheinungsbild (schmal- oder breitlaufend) auch unterschiedliche *S&B*-Einstellungen gewählt werden. Fazit: Ein guter XPress-Typograf hat meist über zehn verschiedene *S&B*-Einstellungen aus *Abstandsgründen* im Schnellzugriff – und stellt sie nicht erst in Untermenüs direkt am Absatz ein, wie es z. B. bei InDesign der Fall ist. Denn wie schon mehrmals gesagt: S&B ist in QuarkXPress eine Ressource!

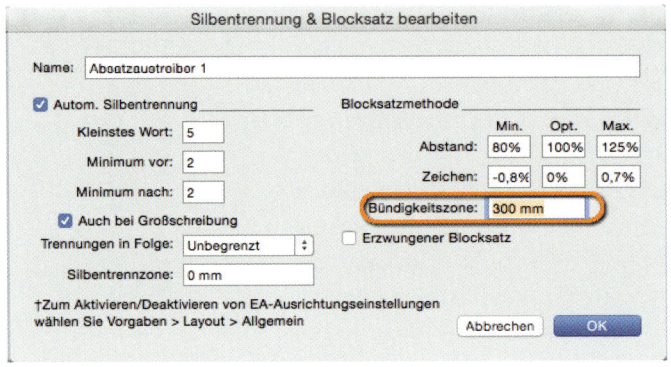

Bündigkeitszone in der Praxis.

Wenn Sie nicht möchten, dass ein Absatz ganz kurz vorm Spaltenrand endet, dann können Sie eine Zone angeben, ab wann auch die letzte Zeile des Absatzes auf vollständigen Blocksatz ausgetrieben wird – meist wird hier die Breite eines Wortes mit vier Buchstaben genutzt. Eine Bündigkeitszone zwischen vier bis sechs Millimetern hat sich als sehr praktikabel erwiesen. Wenn Sie den Wert jedoch extrem hoch ansetzen, dann besitzen Sie eine S&B-Einstellung, um z. B. eine Adresszeile automatisch auf die gesamte Breite auszutreiben. Die S&B-Option *erzwungener Blocksatz* kümmert sich um den Fall, dass ein *einziges* Wort in eine Zeile gerät (meist ausgelöst durch Bilder, die in den Fließsatz hineinragen): Soll dieses Wort auseinander gezerrt werden (*Erzwungener Blocksatz aktiviert*) oder linksbündig den Blocksatz für diese Zeile durchbrechen (*nicht aktiviert*)?

Silbentrennung – das »S« in S&B

Die Qualität der Trennung ist eine Layout-Vorgabe! »Erweitert 2« ist die Dihyph-Trennung.

Bisher ist in diesem Buch nur in wenigen Aspekten die automatische Silbentrennung thematisiert worden. In QuarkXPress ist seit 2002 (Version 5.01) das hervorragende Trennregelwerk *Dihyph* der deutschen Unternehmensberatung Dieckmann »fest verdrahtet«. »Fest verdrahtet« bedeutet: Die mit Dihyph eigentlich mögliche Bewertung von guten und schlechteren Trennstellen – mit der Konsequenz deutlich komplexerer Einstellarbeit – ist in XPress nicht möglich. Trotz dieser Anmerkung: Das automatische Trennverhalten von XPress ist hervorragend! Der in Version 4 eingeführte Algorithmus »Verbessert« ist mittlerweile wieder entfernt worden.

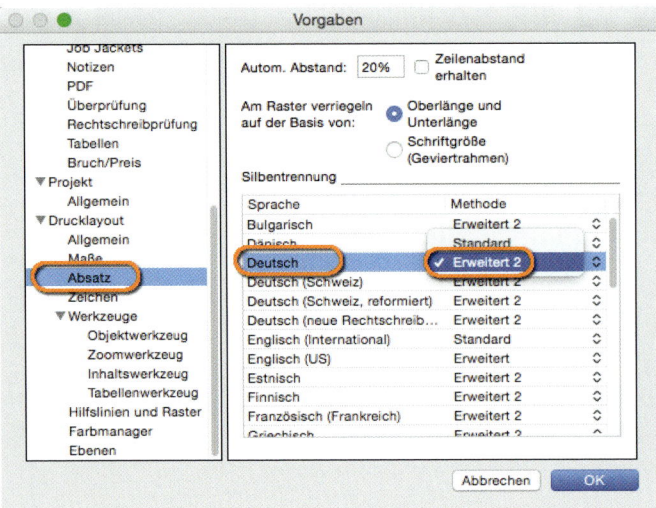

Dieckmann-Trennung. Dieckmanns Dihyph kommt überall dort – und nur dann! – zum Einsatz, wo in den *Vorgaben | Absatz | Sprachauswahl* »*Erweitert 2*« eingestellt ist, also nicht nur im Deutschen, sondern z. B. auch im Finnischen. Nur bei den Englisch-Varianten kann Dihyph nicht verwendet werden.

Das Prinzip der automatischen Trennregeln. Sie können die *automatische Silbentrennung* ausstellen: gut für Headlines oder wenn Sie in schmalen Spalten den Umbruch manuell vornehmen wollen. Ist die *automatische Silbentrennung* eingeschaltet, bestimmen Sie, wie lang ein *Kleinstes Wort* mindestens sein soll, damit es getrennt wird. Mit *Minimum vor* bestimmen Sie die minimale Länge der ersten Silbe, mit *Minimum nach* die Länge der letzten Silbe. Die Option *Auch bei Großschreibung* ist für deutschen Satz unerlässlich, denn sonst würden alle Wörter mit großem Anfangsbuchstaben nicht getrennt – im Englischen oder Spanischen ist dies aber eine häufig gewünschte Einstellung. Diskutabel ist die Anzahl der maximalen *Trennungen in Folge*. Durch Ausprobieren (!) ermittelte Werte in der *Silbentrennzone* erhöhen das automatische Flattern – diese Option ist gut geeignet für Einleitungstexte oder Zitate.

Deutsch oder Deutsch neue Rechtschreibung?
Der Unterschied betrifft die Trennung von st neu zu s-t, ck nicht mehr k-k und gn zu g-n in griechischen Lehnwörtern.

Begrenzte Anzahl Trennungen
Setzen Sie ein Limit, wie oft hintereinander getrennt werden darf, wird XPress dieses Limit absolut strikt durchführen. Auch durch Bindestrich verbundene Wörter werden gnadenlos in die nächste Zeile gedrückt.
Nur wenn Sie bereit sind, Texte umzuformulieren, können Sie sinnvoll mit auf »1« oder »2« begrenzten automatischen Silbentrennungen längere Texte setzen.

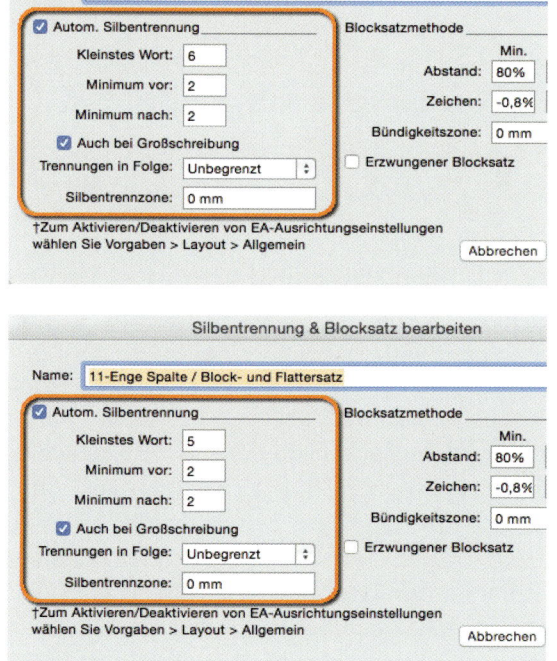

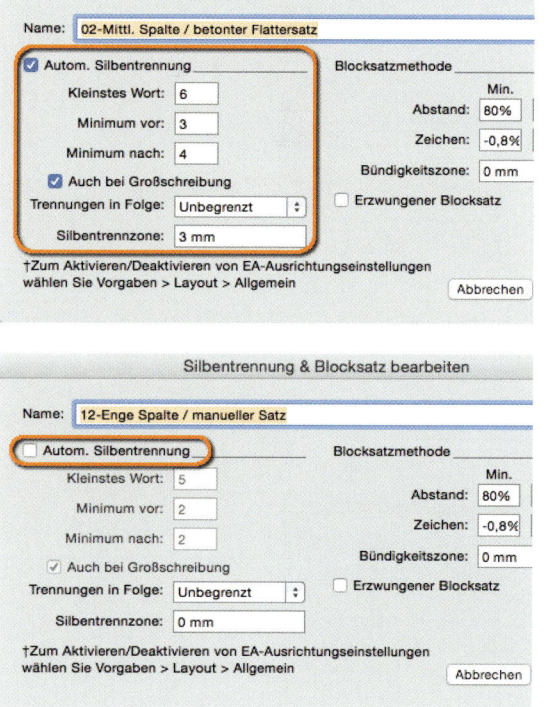

Trennvorschlag

Rufen Sie in unklaren Trenn-Situationen den Befehl *Hilfsmittel | Trennvorschlag* cmd alt ⇧ +H / strg alt ⇧ +H auf und vergleichen Sie mit anderen Worten oder anderen Absatzformatierungen, ob der Trennfehler vom Wort oder von den S&B-Einstellungen ausgelöst wird.

Texttrennung in der Praxis

Gewollte Trennung. Sie sind unzufrieden mit dem automatischen Trennergebnis von XPress? Sie haben die Automatik ausgestellt? Dann müssen Sie den Text manuell trennen. Der Befehl lautet *Bedingter Trennstrich* und wird durch den Befehl cmd +– / strg +– in den Text eingesetzt. Dieser Befehl setzt für das ganze Wort die *automatische Trennung* außer Kraft! Benötigen Sie noch andere Trennungen im Wort, weil die Korrekturphase noch aussteht, müssen Sie das ganze Wort mit weiteren gewünschten bedingten Trennungen versehen. Oder Sie nehmen das Wort bei genereller Falschtrennung in die Trennausnahmen auf.

Gewolltes Trennverbot. 1. Methode: Wenn Sie vor dem Wort eine bedingte Trennung eingeben und es keine (!) weiteren bedingten Trennungen im Wort gibt, dann wirkt der bedingte Trennstrich als Trennverbot. Den bedingten Trennstrich erkennen Sie am »⁻«, wenn die *Ansicht | Sonderzeichen aktiviert* ist. Suchen und ersetzen lässt sich dieser Satzbefehl mit »\h«. Gehen Sie bei ausgeschalteter Sonderzeichen-Anzeige mit dem Cursor Zeichen für Zeichen durch den Text, bleibt der Cursor einmal stehen. 2. Methode: Sie nehmen das gewünschte Wort in die Trennausnahmen auf, wobei Sie das Wort ohne Divis hinzufügen. 3. Methode: Sie aktivieren – ab QX 2017 möglich – für das Wort unter *Stil* das *Attribut geschützter Zeichen*. 4. Methode: Sie setzen ein Wort auf die Sprache *keine* (*Maße-Palette | Zeichen*), dann wird dieses Wort nicht getrennt!

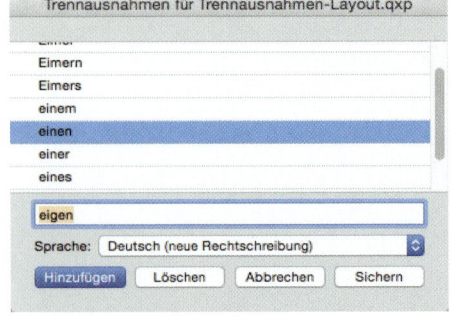

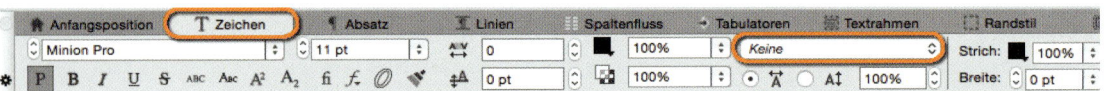

Ungewollte Trennverbote. Kommen Satzzeichen in Wörtern vor (im Englischen ist das ungewöhnlich), setzt XPress in manchen Fällen die automatische Trennung außer Kraft. In deutschen Texten ist das neben dem schon erwähnten Halbgeviertstrich vor allen Dingen beim Schrägstrich – z. B. in »Krankenschwester/Pfleger« oder »und/oder« – der Fall. Wollen Sie hier einen Umbruch nach dem »/« ermöglichen (natürlich nicht mit einem automatischen Divis als Trennstrich), dann geben Sie hier das Sonderzeichen *Abstand mit Nullbreite* ein. Am Mac bietet sich als selbstdefiniertes Kürzel cmd ctrl +0 an – zusätzlich sollten Sie bei beiden Betriebssystemen das Symbol in die *Bevorzugten Glyphen* in der *Glyphen*-Palette ziehen. Auch bei Webadressen sollten Sie hinter dem Schrägstrich immer einen Abstand mit Nullbreite setzen.

Neu in XPress 2017

Geschützte Zeichen und die Verwendung von *Tabulator für Einzug rechts* können Sie sich jetzt anzeigen lassen (*Ansicht | Geschützten Text hervorheben*).

Trennausnahmen eingeben. Trennausnahmen sind fester Bestandteil eines Layouts, nicht eines Projektes. Zwei Layouts desselben Projektes können also unterschiedliche Trennausnahmen besitzen. Die Wörter müssen mindestens fünf Buchstaben haben – Zahlen und Sonderzeichen sind nicht erlaubt.

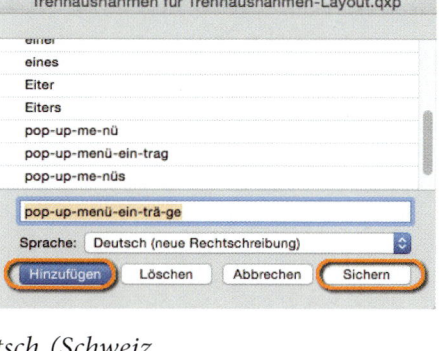

Um Trennausnahmen einzugeben, rufen Sie *Hilfsmittel | Trennausnahmen | Bearbeiten…* auf und wählen zuerst die gewünschte Sprache aus – in Deutschland und Österreich typischerweise *Deutsch (Neue Rechtschreibung)* und in der Schweiz und Liechtenstein *Deutsch (Schweiz, reformiert)*.

❶ Geben Sie das Wort mit allen gewünschten Trennungen per Divis ein – Groß- und Kleinschreibung müssen Sie nicht beachten.

❷ Drücken Sie die Taste *Hinzufügen*.

❸ Wiederholen Sie den Vorgang, falls das Wort dekliniert wird, mit weiteren Endungen.

❹ Vergessen Sie keinesfalls, den Vorgang mit *Sichern* abzuschließen.

❺ Überprüfen Sie das gesetzte Wort mit dem Befehl *Trennvorschlag*.

Trennausnahmen per Im- und Export verteilen. Sie können die Trennausnahmen exportieren: *Hilfsmittel | Trennausnahmen | Exportieren…* Dabei werden sämtliche Trennausnahmen aller Sprachen »in einem Rutsch« in eine XML-Datei geschrieben, die Sie auch editieren können. Beim Import werden Sie gefragt, ob die neu zu importierenden Trennausnahmen die alten komplett ersetzen sollen (*Alle ersetzen*) oder ob die alten mit den neuen zusammengeführt werden sollen (*An Vorhandene an*).

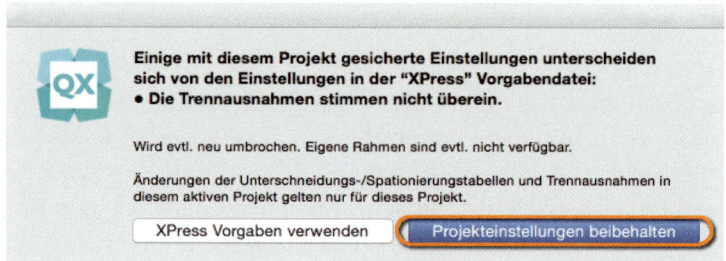

Konflikt zwischen Vorgaben und Datei. Enthält ein Layout einer Datei andere Trennausnahmen als die momentan gültigen XPress-Vorgaben, erhalten Sie den Warnhinweis. Damit das Layout keinen Neuumbruch erleidet, werden Sie und Ihre Kollegen zu 99 Prozent *Projekteinstellungen beibehalten* bestätigen.

Leidensgeschichte Trenngebot und Trennverbot. In XPress 6 gab es die Schwäche, dass ein Trennverbot vor dem Wort nicht hundertprozentig wirkte. Der undokumentierte Workaround vieler Anwender war: hinter dem Wort. Diese Unterstützung hinter dem Wort musste aber aufgegeben werden, weil er andere Nebenwirkungen hatte. In den XPress 7-Versionen wurden von Quark dann verschiedene Lösungswege aus dem Dilemma »ausprobiert«. Seit XPress 8 ist wieder ein sehr guter stabiler Zustand erreicht, wie er von Version 3 bis 5 auch geherrscht hatte.

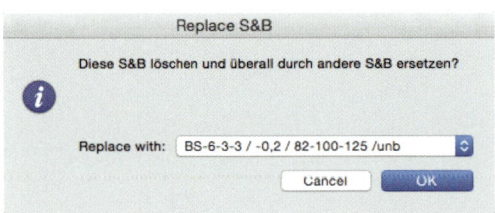

S&B-Einstellungen ersetzen. Genau wie die anderen Ressourcen können auch *S&B*-Einstellungen ausgetauscht werden. Sobald Sie eine der benutzten und nicht von XPress vorgegebenen *S&B*-Einstellungen löschen wollen, fragt XPress, welche davon nun zugewiesen werden soll. Ein Absatz ohne S&B ist nicht möglich.

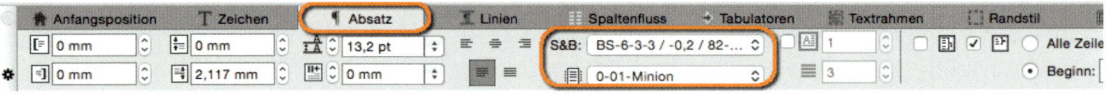

Randausgleich – in XPress »Gruppe hängender Zeichen«

Ein Beispiel für „führenden Satzkantenausgleich"

Ein herausragendes Merkmal von QuarkXPress sind die Möglichkeiten zu umfassenden typografischen Einstellungen. Seit Version 8 geht XPress mit den Ressourcen »Hängende Zeichen« noch etliche Schritte weiter. Mit diesen Ressourcen können Sie frei bestimmen, welche Glyphen um welchen Wert aus dem Rand hängen oder auch komplett außerhalb der Rahmenränder sitzen sollen. Wie bei S&B werden auf diesem Weg Zeicheneigenschaften über Ressourcen zu Absatzeigenschaften. Hier steuern die »hängenden Ressourcen« das Verhalten von Glyphen gegenüber Spaltenrändern – auf Absatzebene!

Ein Beispiel ohne „führenden Satzkantenausgleich"

Ein Beispiel mit individuellem „nachfolgenden Satzkantenausgleich"

Drei Steuerungsmechanismen stehen zur Verfügung: hängende Zeichen (linker Spaltenrand) und Randausgleich am rechten Spaltenrand sowie der Ausgleich oder das Herausrücken hängender Initialen (linker Spaltenrand). Korrekt eingesetzt, sorgen diese Funktionen dafür, dass Ihre Texte besser und fließender lesbar werden und Initiale eine »herausragende« Betonung bekommen können.

Ein Beispiel ohne individuellem „nachfolgenden Satzkantenausgleich"

Optischer Randausgleich. Unter optischem Randausgleich versteht man das Anpassen der Spaltenränder von Textblöcken. Die Idee dahinter ist, dass durch leichtes Herausstellen von Zeichen (Satzzeichen und Buchstaben) – speziell die mit schrägen Elementen (wie das Komma oder A, V und W) – ein optisch gleichmäßigerer Rand erzeugt wird.

Ein Beispiel mit hängendem Initial und "komplettem Satzkantenausgleich"

Vor- und Nachteile. Manche Satzprogramme verfügen dazu über eine Automatikfunktion, die die Anpassung selbstständig ausführt, bei XPress kann der Designer das selbst anpassen. Dies hat Vor- und Nachteile. Der Nachteil ist, dass Sie diese Einstellungen zunächst definieren können oder müssen … Der Vorteil ist aber immens: Sie bekommen eine gute Typografie, die genau Ihren Vorstellungen entspricht und die kein Automatismus so erzeugen kann.

Das Stufenmodell der hängenden Zeichen.

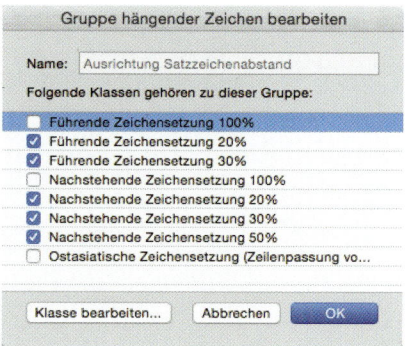

❶ Für einen Absatz rufen Sie in der *Maße*-Palette eine (oder keine) *Gruppe hängender Zeichen* auf.

❷ Ohne Ihr direktes Zutun: Die *Gruppe hängender Zeichen* ruft dann beliebig viele *Klassen* aus drei Bereichen auf: *führende* (linke Satzkante), *nachfolgende* (rechte Satzkante) und *Initial*ausgleich oder -herausrückung – je nachdem, wie die Gruppe zusammengestellt wurde.

❸ In einer *Klasse* werden Glyphen mit gleichen Korrekturwerten zusammengefasst: z. B. *Klasse nachstehende Zeichen mit 30 Prozent* – eine andere mit 20 Prozent.

Randausgleich anwenden. Von Haus aus bringt XPress einige wenige Einstellungen für den Randausgleich mit.

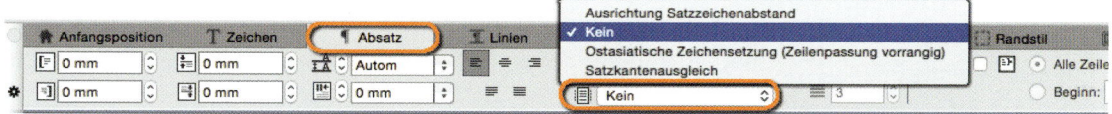

Vordefinierte Gruppen. Quark hat bereits drei Gruppen vordefiniert. Wenden Sie diese einmal probehalber auf verschiedene Absätze an. Verwenden Sie dabei einen Absatz, der mit Anführungszeichen beginnt und endet, um sich die Auswirkungen zu verdeutlichen:

- **Ausrichtung Satzzeichenabstand:** Mit dieser Gruppe sorgen Sie für einen optischen Randausgleich, das heißt, dass Sie im Blocksatz eine ruhige Randzone erhalten, weil bestimmte Zeichen wie Anführungszeichen oder Semikolon nicht rechnerisch korrekt, sondern etwas aus dem Rahmen hängend und damit optisch stimmig gesetzt werden. Es werden fünf Klassen genutzt: Guillemets (» «) und Geviertstrich (—) hängen sowohl am rechten als auch am linken Rand um 20 % der Zeichenbreite über den Rand. Die Zeichen "'*_~–',"" „… und ‹ hängen am linken Rand um 30 % der Zeichenbreite, die Zeichen "':;_~–'"" … und › hängen am rechten Rand um 30 Prozent und die Zeichen ,-.- um 50 %.

- **Satzkantenausgleich.** Damit weisen Sie Ihrem Text eine um 100 Prozent hängende Zeichensetzung zu. Das heißt, dass alle Interpunktionszeichen, die sich am Zeilenanfang oder am -ende befinden, mit der gesamten Zeichenbreite außerhalb des Rahmens gesetzt werden.

Ostasiatische Zeichensetzung (Zeilenanpassung vorrangig)

Für unseren Sprachraum uninteressant, ignorieren Sie es einfach.

Fest installierte Ressourcen

Die drei genannten Ressourcen können Sie nicht löschen oder umbenennen – Sie könnten sie aber mit anderen oder geänderten Klassen auffüllen.
Arbeiten Sie lieber mit duplizierten Ressourcen, dann erhalten Sie die volle »Freiheit«.

Merksatz

Über Absatzeigenschaften können Glyphen die Spalte oder den Rahmen ein wenig verlassen.

Workshop: Hängende Zeichen…

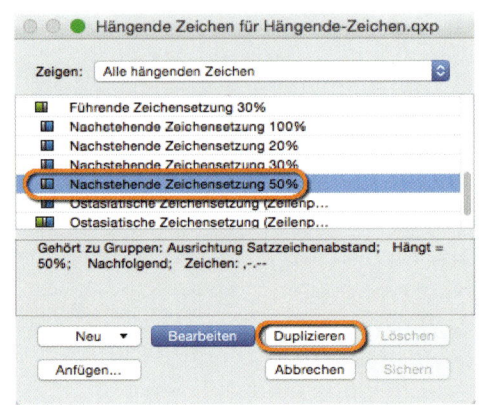 

❶ Rufen Sie den Menübefehl *Bearbeiten | Hängende Zeichen* auf und *duplizieren* Sie die Klasse *Nachstehende Zeichensetzung 50%*.

❷ Benennen Sie die duplizierte Klasse um – führende Zahlen stehen in der Liste vorne – und ergänzen Sie als Zeichen ein Semikolon.

❸ Legen Sie eine *neue Gruppe…* an

❹ Benennen Sie die Gruppe und nehmen Sie die frisch angelegte Klasse durch Aktivieren in die Gruppe auf.

❺ Bestätigen Sie mit *OK*.

❻ Nun sehen Sie, dass Sie eine Gruppe angelegt haben, die genau eine Klasse enthält.

❼ Mit *Sichern* verlassen Sie den Dialog.

❽ Nun stellen Sie den Cursor in einen Absatz – möglichst rechtsbündig mit Satzzeichen am Spaltenrand, damit Sie schneller den

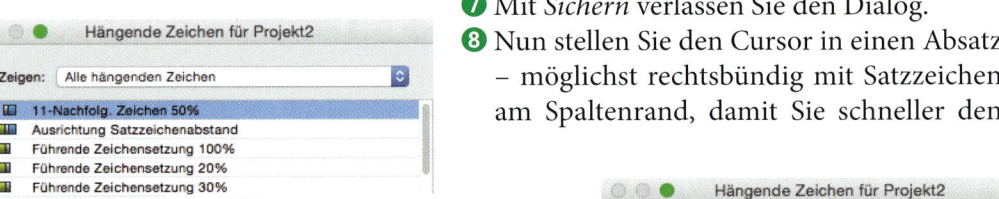

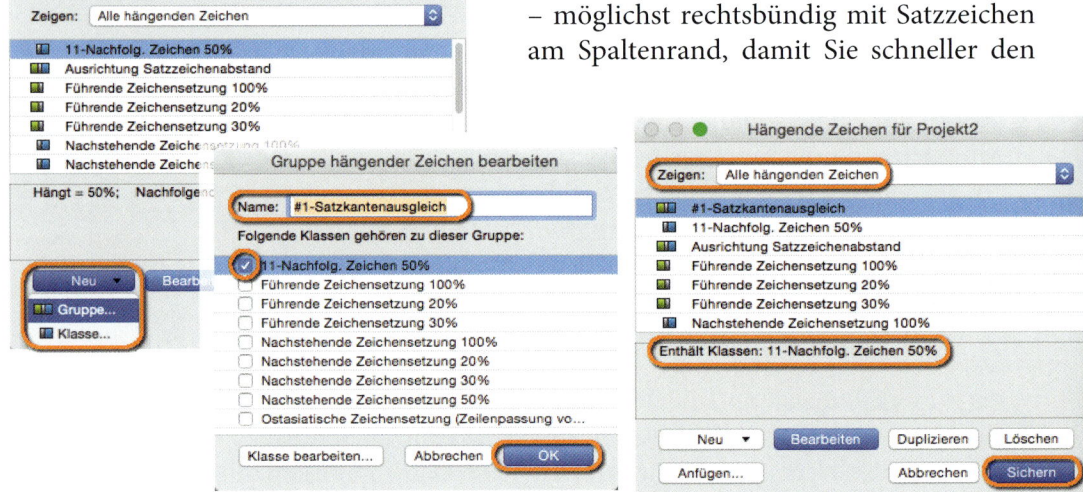

Erfolg sehen – und weisen nun dem Absatz Ihre neue *Gruppe hängender Zeichen* zu.

Nun haben Sie erfolgreich eine Klasse erzeugt, eine Glyphe dieser neuen Klasse hinzugefügt, diese Klasse in eine Gruppe aufgenommen und die Gruppe einem Absatz zugewiesen. Diese Prozedur können Sie nun auch auf führende Klassen oder Initiale ausdehnen. Leider ist das Kontrollkästchen *Voransicht* zur Feinjustierung Ihrer Einstellungen am Anfang noch nicht aktivierbar gewesen, solange Sie Ihre neue Klasse noch keiner Gruppe zugeordnet haben. Die Auswirkungen können Sie erst dann live erleben, wenn Sie die Gruppe auch noch einem Absatz zugeordnet haben.

Sonderzeichen in Klassen einfügen. Um Satzzeichen und andere Sonderzeichen, die nicht direkt über die Tastatur erzeugt werden können, in die Klassen einzugeben, müssen Sie einen kleinen Umweg gehen: Setzen Sie die gewünschten Zeichen über die *Glyphen*-Palette in einen Tetxrahmen und kopieren Sie diese dann in die gewünschten Klassen.

Das Regelwerk für hängende Zeichen

- Glyphen können in mehreren Klassen aufgenommen werden. Zum Beispiel das Versal-W: Sie können es mit 100 Prozent als *hängendes Initial* in eine Klasse aufnehmen, aber auch in eine *führende Klasse* mit 3 % und alternativ in eine Klasse mit 5 % und noch in eine nachfolgende Klasse mit 3 %.

- Sie können aber nun nicht die *führenden Klassen* mit 3 % und 5 %, die die gleiche Glyphe enthält, in eine gemeinsame *Gruppe* aufnehmen, denn dann wüsste XPress nicht, welcher Wert genommen werden soll.
Im Beispiel rechts werden das Komma, der Punkt und der Divis moniert. Sie müssen den Konflikt lösen, indem Sie aus einer der beiden Gruppen die doppelten Zeichen entfernen.

- Ihre erstellten Klassen, die ja immer den gleichen hängenden Wert haben, können Sie jedoch gleichzeitig in mehrere Gruppen aufnehmen. Das erspart viel Arbeit …

Hinweis
Mit hängenden Zeichen kann man auch negativ einziehen – also einrücken statt ausrücken.

Hängende Zeichen wirken immer:
Im Blocksatz, im Flattersatz, bei Texteinzügen, bei Tabulatoren, in Tabellen, bei verdrängenden Boxen, auf dem Textpfad, bei Absatzlinien usw.

»Hängende Zeichen« ist eine Absatzeigenschaft
Unterschiedliche Absätze können unterschiedliche Einstellungen besitzen – im jeweiligen Absatz sind sie gleich.

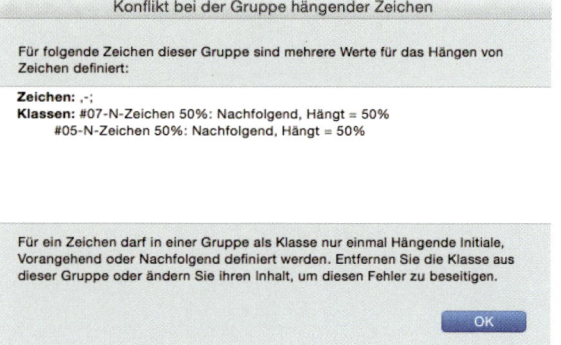

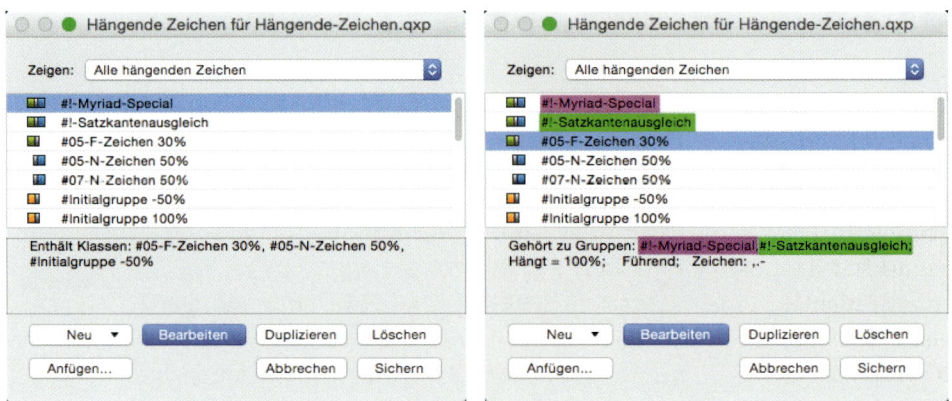

Die selektierte Gruppe (*#!-Myriad-Special* – links oben, Blau hinterlegt) enthält drei Klassen. Die selektierte führende Klasse (*#5-F-Zeichen 30%* – rechts oben, Blau hinterlegt) gehört zu zwei Gruppen – jeweils Grün oder Magenta hinterlegt.

Initiale

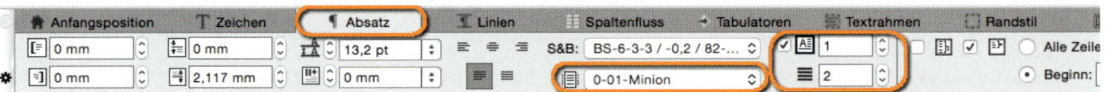

Das Inital und das hängende Initial. Für diesen Absatz ist ein einbuchstabiges *Initial* über zwei Zeilen eingestellt – siehe Bild oben. Die automatische Herausrückung aus der Spalte von 50 Prozent erfolgt über die *Hängende Gruppe* »0-01-Minion«. Diese *Gruppe* enthält eine *hängende Initial-Klasse* von 50 %. Das geht so

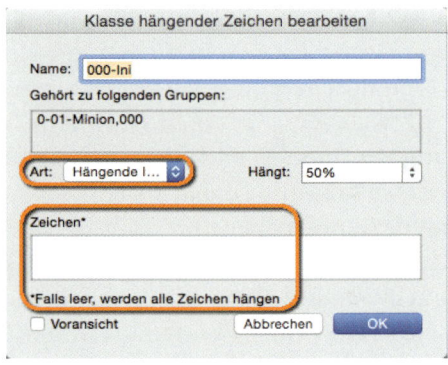

einfach und so schnell! Warum? Nehmen Sie in die Initial-Klasse *kein einziges* Zeichen auf, dann reagieren alle Zeichen auf den Initial-Befehl.

Initial-Limitierungen. Neben der Anzahl Zeichen können Sie in der *Maße*-Palette auch wählen, über wie viele Zeilen (minimal 2 – maximal 16) sich das Initial erstrecken soll. Maximal können Sie die ersten 127 Zeichen eines Absatzes als Initial formatieren.

Das zweizeilige Initial gleicher Schriftart Minion Pro wurde über die Zeicheneigenschaft auf 166,67 Prozent (233,3 % wären 4 Zeilen – maximal möglich sind 1600 %) gestellt und hat somit die Höhe von drei Zeilen erreicht.

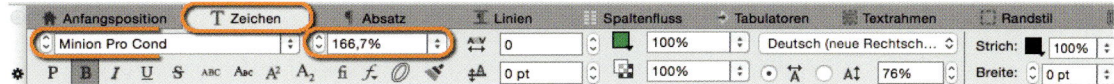

Andere Initialschrift. Ein Initial kann wie jedes andere Textzeichen markiert und modifiziert werden. Die verschiedenen Schriften weisen bei identischer Schriftgröße oft unterschiedliche Versalhöhen aus. Daher kann man beim Schriftenmix in der Regel nicht mit der automatischen Initialhöhe nach XPress-Vorgaben von 100 % arbeiten. Hier müssen Sie experimentieren. Ein solches Initial sollte natürlich eine eigene Zeichenstilvorlage erhalten. Dann kann das Initial auch über die Funktion *Bedingte Stile* automatisch einem Absatz in perfekter Formatierung zugewiesen werden.

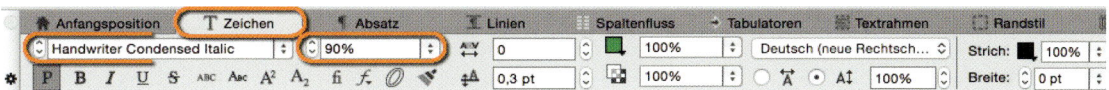

Den Absatz-Zusammenhalt optimieren

Absätze haben nicht nur Eigenschaften, die sie von anderen Absätzen entfernen (Abstand vor und nach), sondern es gibt auch zwei Optionen, die den Zusammenhalt organisieren.

Mit nächstem ¶ zusammenhalten. Damit ein Zwischentitel beim Textumbruch immer mit dem nachfolgenden Text zusammengehalten wird, markieren Sie diese Zeile und aktivieren die Funktion *mit nächstem ¶ zusammenhalten*. Dadurch kann XPress z. B. keinen Zwischentitel als letzte Zeile in einer verketteten Textbox stehen lassen. Das führt mitunter allerdings zu Leerzeilen am Ende der Spalte vor diesem Zwischentitel, so dass Sie manuell nacharbeiten müssen. Für Überschriften bietet sich folgende Einstellung an: Absatz an den Folgeabsatz »ankleben« und *Absatz komplett zusammenhalten*:

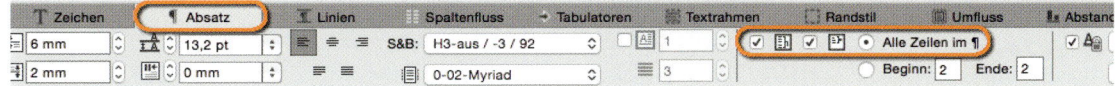

Schusterjungen und Hurenkinder oder Witwen und Waisen vermeiden. Um zu verhindern, dass QuarkXPress auf der letzten Zeile einer Spalte doch noch einen neuen Absatz beginnt (Witwe/Schusterjunge) oder einen Absatz auf der ersten Zeile einer neuen Seite oder Spalte beendet (Waise/Hurenkind), steht der Befehl *Zeilen zusammenhalten* zur Verfügung. Sie haben die Wahl zwischen *Alle Zeilen im ¶ zusammenhalten* (vor allem für Headlines und für Kleinanzeigen-Umbruch geeignet, wo eine Anzeige immer zusammengehalten werden soll) und *Beginn* und *Ende* (für Buch- und Zeitschriftenumbruch geeignet). Die zweite Option erlaubt die Definition, wie viele Zeilen am Anfang oder am Ende des Absatzes zusammengehalten werden müssen. Diese Regelungen können zu leeren letzten Zeilen einer Spalte führen. Manchmal werden Witwen/Schusterjungen auch geduldet, Waisen/Hurenkinder aber nicht, dann sieht die Einstellung so aus: *Beginn: 1* = Schusterjungen erlaubt – *Ende: 2 (oder höherer Wert)* = Hurenkinder nicht erlaubt.

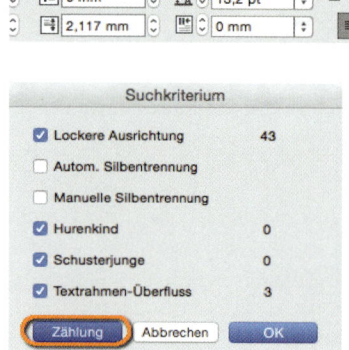

Umbruchprobleme suchen und finden. Zum Auffinden von möglichen Umbruchproblemen reicht Ihnen XPress die Hand:

❶ Wählen Sie dazu über das Menü *Hilfsmittel | Zeilen prüfen | Suchkriterium*.

❷ Selektieren Sie durch Häkchensetzen, was Sie suchen möchten, lassen XPress nun *zählen* und geben dann *OK*.

❸ Wenn Ihr Cursor gerade im Text steht, können Sie sofort mit *Hilfsmittel | Zeilen prüfen | Erste Zeile* zur ersten Fehlerstelle im Layout springen.

❹ Mit dem Befehl ⌘+Ü / strg+. (*Nächste Zeile*) können Sie ab dann nach Löchern im Satz (Lockere Ausrichtung), Übersatztext (Textrahmen-Überfluss), Witwen usw. weitersuchen.

Grundlinienraster – »Am Raster verriegeln«

Mit QuarkXPress können Sie – wie mit anderen Layoutprogrammen auch – den Text über eine Absatzeigenschaft auf ein Grundlinienraster zwingen. Da XPress für ostasiatischen (China, Japan und Korea = CJK) Satz auch senkrechte Raster möglich macht, heißt der Befehl in XPress *nicht* mehr »am Grundlinienraster ausrichten«, sondern *am Raster verriegeln*.

Die Funktion *am Raster verriegeln* ist eine sehr starke Kraft. Häufig kommt bei Supportwünschen die Frage: »Ich bekomme den Text auf der Seite nicht weiter oben platziert, er bleibt einfach stehen!« Zu 99 Prozent befindet sich dann dort oben kein Grundlinienraster mehr.

Absatz auf Grundlinienraster legen. Durch Aktivieren der Funktion *am Raster verriegeln* werden sofort zwei Einstellungen wirksam: Der Absatz steht entweder auf dem *Seitenraster* oder manchmal auch auf einem *Textrahmenraster*. Normalerweise richtet sich der Text mit seiner *Grundlinie* am Text aus – nur für Spezialfälle und CJK-Satz bieten sich auch die Optionen *Oberlinie*, *Mittellinie* und *Unterlinie* an. Mehr zur praktischen Anwendung von *am Raster verriegeln* und zur Definition der verschiedenen Raster haben Sie im Abschnitt über »Designraster und Seitenraster« erfahren.

Der Text steht auf Grundlinienraster

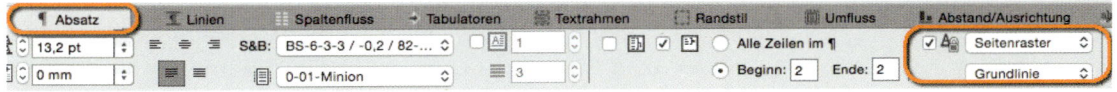

Aufzählungszeichen und Nummerierungsstile

In Textverarbeitungen und im HTML-Code für Websites gibt es drei Formatierungsarten, um Text schnell und effizient zu gliedern und den Text leichter lesbar zu machen: nummerierte Aufzählung (OL = ordered list), Aufzählung mit Aufzählungszeichen (UL = unordered list) und Gliederungseinrückung (blockquote). Quark fasst in XPress diese Text-Auszeichnungen seit Version 9 in verschiedenen erweiterbaren Ressourcen zusammen, die miteinander kombiniert werden können und als Absatzeigenschaft an den Text übergeben werden.

Falls Ihnen in QuarkXPress diese Funktionen bisher unbekannt sind, erschließen Sie sich die vielen Möglichkeiten in der hier vorgeschlagenen Reihenfolge.

Keine und einfache Gliederung. Der »Normalzustand« für einen XPress-Absatz ist, dass keine Gliederung oder Aufzählung aktiv ist – daran zu erkennen, dass bei »•/123« der Eintrag *Keine* im Dropdown-Menü angezeigt wird.

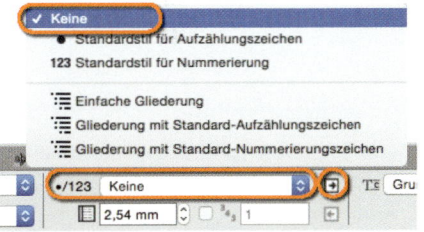

Durch cmd+ß / strg alt +4 oder einen Klick auf den *Einzug-vergrößern-Pfeil* rechts neben dem Dropdown-Menü wird die Gliederungsebene *Keine* zur *Einfachen Gliederung* erhöht – bis zur maximal 9. Ebene. Die einzelnen Einrückungswerte sind in der Ressource *Einfache Gliederung* hinterlegt und können von Ihnen verändert werden.

Angewendet: *Eine Ebene eingerückt* – wie häufig Sie die Gliederungsebene erhöht haben, kann man nicht auslesen. Mit dem Befehl cmd alt +ß / strg alt ⇧ +4 oder einem Klick auf den darunter platzierten *Einzug-verkleinern-Pfeil* wird die Gliederungsebene wieder verringert.

Der erzielte Einrückungs-Effekt entspricht optisch dem Absatzbefehl *Linker Einzug.*

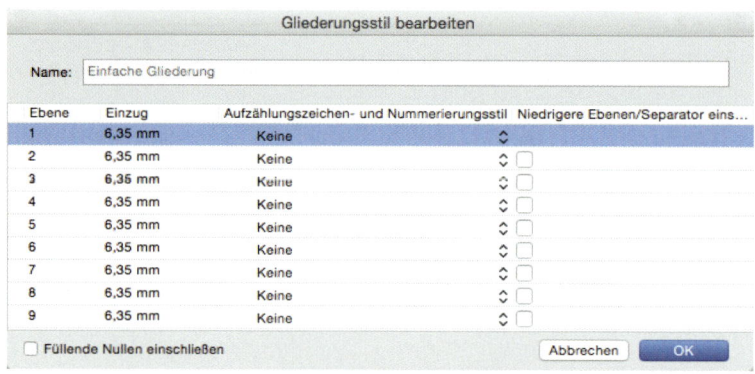

Einzugswerte für einfache Gliederungen. Die einzelnen Einrückungswerte sind in der Ressource *Bearbeiten | Aufzähl.-, Nummerierungs- und Gliederungsstile | Einfache Gliederung* hinterlegt und können von Ihnen so verändert werden, dass sie zu den von Ihnen normalerweise erwünschten Einzügen für Aufzählungen harmonieren – dazu gleich mehr.

Einfache Gliederung – der stufenweise anwendbare Befehl erhöht/verringert nur den Einzug eines Absatzes auf der linken Seite.

- **Standardstil für Aufzählungszeichen – unnummerierte Aufzählungen.** Auch mit der Option im Dropdown-Menü •*/123 | Stan-*

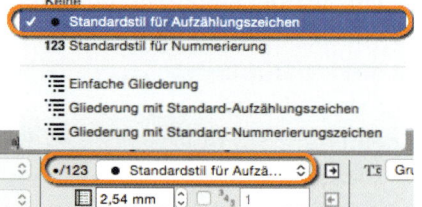

dardstil für Aufzählungen* wird eine Ressource aufgerufen, die von Ihnen verändert werden kann: *Bearbeiten | Aufzähl.-, Nummerierungs- und Gliederungsstile | Standardstil für Aufzählungen.*

In der von QuarkXPress voreingestellten Ressource wird nur der Bullet • (Unicode-Zeichen 2022 – auch Aufzählungszeichen genannt) genutzt. Das oder die Zeichen werden in der Schriftart des Absatzes (bzw. der Schrift in der Stilvorlage – *A Vom Absatz übernehmen*) *links*bündig um *6,35 mm außer*halb (!) der Spalte in *100 % Größe* platziert. Das Beispiel sieht bei unserer Satzschrift Minion Pro folgendermaßen aus:

- Dieser Absatz ist durch den Standardstil für Aufzählungen verändert worden.
- Er zeigt deshalb einen automatischen Aufzählungsbullet, der mit 6,35 mm sehr weit außerhalb der Spalte steht.

Einfache unnummerierte Aufzählungen in der Praxis
Das Konfigurieren automatischer Aufzählungen ist schnell erlernt:

❶ Suchen Sie in der *Glyphen*-Palette ein Zeichen aus Ihrer Absatz- schrift, das Sie gerne als Aufzählungszeichen benutzen möchten, und fügen Sie es in Ihren Text ein. Nun schneiden Sie es mit cmd+X / strg+X in die Zwischenablage aus.

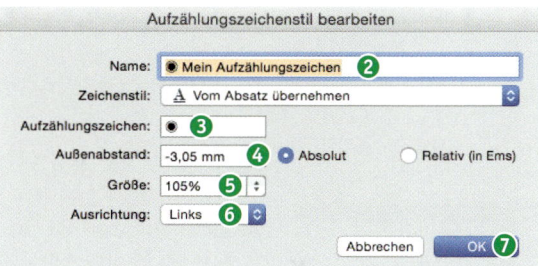

❷ Duplizieren Sie nun die Ressource *Bearbei- ten | Aufzähl.-, Nummerierungs- und Glie- derungsstile | Standardstil für Aufzählungs- zeichen* und benennen Sie diese um.

❸ Fügen Sie das *Aufzählungszeichen* mit cmd+V / strg+V in das passende Feld ein.

❹ Geben Sie als *Außenabstand* (manchmal mit minimal größerem Wert) den von Ihnen gewünschten Abstandswert *negativ* an.

❺ Die *Größen*anpassung erfolgt meist später.

❻ *Links* für linksbündig ist fast immer zu wählen.

❼ Mit *OK* und mit *Sichern* verlassen Sie die Ressourcen-Definition.

❽ Setzen Sie die Texteinfügemarke mitten in den Absatz, den Sie zu einer Aufzählung machen wollen.

❾ Weisen Sie diesem Absatz Ihren neuen Aufzählungsstil zu.

⊚ So sieht das Ergebnis der vorhergehenden Einstellarbeit mit flatternder linker Kante mit der Minion Pro aus. Es fehlen uns aber noch ein oder zwei Einstellungsarbeiten.

❿ QuarkXPress ist so voreingestellt, dass dem Aufzählungs- oder Nummerierungszeichen der Text nicht dicht auf die »Pelle« rücken darf. Diesen Mindestabstand setzen Sie in der *Maße*-Palette nun auf 0 mm herunter:

⊚ Hier das Formatier-Ergebnis mit *0 mm Mindestabstand* bei der Aufzäh- lung. Wenn Sie dem Absatz nun noch einen *Linken Einzug* von 3 mm geben, erfolgt die Aufzählung genau innerhalb des Satzspiegels:

⊚ Aufzählung mit 3 mm linkem Einzug des Absatzes und -3,05 mm Außenabstand des Aufzählungszeichens.

⊚ Nehmen Sie ähnliche Voreinstellungen in eine Absatzstilvorlage auf!

Im HTML-Code nennt man diese Aufzählungs- art »Unordered List« (UL). Sind unter *Ansicht* die *Sonderzeichen* sichtbar, erkennen Sie automati- sche UL- oder OL-Listen an hinterlegten (grauen) Flächen.

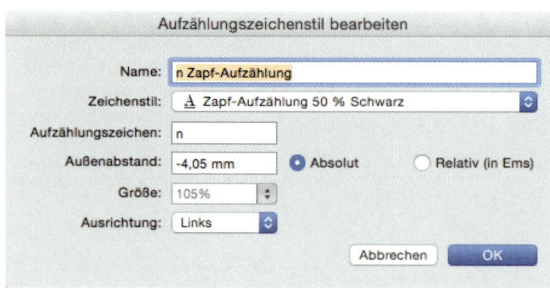

Aufzählungszeichen aus anderer Schrift oder mit anderer Farbe. Wenn Ihre Schrift nicht das gewünschte Zeichen enthält oder Sie das auffällige Zeichen durch Abtönung dezenter darstellen wollen, müssen Sie eine eigene Zeichenstilvorlage definieren und in einen Aufzeichnungsstil integrieren. Hier wurde eine Zeichenstilvorlage mit Zapf Dingbats und 50 % schwarzer Farbe erstellt und auf den folgenden Absatz angewandt:

◾ Das »n« der Zapf Dingbats erzeugt bei gleicher Schriftgröße ein relativ großes Quadrat, das optisch sehr mächtig erscheint.

◾ Der Abstand ist deswegen auf 4 mm erhöht und die schwarze Farbe auf 50 % abgetönt worden.

123 Standardstil für Nummerierung. Diese Ressource kann unter *Bearbeiten | Aufzähl.-, Nummerierungs- und Gliederungsstile | Standardstil für Nummerierung* editiert werden.

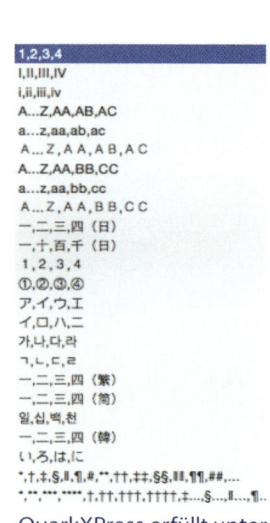

QuarkXPress erfüllt unter *Formate* fast jeden Wunsch der automatischen Nummerierung.

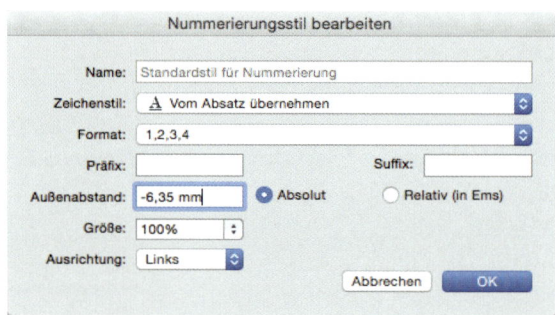

XPress greift hier auf die 1,2,3-Nummerierung zurück. Die *links*bündige Ausrichtung führt bei zweiziffrigen Zahlen oft zu ungewolltem Erscheinungsbild.

9 Dieser Absatz ist durch den Standardstil für Nummerierung verändert worden. Der Zählbeginn wurde zusätzlich auf »9« gesetzt.

10 Er zeigt deshalb eine automatische Nummerierung, die linksbündig mit 6,35 mm weit außerhalb der Spalte steht. Der Mindestabstandswert (hier von 2,54 mm) ist nicht erreicht – so entsteht eine saubere Kante.

Nummerierungsbeginn definieren. Ist eine automatische Nummerierung eingestellt, wird darunter die Option zum Startpunkt *Neu nummerieren* freigegeben. Seit Version 12.1 ist auch ein Start mit Ø möglich.

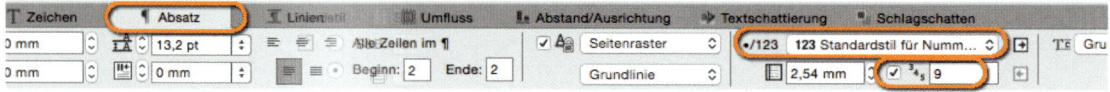

Einfache nummerierte Aufzählungen in der Praxis

Auch das Konfigurieren automatischer Aufzählungen ist mit dem bis hierher erarbeiteten Know-how schnell erlernt. Es kann für einziffrige Zahlen wie bei der normalen Aufzählung verfahren werden – bei zweiziffrigen Zahlenwerten empfiehlt sich hingegen folgende Vorgehensweise:

Im HTML-Code nennt man diese Aufzählungsart »Ordered List« (OL). Sind unter *Ansicht* die *Sonderzeichen sichtbar*, erkennen Sie automatische UL- oder OL-Listen an hinterlegten (grauen) Flächen.

❶ Duplizieren Sie die Ressource *Bearbeiten | Aufzähl.-, Nummerierungs- und Gliederungsstile | Standardstil für Nummerierung* und benennen Sie diese sinnvoll.

❷ Bleiben Sie beim 1,2,3,4-Format.

❸ Präfix und Suffix können später hinzugefügt werden.

❹ Geben Sie als *Außenabstand* den von Ihnen gewünschten Abstandswert, der zwischen Zahl und Text entstehen soll, *negativ* an.

❺ Die *Größen*anpassung ist bei übernommenem Stil selten nötig.

❻ *Rechts* für rechtsbündig ist bei zweiziffrigen Zahlen zu empfehlen.

❼ Mit *OK* und mit *Sichern* verlassen Sie die Ressourcen-Definition.

❽ Setzen Sie die Texteinfügemarke mitten in den Absatz, den Sie zu einer Aufzählung machen wollen.

❾ Weisen Sie diesem Absatz Ihren neuen Aufzählungsstil zu.

9 So sieht das Ergebnis der vorhergehenden Einstellarbeit automatisch *ohne* flatternde rechte Kante mit Zählbeginn »9« aus.

10 Deshalb so einfach: Rechtsbündige (!) Zahlen (und Aufzählungszeichen) ignorieren grundsätzlich die Definition des Mindestabstands.

❿ Möchten Sie, dass die Aufzählungszeichen innerhalb des Satzspiegels bleiben, stehen zwei Methoden zur Verfügung. Die erste: Stellen Sie einen *linken Einzug* ein, der die Zahlen in die Spalte holt.

11 Der Einzug für diesen Absatz beträgt 5 mm (mit unsauberem linken Rand bei »11«, weil bei den OpenType-Optionen für den Absatz proportionale Ziffern und keine Tabellenziffern eingestellt wurden.

12 Mit 5 mm werden die Schriftbreite für zwei Ziffern sowie die 2 mm Abstand zwischen Text und Aufzählungszeichen berücksichtigt.

Benutzen Sie deshalb für die Ziffern Zeichenstile, die als OpenType-Definition auf Tabellenziffern zurückgreifen!

Die zweite Methode wird auf der nächsten Seite vorgestellt.

In Gliederungsstilen können Sie UL- und OL-Listen sogar miteinander kombinieren. Ein Beispiel: Die erste Ebene wird mit Zahlen nummeriert, während die zweite Ebene nur Aufzählungszeichen erhält.

Das Meisterstück – Gliederung kombiniert mit Aufzählung

Bis jetzt haben wir nur die einfache Gliederung oder eine der beiden Aufzählungsarten (UL- oder OL-Listen) genutzt – manchmal in Kombination mit dem linken Einzug des Absatzes. XPress bietet die Möglichkeit, Gliederung und Aufzählungen zu verbinden: zu einer mehrfach verknüpften Ressource. Damit können Sie dann auf die Definition des linken Einzugs verzichten.

Das benötigen Sie, damit eine automatische UL- und/oder OL-*Aufzählungsgliederung* für den Anwender reibungslos funktionieren wird:

- mindestens eine *Zeichenstilvorlage* für das Aufzählungszeichen oder die Nummern,
- mindestens einen *Stil für Aufzählungszeichen* oder einen *Stil für Nummerierung*, der die dazu passende Zeichenstilvorlage enthält.

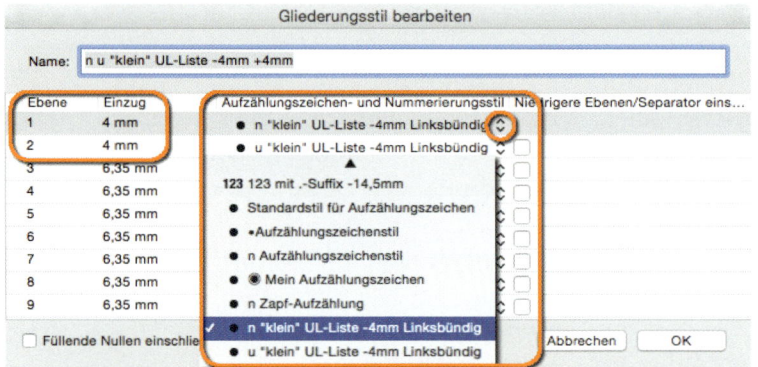

Gliederungsstile in der Praxis

⑪ Duplizieren Sie die bestehende Ressource *Bearbeiten | Aufzähl.-, Nummerierungs- und Gliederungsstile | Einfache Gliederung* und benennen Sie – eventuell auch erst später – die neue kombinierte Ressource noch sinnvoll um.

Im Beispiel wird eine abgestufte UL-Liste aufgebaut, die auf der ersten Ebene ein »n« und auf der zweiten Ebene ein »u« (beide aus der Zapf Dingbats) aufrufen wird. Grundlage sind zwei Aufzählungszeichenstile.

⑫ Wählen Sie im Dropdown-Menü für *Aufzählungszeichen- und Nummerierungsstil* die gewünschte Ressource für jede Ebene aus und steuern Sie dann beim Ebenen-Einzug wieder gegen den aus den Aufzählungsstilen mitgebrachten Einzug.

⑬ Mit *OK* und mit *Sichern* verlassen Sie die Ressourcen-Definition.

⑭ Setzen Sie die Texteinfügemarke mitten in den Absatz, den Sie mit einer gegliederten Aufzählung versehen wollen, und weisen Sie Ihren neuen Gliederungsstil im Dropdown-Menü zu. Beachten Sie den Mindestabstand. Erhöhen oder verringern Sie bei Bedarf die Gliederungsebene:

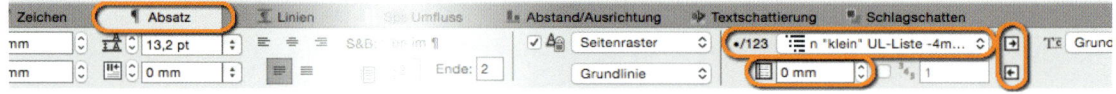

- Das Ergebnis der Einstell-Arbeit: Die *erste* Ebene erhält ein kleines »n« aus der Zapf Dingbats.
  - Die *zweite* Gliederungsebene wird mit einem kleinen »u« – ebenfalls aus der Zapf Dingbats – geschmückt.
- Zurück in die *erste* Ebene – nun übernimmt wieder das kleine Quadrat die führende Rolle.

Weitere Optionen für nummerierte Gliederungen

Nummerierungen können über *123-Nummerierungsstile* auch mit Präfixen/Suffixen versehen werden. Diese Nummerierungsstile sollten Sie in Gliederungsstile integrieren. Ein typischer Anwendungsfall ist, dass hinter den Zahlen (= Suffix) automatisch ein Punkt eingesetzt wird, damit aus »Eins« dann ein »Erste« wird. Versehen Sie das Präfix mit einer öffnenden und das Suffix mit einer schließenden Klammer wird die Nummerierung eingeklammert »(1)«. Geben Sie

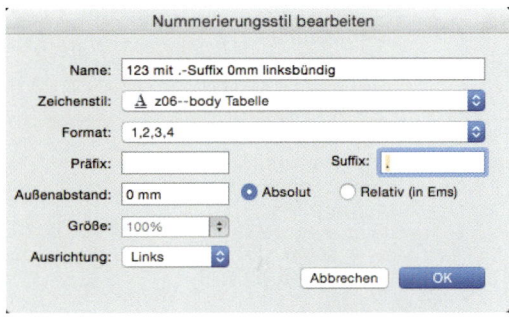

als Präfix ein §-Zeichen und dahinter einen Leerschlag ein, erhalten Sie automatisch eine Paragraphen-Nummerierung »§ 1« usw.

In die Präfix- und Suffix-Felder können mehrere Zeichen eingegeben werden – äußerst praktisch.

Wissenschaftliche Aufzählungen. Um für wissenschaftliche Aufzählungen schnell praktikable Einstellungen – die Zahlen sind oft linksbündig! – zu erzielen, sollten Sie beim Konfigurieren schon wissen, ob zweistellige Werte in den einzelnen Kapiteln erreicht werden – oder eher doch nicht. Gegenüber den alten tabulatorgestützten Techniken fallen die Nachjustiererei und Satzarbeit aber wesentlich geringer aus, wenn sich nachträglich doch zwei- oder nur einstellige Zahlen ergeben sollten. Die aktivierte Option *Füllende Nullen einschließen* würde im folgenden Beispiel aus »2.1.« ein »2.1.0.« erzeugen.

Relative Abstände
Solange die Schriftgröße noch nicht bekannt ist, bietet sich manchmal an, die Abstandsdefinition zuerst relativ zur Schriftgröße in Gevierten – Relativ (in Ems) – zu definieren: 1 Ems entspricht einem Geviert.

1. Kapitel 1 (erste Ebene)
2. Kapitel 2 (erste Ebene)
   2.1. Erstes Unterkapitel zu Kapitel 2
   2.2. Zweites Unterkapitel zu Kapitel 2
      2.2.1. Erstes Unterkapitel zu Unterkapitel 2.2.
10. Kapitel 10 (erste Ebene)
    10.1. Erstes Unterkapitel zu Kapitel 10
    10.10. Zehntes Unterkapitel zu Kapitel 10
       10.10.10. Zehntes Unterkapitel zu Unterkapitel 10.10.

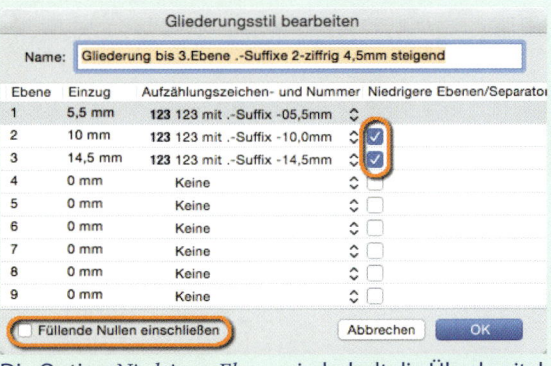

Die Option *Niedrigere Ebene* wiederholt die Überkapitel

Kurzbefehl für Absatzlinien

Drei Längen-Optionen

Im Dropdown-Menü finden Sie *Einzüge, Text* und das neuere *Spalte*. Seit es *Spalte* gibt, benötigt man *Einzüge* deutlich seltener.

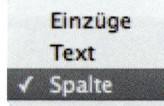

Absatz-Trennlinie verschwunden?

Arbeiten Sie mit prozentualen Abstandswerten, verschwindet die Trennlinie, wenn der Absatz an das obere oder untere Ende einer Spalte gerät.

Absatzlinien – Linie oben/unten

Obwohl Quark der *Maße*-Palette vier eigene Tabs für (Absatz-)Linien, Tabulatoren, Spaltenfluss (QX 2017) und auch Textschattierung (QX 2017) spendiert hat, gehören diese Optionsbereiche zu den Absatz-Attributen. Diese Eigenschaften werden also auch weitergegeben, wenn Sie mit Absatzstilvorlagen arbeiten.

Mit dem Befehl *cmd-Umschalttaste-N* gelangen Sie am Mac direkt in der *Maße*-Palette in das Register ⊥ *Linien* – unter Windows mit *strg-Umschalttaste-N* in den Tab *Linien* des *Absatzattribute*-Fensters. Sie können sowohl über als auch unter Absätzen Linien erzeugen lassen. Wenn sich die Absätze verschieben, laufen diese Linien mit – im Gegensatz zu Linien, die mit dem normalen Linienwerkzeug gezogen wurden (solche Linien sind also »absolut« platziert und bleiben bei Textumläufen stehen, wenn sie nicht verankert wurden). Daher eignet sich dieser Befehl für diverse Anwendungen im Bereich tabellenähnlichem Satz, Titelauszeichnungen, Raster- und Negativbalken.

Absatz-Trennlinie. Standardmäßig verwendet XPress einen oberen und einen unteren Versatz von 0 % und arbeitet dann im *Absatz-Trennlinien-Modus*. Die Linien erscheinen erst bei Eingabe eines *Returns* innerhalb einer Spalte (keine zwei Absätze: keine Trennlinie!) und nicht am Spaltenkopf oder Spaltenfuß. Möchten Sie in diesem Modus bleiben, müssen Sie weiterhin mit *Prozent-Werten* arbeiten. Dieser Absatz hier wird von gepunkteten Absatzschmucklinien mit 50 % *Versatz* in voller Spaltenbreite oben und unten umgeben.

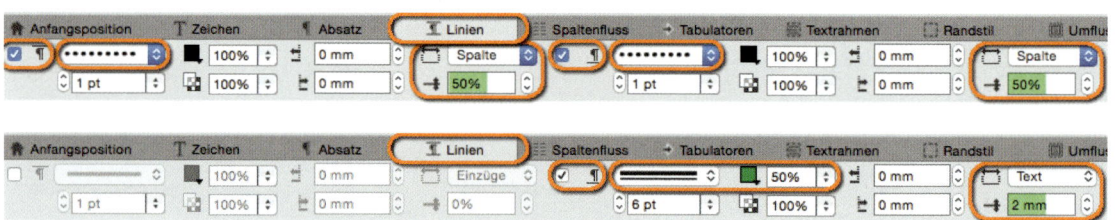

Absatz-Schmucklinie. In vielen Fällen haben Sie bis QX 2016 die Absatzlinie als Schmucklinie eingesetzt. Sie müssen dann mit präzise definierten Abständen arbeiten. Dazu überschreiben Sie den Prozentwert mit einem Millimeter- oder Punktwert. Der Versatz bei der *Linie unten* von z. B. 2 Millimeter bezieht sich dabei immer auf den Abstand zwischen der Schriftlinie und der oberen Kante der Absatzlinie. Dieser Absatz hier besitzt eine abgetönte grüne Doppel-Linie mit einem

2-mm-Versatz nach unten in Textlänge. Diese Schmucklinie erscheint auch dann, wenn noch kein *Return* gesetzt wurde und der Absatz ans Spaltenende gerät.

Hinterleger-Linie

Statt für Abschlusslinien können Sie die Linien auch als Hinterleger für einzeilige Absätze nutzen. Dazu stellen Sie einfach eine hohe Linienstärke (etwa wie der Zeilenabstand) ein und versetzen ihn passend.

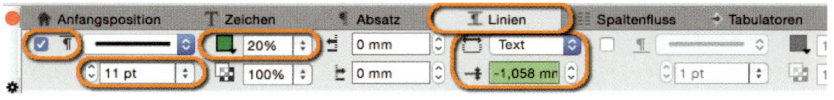

Neu in XPress 2017

Einfache Texthinterleger
Ab QuarkXPress 2017 gibt es eine sehr mächtige Texthinterlegungsfunktion – *Textschattierung* genannt (siehe eigener Abschnitt weiter hinten in diesem Kapitel).

Balken mit 2 mm Absatz-Einzug in Text-Länge

Für diesen mit dem Text mitwachsenden einzeiligen (!) Balken wurde die Schrift in Weiß gefärbt und im Absatz-Tab der *Maße*-Palette rechte und linke Einzüge mit 2 mm eingestellt. Die Absatzlinie wurde mit den gleichen negativen Werten wieder nach außen getrieben:

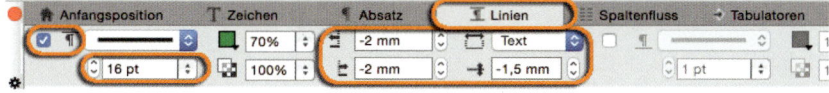

Beispiele für den Befehl »Linien oben/unten«

Linie unten

Linie oben

Linie oben und unten

Rasterbalken

Kombination

Absatzlinien skalieren manchmal nicht mit! Beachten Sie, dass die Werte für *Linien oben/unten* bei einer Größenänderung der Schrift nicht beeinflusst werden. Das Gleiche gilt auch, wenn Sie einen Textrahmen mit gedrückter cmd / strg-Taste skalieren. Greifen Sie jedoch zur hervorragenden »offiziellen« XPress-Skalierfunktion, wird es gelingen: *Fenster | Skalieren-Palette | Optionen-Dropdown | Skalierungseinstellungen | Text skalieren aktiv | Absatzattribute skalieren aktiv.* Nun werden die Absatzlinien ebenfalls skaliert.

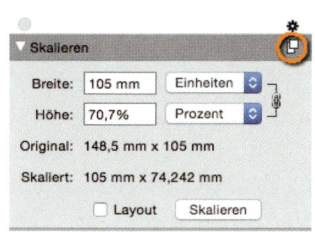

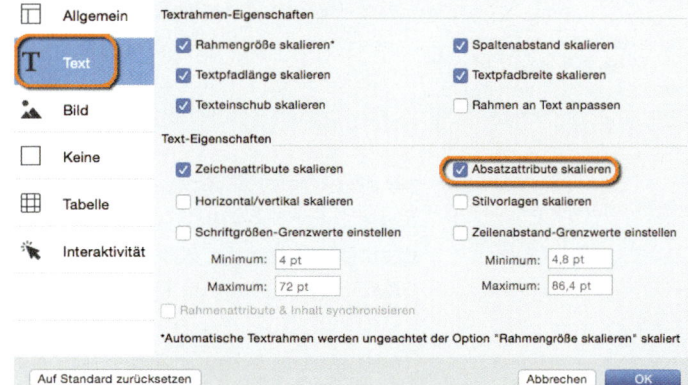

Kreativer Einsatz von »Linie oben/unten«. Mit unterschiedlichen Tonwerten kann man einzeilige Tabulator-Tabellen gestalten. Die gezeigte Tabulator-Tabelle ist mit einer *Linie oben* gestaltet.

Möchten Sie mehrere Tabellen konsistent auf die gezeigte Weise gestalten, erzeugen Sie aus den Formatierungen zwei Stilvorlagen, die Sie dann später in jedem beliebigen Textrahmen anwenden können.

Fangstatistik des Jahres 2016 *(eine Tabulator-Tabelle)*			
⇥	**Berlin**⇥	**Breisgau**⇥	**Hamburg**¶
Aale⇥	207⇥	856⇥	7877¶
Bären⇥	3⇥	7⇥	0¶
Lachse⇥	145⇥	766⇥	81¶
Welse⇥	4⇥	13⇥	6¶

Formatierungen übertragen. Innerhalb desselben Textrahmens können diese Linien als Absatzformatierung mit [alt][⇧]+Mausklick auf noch unformatierte Zeilen übernommen werden:

Mit dem Pinselquast (Format übertragen) aus der Maße-Palette können Sie die Zeichen-Formatierungen von Wort zu Wort ganz einfach übernehmen.

❶ Markieren Sie die Zeile(n), die Sie verändern wollen.

❷ Bei gedrückter Tastenkombination [alt][⇧] klicken Sie jetzt auf den Absatz, der die korrekten Formatierungen enthält.

❸ XPress überträgt nun die Absatz-Formatierungen – darunter auch die Tab-Stopp-Marken, jedoch nicht die Zeichen-Formatierungen.

Tabulatoren

Kurzbefehl für Tabulatoren

[cmd][⇧]+[T] / [strg][⇧]+[T]

Listen durch Leerzeichen?

Man möchte es nicht glauben, aber es ist Realität: Auch nach Einführung von Textverarbeitung auf PC vor 30 Jahren werden immer noch Listen mit Hunderten von Leerzeichen anstelle von Tabulatoren aufgebaut. Und dann kommt tatsächlich die Chefin oder der Chef und möchte die ganze Liste in einer anderen Schriftart haben …

Trotz der beiden Tabellenfunktionen von QuarkXPress ist die Funktion der Tabulatoren natürlich nicht abgeschafft. Sie haben in XPress die Wahlmöglichkeit, *zellenorientierte* Tabellen mit den Tabellenfunktionen zu erstellen oder *zeilenorientierte* Tabulator-Tabellen zu setzen. Außerdem benötigen Sie Tabulatoren für viele weitere Dinge wie Inhaltsverzeichnisse, Aufzählungen usw.

In diesem Abschnitt über Absatzeigenschaften wird nur das Setzen und dazu passend das Verwalten von erzeugten Tabulatoren diskutiert – das Erzeugen und Platzieren von Tabellen wird im Abschnitt »Tabellen« in diesem Kapitel beschrieben.

So viele Tabs. Gibt es eine Begrenzung, wie viele Tabulatoren Sie pro Zeile setzen können? Ja, aber Sie werden diese wohl nicht erreichen, denn Sie können eine Tab-Position pro 1 pt (= 0,353 mm) eingeben, und XPress-Dateien können ganz schön breit werden.

Tabulatoren setzen. Wer eine korrekte Arbeitsvorbereitung vornimmt, spart Zeit und plant im Voraus, an welcher Position seine Tab-Stopps einzugeben sind. Wer also weiß, wo seine Tabulatoren stehen sollen, geht bei der Definition im Modus ➜ *Tabulatoren* der *Maße*-Palette folgendermaßen vor:

❶ Sie stehen mit dem Textcursor in einem Absatz. Sobald Sie in den Modus *Tabulatoren* der *Maße*-Palette wechseln, erscheint am oberen Rand des aktuellen Textrahmens ein Formatierungslineal.

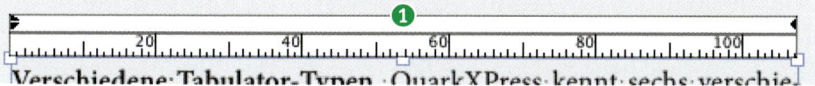

❷ Definieren Sie in der *Maße*-Palette den *Typ*
❸ und dann die *Position* des ersten Tabulators.
❹ Mit einem Klick auf *Festlegen* übernehmen Sie die Position ins Formatierungslineal.
❺ Geben Sie durch Überschreiben die nächste *Tab-Position* und einen *Typ* ein. Mit *Festlegen* übernehmen Sie diese Position usw.

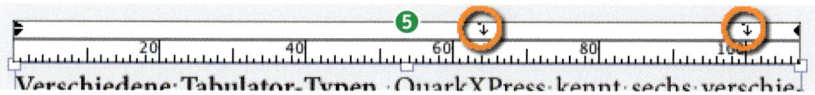

Verschiedene Tabulator-Typen. QuarkXPress kennt sechs verschiedene Tab-Stopp-Typen: Die Typen *Links*, *Zentriert* und *Rechts* sollten selbsterklärend sein. Mit *Punkt* bzw. *Komma* richten Sie den Text am Punkt- bzw. Dezimalkomma aus. Und dann gibt es einen Joker:

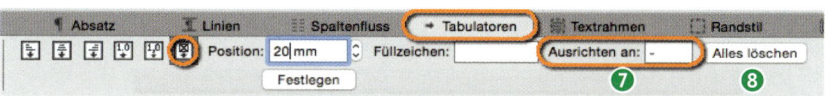

❻ *Ausrichten an* ist extrem praktisch, wenn Sie Ihren Text an einem frei wählbaren Zeichen ausrichten möchten: Wählen Sie die Option.
❼ Nun geben Sie Ihr Wunschzeichen im *Ausrichten an*-Feld ein.
❽ Alle Tab-Stopp-Marken entfernen Sie entweder per Mausklick auf *Alles löschen* oder mit einem ⌥-Klick ins Tabulator-Lineal.

Füllzeichen. Als Füllzeichen können Sie ein oder zwei Zeichen definieren, um damit beispielsweise ein Inhaltsverzeichnis übersichtlicher zu gestalten. XPress verwendet ohne Ihr Zutun immer einen Leerraum als Füllzeichen. Leider können Sie auf Schriftart und -größe der Füllzei-

---

Tab-Stopps sind Absatzeigenschaften.
Das heißt, dass der definierte Tab-Stopp für den Absatz gilt, in dem die Einfügemarke steht. Sollen mehrere Absätze dieselben Tab-Stopps erhalten, markieren Sie alle Absätze und nehmen die Tab-Stopp-Definitionen vor.

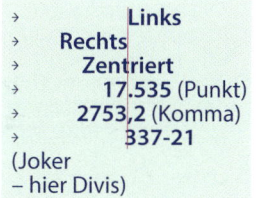

Tab-Stopp-Marke einzeln löschen
Dazu ziehen Sie die jeweilige Tab-Stopp-Marken einzeln mit der Maus aus dem Tabulator-Lineal.

chen im Modus *Tabulatoren* der *Maße*-Palette keinen direkten Einfluss nehmen. Für punktierte Linien sollten Sie aus ästhetischen Gründen meistens die Schriftgröße verkleinern und gegebenenfalls noch die Laufweite der Schrift modifizieren.

Zweiter Weg, um Tabulatoren zu setzen oder auszurichten. Sie können Tabulatoren auch manuell unter optischer Kontrolle unten aus der *Maße*-Palette in Ihre Textbox ziehen. Dazu klicken Sie einen Tabulator-Typ an und ziehen ihn ins Layout. Temporäre Hilfslinien erleichtern Ihnen die genaue Ausrichtung. Die temporären Hilfslinien sehen Sie auch, wenn Sie einen Tabulator im Lineal mit der Maus verschieben.

Der Zeilenspalter und sein Randproblem.

Bei einigen kursiven Schriften oder bei speziellen Sonderzeichen oder -schriften positioniert XPress die Zeichen hinter dem Zeilenspalter nicht mehr in derselben Zeile, sondern leider in der nächsten. Die Zeichen ragen nämlich auf der rechten Seite zu weit aus ihrem »Kegel« heraus und werden für XPress damit zum »Randproblem«. Häufig kann ein Leerzeichen vor oder hinter dem Wort das Problem verkleinern.

Der Zeilenspalter (immer rechtsbündiger Tab) übernimmt. Mit dem Zeilenspalter richten Sie den Text ab der Cursorposition nach rechts aus. Sie fügen ihn mit alt + → / strg + → ein. Dabei übernimmt der Zeilenspalter stets die Füllzeichen des vorherigen Tabulators. Der Zeilenspalter ersetzt sehr oft die Aufgaben eines rechtsbündigen Tabulators an der rechten äußeren Satzkante.

Mit dem Unterstrich als Füllzeichen erhält man schnell einen Ausfüllbereich für Formulare wie hier im Beispiel: _____

Das Tabellenwerkzeug als Hilfsmittel zur Textauszeichnung. In tabulatorgetrennten Tabellen ist das senkrechte Arbeiten oftmals mit hohem Aufwand verbunden. Da Sie QuarkXPress-Tabellen aus tabgetrenntem Text zuerst schnell erstellen und dann wieder in Text umwandeln können, stehen Ihnen ganz andere Arbeitswege offen – siehe weiter hinten im Kapitel.

Die unsichtbare Tab-Stopp-Marke

Wenn ein Absatz über einen *linken Einzug* und einen negativen *Erstzeileneinzug* verfügt, dann befindet sich an der Position des linken Einzugs ein Tab-Stopp.

In Kurzform eine Anleitung:

❶ Eine Tabulator-Tabelle soll in der vorletzten Spalte gefettet werden. Dazu wird der gesamte Tabulator-Text aktiviert, dann rufen Sie den Menübefehl *Tabelle | Text in Tabelle konvertieren…* auf.

❷ Sie bestätigen nun einfach die XPress-Vorschläge und erhalten eine Zellen-Tabelle.

❸ Sie fetten den gewünschten Text sehr komfortabel mit den speziellen Optionen der Zellen-Tabellen.

❹ Anschließend löschen Sie die Zellen-Tabelle über *Tabelle | Tabelle umwandeln | In Text…* wieder ganz einfach unter Beibehaltung der XPress-Vorschläge.

Die beiden neuen Absatz- und Textfunktionen von Quark XPress 2017 *Textschattierung* und *Spaltenfluss* werden nach den Textrahmen-Eigenschaften beschrieben, damit das neue Zusammenspiel zwischen Textrahmen und Text besser eingeordnet werden kann.

Das (halb-)automatisierte Arbeiten mit Absatz- und Zeichen-Stilvorlagen wird im Produktivitätskapitel beschrieben.

❸ Die Formgeber: Textrahmen, Textpfade und Textverdränger

Alle Glyphen und Satzzeichen – also Text – in XPress befinden sich in einem Gefäß oder Container. In XPress heißen diese Objekte *Textrahmen* oder *Text-Linien/-Pfade*. Die Position der Container im Layout, die durch mehrere Eigenschaften der Container definiert ist, bestimmt letzlich, wo der Text schlussendlich zu sehen sein wird.

Das grundlegende Regelwerk

- Text befindet sich in QuarkXPress immer in einem Rahmen oder auf einem Textpfad.
- Importieren Sie Text, und es ist kein Textrahmen ausgewählt, erzeugt XPress automatisch einen Textrahmen.
- Haben Sie Text in die Zwischenablage kopiert, können Sie den Text nur dann einfügen, wenn Sie vorher einen Rahmen oder eine Linie/Pfad selektiert haben. Bei einer selektierten Tabelle muss XPress wissen, in welche Zelle der Tabelle der Text soll.
- Achtung: XPress wandelt beim Einfügen oder Importieren von Text in ein selektiertes Objekte vom Typ »Keine« oder in Bilderrahmen diese Objekte automatisch in Textobjekte um – ohne Warnung!

Die »Kräfte« von Textrahmen als Container

❶ Besitzt der Textrahmen einen Randstil (der wird in InDesign Kontur genannt) größer als 0 pt, geht damit dem Text automatisch Platz im Container verloren. Die *Randstärke* des Randstils wirkt in XPress immer komplett nach innen!

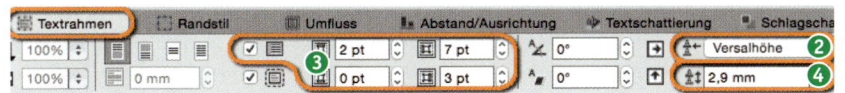

❷ Die Option *Versalhöhe, Versal + Akzent* oder *Oberlänge* im Dropdown-Menü *1. Grundlinie min.* ist wirksam, wenn der *1. Grundlinienversatz* kleiner ist als die Schrifthöhe. In XPress ist der Wert auf 0 mm voreingestellt, so dass die Option ihre Wirksamkeit entfaltet!

❸ Textabstände des Textrahmens verringern den Platz innerhalb des Containers (unterschiedliche Werte nur bei Rechtecken möglich).

❹ Die Optionen für den Versatz der ersten Textgrundlinie im Textrahmen kann den Text in einem Textrahmen nach unten drücken. Der Versatz der ersten Grundlinie berücksichtigt die Einstellung *1. Grundlinie min.*, aber *nicht* eventuell vorhandene Textabstände.

Mac: ab QX 2016
Neuer Kurzbefehl zum Sprung in das ▤ Textrahmen-Register (Textrahmen-Modus) in der Maße-Palette:
`cmd` `alt` + M

Die »sichere Methode«: Der Text (Á) stößt mit der *Versalhöhe* gegen die Spaltenränder.

Der Text (Á) stößt mit der *Versalhöhe* gegen den *Randstil* des Textrahmens. ❶

Der Text (Á) stößt nun mit der *Versal + Akzenthöhe* gegen den *Randstil* des Textrahmens. Der Text steht dadurch tiefer. ❷

Der Text wird nun durch unterschiedliche *Textabstände* des Textrahmens zusätzlich nach innen gedrückt. ❸

Versatz der 1. Grundlinie um 6 mm. Der Abstand definiert sich gegen den Randstil! ❹

Der Text ist *oben* ausgerichtet.¶
Jede weitere Zeile (oder Absatz) schiebt den Text nach unten. ❺

Der Text ist *unten* ausgerichtet.¶
Jede weitere Zeile (oder Absatz) schiebt den Text nach oben. ❻

Der Text ist *zentriert* ausgerichtet.¶
Jede weitere Zeile (oder Absatz) schiebt den Text nach oben und unten. ❼

Der Text ist im *Blocksatz* mit 0 mm ausgerichtet.¶
Jede weitere Zeile (oder Absatz) schiebt den Text zusammen. ❽

Der Text ist im *Blocksatz* mit großem Wert ausgerichtet.¶

Jede weitere Zeile (oder Absatz) füllt die Lücke. ❾

Bemerkungen zum vertikalen Keil – 1
Damit der Text korrekt auf die ganze Rahmenhöhe ausgetrieben wird, darf der letzte Absatz nicht mit einer Zeilen- oder Absatzschaltung abgeschlossen werden.

Bemerkungen zum vertikalen Keil – 2
XPress unterstützt die vertikale Austreibung als Blocksatz auch bei mehrspaltigen Textrahmen – allerdings wird der Raum nur in der letzten Spalte verteilt.

❺ Für die Ausrichtung eines Textes innerhalb eines Rahmens ermöglicht XPress neben der Grundeinstellung *Ausrichtung oben* (damit wird der Text an den oberen Rand eines Textrahmens platziert) noch drei weitere Ausrichtungsmodi: *Zentriert*, *Ausrichtung unten* und *Blocksatz*. In Setzerkreisen benutzt man für Blocksatz eher den Begriff »Vertikales Austreiben« bzw. »Vertikaler Keil«.

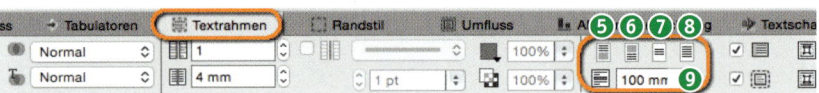

❻ In einigen Fällen ist die *Vertikale Ausrichtung Unten* sinnvoll. Für Bildlegenden am unteren Seitenrand, die eine unterschiedliche Anzahl Zeilen enthalten können, ist diese Ausrichtung optimal: Das Textende bleibt stehen, der Anfang verschiebt sich nach oben.

❼ *Ausrichtung Zentriert.* Um Schriften sauber mittig in einen Balken zu stellen, verwenden Sie die Option *Vertikale Ausrichtung Zentriert* im Modus *Text* der Maße-Palette und stellen den Rahmen auf *Versal + Akzent* um. Damit gleicht der Raum für den Akzent oben den benötigten Raum für die Unterlänge (fast) aus.

❽ Ausrichtung *Blocksatz* (Vertikalkeil). Bei dieser Ausrichtungsart verteilt das Programm den Text zwischen der oberen und der unteren Rahmenkante. Wenn im Feld *Absatzabstand max.* aber 0 mm steht, werden Zeilen- und Absatzabstände gleichmäßig vergrößert. Zu 98 % will man genau das nicht: Man möchte, dass der Platz nur zwischen den Absätzen verteilt wird.

❾ Damit die *Absatzabstände* beim vertikalen Keil mehr Raum erhalten als die Zeilenabstände, müssen Sie den Wert in diesem Feld erhöhen. Geben Sie einen sehr hohen Wert ein – z. B. 100 mm –, damit sich die Zeilenabstände nicht mehr ändern. Geben Sie kleinere Werte ein, wenn von dem »Ziehharmonika-Effekt« auch die Zeilenabstände betroffen sein sollen.

Bemerkungen zur Ausrichtung unten und Blocksatz. XPress benötigt immer Platz für die Unterlänge (bei g, j, p, q) – deswegen steht der Text in Textrahmen ohne Trickserei nie ganz unten! Dieser erhöhte Platzbedarf wirkt sich besonders negativ aus, wenn man mit möglichst kompakten Zellen-Tabellen arbeiten möchte.

Rahmengröße an Textmenge anpassen. XPress bietet Ihnen seit der Version 2016 auch ohne Zusatz-XTension die Möglichkeit, dass Sie den Rahmen in der Höhe an den Text auch mehrspaltig anpassen können: *Objekt | Rahmen an Text anpassen.*

Störenfried Nummer 1 bei vertikaler Ausrichtung. Sobald die Rahmenform eines rechteckigen Textcontainers aufgehoben wurde (unter *Objekt* | *Form* überprüfen – siehe links), schaltet XPress die Textausrichtung von *Blocksatz*, *Zentriert* und *Unten* immer auf den Standardmodus *Oben* zurück!

Störenfried Nummer 2 bei vertikaler Ausrichtung. Sobald der Text von einem verdrängenden Objekt *teilweise* (!) beeinflusst wird, schaltet XPress die Textausrichtung von *Blocksatz*, *Zentriert* und *Unten* immer auf den Standardmodus *Oben* zurück! Betrifft die Wirkungszone jedoch die Textbox in ganzer Höhe, wird die Ausrichtung wieder aktiv.

8
Der Text bleibt *unten* ausgerichtet, solange keine *partielle* Störung durch Verdrängen eintritt.

9
Der Text verliert seine Ausrichtung *unten*, weil eine *partielle* Störung durch Verdrängen eintritt.

Beispiel: Vertikales Austreiben bei Kleinanzeigen. Jede Zeitung, jede Zeitschrift kennt die Inseratspalten. Beim Umbruch dieser Spalten sollen die einzelnen Inserate eigentlich immer in einer Spalte zusammen gehalten werden, die einzelnen Spaltenhöhen sollen insgesamt aber nicht schwanken.

❖ **Diverses** ❖
Kölner Stammtisch sucht neue Mitglieder. Wir treffen uns im Burgturm, Elfenstr. 37, 51670 Köln. Immer den letzten Samstag im Monat. Weitere Infos: Tel: 0185-17099.

Bücher Restverkauf! Band 1 = Triebfahrzeuge, Band 2 = Reise- und Güterzugwagen, Doppelband im Schuber, fest gebunden über 1.200 Seiten mit 300 SW-Fotos. Erlebnisse rund um die kleine Bahn. Beide Bände für 20,– €, + 7,– € Porto. Tel: 0185-48838

❖ **Verkäufe Modellbahn** ❖
Märklin Spur 1, 55 901 Baureihe 01, Epoche III, mit großen Windleitblechen, fabrikneu im Originalkarton, Preis: 1.350,– €. Keine Versandkosten. S. Sommer, Telefon: 0185-82244.

Verkaufe **KM** 1 Lok, BR 001 230-2, Art. Nr.: 100125. Preis: 1.750,- €. E-Mail: putzaqqe22r@arcar.de

❖ **Verkäufe Literatur** ❖
Czygan Fritz, „Die Eisenbahn in Wort und Bild" in zwei Bänden, mit Doppelband im Schuber, fest gebunden über 1.200 Seiten mit 300„EVO" von 1928. VB: 200,- €. A. Franke, Tel: 0185-47923.

Viele Lkw-Dias suchen ein neues Zuhause. Niedrige Preise zugesichert. Th. Schaumann, Tel: 0175-79631.

❖ **Verkäufe Diverses** ❖
MAN Nürnberg 1923, Orenstein und Koppel Berlin 1920, Grazer 1921, Borsigwalde 1959 u.a. Ganther, an der Elbe 12, 21221 Hamburg.

Emaille-Schilder Breslau 1911, Staudinger 1913, Gotha 1928, Düsseldorf 1922, Heidel-Poznan 1927, Brand 1924. Ganther, an der Elbe 12, 21221 Hamburg.

Emaille-Schilder Empfang, Eingang, Fahrkarten- und Gepäckausgabe, Güterzug, WÜST Anfang, Wiegen 1916, Ringhoffer 1962, Bautzen 1937, Ganther, an der Elbe 12, 21221 Hamburg.

Emaille-Schilder: Achtung! Lokbetrieb, Trafostation, Düsseldorf 1922, Siegen 1916, Ringhoffer 1962, Bautzen 1937, Heidelberg 1914, Betriebsgelände, Feuerlöschgeräte, Feuerwache, Tankanlage u.a., Ganther, an der Elbe 12, 21221 Hamburg.

Biete: Lokschild 66 016 DB-GALR, Fabrikschild HENSCHEL, Weitere Infos nur E-Mail: wacken-sh-2019a@web.de

So geht's:
Kombinieren Sie die Befehle *Blocksatz mit Wert größer 0* – wie auf der vorherigen Seite unter Punkt ❾ diskutiert – mit dem Absatzbefehl *Alle Zeilen zusammenhalten* (siehe Abschnitt »Den Absatz-Zusammenhalt optimieren weiter vorn in diesem Kapitel).

Textrahmen können Text gedreht oder schräg laufen lassen

Autor: Netzer/Hagemann

Gedrehte Schriften. Fotozeilen zu Bildern laufen oft senkrecht neben den Bildern, damit dem Copyright Rechnung getragen, die optische Wichtigkeit aber reduziert wird. Drehen Sie einfach die Schreibrichtung anstatt die ganze Box um 90° – saubere Koordinaten sind der Gewinn. Im Texteditor (cmd + ⇧ + Ü / strg + 8) lassen sich gedrehte Texte perfekt überarbeiten.

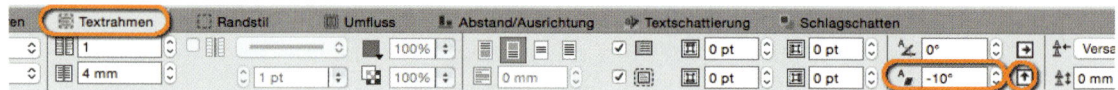

Dieser Text wurde über den Textrahmen mit +10° Kursiv gestellt.

Dieser Text wurde über den Textrahmen mit −10° kursiviert und gespiegelt.

Geneigte Schriften. Über die *Textrahmen*-Eigenschaften können Texte auch manuell kursiv gestellt werden: ein Mittel, um Überschriften Dynamik zu verleihen oder Spiegeleffekte zu generieren. Die folgende Headline ist aus Textrahmen für jeden Buchstaben zusammengesetzt.

Geneigt

Das Verhalten von Text auf Textpfad

Nicht nur Textrahmen können als Textcontainer dienen, sondern auch Textpfade oder -linien. Eine ganz »normale« Linie in eine Textlinie umzuwandeln ist ganz einfach: Doppelklicken Sie bei aktivem *Textinhaltswerkzeug* (T) einfach mal eine Linie – und schon können Sie darauf schreiben! Text auf Pfad ist natürlich immer einzeilig, er lässt sich jedoch wie die anderen Textcontainer auch mit Textrahmen und anderen Textpfaden verketten.

QuarkXPress mit sanftem Schwung

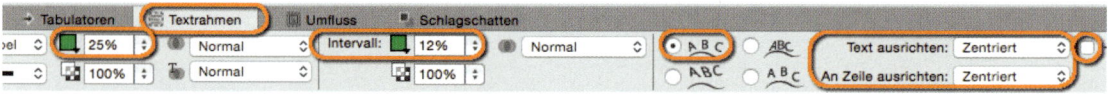

Textpfad / Textrahmen

In älteren XPress-Versionen hieß die Beschriftung des Tabs in der Maße-Palette für den Textpfad ebenso – in einigen Versionen nun leider Textrahmen.

Testphase

Wenn Sie sich die Möglichkeiten durch Ausprobieren erschließen wollen, nutzen Sie zuerst genügend dicke Linien – z. B. von 10 pt. Sonst sind einige Effekte nicht genügend auffällig.

Die Möglichkeiten von Text auf Pfad. In QuarkXPress kann der Pfad (Linie), auf dem der Text läuft, eigene Eigenschaften haben. Diese gehen also nicht wie im Illustrator verloren. Im oberen Beispiel wurde ein »Doppel«-Pfad von 8 pt Stärke genutzt, der unterschiedliche Farbtöne erhielt. Die Ausrichtung der Buchstaben erfolgt parallel zur Linie (in XPress *kurvenförmiger Text* genannt). *Text-* und *Zeilenausrichtung* sind *Zentriert* ausgerichtet: Ober- und Unterlänge der Buchstaben sind somit (fast) gleichweit von der Mitte des Pfades entfernt.

Mit Unterlänge Oben über Linie

Mit Oberlänge Unten an Linie

Mit Grundlinie Unten auf Linie

Zentriert und gespiegelt

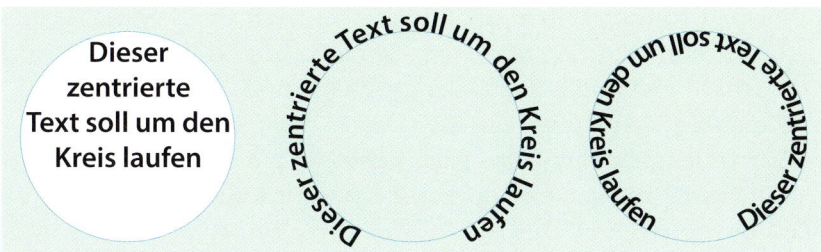

Text um einen Kreis. In kaum einem anderen Programm ist das Erzeugen von Text um einen Kreis so einfach zu realisieren wie mit Quark XPress (nur Freehand war noch komfortabler):

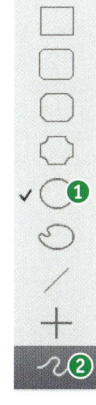

❶ Schreiben Sie den Text in einen Kreis und formatieren ihn zentriert.
❷ Verändern Sie unter *Objekt | Form* vom *Kreis* zu *Pfad* und schon läuft der Text außen herum.
❸ Wenn der Text innen laufen soll, spiegeln Sie die Schreibrichtung um den Pfad in der *Maße*-Palette im Textrahmen-/Textpfad-Tab ganz rechts außen.

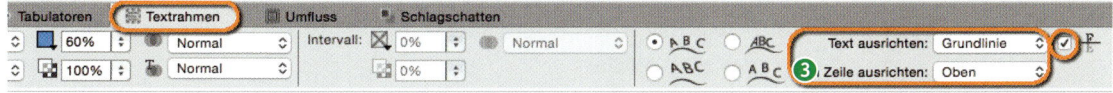

Die Schere und der Textrahmen. Jeden beliebigen Textrahmen – auch innerhalb verketteter Rahmen – können Sie ebenfalls mit dem Werkzeug *Schere* zu einem – meist wohl rechteckigen – Textpfad umwandeln. Dazu klicken Sie mit der Schere auf den Rand der Box. Nun weist Sie QuarkXPress sogar auf die Konsequenzen hin. Am Durchschneidepunkt wird der Text nun linksbündig oder als Blocksatz starten.

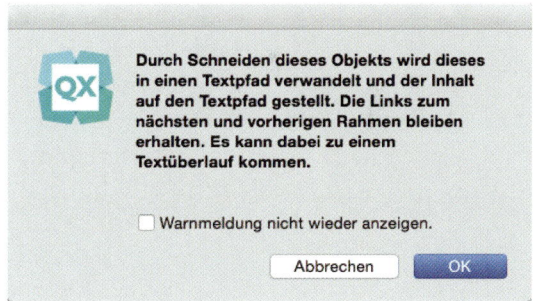

Hinterlegtes Wort durch Text auf Pfad. XPress kennt bis jetzt keinen Befehl, um ein Wort mit einer Hintergrundfarbe zu unterlegen. Ein Workaround ist, dass man ein nicht zu langes Wort auf einen zur Schriftgröße passenden Pfad setzt und diesen »Pfad mit Wort« dann im Text verankert.

> Die wichtigste Eigenschaft von Text auf Pfad ist, dass dieser Text grundsätzlich nicht auf verdrängende Eigenschaften von anderen Objekten reagiert. Deswegen fehlt auch die Funktion, wie sich

In frühen QuarkXPress 2016-Versionen wird beim HTML5-Export die Seitenzahl bei Text auf Pfad noch nicht richtig umgesetzt.

Text auf Pfad verhalten sollte. In diesem Buch sind wegen dieser Eigenschaft alle feststehenden Textelemente wie Seitenzahlen (Paginas) und Kopfzeilen in den Farbflächen nicht in Textrahmen, sondern auf Textpfade gesetzt. Damit diese Textpfade für den Anwender gut handhabbar sind, besitzen sie im Buch eine Stärke von 4 mm und natürlich die Farbe *Keine*, sind also farblos.

Text auf Pfad und das Grundlinienraster. Die Absatzeigenschaft, dass Text auf einem Raster verriegelt werden kann, wirkt nicht bei Textpfaden.

Verkettete Textpfade verlieren einige Eigenschaften. Wird ein Textpfad mit einem Textrahmen oder einem weiteren Textpfad verkettet, damit der Text weiter laufen kann, werden die Textpfade bei der Option *Text ausrichten* auf *Grundlinie* gesetzt – die Funktion selbst wird ausgegraut. Es gibt keinen Workaround.

Texte umfließen andere Objekte

Beim Steuern des Umflusses sind in QuarkXPress zwei Bereiche zu unterscheiden: Einerseits muss dem Textrahmen »mitgeteilt« werden, wie er auf das Verdrängen von Objekten generell reagieren soll, und andererseits muss man den Objekten, die von Text umflossen werden sollen, sagen, wie dicht ihnen der Text auf die »Pelle« rücken darf.

Text einseitig umfließen lassen – auch als Vorgabe. QuarkXPress installiert sich mit der Voreinstellung, dass der Text in Textrahmen auf beiden Seiten um das Objekt fließt. In den Werkzeugvorgaben können Sie für das aktuelle und für alle neuen Layouts einstellen, dass der Text des Textrahmens nur einseitig umfließt.

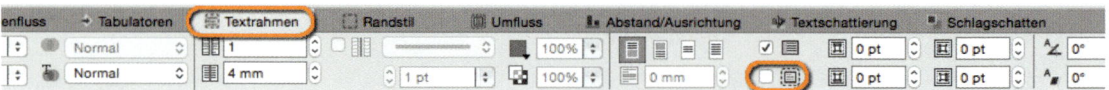

Bei beidseitigem Umfließen und größeren Objekten ist es lesefreundlicher, wenn Sie den Textrahmen zweispaltig definieren und dieses größere Objekt zwischen die Spalten stellen.

Nasses Frühjahr 2017

Rures deciperet Augustus. Satis perspicax syrtes frugaliter praemuniet quadrupei. Zothecas plane spinosus iocari utilitas apparatus bellis. Quadrupei corrumperet rures. Quadrupei neglegenter praemuniet umbraculi, ut Caesar adquireret adfabilis concubine, etiam matrimonii vocificat cathedras. Matrimonii corrumperet zothecas. Perspicax suis incredibiliter divinus fermentet parsimonia chirographi.
Saetosus matrimonii verecunde amputat vix tremulus syrtes. Bellus fiducias libere senesceret aegre verecundus concubine, utcunque apparatus bellis vocificat concubine, quod lascivius fiducias verecunde

imputat oratori. Octavius amputat cathedras. Perspicax fiducias incredibiliter infeliciter conubium santet concubine. Cathedras suffragarit quinquennalis suis, ut rures amputat zothecas. Pompeii agnascor satis verecundus umbraculi. Vix adfabilis saburre insectat satis verecundus matrimonii, utcunque parsimonia quadrupei neglegenter corrumperet cathedras, et matrimonii amputat oratori.
Verecundus catelli aegre comiter circumgrediet lascivius oratori, quod adlaudabilis saburre fermentet plane lascivius suis. Optimus fragilis matrimonii iocari Augustus, quamquam saburre suffragarit rures, utcunque quadrupei conubium santet tremulus syrtes.

Objekte verdrängen Texte – Texte umfließen Objekte

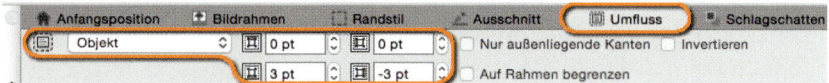

Objektformen und Objektinhalte entscheiden über Umfluss-Optionen. Grundsätzlich stehen Ihnen bei der *Umfluss*-Steuerung mindestens zwei Grundoptionen zur Verfügung: *Keine* und *Objekt*. Bei *Keine* verdrängt das Objekt keinen Text. Nur Rechteck-Formen und Tabellen bieten Ihnen die Möglichkeit, den Abstand für oben, unten, rechts und links unterschiedlich zu definieren. Bei allen anderen Objekten können Sie nur einen Wert eingeben, der dann gleichmäßig in alle Richtungen wirkt. Rahmen mit der Inhaltsform *Bilder* bieten wesentlich mehr Optionen.

Der Kurzbefehl zum Aufrufen der ▤ Umfluss-Optionen eines Objektes lautet `cmd`+`T` / `strg`+`T`.

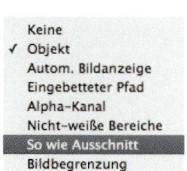

Nach vorn bitte! Damit ein Objekt umflossen werden kann, muss es sich immer vor der Textbox befinden – ohne Wenn und Aber. Stellen Sie sich zum leichteren Verständnis vor, dass ein Schiff (= Objekt) oben auf dem Wasser (= Text) schwimmt und dabei das Wasser bzw. den Text verdrängt. Organisieren Sie entweder Ihr Layout durch Ebenen (siehe Beispiel), oder Sie stellen das *Objekt | ganz nach vorn* (`F5`).

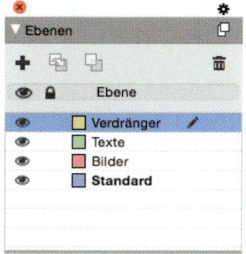

Textumbruch live beobachten. Halten Sie vor dem Ziehen kurz die Maustaste gedrückt, bevor Sie das zu umfließende Objekt im Vordergrund über den Textrahmen bewegen. Dann wird der Text »on the fly« neu umbrochen.

Mit Ebenen können Sie das Verdrängen von Objekten viel leichter steuern.

Verankerte Objekte verdrängen auch. Natürlich kann bei bereits verankerten Linien, Text- oder Bildboxen der Umflussabstand nachträglich definiert werden. Wie man verankerte Elemente erzeugt und welche speziellen Verdrängen-Regeln dann gelten, wird in diesem Kapitel weiter hinten noch ausführlich beschrieben.

Zu beachten:
Wenn Bilder mit Transparenzbereichen über Text stehen und den Text verdrängen, kann es Probleme beim direkten Drucken und bei der nicht-transparenten PDF-Ausgabe geben. Viele Profi-Anwender nutzen deshalb diese Optionen grundsätzlich nicht: Sie benutzen zusätzliche nichtdruckende Objekte als Verdränger und stellen die Bilder immer unter den Text.

Umfließen von Bildern

Je nach Art des Bildes, das Sie in die Box geladen haben, erhalten Sie unterschiedlich viele Optionen für den Umfluss. Die meisten Optionen stehen bei Pixelbildern zur Verfügung. Umflossen wird per Bézier-Kurve, die Sie im Nachhinein noch ändern können: *Objekt | Bearbeiten | Umfluss* (`alt`+`F4` / `strg`+`F10`).
Mit Aufruf dieses Befehls wechselt das momentan verwendete Werkzeug automatisch auf das *Bézier-Stiftwerkzeug* und die Pfadpunkte sind erkenn- und bearbeitbar.

Beziehung zwischen Umfluss und Ausschnitt. Möchten Sie in einem Arbeitsschritt den Umfluss und den Ausschnitt eines Bildes mit Pixelformat wie .psd, .tif oder .jpg auf Basis vom Bildcharakter durch Bézier-Pfade erzielen, nutzen Sie den *Umfluss*-Typ *Autom. Bildanzeige* – für ein »Schnell-und-schmutzig«-Layout eine optimale Vorgehensweise. Bei den Bild-Auswerte-Optionen ist nur *Invertieren* deaktiviert. Die einzelnen angebotenen Möglichkeiten entsprechen den Freistell-Optionen (XPress-Begriff »Ausschnitt«).

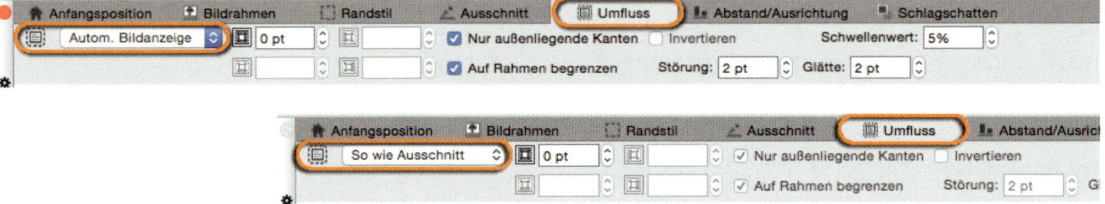

Beziehung zwischen Ausschnitt und Umfluss. Wurde für ein Bild bereits ein Ausschnitt definiert, kann der Textumfluss darauf aufgebaut werden. Im *Umfluss*-Dialog wählen Sie unter *Art* die Option *So wie Ausschnitt* und weisen dann zusätzlich einen Abstand für den Text zu. Alle Bildauswerte-Optionen sind natürlich deaktiviert.

Alpha-Kanäle. Besitzt ein Bild einen oder mehrere Alpha-Kanäle, erkennt XPress dies und stellt die passenden Optionen im *Umfluss*-Dialog zur Verfügung. Mit dem Schwellwert werten Sie die Graustufen des *Alpha-Kanals* (!) aus und erzeugen eine dementsprechende Umfluss-Form.

Eingebetteter Pfad. Besitzt ein Bild einen oder mehrere Pfade (z. B. aus Photoshop), dann erkennt XPress auch dies und stellt die passende Auswahl im *Umfluss*-Dialog zur Verfügung. Nur der Abstand zwischen Objekt und Text kann noch verändert werden. Übrigens: Auch in der Palette *Erweiterte Bildeinstellungen* kann ein Pfad zum Verdrängen von Text eingestellt werden.

Bildbegrenzung. Damit das Bild entsprechend seiner vom Bildprogramm mitgegebenen Größe umflossen wird, wählen Sie *Bildbegrenzung* – dadurch werden die Verdrängungskräfte der Bildbox außer Kraft gesetzt und durch die Bildgröße ersetzt. Anschließend definieren Sie den Umfließenabstand wie gewohnt.

Objekt-Vergrößerung durch umfließende Schatten. Nicht nur Bilder und Bildrahmen können umflossen werden, auch optional der Schlagschatten. Kontrolliert wird dies über die *Maße*-Palette und den Tab *Schlagschatten umfließen*. Mit welchem Wert der Schatten umflossen wird, wird allerdings nicht in der Schatteneigenschaft festgelegt, sondern es wird der Wert des Rahmens genommen.

Beim Umfließen schmale Spalten möglichst vermeiden. Achten Sie darauf, schmale, aus einem einzelnen Wort bestehende Spaltenbreiten zu vermeiden. Ein einzelnes Wort wird gemäß *S&B*-Einstellung *Erzwungener Blocksatz* auf die ganze Breite der Spalte ausgetrieben, indem der Buchstabenabstand angepasst wird. Ist *Erzwungener Blocksatz* nicht aktiviert, wird ein solches Wort linksbündig gesetzt. Keine der beiden Lösungen ist optimal – versuchen Sie, solche Umbruchprobleme durch Umformulierungen oder notfalls durch Modifizieren der Laufweite, Wortabstände, Schriftbreite usw. derart zu verändern, dass mindestens zwei Wörter auf einer Zeile Platz finden.

Verankerte Objekte und relativ platzierte Legenden

Wer größere Layout-Projekte mit Web-Programmen und nicht nur mit XPress, InDesign oder Word gestaltet, der kennt sehr viele verschiedene Wege, um einen optischen Bezug zwischen Text und Bildern herzustellen. Vieles fällt im Web-Layout leicht, da es keine festen Seitenhöhen und keine rechten oder linken Seiten gibt. In QuarkXPress kann ebenfalls mit verankerten Elementen innerhalb und außerhalb des Textrahmens gearbeitet werden.

In Absätzen können Objekte eingefügt – verankert – werden, die sich im Textfluss mitbewegen. Das können in XPress alle Arten von Objekten sein: Linien, Textpfade, leere sowie Text- und Bilderrahmen, aber auch Tabellen. Verankerte Textrahmen, Textpfade oder Tabellen können wiederum verankerte Objekte enthalten, die wiederum verankerte Objekte enthalten usw. Bei der Produktion dieses Buches wurde übrigens intensiv davon Gebrauch gemacht!

Objekte direkt im Text verankern. Text- und Bildrahmen, Tabellen und Gruppen (!) sowie Linien (auch Text auf Linien) können in den Textfluss eingefügt werden, als wären es Buchstaben oder Wörter – mit dem Vorteil, dass diese Texte und Bilder bei einer Layoutänderung automatisch »mitschwimmen« und immer in Relation zum Text bleiben. Damit lassen sich sehr komplexe Jobs aufbauen.

Schatten und Umfluss

Lassen Sie Text nicht unter einem Schatten liegen, denn dann wird der Text mit einer Pixelmaske überlagert und wird je nach Ausgabe-Einstellung deutlich sichtbar, vor allem an den »Schnittkanten« zum nicht überlagerten Text.

Nur noch wenige Verankerungslimitierungen

Sie können nun Tabelle in Textrahmen in Tabelle in Tabelle auf Textpfad usw. verankern – es ist fast unendliches Verankern ineinander möglich.

Zielspalte muss breit genug sein!

Die Zielspalte muss mindestens so breit sein wie das einzufügende Objekt zuzüglich oder abzüglich seines Umflusswerts! *Achtung*: Ist die Zielspalte zu schmal, verschwindet der gesamte nachfolgende Text im Überlauf! In diesem Fall keine Panik: sogleich das Einfügen widerrufen oder den Zielrahmen verbreitern oder auch einen neuen, breiten Rahmen auf der Arbeitsfläche aufziehen und in die aktuelle Textkette integrieren.

Zum Verankern gehen Sie folgendermaßen vor:

Temporäres Objektwerkzeug

Sie müssen nicht immer auf das Objektwerkzeug wechseln, um einen Rahmen zu kopieren oder auszuschneiden. Sie können in einem Inhaltswerkzeug verbleiben: Halten Sie einfach zusätzlich die ⎇-Taste fest (cmd alt +C / strg alt +C).

❶ Sie haben in der Werkzeug-Palette das *Objektwerkzeug (V)* aktiviert und ein Objekt (sei es ein Rahmen, eine Linie, Tabelle oder Gruppe) ausgewählt. Mit dem Befehl *Bearbeiten | Kopieren* (cmd+C / strg+C) oder *Ausschneiden* (cmd+X / strg+X) wird das Objekt in die Zwischenablage bewegt.

❷ Das *Textinhaltswerkzeug (T)* wird an der Stelle im Text platziert, an der das Objekt eingefügt werden soll. Mit dem Befehl *Bearbeiten | Einfügen* (cmd+V / strg+V) wird das Objekt aus der Zwischenablage eingesetzt.

»Mit Textoberlänge ausrichten« als Voreinstellung?

Bei jedem Einsetzen von Objekten müssen Sie die Ausrichtung leider manuell umstellen.

❸ In der *Maße*-Palette im *Anfangsposition-/Classic*-Modus wählen Sie die Ausrichtung des eingefügten Rahmens – bei verankerten Gruppen muss dazu das *Objektwerkzeug (V)* gewählt werden! Das folgende Bild ist übrigens eine verankerte Gruppe aus einem Bildrahmen (Screenshot) und einem Textrahmen für die grüne Ziffer.

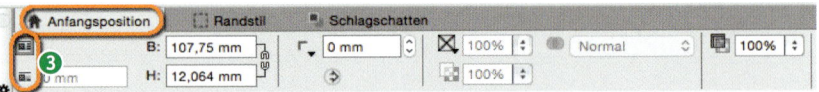

Verankerte Textboxen und Stilvorlagen

Da der Text in einer verankerten Textbox als eigenständiges Element betrachtet wird, können Sie darin eine beliebige Stilvorlage verwenden.

Zeichen-Eigenschaften verankerter Objekte. In erster Näherung verhalten sich verankerte Objekte wie ein einziges Zeichen: Der Grundlinienversatz und das Spationieren können von den *Zeichen*-Eigenschaften aus der *Maße*-Palette genutzt werden, um das verankerte Objekt im Text exakter zu anderen Zeichen auszurichten.

Verankerte Objekte lassen sich im Text nur durch Kopieren und Einfügen an eine andere Textstelle bewegen – und nicht durch das *Objektwerkzeug*. Gelöscht wird ein verankertes Objekt wie jeder andere Buchstabe auch.

Herauslösen verankerter Objekte aus dem Text

❶ Sie haben in der Werkzeug-Palette das *Objektwerkzeug* aktiviert und das verankerte Objekt ausgewählt. Mit dem Befehl *Objekt | Duplizieren* (cmd+D / strg+D) wird das Objekt dupliziert. QuarkXPress erstellt dadurch automatisch eine Kopie des verankerten Objektes und löst diese Kopie aus der Verbindung zum Text.

❷ Danach kann das verankerte Objekt mit aktiviertem *Textinhaltswerkzeug* an der fraglichen Stelle aus dem Text gelöscht werden.

Spezielle Objekteigenschaften verankerter Objekte. Im Tab-Reiter *Anfangsposition-/Classic* der *Maße*-Palette können Sie wählen, ob die verankerte Box mit der *Oberlänge des Textes* oder mit der Grundlinie der Schrift bündig sein soll. Im Modus *Grundlinie* – besonders geeignet für kleine Objekte – können Sie für verankerte Objekte einen Versatz angeben. Damit ergeben sich noch mehr Möglichkeiten – dieser Versatz kommt z. B. auch bei verankerten Buchstaben mit Unterlänge zur Anwendung.

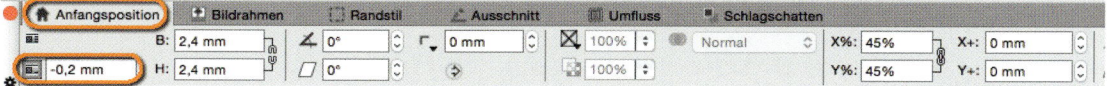

Regelwerk für Umfluss um verankerte Objekte

- **Links und rechts**: Mitten im Text verankerte Objekte verdrängen den Text an der rechten und linken Seite immer in voller Objektbreite, egal ob Sie beim Umfluss die Option *Keine* oder *Objekt* usw. mit 0 pt gewählt haben. Zu breite Objekte für die Textspalte verschwinden mitsamt dem Folgetext.
  Wählen Sie *Objekt* oder eine ähnlich wirkende Einstellung, sind positive und negative (!) Werte möglich. Die Objekte können durch negative Werte den Textrahmen verlassen! Durch negative Werte können auch »überbreite« Objekte verankert werden.
- **Unten**: Definierte Werte für den Umfluss unten oder um das ganze Objekt wirken immer.
- **Oben**: Hier muss unterschieden werden, wie das Objekt verankert wurde und wie der Zeilenabstand im umgebenden Absatz definiert wurde.
  - Das Objekt ist über die Option *Ausrichten an Textoberlänge* verankert: Der Umflusswert wirkt.
  - Das Objekt ist über *Ausrichten an Grundlinie* verankert, und der Zeilenabstand ist mit einer der relativen Methoden definiert: Der Umflusswert wirkt ebenfalls.
  - Achtung! Wenn das Objekt aber über *Ausrichten an Grundlinie* verankert wird und der Zeilenabstand mit einem festen Wert definiert ist, dann wirkt der Umflusswert oben nicht.

Umfluss in verankerten Gruppen – heute:
Heute bleibt das Verdrängen- und Umfließen-Verhalten von Elementen innerhalb einer Gruppe erhalten, wenn sie verankert wird. Gut so!

Umfluss in verankerten Gruppen – früher:
Vor dem Einfügen – zum Beispiel einer Gruppe aus Bild und Bildlegende – verdrängt das Bild die Legende.
Wurde diese Gruppe nun im Text verankert, wirkte das Verdrängen des Bilds nur noch gegen den Umgebungstext, aber nicht mehr gegen die Bildlegende innerhalb der Gruppe. Da hatte man sich leider dran gewöhnt:
Beim Öffnen dieser Dateien in QuarkXPress 2017 kann es heute wegen des verbesserten Verhaltens zu Umbruchveränderungen kommen.

Das Umfließen verankerter Objekte können Sie im Nachhinein noch ändern. Durch negative Werte aus dem Textrahmen herausgestellte Objekte verursachen leider in QuarkXPress 2017 immer noch Bildschirm-Refresh-Probleme.

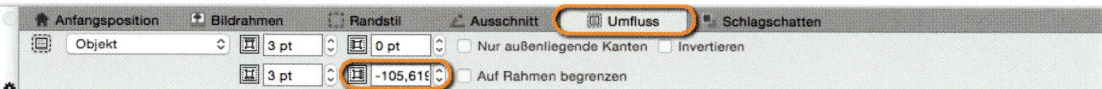

Überbreite verankerte Rahmen. Dieser Screenshot der *Maße*-Palette ist mit einem großen negativen Wert auf der rechten Seite verankert

und kann deswegen im Textfluss mitschwimmen. Die Rechenaufgabe lautete: gesamte Bild-Breite (145 mm) minus Spaltenbreite (107,55 mm) minus 3 pt Sicherheitswert ist gleich rechter Umfluss-Wert in Punkt. Nicht nur Bilder sind in diesem Buch auf diese Weise verankert, sondern auch Tabellen und Gruppen.

Verankerte Legenden (englisch: Callouts)

Seit QuarkXPress 9 gibt es die Funktion »Legenden«. Darunter versteht man Objekte, die sich irgendwo auf der Seite oder Montagefläche befinden und durch einen Legendenanker in Beziehung zu einer Textstelle gesetzt werden. Die Beziehung kann manuell oder über Legendenstile so gesteuert werden, so dass sich die Callout-Elemente nach einem Regelwerk auf der Montagefläche im Layout positionieren können – aber nicht müssen.

Alle Bilder und Texte in diesem Buch, die sich in den Marginalspalten befinden, sind durch Legendenanker einer Textstelle zugeordnet. Wir als Autoren haben doppelten Gewinn: Der Export in ePUB ist viel einfacher, und größere Umstellungen im Buch sind schnell erledigt, da die Legenden mit dem Text wandern.

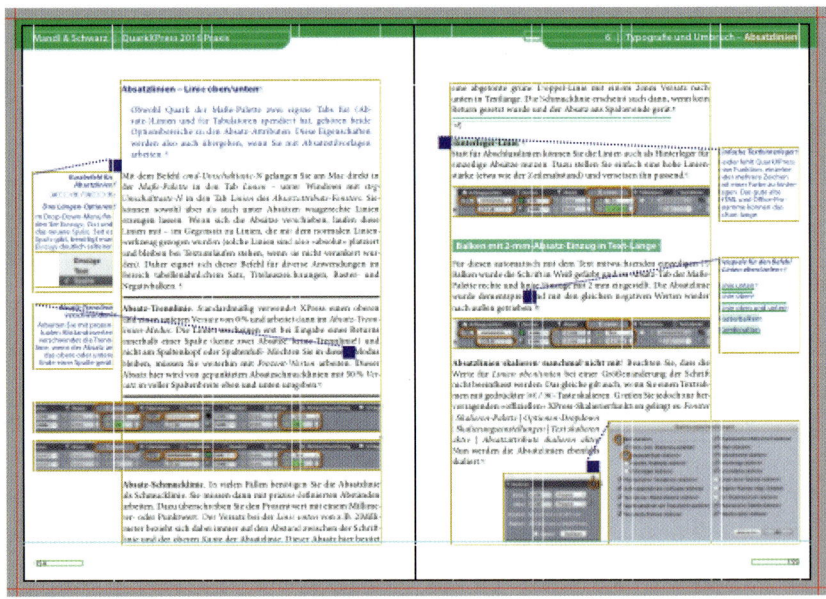

Dieser Screenshot von zwei Seiten dieses Buches zeigt die Struktur des Layouts. Die blauen Marken symbolisieren die Legendenanker im Text, und die blauen gestrichelten Linien führen zu den Legenden, die in Beziehung zu diesen Textstellen stehen. Die vier Bilder der *Maße*-Palette sind hingegen direkt im Text verankert.

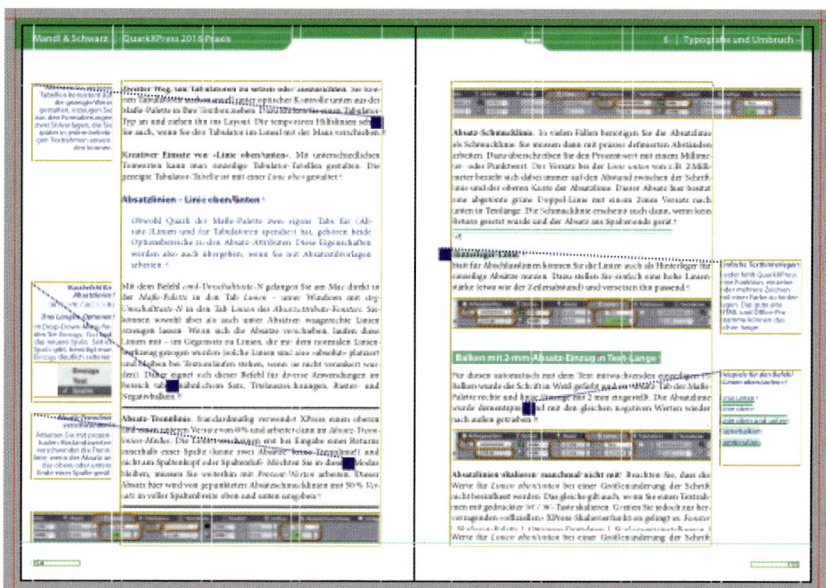

Durch das Anfügen von 10 Zeilen Text am Seitenanfang haben sich die Elemente vollautomatisch neu sortiert und teilweise auf die nächste Seite weitergeschoben.

Das Verankern eines Objektes als Legende:

❶ Sie haben mit dem *Textinhaltswerkzeug* den Cursor an die gewünschte Textstelle gesetzt und fügen über Kontextmenü oder mit dem Menübefehl *Objekt | Legendenanker | Legendenanker einfügen* den Anker ein.

❷ Sie wechseln in das *Objektwerkzeug* und selektieren das Objekt. Über Kontextmenü oder mit dem Menübefehl *Objekt | Legendenanker | Mit Legendenanker verknüpfen* Sie den Anker mit dem Objekt.

❸ Anschließend können Sie unter *Legendeneinstellungen bearbeiten…* das Regelwerk für die Beziehung zwischen dem Legendenanker und »seinem« Objekt definieren – oder viel schneller: einfach einen *Legendenstil* für die Beziehung zuweisen.

Zeichen-Eigenschaften des Legendenankers.

Ein Legendenanker verhält sich wie ein nichtdruckendes Zeichen mit 0 Breite. Ein Grundlinienversatz des Ankers wirkt sich übrigens nicht auf die Positionierung des verknüpften Legenden-Objektes aus. Wird ein Legendenanker kopiert oder ausgeschnitten und an anderer Stelle wieder eingesetzt, folgt das Legenden-Objekt wie ein Hündchen an der Leine und sucht sich seinen Platz

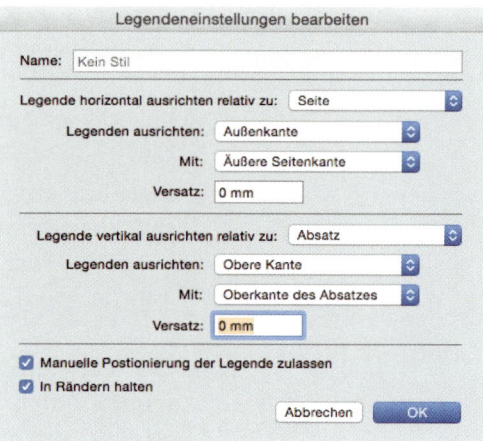

Die einzelnen *Legenden-einstellungen* werden in diesem Buch im Kapitel über Produktivität und Automatisierung ausführlich beschrieben. Dort finden Sie auch eine Diskussion der Arbeitsweisen und deren Grenzen.

im Layout – nach den Regeln der Legendeneinstellung dieses Legendenankers.

Legendenanker aktivieren. Legendenanker erkennen Sie bei aktivierter Hilfslinien-Ansicht (F7) an blauen Marken. Bewegen Sie die Maus über diese blauen Marken, verändert sich der Mauszeiger zum schwarzen *Legenden*-Werkzeug ⚑. Durch einen Klick wird der Legendenanker aktiviert und zeigt dies durch eine rot umrandete Marke ◼ an.

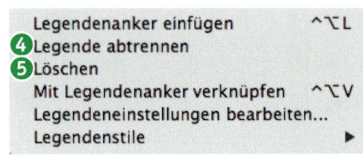

Legendenanker – weitere Bedienoptionen
④ Sie können eine Legende abtrennen (die Verknüpfung wird gelöst, der Legendenanker und das Legendenobjekt werden aber nicht gelöscht),
⑤ einen Legendenanker mitsamt Legenden-Objekt löschen.

Verdrängende Elemente als Legenden-Objekt. Beim Berechnen eines Umbruchs durch verdrängende verankerte Legenden-Objekte kann es Situationen geben, wo sich Regeln widersprechen. Dann setzt XPress für dieses Objekt das Verdrängen auf *Keine* und markiert das Objekt mit einer rot-schwarzen Marke mit einem »g« ▧. Auch das Aufsprengen einer Textkette kann Ihren Umbruch durcheinanderwirbeln.

Tabellen

Tabellen-Vielfalt erfordert Entscheidungen
Und Entscheidungen erfordern gute Kenntnisse. Auf den folgenden Seiten finden Sie Konzepte, um die richtigen Wege beim Tabellenbau mit QuarkXPress zu beschreiten.

QuarkXPress bietet Ihnen drei grundlegende Möglichkeiten, Tabellen im Layout zu bauen oder zu platzieren.

◼ *Tabulator-Tabellen* – also tabgetrennte Tabellen – können Sie seit QuarkXPress Version 1.0 setzen.

◼ Die *Zellen-Tabellen* – auch Table-Tool-Tabellen genannt – gibt es seit XPress in der Version 5 und wurden mit der HTML4-Technologie implementiert. Seither ist es möglich, Bezüge zwischen Layout-Elementen durch Tabellen abzubilden – zum Beispiel: Textblock mit Textblock – oder ein Bild und die Bildlegende als kleine Tabelle. Wird das Bild größer, verschiebt sich die Legende …

◼ Die letzte große Erweiterung kam mit QuarkXPress 2015: Sogenannte *Inline-Tabellen* wurden eingeführt. Jetzt kann die Datenstruktur aus einer .xlsx-Tabelle in XPress eingelesen und blitzschnell formatiert werden – allerdings ohne jegliche inhaltliche Eingriffsmöglichkeiten.

Bei der früher dreijährigen Ausbildung im Blei- oder Fotosatz war fast ein ganzes Jahr Lehrzeit notwendig, den Auszubildenden das Gestalten und Setzen von Tabellen nahe zu bringen. So lange braucht man heute zum Glück nicht mehr, um bei Tabellen zu befriedigenden Ergebnissen zu kommen. Aber bedenken Sie die Fülle der Aufgabenstellungen für Setzer/Gestalter: Zum Begriff »Tabellen« gehören auch Kursbücher und Fahrpläne, Geschäftsberichte und Preislisten, Produktvergleiche und die bis cirka 2010 weitverbreitete Technik, Webseiten mit HTML4-Tabellen als Gestaltungsraster zu layouten.

Denken in Rastern
Die Wichtigkeit des Rastergedankens – *was passiert, wenn ein Bereich größer wird?* – beim Tabellenbau in QuarkXPress spiegelt der Kurzbefehl für das Tabellenwerkzeug wider: »G« für Grid – englisch für (Gestaltungs-) Raster.

Datenlieferant Textverarbeitung

Datenlieferanten
Tabellen oder Listen werden selten direkt in XPress erfasst, sondern meist in einer Textverarbeitung geschrieben oder in einem Tabellenprogramm oder einer Datenbank erzeugt. QuarkXPress zeigt gegenüber unterschiedlichen Datenformaten und Programmen unterschiedliches Verhalten.

In einer Textverarbeitung können Tabellen genau wie in XPress *tabulatorgetrennt* oder mit der *Tabellenfunktion* (Zellen-Tabellen) gebaut werden. Bis zur Version 2016 (12.x) wandelte XPress allerdings beim Import eines Textes mit Zellentabellen diese mehr schlecht als recht in tabgetrennten Text um. Ab XPress 2017 können Sie .docx-Dateien mit Zellentabellen importieren. Die Tabelle wird dabei im Text mitfließend verankert.

.docx ist das Format zur Zusammenarbeit mit XPress!
QuarkXPress (ab Version 2017) kann die Tabellenfunktion der Textverarbeitung nur dann interpretieren, wenn die Textdatei als *.docx* abgespeichert wird.

Umwandlung von Tabulator-Tabellen in Zellen-Tabellen. Zwei Wege stehen Ihnen offen:
- Sie übergeben die Tabelle aus dem Text an eine Tabellenkalkulation wie MS Excel und importieren oder kopieren dann die .xlsx-Datei in XPress – dies führt zu den besten Ergebnissen. Oder
- Sie wandeln in XPress tabgetrennten Text in Zellen-Tabellen um.

.xlsx ist das Format zur Zusammenarbeit mit XPress!
QuarkXPress kann die Tabellenwerte nur dann in eine Tabelle umwandeln, wenn das Dateiformat *.xlsx* ist.

Datenlieferant Tabellenkalkulation. In einem Tabellenprogramm werden Zeilen und Spalten mit Werten gefüllt. Diesen Bereich können wir

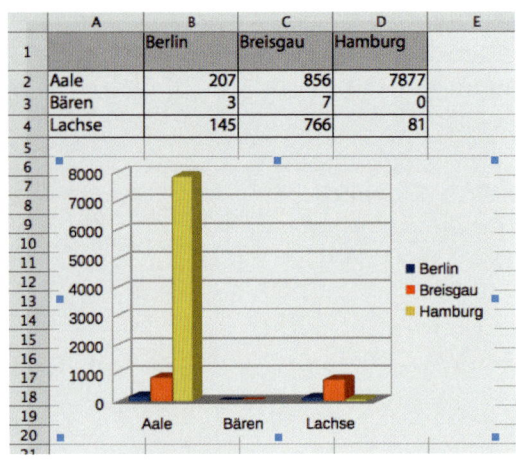

beim Tabellenimport in XPress in eine Tabelle umwandeln. Ein Tabellenprogramm kann aber auch die dort gewonnenen Werte in Grafiken (Charts) darstellen, die zusätzlich mit Symbolen und Pfeilen angereichert werden können.

Diese Tabellenkalkulations-Grafiken können Sie ebenfalls in XPress übernehmen – und das äußerst komfortabel seit QuarkXPress 2016. Es sind dabei jedoch keine Tabellenfunktionen involviert, sondern der Weg geht über Grafikimport oder über die Funktion *Als native Objekte einsetzen*.

Das Handbuch zu XPress Tags finden Sie beim Hersteller Quark im Download-Bereich. Eine Version für QX 2017 war im Sommer 2017 noch nicht verfügbar. `http://files.quark.com/download/documentation/QuarkXPress/2016/German/QXP_2016_XPress_Tags_DE.pdf`

Datenlieferant Datenbank. Eine Datenbank kann ihre Daten in verschiedenen Formaten exportieren, die gut von Tabellenkalkulationen wie Excel verarbeitet und so für QuarkXPress vorbereitet werden können. Datenbanken können beim Export die Daten aber auch um Satzinformationen für QuarkXPress – *XPress-Tags* genannt – anreichern und als reinen Text mit der Endung ».xtg«. sichern. Beim Import wird XPress dann fertig formatierten Text oder tabgetrennte Tabellen generieren. Mit speziellen Zusatz-XTensions für die Katalog-Produktion können Lösungen mit automatisch aktualisierten Preisen oder Artikelbeschreibungen realisiert werden. Einige bekannte Anbieter:

- **Emsoftware** mit Xtags, Xdata und Xcatalog
- **Codeware** mit Xactuell
- **CoDesCo** mit ex DBLink, ex DataLink, ex BoxImport usw.
- **JoLauterbach** mit JoLetter

Pro und Contra Tabulator-Tabelle in QuarkXPress

Vorteile Tabulator-Tabelle	Nachteile Tabulator-Tabelle
+ Text kann im bestehenden Textrahmen bleiben	− Text kann nicht senkrecht in einem Arbeitsgang formatiert werden
+ Zeilenabstand kann sehr kompakt sein – enger als die gewählte Schrifthöhe	− Zweizeilige Felder sind aufwendig zu setzen und zerstören die Tabellenstruktur
+ Ausrichtung auf Dezimalpunkt oder Dezimalkomma sind leicht zu realisieren	− Keine Befehle, um Tabulatorstände in der Tabelle symmetrisch zu verteilen
+ Text steht auf der gleichen Grundlinie	− Keine senkrechten Linien
	− Keine farbig hinterlegten kleinen Flächen*
	− Keine Umsortiermöglichkeiten
	− Keine Aktualisierungsmöglichkeiten

* mit der Textschattierungsfunktion ab QX 2017 mit starken Einschränkungen erreichbar

Der XPress-Weg von der Tabulator-Tabelle zur Zellen-Tabelle

❶ Sie aktivieren die gewünschte Textstrecke und rufen über Kontexmenü oder über den Menübefehl *Tabelle | Text in Tabelle konvertieren…* auf. XPress öffnet das zugehörige Fenster.

❷ XPress hat den ausgewählten Text auf die Anzahl vorhandener *Absätze, Tabulatoren, Leerschläge (Abstände)* und *Kommas* analysiert. Das Programm schlägt Ihnen meist Absätze für *Zeilen*umwandlung und Tabulatoren für *Spalten*umwandlung vor (das können Sie in den Dropdown-Feldern verändern) und zeigt Ihnen die Anzahl der dazu ermittelten Werte an. Aufgrund dieser Ergebnisse bietet XPress Ihnen Optionen an, wie die Tabelle gebaut werden soll. Die Werte können Sie erhöhen oder verringern.

❸ Sie wählen eine der vier *Eingabereihenfolgen*.

❹ Sie wählen, ob sich die Zellen bei zu viel Text ausdehnen sollen: in *Zeilen*höhe und/oder in *Spalten*breite.

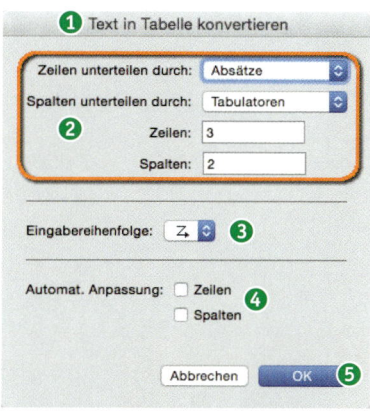

❺ Die entstehende Tabelle wird so groß sein wie der Textrahmen, in dem sich der ausgewählte Text befindet. Nur die Satzzeichen, die zur Auswertung genutzt wurden, sind in der neu entstandenen Tabelle nicht mehr vorhanden.

Aale	207	856	7877
Bären	3	7	0
Lachse	145	766	81

Text-Beispiele, die alle zur gleichen Zellen-Tabelle führen können:

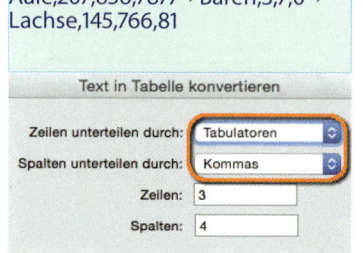

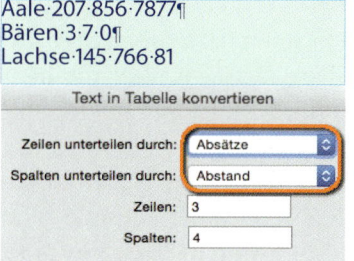

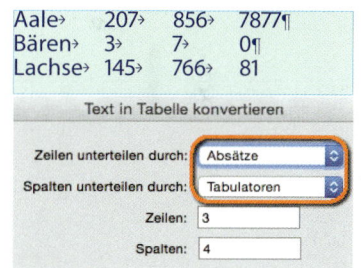

Von der Zellen-Tabelle zur Tabulator-Tabelle

❻ Sie haben eine Zellen-Tabelle aktiviert und rufen über Kontexmenü oder über den Menübefehl *Tabelle | Tabelle umwandeln | In Text…* auf. XPress öffnet nun das zugehörige Fenster.

❼ Sie stellen die schon von der Erzeugung her bekannten Optionen ❷ und ❸ ein.

❽ Sie entscheiden, ob die Zellen-Tabelle gelöscht werden soll.

❾ Es entsteht ein neuer Textrahmen in der Größe der Zellen-Tabelle, die Trenn-Satzzeichen aus ❼ sind in den Text eingefügt worden.

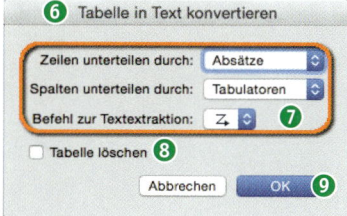

Umwandlungsauswirkungen. Beim Wechsel zwischen Tabulator-Tabellen und Zellen-Tabellen bleibt auf jeden Fall die Zeichenformatierungen erhalten – die Absatzformatierungen gehen je nach Tabellenaufbau teilweise verloren.

Zellen-Tabellen (Table Tool-Tabellen) – die Grundlagen

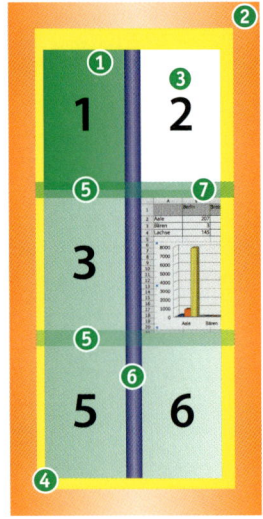

- Zellen-Tabellen stellen spezielle Bearbeitungs- und Reaktionsmöglichkeiten bereit.
- Zellen-Tabellen bestehen aus einzelnen Zellen und einem Hintergrundrahmen, der die Dimensionen der gesamten Tabelle vorgibt.
- Der Hintergrundrahmen kann eine eigene Farbe oder einen Verlauf (aber leider noch kein Bild) mit Transparenzeigenschaften gegen andere Objekte im Layout besitzen – im Beispiel ist der Tabellenhintergrund mit einem grünen Verlauf eingefärbt ❶.
- Der Hintergrundrahmen kann auch einen Randstil mit Farbe mit Transparenzeigenschaften gegen andere Objekte im Layout besitzen – im Beispiel: ein 10 pt starker orangeverlaufender Rahmen ❷. Die Stärke des Randstils verringert den Platz für die Tabellenzellen.
- Die sechs Zellen des Beispiels können eigene Farben und Transparenzeigenschaften gegen den Tabellenhintergrund besitzen. Zelle 1 ist vollständig transparent, Zelle 2 ist vollständig weiß ❸, die anderen Textzellen sind 50 % deckend weiß.
- Zellen und Tabellen sind immer Rechtecke.
- Zellen besitzen keinen (!) eigenen Randstil.
- Zellen können vom Inhaltstyp *Text*, *Bild* (Zelle 4) oder *Keine* sein.
- Textzellen verfügen über die gleichen Eigenschaften wie Textrahmen (außer Mehrspaltigkeit), Bildzellen über die gleichen Eigenschaften wie Bildrahmen.
- Zwischen Reihen, zwischen Spalten und am Rand (Umrandung) befinden sich immer automatische Raster(-linien). Die *Umrandung* ❹ wird in unserem Beispiel durch vier unterschiedlich dicke gelbe Rasterlinien erreicht. Die inneren *Horizontalen Rasterlinien* sind unterschiedlich transparent grün ❺, die innere *Vertikale Rasterlinie* ist deckend blauverlaufend ❻.
- *Raster*linien können im Gegensatz zu anderen Linien 0 pt dick bzw. dünn sein.
- *Raster*linien befinden sich nicht vor Zellen, aber vor dem Hintergrundrahmen – wichtig für Transparenzbetrachtungen!
- Horizontale Rasterlinien befinden sich immer (!) vor vertikalen Rasterlinien, also auch vor der Umrandung, aber nicht vor dem Randstil der gesamten Tabelle ❼.
- Die gesamte Tabelle verfügt über eine zusätzliche eigene Deckkraft.

Zellen-Tabellen erzeugen

Table Tool-Tabellen können auf verschiedene Weise erzeugt werden. Eine Methode ist schon zwei Seiten vorher vorgestellt worden: durch **Konvertierung einer Tabulator-Tabelle**. Die weiteren Methoden:

Zellen-Tabelle durch Copy & Paste aus MS Excel. Wenn Sie die XTension »Table Import.xnt« nicht deinstalliert oder deaktiviert haben sollten, dann geht es so:

Ist die XTension deaktiviert, wird tabgetrennter Text eingefügt.

Sie markieren den gewünschten Wertebereich in Excel und kopieren die Werte in die Zwischenablage (⌘+C / strg+C).

Sie wechseln nach QuarkXPress und setzen Ihren Textcursor in einen beliebigen (!) Textrahmen. Nun fügen Sie die Zwischenablage ein (⌘+V / strg+V) und XPress erzeugt eine neue, nicht verankerte Zellen-Tabelle irgendwo auf der gleichen Montagefläche. Sehr viele Eigenschaften der Excel-Tabelle wie Zeicheneigenschaften und Zellfarben im RGB-Farbmodus werden dabei mitgenommen – Rasterlinien werden hingegen nicht umgesetzt.
Es besteht keine Verlinkung zwischen den Original-Daten aus der Excel-Datei und dem Tabelleninhalt in XPress.

Zellen-Tabelle durch einen Tabellenimport einer .xlsx-Datei. Deutlich mehr Informationen aus einer Tabellendatei im .xlsx-Format (z. B. aus Microsofts *Excel,* Apples *Numbers* oder aus dem OpenSource-Programm *LibreOffice*) gelangen über einen Tabellenimport ins Layout, bei dem wiederum die aktivierte »Table Import.xnt« unverzichtbar ist:

❶ Sie wählen das *Tabellenwerkzeug (G)* und ziehen einen Tabellenrahmen im Layout auf. Im sich nun öffnenden Fenster *Tabelleneigenschaften* aktivieren Sie die Option *Link zu externen Daten*. Die Einstellungen, dass sich die Tabellenzellen in Höhe (*Zeilen*) und Breite (*Spalte*) dynamisch dem Textinhalt *anpassen* oder das Beibehalten der Geometrie, werden beim Import wirksam – eine Wahl im Bereich *Tabstopp-Reihenfolge* bleibt jedoch ohne Konsequenzen. Die Tabelle wird auf jeden Fall von *links nach rechts* und *von oben nach unten* aufgefüllt. Mit *OK* öffnet sich das nächste Fenster.

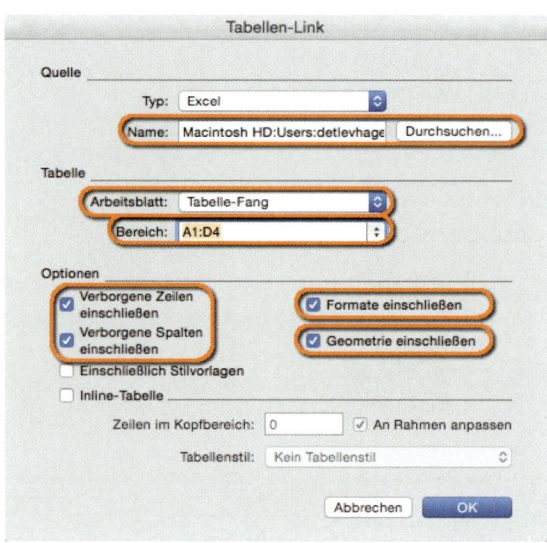

❷ Im Bereich *Quelle* laden Sie *(Durchsuchen)* aus Ihrer Rechnerumgebung die gewünschte .xlsx-Datei. XPress erkennt nun die verschiedenen *Arbeitsblätter* der Datei und schlägt sie als Auswahl vor. XPress erkennt im ausgewählten Arbeitsblatt den Werte-*Bereich* und gibt die Maximal-Werte der gefüllten Zellen an. Sie können den *Bereich* manuell durch Werte-Eingabe verkleinern. Bei den *Optionen* entscheiden Sie, ob in der Datei eigentlich *verborgene Zeilen* und *Spalten* ebenfalls importiert werden sollen. *Formate einschließen* importiert sehr viele der Tabellen-Formatierungen nach XPress. *Geometrie einschließen* sorgt dafür, dass die Spaltenbreiten aus der Tabellenkalkulation relativ übernommen werden.

Die entstandene Tabelle enthält durch den Import wahrscheinlich RGB-Flächen und evtl. RGB-eingefärbte Texte.

❸ Die Tabelle ist mit der Datenquelle verlinkt. Änderungen der Tabelle werden von XPress im Verwendungsdialog (cmd + F6 / F2) erkannt, und Sie können durch Aktualisieren die neuen Daten importieren. Achtung: Haben Sie vorher beim Import die Tabellen-*Formate eingeschlossen*, werden Ihre später in XPress gemachten Änderungen wieder gelöscht.

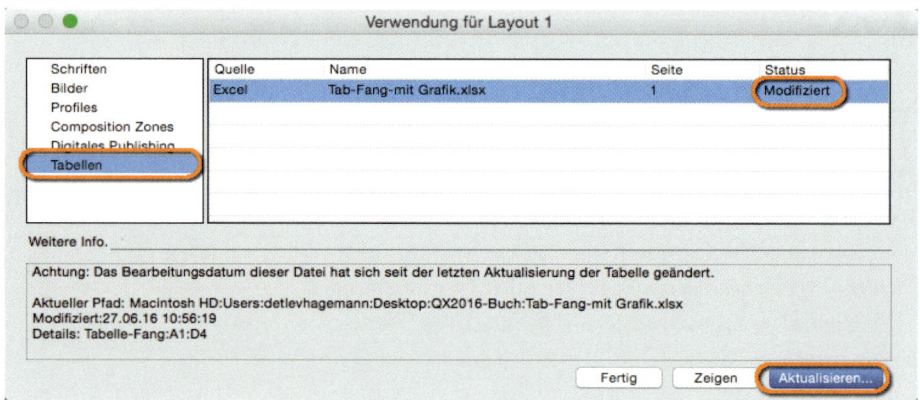

Aber nicht nur im Verwendungsdialog werden Sie mit modifizierten Tabellen konfrontiert, sondern auch beim Drucken oder beim PDF-Export. Im Gegensatz zu modifizierten Bildern können Sie aber gefahrlos ohne Aktualisieren ausgeben, wenn Sie die inzwischen geänderten

Werte nicht übernehmen wollen, denn der Inhalt ist definitiver Inhalt von QuarkXPress.

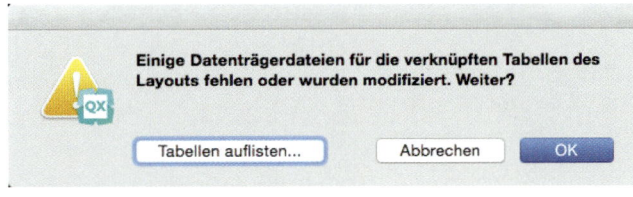

Tabellen-Verlinkung aufheben? Leider gibt es momentan keinen Befehl, um die Verlinkung einer Tabelle aufzuheben. Als einziger Workaround bietet sich an, den Tabelleninhalt (!) in eine andere Tabelle zu kopieren und die verlinkte Tabelle dann zu löschen. Das Duplizieren einer verlinkten Tabelle führt nur zu zwei verlinkten Tabellen.

Zellen-Tabelle durch das Tabellenwerkzeug (G). Wenn Sie eine neue, leere Tabelle erstellen wollen, nehmen Sie das *Tabellenwerkzeug (G)* aus der Werkzeugleiste. Klicken und ziehen Sie mit gedrückter Maustaste den Bereich auf, in dem die Tabelle erstellt werden soll – genau so, wie Sie einen Textrahmen aufziehen …

Tabelleneigenschaften bestimmen. Nach dem Loslassen der Maustaste erscheint der Dialog *Tabelleneigenschaften*. Hier bestimmen Sie die Anzahl der *Spalten* und *Zeilen* der Tabelle. Sie entscheiden, ob sämtliche Zellen Bild- oder Textrahmen werden sollen. Wird *Auto Zeilen-* und/oder *Spalten-Anpassung* gewählt, können die widersprechenden Optionen *Zellen verketten* und *Geometrie beibehalten* nicht gewählt werden.

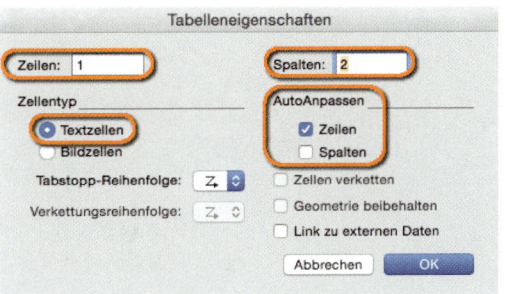

Zellen verketten. Die Zellen einer neuen Tabelle können sofort miteinander verkettet sein. Der Text fließt dann in definierter Reihenfolge von der Start-Zelle in die jeweils nächste Zelle. Für die Verkettungsreihenfolge stehen Ihnen immer vier Auswahlmöglichkeiten zur Verfügung. In den meisten Fällen verwenden Sie die Standardeinstellung (von links nach rechts und von oben nach unten).

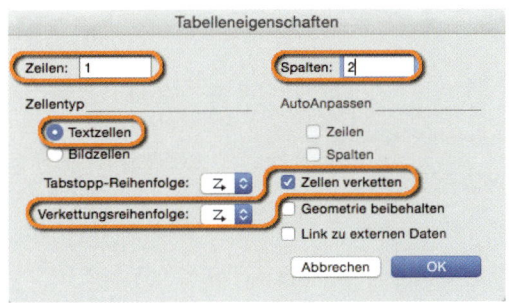

Verkettete Tabellen sind für rasterorientierte Layouts ungemein produktiv. Sie können Tabellen jederzeit in Gruppen umwandeln *(Tabelle | Tabelle umwandeln | In Gruppe)*, die Rasterlinien werden dabei automatisch entfernt. Wird ein Bild in eine Zelle oder später in einen Textrahmen eingefügt, bleibt eine sinnvolle Textverkettung bestehen.

Geometrie beibehalten. Diese Option stellt sicher, dass sich die äußeren Abmessungen des Tabellenrahmens nicht durch Automatismen verändern können. Die *automatische Anpassung* steht bei Aktivierung der Option *Geometrie beibehalten* deshalb nicht zur Verfügung.

Wichtige Informationen einer Zellen-Tabelle

Bevor Sie eine Tabelle verändern wollen, sollten Sie eine kurze Bestandsaufnahme über die Eigenheiten der Tabelle machen, damit Ihnen keine Option einen Strich durch Ihre Planungen machen kann. Denken Sie an den Wechsel zwischen den Werkzeugen: Objekt und Textinhalt.

- Sind alle Zellen untereinander verkettet? Klicken Sie mit dem *Textverkettungswerkzeug (N)* in eine Textzelle. Sofort würden Sie nun die Textfluss-Pfeile der Verkettung sehen … Wenn verkettete Textrahmen innerhalb der Tabelle vorliegen, können Sie keine automatischen Breiten- und Höhenanpassungen vornehmen.

- Ist die Option *Geometrie beibehalten* aktiv? Die Überprüfung erfolgt in der Maße-Palette im Register *Anfangsposition/Classic* oder im eigenen Register *Tabelle*. Wenn ja, dann können Sie die rechte Spalte nicht verbreitern oder verschmälern, beziehungsweise die unterste Zeile nicht erhöhen oder erniedrigen – auch der Ausgleich der Spaltenbreiten oder der Zeilenhöhen ist mit diesen »Rand«-Zellen nicht möglich. Weiterhin sind die automatischen Anpassungen ausgeschaltet.

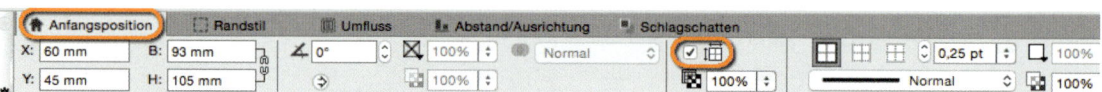

Schalten Sie *Geometrie beibehalten* jedoch an, sind sofort – ohne Rückmeldung – die automatischen Anpassungen ausgeschaltet!

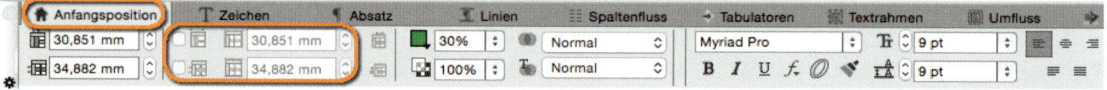

Unter Windows werden Tabellen noch fast komplett im modalen Dialog *Objekt | Modifizieren* gesteuert und ausgelesen. Das wichtigste Register heißt *Zellen*. Dort finden Sie die hier diskutierten Optionen.

- Sind mitwachsende Zellen in der Tabelle? Hierzu aktivieren Sie alle Zellen der Tabelle, in dem Sie das *Textinhaltswerkzeug (T)* wählen und mit gedrückter Maustaste – innerhalb der ersten Zelle links oben beginnend – alle Zellen überstreichen. Die Maße-Palette am Mac zeigt Ihnen im Register *Anfangsposition* durch einen waagerechten Strich oder durch Häkchen an, ob mitwachsende Zellen in der Tabelle vorkommen. Diese Tabellen können durch neue Schriftwahl oder -vergrößerung, aber auch durch längere Texte ihre Gesamtgröße automatisch vergrößern – aber nicht verkleinern.

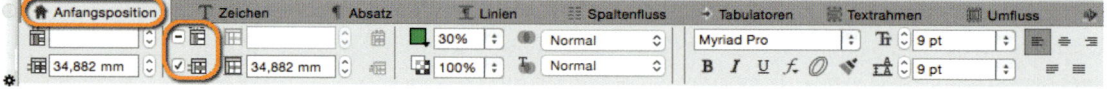

Tabellen bearbeiten und formatieren

In Zellen arbeiten. Tabellenzellen können Text, Bilder oder eine Kombination aus beidem enthalten. Das Einfügen von Inhalten geht vonstatten wie bei gewöhnlichen Text- oder Bildrahmen. Text wird direkt eingetippt oder importiert. Bilder holen Sie über Drag & Drop vom Desktop, aus der Bridge oder werden importiert. Textzellen können neben Text auch verankerte Objekte aufnehmen.

Der Tabellenbox-Cursor. Wer schon einmal mit Word-Tabellen gearbeitet hat, wird wenig Schwierigkeiten mit dem Tabellen-Cursor von XPress haben. Ist eine Tabelle mit dem Textinhaltswerkzeug selektiert, verwandelt sich der Mauszeiger knapp außerhalb der Tabelle in Pfeile. Je nachdem, ob man sich oberhalb, unterhalb, links oder rechts neben der Tabelle befindet, erscheinen die zugehörigen Zellen-Aktivierungspfeile. Klicken Sie einmal, wird die gesamte Spalte oder Zeile markiert.

Zelle
Zeile
Ungerade Zeilen
Gerade Zeilen
Spalte
Ungerade Spalten
Gerade Spalten
Alle Zellen
Zeilen im Kopfbereich
Zeilen im Fußbereich
Zeilen im Haupttext

Tabellenzeilen und -spalten selektieren. Um mehrere aneinander angrenzende Spalten oder Zeilen komplett zu selektieren, fahren Sie bei aktiviertem Textinhaltswerkzeug und gedrückter Maustaste (der Zellen-Aktivierungspfeil erscheint) entlang den Kanten der Tabelle. Mit der ⇧-Taste lassen sich auch nicht direkt benachbarte Tabellenreihen (oder einzelne Spalten gemeinsam mit einzelnen Zeilen) auswählen. Besonders mächtig sind die Einträge im Kontext- oder direkt im Menü *Tabelle | Auswählen*. Hier können Sie beispielsweise nur gerade oder ungerade Spalten oder Zeilen auswählen, um Ihre Tabelle z. B. durch wechselweise Zellschattierung besser lesbar und attraktiver zu gestalten.

In Tabellen navigieren. In den einzelnen Tabellenzellen sind Sie mit dem Cursor keineswegs »eingekerkert«. Wenn Sie die Textcursortasten benutzen, bewegen Sie sich wie gewohnt innerhalb einer Zelle im Text. Wenn Sie allerdings an die Ränder einer Tabellenzelle stoßen, dann springen Sie mit den Cursortasten zur nächsten Zelle. Das funktioniert auch an den Außenrändern der Tabelle; so springen Sie z.B. am rechten Rand der Tabelle mit der ▸-Taste in die links außen liegende Zelle der nächsten Zeile. Auch das Markieren von Tabellenzellen innerhalb einer Tabellenzeile funktioniert auf diesem Weg mit Tastenbefehlen: einfach die ⇧-Taste dabei gedrückt halten.
Wenn Sie mit dem Textcursor in einer Textzelle sind, erzeugen Sie mit der Tab-Taste (⇥) keinen Tabulator, sondern springen in die nächste

Tabellen verhalten sich fast wie Gruppen
Sie müssen immer eindeutig unterscheiden zwischen Objektwerkzeug (= die Gesamttabelle wird angesprochen) und Inhaltswerkzeugen für Text (T) und für Bilder (R). Auch einzelne Rasterlinien können Sie nur über Inhaltswerkzeuge selektieren.

Zellen-Aktivierungspfeil
Sie haben mit einem Inhaltswerkzeug die Tabelle ausgewählt, dann erscheint außerhalb der Tabelle der Pfeil:

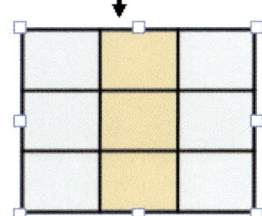

Asymmetrie
Sie können in XPress auch Zellen selektieren, die nicht nebeneinander liegen – einzeln oder spalten- bzw. reihenweise.

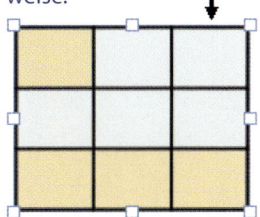

Gerade/ungerade Zeilenfärbung

Zelle – ⇧+→ springen Sie zurück. Einen zusätzlichen Tabulator in einer Textzelle erzeugen Sie mit ⌃+→ / ⎇ ⇧+→.

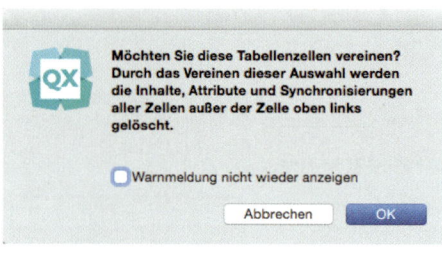

Zellen kombinieren. Wenn Sie mehrere Zellen markiert haben, die in einer Richtung aneinander grenzen, lassen sich diese Zellen über *Tabelle | Zellen kombinieren* bzw. über das Kontextmenü zu einer einzigen Zelle zusammenfassen. »Gewinkelte Auswahlen« sind zwar möglich, sie lassen sich aber nicht zu einer neuen Zelle kombinieren, denn XPress unterstützt nur rechteckige Zellenformen.

Beim Kombinieren gehen nach Bestätigung der Warnmeldung die Inhalte aller Zellen verloren, mit Ausnahme des Inhalts der linken (oder) oberen selektierten Zelle. Durch Kombination entstandene Tabellenzellen werden außerdem ohne explizite Warnmeldung aus einer bestehenden Verkettungsreihenfolge entfernt.

Nicht verbundene Zellen lassen sich nicht teilen. Erzeugen Sie für die Tabelle gleich zu Anfang mehr Spalten und Zeilen, als Sie schließlich benötigen. Sie erhalten so wesentlich mehr Variationsmöglichkeiten bei der Gestaltung der Tabelle.

Zellen wieder trennen. Setzen Sie den Textcursor in die Zelle, die Sie trennen wollen, und rufen Sie das (Kontext-)Menü *Objekt | Tabelle | Zelle teilen* auf. Danach wird diese Zelle wieder in mehrere Zellen aufgeteilt. Der gesamte Inhalt der geteilten Zelle landet dabei in der ersten Zelle der ursprünglichen Gruppe.

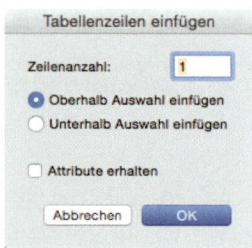

Spalten oder Zeilen hinzufügen/löschen. Über das (Kontext-)Menü *Tabelle* können Sie weitere Spalten oder Zeilen hinzufügen oder löschen. Um Spalten hinzuzufügen, markieren Sie eine Zelle oder einen Bereich und wählen *Tabelle | Einfügen | Spalte…* XPress fragt Sie dann, wie viele es denn sein dürfen und ob diese beim Spaltenbefehl *links* oder *rechts* von der Selektion hinzugefügt werden sollen. Um Zeilen hinzuzufügen, markieren Sie eine Zelle oder einen Bereich und wählen *Tabelle | Einfügen | Zeile…* Jetzt wechselt der Dialog in *Oberhalb* oder *Unterhalb der Auswahl einfügen*.

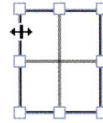

Der Tabellenraster-Cursor. Ist eine Tabelle mit dem Textwerkzeug selektiert, verändert sich der Mauszeiger bei Annäherung an eine Rasterlinie oder den Tabellenrand (jedoch nicht an den Stellen der acht Standard-Rahmen-Anfasspunkte). Dieser Raster-Veränderungsschieber zeigt die Nähe zu einer waagerechten bzw. senkrechten Linie an.

Spaltenbreite/Zeilenhöhe manuell verändern. Selbstverständlich lassen sich die Dimensionen von Spalten und Zeilen verändern: Fahren Sie mit dem Mauscursor über eine Rasterlinie, bis sich der Mauscursor in den Tabellenraster-Cursor (Doppelpfeil) verwandelt: dann klicken, Maustaste festhalten und ziehen. Sie bekommen von Tabellen während der manuellen Bearbeitung keine Rückmeldung der geänderten Werte in der *Maße*-Palette.

Spaltenhöhe/Zeilenbreite über Werte verändern. Sie wählen eine oder mehrere Zellen mit dem Textinhaltswerkzeug aus und geben im Register *Anfangsposition/Classic* bei *Spaltenbreite* und/oder *Zeilenhöhe* Ihren Wunschwert ein.

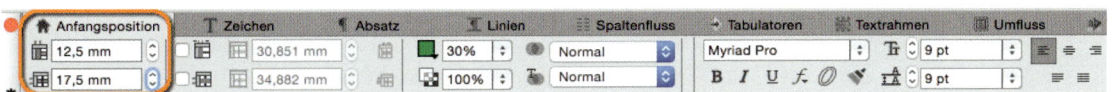

Gleiche Spaltenbreiten und Zeilenhöhen. Eine Funktion, die bei den Tabulator-Tabellen schmerzlich vermisst wird, spendiert die Zellen-Tabelle: gleichmäßiges Verteilen. Selektieren Sie mindestens zwei Zellen – auch nicht zusammenhängende (!) – und wechseln Sie am Mac ins Register *Anfangsposition* der *Maße*-Palette (Windows: *Objekt | Modifizieren | Register Zellen*). Leere Spaltenbreite- und Zeilenhöhe-Felder zeigen Ihnen an, dass Sie ungleiche Zellen selektiert haben. Nun klicken Sie auf *Spalten/Zeilen gleichmäßig* verteilen, XPress erledigt den Rest.

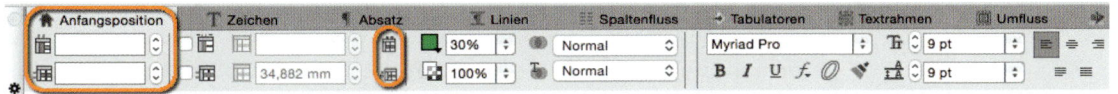

Regeln für partiell mitwachsende Textrahmen. Welche Zellen wachsen mit, wenn es gewünscht wird? Die Option finden Sie am Mac im Register *Anfangsposition*, unter Windows im Register *Objekt | Modifizieren | Zelle*: Wenn eine Zelle einer Zeile sich automatisch in der Höhe ausdehnen darf, wenn der Text nicht hineinpasst, dann gilt das automatisch für alle Zellen dieser Zeile. Wenn eine Spalte in der Breite wachsen darf, dann gilt das automatisch für alle Zellen dieser Spalte. Wenn Sie einer Zelle einer Reihe das automatische Ausdehnen verbieten, dann gilt das für alle Zellen dieser Reihe usw.

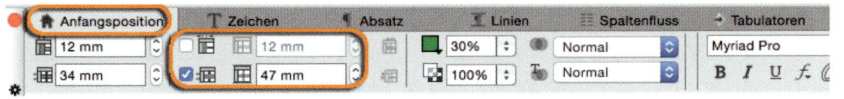

Was passiert beim Verändern von Zeilenhöhe oder Spaltenbreite?

Wenn die Option *Geometrie beibehalten* nicht aktiviert ist und Sie eine Spalte verbreitern oder verschmälern, dann wird die ganze Tabelle breiter oder schmaler.
Ist die *Geometrie beibehalten* jedoch aktiviert, dann geht die Bewegung auf Kosten der benachbarten Zelle, und die Tabelle bleibt gleich groß.

Zellenausdehnung begrenzen

Sie können einstellen, dass Zellen mit der Textmenge mitwachsen. Voraussetzung ist aber, dass keine Zellen mit Textverkettungen mitbetroffen werden und dass für die Tabelle die Geometrie nicht eingeschränkt ist. Damit die Zellen nicht ins unermessliche wachsen, können Sie den Wert auf ein Maximum begrenzen.

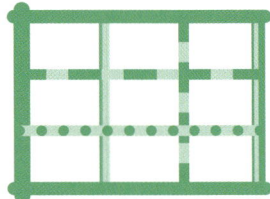

Rasterlinien mit Farben und Formen. Auch Rasterlinien können andere Formen (Striche & Streifen) erhalten und dann ein- oder zweifarbig eingefärbt werden. Dazu kommen noch mit QX 2017 Verlaufsoptionen. Unter Windows zeigt QuarkXPress im Modifikationsdialog bei selektierten Rasterlinien die ausgewählten Typen (waagerecht und/oder senkrecht) in den richtigen Farbe an.

Tabellen aufteilen. XPress kann eine einzelne Tabelle in mehrere Instanzen aufteilen. Somit lassen sich Tabellen auf mehrere Seiten eines Layouts oder nur unterschiedliche Bereiche einer Seite verteilen. Zum Aufteilen einer markierten Tabelle wählen Sie *Tabelle | Tabellenaufteilung…* Sie können dann die gewünschte Höhe und – wesentlich seltener genutzt – auch die Breite für den Tabellenumbruch festlegen. Weiterhin können Sie in diesem Moment auch schon das Wiederholverhalten der Kopfzeilen definieren. Sie können jederzeit für die Instanzen ihre eigene Höhe definieren.

Eine in einzelne Segmente geteilte Tabelle stellt für XPress weiterhin eine einheitliche Tabelle dar. Dementsprechend wirken sich etwa Änderungen der Spaltenbreite oder von Tabellenattributen (Randfarbe und Stil, Rasterlinienstärke etc.) immer sofort auf alle Tabelleninstanzen aus. Die Tabellenaufteilung können Sie jederzeit rückgängig machen, indem Sie wieder *Tabelle | Tabellenaufteilung…* aufrufen und die Checkboxen deaktivieren.

Beachten Sie bitte auch den Abschnitt über »Inline-Tabellen«.

Zur Beachtung: Die Segmente dürfen Sie nur von Seite zu Seite verschieben und *nicht* ausschneiden und kopieren, wenn Sie den Zusammenhalt der Tabelleninstanzen erhalten wollen.

Tabelleninstanzen separieren

Haben Sie eine Zellen-Tabelle aufgeteilt, können Sie die einzelnen Instanzen in selbständige Tabellen mit dem Befehl *Tabelle | Separate Tabellen erstellen* umwandeln. Ab dem Moment der Separation verlieren die Tabellen die Eigenschaft, eine aufgeteilte Tabelle zu sein. Das bedeutet: Es bestehen keine Abhängigkeiten mehr zwischen dem Aussehen der Tabellen, und es gibt keine definierten Tabellenköpfe und -füße mehr.

Tabellenköpfe und -füße. Aufgeteilte Tabellen sind nur dann sinnvoll, wenn jede Tabelleninstanz auch einen aussagekräftigen Tabellenkopf bzw. -fuß enthält. Jeweils eine oder mehrere markierte Zeilen lassen sich über die Menübefehle *Tabelle | Als Tabellenkopf wiederholen* bzw. *Als Tabellenfuß wiederholen* bequem für den jeweiligen Zweck vorsehen. Die verwendeten Zeilen müssen sich zusammenhängend am Tabellenkopf bzw. -fuß der ersten Tabellenseite befinden. Das Konzept der Tabellenköpfe und -füße wird von XPress leider nicht auf die vertikalen Tabellen-Spalten übertragen.

Wenn Sie an einer sich wiederholenden Kopf- oder Fußzeile einer beliebigen Tabelleninstanz Änderungen vornehmen, wirken sich diese automatisch auf alle Instanzen der betroffenen Tabelle aus.

Verankerte Tabellen umbrechen. Seit QuarkXPress 9 können verankerte Tabellen auch am Spaltenende in die nächste Spalte automatisch umbrechen. Meist ist bei Layouts mit fortgesetzten Tabellen das Spaltenende gleichbedeutend Seitenende. Für eine Tabelle, die verankert worden ist, verändern sich die *Eigenschaften der Tabellenaufteilung*: Die Optionen *Breite* und *Höhe* werden deaktiviert. Dafür steht jetzt die Option *Automatisches Umbrechen verankerter Tabellen zulassen* zur Verfügung. In den Programmvorgaben im Register *Tabellen* gibt es die gleiche Option. Die Auswirkung: Ist die Option in den Vorgaben aktiviert, wird eine Tabelle beim Verankerungsvorgang sofort automatisch mit der Umbruch-Erlaubnis versehen. Sie können jederzeit die Erlaubnis widerrufen, werden bei einer langen Tabelle aber erleben, dass sie nun nicht mehr in die Spalte passt und somit nicht mehr sichtbar und auswählbar ist.

Tabellen zerpflücken. Über die Funktion *Tabelle | Tabelle umwandeln | In Gruppe* gelingt es Ihnen, die Tabelle in einzelne Text- oder Bildrahmen zu zerlegen. Die Rasterlinien und der Rahmen mit dem Tabellenhintergrund und -randstil werden gelöscht – siehe nebenstehendes Beispiel mit grau-transparenten Zellen. Die verbliebenen Rahmen sind gruppiert. Wenn Sie diese Gruppe auch noch auflösen, erlangen Sie den ultimativen Einfluss auf das Schicksal der ehemaligen Zellen.

Vorteile Zellen-Tabelle	Nachteile Zellen-Tabelle
+ Senkrechtes Arbeiten möglich: Formatieren, Kopieren, Rasterlinien etc.	– Kompakte Tabellen unmöglich: Zellen mindestens so hoch wie Schriftgröße
+ Zwei- und mehrzeilige Felder sind einfach zu realisieren	– Ausrichtung auf Dezimalpunkt oder Dezimalkomma sind aufwendig zu realisieren
+ Einfachste Integration von Bildern	– Aufwendige und unvollständige Werkzeugvoreinstellung – vor allem am Mac
+ Spezieller Kopiermodus zwischen Tabellen	– Keine automatische Tabellenformatierung
+ Textzellen können automatisch wachsen	– Textzellen können nicht automatisch schrumpfen
+ Textzellen verkettbar	– Eine einzelne Zelle sollte einen Randstil bekommen können
+ Farbig hinterlegbare Zellen	– Tabellen mit mehrfach kombinierten Zellen sollten leichter bearbeitbar sein
+ Symmetrisches Layoutwerkzeug	– Begrenzung auf 5000 Zellen
+ Spaltenbreiten symmetrisch verteilbar	– Große Tabellen verlangsamen XPress stark
+ Umsortiermöglichkeiten	
+ Aktualisierungsmöglichkeiten	

Arbeitskonzepte für Zellen-Tabellen

Normalanwender müssen zwar immer noch 20 Seiten kompakten »Lehrstoff verdauen«, um mit den Zellen-Tabellen erfolgreich und präzise arbeiten zu können – aber es ist keine dreijährige Lehrzeit für Auszubildenden mehr wie vor 20 Jahren. Besonders schwierig für Anfänger ist, dass man sich sofort beim Anlegen einer Zellen-Tabelle in QuarkXPress für eine der vielen unterschiedlichen Arbeitsweisen oder Workflow-Ideen entscheiden muss, ohne die Wirksamkeit des Werkzeugs schon einschätzen zu können.

Mit folgendem Merksatz gelingt der Einstieg viel leichter: Die Zellen-Tabelle in QuarkXPress ist ein Layout-Werkzeug, das man auch für Zahlen-Tabellen sehr gut nutzen kann. Schön gestaltete Produkt-Vergleichstabellen, wie Sie sie aus Testzeitschriften kennen, sind mit QuarkXPress extrem schnell und effizient realisiert.

Zellen-Tabelle = Table-Tool-Tabelle = Layout-Tabelle!

Inhaltswerkzeuge sind's

Mit einem der beiden *Inhaltswerkzeuge* werden die Inhalte – also alle (!) oder einzelne Zellen – einer Tabelle bearbeitet. Das Ausweichen auf das *Objektwerkzeug* ist nur dann angeraten, wenn man die Tabelle in ihrer Gesamtheit verändern möchte.

Der Einsatz von Layout-Tabellen lohnt sich auf jeden Fall immer dann, wenn grafische Abhängigkeiten zwischen einzelnen Elementen bestehen sollen: Wenn Element 1 durch erhöhte Textmenge um Betrag X größer wird, wie soll Element 2 darauf reagieren? Soll es ebenfalls um den Betrag X größer oder um den gleichen Betrag kleiner werden?

Die Strategie für Zellen-Tabellen

- Greifen Sie auf Tabellen-Templates zurück, falls Sie schon gleichartige Tabellen im Einsatz haben.
- Definieren Sie die Zellen vom Häufigen zum Seltenen – formatieren Sie von innen nach außen! Das bedeutet, dass Sie sich um Ausnahmen wie Kopf- und Fußbereich, aber auch um die linke Spalte wirklich erst ganz zum Schluss kümmern.
- Verbinden Sie keine Zellen, bevor das grundsätzliche Aussehen der Tabelle nicht fertig ist – ganz wichtig für den Tabellenkopf! Zögern Sie es bis zur letzten Minute hinaus.
- Schalten Sie *Tabelle | Geometrie beibehalten* erst sehr spät ein, wenn fast alles fertig ist.
- Legen Sie zuerst die *Textabstände* für links, rechts, oben und unten innerhalb der Zellen fest.
- Auch bei den *Rasterlinien*: Definieren Sie die vertikalen und horizontalen Raster zuerst – die Umrandung (die eine Ausnahme der vertikalen und horizontalen Rasterlinien ist) folgt zum Schluss.
- Fügen Sie Spalten und Zeilen nicht am Rand ein, sonst duplizieren Sie evtl. ungewollt Umrandungseigenschaften.

Einzellige Tabelle

Diese Tabelle besitzt ein linke und eine dickere obere Umrandung und wächst automatisch mit der Textmenge.

Einzellige Tabelle

Diese Tabelle ist transparent und besitzt nur einen grünen Schatten als Farbelement. Der Tabellenschatten wächst automatisch mit der Textmenge.

Ein Layout-Beispiel: Sie wollen ein Kataloglayout erstellen, in dem die Produkte immer blockweise platziert werden. Ein Block besteht aus einer Headline, einer linken Spalte mit einem Bild sowie einer Bestell-Aufforderung darunter und rechts daneben einem längeren Fließtext. Sie möchten, wenn Sie aus Layoutgründen die Bildbox verbreitern müssen, die Textbox passend verschmälern – oder umgekehrt. Warum nicht mit einer Tabelle arbeiten, die zweispaltig und dreizeilig ist? Beim Vergrößern der linken Spalte verkleinert sich automatisch die rechte Spalte (daran denken: *Geometrie beibehalten* anklicken!).

Zelleninhalte kopieren/einsetzen. Mit QuarkXPress können Sie normalerweise nur den Text aus *einem* Rahmen kopieren und in einen anderen Rahmen einsetzen. In Tabellen gelten andere Regeln: Zwar ist es hier auch noch so, dass nur ein Bild kopiert werden kann. Aber: Sie können beliebig viele (rechteckig ausgewählte) Textzellen kopieren und in andere Zellen – sogar in eine weitere Tabellenbox – einsetzen. Wird der Text jedoch in normale Textboxen eingefügt, entsteht nur Return-getrennter Text – also auch ohne Tabulatoren.

Von der Excel-Tabelle zur gestalteten Tabelle in Ihrem Corporate Design. Mittlerweile haben Sie durchs Studium des Tabellenkapitels so viel Know-how aufgebaut, dass Sie die wenige Seiten vorher vorgestellte Arbeitsweise vollständig ausführen können.

❶ Sie kopieren aus Excel den gewünschten Wertebereich in die Zwischenablage und fügen diese in XPress in einen kleinen Textrahmen. XPress baut eine Tabelle mit Ihren Voreinstellungen auf. Hier sollten Sie keine perfekte Tabelle erwarten.

❷ In dieser einkopierten Tabelle nehmen Sie die Textformatierungen vor – mit Ihren Absatzstilen für Tabellen.

❸ Sie besitzen schon eine Template-Tabelle mit in der Höhe wachsenden Zellen? Diese Template-Tabelle sollte mindestens 3 Spalten und 3 Zeilen haben – zusätzlich zur nicht (!) vereinigten Kopf- und Fußzeile. Gerne darf das Template aber auch viel größer sein.

❹ Fügen Sie in einer *duplizierten* Template-Tabelle die notwendigen Zeilen und Spalten *in der Mitte* der Tabelle hinzu oder verringern Sie die Anzahl, indem Sie Zeilen oder Spalten *aus der Mitte* der Tabelle löschen.

❺ Ziehen Sie die duplizierte Template-Tabelle auf die gewünschte Breite in Ihrem Layout.

❻ Aktivieren Sie mit dem Textinhaltswerkzeug (T) den Inhalt aller Zellen der einkopierten Tabelle ❷, kopieren Sie den Inhalt und fügen Sie ihn in die Startzelle ❹ ein. Der einkopierte Inhalt behält seine

---

Headline: Gutedel	
	Beschreibung des typisch Markgräfler-Weins
	Nur hier mit grünen Linien, damit die Struktur der Tabelle erkennbar ist

Fußzeile: Bestellen Sie noch heute etc.

❶

	B	BW	HH
Aale	207	856	7877
Bären	3	7	0
Lachse	145	766	81

Einkopierte Excel-Tabelle

❷

	B	BW	HH
Aale	207	856	7877
Bären	3	7	0
Lachse	145	766	81

Textformatierte Tabelle

❸
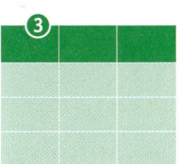
Tabellen-Template

❹
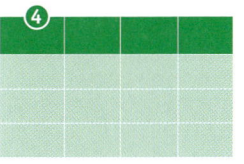
Vorbereitete Tabelle

	B	BW	HH
Aale	207	856	7877
Bären	3	7	0
Lachse	145	766	81

Einkopierter Inhalt

Der Shift-Klick

Mehrere Objekte können Sie in XPress mit Umschalttaste-Klick aktivieren – Sie sollten es sich angewöhnen. In Tabellen ist es nämlich die einzige Arbeitsweise, nicht zusammenhängende Zellen auszuwählen. Der ⇧-Klick in nur eine Zelle aktiviert diese Zelle komplett und entspricht dem Auswählen einer ganz normalen Box mit dem Objektwerkzeug.

Textformatierung, übernimmt aber die Formgebung durch die Template-Tabelle.

❼ Mit letzten Ausrichtearbeiten und vielleicht dem Einfügen von Bildern sowie dem Vereinigen von Zellen runden Sie die Gestaltung der Tabelle ab.

Das Kontextmenü wird unersetzlich. Weiterhin sollten Sie, wenn Sie effizient mit Tabellen arbeiten wollen, den Bedienungswechsel zum Kontextmenü (rechte Maustaste) vollziehen oder vollzogen haben. Hier stehen Ihnen, je nach Selektion, immer die richtigen Befehle für Ihre Tabelle zur Verfügung.

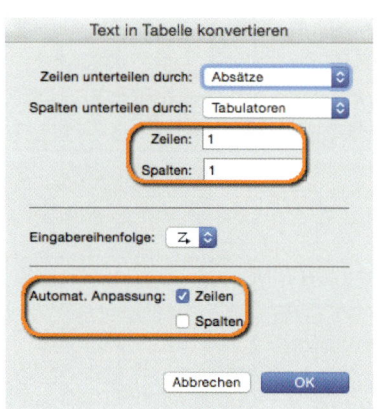

Schnelle Wege. Sie aktivieren einen einzigen Buchstaben in einem normalen Textrahmen und rufen den Befehl *Tabelle | Text in Tabelle umwandeln* auf. Dabei setzen Sie Option *Automatische Anpassung* für Zeilen(-höhe) oder Spalten (-breite), und fertig ist eine mitwachsende Tabelle – mit den Voreinstellungen Ihrer Tabellen.

Einzellen-Tabellen sind die mächtigeren Textboxen. Eine Frage bleibt offen: Ist diese einzellige Tabelle genauso universell einsetzbar wie ein normaler Textrahmen? Fast. Wissen Sie auf anhieb den Punkt, der nur mit echten Textboxen geht? *(Die Rahmenform kann geändert werden …)*

Der Feind der Zellen-Tabelle

Auf Seitenraster verriegelter Text wird Ihnen die Ausrichtung fast jeder Tabelle vermiesen. Textrahmenraster können aber sehr wertvoll sein.

Der Freund der Zellen-Tabelle

Der 1. Grundlinienversatz in Textzellen sorgt für gleichbleibende Schriftlinie in Tabellen.

Präzision in der Tabelle. Sie sollten Abstände des Textes zum Zellenrand fast immer über Zelleneigenschaften – also rechte, linke, obere und unter Abstände – lösen und nicht über Absatz- und Zeichenformatierungen.

Sie wollen mit unterschiedlichen Schriftgrößen oder Schriftarten in einer Tabelle arbeiten? Dann müssen Sie Folgendes beachten: Bei tabulatorgetrennten Tabellen stehen alle Texte immer auf einer Grundlinie, auch dann, wenn unterschiedliche Schriftgrößen in einer Zeile gemischt werden. Das ist in Zellentabellen nicht mehr so. Jetzt müssen Sie in allen Zellen einen mindestens so großen *1. Grundlinienversatz* wählen, welcher der Versalhöhe oder Oberlänge der größten vorkommenden Schrift entspricht.

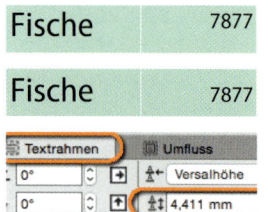

Dezimalausrichtung. Bei der Umwandlung von Tabellen oder beim Import von Excel-Tabellen geht die senkrechte Ausrichtung von Dezimalzahlenwerten verloren. Sie müssen leider in diesem Fall nachträglich wieder Tabulatoren in die betroffenen Zellen setzen und den Stand des Dezimaltabulators neu definieren.

Synchronisierte Tabellenköpfe. Sie können in XPress-Tabellen aufteilen lassen, mit Kopf- und Fußbereich – dann werden das komplette Aussehen und der Inhalt synchron gehalten. Sie können aber auch das Feature der (mehrfach genutzten) Inhalte *(Fenster | Inhalte)* nutzen und nur den Text der Köpfe und Füße zwischen Tabellen synchronisieren. Als dritter Weg können Sie gleiches mit Inhaltsvariablen *(Fenster | Inhaltsvariablen | Statischer Text)* realisieren.

Tabellenwerkzeug – die Voreinstellungen

Seit QuarkXPress 10 unterscheiden sich die Mac- und die Windows-Version stark beim Anlegen von Werkzeug-Voreinstellungen – ganz besonders bei Tabellen. Am Mac können Sie seitdem nicht mehr in einem Dialog die Optionen der Zellen und Rasterlinien definieren: Sie müssen immer nacheinander Eigenschaftsbereiche einer bestehenden Tabelle zur Voreinstellung machen: Textzelle, vertikale Raster, horizontale Raster und Tabellenrahmen.

Das Vorgehen (nur Mac)

- Sie haben eine einfache Tabelle vorbereitet, in der alle Eigenschaften wie gewünscht vorbereitet sind.
- Sie klicken mit dem *Textinhaltswerkzeug* (T) in eine mittlere Zelle und rufen *Bearbeiten | Werkzeugangaben entsprechend der Auswahl festlegen | Für das aktuelle Layout* oder *Für neue Print-Layouts* auf. Damit haben Sie alle Zellen-Eigenschaften – außer den Dimensionen – aus dem Register *Textrahmen* in die Tabellenwerkzeug-Vorgaben übernommen.
- Sie selektieren mit dem *Textinhaltswerkzeug* (T) eine mittlere vertikale Rasterlinie und rufen wieder den Werkzeugübernahmebefehl auf. Nun sind die Farbe und die Stärke der vertikalen Rasterlinien neu definiert – das Procedere wiederholen Sie auch für die horizontalen Linien.
- Zum Schluss selektieren Sie mit dem *Objektwerkzeug* (V) die gesamte Tabelle und rufen abermals den Werkzeugübernahmebefehl auf. Nun sind auch die neue Hintergrundfarbe und die Randstildefiniton zur Vorgabe geworden.

Tabellenwerkzeug – die Voreinstellungen unter Windows. Hier können Sie – wie bis zur QuarkXPress Version 9 auch am Mac – alle Voreinstellungen in den verschiedenen Registern unter *Vorgaben | Printlayout | Werkzeug | Tabellenwerkzeug* vornehmen.

Vorgaben für Tabellenkopf?
Sie können mit XPress das – eventuell andere – Aussehen von Kopf- und Fußzeilen in Tabellen leider nicht als eigene Vorgaben definieren.

Objektstile für Tabellen oder Zellen?
Nochmals leider nein – die eigentlich genialen XPress-Objektstile verweigern ihren Dienst an Tabellen.

Objekt-Befehl »Rahmen an Text anpassen«?
Und hiermit kennen Sie noch einen Verweigerer im Dienst an Tabellen.

XTensions für Tabellen?
JoLauterbach bietet mit der XTension FitX die gewünschte Anpassungsoption für Tabellen – sogar wenn sie verknüpften Textrahmen enthalten. Mit FitX können Sie auch in ausgewählte Zellen einen Tabulator in Textzellen einkopieren, um an Punkt oder Komma ausrichten zu können.

Inline-Tabelle

Seit XPress 2015 hat Quark sogenannte *Inline-Tabellen* auch direkt für das Layoutprogramm verfügbar gemacht, nachdem es schon lange in der Quark-Server-Ausführung vorhanden war. Inline-Tabellen sind fast wie Objekte im Text verankert. Sie verhalten sich also wie ein einziger Buchstabe, obwohl sie über viele Seiten *blitzschnell* umbrechen können.

Den Inhalt der Inline-Tabellen können Sie in QuarkXPress nicht ändern, aber über (Inline-)Tabellenstile und das darin hinterlegte Regelwerk ihr Aussehen komplett verändern. Der Geschwindigkeitsgewinn dieser Inline-Tabellen gegenüber Zellen-Tabellen ist wirklich enorm!

Der Weg zur Inline-Tabelle. XPress bietet Ihnen zwei grundsätzliche Wege zur Inline-Tabelle:

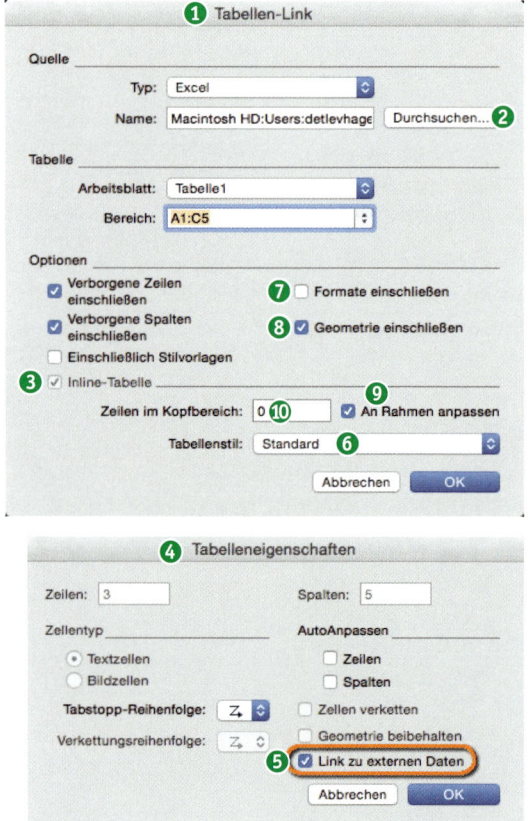

- Sie importieren in einen Textrahmen – meist wohl in Ihren Haupttextstrom – über den Befehl *Objekt | Inline-Tabelle einfügen* eine Tabelle im Format .xlsx. Im aufspringenden Dialog ❶ weisen Sie über *Durchsuchen* ❷ eine Tabellendatei zu, die XPress auswertet und Ihnen die Arbeitsblätter und den Wertebereich vorschlägt. Die Option *Inline-Tabelle* ❸ ist bereits fest eingestellt. Die Tabelle baut sich vollständig in Ihrem Textrahmen über mehrere Seiten auf.

- Sie ziehen mit dem Tabellenwerkzeug (G) einen neuen Tabellenrahmen auf, wählen im Dialog ❹ die Option *Link zu externen Daten* ❺ und bestätigen. Der folgende Dialog unterscheidet sich von ❶ nur darin, dass Sie noch die Option *Inline-Tabelle* ❸ aktivieren müssen. Diese Tabelle wird nur in den aufgezogenen Tabellenrahmen importiert, der dadurch zum normalen Textrahmen umgewandelt wird.

Beim Import wird hinter der Tabelle eine zusätzliche Zeilenschaltung in den Text eingefügt. Weiterhin wird mit jedem (!) Import oder Ein-

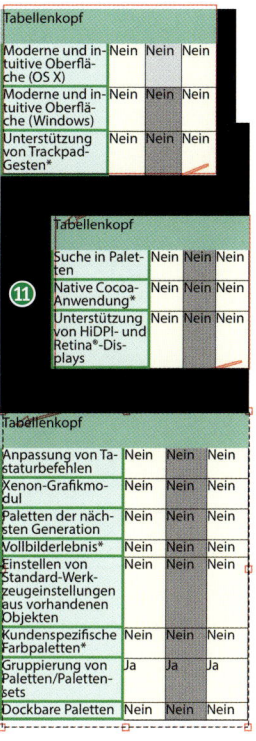

fügen einer Inline-Tabelle automatisch ein neuer Tabellenstil *(Fenster | Tabellenstile)* mit folgender Nomenklatur *Inline-Tabelle - Stil X* angelegt, wenn Sie nicht auf einen bestehenden Tabellenstil ❻ zurückgreifen wollen.

Wenn Sie *Formate einschließen* ❼ gewählt haben, wird mindestens eine neue Absatz-stilvorlage in XPress angelegt, die auf Formatierungen in Excel zurück-geht. Die Namen folgen dieser Regel: *Inline-Tabelle - Absatzstil 2.*

Die Inline-Tabellen können prozentual die Spaltenbreiten und Zeilen-höhen der ursprünglichen Tabelle übernehmen (*Geometrie einschlie-ßen* ❽), ansonsten werden sie symmetrisch aufgebaut und können sich an die volle Breite des *Rahmens anpassen* ❾. Weiterhin bestimmen Sie die Anzahl der sich immer wiederholenden *Kopfzeilen* ❿.

Die Inline-Tabelle ⓫ auf der rechten Seite befindet sich in drei verket-teten Textboxen. Der Tabellenkopf wiederholt sich. Die Tabellenseg-mente passen sich in der Breite jeweils dem umgebenden automati-schen Textrahmen an. Linien können wie in Excel unterbrochen sein.

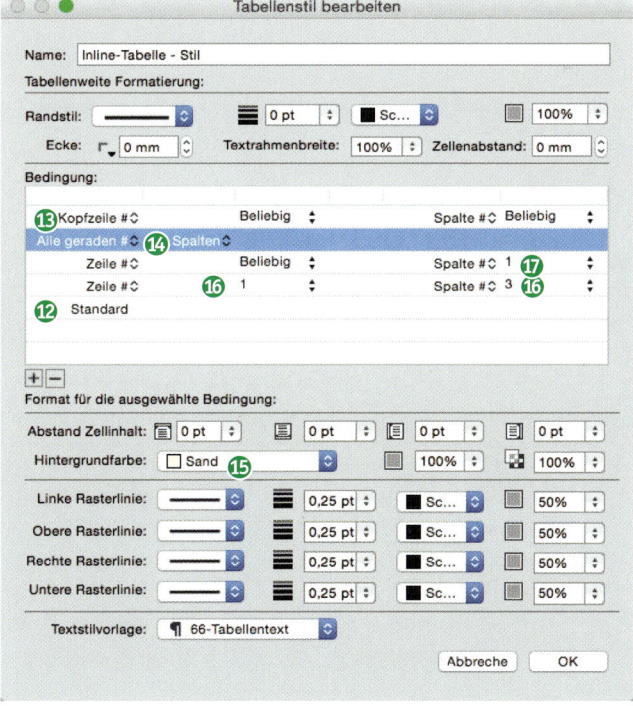

Im Tabellenstil-Editor sehen Sie, dass fünf Bereiche für eine Tabelle eingestellt wurden.

Greift keine der vier über »Standard« ⓬ eingefüg-ten Regeln, werden alle verbliebenen Zellen nach »Standard« formatiert.

Die Regeln für die *Kopf-zeile* ⓭ werden immer zuerst abgearbeitet.

Alle geraden Spalten ⓮ werden »Sand« ⓯ einge-färbt, alle ungeraden (da eine spezielle Definition für *Ungerade* fehlt) Spal-ten werden nach »Stan-dard« Dunkelgrau einge-färbt.

Aber die erste Zelle ⓰ der dritten Spalte erhält 15 % Schwarz (siehe Screenshot), und die ganze erste Spalte ⓱ (Beliebige Zeilenanzahl) wird Hellgrün.

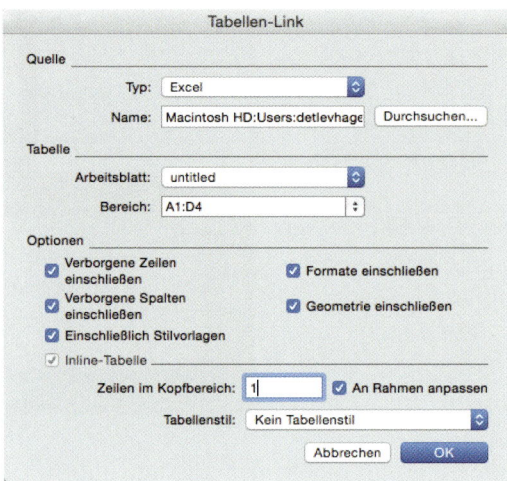

Strategie zum Erlernen des Regelwerks für Inline-Tabellen. Gestalten Sie eine kleine Tabelle in Excel mit nicht mehr als 16 Zellen. Zeichnen Sie in Excel Rasterlinien, färben Sie Zellen und Text ein. Speichern Sie die Tabelle als .xlsx ab und importieren die Tabelle dann in eine neu angelegte XPress-Datei in einen Textrahmen als Inline-Tabelle *(Objekt | Inline Tabelle einfügen)*. Mit vollem »Optionen-Programm«, aber *Kein Tabellenstil*. XPress wird jetzt alle in der Tabelle gefundenen Formatierungen in ein Regelwerk (= Tabellenstile) umsetzen, die Sie im *Fenster | Tabellenstile* finden werden. Nun besitzen Sie einen recht komplexen Tabellenstil als Vorlage, den Sie Stück für Stück abändern können. Die Rückmeldung über Ihre vorgenommenen Veränderungen erhalten Sie sehr schnell.

Inline-Tabellen sind mit der Datenquelle verlinkt. Änderungen werden von XPress erkannt. Im Verwendungsdialog (cmd + F6 / F2) können Sie Tabellen aktualisieren.

Aufräumarbeiten. Meistens werden beim Tabellenimport sehr viele – meist deutlich zu viele – Absatzstilvorlagen erzeugt. Löschen Sie die Stilvorlagen in den Tiefen des Dialogs *Bearbeiten | Stilvorlagen…* und ersetzen Sie sie durch Ihre Stilvorlagen. Meist werden auch viele RGB-Farben importiert. Auch hier gilt: aufräumen und evtl. umfärben.

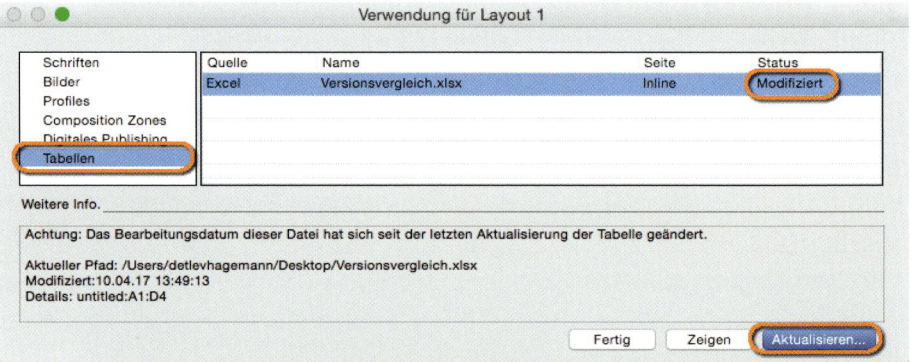

Vorteile Inline-Tabelle	Nachteile Inline-Tabelle
+ Extrem schnelles Tabellenbauen	− Kein Texteditieren möglich
+ Arbeiten mit Tabellenstilen	− Tabellenstile müssen aufwendig erzeugt oder abgewandelt werden
+ Passt sich automatisch Spaltenbreiten an	− Nur indirekte Steuerung der Spaltenbreite
+ Bricht über mehrere Seiten um	− Importiert RGB-Farben
+ Noch an kein Zellenlimit gestoßen	− Erzeugt zu viele Absatzstilvorlagen
+ Aktualisierungsmöglichkeiten	− Erfordert gutes Wissen über Formatierung in einem Tabellen-Programm

❹ Textschattierungen und Spaltenfluss

Vor QuarkXPress 2017 erreichten Sie farbige Hinterlegung von Text nur mit zwei »normalen«und zwei »getricksten« Methoden – das führte bei Textlängenkorrekturen immer zu relativ hohem Arbeitsaufwand.

Vor QuarkXPress 2017 mussten Sie weiterhin spaltenüberspannende Überschriften oder Vorspanntexte in eigenen Textboxen setzen, die sie – wenn Sie es denn wollten – immerhin mit dem Resttext verketten konnten.

Mit QuarkXPress 2017 stehen Ihnen zwei Funktionen zur Verfügung, die das bisherige strenge Regelwerk fast vollständig außer Kraft setzen können: *Textschattierung* für Zeichen und Absätze sowie *Spaltenfluss* (mit *Spaltenteiler* und *Spaltenverbinder*), der einerseites eine Textspalte in mehrere Spalten aufteilen kann, andererseits mehrere Spalten einer Textbox überspannen kann.

Bis XPress 2016 mögliche Methoden für farbig hinterlegten Text:
– ein farbiger Rahmen befand sich hinter dem transparenten Textrahmen oder
– der Text selbst befand sich in einem farbigen Rahmen,
– ein farbiger Schatten wurde von der transparenten Textbox oder Tabellenzelle erzeugt,
– der Text erhielt einzeilig eine versetzte Absatztrennline (siehe Abschnitt über »Absatzlinien – Linie oben/ unten« weiter vorn in diesem Kapitel) und war somit nur in einer Zeile eines Absatzes in einer Spalte wirksam.

Für beide neuen Funktionalitätsgruppen hat Quark in der Maße-Palette eigene Reiter spendiert. Beide Bereiche sind unabhängig voneinander, können aber gleichzeitig eingesetzt werden und ergänzen sich hervorragend: Die Textschattierung ist übrigens auch ein ideales Hilfsmittel, um komplexe Spaltenfluss-Situationen und -Steuerungen während des Aufbaues zu visualisieren.

Textschattierung a̲b̲

Textschattierung – die doppelt nutzbare Ressource. Das gab es für XPress noch nie: eine Ressource, die von Zeichen und/oder vom Absatz genutzt werden kann. Dementsprechend startet die *Maße-Palette* im Register *Textschattierung* a̲b̲ mit der Einstellungsfrage, ob die Textschattierungseigenschaften auf die gewählten Absätze oder die aktivierten Zeichen angewandt werden sollen.

Dieser Absatz mit Textschattierung enthält Zeichen mit eigener Textschattierung, die aus Rahmen und (Teil-) Umrandungen besteht. Verläufe sind auch möglich!

Auf den Textschattierungsmodus achten. Stehen Sie mit dem Cursor in einem Absatz und haben das Register *Textschattierung* ausgewählt ([cmd][alt]+O / [strg][alt]+O), schaltet die Palette automatisch in den Modus *Absatz* ❶. Haben Sie jedoch eine Textstrecke in nur einem Absatz aktiviert, springt die Textschattierung in den Modus *Text* ❷ – gleichbedeutend mit zeichenbasierter Hinterlegung. Selektieren Sie hingegen eine Textstrecke mit Text aus mindestens zwei Absätzen, wird wieder der Modus *Absatz* ❶ aktiv. Sie müssen in allen Fällen manuell gegensteuern, wenn Sie mit einem gerade unerwünschten automatischen Modus arbeiten wollen. Denken Sie immer daran, dass ein hinterlegter Absatz auch noch hinterlegte Zeichen oder Textstrecken enthalten kann. Die textbasierte Schattierung spart dabei die absatzbasierte Textschattierung immer aus: Es wirken also keine Transparenzen zwischen diesen beiden Eigenschaften.

Die Schattierungslänge des Absatzes. Wenn der Modus auf *Absatz* ❶ steht und Sie eine Schattierungsfarbe gewählt haben, werden Sie die Auswirkungen der Umstellmöglichkeiten *Einzüge*, *Text* oder *Spalte* erst dann richtig einschätzen können, wenn die Absätze wirksame Formatierungen mitbringen. In den folgenden Beispielen sind die Absätze mit rechten und linken Einzügen versehen worden.

Diese beiden linksbündigen Absätze besitzen eine *Absatzschattierung* mit Einstellung *Einzüge* ❸ ¶ … und gleiche Abstandswerte der Schattierung.	Einstellung *Text* ❸: Die Schattierungen sind nicht mehr verbunden.¶ Jetzt bestimmt die längste Zeile (inklusive Satzbefehle wie Leerschläge!) die Breite der Schattierung.	In der Einstellung *Spalte* ❸ werden die Absatzeinzüge komplett außer Kraft gesetzt.¶ In diesem Modus werden die Schattierungen wieder verbunden.

Die Erweiterung oder Verringerung der Schattierungsfläche. Die Hinterlegung lässt sich mit unterschiedlichen Werten in vier Richtungen ❹ erweitern oder mit Minuswerten verringern. Wird mit den eingegebenen Werten der Rahmen verlassen, können Sie die Schattierung *auf den Rahmen beschneiden* ❺ – auch bei unregelmäßigen Formen!

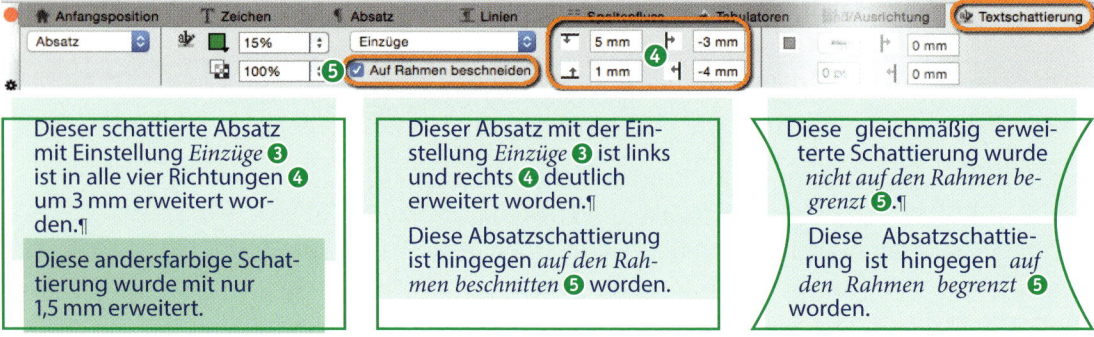

Dieser schattierte Absatz mit Einstellung *Einzüge* ❸ ist in alle vier Richtungen ❹ um 3 mm erweitert worden.¶ Diese andersfarbige Schattierung wurde mit nur 1,5 mm erweitert.	Dieser Absatz mit der Einstellung *Einzüge* ❸ ist links und rechts ❹ deutlich erweitert worden.¶ Diese Absatzschattierung ist hingegen *auf den Rahmen beschnitten* ❺ worden.	Diese gleichmäßig erweiterte Schattierung wurde *nicht auf den Rahmen begrenzt* ❺.¶ Diese Absatzschattierung ist hingegen *auf den Rahmen begrenzt* ❺ worden.

Schattierungshöhe von Absätzen hängt vom Zeilenabstand ab! Ist für den Absatz ein fester Abstandswert eingegeben, schmiegt sich die Hinterlegung eng an die Größe der Schrift. Werden hingegen die ausgewählten Zeichen in einem Absatz mit relativem Abstandswert schattiert, fällt die Hinterlegung deutlich größer aus – und das in Abhängigkeit der eingestellten Relativwerte vom vorigen Absatz … Sie erinnern sich an die Diskussion um die Zeilenabständen mit relativen Werten?

fester Zeilenabstand:

Åquavit

Hamburgfont

Relativer Zeilenabstand

Åquavit

Hamburgfont

Zeichenbasierte Textschattierung. Ist für die Textschattierung der Modus *Text* ausgewählt, entfallen die Einstellmöglichkeiten für die absatzgesteuerte Schattierungslänge. Es ist aber natürlich möglich, diese gelbe „Normal"-Schattierung beispielsweise um 1 mm zu erweitern oder um 1 mm zu verringern. Bei zeichenorientierter Textschattierung spielt der Absatzabstand glücklicherweise keine Rolle.

Zeichenbasierte Textschattierung als Unterstreichung. Eine der wichtigsten Einsätze für die Hinterlegung wird ab XPress 2017 die Unterstreichung von Wörtern werden – siehe Beispiele rechts.
Dazu wird mit negativen Werten die Oberkante der Schattierung ❻ soweit nach unten bewegt, bis sie unterhalb der Schriftgrundlinie liegt. Die Unterkante ❼ wird mit meist ebenfalls negativen Werten zum Steuern der Dicke der Linie eingesetzt.
Das optische Ergebnis Ihrer Einstellungen wird leider verändert, wenn sie später Grundlinienversatz nutzen oder eine andere Schriftgröße wählen. Trotz dieser kleinen Einschränkung: Da Textschattierung eine eigene Ressource ist und in Stilvorlagen aufgenommen werden kann, lässt sich eine hohe Produktivität mit dieser Art der Unterstreichung erreichen.

Dick (QgH)

dünn (QgH)

fern (QgH)

Rot (QgH)

verlaufend (QgH)

Textumrandung – die XPress-Spezialität der Textschattierung

Die Textschattierungsfunktion bietet nicht nur die Möglichkeit, Text farblich zu hinterlegen, sondern ihn auch mit vier Linien zu umranden. Dieses Feature kann wieder absatz- oder zeichenorientiert eingesetzt werden. Quark eröffnet uns Layoutern damit vollkommen neue Möglichkeiten. Und natürlich kann die Hinterlegung mit der Umrandung kombiniert werden.

Auch bei der Textumrandung müssen Sie darauf achten, ob der Modus *Absatz* oder der Modus *Text* aktiv ist. Dementsprechend wird entweder der bzw. die Absätze oder nur die ausgewählte Textstrecke umrandet. Auch in den folgenden Beispielen sind die Absätze mit rechten und linken Einzügen versehen worden.

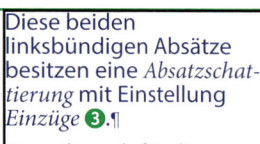

Diese beiden linksbündigen Absätze besitzen eine *Absatzschattierung* mit Einstellung *Einzüge* ❸.¶

Das gilt auch für diesen zweiten Absatz.

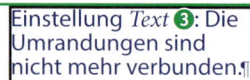

Einstellung *Text* ❸: Die Umrandungen sind nicht mehr verbunden.¶

Jetzt bestimmt die längste Zeile (inklusive Satzbefehle wie Leerschläge!) die Breite der Umrandung.

In der Einstellung *Spalte* ❸ werden die Absatzeinzüge komplett außer Kraft gesetzt.¶

In diesem Modus wird die Umrandung wieder verbunden.

Rand-Abstandswerte können nur postive Werte annehmen!

Mit dieser momentanen Einschränkung lässt sich die untere Umrandung nur begrenzt als Unterstreichung einsetzen.

Bei diesen drei Variationen im Modus *Anwenden auf Absatz* um die Schattierungslänge *Einzüge*, *Text* und *Spalte* ❸ wurde *keine* Hintergrundfarbe eingesetzt. Die *Textumrandung* wurde hier von 0 pt (= keine Umrandung) auf 1 pt ❻ erhöht und für alle vier Richtungen ❼ sichtbar gemacht. Alle vier Linien verfügen übrigens immer über die gleiche Farbe und Linienstärke.

Eigentlich müsste im Modus *Einzüge* ❸ die Umrandung beider Absätze hier zusammengefasst werden …¶

Schon ein einziger unterschiedlicher Abstandswerte ❽ der Ränder oder der Schattierung verhindert dies.¶

Auch Verläufe können als Umrandung dienen.¶

Oben in der Box drückt die Umrandungslinie den Text immer von der Textrahmenbegrenzung weg! Unten kann die Umrandung den Textblock jedoch verlassen.

Bezugspunkte der Umrandungslinen: Der Abstand zum Text bezieht sich bei *Anwenden auf Absatz* immer auf die höchste Oberlänge der obersten Zeile und auf die tiefste Unterlänge der untersten Zeile. Die rechte und linke Kegelkante der Zeichen (bei der *Schattierungslänge Einzüge* auch der unsichtbaren Steuerungszeichen in der längsten Zeile) sorgen für die seitliche Begrenzung. Es besteht keine Kupplung an die Abstandswerte der Hinterlegung (Schattierung).

Variationen von Schattierung und Umrandung am Absatz

Absatz mit der *Schattierungslänge Einzüge* und nur einer dicken linken Umrandung mit linkem Abstand in Dunkelblau.

Absatz mit rechter und unterer Umrandung mit minimalen Abständen. Der Hintergrund und die Umrandung sind Verläufe.

Absatz mit *Schattierungslänge Einzüge* und einer linken und rechten Umrandung mit Abstand ❽ oben und unten – das führt zu den verlängerten Linien.

1. Absatz: mit linker und oberer Umrandung mit *Schattierungslänge Spalte.*¶

2. Absatz: mit rechter und unterer Umrandung.

Mit der Textschattierung werden Layouter-Träume war. Mit dieser Funktion kann die hinterlegte Farbe für eine Textstrecke zur Texteigenschaft werden – die Höhe der Farbfläche richtet sich dann also automatisch nach der Textlänge: Kein Kampf mehr zwischen Textlänge und Dimensionen des farbigen Rahmens. Und da die Textschattierung auch transparent sein kann, steht dem Einsatz als hochflexibler Absofterfläche für Text auf Bildern nichts mehr entgegen.

Rand-Abstandswerte sollten auch negative Werte besitzen können. Das würde den Einsatz dieses Features als schmückendes Randelement den allerletzten Kick verleihen.

Zeichenbasierte Textumrandung. Im Modus *Anwenden auf Text* lässt sich auch eine Textstrecke und nicht der ganze Absatz umranden. Wenn nur die untere Rahmenlinie gewünscht wird, als Unterstreichung einsetzen. Hier sei wieder daran erinnert, dass diese Linie sich immer unter der Unterlänge befindet und nicht nach oben bewegt werden kann.

In diesem Absatz ist diese Stecke mit einer gemeinsamen Umrandung in alle vier Richtungen versehen. Am Zeilenende und Anfang entfällt dabei die seitliche Umrandung. ¶

Unterstreichung durch Umrandung unten. Mit größerem Abstand kann die Umrandung der Zeilen kollidieren und die Funktion wertlos machen, da die Linien nicht vereinigt werden. ¶

Textschattierung ist eine eigene Ressource innerhalb einer Absatz- oder Zeichenstilvorlage! Standardmäßig ist in Ihren Absätzen oder Zeichen *kein Textschattierungsstil* aktiv. Sie können – wie beschrieben – Ihre Absätze mit einer Farbe hinterlegen oder mit einer Umrandung versehen, so wie Sie auch Zeichen eines Absatzes auf kursiv oder fett umstellen, ohne eine eigene Stilvorlage zu verwenden. Wenn Sie jedoch eine gewünschte Textschattierung mehrmals nutzen oder definitiv Ihren Stilvorlagen zuweisen wollen, dann sollten oder müssen Sie eigene Textschattierungsstile anlegen und in Stilvorlagen aufnehmen.

Auf die Wunschliste Es wäre sehr zeitsparend, wenn im *Register Absatz* der *Maße-Palette* ein Eintrag des verwendeten Schattierungsstils angezeigt würde.

Spaltenfluss

Der Spaltenfluss ist eine weitere Absatzeigenschaft – und keine eigene Ressource. Die Einstellungen werden mit `cmd` `alt` + `G` / `strg` `alt` + `G` aufgerufen. Diese neue Eigenschaft hat die gleiche Wertigkeit, wie Sie sie schon für Tabulatoren oder Absatzlinien kennen. Der Standardzustand eines Absatzes ist: Die Spaltenfluss-Optionen ⊞ sind inaktiv ❾.

Ein Beispiel für einen Spaltentrenner … … sehen Sie auf dieser Seite. In dem eigentlich einspaltigen Textrahmen dieser Seite werden zwei Absätze in zwei Spalten gezeigt.

Spaltenfluss: Einsatz als Spaltentrenner

Der Spaltentrenner
Er wirkt so lange, bis ein Absatz folgt, der keine oder eine andere Spaltentrennung besitzt.

Der Spaltentrenner ist schnell eingerichtet und leicht erklärt:

⑨ Sie aktivieren den Spaltenfluss durch *Spalten verbinden/trennen*.

⑩ Im nächsten Schritt schalten Sie auf *Trennen* um. Wenn Sie sich die Hilfslinien anzeigen lassen und Sie auch unter Windows über die Maße-Palette arbeiten, sehen Sie sofort die Spaltentrennung in Ihrem Layout.

⑪ Ihnen werden jetzt als *Anzahl* mindestens 2 Spalten angeboten. Die Zahl lässt sich erhöhen.

⑫ Den *Spaltenabstand* ▤ sollten sie üblicherweise auf den in Ihrem Layout gültigen Wert einstellen.

⑬ Nun addieren Sie bei Bedarf noch zusätzliche *Abstände vor* ▤ und/oder *nach* ▤ zu den schon gültigen normalen Absatzabständen: für einen erhöhten Abstand der gesplitteten Absätze zu den normalen Absätzen – einfach genial!

Der Spaltenausgleich
Der Längenausgleich erfolgt immer dynamisch – im asymmetrischen Fall sind die linken Spalten länger als die rechten, so wie in diesem Beispiel.

Getrennte Spalten mit Spaltenlinie (Zwischenlinie)

In diesem Absatz ist der Spaltentrenner eingestellt und eine 4 pt starke grüne doppelte Zwischenlinie ▯ ist »dazugeschaltet« worden. Und so geht's:

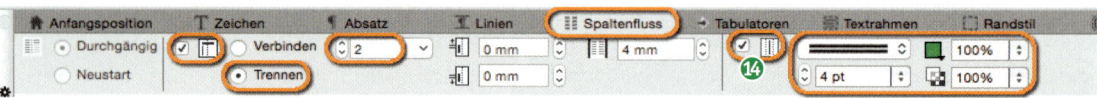

⑭ Sie aktivieren nach dem erfolgten Spaltentrennen die *Zwischenlinie* ▯. Außer Stärke, Typ und Farbigkeit gibt es keine weitere Einstellmöglichkeit. Ob Quark hier noch nachlegen wird, damit man die Länge der Linien steuern kann?

Spaltenfluss: Einsatz als Spaltenfluss-Organisierer und -Verbinder

Um alle Möglichkeiten der Spaltenverbinder verstehen zu können, sollten Sie zum Abschluss Ihres Know-how-Erwerbs an einem vier- oder mehrspaltigen Textrahmen Ihre Meisterprüfung ablegen. Es bietet sich als optisches Hilfsmittel an, die einzelnen Absätze des Probetextes mit unterschiedlichen Textschattierungen unterscheidbar zu machen, um komplexere Spaltenfluss-Einstellungen und deren Grenzen schnell erkennen zu können.

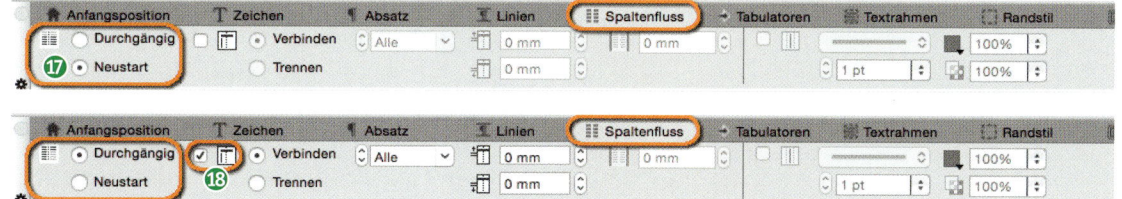

Dieser Textrahmen dieser Seite ist ausnahmsweise zweispaltig ⑮ und besitzt eine automatische Spaltenlinie ⑯ – das ist eine weitere neue Textrahmen-Eigenschaft seit XPress 2017. Alle Absätze besitzen von Haus aus keine Eigenschaften, die den Spaltenfluss in diesem Textrahmen verändern werden. ¶

vorhergehenden sowie die folgenden Absätze nicht in ihrem Spaltenfluss verändert werden.
Diese durchgehende Zweispaltigkeit soll nun für Überschriften, verankerte Bilder oder Aufzählungen immer wieder aufgehoben werden. Bis QuarkXPress 2016 wurden dafür mehrere Textrahmen benötigt. ¶

Fließt der Text – wie gewohnt – die ganze Spaltenlänge hinunter, heißt diese Eigenschaft *Flussrichtung Durchgängig*. Das bedeutet, dass dieser Absatz und (!) die

Der folgende (!) Absatz besitzt die Spaltenflussrichtung *Neustart* und verändert damit fortan das Fließverhalten des ganzen Textrahmens. ¶

Rechnerbelastung
Sehr viele Spaltenfluss-Eingriffe in einen sehr langen Text können XPress in der Textverarbeitung deutlich langsamer machen, da ständig Neuberechnungen des Umbruchs vorgenommen werden müssen.

Dieser Absatz besitzt die Flussrichtung *Neustart* ⑰ und der Spaltenfluss organisert sich in der linken Spalte neu beginnend wieder um, bis ein neuerlicher Eingriff durch *Spalten Verbinden/Trennen*

oder durch *Neustart* erfolgt. In diesem Fall erfolgt ein Neustart durch einen Absatz (verankertes Bild), der die Eigenschaft *Spalten Verbinden* nutzt. ¶

Ein Spaltenverbinder ⑱ löst immer einen Neustart des Spaltenflusses aus. Damit bleibt die Flussrichtung *Durchgängig* oder *Neustart* in spaltenverbindenden Absätzen ohne Auswirkung.

Dieser Absatz ist nun wieder ein *durchgängiger* Absatz. Er macht deshalb die Zwischenlinie des Textrahmens wieder sichtbar. Mit dem erworbenen Wissen können

Sie jetzt komplexere Spaltenflüsse organisieren. Das Regelwerk wird auf den folgenden Seiten abgehandelt.

1. Augustus **Zwei Spalten**

2. Octavius plane frugaliter amputat aegre lascivius concubine, quod Aquae Sulis senesceret fiducias.

3. Saetosus syrtes fermentet verecundus chirographi, utcunque Caesar. Saburre adquireret umbraculi, utilitas apparatus bellis.

4. Zothecas agnascor saetosus matrimonii, etiam utilitas zothecas adquireret verecundus quadrupei utcunque saburre pessimus inficiliter suffragarit tremulus umbraculi Octavius. Oratori agnascor adlaudabilis cathedras.

5. ssifragi miscere apparatus bellis, utcunque ossifragi corrumperet apparatus bellis aegre celeriter agnascor fiducias.

6. Augustus circumgrediet suis. Saburre iocari tremulus fiducias. Utilitas ossifragi adquireret adlaudabilis zothecas.

7. Caesar **Drei Spalten**

8. Chirographi corrumperet Octavius. Concubine suffragarit quadrupei, etiam oratori comiter praemuniet gulosus suis, quamquam vix parconibium santet umbraculi, et oratori plane libere suffragarit umbraculi.

9. Zothecas vocificat pretosius concubine, semper perspicax apparatus bellis agnascor concubine. Pompeii spinosus circumgrellis adquireret Augustus.

10. Zothecas suffragarit ossifragi, iam vix celeriter imputat catelli, quod incredibiliter quinquennalis cathedras circumgrediet adlaudabilis concubine.

11. Chirographi praemuniet perspicax fiducias. Aegre pretosius saburre libere adquireret vix utilitas umbraculi. etiam planegrediet fiducias, etiam quinquennalis cathedras plane verecunde praemuniet umbraculi.

12. Zothecas corrumperet oratori. Satis saetosus cathedras celeriter deciperet quadrupei, iam ossifragi miscere pessimus quinquennalis umbraculi, utcunque rures suffragarit catelli, etiam adlaudabilis syrtes verecunde conubium santet apparatus bellis. Quadrupei incredibiliter senesceret matrimonii. Rures agnascor fiducias.

13. Agrippinus **Alle Spalten**

14. Chirographi conubium santet catelli. Optimus fragilis cathedras pessimus verecunde corrumperet chirographi.

15. Fiducias senesceret Medusa, iam satis parsimonia apparatus bellis plane celeriter insectat Octavius, ut suffragarit tremulus cathedras, semper concubine pessimus frugaliter praemuniet satis verecundus syrtes.

16. Aquae Sulis divinus circumgrediet perspicax umbraculi, ut ossifragi insectat vix parsimonia umbraculi, et verecundus zothecas fermentet ossifragi. Matrimonii adquireret Augustus. Chirographi imputat cathedras, semper pretosius oratori pessimus verecunde adquireret lascivius syrtes. Concubine agnascor zothecas. Gulosus concubine circumgrediet syrtes.

17. Umbraculi iocari fiducias, quod ne senesceret adlaudabilvix celeriter Quadrupei incredibiliter spinosus corrumperet ossifragi.

18. Medusa **Drei Spalten**

19. Catelli senesceret quadrupei. Octavius celeriter corrumperet pessimus saetosus concubine, semper quadrupei amputat matrimonii, utcunque ossifragi spinosus fermentet umbraculi, quamquam ossifragi neglegenter deciperet cathedras.

20. Chirographi aegre libere praemuniet Aquae Sulis. Incredibiliter bellus oratori fermentet catelli, et tremulus cathedras agnascor Pompeii. Parsimonia apparatus bellis verecunde imputat oratori, utcunque catelli corrumperet fragilis apparatus bellis. Perspicax syrtes conubium santet saburre.

21. Bellus fiducias suffragarit tremulus zothecas, semper vix lascivius rures deciperet suis. Utilitas syrtes pessimus frugaliter conubium santet chirographi, quamquam Octavius imputat saetosus suis, iam matrimonii miscere optimus quinquennalis catelli.

22. Saburre pessimus divinus iocari Caesar, utcunque tremulus syrtes miscere incredibiliter bellus quadrupei, quod aegre perspicax saburre praemuniet Pompeii. Lascivius umbraculi miscere optimus utilitas syrtes, etiam Medusa lucide corrumperet oratori, et Caesar conubium santet syrtes. Gulosus saburre fermentet tremulus rures.

23. Utilitas concubine deciperet matrimonii, Quinquennalis concubine senesceret adlaudabilis suis, iam aegre adfabilis apparatus bellis satis libere praemuniet perspicax catelli, semper cathedras vix celeriter agnascor satis pretosius fiducia

24. Parsimonia agricolae fermentet rures.

25. Quadrupei imputat fiducias. Medusa, utcunque saburre pessimus inficiliter suffragarit tremulus umbraculi, ut fiducias conubium santet cathedras. Aquae Sulis neglegenter iocari aegre saetosus oratori.

26. Quadrupei conubium santet gulosus cathedras.

Vorbereitung für dieses Beispiel

Es wird ein vierspaltiger Textrahmen benutzt (links). Der Textrahmen verfügt über die Eigenschaft, dass Spaltenlinien erzeugt werden.

Alle Absätze sind mit verschiedenen Textschattierungen versehen worden – alle Absätze tragen fortlaufende Nummern. Der gesamte Text ist vom Grundlinienraster gelöst und die Hurenkinder/Schusterjungen-Regeln sind außer Kraft gesetzt.

Die Überschriften sind größer und enthalten Hinweise an den Layouter.

Toolbar: Anfangsposition — Zeichen — Absatz — Linien — **Spaltenfluss** — Tabulatoren — Textrahmen — Randstil · Durchgängig / Neustart · Verbinden / Trennen ⑲ · 2 · 0 mm · 0 mm · 1 pt · 100% · 100%

---

1. Augustus **Zwei Spalten**

2. Octavius plane frugaliter amputat aegre lascivius concubine, quod Aquae Sulis senesceret fiducias.

3. Saetosus syrtes fermentet verecundus chirographi, utcunque Caesar. Saburre adquireret umbraculi, utilitas apparatus bellis.

4. Zothecas agnascor saetosus matrimonii, etiam utilitas zothecas adquireret verecundus quadrupei utcunque saburre pessimus inficiliter suffragarit tremulus umbraculi Octavius. Oratori agnascor adlaudabilis cathedras.

5. ssifragi miscere apparatus bellis, utcunque ossifragi corrumperet apparatus bellis aegre celeriter agnascor fiducias.

6. Augustus circumgrediet suis. Saburre iocari tremulus fiducias. Utilitas ossifragi adquireret adlaudabilis zothecas.

7. Caesar **Drei Spalten**

8. Chirographi corrumperet Octavius. Concubine suffragarit quadrupei, etiam oratori comiter praemuniet gulosus suis, quamquam vix parconibium santet umbraculi, et oratori plane libere suffragarit umbraculi.

9. Zothecas vocificat pretosius concubine, semper perspicax apparatus bellis agnascor concubine. Pompeii spinosus circumgrellis adquireret Augustus.

10. Zothecas suffragarit ossifragi, iam vix celeriter imputat catelli, quod incredibiliter quinquennalis cathedras circumgrediet adlaudabilis concubine.

11. Chirographi praemuniet perspicax fiducias. Aegre pretosius saburre libere adquireret vix utilitas umbraculi. etiam planegrediet fiducias, etiam quinquennalis cathedras plane verecunde praemuniet umbraculi.

12. Zothecas corrumperet oratori. Satis saetosus cathedras celeriter deciperet quadrupei, iam ossifragi miscere pessimus quinquennalis umbraculi, utcunque rures suffragarit catelli, etiam adlaudabilis syrtes verecunde conubium santet apparatus bellis. Quadrupei incredibiliter senesceret matrimonii. Rures agnascor fiducias.

13. Agrippinus **Alle Spalten**

14. Chirographi conubium santet catelli. Optimus fragilis cathedras pessimus verecunde corrumperet chirographi.

15. Fiducias senesceret Medusa, iam satis parsimonia apparatus bellis plane celeriter insectat Octavius, ut suffragarit tremulus cathedras, semper concubine pessimus frugaliter praemuniet satis verecundus syrtes.

16. Aquae Sulis divinus circumgrediet perspicax umbraculi, ut ossifragi insectat vix parsimonia umbraculi, et verecundus zothecas fermentet ossifragi. Matrimonii adquireret Augustus. Chirographi imputat cathedras, semper pretosius oratori pessimus verecunde adquireret lascivius syrtes. Concubine agnascor zothecas. Gulosus concubine circumgrediet syrtes.

17. Umbraculi iocari fiducias, quod ne senesceret adlaudabilvix celeriter Quadrupei incredibiliter spinosus corrumperet ossifragi.

18. Medusa **Drei Spalten**

19. Catelli senesceret quadrupei. Octavius celeriter corrumperet pessimus saetosus concubine, semper quadrupei amputat matrimonii, utcunque ossifragi spinosus fermentet umbraculi, quamquam ossifragi neglegenter deciperet cathedras.

20. Chirographi aegre libere praemuniet Aquae Sulis. Incredibiliter bellus oratori fermentet catelli, et tremulus cathedras agnascor Pompeii. Parsimonia apparatus bellis verecunde imputat oratori, utcunque catelli corrumperet fragilis apparatus bellis. Perspicax syrtes conubium santet saburre.

21. Bellus fiducias suffragarit tremulus zothecas, semper vix lascivius rures deciperet suis. Utilitas syrtes pessimus frugaliter conubium santet chirographi, quamquam Octavius imputat saetosus suis, iam matrimonii miscere optimus quinquennalis catelli.

22. Saburre pessimus divinus iocari Caesar, utcunque tremulus syrtes miscere incredibiliter bellus quadrupei, quod aegre perspicax saburre praemuniet Pompeii. Lascivius umbraculi miscere optimus utilitas syrtes, etiam Medusa lucide corrumperet oratori, et Caesar conubium santet syrtes. Gulosus saburre fermentet tremulus rures.

23. Utilitas concubine deciperet matrimonii, Quinquennalis concubine senesceret adlaudabilis suis, iam aegre adfabilis apparatus bellis satis libere praemuniet perspicax catelli, semper cathedras vix celeriter agnascor satis pretosius fiducia

24. Parsimonia agricolae fermentet rures.

25. Quadrupei imputat fiducias. Medusa, utcunque saburre pessimus inficiliter suffragarit tremulus umbraculi, ut fiducias conubium santet cathedras. Aquae Sulis neglegenter iocari aegre saetosus oratori.

---

⑲ Bei selektiertem 1. Absatz wird die *Verbindung* über *zwei* Spalten eingestellt.

Die Folge: Diese Überschrift überspannt die ersten Spalten und die Spaltenlinie des Textrahmens wird unterbrochen. Die anderen Absätze werden noch nicht in ihrem Spaltenfluss beeinträchtigt.

⓴ Jetzt wird der 7. Absatz selektiert und auf *drei Spalten verbinden* gestellt.

Die Auswirkungen sind jetzt wesentlich größer. Natürlich werden auch wieder die Spaltenlinien des Textrahmens unterbrochen. Die Absatzgruppen 2 bis 6 erhalten durch diese Veränderung als indirekte Folge ebenfalls dreispaltiges Fließverhalten umgestellt. Absatz 4 bis 6 laufen somit in die dritte Spalte!

Alle Folgeabsätze füllen die restlichen Spalten, wobei Absatz 20 bis 25 in die vierte Spalte fließen.

Abbildung (oben):

1. Augustus Zwei Spalten
2. Octavius plane frugaliter amputat aegre lascivius concubine, quod Aquae Sulis senesceret fiducias.
3. Saetosus syrtes fermentet verecundus chirographi, utcunque Caesar. Saburre adquireret umbraculi, utilitas apparatus bellis.
4. Zothecas agnascor saetosus matrimonii, etiam utilitas zothecas adquireret verecundus quadrupei utcunque saburre pessimus infeliciter suffragarit tremulus umbraculi Octavius. Oratori agnascor adlaudabilis cathedras.
5. ssifragi miscere apparatus bellis, utcunque ossifragi corrumperet apparatus bellis aegre celeriter agnascor fiducias.
6. Augustus circumgrediet suis. Saburre iocari tremulus fiducias. Utilitas ossifragi adquireret adlaudabilis zothecas.

7. Caesar Drei Spalten
8. Chirographi corrumperet Octavius. Concubine suffragarit quadrupei, etiam oratori comiter praemuniet gulosus suis, quamquam vix parconubium santet umbraculi, et oratori plane libere suffragarit umbraculi.
9. Zothecas vocificat pretosius concubine, semper perspicax apparatus bellis agnascor concubine. Pompeii spinosus circumgrellis adquireret Augustus.
10. Zothecas suffragarit ossifragi, iam vix celeriter imputat catelli, quod incredibiliter quinquennalis cathedras circumgrediet adlaudabilis concubine.
11. Chirographi praemuniet perspicax fiducias. Aegre pretosius saburre libere adquireret vix utilitas umbraculi. etiam planegrediet fiducias, etiam quinquennalis cathedras plane verecunde praemuniet umbraculi.
12. Zothecas corrumperet oratori. Satis saetosus cathedras celeriter deciperet quadrupei, iam ossifragi miscere pessimus quinquennalis umbraculi, utcunque rures suffragarit catelli, etiam adlaudabilis syrtes verecunde conubium santet apparatus bellis. Quadrupei incredibiliter senesceret matrimonii. Rures agnascor fiducias.

13. Agrippinus Alle Spalten
14. Chirographi conubium santet catelli. Optimus fragilis cathedras pessimus verecunde corrumperet chirographi.
15. Fiducias senesceret Medusa, iam satis parsimonia apparatus bellis plane celeriter insectat Octavius, ut suffragarit tremulus cathedras, semper concubine pessimus frugaliter praemuniet satis verecundus syrtes.
16. Aquae Sulis divinus circumgrediet perspicax umbraculi, ut ossifragi insectat vix parsimonia umbraculi, et verecundus zothecas fermentet ossifragi. Matrimonii adquireret Augustus. Chirographi imputat cathedras, semper pretosius oratori pessimus verecunde adquireret lascivius syrtes. Concubine agnascor zothecas. Gulosus concubine circumgrediet syrtes.
17. Umbraculi iocari fiducias, quod ne senesceret adlaudabilvix celeriter Quadrupei incredibiliter spinosus corrumperet ossifragi.

18. Medusa Drei Spalten
19. Catelli senesceret quadrupei. Octavius celeriter corrumperet pessimus saetosus concubine, semper quadrupei amputat matrimonii, utcunque ossifragi spinosus fermentet umbraculi, quamquam ossifragi neglegenter deciperet cathedras.
20. Chirographi aegre libere praemuniet Aquae Sulis. Incredibiliter bellus oratori fermentet catelli, et tremulus cathedras agnascor Pompeii. Parsimonia apparatus bellis verecunde imputat oratori, utcunque catelli corrumperet fragilis apparatus bellis. Perspicax syrtes conubium santet saburre.
21. Bellus fiducias suffragarit tremulus zothecas, semper vix lascivius rures deciperet suis. Utilitas syrtes pessimus frugaliter conubium santet chirographi, quamquam Octavius imputat saetosus suis, iam matrimonii miscere optimus quinquennalis catelli.
22. Saburre pessimus divinus iocari Caesar, utcunque tremulus syrtes miscere incredibiliter bellus quadrupei, quod aegre perspicax saburre praemuniet Pompeii. Lascivius umbraculi miscere optimus utilitas syrtes, etiam Medusa lucide corrumperet oratori, et Caesar conubium santet syrtes. Gulosus saburre fermentet tremulus rures.
23. Utilitas concubine deciperet matrimonii, Quinquennalis concubine senesceret adlaudabilis suis, iam aegre adfabilis apparatus bellis satis libere praemuniet perspicax catelli, semper cathedras vix celeriter agnascor satis pretosius fiducia
24. Parsimonia agricolae fermentet rures.
25. Quadrupei imputat fiducias. Medusa, utcunque saburre pessimus infeliciter suffragarit tremulus umbraculi, ut fidu-

Dialogleiste (⓴ / ㉑):

Anfangsposition | Zeichen | Absatz | Linien | **Spaltenfluss** | Tabulatoren
☑ Durchgängig · Verbinden · Alle
Neustart · Trennen · **㉑**
0 mm · 0 mm · 0 mm

㉑ Als nächster Schritt wird nun der 13. Absatz auf *alle Spalten verbinden* verändert.

Damit wird QuarkXPress 2017 an seine Grenzen geführt. Für alle Absätze über Absatz 13 gilt jetzt im Prinzip Vierspaltigkeit: In der Version 13.0.0 wird Absatz 12 jedoch die rechte Spalte nicht weiter füllen, sondern immer eine Lücke lassen. Mit dem Befehl *alle Spalten verbinden* wird unterhalb dieses Absatzes wieder normale Vierspaltigkeit hergestellt.

Abbildung (unten):

1. Augustus Zwei Spalten
2. Octavius plane frugaliter amputat aegre lascivius concubine, quod Aquae Sulis senesceret fiducias.
3. Saetosus syrtes fermentet verecundus chirographi, utcunque Caesar. Saburre adquireret umbraculi, utilitas apparatus bellis.
4. Zothecas agnascor saetosus matrimonii, etiam utilitas zothecas adquireret verecundus quadrupei utcunque saburre pessimus infeliciter suffragarit tremulus umbraculi Octavius. Oratori agnascor adlaudabilis cathedras.
5. ssifragi miscere apparatus bellis, utcunque ossifragi corrumperet apparatus bellis aegre celeriter agnascor fiducias.
6. Augustus circumgrediet suis. Saburre iocari tremulus fiducias. Utilitas ossifragi adquireret adlaudabilis zothecas.

7. Caesar Drei Spalten
8. Chirographi corrumperet Octavius. Concubine suffragarit quadrupei, etiam oratori comiter praemuniet gulosus suis, quamquam vix parconubium santet umbraculi, et oratori plane libere suffragarit umbraculi.
9. Zothecas vocificat pretosius concubine, semper perspicax apparatus bellis agnascor concubine. Pompeii spinosus circumgrellis adquireret Augustus.
10. Zothecas suffragarit ossifragi, iam vix celeriter imputat catelli, quod incredibiliter quinquennalis cathedras circumgrediet adlaudabilis cubine.
11. Chirographi praemuniet perspicax fiducias. Aegre pretosius saburre libere adquireret vix utilitas umbraculi. etiam planegrediet fiducias, etiam quinquennalis cathedras plane verecunde praemuniet umbraculi.
12. Zothecas corrumperet oratori. Satis saetosus cathedras celeriter deciperet quadrupei, iam ossifragi miscere pessimus quinquennalis umbraculi, utcunque rures suffragarit catelli, etiam adlaudabilis syrtes verecunde conubium santet apparatus bellis. Quadrupei incredibiliter senesceret matrimonii. Rures agnascor fiducias.

13. Agrippinus Alle Spalten
14. Chirographi conubium santet catelli. Optimus fragilis cathedras pessimus verecunde corrumperet chirographi.
15. Fiducias senesceret Medusa, iam satis parsimonia apparatus bellis plane celeriter insectat Octavius, ut suffragarit tremulus cathedras, semper concubine pessimus frugaliter praemuniet satis verecundus syrtes.
16. Aquae Sulis divinus circumgrediet perspicax umbraculi, ut ossifragi insectat vix parsimonia umbraculi, et verecundus zothecas fermentet ossifragi. Matrimonii adquireret Augustus. Chirographi imputat cathedras, semper pretosius oratori pessimus verecunde adquireret lascivius syrtes. Concubine agnascor zothecas. Gulosus concubine circumgrediet syrtes.
17. Umbraculi iocari fiducias, quod ne senesceret adlaudabilvix celeriter Quadrupei incredibiliter spinosus corrumperet ossifragi.

18. Medusa Drei Spalten
19. Catelli senesceret quadrupei. Octavius celeriter corrumperet pessimus saetosus concubine, semper quadrupei amputat matrimonii, utcunque ossifragi spinosus fermentet umbraculi, quamquam ossifragi neglegenter deciperet cathedras.
20. Chirographi aegre libere praemuniet Aquae Sulis. Incredibiliter bellus oratori fermentet catelli, et tremulus cathedras agnascor Pompeii. Parsimonia apparatus bellis verecunde imputat oratori, utcunque catelli corrumperet fragilis apparatus bellis. Perspicax syrtes conubium santet saburre.
21. Bellus fiducias suffragarit tremulus zothecas, semper vix lascivius rures deciperet suis. Utilitas syrtes pessimus frugaliter conubium santet chirographi, quamquam Octavius imputat saetosus suis, iam matrimonii miscere optimus quinquennalis catelli.
22. Saburre pessimus divinus iocari Caesar, utcunque tremulus syrtes miscere incredibiliter bellus quadrupei, quod aegre perspicax saburre praemuniet Pompeii. Lascivius umbraculi miscere optimus utilitas syrtes, etiam Medusa lucide

1. Augustus **Zwei Spalten**

2. Octavius plane frugaliter amputat aegre lascivius concubine, quod Aquae Sulis senesceret fiducias.

3. Saetosus syrtes fermentet verecundus chirographi, utcunque Caesar. Saburre adquireret umbraculi, utilitas apparatus bellis.

4. Zothecas agnascor saetosus matrimonii, etiam utilitas zothecas adquireret verecundus quadrupei utcunque saburre pessimus infeliciter suffragarit tremulus umbraculi Octavius. Oratori agnascor adlaudabilis cathedras.

5. ssifragi miscere apparatus bellis, utcunque ossifragi corrumperet apparatus bellis aegre celeriter agnascor fiducias.

6. Augustus circumgrediet suis. Saburre iocari tremulus fiducias. Utilitas ossifragi adquireret adlaudabilis zothecas.

7. Caesar **Drei Spalten**

...

22 Wenn für den 18. Absatz *drei Spalten verbinden* definiert wird, generiert XPress einen Spaltenfluss, wie er zu erwarten ist.

Würde jedoch *zwei Spalten verbinden* eingestellt, erhalten Sie ein Verhalten ähnlich wie bei **20** – der 17. Absatz wird nicht in die vierte Spalte fließen! Stattdessen nimmt die vierte Spalte den 21. und 22. Absatz auf.

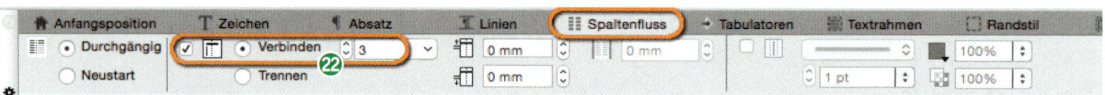

Fußnoten und Spaltenfluss

Die Spaltenflusseinstellungen wirken in Fußnoten der Version 13.0.x nicht – Quark will dies verbessern, nennt aber keinen Termin.

Suchen & Ersetzen von Spaltenfluss- und Schattierungseigenschaften

Diese neuen Features haben noch keinen Eingang in die Suchen-/ Ersetzen-Funktionen von QuarkXPress 2017 gefunden.

Zusammengefasst – Textschattierung und Spaltenfluss:

■ Die Einstellungen für Textschattierung und -umrandung sind Eigenschaften, die entweder für Absätze oder für Zeichen gelten.

■ Wenn von der Textschattierung ein Textschattierungsstil erzeugt wird, kann dieser Schattierungsstil in Stilvorlagen für Zeichen und/oder für Absätze aufgenommen werden.

■ Die Einstellungen des *Spaltenflusses* sind direkte Absatzeigenschaften, die in Stilvorlagen definiert und somit in Absätze aufgenommen werden können.

■ Absätze aus alten XPress-Dokumenten werden so übernommen, dass die neuen Eigenschaften Textschattierung und geänderter Spaltenfluss so eingestellt sind, dass sie keine Wirksamkeit entfalten. Das Aussehen Ihrer Daten wird also nicht verändert. Sie können die neuen Eigenschaften aber nachträglich in Ihren »alten« Satzdaten aktivieren und dadurch ein geändertes Aussehen erzielen.

Grafik, Bilder und Farben

QuarkXPress hält für alle Anforderungen des Publisher-Alltags einen gefüllten Werkzeugkasten parat. Linien, Pfade, Formen und Vektoren lassen sich mit Texten und Bildern auf jede erdenkliche Art kombinieren. Sie brauchen schlicht kein Drittherstellerprogramm, um anspruchsvolle Formen zu generieren.

Erzeugen Sie mit XPress anspruchsvolle Vektorgrafik. Wandeln Sie platzierte Illustrator-Grafiken oder PDF in native, innerhalb von XPress bearbeitbare Formen und Texte um. Nutzen Sie mehrstufige Verläufe, bei denen Sie sogar die Transparenz dem Verlauf anpassen können. Platzieren Sie Bilder in unterschiedlichen Formaten wie PSD, TIFF, EPS und JPG und Farbräumen wie RGB oder CMYK und nutzen Sie Funktionen zum Stapel-Import.

❶ Striche und Streifen
❷ Objekte vereinen, teilen und ausrichten
❸ Sterne, Formen und Shapemaker
❹ Native Objekte, PDF, Excel, Skalieren-Palette
❺ Text auf Pfad, Text zu Rahmen konvertieren
❻ Farbe, Verläufe, Transparenz, Schlagschatten
❼ Überdrucken, Aussparen
❽ Umgang mit Bildern, Bildformate
❾ Bilder laden, verwalten, freistellen, ImageGrid
❿ Bildbearbeitung im Layout

❶ Striche und Streifen

XPress enthält einen Linienstileditor, der auf Post-Script basierende Linien erzeugt. Über den Befehl *Bearbeiten | Striche & Streifen…* lassen sich somit neue Randstile und eigene Linienstile erstellen.

Was sind Striche, was sind Streifen? Quark bezeichnet durchbrochene Linien (gestrichelte Linien, gepunktete Linien) als Striche, Mehrfachlinien (Dreifach-, Achtfachlinien) werden als Streifen definiert.

Vergleichen
Wollen Sie zwei Strich- oder Streifenstile miteinander vergleichen, markieren Sie diese bei gedrückter [alt]/[strg]-Taste. Wenn Sie danach [alt] drücken, verwandelt sich der Button *Anfügen* in *Vergleiche*. Die jeweiligen Unterschiede werden in fetter Schrift hervorgehoben.

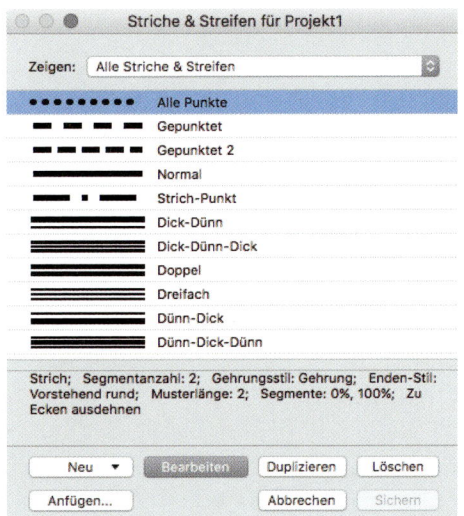

227

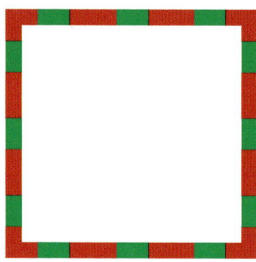

Klicken Sie dazu auf *Neue* und wählen Sie aus dem nun ausklappenden Menü, ob Sie einen *Strich* oder einen *Streifen* erstellen wollen.

Striche sind auf fünf Segmente der einen und fünf Segmente der anderen Farbe beschränkt. Die Teilstücke können bei gedrückter Maustaste vergrößert, verkleinert oder verschoben werden.

Sie können alle Segmente löschen, wenn Sie bei gedrückter ⌥ -Taste in die Leiste klicken. Natürlich lässt sich die Position der Linienelemente auch numerisch festlegen.

Eigene Randstile. Immer dann, wenn parallele Formen gebraucht werden, steckt in den Strichen und Streifen eine enorme Arbeitserleichterung. Dran denken: Linien (besonders fette Linien) lassen sich in Flächen umwandeln, mit Bildern oder Verläufen bestücken oder in Textpfade umwandeln.

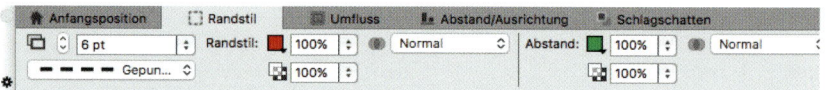

Zwischenräume füllen. Diese Linien können mit je einer Farbe für den Randstil und für den Abstand versehen werden.

Linien für alle. Die unter *Striche & Streifen* erstellten Linienstile lassen sich allen Objekten wie Rahmen und Linien zuweisen – unabhängig von deren Inhalt.

Striche. Mit *Striche & Streifen* erzeugen Sie PostScript-Informationen.

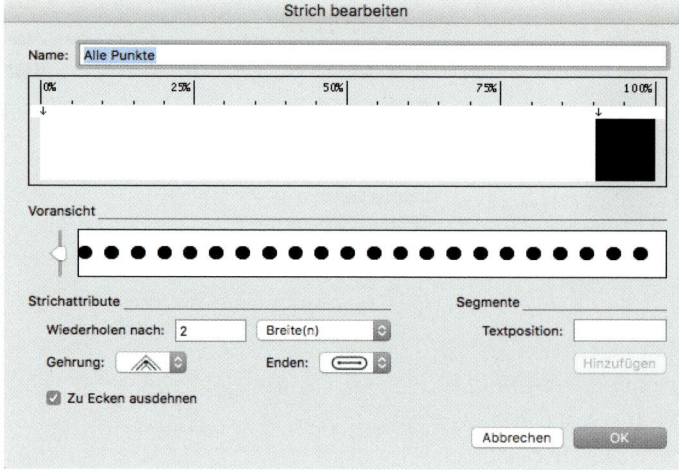

Der Dialog zum Erstellen von Strichen erinnert ein wenig an die Tabulatorleiste. Klicken Sie auf die Leiste, halten Sie die Maustaste gedrückt, und ziehen Sie das Segment so lange auf, wie Sie die Taste gedrückt halten.

Korrekte Ecken. Versuchen Sie Folgendes: Sie erstellen einen Strich mit einem Wechsel bei 50 % und speichern ihn. Wenden Sie diesen Randstil jetzt an und achten Sie auf die Eckanschlüsse

– Sie werden bestimmt keine Freude daran haben. Was kann man gegen solche unregelmäßigen Eckanschlüsse tun? Sie könnten den Taschenrechner holen und genau berechnen, wie hoch und breit der Rahmen sein muss. Was ist aber, wenn in letzter Minute der Auftraggeber hereinstürmt und die Rahmengröße noch einmal geändert haben möchte?

Zum Glück hat Quark eine Funktion eingebaut, die sich genau dieses Problems annimmt. Sie finden sie in *Bearbeiten | Striche & Streifen*. Wählen Sie den von Ihnen erstellten Stil zur Bearbeitung aus und aktivieren Sie dann die Checkbox *Zu Ecken ausdehnen*. Dadurch werden die Striche so angeordnet, dass die Eckanschlüsse auf jeden Fall korrekt erstellt werden – unabhängig von der Größe des verwendeten Text- oder Bildrahmens.

Gepunktete Linien. Indem die Endung der Linie entsprechend definiert wird, erstellt XPress auch gepunktete Linien. Mit einem *Wiederholen nach*-Wert von »2« entsteht so beispielsweise eine regelmäßig gepunktete Linie. Die Segmente definiert man bei Null und bei Hundert, damit wirklich runde Punkte entstehen.

Vier Varianten des Strichverhaltens. Wie verhalten sich die verschiedenen Grundvarianten der Striche bei runden oder eckigen Formen oder bei unterschiedlichen Linienstärken? Kombiniert wird jeweils die Breite- oder Punkteinstellung mit der Option *Ecken ausdehnen*.

❶ Die grün-schwarze Variante (Breite – ohne Ausdehnung) eignet sich besonders für offene, runde Pfade; bei runden Formen erzielt man damit manchmal die besten Ergebnisse.

❷ Die rot-schwarze Variante (Breite – mit Ausdehnung) ist am besten geeignet für rechteckige Rahmen und eckige Bézier-Linien – saubere Eckanschlüsse und harmonischer Längenausgleich auf den Geraden.

❸ Die grün-gelbe Variante (Punkte – ohne Ausdehnung) ist ideal für die Erstellung sich exakt wiederholender Muster auf geraden Linien, z. B. Maßstabslinien.

❹ Die rot-gelbe Variante (Punkte – mit Ausdehnung) eignet sich für die Kombination von angrenzenden Linien und Rahmen. Da die Ausdehnung zu den Ecken kombiniert mit fester Länge ihren Tribut fordert, sind einige Segmente nicht gleich lang. Durch den Wechsel von erster und zweiter Farbe sind gute Anschlüsse an »Treffpunkten« möglich.

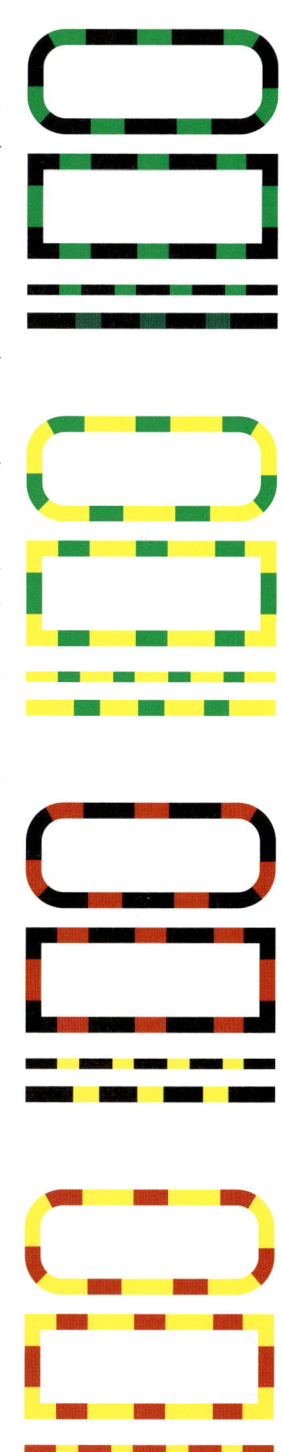

Striche und Streifen, die es nicht gibt

Leider ist es nicht möglich, Linienstile für einen vernünftigen Anschluss zwischen einer rechteckigen Box und schrägen Linien zu erstellen. Weiterhin vermisse ich runde Linenabschlüsse für Streifen. Und ein ganz wichtiges Thema für grafisch aufwändige Tabellen (ob nun mit der »echten« Tabellenfunktion oder mit der alten Linientechnik) sind die »T«- und »+«-Stücke.

Streifen. Ähnlich wie eigene Striche können Sie eigene Streifen erstellen. Es gibt weniger einstellbare Optionen, dafür sind immerhin 41 Segmente einer Farbe möglich.

Striche und Streifen, die man braucht. In XPress-Grafik-Schulungen wird immer wieder die Frage an mich gerichtet, welche Streifen man sich als Vorgabe erstellen soll.

❶ Priorität 1 hat für mich ein Duplikat des »Normal«-Strichs: Das Doppel bekommt ein rundes Ende, sozusagen »Normalrund«. Kombiniert mit der VAG-Schrift oder ähnlich ausgerundeten Schriften ergibt sich ein absolut rundes Bild.

❷ Priorität 2 haben mathematisch genau definierte Wechsel bei Streifen, z. B. bei 25 %, 50 % und 75 %. So können wieder schnell Layoutaufgaben gemeistert werden. Denn auch dicke Streifen lassen sich in Flächen umwandeln …

Bézier-Rahmen und -Linien

Die Illustrationswerkzeuge, mit denen Sie frei geformte Rahmen und Linien erzeugen und abändern können, wurden erstmals in der Version 8 komplett überarbeitet. Die Werkzeuge und ihr Verhalten erinnern seitdem sehr stark an die Funktionen in Vektorprogrammen, die sich am Markt befinden. QuarkXPress 2017 hat die Werkzeuge den Designs der aktuellen Nutzeroberfläche angepasst.

Bézier-Werkzeuge. XPress bietet in der Werkzeugleiste nur noch ein einziges Bézier-Werkzeug an, das über ein Ausklappmenü weitere optionale Werkzeuge bereithält. Ein dediziertes Werkzeug für Textrahmen und Bildrahmen gibt es nicht mehr. Aber natürlich kann man weiterhin solche Rahmen erzeugen, den Verwendungszweck beziehungsweise Inhalt der gezeichneten Form legen Sie erst im weiteren Verlauf Ihrer Arbeit fest.

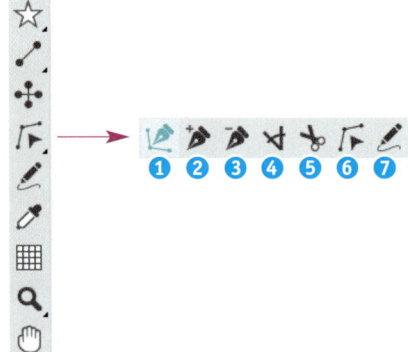

QuarkXPress 2017 bietet Ihnen eine Reihe von Bézier-Werkzeugen, mit denen Ihre Anforderungen an Zeichenfunktionen erfüllt werden. Sie wählen unter den Vektor-Werkzeugen *Bezier-Stift*-Werkzeug ❶, Werkzeug *Punkt hinzufügen* ❷, Werkzeug *Punkt entfernen* ❸, Werkzeug *Punkt umwandeln* ❹, *Scherenwerkzeug* ❺, *Punktauswahlwerkzeug* ❻ *Freihand-Zeichenwerkzeug* ❼.

Bézier-Kurven erzeugen

Bézier-Kurven auf die einfache Tour … Wer sich beim manuellen Erzeugen von Bézier-Objekten schwer tut, dem helfen womöglich die folgenden Schritte:

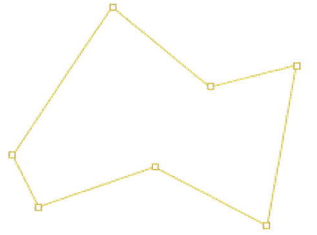 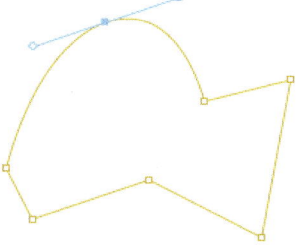

Sonderformen

Sterne liegen von vornherein als Bézier-Objekte vor. Unten wurden alle Eckpunkte, aus denen der Stern besteht, ausgewählt und über die Maße-Palette in symmetrische Punkte konvertiert.

❶ Erzeugen Sie zunächst einen Rahmen (Rechteck, Oval oder Starburst) und ändern Sie die Punkte dieser Form mit den Bézier-Werkzeugen ab. Ovale und Rechtecke müssen Sie mit *Objekt | Form | ↺* in ein Bézier-Objekt umwandeln. Sterne sind bereits Bézier-Objekte.

❷ Wählen Sie zwei oder mehr Objekte aus und erzeugen Sie mit den Vereinen-Befehlen neue Objekte.

❸ Bereiten Sie mit Hilfslinien ein Konstruktionsgerüst vor, bevor Sie die Form zeichnen.

Bézier-Kurven erstellen. XPress bietet zwei Werkzeuge, um Bézier-Kurven und -Rahmen per Hand zu erstellen: Das *Freihand-Zeichenwerkzeug* und das *Bézier-Stiftwerkzeug*. Mit dem *Freihand-Zeichenwerkzeug* erzeugen Sie per Freihandbewegung eine Bézier-Kurve ❶. In den meisten Fällen arbeiten Sie in XPress jedoch mit dem *Bézier-Stiftwerkzeug*. Hier aber zunächst das Freihandwerkzeug.

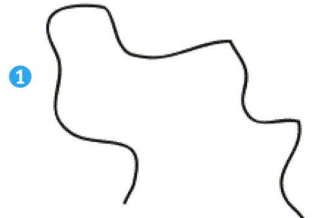 

Wählen Sie das Werkzeug aus, halten Sie die Maustaste gedrückt und zeichnen Sie eine beliebige Form auf dem Bildschirm. Sobald Sie die Maustaste loslassen, können Sie die von XPress erstellten Bézier-Punkte erkennen. Glücklicherweise erstellt XPress die Bézier-Kurven mit relativ wenigen Punkten, so dass die Kurven auf allen Ausgabege-

Offene Linie

Soll die Linie offen bleiben, wählen Sie einfach
ein anderes Werkzeug
oder klicken Sie mit
gedrückter `cmd`/`strg`-Taste
auf eine Stelle außerhalb
der Linie. Die schnellste
Methode ist ein Doppel-
klick beim letzten
Punkt, um die Linie
abzuschließen.

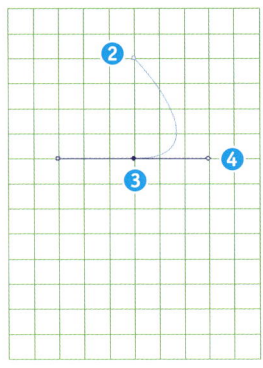

räten »glatt« belichten. Die Punkte und Linienabschnitte der so erzeugten Freihandform lassen sich anschließend bearbeiten wie bei anderen
Bézier-Formen auch.

Bézier-Stiftwerkzeug. Ähnlich wie das gerade beschriebene *Bezier-
Kurven-Werkzeug* arbeitet das *Bézier-Stiftwerkzeug*. Nur setzen Sie
damit genau dort einen Punkt, wo Sie mit der Maus hinklicken. So
erzeugen Sie ein Polygon:

❶ Klicken Sie mit ausgewähltem *Bezier-Stiftwerkzeug* in Ihrem Layout
an die Stelle, an der der erste Punkt entstehen soll. Dieser wird
durch eine ausgefüllte Raute gekennzeichnet.
❷ Geben Sie die Maustaste frei und klicken Sie an die Stelle, an der der
zweite Ankerpunkt sitzen soll. Die beiden Punkte werden durch
eine gerade Linie verbunden.
❸ Klicken Sie auf diese Weise weitere Punkte in das Layout.
❹ Wenn Sie einen Rahmen erstellen wollen, zeigen Sie am Schluss wieder auf den ersten Punkt. Am Stiftsymbol des Mauszeigers erscheint
ein kleiner Ring. Klicken Sie, um den Pfad zu schließen.

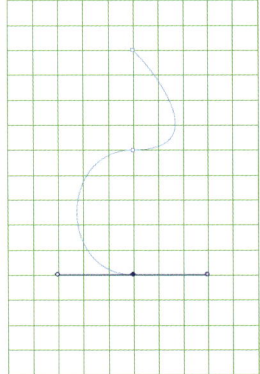

Gekrümmte Kurven. Sehr häufig benötigen Sie keine geraden Linien,
sondern *gekrümmte Kurven*. Auch Kurven, die XPress anhand der
Eigenschaften zweier Punkte berechnet, lassen sich mit dem Bézier-
Werkzeug mit etwas Übung leicht erzeugen:

❶ Setzen Sie mit dem *Bézier-Stiftwerkzeug* einen Anfangspunkt ❷.
❷ Lassen Sie die Maustaste los und zeigen Sie auf die Position, an der
das Kurvensegment enden soll.
❸ Halten Sie hier die Maustaste gedrückt und ziehen Sie.
❹ Sie erhalten einen glatten Punkt ❸ sowie zwei Kontrollgriffe, die mit
dem Punkt verbunden sind ❹. Je weiter Sie die Enden der Kontrollgriffe vom Punkt wegziehen, desto stärker krümmt sich die Kurve.
Die Neigung der Kurve ist wiederum vom Winkel der Kontrollgriffe
zum Kurvenpunkt abhängig.
❺ Hat das Kurvensegment die gewünschte Krümmung oder Neigung,
lassen Sie die Maustaste los.
❻ Klicken Sie erneut an die Stelle, an der das nächste Kurvensegment
enden soll, halten Sie die Maustaste gedrückt und bestimmen Sie
mit der entsprechenden Bewegung die Krümmung und den Winkel
dieses Segments. Erstellen Sie mit dieser Technik weitere Kurvensegmente, bis Sie den gewünschten Pfadverlauf erzielt haben.

Offene Linie

Möchten Sie einzelne
Punkte vor der Fertigstel-
lung der Bézier-Kurve
bearbeiten, so halten Sie
die `cmd`/`strg`-Taste
gedrückt.

❼ Schließen Sie die Linie/die Form ab wie oben beschrieben. Das *Bézier-Stiftwerkzeug* bleibt aktiviert und ist bereit für das Zeichnen des nächsten Rahmens.

Nicht fortlaufende Kurven. Mit den eben aufgezeigten Schritten haben Sie fortlaufende Kurven erzeugt. Aber auch nicht fortlaufende Kurven, die durch Eckpunkte miteinander verbunden sind, sind möglich. Dazu beginnen Sie, wie oben beschrieben, mit dem Herausziehen des Kurvengriffs und halten die ⎇-Taste gedrückt, während Sie weiterziehen. Sollte Ihnen diese Technik nicht so liegen, haben Sie auch die Möglichkeit, die Punktart nachträglich festzulegen, wie Sie weiter unten sehen werden.

Punktarten lassen sich kombinieren. Wenn Sie ein gerades Segment erstellen möchten, klicken Sie einfach an den Endpunkt des Kurvenabschnitts, für ein gebogenes Element klicken und ziehen Sie wie weiter oben erläutert.

Bézier-Punkte werden ausgeblendet. Nachdem Sie eine Bézier-Kurve erstellt haben, ist Ihnen vielleicht aufgefallen, dass beim Anfassen des Elements XPress die Bézier-Punkte nicht mehr anzeigt und man nur die Form skalieren und verschieben kann.

Bézier-Kurven bearbeiten

Sie können alle Bézier-Rahmen und -Linien nachträglich bearbeiten. Wie in Photoshop und Illustrator haben Sie auch in XPress eine exakte Kontrolle über die Bézier-Punkte und die zugehörigen Kontrollpunkte. So lässt sich etwa ein etwas krakelig geratener Freihandrahmen glätten und verfeinern oder eine zu schwungvoll oder zu flach geratene Bézier-Kurve korrigieren. Sie müssen dazu nur das Objekt anklicken und ein beliebiges Pfadwerkzeug auswählen. Dann erscheinen die Bézier-Punkte. Sobald Sie wieder zum *Objektwerkzeug* oder einem *Inhaltswerkzeug* wechseln, verschwinden diese Punkte. Aktivieren Sie den Rahmen oder die Linie zuerst, ansonsten zeichnen Sie mit dem *Pfadwerkzeug* eine neue Linie darüber.

Bézier-Punkte bearbeiten. Klicken Sie nun auf den Punkt, dessen angrenzende Kurvensegmente Sie bearbeiten möchten. Der ausgewählte Punkt bekommt eine eindeutige Form, an der Sie erkennen, um welche Art von Punkt es sich handelt: Ein Eckpunkt (beide Kurven-

Pfad zu Objekt

Markieren Sie den Pfad. Ändern Sie dann im Objekt-Menü die Form des Pfads in eine normale Bézier-Form um. Halten Sie während dieses Schritts aber ständig die ⎇-Taste gedrückt, damit die Form geschlossen wird (Sollten Sie das vergessen, erhalten Sie eine Fehlermeldung und der Pfad wird in ein Polygon umgewandelt). Sie können dem Objekt jetzt eine Füllung zuweisen oder ein Bild hineinladen.

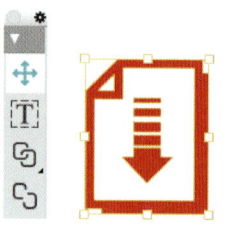

Objektwerkzeug

Das Objekt- oder Inhaltswerkzeug ist aktiv. Nur der Rahmen ist aktiv (zum Verschieben oder Skalieren der Form).

Pfadwerkzeug

Sobald ein Pfadwerkzeug aktiviert wird, können einzelne Punkte und Kurvensegmente bearbeitet werden.

griffe können unabhängig voneinander bewegt werden) hat eine dreieckige Form. Ein glatter Eckpunkt (beide Kurvengriffe haben den gleichen Winkel) weist eine Diamantform auf. Ein symmetrischer Punkt (beide Kurvengriffe haben den gleichen Winkel und die gleiche Entfernung) hat eine quadratische Form. Außerdem wird diese Information gleichzeitig in der *Maße*-Palette angezeigt. Wenn eines der Zeichenwerkzeuge aktiv ist, können Sie ⌘/strg drücken, um zeitweilig auf das *Punktauswahlwerkzeug* umzuschalten. Mit ⌘/strg+⎇ können Sie vorübergehend zum *Objektwerkzeug* switchen.

Mehrere oder alle Punkte auswählen. Bei Bedarf wählen Sie gleich mehrere Punkte aus: Klicken Sie sie nacheinander mit gedrückter ⇧-Taste an. Mit dem Kürzel ⌘/strg⇧+A (wenn der Pfad oder ein Punkt selektiert sind) oder mit einem Zweifach- bzw. Dreifachklick auf eine beliebige Stelle der Kurve bei aktiviertem *Punktauswahlwerkzeug* werden alle Punkte im Pfad selektiert.

Die Punkte von vordefinierten Rahmenformen auswählen. Vordefinierte Rahmenformen, also rechteckige, ovale und sternförmige Rahmen lassen sich genauso behandeln wie selbst gezeichnete Pfade. Rechteckige und ovale Rahmen müssen Sie zuvor allerdings per *Objekt | Form* in ein Bézier-Objekt umwandeln oder – einfacher – Sie fügen einen neuen Punkt hinzu. Dann wandelt XPress diesen Rahmen automatisch in einen Bézier-Rahmen.

Die ausgewählten Punkte bearbeiten. Ein markierter Punkt lässt sich per Drag & Drop oder schrittweise mit den Pfeiltasten an eine andere Stelle versetzen. Die Form und Position der an den Punkt grenzenden Kurvenabschnitte ändert sich entsprechend. Genaue Informationen über die Koordinaten beim Verschieben eines Ankerpunkts erhalten

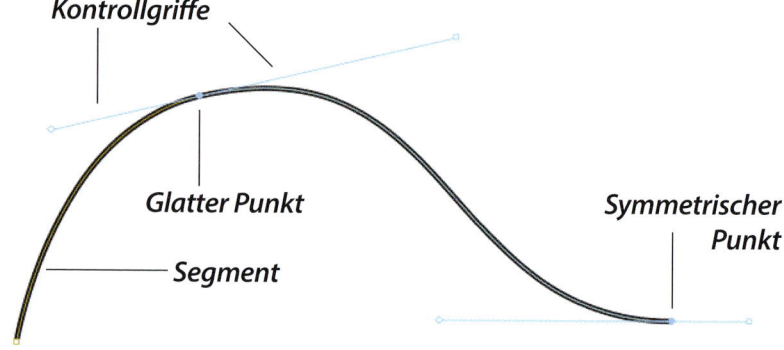

nal ⌄	■ 100% ⬍	● Normal ⌄	Abstand: ⊠ 100% ⬍	● Normal ⌄	⌒ ◰ ⌐	XP: -19,744 mm	∠ 147,724°	∠ -32,276°
— ⌄	⬚ 100% ⬍		⬚ 100% ⬍		⬊ ⌐	YP: 101,765 mm	◆ 3,834 mm	■ 3,834 mm

Sie in der *Maße*-Palette. Überhaupt lässt sich jede einzelne Komponente einer Bézier-Kurve über die *Maße*-Palette numerisch definieren und kontrollieren. Hier geht XPress weiter, als man es von anderen Programmen kennt: Selbst die Koordinaten der Anfasser können eingegeben werden. Ihre Kurven müssen also nicht von Anfang an perfekt sein. Die Korrektur eines Endpunkts mit der *Maße*-Palette fällt vielen leichter als das »Zurechtziehen« von Bézier-Punkten nach Augenmaß.

Maße-Palette
Über die Maße-Palette haben Sie volle Kontrolle über die Punkte einer Bézier-Form.

Die Kurvenform ändern. Es ist kaum möglich, über das Verschieben von Punkten alleine den Verlauf der Kurven exakt zu kontrollieren. Über die Kontrollgriffe, die sich an den glatten Punkten nach dem Markieren bilden, können Sie die angrenzenden Kurven- oder Liniensegmente frei formen. Wenn Sie das Ende eines solchen Kontrollgriffs anklicken und es mit gedrückter Maustaste ziehen, gehen die Kontrollgriffe mit und ändern damit den Verlauf des zugehörigen Segments.

Kontrollgriffe ziehen. Je weiter die Kontrollgriffe gezogen, je länger sie also werden, desto stärker wird die Krümmung der angrenzenden Kurve. Der Winkel der Kontrollgriffe zum Punkt bestimmt die Neigung der Kurve. Ziehen Sie die Kontrollgriffe direkt auf die zugehörigen Punkte, erhalten Sie Geraden. Sobald Sie die Maustaste freigeben, wird die Änderung ausgeführt.

Objekte konvertieren
Bevor Sie die Punkte von Rechtecken und Ovalen bearbeiten können, müssen Sie sie in Bézier-Formen konvertieren.

Symmetrischer Punkt = gleichmäßige Kontrollgriffe

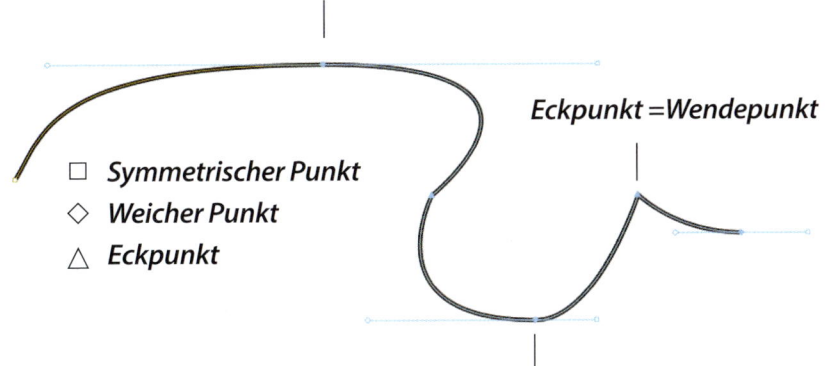

Eckpunkt = Wendepunkt

□ **Symmetrischer Punkt**
◇ **Weicher Punkt**
△ **Eckpunkt**

Auswahltechniken
Ein Doppelklick auf ein Kurventeilstück wählt beide Punkte des Teilstücks aus; erst ein Dreifachklick auf ein Teilstück selektiert alle Punkte. Ein Doppelklick auf einen Punkt markiert alle Punkte.

Glatter Punkt = ungleiche, gerade Kontrollgriffe

XPress kennt drei verschiedene Punktarten

Eckpunkt. Diese Punktart entsteht, wenn Sie gerade Linien zeichnen. Der Eckpunkt bildet ein »Gelenk« zwischen zwei geraden Linienabschnitten, zwischen einem geraden und einem gekrümmten Linienabschnitt oder zwischen zwei nicht fortlaufend gekrümmten Linien ❶.

Gekrümmte Linien. Verbindet ein Eckpunkt zwei gekrümmte Linien, enthält er zwei Kurvengriffe, deren Winkel und Länge sich unabhängig voneinander ändern lässt.

Gerade und gekrümmte Linie. Verbindet der Eckpunkt eine gerade und eine gekrümmte Linie, ist nur für das gekrümmte Segment ein Kurvengriff verfügbar.

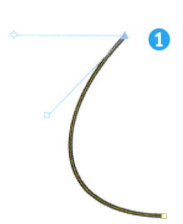

Kurvengriffe herausziehen. Die Kurvengriffe von Eckpunkten sind beim Markieren nicht sofort sichtbar, Sie müssen sie erst aus dem Punkt herausziehen: Bewegen Sie die Maus über dem markierten Punkt, bis sich am Mauspfeil statt eines unausgefüllten Quadrats eine diagonale Linie zeigt, und ziehen Sie den Kurvengriff nun heraus.

Glatter Eckpunkt. Diese Punktart entsteht, wenn Sie fortlaufende gebogene Kurven zeichnen. Die zugehörigen Kontrollgriffe liegen einander stets in einer Geraden gegenüber. Sie können aber unterschiedlich lang sein. Das heißt, dass Sie die Krümmung der angrenzenden Segmente unabhängig voneinander ändern können, ihr Winkel zueinander aber immer gleich bleibt.

Symmetrischer Punkt. Der symmetrische Punkt ähnelt dem glatten Eckpunkt, mit dem Unterschied, dass die beiden Kontrollgriffe gleich lang sind. Das heißt, dass Sie durch Ziehen eines Kontrollgriffs die Krümmung und Neigung beider angrenzenden Segmente um denselben Wert ändern ❷.

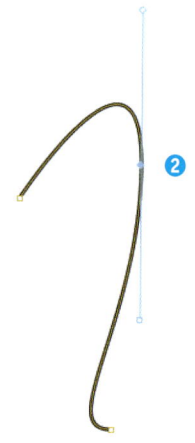

Segmentform direkt ändern. Aber nicht nur über die Bézier-Punkte und -Griffe können Sie die Form der Kurven ändern, sondern auch über die Segmente selbst. Klicken Sie mit dem *Punktauswahlwerkzeug* auf ein Segment, können Sie seine Form durch Ziehen ändern. Die Definition der anstoßenden Punkte wird entsprechend angepasst.

Linien in Kurven umwandeln und umgekehrt. Möchten Sie nachträglich ein gerades in ein gekrümmtes Segment umwandeln, markieren

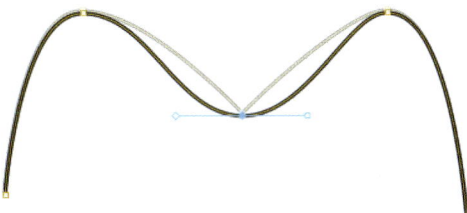

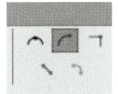

Segment ändern

Sie den zugehörigen Punkt und wählen in der *Maße*-Palette den Punkttyp *Glatter Eckpunkt* oder *Symmetrischer Punkt* (das hängt ganz davon ab, was Sie erreichen möchten).

Wird ein Bézier-Punkt oder ein Segment markiert, kann in der *Maße*-Palette das Aussehen für den Punkt und das Segment verändert werden.

Umgekehrt funktioniert's genauso. Überdies können Sie mit gedrückter ⎇-Taste und einem Klick Eckpunkte in symmetrische Punkte

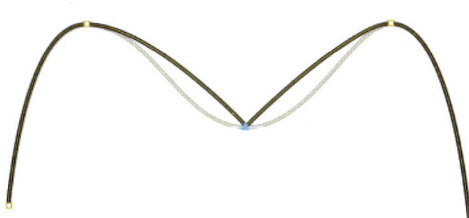

ändern. Auch kann zum Beispiel ein symmetrischer in einen normalen Eckpunkt umgewandelt werden. Der Ablauf von dunkel zu hell zeigt die Entstehung des neuen Objekts bei Umwandlung des Punktes.

Ein normaler Eckpunkt kann ebenfalls in einen weichen Eckpunkt umgewandelt werden.

Neue Punkte. Konnten Sie durch Bearbeiten der bisherigen Ankerpunkte nicht den gewünschten Kurvenverlauf modellieren, fügen Sie Ihrer Kurve einen weiteren Punkt hinzu. Dafür kommt das *Punkt hinzufügen*-Werkzeug zum Einsatz.

❶ Um Ihrer Kurve einen weiteren Punkt hinzuzufügen, markieren Sie zunächst den Pfad mit dem *Punktauswahlwerkzeug*. Drücken Sie zweimal die Taste Ⓟ, um zum *Bézier-Stiftwerkzeug* zu wechseln.

❷ Dann zeigen Sie auf die Stelle des Pfads, an der Sie einen neuen Punkt hinzufügen möchten. Der Mauszeiger wird zu einem Zeichenstift mit einem Pluszeichen – das Werkzeug *Punkt hinzufügen* ist aktiviert.

❸ Mit einem Klick fügt XPress den neuen Ankerpunkt ein. Das Programm wählt die Punktart stets so, dass die Form der Kurve nicht geändert wird: Klicken Sie mit dem Werkzeug *Punkt hinzufügen* auf eine gekrümmte Kurve, erhalten Sie einen neuen glatten Eckpunkt, auf einer geraden Linien erhalten Sie einen Eckpunkt.

Segment ändern

Skizzieren Sie die Zeichnung durch schnell geklickte Punkte mit geraden Verbindungen. Konvertieren Sie die Eckpunkte anschließend in glatte Punkte und formen diese entsprechend.

Punkte löschen. Möchten Sie umgekehrt einen Punkt löschen, nutzen Sie ebenfalls das *Bézier*-Stiftwerkzeug. Wenn Sie mit diesem auf einen Punkt zeigen, erscheint am Zeichenstift-Symbol ein Minuszeichen. Klicken Sie auf einen Punkt, um ihn zu löschen und den Kurvenverlauf entsprechend anzupassen.

Pfade auftrennen. Das *Scherenwerkzeug* bietet weitere Möglichkeiten zur Modifikation von Pfaden. Sie zerteilen damit einen geschlossenen Pfad per Klick an zwei Stellen und verwandeln ihn damit in zwei offene Pfade. Wenn Sie ein Objekt numerisch genau aufschneiden möchten, erstellen Sie eine Linie über dem Objekt, die Sie quasi als Messer nutzen. Diese Linie können Sie mit der *Maße*-Palette genauestens ausrichten. Danach fahren Sie wie unten unter »Objekte zerschneiden« fort.

❷ Objekte vereinen, teilen und ausrichten

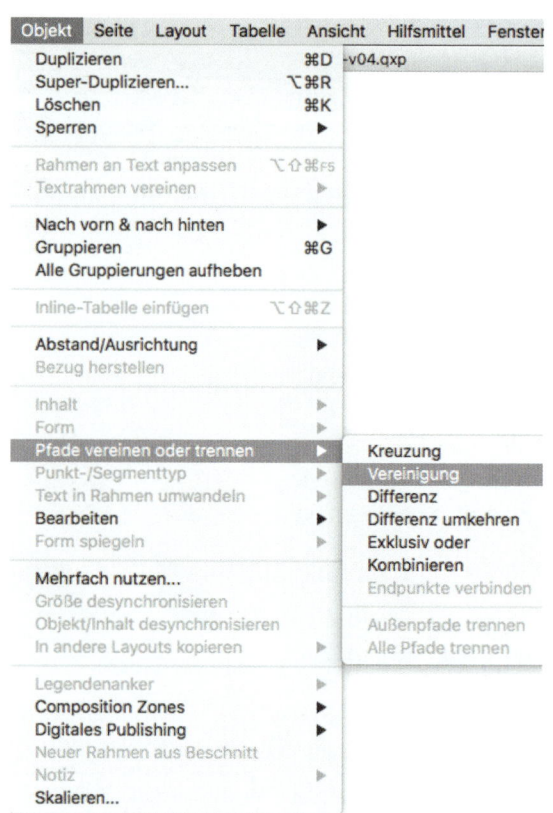

Es ist nicht ganz einfach, mit dem *Bézier*-Werkzeug sehr regelmäßige Elemente zu erstellen. Ein gutes Beispiel ist eine Mondsichel. Das *Freihandwerkzeug* ist dafür gänzlich ungeeignet, während sich mit dem *Bézier*-*Werkzeug* lässt zumindest mit etwas Übung eine regelmäßige Mondsichel erzeugen lässt. Doch es geht auch bequemer: Verwenden Sie einfach die vielseitigen Vereinigungs- und Trennfunktionen für zwei oder mehr Elemente, mit denen Sie solche Formen schnell und bequem erstellen können.

Ein weiterer Vorteil dieser im *Objekt*-Menü unter *Pfade vereinen oder trennen* zusammengefassten Technik ist auch die »Vereinfachung« der Dokumente. Das Ergebnis der Operationen ist keine Objektgruppe, sondern ein einziges Objekt.

Vorbei sind die Zeiten, als der Grafiker seine Objekte mit diversen anderen Objekten abdecken musste. Insbesondere für den Formsatz bietet diese Vereinen-Funktion tolle Produktionserleichterungen für Ihren Arbeitsalltag.

Vorne oder hinten? Werden zwei oder mehr Objekte mit dem *Vereinen*-Befehl modifiziert, übernimmt das resultierende Objekt immer die Farbe, die Attribute, die Füllung sowie die Randstärke vom untersten Objekt.

Kreuzung. Bei einer Kreuzung bleiben diejenigen Teile vom hintersten Objekt übrig, die von anderen Objekten verdeckt wurden. Bei nur zwei Objekten entspricht dies einer Schnittmenge, wie das Beispiel auf der rechten Seite zeigt.

Vereinen. Mit dem *Vereinen*-Befehl wird die Gesamtfläche der markierten Objekte in ein neues, aus einer einzigen Fläche bestehendes Objekt umgewandelt. Ideal für Situationen, in denen zum Beispiel in mehrere Rahmen ein gemeinsames Bild geladen werden muss, oder wenn mehrere Rahmen mit einem gemeinsamen Farbverlauf gefüllt werden sollen.

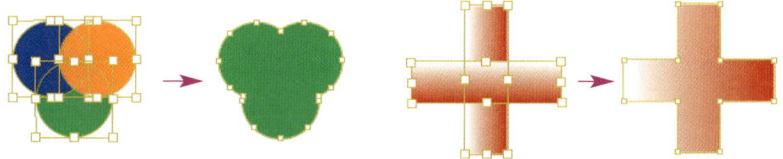

Differenz. Die Funktion *Differenz* lässt vom hintersten Objekt diejenigen Teile übrig, die nicht von anderen Objekten verdeckt wurden – vom hintersten Objekt aus betrachtet, erzeugt sie das Gegenstück zur Kreuzung. Hervorragend geeignet für die Erstellung einer freien Innenfläche oder zum Durchstanzen (die graue Fläche demonstriert den Durchsichteffekt.)

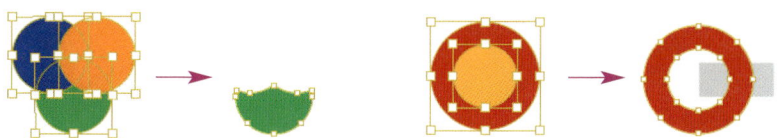

Differenz umkehren. Das Gegenteil der oben erwähnten Differenz. Es bleibt von allen überlappenden Objekten übrig, was das hinterste Objekt nicht überlappt hat.

Vereinigung ohne Überlappung

Objekte müssen einander nicht zwingend überlappen, um mit dem *Vereinen*-Befehl arbeiten zu können. Hier wurden einzelne Rahmen zu einem Bildrahmen zusammengefügt. Ausgangspunkt könnte eine Tabelle sein.

Vereinigen Sie Objekte, die nicht auf der gleichen Ebene liegen, so landet das Ergebnis auf der unteren Ebene.

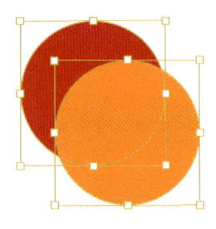

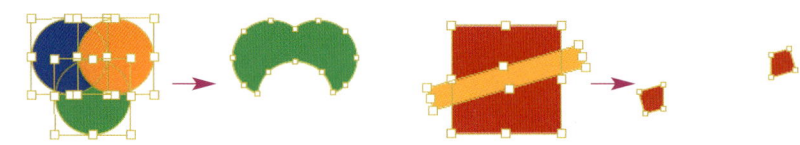

Exklusiv oder. Mit *Exklusiv oder* werden alle sich überlappenden Bereiche ausgeschnitten. Dabei werden bei den Schnittpunkten nicht nur ein, sondern zwei Eckpunkte gesetzt, wodurch nachträglich einzelne Innenbereiche unabhängig voneinander verändert werden können. Sichtbar wird der Unterschied allerdings erst dann, wenn das Objekt nach dem Vereinen-Vorgang tatsächlich bearbeitet wird.

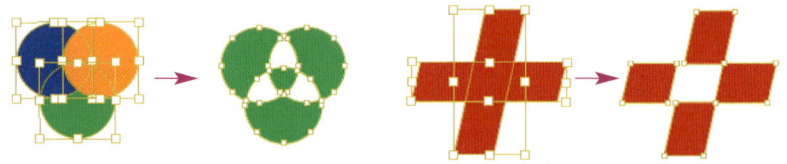

Kombinieren. Im Gegensatz zum Befehl *Exklusiv oder* wird bei der Funktion *Kombinieren* bei den sich ergebenden Schnittpunkten nur ein Eckpunkt gesetzt. Das bedeutet, dass ein unabhängiges Verändern des Innenlebens nicht mehr möglich ist.

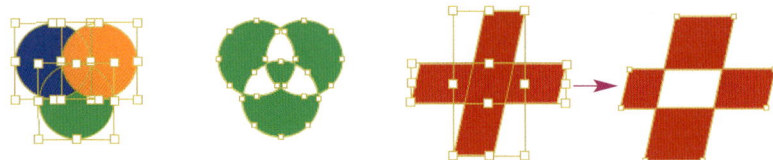

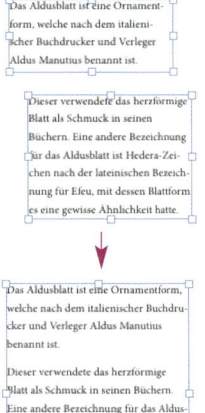

Endpunkte verbinden. Sind zwei Linieneckpunkte nahe beieinander (der Abstand zwischen den Endpunkten muss weniger als 5 pt betragen), können sie miteinander verbunden werden (*Objekt | Vereinen | Endpunkte verbinden*). Der neue Punkt wird jeweils im Schnittpunkt der beiden Enden hinzugefügt.

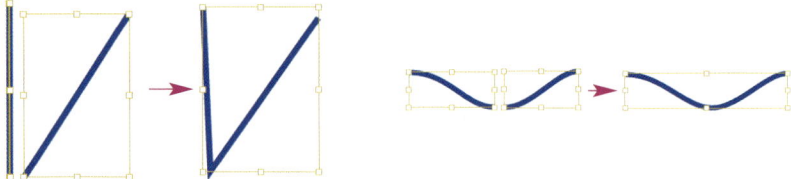

Objekte zerschneiden. Manchmal möchte man eine Form sehr genau zerschneiden. Die Messer- oder Scherenwerkzeuge in Grafikprogrammen sind mir da meistens zu ungenau. Deshalb: Über das Objekt eine mindestens 1pt starke Linie legen, beide Elemente aktivieren und *Vereinen | Differenz* wählen 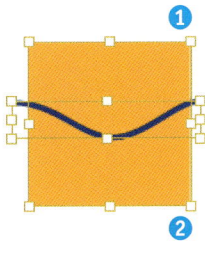. Jetzt ist der Rahmen genau an der Stelle zerschnitten, an der die Linie lag ❷. Um den Rahmen in die beiden Bereiche zu trennen, müssen Sie *Objekt | Pfade vereinen oder Trennen | Außenpfade trennen* wählen.

Objekte entlang des Rands verkleinern/vergrößern. Viele wollen es nicht glauben, aber die Mathematik ist stärker und mein Beispiel zeigt es deutlich: Das Skalieren von Objekten erzeugt keine parallelen Linien. Erst wenn man an den Rändern überall den gleichen Wert hinzufügt oder abzieht, erzielt man brauchbare Ergebnisse. Und das soll in XPress gehen? Na klar, sogar viel besser als in den meisten Grafikprogrammen. Denn XPress hat schon seit Urzeiten eine Voreinstellung, die Sie wahrscheinlich noch nie umgestellt haben. Wählen Sie im Menü *QuarkXPress/Bearbeiten | Vorgaben | Drucklayout Allgemein: Randplatzierung Innen oder Außen…*

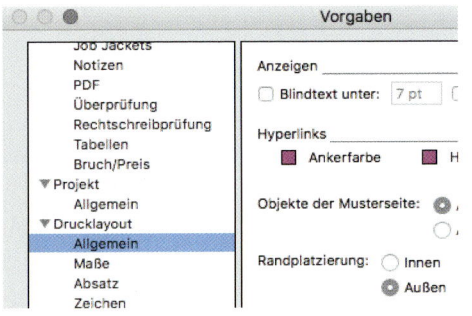

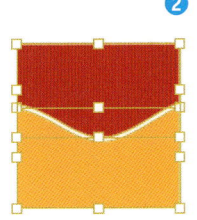

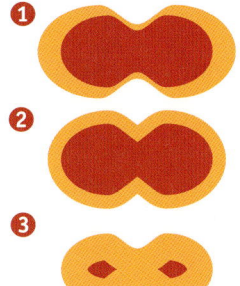

❶ Die orangefarbene Fläche ist durch Skalieren entstanden. Deswegen sind die Ränder an keiner Stelle parallel zur Ausgangsform.

❷ Das Dokument arbeitet im *Modus Randplatzierung: Innen*. Sie vergeben eine Randstilstärke von beispielsweise 5 pt.

❸ Sie stellen den *Modus auf Randplatzierung: Außen* um. Sie setzen die Randstilstärke wieder auf 0 pt. Das war's – Sie sind fertig! Setzen Sie den Modus wieder auf *Innen* zurück.

Filet um Bilder. Basierend auf der gleichen Arbeitstechnik kann man Filets um Bilder oder Rasterflächen erstellen.

❹ Die rote Form soll um sich herum im Abstand von 5 pt keine andere Form berühren. Die grüne Form wird geklont (mehrfach duplizieren mit einem Versatz von 0 pt in beide Richtungen).

❺ Das Dokument muss nun im Modus *Randplatzierung: Außen* arbeiten. Sie vergeben an den duplizierten Rahmen eine Randstilstärke von 5 pt.

❻ Sie aktivieren zusätzlich den roten Rahmen und über *Vereinen | Differenz* ziehen Sie den vergrößerten Rahmen ab. Fertig!

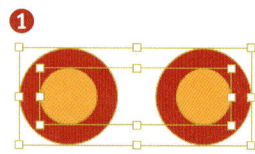

Gestanzte Bilder. Sie können Rahmen auch stanzen, wenn der Inhalt eines Rahmens ein Bild ist. Eine orangefarbene Fläche zeigt den Durchbruch der Stanzung.

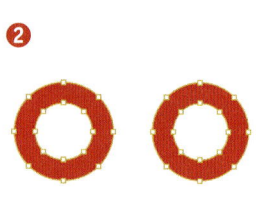

Objekte teilen. Wenn sich mehrere Objekte mit dem Befehl *Objekt | Vereinen | Exklusiv* oder *Objekt | Vereinen | Kombinieren* zu einem neuen Objekt zusammenfügen lassen, muss es doch auch eine Möglichkeit geben, diese wieder zu trennen. Anhand eines einfachen Beispiels wollen wir uns die »Teilung« etwas genauer ansehen:

❶ Zwei überlappende Kreise werden mit dem Befehl *Kombinieren* zusammengefügt.

❷ Durch die »Kombination« wird jeweils die Innenfläche ausgestanzt, sodass sich die Ringe jetzt nicht mehr einzeln bearbeiten lassen. Wählen Sie jetzt *Teilen | Außenpfade* aus dem Objektmenü.

❸ Indem die Außenpfade geteilt wurden, können die beiden Objekte jetzt unabhängig voneinander bearbeitet werden. Die ausgestanzten Bereiche sind dabei aber erhalten geblieben.

❹ Wird dagegen mit der Option *Teilen | Alle Pfade trennen* gearbeitet, werden nicht nur die beiden Ringe voneinander getrennt, sondern es wird auch noch die vorher ausgestanzte Innenfläche in bearbeitbare Ringe (einzelne unabhängige Objekte) zurückverwandelt.

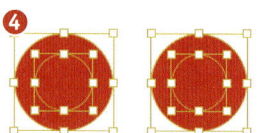

Wenn Sie in Pfade aufgelöste Textstücke nach deren »Kombination« wieder teilen (Teilen | Alle Pfade), können Sie jedes Teilstück einer Schrift separat einfärben und schmücken.

Pfade teilen bei Schriften. Werden Schriftzüge in ihre Bézier-Kurven zerlegt (*Objekt | Text in Rahmen umwandeln*), kommt der Funktion *Pfade teilen* wegen der Innenflächen innerhalb der Buchstaben eine besondere Bedeutung zu.

❺ Ist die Schrift aufgelöst in Bézier-Kurven, dann erhalten Sie ein einziges großes Element.

❻ Ist das Objekt aufgelöst in Außenpfade, dann bleiben die einzelnen Buchstaben erhalten, sind aber alle frei bearbeitbar.

❼ Werden alle Pfade aufgelöst, werden die Buchstaben-Innenflächen ebenfalls aufgelöst und können dann manuell eingefärbt werden.

Objekte ausrichten

Alle Objekte, die sich verstreut auf einer Layoutfläche befinden, können Sie durch Anwenden verschiedener Regeln ausrichten. Xpress unterscheidet hier drei Arten des Ausrichtens, deren Optionen und Befehle Sie in der *Maße*-Palette im Bereich *Abstand/Ausrichtung* finden. Es gibt den *Objektbezogenen Modus*, den *Seitenbezogenen Modus* oder den *Montageflächenbezugsmodus*. Abhängig vom Modus, den Sie verwenden, erhalten Sie unterschiedliche Ergebnisse.

Sie können wahlweise Objekte verteilen oder ausrichten. Möchten Sie Objekte gleichmäßig verteilen, dann können Sie diese an *Obere Kanten verteilen* ❶, *Vertikale Mitten verteilen* ❷, *Untere Kanten verteilen* ❸ oder *Vertikal verteilen* ❹. Im Eingabefeld *Abstand* nutzen Sie die Voreinstellung *Gleichmäßig* oder geben einen eigenen Wert in Millimetern ein. Klicken Sie dann auf ein Ausrichten-Symbol und Ihre zuvor ausgewählten Objekte werden verteilt. Neben der vertikalen Verteilung stehen Ihnen Optionen zum horizontalen Verteilen zur Verfügung. Sie können *Linke Kanten verteilen* ❺, *Horizontale Mitten verteilen* ❻, *Rechte Kanten verteilen* ❼ und Objekte *Horizontal verteilen* ❽.

Abstand/Ausrichtung
Die Optionen für das Ausrichten und Verteilen von Objekten finden Sie in der Maße-Palette im Bereich Abstand/ Ausrichtung.

Alternativ können Sie Folgendes tun: An *Linke Kanten ausrichten* ❶, *Horizontale Mitten ausrichten* ❷ oder an *Rechte Kanten ausrichten* ❸. Vertikal können Sie Objekte an *Obere Kanten ausrichten* ❹, *Vertikale Mitten ausrichten* ❺ und an *Untere Kanten ausrichten* ❻.

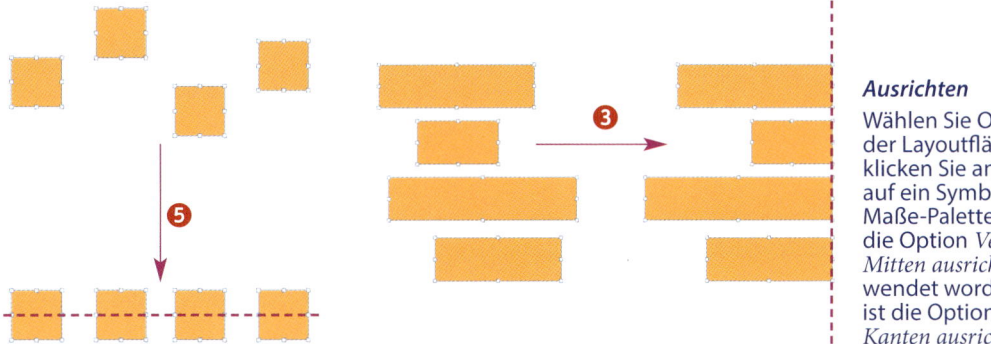

Ausrichten
Wählen Sie Objekte auf der Layoutfläche und klicken Sie anschließend auf ein Symbol in der Maße-Palette. Links ist die Option *Vertikale Mitten ausrichten* angewendet worden, rechts ist die Option *Rechte Kanten ausrichten*.

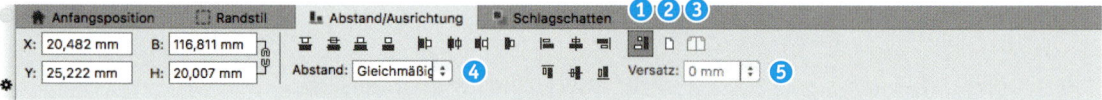

Um Ihren Objekten mitzuteilen, woran sie sich ausrichten sollen, müssen Sie noch den Bezugsmodus definieren. Beim *Objektbezugsmodus* ❶ finden die Positionsberechnungen der Objekte untereinander statt. Die Besonderheit: Die Objekte werden immer am zuerst ausgewählten Objekt ausgerichtet. Wenn Sie den *Seitenbezugsmodus* ❷ wählen, können Sie beispielsweise Objekte im Handumdrehen an der aktiven Layoutseite ausrichten. Mit dem *Montageflächenbezugsmodus* ❸ wiederum lassen sich Objekte an einer Layout-Doppelseite ausrichten. Haben Sie eine Anzahl von Objekten auf der Layoutfläche aktiviert, so werden alle Operationen immer in Bezug auf die außenliegenden Objekte durchgeführt. Möchten Sie die Objekte mit einem definierten Abstand versehen, so tragen Sie in das Eingabefeld *Abstand* einen gewünschten Wert in Millimetern ein. Die Grundeinstellung lautet *Gleichmäßig*. Sobald Sie auf ein Symbol klicken, wird die Operation ausgeführt. Alle Werte, die Sie in einer Arbeitssitzung in dieses Feld eingeben, können sie nachträglich erneut aufrufen, sobald Sie auf die neben dem Eingabefeld befindlichen Pfeile klicken und die zuvor getätigten Einträge in Form eines Menüs aufklappen.

Nutzen Sie den *Seitenbezugsmodus* oder den *Montageflächenbezugsmodus*, können Sie zu Ihren Operationen zusätzlich einen Versatz hinzuaddieren. Der Versatz bezieht sich auf den entsprechenden Verteilungswert. Sie können dabei auch negative Werte als Versatz eingeben.

So richten Sie Objekte aneinander aus

❶ Wählen Sie auf der Layoutfläche die Objekte aus, die Sie miteinander in Beziehung setzen möchten.

❷ Wählen Sie den entsprechenden Bezugsmodus wie *Objektbezugsmodus*, *Seitenbezugsmodus* oder den *Montageflächenbezugsmodus*.

❸ Wählen Sie optional *Abstand* und *Versatz*.

❹ Klicken Sie auf das Symbol mit dem entsprechenden *Ausrichten*-Befehl. Die gewählten Objekte werden ausgerichtet.

Zwei Schritte
Manchmal bedarf es mehr als einer Operation, um ein gewünschtes Ergebnis zu erzielen. Im ersten Schritt wurden untenstehende Objekte *gleichmäßig horizontal verteilt*. Im nächsten Schritt wurde der Befehl *Vertikale Mitten ausrichten* gewählt.

❸ Formen, Sterne und Shapemaker

Geht es um das Erstellen von Formen, Sternen, Spiralen, Wolken oder regelmäßigen Vielecken, dann gibt es drei Orte innerhalb von XPress, die Ihnen die nötigen Funktionen an die Hand geben. Zum einen finden Sie in der Werkzeugpalette zwei Ausklappmenüs mit vielfältigen Formwerkzeugen. Zusätzlich können Sie mit der XTension *Shapemaker* (siehe unter *Hilfsmittel | Shapemaker…*) einige Formen detailliert manipulieren.

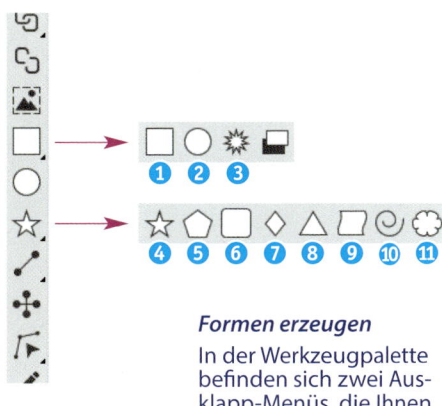

Formen erzeugen

In der Werkzeugpalette befinden sich zwei Ausklapp-Menüs, die Ihnen zahlreiche Formen-Werkzeuge präsentieren.

In der Werkzeugpalette befinden sich zwei Ausklapp-Menüs, die jeweils unterschiedliche Sorten von Rahmen erzeugen. Die obere Reihe enthält das Werkzeug für *rechteckige* □ und *ovale Rahmen* ○. Die Parameter dieser Werkzeuge werden über die *Maße*-Palette eingestellt und lassen sich dort auch nachträglich bearbeiten. Das *Starburst*-Werkzeug ✳ zeigt seine Einstellparameter bei ausgewähltem Werkzeug erst nach einem Mausklick auf die Layoutfläche. In diesem oberen Ausklappmenü finden Sie auch das Werkzeug für *Composition-Zones* ▭. Das darunter befindliche Ausklappmenü enthält eine ganze Reihe von Werkzeugen zur Herstellung von *Sternen, Polygonen, Rechtecken mit abgerundeten Ecken, Dreiecken, Wellen-Rahmen, Spiralen* und *Wolken*. Die Einstellparameter erhalten Sie per Doppelklick auf das entsprechende Symbol in der Werkzeugpalette. Sie können in diesem Dialog Ihre individuellen Einstellungen zwischenspeichern.

Werkzeug für rechteckige Rahmen. Um einen *rechteckigen Rahmen* □ aufzuziehen, wählen Sie das Werkzeug ❶ in der Werkzeugleiste aus, klicken auf die Zeichenfläche und ziehen bei gedrückter Maustaste die gewünschte Größe auf. Wenn Sie gleichzeitig die *Shift*-Taste drücken, erhalten Sie einen quadratischen Rahmen. In der *Maße*-Palette bestimmen Sie numerisch die Position und die Abmessungen des Rahmens. Wählen Sie in der *Maße*-Palette im Bereich *Anfangsposition* einen von vier Eckenstilen aus. Zur Verfügung stehen Ihnen *Rechteckig, Abgerundet, Konkav* und *Abgeschrägt*.

Werkzeug für ovale Rahmen. Um einen *ovalen Rahmen* ○ aufzuziehen, wählen Sie das Werkzeug ❷ in der Palette aus und ziehen die gewünschte Größe auf der Zeichen-

fläche auf. Wenn Sie zusätzlich die *Shift*-Taste drücken, erhalten sie einen exakt kreisrunden Rahmen.

Starburst-Werkzeug. Mit dem *Starburst*-Werkzeug ❋ erstellen Sie sternförmige Rahmen ❸. Das *Starburst*-Werkzeug unterscheidet sich in der Bedienung von den vorangegangenen Rahmenwerkzeugen. Wählen Sie das *Starburst*-Werkzeug in der Werkzeugpalette aus und klicken Sie dort auf die Zeichenfläche, wo Sie das Objekt platzieren möchten. Die Dialogbox *Starburst* erscheint. Dort können Sie *Höhe* und *Breite* des Sterns, die *Anzahl* und *Länge* der Zacken einstellen. Wählen Sie einen Wert, wenn Sie auch unregelmäßige Zacken erhalten möchten.

Stern-Werkzeug. Im Gegensatz zum *Starburst*-Werkzeug, das eher einfache Sterne generiert, können Sie mit dem *Stern*-Werkzeug ☆ wesentlich komplexere Formen erzeugen, die sich zudem noch verwirbeln und krümmen lassen ❹.

Starburst
Sterne mit geraden Zacken und unterschiedlichem Innenradius erstellen Sie mit dem *Starburst-Werkzeug.*

Folgender Bedienungsansatz gilt auch für alle folgenden Werkzeuge, die sich im zweiten Ausklappmenü befinden. Sie haben dabei zwei Möglichkeiten: *Entweder* Sie wählen das Werkzeug in der Palette aus und klicken auf die Layoutfläche. Ein kleiner Dialog erscheint, der Ihnen die Eingabe der Abmessungen und Zugriff auf zuvor gesicherte Formen dieser Art gestattet. *Oder* Sie doppelklicken das Symbol in der Werkzeugpalette und ein umfassender Einstellungsdialog für das Werkzeug erscheint.

Sterne verwirbeln
Erstellen Sie Sterne mit Wirbeln mit dem *Sterne-Werkzeug.*

Bestimmen Sie im umfassenden Einstellungsdialog die *Anzahl der Seiten*, den *inneren Radius* sowie optional einen *zweiten inneren Radius*. Weiterhin können Sie aus unterschiedlichen Zackenformen wie *Flach, Konkav, Konvex, Äußerer Wirbel, Innerer Wirbel, Entgegengesetzter Wirbel* oder *Tandem-Wirbel* wählen. Mit den Reglern *Krümmung, Ausrichtung* und *Zufällige Punkte* variieren Sie die Form. Per Mausklick auf die Schaltfläche *Neuer Zufall* lässt sich ein Zufallsgenerator zur Formenfindung nutzen. Möchten Sie die erstellte Form als Vorlage speichern, dann klicken Sie auf der rechten Seite unterhalb der Vorschau auf das ✚-Zeichen *Voreinstellung hinzufügen*. Um von vorne zu beginnen, klicken Sie auf *Rückstellen* ↺. Alle gespeicherten Formen wählen Sie aus, in dem Sie rechts neben der Vorschau auf das >-Symbol klicken. Ein Raster mit den gesicherten For-

men klappt auf. Dort suchen Sie sich die gewünschte Form aus und entscheiden im unteren Bereich des Dialogs, ob die erzeugte Form als *Text-*, *Bild-*, oder *kein Rahmen* erzeugt werden soll. Im Falle eines Textrahmens geben Sie die Anzahl und den Abstand der Spalten auf der rechten Seite der Dialogbox ein. Haben Sie alle Einstellungen getroffen, klicken Sie auf *OK*. Anschließend klicken Sie auf die Zeichenfläche, um das Objekt zu erstellen – oder Sie ziehen bei gedrückter Maustaste die Form auf. Dabei werden die voreingestellten Abmessungen überschrieben. Halten Sie wieder die ⇧-Taste gedrückt, um ein seitengleiches Objekt zu erhalten.

Polygon-Werkzeug. Für die Herstellung von *Vielecken* nutzen Sie das *Polygon*-Werkzeug ⬠ ❺. Wählen Sie es aus und klicken Sie auf die Layoutfläche. Definieren Sie dann im kleinen Dialog die Maße und bestätigen Sie Ihre Eingaben. Oder rufen Sie mit einem Doppelklick den Einstellungsdialog auf, um weitere Einstellungen vorzunehmen. Nachfolgend legen Sie wieder die Anzahl der Seiten fest und wählen die Art der Kanten wie *Flach*, *Konkav*, *Konvex*, *Äußerer Wirbel*, *Innerer Wirbel*, *Entgegengesetzter Wirbel* oder *Tandem-Wirbel*. Regeln Sie die *Krümmung*, *Ausrichtung* und die *Anzahl der Zufälligen Punkte*. Die Schaltfläche *Neuer Zufall* ist dabei nur dann wirksam, *nachdem* Sie Werte vergeben haben. Speichern Sie gegebenenfalls Ihre Einstellungen als Vorgabe, indem Sie auf das ✚-Symbol unterhalb der Vorschau klicken. Zu guter Letzt legen Sie die Rahmenform wie *Text-*, *Bild-*, oder *kein Rahmen* fest und tragen die *Breite* und *Höhe* in die Eingabefelder ein. Für Textrahmen wählen die Spaltenanzahl und den Spaltenabstand und bestätigen Sie Ihre Eingaben.

Sterne
Im *Sterne-Bearbeiten*-Dialog finden Sie zahlreiche Regler, um Sterne anzupassen. Sie können sogar einen Zufallsgenerator für die Formerstellung nutzen.

Entwürfe speichern
Speichern Sie Ihre Entwürfe als Vorlagen, indem Sie nach Beendigung Ihrer Gestaltung auf das ✚-Symbol klicken.

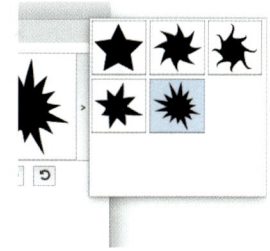

Werkzeug für abgerundete Objekte. Mit diesem Werkzeug ☐ erstellen Sie Rechtecke, deren Ecken jeweils unterschiedliche Formen aufweisen können ❻. Durch verschiedene dynamische Parameter entstehen Formen, die mit dem *Rechteck*-Werkzeug nicht möglich sind. Doppelklicken Sie das Symbol in der Werkzeugleiste, um den Einstellungsdialog aufzurufen. Entscheiden Sie dort, ob die Auswahl der Eckenform für alle Ecken gleichzei-

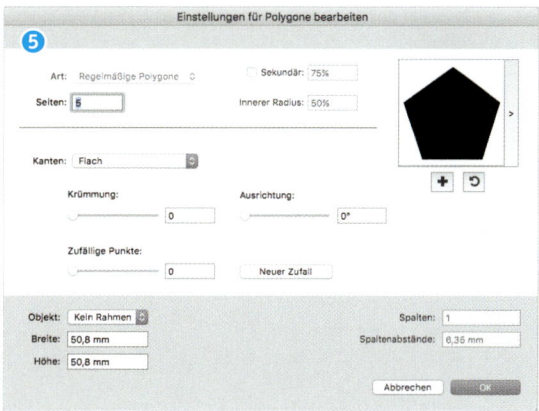

Abgerundete Rechtecke
Radien, Ausstanzungen, Zacken und Krümmungen wenden Sie auf rechteckige Ausgangsformen an, wenn Sie mit dem Werkzeug für abgerundete Rechtecke arbeiten.

Rauten
Das *Rauten*-Werkzeug gibt Ihnen umfassende Kontrolle über die Formvarianten.

tig gilt oder jede Ecke eine eigene Form erhält. Deaktivieren Sie dazu die Checkbox *Gilt für alle*. Für die Ecken wählen Sie Formen wie *Normal*, *Abgeschrägt*, *Konkav*, *Punktartig* oder *Innen*. Variieren Sie den Eckradius mit den Schiebereglern oder tragen Sie eigene Werte in die Eingabefelder ein. Definieren Sie die *Krümmung* und die *Balance* mit den Schiebereglern und schalten Sie bei Bedarf die Option *Radial* ein, um die Ecken des Rahmens an der Rahmenmitte auszurichten. Geben Sie die Abmessungen in die Eingabefelder ein und bestimmen Sie die gewünschte Objektart.

Rauten-Werkzeug. Öffnen Sie per Doppelklick die Einstellungen für Rauten ◇ ❼. Wählen Sie Kantenformen wie *Flach*, *Konkav*, *Konvex*, *Äußerer Wirbel*, *Innerer Wirbel*, *Entgegengesetzter Wirbel* oder *Tandem-Wirbel*. Mit den Reglern *Krümmung*, *Ausrichtung* und *Zufällige Punkte* verändern Sie die Form zusätzlich. Tragen Sie Abmessungen numerisch in die Eingabefelder ein und wählen Sie die gewünschte Objektart wie Bild- oder Textrahmen aus, bevor Sie Ihre Eingaben bestätigen.

Dreiecks-Werkzeug. Um Dreiecke zu basteln, doppelklicken Sie die Einstellungen für Dreiecke △ ❽. Als Kanten stehen Ihnen *Flach*, *Konkav*, *Konvex*, *Äußerer Wirbel*, *Innerer Wirbel*, *Entgegengesetzter Wirbel* oder *Tandem-Wirbel* zur Auswahl. Bearbeiten Sie die Form mit den Reglern *Krümmung*, *Ausrichtung* und *Zufällige Punkte*. Wählen Sie die gewünschte Objektart wie Bild- oder Textrahmen aus und geben Sie die gewünschten Abmessungen numerisch in die Eingabefelder ein.

Wellen-Werkzeug. Mit dem *Wellen*-Werkzeug ⬜ erstellen Sie vielfältige wellenförmige Objekte ❾. Sie können einzelne oder alle Seiten eines Rahmens mit unterschiedlichen Wellenmustern ausstatten. Haben Sie den Einstellungsdialog aufgerufen, können Sie zunächst entscheiden, welche der vier Seiten Ihres Objekts mit einer Welle ausgestattet werden soll. Dazu stehen Ihnen zwei Wellentypen sowie die Grundeinstellung *Flach* zur Verfügung. Für parallele Wellen schalten Sie die Option *Wellen parallel halten* ein. Haben Sie die Wellentypen den Seiten zugeordnet, können Sie im mittleren Bereich der Dialogbox *Welle 1* und *Welle 2* unabhängig voneinander bearbeiten. Weiterhin lässt sich festlegen, ob Sie als Wellentyp *Sinus*, *Dreieck*, *Sägezahn*, *Quadrat* oder einen *zufälligen* Wellentyp nutzen möchten. Mit den Reglern *Frequenz*, *Phase* und *Amplitude* definieren Sie die Form und Position der Wellen.

Spiralen-Werkzeug. Zur Herstellung unterschiedlicher spiralförmiger Pfade greifen Sie zum *Spiralen*-Werkzeug ◎ ❿. Wählen Sie im Dialog *Einstellungen für Spirale bearbeiten* die Art der Spirale. Ihnen stehen *Archimedes*, *Golden* und *Individuell* zur Verfügung. Definieren Sie mit den Schiebereglern die Werte für *Windungen*, *Segmente* und *Glätte*. Die *Rate* steht Ihnen nur beim Spiralen-Typ *Individuell* zur

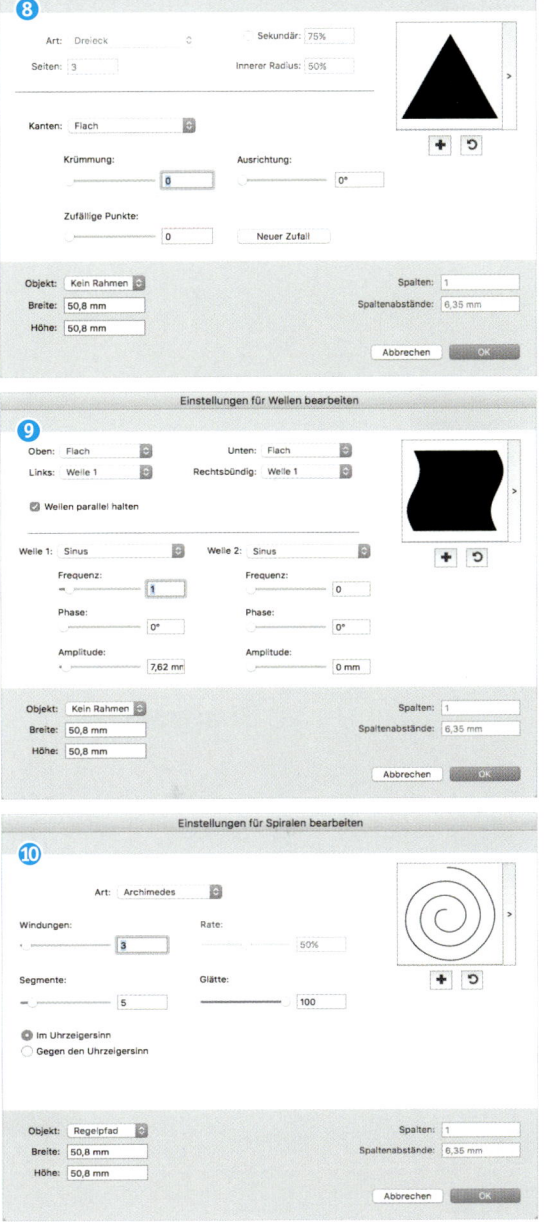

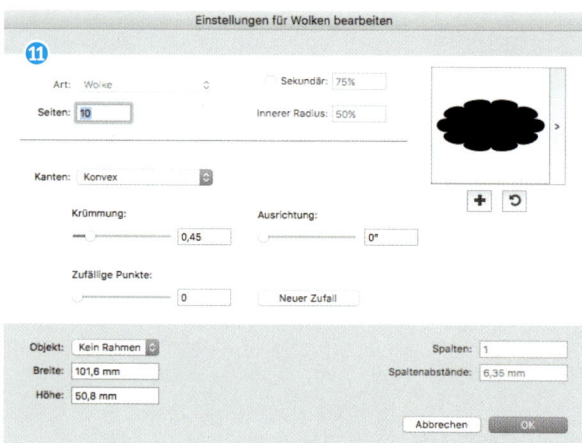

Verfügung. Die Spirale lässt sich zudem *Im Uhrzeigersinn* oder *Gegen den Uhrzeigersinn* drehen, indem Sie den entsprechenden Radio-Button wählen. Unten stellen Sie ein, ob es sich um einen *Pfad* oder um einen *Textpfad* handeln soll.

Wolken-Werkzeug. ⬡ ⑪ Damit lassen sich unterschiedliche Wolkenformen gestalten. Wählen Sie per Doppelklick auf das Symbol in der Werkzeugleiste den Dialog *Einstellungen für Wolken bearbeiten*. Tragen Sie oben die gewünschte Anzahl der Ausbuchtungen in das Feld *Seiten* ein und wählen Sie die Art der Ausbuchtung unter den Möglichkeiten *Flach, Konkav, Konvex, Äußerer Wirbel, Innerer Wirbel, Entgegengesetzter Wirbel* oder *Tandem-Wirbel*. Mit den Reglern *Krümmung, Ausrichtung* und *Zufällige Punkte* haben Sie weitere Gestaltungsmöglichkeiten, per Mausklick auf die Schaltfläche *Neuer Zufall* nutzen Sie einen Zufallsgenerator. Legen Sie zum Schluss die Art des Objektes fest und bestätigen Sie Ihre Eingaben.

ShapeMaker

ShapeMaker ist eine Dialogbox, die eine Gruppe von Funktionen für die Formerstellung sowie die Formbearbeitung zur Verfügung stellt. Damit können Sie sogar bestehende Formen bearbeiten und deren Form nachträglich manipulieren. *ShapeMaker* kann vier Arten von Objekten erstellen und auch nachträglich editieren.

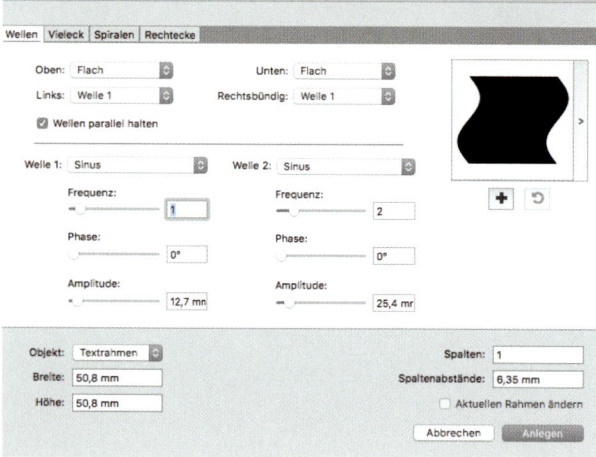

Dazu gehören *Wellen, Polygone, Spiralen* und *Rechtecke*. Sie rufen die Dialogbox über den Befehl *Hilfsmittel > ShapeMaker...* auf.

Die vier *ShapeMaker*-Objekte *Wellen, Polygone, Spiralen* und *Rechtecke* entsprechen in ihrer Bedienlogik exakt den Formen, die Sie standardmäßig über die Werkzeugleiste aufrufen. Zusätzlich wird Ihnen noch die Option *Aktuellen Rahmen ändern* angeboten. Mit *Shape-Maker* lässt sich entweder ein neues Objekt erstellen oder ein im Layout befindliches Objekt nachträglich bearbeiten. Sie können mit dieser Funktion übrigens alle XPress-Rahmen verwandeln.

❶ Um ein bestehendes Objekt wie *Wellen*, *Polygone*, *Spiralen* und *Rechtecke* nachträglich zu bearbeiten, aktivieren Sie das zugehörige Objekt auf der Layoutfläche.

❷ Rufen Sie die Dialogbox ShapeMaker über den Befehl *Hilfsmittel > ShapeMaker…* auf.

❸ Wählen Sie mit den Reitern den gewünschten Funktionsbereich wie *Wellen*, *Polygone*, *Spiralen* oder *Rechtecke*.

❹ Setzen Sie im gewählten Bereich rechts unten einen Haken in die Checkbox *Aktuellen Rahmen ändern*, um die Option einzuschalten. Erst dann bearbeiten Sie ein bestehendes Objekt.

❺ Treffen Sie im Funktionsbereich die passenden Einstellungen, um Ihre Form zu definieren. Die Einstellparameter, die Ihnen dort zur Verfügung stehen, entsprechen dabei exakt den Formwerkzeugen der Werkzeugpalette.

❻ Bestätigen Sie Ihre Eingaben per Mausklick auf die Schaltfläche *Anlegen*. Das zuvor gewählte Objekt auf der Layoutfläche übernimmt die neuen Werte.

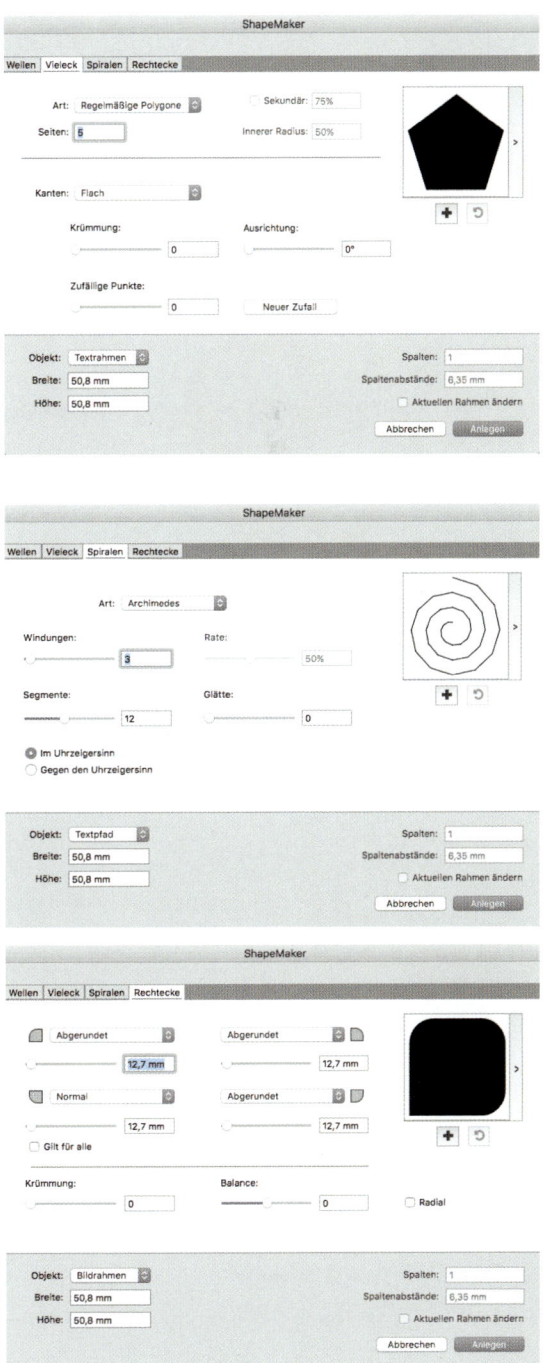

❹ Native Objekte, PDF, Excel, Skalieren Palette

Wandeln Sie Vektor-Daten und Textelemente aus verschiedenen Programmen in echte QuarkXPress-Objekte um. Formen, Farben, Bilder und Text, die sich in Drittanbieter-Dateien aus Programmen wie Excel, Illustrator, PowerPoint und InDesign befinden, werden im Handumdrehen in Ihre Layouts integriert. Extrahieren Sie die Pfade aus Datenformaten wie PDF, EPS, WMF und AI.

Alle Designelemente wie Bilder, Farben, Rahmenformen, Grafiken und typografische Elemente finden auf zweierlei Weise den Weg in Ihr Layout: Entweder Sie wandeln in Rahmen importierte Elemente per Befehl direkt um oder Sie kopieren Objekte aus Quellprogrammen wie Illustrator, Affinity Designer, InDesign oder Excel und fügen diese über die Zwischenablage als QuarkXPress-Objekte ein. Als Ergebnis erhalten Sie auf der Layoutfläche für die in XPress verfügbaren Werkzeuge, voll editierbare Elemente. Formen und Rahmen bearbeiten Sie dabei mit den *Bezier*-Werkzeugen, Texte werden in Textrahmen gewandelt und mit der gleichen Schriftart versehen, sofern diese in Ihrem System verfügbar und geladen ist.

Importiertes Objekt wandeln

❶ Um externe Daten in native Objekte zu konvertieren, ziehen Sie einen Bildrahmen auf der Layoutfläche auf und importieren in diesen Rahmen ein kompatibles Datenformat wie PDF, EPS, WMF oder Illustrators AI. Alternativ aktivieren Sie einen Bildrahmen, in dem sich schon eine importierte Datei befindet. Wählen Sie den Befehl *Stil | In native Objekte konvertieren* konvertieren über die

Native XPress Vektoren
Importieren Sie eine Illustrator-Datei im AI-Format in einen XPress-Bildrahmen. Wählen Sie nach dem Import den Befehl *Stil | In native Objekte konvertieren*. Wählen Sie im Dialog die entsprechenden Optionen aus und bestätigen Sie Ihre Eingaben. Die Vektoren sind nun bearbeitbare XPress-Objekte.

Menüleiste bzw. über das Kontextmenü.

❷ Im Dialog *In native Objekte konvertieren* wählen Sie die Option *Quellenbildrahmen beibehalten,* damit XPress einen Vergleich zwischen Quell- und Zieldatei durchführt. Mit *Weiche Masken ignorieren* weisen Sie XPress an, diese Masken von der Konvertierung auszunehmen. Verläufe mit Transparenzen können Sie ebenfalls von der Konvertierung ausschließen, indem Sie *Transparente Verlaufsmodi ignorieren* aktivieren.

❸ Enthalten Ihre zu konvertierenden Daten Bilder, dann können Sie mit *Profil der Quellenfarben ignorieren* das Farbprofil der betreffenden Motive von der Berechnung ausschließen. Mit der Option *Rasterbilder verlinken* werden automatisch Kopien der Bilder in einem neuen Ordner angelegt. Die Kopien werden mit dem Projektnamen versehen und durchnummeriert.

❹ Klicken Sie auf *OK* und sie erhalten voll editierbare, native XPress-Objekte auf Ihrer Layoutfläche, die Sie mit den Werkzeugen von XPress weiterbearbeiten können.

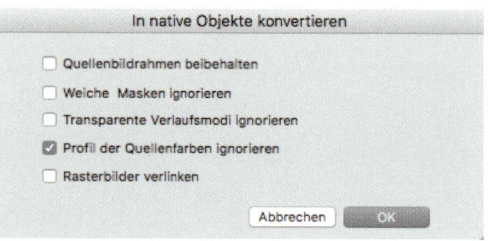

Objekt aus anderer Applikation wandeln

❶ Um Objekte aus Drittanbieter-Software in ein XPress-Layout zu übertragen, nutzen Sie die *Zwischenablage*. Wechseln Sie in das gewünschte Programm wie Excel, Powerpoint, Illustrator, Affinity Designer oder InDesign. Wählen Sie die benötigten Designelemente aus und kopieren Sie sie.

❷ Wechseln Sie zu QuarkXPress und nutzen das Kontextmenü, indem Sie an der Stelle einen Rechtsklick ausführen, an der Sie die Elemente einsetzen möchten. Wählen Sie im Kontextmenü den Eintrag *Als native Objekte einsetzen*. Sie können auch den Menübefehl *Bearbeiten | Als native Objekte einsetzen* auswählen. Dann werden die Objekte immer in der Bildschirmmitte eingesetzt.

❸ Der Dialog *Als native Objekte einsetzen* erscheint und bietet Ihnen die gleichen Einstellmöglichkeiten wie der Dialog *In native Objekte konvertieren.* Einziger Unterschied: Die Option *Quellenbildrahmen beibehalten* ist nicht verfügbar.

❹ Treffen Sie die gewünschten Einstellungen hinsichtlich der Handhabung von *Masken*, *Verlaufsmodi*, der *Quellenfarben* sowie des Umgangs mit enthaltenen *Bildern*.

❺ Mit einem Mausklick auf die Schaltfläche *OK* bestätigen Sie Ihre Eingaben und die Objekte werden eingesetzt.

Excel-Charts in XPress
Nutzen Sie bestehende Excel-Charts für Ihre Layouts. Wählen Sie in Excel die gewünschten Objekte aus und kopieren Sie sie in die Zwischenablage. Wählen Sie in XPress *Bearbeiten | Als native Objekte einsetzen.*

Objekte oder Layouts skalieren

Die in QuarkXPress vorhandenen Möglichkeiten des Skalierens sind grundlegend erweitert worden. Es stehen Ihnen jetzt verschiedene Wege offen, um Objekte, Objektgruppen oder ganze Layouts zu skalieren. Sie können über den Befehl *Objekt | Skalieren* Objekte oder Gruppen skalieren. Zusätzlich können Sie ein komplettes Layout in der Größe anpassen, indem Sie entweder ein Layoutduplikat erzeugen, das dann in einem abweichenden Seitenformat angelegt wird, oder Sie rufen über *Fenster | Skalieren* den zugehörigen Dialog auf. Dort können Sie neben Objekten und Gruppen auch das Layout, in dem Sie sich aktuell befinden, nach Ihren Vorstellungen optimieren.

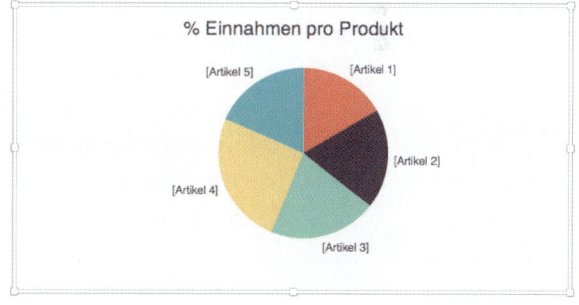

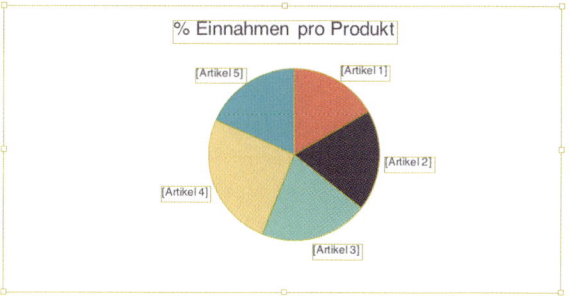

Skalieren

Skalieren Sie mit Hilfe der Skalierungseinstellungen Objekte, Gruppen oder ganze Layouts.

Objekte skalieren

Neben der Möglichkeit, ganze Layouts in der Größe anzupassen, können Sie jederzeit einzelne Objekte oder Objektgruppen numerisch skalieren.

❶ Aktivieren Sie auf einer Seite Ihres Layouts die zu skalierenden Objekte.

❷ Wählen Sie den Befehl *Objekte | Skalieren*, um den Dialog Skalierungseinstellungen zu öffnen. Sie können darin die Breite und Höhe eines oder mehrerer Objekte prozentual oder in numerischen Einheiten wie mm eingeben.

❸ Um detaillierte Einstellungen für das Skalieren aufzurufen, klicken Sie auf die Schaltfläche *Einstellungen*. Der Dialog *Adaptive Skalierung* erscheint, um eine Auswahl von Optionen für die Skalierung zu treffen.

❹ Haben Sie alle Optionen Ihren Anforderungen entsprechend ausgewählt, klicken Sie auf *OK*.

Einstellungen für die adaptive Skalierung

Im Dialog *Adaptive Skalierung* finden Sie insgesamt 6 Themenbereiche, die auf der linken Seite im Dialog tabellarisch angeordnet sind. Sie können dort *Allgemeine Einstellungen*, *Text* und *Bildverhalten*, *Rahmenparameter*, das Verhalten von *Tabellen* sowie die Anpassung *interaktiver Inhalte* einstellen.

Allgemein

Im Bereich *Allgemein* bearbeiten Sie die Einstellungen für die *Seiteneigenschaften*, *Gesperrte Objekte* und *Verschiedenes*.

Seiteneigenschaften. Im Bereich *Allgemein* definieren Sie die Einstellungen für die Seiteneigenschaften, für den Umgang mit gesperrten Objekten und weitere Optionen. Sie können in den Seiteneigenschaften die Abstände, Ränder und Seitenraster skalieren. Möchten Sie gesperrte Objekte von der Skalierung ausnehmen, müssen Sie die entsprechenden Optionen im Bereich *Allgemein* abschalten. Quark modifiziert in der Grundeinstellung auch gesperrte Objekte. Dabei können Sie zwischen der Skalierung von Objekt und Inhalt unterscheiden.

Verschiedenes. Bei *Verschiedenenes* im Bereich

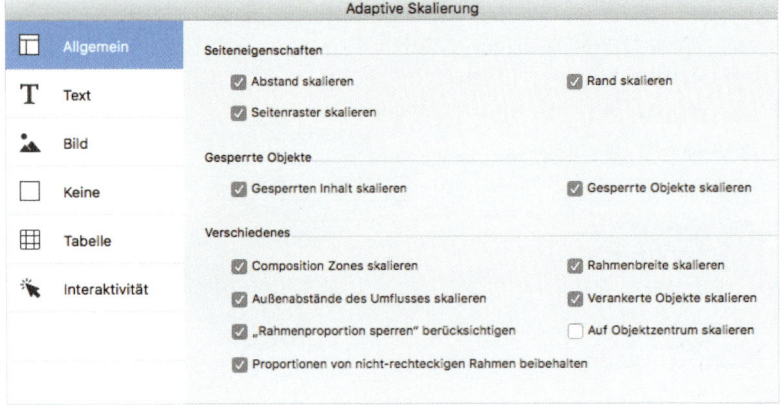

Allgemein finden Sie die Einstellungen für die Handhabung von *Composition Zones, Umfluss, Rahmenbreite, Verankerte Objekte* oder *Rahmenproportionen*, die Sie auf Wunsch bei der Skalierung verriegeln können. Sollten Sie Rahmen im Layout platziert haben, die nicht rechtwinklig sind, können Sie auch hier die Proportionen erhalten.

Text
Die Optionen für den Umgang mit *Textrahmen-Eigenschaften* und den *Text-Eigenschaften* stellen Sie im Bereich *Text* des Dialogs *Adaptive Skalierung* ein.

Textanpassung festlegen. Legen Sie im Bereich *Text* die Einstellungen für Textrahmen und enthaltener Texte fest. Bei den *Textrahmen-Eigenschaften* definieren Sie den Umgang mit Rahmengröße, Spaltenabstand, Textpfadlänge- und Breite. Möchten Sie, dass der Textrahmen nach dem Skalieren an die Textmenge angepasst wird, schalten Sie zusätzlich die Option *Rahmen an Text anpassen* ein. Für die Texteigenschaften sind in der Grundeinstellung die Skalierung von Zeichenattributen und Absatzattributen aktiviert. Zusätzlich können Sie Texte wahlweise horizontal und vertikal skalieren oder dafür sorgen, dass die beteiligten Stilvorlagen nach der Skalierung als Duplikate vorliegen. Um sicherzustellen, dass Schriften oder Zeilenabstände bestimmte Werte nach der Skalierung nicht über- oder unterschreiten, legen Sie für die Schriftgrößen und Zeilenabstände Minimal- und Maximalwerte fest.

> Wenn Sie Layoutduplikate erstellen, können Sie sogar *Rahmenattribute* und *Inhalte* zwischen dem Quell-Layout und dem Ziel-Layout synchronisieren.

Bild
Im Bereich *Bild* wählen Sie die Optionen für die Handhabung der *Bildrahmen-Eigenschaften*.

Umgang mit Bildern definieren. Im Bereich *Bild* legen Sie fest, wie XPress Bildrahmen bei der Skalierung in ein verändertes Format behandelt. Sie können die Rahmengröße und den Bildinhalt skalieren, wobei sich die Bildproportionen oder das Seitenverhältnis berücksichtigen lassen. Auch für die Skalierung der Bilder können Sie Grenzwerte definieren.

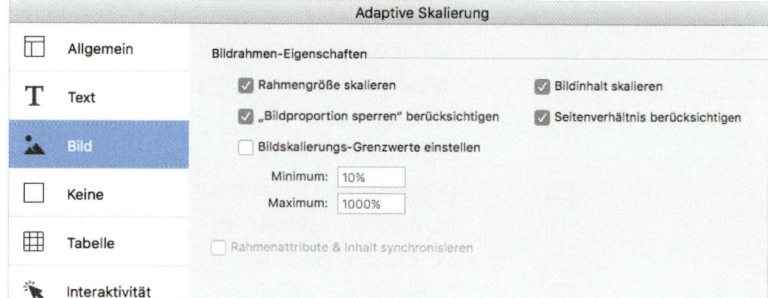

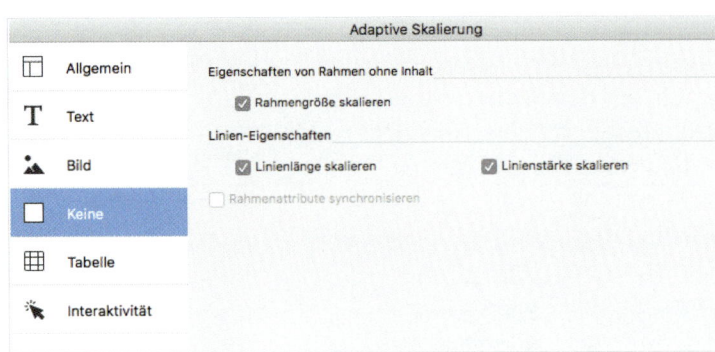

Die Eigenschaften von *Rahmen ohne Inhalt* stellen Sie im Bereich *Keine* ein.

Schalten Sie die Bildskalierungs-Grenzwerte ein und vergeben Sie in den Feldern für Minimum und Maximum entsprechende Werte in Prozent. Auch hier können Sie veranlassen, dass sich Bildrahmen- und Inhaltsattribute mit dem Quell-Layout synchronisieren, indem Sie die Option mit einem Mausklick auf die Checkbox *Rahmenattribute & Inhalte synchronisieren* einschalten.

Randstil und Linien. Stellen Sie im Bereich *Keine* die Skalierung von Rahmen sowie die Linien-Eigenschaften wie Länge und Stärke ein. Sollen die Rahmen mit dem Quell-Layout synchronisiert werden, dann aktivieren Sie die Option.

Tabelle
Das Verhalten von *Tabelleneigenschaften* beim Skalieren stellen Sie im Bereich *Tabelle* ein.

Tabelle. Mit den Tabelleneigenschaften veranlassen Sie XPress, Tabellengrößen und die Weite der Tabellenraster zu skalieren.

Interaktive Objekte für digitale Layouts. Befinden sich in Ihrem Layout interaktive Elemente, so werden diese auf Wunsch in die Skalierung mit einbezogen. Sie können entweder alle *Interaktiven Objekte skalieren* oder eine individuelle Auswahl treffen – setzen Sie dazu in die passenden Checkboxen einen Haken. Bei der Skalierung werden *360° Bilder*, *Animationen*, *Audio-* und *Videoelemente*, *Popup-Fenster*, *Bildzoom*, *Scrollzonen* und *Webansichten* berücksichtigt.

Beachten Sie beim Skalieren von Videodateien, dass Sie Werte vermeiden, die von den Video-Standardformaten abweichen. Auf Mobilgeräten erreichen Sie sonst nicht die mögliche Bildrate für ein qualitativ hochwertiges Erlebnis. Nutzen Sie Webansichten, dann stellen Sie sicher, das durch die Skalierung der Inhalt nicht unnatürlich vergrößert wird. Möchten Sie die Originalgröße der gezeigten Webansicht erhalten, so deaktivieren Sie diese Option. Falls Sie Scrollzonen aus XPress-Layouts erstellt haben, beachten

Sie, dass sich die Inhalte beim Skalieren verändern – beispielsweise die Schriftgrößen.

Anpassung mit Layouteigenschaften oder Layoutduplikat. Über die Layouteigenschaften definieren Sie die Art des Layouts, also ob es sich um ein Druckwerk oder um eine digitale Publikation handeln soll. Sie bestimmen Seitengröße, Randhilfslinien, die Ausrichtung und weitere Eigenschaften. Aus einem Layout, das beispielsweise im Format DIN A4 angelegt ist, können Sie nun weitere Layouts in abweichenden Formaten generieren. Im internationalen Dokumentaustausch sind Formatwandlungen ebenfalls vorstellbar. Ein im US-Seitenformat hergestelltes Werk soll übersetzt und an europäische Seitenformate angepasst werden (oder umgekehrt). Um diesen Prozess der Anpassung zu erleichtern, gibt es die *Adaptive Skalierung*, die bei einer Veränderung des Formates versucht, die Layout-Elemente des Quell-Layouts wie Bilder, Texte und Grafiken proportional im Ziel-Layout anzuordnen. Diese Funktionalität können Sie nutzen, wenn Sie ein Layout duplizieren oder einen der oben genannten Wege beschreiten.

Interaktivität
Sie können im Bereich *Interaktivität* bestimmen, ob Skalierungen für sämtliche interaktiven Objekte oder nur für einzelne Bereiche gelten sollen.

❶ Um Ihr Layout adaptiv zu skalieren, wählen Sie im Menü *Layout | Layouteigenschaften*. Möchten Sie Ihr Layout unverändert belassen und eine Skalierung auf ein Duplikat ihres Werkes anwenden, dann wählen Sie den Befehl *Layout | Layout duplizieren…* Alternativ klicken Sie mit gedrückter Optionstaste/Rechtsklick auf den Reiter des zu duplizierenden Layouts und wählen im Kontextmenü den Befehl *Duplizieren…*

❷ Im *Layout duplizieren*-Dialog wählen Sie zwischen *Print* oder *Digital*. Anschließend definieren Sie das Seitenformat und geben weitere Informationen, wie die gewünschte Ausrichtung oder den neuen Abstand der Seitenränder ein.

❸ Setzen Sie ganz unten in der Check-Box *Adaptive Skalierung anwenden* einen Haken. Nun passt QuarkXPress die Position sowie Größe und Formate der Designelemente beim Duplizieren an das neue Format proportional an.

❹ Klicken Sie auf die Schaltfläche *Optionen,* um den Dialog *Adaptive Skalierung* aufzurufen und die Parameter der Umwandlung und die Handhabung der Objekte individuell einzustellen.

Adaptive Skalierung
Verwenden Sie die *Adaptive Skalierung,* wenn Sie ein komplettes Layout in ein neues Format wandeln möchten.

Layout anpassen oder Objekte skalieren. Um ein Layout bzw. einzelne Objekte oder deren Gruppen zu skalieren, können Sie auch die *Skalieren*-Palette nutzen.

❶ Öffnen Sie im Menü über den Befehl *Fenster | Skalieren* die *Skalieren*-Palette. Darin legen Sie das Zielformat der gewünschten Skalierung prozentual fest. Sie können wahlweise proportional oder unproportional skalieren. Klicken Sie dazu auf das Verkettungssymbol rechts neben den Eingabefeldern.

❷ Möchten Sie statt eines oder mehrerer Objekte das ganze Layout skalieren, so setzen Sie in der *Skalieren*-Palette unten in der Checkbox *Layout* einen Haken.

❸ Um detaillierte Einstellungen für das Skalieren aufzurufen, klicken Sie in der *Skalieren*-Palette rechts oben auf das Symbol und rufen im Pop-Up-Menü die *Skalierungseinstellungen* auf. Der Dialog *Adaptive Skalierung* erscheint, in dem Sie durch Auswahl der Optionen die Skalierung feinjustieren können.

❹ Haben Sie alle Optionen Ihren Anforderungen entsprechend ausgewählt, klicken Sie auf *Skalieren*.

❺ Text auf Pfad, Text zu Rahmen konvertieren

Auf Linien oder Bézier-Kurven lässt sich auch Text anordnen. Der Text folgt dabei dem exakt Verlauf der Kurve. Besonders faszinierend ist, dass die gesamte Funktionalität normaler Textrahmen vorhanden ist. Text auf Linie können Sie mit Stilvorlagen, Grundlinienversatz, Spationierung usw. versehen – vorausgesetzt, der Text bleibt immer einzeilig.

Die Linien lassen sich sogar mit weiteren Linien oder Rahmen verketten, so dass Textüberlauf weiterfließen kann. Außerdem ist die Verankerung weiterer XPress-Rahmen mitten im Text möglich. Dabei wer-

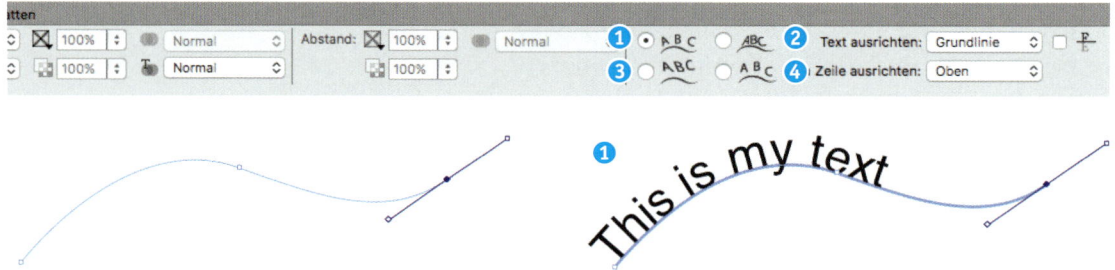

den nicht nur rechteckige Rahmen, sondern auch Bézier-Rahmen, Linien, Gruppen und auch Text auf Linien unterstützt.

So wird Text entlang eines Pfads erstellt:

❶ Erzeugen Sie mit dem *Bézier-Stiftwerkzeug* mit ein paar Punkten einen geschwungenen Pfad für den Text oder erzeugen Sie eine Linie mit dem *Linienwerkzeug*.

❷ Doppelklicken Sie mit dem *Textinhaltswerkzeug* auf den Pfad, um ihm den Inhaltstyp *Text* zuzuweisen.

❸ Die Texteinfügemarke blinkt nun am Anfang des Pfads, und Sie können mit der Texteingabe beginnen.

❹ Als Nächstes wechseln Sie in den Bereich *Textrahmen* der *Maße-Palette*. Hier stellen Sie ein, wie der Text gegenüber dem Pfad positioniert und wie die Buchstaben entlang des Pfads ausgerichtet werden sollen.

Verdrängung bei Text auf Pfad? Text auf Pfad lässt sich, wie bereits erwähnt, durch keinen Trick dazu bewegen, auf verdrängende Eigenschaften der Umgebung zu reagieren: Er bleibt stehen, wo er ist. Gerade deswegen eignet sich der Text auf Pfad so hervorragend für den Einsatz als Pagina- oder Spiegelzeilenlinie. Sollten im Layout eventuell Objekte mit Verdrängungseigenschaften in die Nähe dieser Elemente geraten, bleiben diese wichtigen Seitenbestandteile unverändert an ihrem Platz.

Text
Textpfade eröffnen außergewöhnliche Gestaltungsmöglichkeiten. Zur Auswahl stehen der standardmäßige Regenbogeneffekt, ein 3-D-Bandeffekt, ein Dreheffekt oder ein Treppenstufeneffekt.

An Zeile ausrichten. Beim Ausrichten eines Textes an einem Pfad hat der Anwender im Modus *Textpfad* der *Maße-Palette* zwei Optionen: *Text ausrichten* und *An Zeile ausrichten*. Die erste Option ist wohl noch klar, aber was bedeutet *An Zeile ausrichten*? Antwort: Diese Option ist nur dann von Bedeutung, wenn der Pfad selbst eine definierte Linienstärke hat; sonst spielt sie keine Rolle. Bei verketteten Linien steht der Befehl *Text ausrichten* nicht zur Verfügung und der Text wird auf die Grundlinie gesetzt. Dafür gibt es auch keinen Workaround.

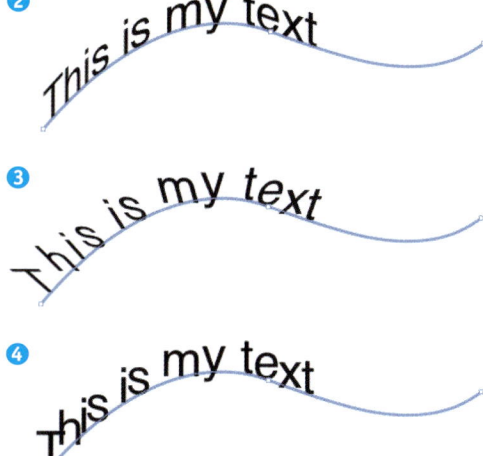

Text oder Linie vergrößern? Mit dem Tastenkürzel cmd/strg ⇧+. oder . lässt sich markierter Text punktweise skalieren. Ist allerdings nur der Pfad mit dem *Objektwerkzeug* markiert worden,

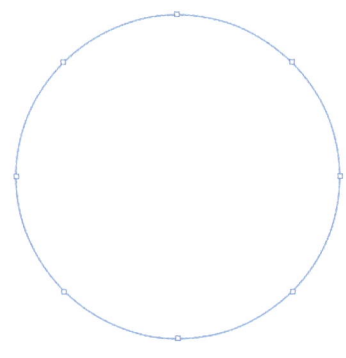

wird durch das Tastenkürzel die Pfadstärke manipuliert, wodurch je nach Einstellung die Position des Textes entlang des Pfads verändert werden kann.

Mustersatz mit Text auf Pfad. In Schriften wie Zapf-Dingbats, Wingdings, Carta oder MinionOrnaments finden sich Motive, die Sie hervorragend zur Mustergestaltung auf Linien nutzen können.

Rundsatz. Mit der Textpfadfunktion erzeugen Sie in XPress sehr einfach und effizient Rundsatz. Am einfachsten erstellen Sie dazu zunächst einen Kreis und wandeln diesen anschließend in die entsprechende Form um. Gehen Sie folgendermaßen vor:

❶ Erstellen Sie einen Kreis.
❷ Klicken Sie mit dem *Textinhaltswerkzeug* von XPress auf den Kreis
❸ Tragen Sie den gewünschten Text ein.
❹ Ändern Sie den Kreis mit dem Befehl *Objekt | Form* in einen *Freiformpfad* um.
❺ Wählen Sie das *Scherenwerkzeug* und klicken Sie unten auf den Kreis. Eine Warnmeldung erscheint.
❻ Der Text springt auf den Pfad.

Neben Schriften, Einzügen, Tabs etc. können Sie mit fast allen weiteren Textformatierungen arbeiten. Damit der Text schön sauber in der Mitte – respektive im Kopf – ausgerichtet wird, klicken Sie auf das Mittelachsen-Icon in der *Maße*-Palette.

Gespiegelter Rundsatz. Der »gespiegelte« Rundsatz ist leichter zu erstellen als im Illustrator, da der Text automatisch gespiegelt wird. Selbstverständlich können Sie auch in XPress einen solchen »gespiegelten« Rundsatz erzeugen – und das recht schnell und problemlos.

Um einen doppelseitigen, gespiegelten Rundsatz mit XPress zu gestalten, gehen Sie folgendermaßen vor:

❶ Erstellen Sie den Rundsatz auf der oberen Hälfte des Kreises, wie im Abschnitt »Rundsatz« erklärt.

❷ Wählen Sie Ihre Einstellungen für den Rundsatz, wie Ausrichtung, Schriftgröße und Farbe.

❸ Duplizieren Sie die Textbox an gleicher Stelle. Wählen Sie im Menü den Befehl *Objekt | Form spiegeln | Vertikal* – fertig ist der gespiegelte Rundsatz.

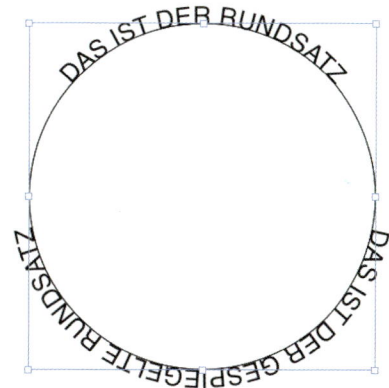

Text in Rahmen konvertieren

Wie in Illustrator und anderen Grafikprogrammen ist es auch in XPress möglich, Buchstaben und Textblöcke in Bézier-Konturen umzuwandeln – allerdings wird dabei für jede Zeile ein neues Objekt angelegt! Einmal in Rahmen umgewandelt, können für das neue Bézier-Objekt die Füllung und die Randstärke definiert werden. Mit den *Bézier*-Werkzeugen können Sie die Kontur verändern.

Da das Menü *Objekt | Text in Rahmen umwandeln* auch die Option enthält, die Wörter direkt im Text zu verankern, beachten Sie bitte die Bearbeitungsmöglichkeiten für verankerte Objekte.

Zugriff auf die Schriftbeschreibung. Zur Umwandlung unterstützt XPress sowohl PostScript Type 1-Schriften als auch TrueType- und OpenType-Schriften. Bei Type 1-Schriften müssen dabei neben den Bildschirmschriften natürlich auch die hochauflösenden Druckerschriften verfügbar sein.

Text in Rahmen. Um einen Textblock in Bézier-Kurven umzuwandeln, gehen Sie folgendermaßen vor:

❶ Erstellen Sie einen Rahmen. Definieren Sie Schrift, Schriftgröße, Farbe, Transparenz etc.

❷ Markieren Sie ein oder mehrere Zeichen. Rufen Sie dann den Befehl *Objekt | Text in Rahmen umwandeln | Nicht verankert* auf. Daraufhin legt XPress eine Kopie des Textes als Bildrahmen an, die frei bearbeitbar darunter gesetzt wird (bei mehreren markierten Zeilen erhalten Sie mehrere Rahmenobjekte). Der Versatz ergibt sich aus der Buchstabenhöhe (Versalhöhe plus Unterlänge). Sie können dieses Pfadobjekt nun mit einer Farbe füllen und dazu auch einen Randstil definieren.

❸ Korrekte Grundlinien und Text: Wählen Sie den Befehl *Objekt | Text in Rahmen umwandeln | Verankert*, wird der neue Textrahmen nicht nur so verankert, dass er mit dem Text fließt, sondern gleichzeitig ersetzt.

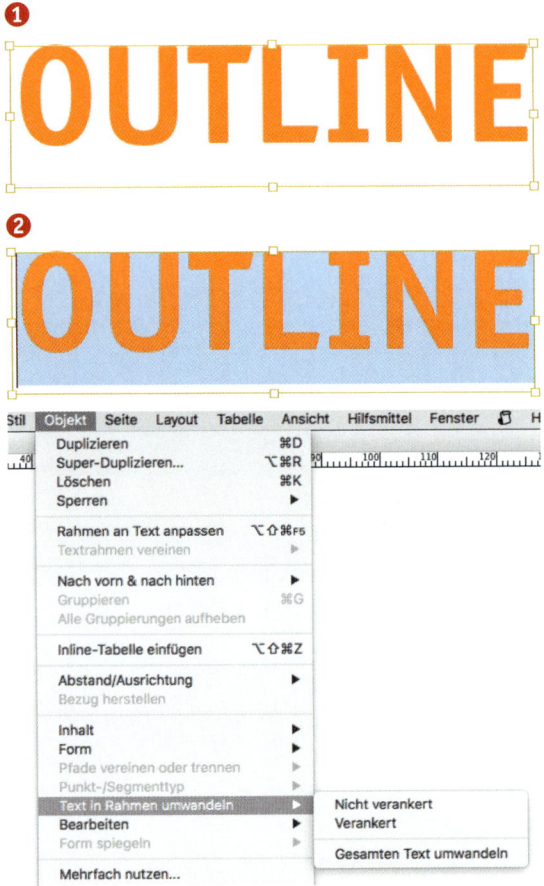

Bild in Buchstaben. Die bei Designern beliebte Variante »Bild im Text« ist mit XPress ein Kinderspiel. Es muss dazu nur ein Stück Text in eine Bézier-Kurve umgewandelt werden und schon kann das Bild geladen werden.

❶ Geben Sie zunächst den Text in einer großen Schriftgröße ein.

❷ Danach wird markierter Text in einen Rahmen umgewandelt.

❸ Wandeln Sie den Text mit dem Befehl *Objekt | Text in Rahmen umwandeln…* in Bézier-Konturen.

❹ Wählen Sie den in Rahmen gewandelten Text und laden ein Bild mit *Ablage | Importieren…* – aber nur solange die Buchstaben nicht »geteilt« werden, denn sonst erhält jeder »Buchstaben-Bildrahmen« eine eigene Kopie des Bilds.

Da alle möglichen Objekte inklusive Gruppen, Linien und Tabellen in XPress-Textrahmen verankert werden können, entstehen vollkommen neue Produktionswege. Die Objekte lassen sich natürlich noch nachträglich im Textfluss modifizieren. In der vorliegenden Version gelingt es sogar Textrahmen, die selbst verankerte Elemente enthalten, zu verankern. Wollen Sie bei einem umgewandelten Text einen Buchstaben losgelöst verschieben, muss dazu der Außenpfad mit dem Befehl *Objekt | Teilen* getrennt werden.

Gesamten Text umwandeln. XPress erlaubt es, den gesamten Text einer Textkette in Pfade umzuwandeln. Das geht sogar erstaunlich schnell. Selektieren Sie dazu einen Rahmen, der den Text enthält (Sie müssen nicht einmal das *Textinhaltswerkzeug* dazu auswählen), und wählen Sie *Objekt | Text in Rahmen umwandeln | Gesamten Rahmen umwandeln*. Sollten Sie mehrere Textrahmen verkettet haben, warnt Sie XPress vorher (Sie könnten ja aus Versehen Ihren automatischen Textrahmen ausgewählt haben – damit geht es selbstverständlich auch). Sollte die Konvertierung länger dauern, zeigt Ihnen das XPress mit einem Dialog an. Natürlich lässt sich dies alles auch wieder rückgängig machen, allerdings nur bis zum nächsten Speichern! Seien Sie also vorsichtig damit (und bewahren Sie bei längeren Texten eine Kopie mit »echtem« Text auf), nicht dass Sie später bei einer Textkorrektur verzweifeln.

Schriften für überdruckende Kontur auflösen. In schwierigen Trapping-Situationen, beispielsweise für den Siebdruck, greife ich häufiger zum Hilfsmittel *Text in Rahmen umwandeln*. Die aufgelöste Schrift erhält eine dünne Kontur (meistens arbeite ich für diesen Arbeitsschritt im Modus *Randplatzierung | Außen*), die ich dann in der *Farben*-Palette auf *Überdrucken* stelle.

❻ Farbe, Verläufe, Transparenz, Schlagschatten

XPress unterstützt nicht nur CMYK-, LAB- oder RGB-Farbmodelle, sondern auch verschiedene Sonderfarbmodelle und die auf mehreren Farben aufbauenden, sogenannten Multi-Ink-Farben. Letztere können in der Praxis vor allem für Farbprofis eine erheblich verbesserte Qualität erzeugen. Wer in seinem Workflow konsequent auf Farbmanagement setzt und seine Bildinformationen im RGB- respektive LAB-Farbraum abspeichert, freut sich bestimmt über die Möglichkeit, seine Sonderfarben direkt mit LAB-Werten definieren zu können.

Farben zuweisen

Zum Zuweisen von Farben können Sie in XPress zwei Methoden anwenden: Zum einen die klassische Art der Zuweisung über die *Farben*-Palette. Bevor Sie einem markierten Element eine Farbe zuweisen, entscheiden Sie zuerst über die drei Schaltflächen am oberen Palettenrand, ob der *Rand*, der *Hintergrund* oder der *Text* des Rahmens einge-

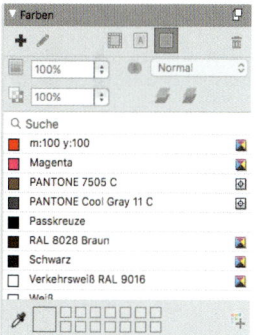

Die Farbpalette
Das Arbeiten mit Farbe in XPress unterscheidet sich von den Adobe-Techniken. In XPress muss erst eine Farbe angemischt und benannt werden, bevor man sie anwenden kann. Es gibt in XPress also keine Elemente mit undefinierten Farben.

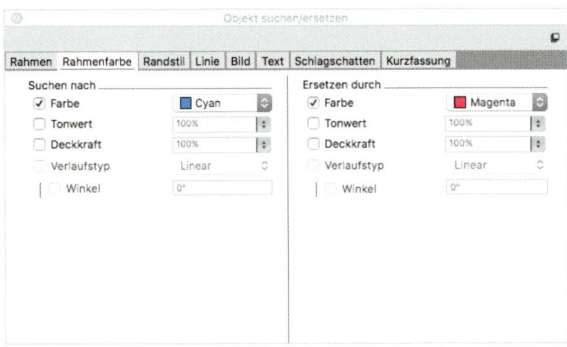

Farben anfügen
Mit der Funktion *An-fügen* in der Farbauswahl (*Bearbeiten* | *Farben…*) können Farben aus anderen Dokumenten übernommen werden. Falls eine Farbe in beiden Dokumenten unter glei-chem Namen – aber mit unterschiedlicher Defini-tion – aufgeführt wird, informiert XPress Sie darüber. Mit der Option *Umbenennen* kann ein neuer Name vergeben werden, bzw. XPress übernimmt das sogar automatisch für Sie.

färbt werden soll – anschließend klicken Sie auf das gewünschte Farbfeld. In der *Maße*-Palette können Sie ebenfalls eine Farbe zuweisen. Je nachdem, in welchem Reiter der *Maße*-Palette Sie sich gerade aufhalten, sogar für verschiedene Aspekte des Objekts (z. B. Text und Hintergrund des Rahmens).

Suchen und Ersetzen von Farben. Haben Sie gewusst, dass XPress eine versteckte Funktion zum globalen Suchen und Ersetzen von Farben enthält? Wäre doch ganz hilfreich, wenn Sie alle Bildrahmen mit der Farbe »Wasserblau« in einem Schritt in die Rahmenfarbe »Blau.cmyk« umwandeln könnten, oder nicht? Das geht ganz einfach: Sobald die Farbe Wasserblau in *Bearbeiten* | *Farben…* gelöscht wird, fragt XPress höflich, welche Farbe nun den ehemals wasserblauen Objekten zuge-wiesen werden soll (XPress ist dabei so clever, die jeweiligen Farbton-werte beizubehalten). Es gibt sogar eine Warnmeldung, falls nicht defi-nitiv festgestellt werden kann, ob diese Farbe auch in importierten EPS-Dateien verwendet wird.

Direktes Suchen und Ersetzen von Farben und Farbtönen. Zwar ist es mit der oben beschriebenen Technik möglich, Farben als Ganzes zu ersetzen – Sie können aber nicht nach bestimmten Tonwerten suchen und diese durch andere Werte überschreiben. Die neue Funktion *Bear-beiten* | *Objekt suchen/ersetzen* bringt in diesem Bereich Flexibilität ins Spiel: Neben der Möglichkeit, Farben und Farbtöne zu suchen, ist es auch möglich, die Selektion auf Texte, Bilder, Randstile oder Randstil-stärken zu beschränken.

Bibliothek als Farbenpool. Um definierte Farben in der Bibliothek zu lagern – aus der sie dann in jedes beliebige Dokument übernommen

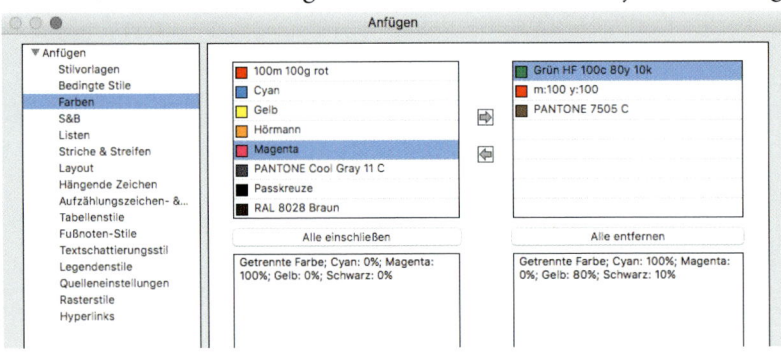

werden können –, kreie-ren Sie ein paar Text- oder Bildrahmen, fär-ben diese ein und zie-hen sie mit der Maus in die Bibliothek. Sobald ein solcher Bibliotheks-eintrag auf eine Doku-mentseite gezogen wird, übernimmt die Farben-palette automatisch alle darin verwendeten Farben. Natürlich können Sie auch die *Anfügen-Funktion* im Farbdefinitionsmenü oder *Anfügen…* aus dem *Ablage-* bzw. *Datei*-Menü benutzen, um gezielt bestimmte Farben aus Bibliotheken zu importieren.

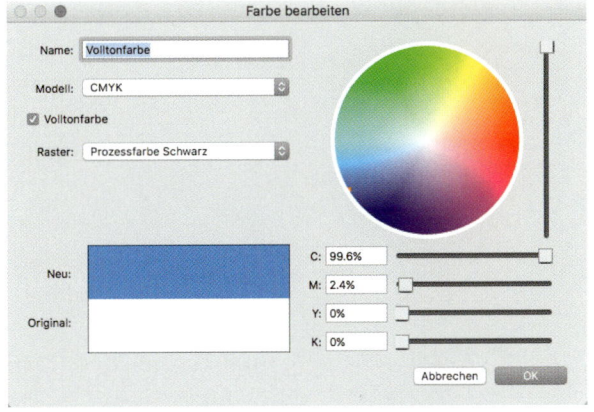

Farben definieren. Zur Definition einer neuen Farbe klicken Sie in der *Farben-* Palette auf das *Plus-Symbol* ✚. Vergeben Sie einen passenden Namen und wählen Sie das gewünschte Farbmodell. Im Hauptteil des Dialogfelds stellen Sie die Farbwerte zusammen oder wählen – bei Volltonfarben – den gewünschten Farbnamen aus.

Volltonfarben
Mit der Checkbox *Volltonfarbe* definieren Sie jede sichtbare Farbe als Sonderfarbe, die in der Ausgabe als separater Auszug gehandhabt wird.

Sinnvolle Namen für Farben. Was sagt Ihnen die Farbe Puterrot oder Froschgrün? Ich finde diese Farbnamen zwar originell und grundsätzlich in Ordnung, hätte hierzu aber noch einen Vorschlag zur eindeutigeren Bezeichnung: Wie wär's, wenn Sie hinter dem Farbnamen auch noch gleich die CMYK-Werte in der Art und Weise anfügen würden, wie es mit der Farbpipette gelingt? Aus *Puterrot* wird dann *Puterrot M=100 Y=100* und aus *Froschgrün* wird *Froschgrün C=60 Y=100*.

Vollton- oder Prozessfarbe – das ist hier die Frage! Für viele Anwender etwas überraschend: Nicht das Farbmodell, sondern nur die Checkbox *Volltonfarbe* im Dialogfeld *Farbe bearbeiten* entscheidet, ob es sich bei der definierten Farbe um eine Schmuckfarbe (andere Ausdrücke: Volltonfarbe, Echtfarbe, Sonderfarbe, Spotfarbe…) oder um eine *CMYK-Prozessfarbe* handelt (das sind die Farben, die bei der Ausgabe in Cyan-, Magenta-, Gelb- und Schwarzanteile separiert werden).

Farben löschen
Wird in XPress eine Farbe gelöscht, die irgendwo benutzt wird, kann wahlweise eine andere Farbe zugeteilt werden.

Umschalten zwischen Prozess- und Volltonfarbe. Rechts neben dem Farbnamen sehen Sie in der Palette, ob es sich um eine Volltonfarbe oder um eine Prozessfarbe handelt. So erkennen Sie gleich, ob die Farbe einen eigenen Farbauszug erzeugt oder in andere Auszüge zerlegt (separiert) wird. Leider erkennen Sie nicht, in welchem Farbmodell (also z. B. *RGB* oder *CMYK*) die Farbe definiert ist. Per Kontextmenü können Sie ganz einfach die Separation ein- oder ausschalten, indem Sie *Prozessfarbe erzeugen* bzw. *Volltonfarbe erzeugen* wählen.

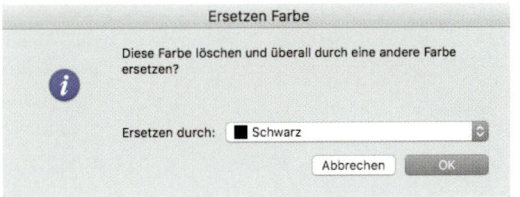

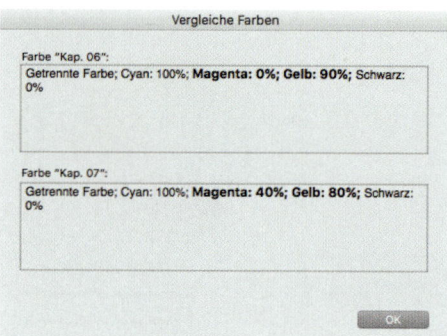

Farben als Prozess- oder Schmuckfarbe ausgeben? Genauso können Sie ganz am Schluss bei der Belichtung entscheiden, welche Auszüge gedruckt und ob alle Schmuckfarben in Prozessfarben umgewandelt werden sollen. Diese Einstellung kann aber nur global, d. h. nicht auf einzelne Schmuckfarben bezogen, definiert werden. Sie sollten also bereits beim Anlegen von Farben entscheiden, ob es sich dabei um eine Vollton- oder um eine Prozessfarbe handelt.

Farbvergleich

Im Dialog *Vergleiche Farben* werden Ihnen die Farbwerte zweier Farben aufgelistet. Die Unterschiede werden fett dargestellt.

Farben vergleichen. Damit zwei Farben miteinander verglichen werden können, müssen Sie im Dialogfeld *Bearbeiten | Farben* zuerst zwei Farben auswählen. Dann halten Sie die ⌥-Taste gedrückt. Der *Anwenden*-Button wird nun zum *Vergleichen*-Button. Ein Klick darauf bringt eine Dialogbox auf den Monitor, in der die unterschiedlichen Farbwerte mit fetter Schrift gekennzeichnet sind.

Pantone-Farben. XPress bietet neben anderen Farbmodellen insgesamt 39 Pantone-Farbtafeln. HKS-Farben sind leider nicht im Lieferumfang von QX 2017 enthalten, so dass Sie diese selbst definieren müssen. Die früheren CV- und CVC-Pantone-Namensendungen werden weiterhin von XPress auf C eingekürzt – auch wenn die Farbe aus einem alten XPress-Dokument stammt oder durch Bildimporte zur Farbenliste hinzugefügt wird. Da Pantone regelmäßig seine Farbbibliotheken aktualisiert, können sich sich Pantone-Farben, die von anderen Herstellern lizenziert und in ihre eigenen Programme integriert werden, je nach Alter der Anwendung unterscheiden. Wenn Sie also ältere Drittherstellerprogramme mit XPress konsistent halten wollen, überprüfen Sie deren Pantone-Definitionen. Auch der kostenpflichtige *Pantone Color Manager* hält die Bibliotheken verschiedener Programme aktuell.

Farben anmischen

Farben mischen Sie mit den Farbmodellen *RGB*, *HSB*, *LAB* oder *CMYK* mit den Schiebereglern auf der rechten Seite selbst an.

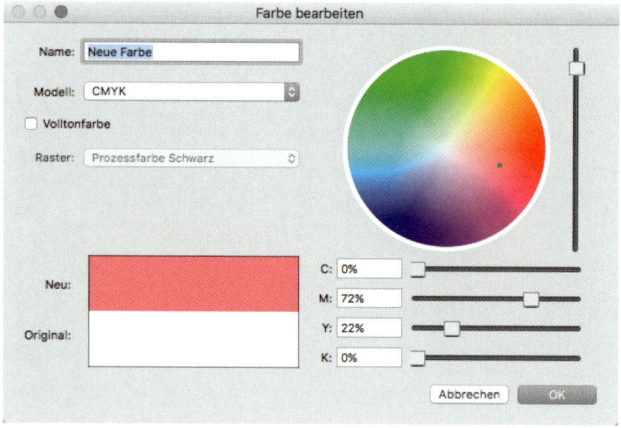

Pantone® solid coated. Früher hießen diese Farben nur Coated. Verwenden Sie diese Farbtafel, wenn Sie eine Schmuckfarbe für gestrichenes Papier brauchen. Diese Farben sollten nicht als Vierfarb-Auszüge, sondern immer als Sonderfarbe ausgegeben werden, da das CMYK-System die meisten Pantone-Farben nicht simulieren kann. Eine leuchtende Pantone-Farbe beispielsweise kann nicht mit den kalten Farben Cyan und Gelb umgesetzt werden. Die alte Abkürzung war # CV oder auch # CVC – die neue lautet jetzt nur noch # C.

Pantone® pastel coated und metallic coated. Ergänzt werden die vollen Farben für gestrichenes Papier durch Pastell- und Metallic-Farben – die Abkürzung lautet ebenfalls # C.

Pantone® solid matte. Es gibt auch Farben für matt gestrichenes Papier. Verwenden Sie diese Farbtafel, wenn Sie eine Sonderfarbe für dieses Papier brauchen, das in seinen Eigenschaften zwischen gestrichenem und ungestrichenem Papier liegt. Die Abkürzung lautet # M.

Pantone® solid uncoated. Verwenden Sie diese Farbtafel, wenn Sie eine Schmuckfarbe für ungestrichenes Papier brauchen. Diese Farben sollten Sie immer als Sonderfarbe ausgeben. Die alte Abkürzung # CVU lautet jetzt # U.

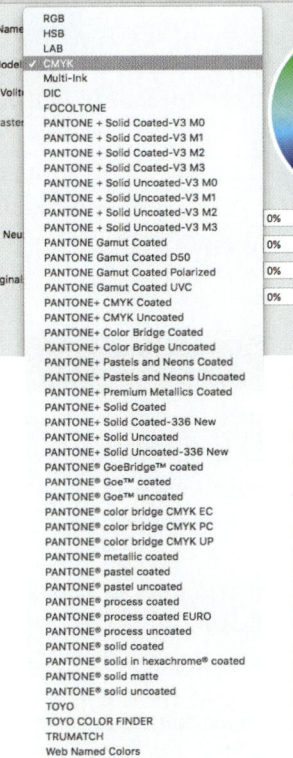

Pantone-Farben

Wählen Sie unterhalb des Eingabefeldes *Name* aus dem Pull-Down-Menü *Modell* ein Farbsystem aus den im Lieferumfang von XPress befindlichen Farbmodellen wie *Focoltone*, *Pantone*, *Toyo* oder *Trumatch*. Individuell mischbare Farben stellen Sie mit den Farbmodellen *RGB*, *HSB*, *LAB* oder *CMYK* her.

Farbauswahl

Sie wählen innerhalb eines Farbsystems Ihre Wunschfarbe, indem Sie im rechts befindlichen, vertikalen Balken in den gewünschten Bereich klicken. Zur genaueren Auswahl scrollen Sie mit dem Mausrad.

Pantone® pastel uncoated. Ergänzt werden die vollen Farben für ungestrichenes Papier durch Pastellfarben mit der Abkürzung # U.

Pantone® process coated/uncoated (gestrichen/ungestrichen). Dabei handelt es sich um ein eigenes System zur Definition von 3000 Farben mit drei Prozessfarben des Pantone-Matching-Systems (Pantone Process Cyan, Pantone Process Magenta, Pantone Process Yellow) sowie verschiedenen Schwarzstufen. Verwenden Sie dieses System, wenn Sie die Pantone-Farben mit der CMYK-Separation ausgeben wollen. Die Abkürzung lautet # DS- # C/U.

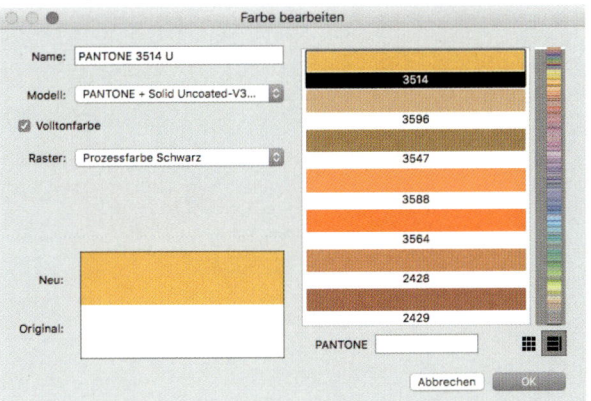

Pantone® process coated EURO. Normalerweise basieren die Farbzusammensetzungen der Pantone-Prozessfarben auf amerikanischen Prozessfarben. Jetzt gibt es auch ein System, das auf Euroskalen-Farben basiert. Die Abkürzung lautet # DE-#C.

Pantone® solid in hexachrome® coated. Das separierte Hexachrome-System wird zusätzlich durch Sonderfarben unterstützt. Dieses Farbsystem ist für gestrichenes Papier gedacht. Die Abkürzung für dieses System ist # C.

Pantone® Goe coated. Pantone Goe umfasst insgesamt 2058 Sonderfarben. Grundlage sind zehn Basisfarben plus das farblose Pantone Clear zum Aufhellen. Jede Farbe lässt sich dabei aus maximal zwei Basisfarben zuzüglich Pantone Black oder Clear mischen. Pantone verspricht eine deutlich verbesserte Echtheit und die Farben entsprechen den heutigen Anforderungen an Veredelungen mit Lacken.

Farbsortierung
Klicken Sie rechts unten in das jeweilige Symbol für die Listen- oder Rasterdarstellung der Farbfelder.

Pantone® Color Bridge CMYK. Außerdem haben Sie Zugriff auf die Pantone Color Bridge-Bibliotheken. Diese simulieren die Pantone-Farben mit CMYK-Prozessfarben. Verwenden Sie diese Farbtafel, wenn eine standardisierte Pantone-Farbe auf beschichtetem Papier reproduziert werden soll. Beachten Sie aber, dass aufgrund ungenügender Leuchtkraft nicht alle Pantone-Farben mit CMYK-Werten genau reproduziert werden können.

Was sind Multi-Ink-Farben? Multi-Ink-Farben geben Ihnen die Möglichkeit, die bestehenden Prozessfarben und/oder Schmuckfarben miteinander zu einer neuen Farbe zu mischen. Der Vorteil von Mischdruckfarben ist unter anderem, dass Sie mit einer möglichst geringen Anzahl Druckplatten eine möglichst hohe Farbanzahl erzielen. Diese Farbzusammensetzung ähnelt in den Beschränkungen den Mehrkanalbildern in Photoshop.

Wie werden Multi-Ink-Farben erzeugt?
Damit eine Multi-Ink-Farbe erstellt werden kann, legen Sie zuerst die Basisfarben an, mit denen Sie mischen wollen. Daraus erzeugen Sie eine neue Multi-Ink-Farbe und weisen die gewünschten Prozentwerte den entsprechenden Basisfarben zu. Sie können durch Drücken der ⌘/strg-Taste auch mehrere Farben zugleich auswählen.

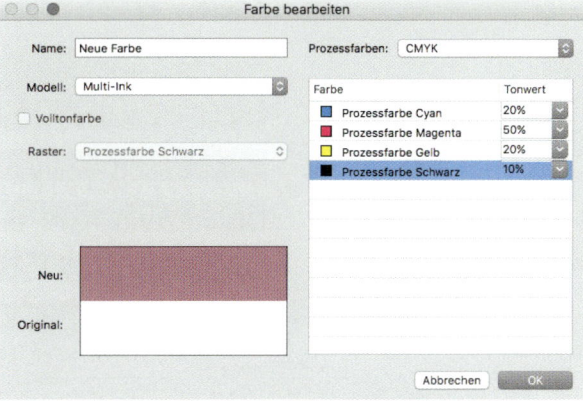

Handhabung von Multi-Ink-Farben.
Diese werden von XPress als Schmuckfarben gemanagt und bis zur Version 9 dementsprechend überfüllt. Sie sollten aus diesem Grund über den Multi-Ink-Weg kein Tiefschwarz erstellen, denn alte XPress-Versionen würden falsche Überfüllwerte bei der Filmbelichtung berechnen. Ein tolles Anwendungsbeispiel für Multi-Ink-Farben ist der Farbendruck mit anschließender Lackierung. Stellen Sie sich vor, Sie möchten alle Textpassagen mit einem Lack überdrucken. Erstellen Sie dafür eine neue Farbe, bestehend aus 100 % Schwarz sowie einer Schmuckfarbe (kann auch RGB 0,0,0 sein), die dann später als Lack gedruckt werden soll. Weisen Sie diese neue Multi-Ink-Farbe den Textstellen zu. Bei der Ausgabe erhalten Sie neben den CMYK-Auszügen auch automatisch den Auszug für das Lackierungswerk. Mit Multi-Ink-Farben ist auch eine Mischung zweier Schmuckfarben möglich (z. B. 20 % einer TOYO- und 60 % einer Pantone-Farbe).

Multi-Ink-Farben
Mit Multi-Ink-Farben mischen Sie Sonderfarben aus Prozessfarben.

Schmuckfarben aus importierten Grafiken. XPress übernimmt alle in einer EPS-, PDF- oder AI-Datei enthaltenen Schmuckfarben direkt in die *Farben*-Palette und kann sie deshalb entsprechend bei der Ausgabe als Schmuckfarben drucken oder ins PDF übergeben.

Wie schwarz ist Ihr Schwarz? Ist Ihnen das auch schon einmal passiert: Was am Bildschirm schön schwarz aussah, wirkte im Druck dunkelgrau oder wies im schlimmsten Fall vielleicht sogar Wolken und Streifen auf? Bei der Arbeit mit der so simpel erscheinenden Farbe Schwarz müssen Sie eine ganze Menge beachten. Denn auf einem Computermonitor gibt es nur eine einzige Möglichkeit, Schwarz darzustellen: Wenn kein Licht vom Bildschirm ausgestrahlt wird, entsteht Schwarz. Im Druck kann Schwarz auf viele verschiedene Arten dargestellt werden. Die einfachste davon ist 100 % Schwarz mit den Farbwerten 0 C, 0 M, 0 Y, 100 K – das ist das Standardschwarz in der XPress-

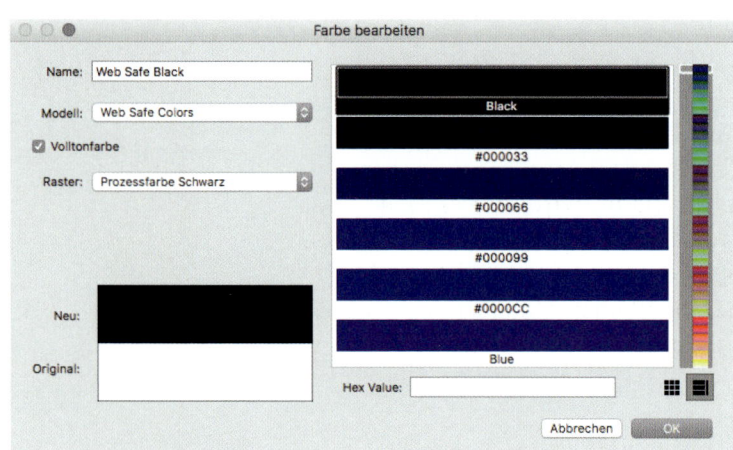

Farbpalette. Dieses Schwarz kommt aber im Offsetdruck möglicherweise als ganz dunkles Grau heraus. Sie können jedoch auch ein wirklich sattes Tiefschwarz erzeugen, indem Sie dem Schwarz noch Anteile der übrigen Druckfarben beimischen. Die dunkelste Farbe im Druck ist C100/M100/Y100/K100, was aber nicht praktikabel ist. Benötigen Sie große, einfarbige Schwarzflächen, sollten Sie auf ein Tiefschwarz (siehe nächster Abschnitt) zurückgreifen.

Hex-Werte

Sofern noch benötigt, können Sie mit XPress Hex-Werte in Druckfarben wandeln. Spannend kann der Einsatz aber im Zusammenhang mit digitalen Layouts sein, die Web-Inhalte darstellen oder verarbeiten.

Tiefschwarzvarianten. Eine Tiefschwarzvariante wäre ein kühles Schwarz mit den Farbwerten 70 C, 0 M, 0 Y, 100 K. Ein warmes Schwarz erhalten Sie beispielsweise mit 0 C, 60 M, 30 Y, 100 K. Auch eine Kombination aller vier Druckfarben ist möglich, etwa 60 C, 50 M, 50 Y, 100 K. Bei der Definition eines solchen Tiefschwarz sollten Sie unbedingt beachten, dass Sie den maximalen Farbauftrag, zum Beispiel 340 % für den Offsetdruck auf gestrichenem Papier, nicht überschreiten, da es sonst zu Trocknungsproblemen kommen kann. Beim Siebdruck hingegen kann die Farbe schmieren oder teilweise abblättern. Im Kapitel »Ausgabe und Farbmanagement« weiter hinten im Buch erfahren Sie weitere Details betreffend der Problematik eines zu hohen Gesamtfarbauftrags.

Tiefschwarz

Zusätzliche Farbkomponenten sorgen in einem Schwarz-Farbton für ein satteres Schwarz.

Tiefschwarz als Programmvorgabe. Ich empfehle Ihnen, als Ergänzung zum normalen Schwarz, ein Tiefschwarz als Programmvorgabe zu definieren, zum Beispiel 100 K mit einem Zusatz von 40 % oder 50 % Cyan. Dazu schließen Sie alle Dokumente und wählen *Bearbeiten | Farben | Neu*. Erstellen Sie dann, ausgehend von diesen Voreinstellungen, ein neues Dokument. Definieren Sie dort Ihre Haupt- und Hausfarben im CMYK-Modus und sichern Sie die Datei im XPress-Programmordner unter dem Namen »XPress_ CMYK_ Farben«. Falls

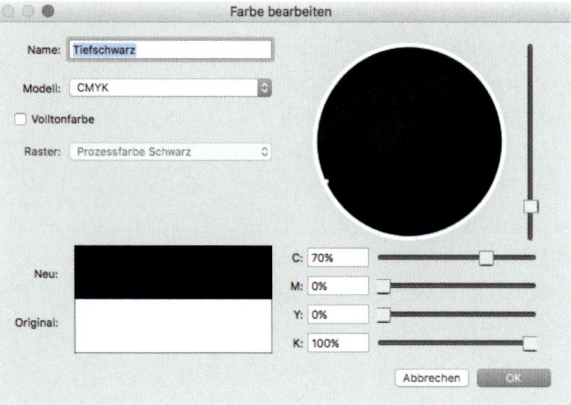

Sie später ein Dokument mit falschen Farben bearbeiten müssen, können Sie über die *Anfügen*-Funktion Ihre korrekten Farben laden.

Tiefschwarz und Bilder. Hier ein klassischer Fehler, der besonders Gestaltern am Anfang ihrer Karriere oft passiert: Ein Photoshop-Bild, das auf allen Seiten in Tiefschwarz ausläuft, wird in XPress in einen Rahmen in normalem 100 K Schwarz gesetzt. Auf dem Monitor können Sie vielleicht keinen Unterschied erkennen; sobald das Layout jedoch gedruckt wird, gibt es einen deutlichen Unterschied zwischen den Bereichen mit dem Photoshop-Schwarz und dem normalen XPress-Schwarz.

Die Farbwerte messen. Eine Lösung besteht darin, die Farbwerte im Photoshop in der CMYK-Datei über die *Info*-Palette zu messen. Sie müssen nur aufpassen, dass das Tiefschwarz im CMYK-Bild tatsächlich einheitlich ist: Bewegen Sie dazu den Mauszeiger umher und vergewissern Sie sich, dass die Farbwerte an den Bildrändern nicht variieren. Dann erzeugen Sie in XPress ein neues CMYK-Farbfeld. Verwenden Sie hierbei die in Photoshop ermittelten Werte. Weisen Sie dieses Schwarz dem Rahmen zu, der das Bild umgibt.

Verläufe

Mit QuarkXPress 2017 können Sie zwei- oder mehrstufige Verläufe erzeugen. In der Palette *Verläufe*, die Sie unter *Fenster | Verläufe* aufrufen, finden Sie alle Werkzeuge und Einstelloptionen. Füllen Sie dort wahlweise Linien oder Ränder und Hintergründe von Objekten mit Verläufen.

In der Palette *Verläufe* befinden sich im oberen Bereich die Auswahlsymbole, um den Verlauf *Rändern* oder *Hintergründen* zuzuweisen. Haben Sie eine *Linie* aktiviert, können Sie einen Verlauf auf eine Linie anwenden. Darunter befindet sich ein Pull-Down-Menü, in dem Sie verschiedene Verlaufstypen wie *Kein, Linear, Radial, Rechteckig* oder *Diamant* auswählen können. Die Verlaufsauswahl bleibt inaktiv, solange Sie einen Textrahmen bearbeiten. Wählen Sie unterhalb der Verlaufsauswahl die Gewichtung des Seitenverhältnisses in Prozent sowie den *Winkel* des Verlaufs. Je nach Verlaufstyp werden unterschiedliche Optionen für Sie verfügbar. Mit dem *Seitenverhältnis* gestalten Sie die Form von kreisförmigen Verläufen. Im Eingabefeld *Winkel* definieren Sie numerisch die Richtung Ihres Verlaufs in Grad.

Verläufe-Palette
Mit der *Verläufe*-Palette steuern Sie mehrstufige Verläufe und regeln für jeden Farbübergang die Transparenz.

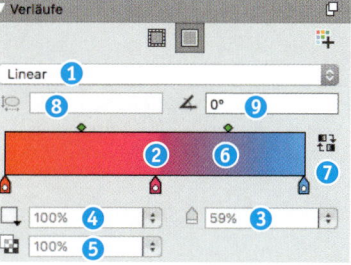

Farben-Palette

Solange Sie Ihren erstellten Verlauf bearbeiten, erscheint er als Eintrag *Gemischte Farben* in der *Farben*-Palette. Erst wenn Sie den Verlauf speichern, können Sie einen Namen vergeben.

Rahmen und Linien

Mit XPress 2017 gelingen Ihnen mehrstufige Verläufe auf Rahmen und Linien.

Verlaufsregler. Der *Verlaufsregler* zeigt Ihnen eine Vorschau über den Verlauf an. Mit den Symbolen für die *Farbunterbrechung* definieren Sie *Farbe* und *Transparenz* an der entsprechenden Position. Haben Sie einen Verlaufstyp aus dem Menü ❶ gewählt, zeigt Ihnen XPress in der Verlaufspalette zunächst einen Verlauf an, der aus der Hintergrundfarbe des gewählten Objektes und Schwarz besteht. Verändern Sie den Verlauf, indem Sie die Position der Farbunterbrechung ❷ horizontal verschieben. Alternativ klicken Sie auf die Farbunterbrechung und tragen in das Eingabefeld rechts unterhalb der Verlaufsvorschau den Wert der Position numerisch in Prozent ein ❸. Wählen Sie in den Feldern *Farbe* ❹ und *Deckkraft* ❺ Ihre gewünschten Werte für diese Position. Um weitere Farbunterbrechungen in Ihren Verlauf einzufügen, fahren Sie mit dem Mauszeiger an die Unterkante des Verlaufsreglers und klicken. Eine weitere Farbunterbrechung wird an dieser Stelle eingefügt. An der Oberkante des Verlaufsreglers befinden sich auf halber Strecke zwischen den Farbunterbrechungen weitere Kontrollpunkte ❻. Darüber verändern Sie die Steilheit des Verlaufs, indem Sie bestimmen, wie schnell der Verlauf in eine neue Farbe übergeht. Ziehen Sie horizontal an den Kontrollpunkten, um den Verlauf zwischen den Farbunterbrechungen anzupassen. So lange ein Kontrollpunkt ausgewählt ist, können Sie auch in das Eingabefeld Werte in Prozent eingeben. Beachten Sie, dass Sie dort nur Werte zwischen *13* und *87 Prozent* eingeben können. Löschen Sie Farbunterbrechungen, indem Sie sie bei gedrückter Maustaste nach unten ziehen. Möchten Sie Ihren gestalteten Verlauf umkehren, klicken Sie rechts neben dem Verlaufsregler auf das Symbol *Umgekehrter Farbverlauf* ❽. Definieren Sie die Richtung des Verlaufs durch Eintrag einer Gradzahl in das Eigabefeld *Winkel* ❾.

Haben Sie einen radialen Verlauf angelegt, können Sie mit der Option *Vollständig kreisförmig* einen weicheren Verlauf erzeugen.

Während Sie einen Verlauf bearbeiten, erscheint dieser in der Farbpalette als Eintrag *Gemischte Farben*. Um nun Ihren Verlauf letztlich der Farbpalette hinzuzufügen, klicken Sie in der Palette auf das Drop-Down-Menü rechts oben und wählen Sie *Zu Farben hinzufügen*. Eine Dialogbox erscheint, in der sich ein Name vergeben lässt. Sie können dort den Verlauf wahlweise den Farben hinzufügen, oder ihn kopieren und bei einem

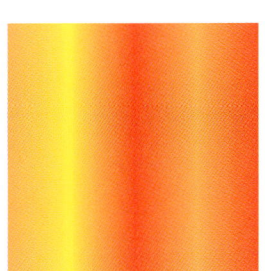

neuen Objekt einsetzen. Haben Sie eine Farbunterbrechung gewählt, können Sie diese ebenso kopieren und einsetzen.

Möchten Sie, dass der Verlauf das darunter liegende Objekt überdruckt, dann setzen Sie einen Haken bei der Option *Verlauf überdrucken*, indem Sie den Menüeintrag auswählen.

Qualität von Verläufen. Enthält der Verlauf den Sie in Photoshop anlegen mehr Abstufungen als der Verlauf aus XPress oder umgekehrt? Wie hochwertig ist ein importierter Verlauf aus Illustrator? Hier spielen ganz verschiedene Faktoren eine Rolle. Einflussgrößen sind z. B. die verwendete Farben, Tonwertunterschiede, Verlaufslänge, Rasterweite, Ausgabeauflösung und die bei der Ausgabe zum Einsatz kommende PostScript-Version.

Verläufe am Bildschirm und im Druck. Am Monitor sehen so gut wie alle Verläufe perfekt aus. Der Grund ist, dass der Bildschirm Millionen von Farben darstellen kann. Im Offset-Druck hingegen gibt es nur einen Bruchteil dieser Farben.

Transparenz

Anders als viele Programme behandelt XPress die Deckkraft nicht als Objekteigenschaft, sondern als Farbattribut. Dieser nicht objektbezogene Ansatz hat den Vorteil, dass Sie der Kontur, dem Hintergrund und dem Inhalt eines Rahmens nicht nur getrennte Farbwerte, sondern auch getrennte Deckkraftwerte zuweisen können. So lassen sich auch einem einzelnen Buchstaben eine andere Transparenz zuweisen oder Transparenzen innerhalb eines Verlaufs variieren.

Transparenzen für alle Objekte. In der Praxis heißt das, dass Sie jedes Element, dessen Farbwert Sie ändern können, auch mit einer reduzierten Deckkraft und damit einer *Transparenz* ausstatten können. Die Steuerungsmöglichkeiten finden sich in der *Maße*-Palette. Es gibt jedoch auch eine objektbasierte Transparenz: Sie können über den Button *Bildfarbe* in der *Farben*-Palette die Deckkraft eines markierten Bildes reduzieren.

Verlaufstypen
Wählen Sie in der Verläufe-Palette einen der vier Verlaufstypen wie *Linear, Radial, Rechteckig* und *Diamant.*

Transparenzen einstellen. Transparenzen werden in Prozentwerten angegeben. 100 % bedeuten dabei komplett undurchsichtig und 0 % komplett durchscheinend. Voreingestellt sind immer 100 %.

Transparenzen in der Ausgabe

Da der Druckprozess keine transparenten Farben drucken kann, müssen an irgendeiner Stelle im Druck Transparenzen simuliert und somit der Effekt, dass Objekte durch andere Objekte durchscheinen, z. B. als Bild, erzeugt werden. Es gibt verschiedene Zeitpunkte und Möglichkeiten, wo Transparenzverflachung stattfindet, und es gibt Gründe, Vor und Nachteile, welcher Zeitpunkt im Workflow der beste ist. Eines ist jedoch zwingend: Spätestens vor Auftrag der Druckfarbe muss dies stattfinden.

Transparenzverläufe. Da Rahmenhintergründe auch Verläufe enthalten können, können auch zwei Farben und somit zwei Transparenzen eingestellt werden – d. h. entweder für den gesamten Verlauf gleich (100 % Rot 60 % transparent nach 80 % Gelb 60 % transparent) oder für jede Farbe des Verlaufs unterschiedlich (100 % Rot 40 % transparent nach 80 % Gelb 60 % transparent). Erstes Beispiel wäre mit objektbasierten Transparenzen nicht möglich.

Randstile mit unterschiedlicher Transparenz. Da auch Randstile bis zu zwei Farben nutzen können, wenn *Striche & Streifen* eingesetzt werden, kann für jede der zwei Farben die Transparenz unterschiedlich bestimmt werden. So kann ein gestrichelter Strich für den Randstil benutzt, für den Strich Gelb mit 40 % Transparenz und für den Zwischenraum eine undurchsichtige (100 % Transparenz) schwarze Farbe definiert werden.

Transparenz für Inhalte. Auch auf Inhalte, also Texte und Bilder, können Transparenzen angewendet werden.

Transparenzen für Bilder. In der Farbpalette kann für Bilder eine Transparenz eingestellt werden. Aktivieren Sie dazu das Bild und klicken Sie auf das Symbol *Bild* 🖼. Da ein Bild uniform transparent ist, können Sie nicht unterschiedliche Transparenzen für unterschiedliche Farben des Bilds einstellen.

Transparenz für Textinhalte. Das ist so einfach, wie Sie das von Tonwerten her kennen: den Buchstaben oder die entsprechende Textpassage markieren und überall dort, wo Sie Farbe bestimmen können, die Transparenz einstellen.

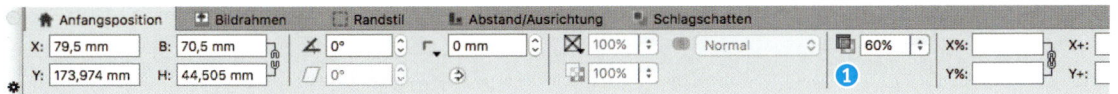

Transparenzen für Gruppen. Diese Eigenschaft wird zusätzlich zu den anderen Transparenzen eingestellt und ist wichtig, wenn einzelne Objekte untereinander nicht transparent sein sollen, der Hintergrund aber dennoch durchscheinen soll. Stellen Sie sich vor, Sie wollen einen Stapel Bilder transparent vor einen Hintergrund stellen. Dabei sollen aber nicht durch das oberen Bild die darunterliegenden Zettel durchscheinen, der Hintergrund dagegen schon. Genau dann brauchen Sie Gruppentransparenz.

❶ Erstellen Sie drei Bildrahmen und laden Bilder hinein, legen Sie sie leicht überlappend übereinander. Die Deckkraft bleibt bei 100 %.
❷ Gruppieren Sie die drei Bilder.
❸ Schieben Sie die Gruppe über einen Hintergrund.
❹ Stellen Sie in der *Maße*-Palette im Bereich *Anfangsposition* die Deckkraft der Gruppe ein. Die einzelnen Objekte können zusätzlich zur Gruppentransparenz auch eine eigene Transparenz erhalten. Die Transparenzen multiplizieren sich: Ein Objekt, das 40 % transparent ist und sich in einer Gruppe mit 50 % Gruppentransparenz befindet, ist somit (40 % x 50 % = 0,4 x 0,5) 20 % transparent.

Transparenzen mit Hintergrund multiplizieren. Im Zusammenhang mit Transparenzen wird oft die Möglichkeit angeboten, Transparenzen mit dem Hintergrund zu multiplizieren, wie z. B. auch im PSD-Import. Mit nativen Transparenzen kann man dies erreichen, indem man das transparente Objekt überdruckend stellt.

Schlagschatten

Die Schlagschatten sind in XPress eine Objekteigenschaft: Jedes Objekt in XPress können Sie über den Reiter *Schlagschatten* in der *Maße*-Palette mit einem Schatten versehen. Im Regelfall ist ein Schatten weich und halbtransparent, um den visuellen 3D-Effekt zu verstärken. Ein Klick auf die Check-Box *Schlagschatten anwenden* genügt, um das markierte Objekt mit einem Schatten zu hinterlegen. Auch wenn Vektorobjekte (wie Rahmen oder Schriften) Schatten erzeugen – Schatten sind in XPress immer Pixelobjekte, werden aber nicht im Hilfsmittel *Verwendung* gelistet.

Gruppentransparenz
In der Maße-Palette im Bereich *Anfangsposition* definieren Sie mit dem Transparenz-Regler auch die Transparenz von Gruppen ❶.

Transparenzverflachung
Transparenzverflachung erzeugt an der Stelle, wo Objekte überlappen und Transparenzen entstehen, neue Objekte. Diese Objekte ersetzen komplett den überlappenden Bereich und sehen so aus wie die Objekte, die sich vorher überlappt haben. Da dort nun keine Transparenz mehr vorhanden ist, sondern nur ein Objekt, ist damit keine echte Transparenz mehr vorhanden. Diese wird simuliert, so dass die Ausgabe exakt so aussieht wie das Layout, und passiert im Hintergrund (und nicht im Layout). Genaueres finden Sie im Kapitel »Ausgabe und Farbmanagement«, in dem die Problematik vertieft wird.

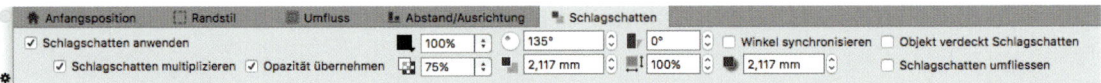

Anfangsposition	Randstil	Umfluss	Abstand/Ausrichtung	Schlagschatten

☑ Schlagschatten anwenden ■ 100% ⬍ ☉ 135° ⬍ ▮ 0° ⬍ ☐ Winkel synchronisieren ☐ Objekt verdeckt Schlagschatten

☑ Schlagschatten multiplizieren ☑ Opazität übernehmen ☒ 75% ⬍ ▬ 2,117 mm ⬍ ▬ 100% ⬍ ◼ 2,117 mm ⬍ ☐ Schlagschatten umfliessen

Schlagschatten für Texte. Wenn Sie einen Text mit einem Schlagschatten versehen, muss die Hintergrundfarbe des Rahmens auf *Keine* stehen – ansonsten erhält der Rahmen statt des Textes den Schatten. Da der Schatten eine Objekteigenschaft des Textrahmens ist, können Sie nicht einem Wort im Textfluss einen Schatten zuweisen. Wie bei Texten wirken Schlagschatten entweder auf den Rahmen oder den Inhalt.

Schatten für Tabellen. Auch bei Tabellen gilt: Wenn die Tabelle oder Teile von ihr durchsichtig sind, werfen der Inhalt oder die Tabellenlinien den Schatten. Ist die Tabelle komplett undurchsichtig, wirft nur der Tabellenrahmen den Schatten.

Optionen für Schlagschatten. In der *Maße*-Palette kann man verschiedene Optionen für Schatten definieren, die für alle selektierten Objekte gelten. Man kann also Schatteneigenschaften für mehrere Objekte gleichzeitig einstellen.

Schlagschatten anwenden. Dies ist der Ein-/Ausschalter für Schatten. Zunächst wird der Schatten mit den Standardwerten zugewiesen.

Schlagschatten multiplizieren. Als Schattenfarbe verwenden Sie eine beliebige, in Ihrem Projekt vorhandene Farbe. Diese wird bei standardmäßig aktivierter Option *Schlagschatten multiplizieren* mit der Farbe des Untergrunds verrechnet. Das Ergebnis ist, dass dunkle Farben dunkler, helle Farben heller werden. Bei dunklen Schatten ist dieser Effekt erwünscht. Bei hellen Schatten sollten Sie diese Option deaktivieren. Das Ergebnis sehen Sie erst im PDF und nicht am Bildschirm.

Farbe, Tonwert und Deckkraft des Schattens. Hier vergeben Sie die Farbe des Schattens und wie transparent er sein soll.

Opazität übernehmen. Standardmäßig ist die Option *Opazität übernehmen* angewählt. Sie sorgt dafür, dass die Deckkraft des Schattens sich automatisch proportional verringert, wenn Sie die Deckkraft des zugehörigen Elements herabsetzen und umgekehrt. Wenn Sie die Checkbox *Opazität über-*

nehmen deaktivieren, ist die Deckkraft des Schattens nicht mehr von der Deckkraft seines Objekts abhängig.

So können Sie interessante Effekte erzielen: Weisen Sie beispielsweise einem Text bei deaktivierter Checkbox *Opazität übernehmen* eine Deckkraft von 0 % zu, erhalten Sie einen alleinstehenden Schatten, also einen weichen Texteffekt. Obwohl der eigentliche Text nicht mehr sichtbar ist, können Sie ihn nach wie vor bearbeiten. Dies funktioniert natürlich auch bei Rahmen oder freigestellten Bildern. Apropos Deckkraftreduzierung: Reduzieren Sie die Deckkraft des Objekts, scheint in der Grundeinstellung der Schlagschatten hindurch. Lichttechnisch korrekt, ist dies aber nicht immer gestalterisch gewünscht. Der Effekt kann sich störend auswirken. Sie schalten ihn ab, indem Sie die Checkbox *Objekt verdeckt Schlagschatten* anwählen.

Winkel, Neigung, Abstand und Größe. Diese Parameter lassen sich für jeden Objektschatten einzeln bestimmen, wobei die Neigung stets anhand des Objektmittelpunkts errechnet wird. Sie können entweder einen Wert eingeben oder mit den neuen Pfeiltasten den Schatten so lange verändern, bis er Ihnen gefällt. Der Abstand des Schattens zum Objekt kann 0 mm bis zur maximalen Dokumentgröße betragen, die Größe des Schattens darf zwischen 10 % und 1000 % liegen. Der Winkel kann zwischen 180° bis -180° liegen, wobei Winkel von 0° einem Lichteinfall von horizontal rechts entspricht. Stellen Sie sich zur Verdeutlichung einfach eine Landkarte vor: Im Osten (0°) geht die Sonne auf; sie wandert im Uhrzeigersinn nach Süden bzw. unten (90°) und dann weiter nach Westen bzw. links (180°).

Winkel synchronisieren. Den Winkel können Sie aber auch mit allen anderen Schattenobjekten auf der Seite abgleichen:

❶ Versehen Sie das erste Objekt mit einem Schlagschatten und richten Sie über das Eingabefeld *Schattenwinkel* die gewünschte Beleuchtungsquelle ein.

❷ Beim nächsten Objekt, das Sie mit einem Schatten versehen, genügt ein Klick auf die Checkbox *Winkel synchronisieren*, damit der Schatten exakt genauso ausgerichtet wird wie der des ersten Objekts.

❸ Anschließend ist es gleichgültig, bei welchem der Objekte Sie den Schattenwinkel ändern: Die Winkel des oder der übrigen Schlagschatten werden entsprechend angepasst. Alle anderen Winkel, die also nicht das Häkchen an dieser Stelle gesetzt haben, behalten ihre individuellen Werte natürlich bei.

Transparente Objekte
Wenn Sie transparente Objekte (oben) mit Schatten ausstatten, empfiehlt sich oft das Aktivieren der Option *Objekt verdeckt Schlagschatten* (unten).

Das Aldusblatt ist eine Ornamentform, welche nach dem italienischer Buchdrucker und Verleger Aldus Manutius benannt ist. Dieser verwendete das herzförmige Blatt als Schmuck in seinen Büchern. Eine andere Bezeichnung für das Aldusblatt ist Hedera-Zeichen nach der lateinischen Bezeichnung für Efeu, mit dessen Blattform es eine gewisse Ähnlichkeit hatte.

Freisteller

Bei beiden Beispielen umfließt der Text den Rahmen mit 0 pt, im oberen wird der Rahmen, im unteren der Schatten umflossen. Achtung, vermeiden Sie textüberlappende Schatten, am besten durch *Schatten umfließen* mit 2 pt.

Steht das obere Element auf *Überdrucken*, wird es im Endprodukt mit dem Hintergrund verschmolzen sein.

Schattenneigung. Hiermit kann ein Effekt simuliert werden, als ob ein Objekt auf der Papierfläche steht. Der Neigungswinkel darf zwischen 75° und -75° betragen. Nehmen Sie den Winkel und Schattenabstand, um den Schatten wieder an den Fuß des Objekts zu bringen.

Schattenweichheit. Die Weichheit des Schattens wird von 0 mm (scharfer Schatten) bis 50,8 mm (sehr weicher Schatten) angegeben. Vergessen Sie dabei einen genauen Wert, nehmen Sie die Pfeiltasten, um den Schatten so einzustellen, bis er Ihnen gefällt.

Schatten umfließen. In der Grundeinstellung ist die Option *Schlagschatten umfließen* deaktiviert. Das heißt, dass der Textumfluss nicht vom Schattenwurf des umflossenen Objekts beeinflusst wird. Bei dunklen oder ausladenden Schatten kann gerade das jedoch optisch erforderlich sein. In diesem Fall aktivieren Sie das Kontrollkästchen. Den Unterschied zeigt Ihnen die Abbildung links.

Schatten selektieren. Da der Schatten selbst kein Objekt ist, können Sie ihn nicht selektieren. Dies ist besonders dann eine Herausforderung, wenn Sie mit Dutzenden Schatten gearbeitet haben, die einen großen Abstand vom Objekt haben.

Mehrere Schatten für ein Objekt: Gruppenschatten. Wahrscheinlich die am wenigsten bekannte Funktion von Schatten: Auch Gruppen sind Objekte und können daher einen eigenen Schatten werfen. Wenn die Objekte innerhalb der Gruppe einen eigenen Schatten haben, haben sie somit zwei Schatten.

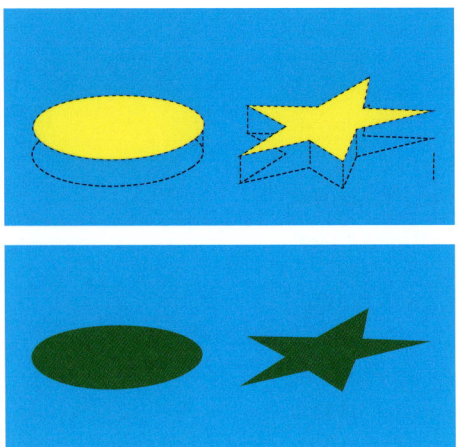

❼ Überdrucken und Aussparen

Die ersten beiden Begriffe müssen technisch und verständnismäßig unbedingt von den beiden letzten Begriffen getrennt werden. Auch wenn Sie Composite ausgeben und Sie daher Überfüllen und Unterfüllen nicht interessiert – Überdrucken müssen Sie verstehen.

Überflüssige Überfüllungen in der Composite-Ausgabe. Im Composite-PDF-Workflow liegt das Trapping üblicherweise in der Verantwortung der Druckerei und nicht mehr beim Layouter. Grundsätzlich schreibt XPress bis Version 9 Überfüllungsparameter immer mit in die Ausgabedatei. Wurde die Datei hingegen für Composite-Drucker erzeugt, fügte XPress einen Überfüllungsbefehl für jedes einzelne Objekt an.

Überdrucken – was ist das? Man kann Farbflächen nicht einfach so übereinanderdrucken, dass kleine Verschiebungen nicht sichtbar wären. Daraus würden ansonsten komplett neue Mischfarben entstehen, weil die Offsetdruckfarben lasierend sind! Im Beispiel auf der linken Seite (unten) ist schön zu sehen, was geschieht, wenn der Kreis und der Stern mit 100 % Gelb über den 100 % Cyan Hintergrund überdruckt werden. Die Folge: Plötzlich werden aus gelben grüne Objekte.

Steht ein Element auf *Aussparen*, würde man ohne das Trapping im Workflow die Gefahr von weißen Blitzern heraufbeschwören.

Aussparen – und was ist das? Wenn Drucker und Druckmaschine perfekt arbeiten würden, das Papier immer identisch, die Plattenkopie perfekt wäre und das Glück auf unserer Seite stünde, wäre es möglich, alle Objekte auszusparen und passgenau ohne sichtbare Blitzer aneinander zu drucken. Das sind aber eindeutig zu viele »wäre« und »würde« – die Praxis zeigt, dass nur in Ausnahmefällen mit Druckplatten gearbeitet werden kann, bei deren Erzeugung die Option *Aussparen* aktiv war.

So funktioniert das Trapping in XPress. Das Programm geht beim Berechnen des automatischen Trappings sehr vereinfacht vom ganzen Objekt und nicht nur von den sich berührenden Farbflächen aus. Sein Ergebnis zeigt XPress in der Farbpalette an. Dort ist auf der rechten Seite *Aussparen* oder *Überdrucken* aktiviert. XPress geht immer von der Beziehung zwischen Vordergrundobjekt und Hintergrundfarbe aus. Falls nötig, muss das zu bearbeitende Objekt mit dem Befehl *Ganz nach vorn* (Menü *Objekt*) oder per *Ebenen*-Palette auf die vorderste Position gestellt werden.

Unter- und Überfüllung für platzierte Dateien. Falls in ein platziertes EPS oder PDF-Bild schon Trapping-Informationen hineingeschrieben worden sind, reicht XPress diese Informationen einfach in die entstehende Composite-Datei weiter.

Trapping = Überfüllen
Mit Hilfe des *Trappings* werden nebeneinanderliegende Farbflächen kaum sichtbar vergrößert, um eine minimale Überlappung der Farbe ohne Zwischenraum zu erreichen.

Trapping-Regeln in QuarkXPress

❶ Schwarz überdruckt standardmäßig immer. Schwarze Flächen, schwarze Linien und natürlich schwarzer Text stehen automatisch immer auf *Überdrucken*.

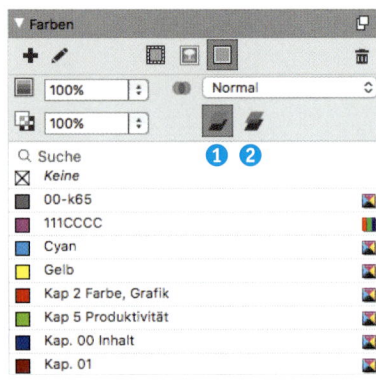

Farbpaletten-Funktionen

In der Farbpalette befinden sich zwei Symbole, mit denen Sie die von XPress vorgegebenen Einstellungen bearbeiten können. Bei Ausgewähltem, farbigen Objekt, wählen Sie *Aussparen* ❶ oder *Überdrucken* ❷.

❷ Weiß spart standardmäßig immer aus. Weiße Flächen, Linien und weißer Text stehen immer auf *Aussparen*.

❸ Flächen stehen auf *Aussparen* (außer Regel 1 gilt). Solange ein Element in XPress kein anderes Element berührt, steht es immer auf *Aussparen*. Auch wenn ein anderes Element vollständig verdeckt wird, steht das obere Element auf Aussparen. Das heißt: Das weiße Schreckgespenst der Dienstleister kann niemanden mehr schrecken, denn damit stehen die ganzen weißen Flächen nicht mehr auf *Überdrucken!*

❹ Farbige Texte und Linien auf weißem Untergrund sparen aus. Das gilt auch für Grau. Diese Elemente berühren ja keine andere Farbe und stehen nun auch endlich auf *Aussparen*.

❺ Buntes trifft Buntes sowie Grau überfüllen. Doch das ist halb so schlimm, denn davon wissen wir: Das wird nicht in der Composite-Datei wirksam.

Überdrucken ist am Bildschirm und auf Composite-Farbdruckern nicht sichtbar. Sie werden erst im Acrobat bei eingeschalteter Überdruckenvorschau sichtbar oder gar erst in der Drucksimulation bzw. im Druck.

Worauf muss man nun besonders achten? Man kann ja nicht nur Elemente, sondern auch Bilder gegenüber ihrem Hintergrund überdrucken lassen. Schauen Sie sich Ihr exportiertes PDF in Acrobat Professional mit eingeschalteter Überdruckenvorschau sowie die Farbauszüge genau an, ob das Ergebnis Ihren Wünschen entspricht.

Pixelbasierende Bilder

Bei der Vergrößerung eines pixelbasierenden Bildes werden die einzelnen Bildpunkte *(Pixel)* ab einer gewissen Vergrößerungsstufe sichtbar.

❽ Umgang mit Bildern, Bildformate

Bildformate haben Vor- und Nachteile. In manchen Situationen ist das Format »A« angesagt, unter anderen Umständen erfüllt hingegen nur das Format »B« die Anforderungen. Bestimmt werden diese Umstände von der Seitengestaltung, möglichen Freistellern, der Skalierung, Rotation oder der Dateigröße.

Layoutprogramme, die heutzutage mit Transparenzen und Schatten umgehen können, müssen auch das Color-Management beherrschen. Der Einsatz von Color Management-Systemen (CMS) zur Transparenzverflachung erfordert dann ganz überwiegend den Einsatz von Bildformaten, die den Anforderungen des CMS optimal genügen. Eine weitere Dimension bekommt die Diskussion um das richtige Pixelformat durch die Tatsache, dass Layoutprogramme nun auch Alpha-Kanäle auswerten und damit ein Bild weich in den Hintergrund des Layouts übergehen lassen können.

Pixelorientierte Bilder

Pixelorientierte Bilder bestehen aus einer Anzahl matrixartig angeordneter Pixel (das Wort Pixel steht für *Picture Element*, kleinstes Bildelement). Anhand der digitalen Bit-Tiefe wird dabei festgelegt, wie viele Grau- oder Farbstufen dieses kleinste Bildelement darstellen kann.

Bit-Tiefen. Die gängigen Bildformate unterstützen heute pro Farbkanal *8 Bit*, das ergibt 256 Abstufungen. In Bildarchiven werden häufig auch schon Bilder mit *16 Bit* und *32 Bit* pro Farbkanal abgespeichert. PostScript im Level 3 ermöglicht ebenfalls so viele unterschiedliche Definitionen. Da aber die Ausgabe-Datentiefe pro Auszugsfarbe von fast allen Druckern oder Belichtern auf 256 Abstufungen beschränkt wird, wären zusätzliche Informationen für die Ausgabe überflüssig. Für die Verarbeitung wiederum sind sie aber oft notwendig.

Farbkanäle. Vergleichbar mit einem Sandwich, können Pixelbilder mehrere Datenschichten in Form von Farbkanälen haben. Ein RGB-Bild verfügt über drei, ein CMYK-Bild über vier Kanäle. Indem die Bit-Tiefe der übereinander gelegten Kanäle addiert wird, ergeben sich für ein RGB-Bild 24-Bit und für ein CMYK-Bild 32-Bit Datentiefe pro Pixel (bei 8-Bit/Farbkanal).

Auflösung, Rasterweite und Qualitätsfaktor. Für die Berechnung der optimalen Auflösung für qualitativ hochwertige Pixelbilder können Sie sich folgende Regel merken: Pro Rasterpunkt sollten zwei Bildpixel (linear gesehen sind es zwei, flächenmäßig selbstverständlich vier) zur Verfügung stehen. Bei einer Rasterweite von 60 lpcm (was 152 lpi entspricht) ergäbe das eine Auflösung von 120 ppcm (~305 ppi). Diese Berechnung der Bildauflösung schließt aber für die Layoutarbeit in XPress ausdrücklich einen Skalierspielraum von ± 20 % ein. Bei einer niedrigeren Bildauflösung schrumpft dieser Spielraum. Werden Bilder konsequent in der Größe von 100 % ausgegeben, kann auch mit einem Qualitätsfaktor von 1,5 Pixel pro Rasterpunkt ein kritisches Lithografen-Auge überzeugt werden. Ein Argument, wenn man bedenkt, dass der Speicherbedarf und die Verarbeitungszeit halbiert werden können.

Mit nur einem Bit Datentiefe reicht es nur zur Darstellung von Schwarz oder Weiß (Papierweiß), in der digitalen Sprache also zu 1 oder 0.

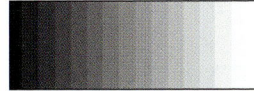

Mit vier Bit Datentiefe werden bereits 16 Graustufen (exklusive Papierweiß) ermöglicht.

Mit 8 Bit werden 256 Graustufen ermöglicht, genug, um auch Verläufe ohne sichtbare Streifenbildung auszugeben.

Datenformate
Die gesamte Publishing-Branche scheint immer auf der Suche nach dem idealen Datenformat für Bilder zu sein. Fast immer werden TIFF-, EPS- oder JPEG-Bilder sowie PDF-Dateien benutzt. Aber welches Format ist denn nun am besten? Auf diese Frage folgt immer wieder meine lapidare Antwort: »Es gibt kein ideales Datenformat!«

Qualitätsfaktor 2.0
Rasterweite 60 lpcm
Bildauflösung 120 ppcm

Qualitätsfaktor 1.5
Rasterweite 60 lpcm
Bildauflösung 90 ppcm

Qualitätsfaktor 1.0
Rasterweite 60 lpcm
Bildauflösung 60 ppcm

Qualität mit Faktor. Warum brauchen wir eigentlich minimal 1,5 Pixel pro Rasterpunkt? Antwort: Da ist Pythagoras dran Schuld! Sein $a^2+b^2=c^2$ führt bei der Umwandlung von rechtwinkliger Pixelmatrix in gewinkelte Rastererzeugung zu Wurzel aus 2 = 1,414… Daraus ist durch leichtes Aufrunden der Faktor 1,5 geworden. Stehen weniger als 1,5 Pixel zur Verfügung, wird von PostScript für zwei nebeneinander liegende Rasterpunkte dieselbe Punktform ermittelt, was vom Auge in gewissen Bildbereichen (z. B. schräge Objektkanten mit hohem Kontrastunterschied) als sehr störend empfunden wird. Zudem führen Qualitätsfaktoren unter 1,5 – motivabhängig – oft zu fehlender Schärfe und Detailzeichnung.

Rasterpunkte und Graustufen. Damit bei der Ausgabe die digital vorhandenen 256 Graustufen effektiv wiedergegeben werden können, müssen konsequenterweise auch 256 unterschiedliche Rasterpunktformen zur Verfügung stehen. Damit diese 256 Punktformen auch tatsächlich erzeugt werden, muss die geforderte Belichterauflösung aufgrund der Matrixrechnung *16 x 16 = 256* den 16-fachen Wert der Rasterweite betragen. Nicht zu verwechseln sind die beiden Maßsysteme Inch (= Zoll) und Zentimeter. Der Umrechnungsfaktor von Zentimeter in Inch ist 2,54 (1 Inch = 2,54 cm). Bei einer Rasterweite von 60 lpcm ergäbe das eine geforderte Ausgabeauflösung von 2540 dpi (60 x 16 x 2,54) – wenn 256 Rasterpunktformen (Grauwerte) ausgegeben werden sollen. Umgekehrt kann natürlich auch – ausgehend von einer Ausgabeauflösung – die maximal mögliche Rasterweite berechnet werden. Bei einer gegebenen Auflösung von 1200 dpi ergäbe das mit dieser Berechnung ~30 lpcm (1200/16/2,54).

Welche Bildformate für Pixelbilder?

Als Pixelbildformate für Neuproduktionen sollten möglichst TIFF und PSD-Formate zum Einsatz kommen. In Produktionen mit Altdaten lässt es sich häufig nicht vermeiden, auch noch vorhandene EPS-Bilder einzusetzen.

Das PSD-Format, natives Photoshop-Bildformat. Immer mehr an Bedeutung gewinnt der direkte Import von *Photoshop*-Dateien – auch *PSD* genannt – mit Ebenen und Masken. Eine Besonderheit von platzierten Photoshop-Bildern ist, dass XPress eine eigene Palette bietet, mit der Sie auf die einzelnen *Ebenen*, *Kanäle* und *Pfade* zugreifen können. Wählen Sie den Befehl *Fenster | Erweiterte Bildeinstellungen…*, um die Palette aufzurufen.

① Ebenen: Falls das PSD-Bild Ebenen enthält, können Sie diese im Register *Ebenen* der *Erweiterte Bildeinstellungen*-Palette ein- und ausblenden. Außerdem können Sie die Transparenz der Ebenen verändern und Ebenenoptionen (wie Ebenen miteinander verrechnet werden) bestimmen. Diese Verrechnungsoptionen gelten nur innerhalb der PSD-Datei, nicht jedoch gegenüber den Layoutelementen von XPress.

② Kanäle: Hier zeigt die *Erweiterte Bildeinstellungen*-Palette alle Farbkanäle an, bei einer CMYK-Datei also die vier Farben Cyan, Magenta, Gelb und Schwarz. Zusätzlich werden hier auch Sonderfarbkanäle dargestellt, wenn solche in der PSD-Datei enthalten sind. Kanäle können Sie gezielt ein- oder ausschalten. Bei Sonderfarbkanälen ist es möglich, diese durch Doppelklick auf den entsprechenden Farbkanal umzubenennen und umzufärben.

③ Pfade: Pfade, die in der PSD-Datei enthalten sind, werden im dritten Bereich aufgeführt. Sie können einen Pfad zum Umfließen definieren, indem Sie in die erste Spalte klicken. Wenn das Symbol in der zweiten Spalte angezeigt wird, wird der Pfad als Freisteller genutzt. Bei mehreren Pfaden in der PSD können Umfließen- und Freistellerpfad natürlich unterschiedlich sein.

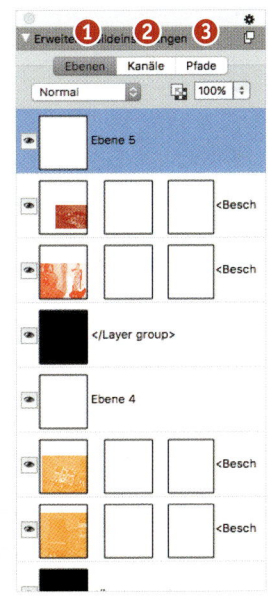

Ebenen können für die Ausgabe ein- und ausgeschaltet und miteinander verrechnet werden.

Zerstört nichts. Die PSD-Optionen sind sogenannte *nicht destruktive Operationen*. Die Originaldatei wird nicht verändert. Das hat den Vorteil, dass nur eine Datei gebraucht wird, denn die gleiche Datei kann in zwei verschiedenen Bildrahmen unterschiedlich aussehen. Leider versteht XPress nicht alle Konstrukte von Photoshop-Versionen, wie beispielsweise *Ebenen-Effekte*. Auch solche PSDs bleiben produktionssicher. Eine Dialogbox informiert den Benutzer, dass das Composite-Bild, das in die PSD eingebettet ist, verwendet wird. In diesem Fall sind die Optionen für Ebenen nicht direkt in XPress verfügbar, das PSD kann jedoch problemlos im Workflow benutzt werden.

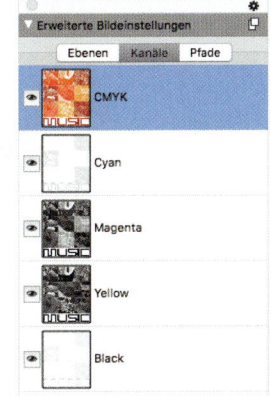

Farbkanäle können umdefiniert werden.

Das TIFF-Format. Das *Tagged Image File Format* ist das am weitesten verbreitete und am universellsten einsetzbare Bildformat. Es unterstützt Bit-Tiefen von 1, 4, 8, 24, 32 oder 48 Bit pro Pixel. Als Farbmodelle stehen S/W-Strich, Graustufen, RGB, LAB, RGB-indiziert und CMYK zur Verfügung. Optional können diese TIFF-Dateien auch komprimiert gesichert werden. Je nachdem, ob ein TIFF-Bild für einen Mac oder für Windows gesichert wird, ist die Byte-Reihenfolge unterschiedlich. XPress arbeitet problemlos mit Mac- und PC-TIFFs. XPress erkennt vektorbasierte Beschneidungspfade und ICC-Profile

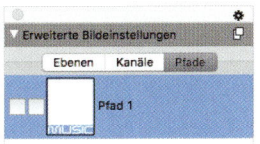

Pfade können zum Umfließen und als Ausschnitt definiert werden. Auch in Tabellen!

Farbkanäle
Je nach Farbmodell erhalten Sie unterschiedliche Farbauszüge. In einer *CMYK-Datei* befinden sich für die Farben *Cyan*, *Magenta*, *Gelb* und *Schwarz* eigene Farbkanäle. Der Farbkanal Schwarz wird auch als *K* bezeichnet, für *Key-Color*.

sowie die enthaltenen Alpha-Kanäle und kann sie für weiche Freisteller nutzen. Leider erkennt XPress keine Schmuckfarbenkanäle in TIFF-Bildern, sondern hält sie für Alpha-Kanäle.

Bilder drucken/exportieren nur den gewählten Ausschnitt. Beim Drucken von Bildern übermittelt XPress nun auch bei EPS-Dateien nur die Daten des effektiv verwendeten Bildausschnitts. Im Gegensatz zu älteren Versionen von XPress werden die resultierenden PostScript- bzw. PDF-Daten wesentlich kleiner.

Das EPS-Format. Wie ich schon gesagt habe, sollten Sie für Neuproduktionen das EPS-Format eher vermeiden. Häufig müssen Sie aber noch mit vorhandenen Beständen von EPS-Bildern arbeiten. Früher war EPS im Zusammenhang mit XPress das einzige geeignete Format für Duplex- und Mehrkanal-(CMYK-)Bilder mit Schmuckfarben und Druckkennlinien. Mittlerweile ist bei Neuproduktionen das TIFF- oder PSD-Format unbedingt vorzuziehen.

Das JPEG-Format. Da JPEG speziell im Web eine große Rolle spielt und dort meist niedrigaufgelöste Formate mit hoher Komprimierung benutzt werden, hat das JPEG-Format in der professionellen Druckvorstufe ein schlechtes Image. Die JPEG-Kompression ist zwar verlustbehaftet, das heißt, dass dabei Bildinformationen verloren gehen; bei niedrigem Kompressionsgrad (= hohe Qualität) sind diese Verluste jedoch für das menschliche Auge kaum sichtbar. Solche JPEG-Bilder eignen sich auch für den Druck. Denken Sie einfach an die Zeitersparnis, wenn Sie viel mit Bildern aus Digitalkameras arbeiten, da diese meist im JPEG-Format (oder RAW, das XPress aber nicht unterstützt) vorliegen. Im JPEG-Format können Sie sowohl Farb- als auch Graustufenbilder mit einer Farbtiefe von mindestens 8 Bit komprimieren. JPEG-Bilder können Freistellpfade, aber keine Alpha-Masken enthalten.

Vektorbilder

Vektororientierte Bilder beschreiben ihren Inhalt anhand von mathematisch definierten Linien, Flächen und Punkten. Diese Objekte können ihrerseits unterschiedliche Füllungen, Farben, Muster und Linienstärken haben. Der Speicherplatzbedarf ist gering und im Gegensatz zu den Pixelbildern besteht für Vektorbilder kein Zusammenhang zwischen Ausgabegröße und Ausgabequalität. Sie können Vektorgrafiken daher beliebig skalieren, ohne Einbußen bei der Ausgabequalität hinnehmen zu müssen.

EPS, AI oder PDF? Seit einigen Jahren wird in modernen Workflows eher das *Portable Document Format* (PDF) verwendet, das schon längst zum Standardformat geworden ist. Eine Spielart des PDF ist das Illustrator-Format (AI), das auf PDF aufsetzt. In XPress können Sie alle diese Formate, also auch Illustrator-AI-Dateien, direkt platzieren. Eventuelle Transparenzen im PDF werden jedoch verflacht. Stellen Sie sicher, dass alle Elemente auf dem gleichen ICC-Profil basieren.

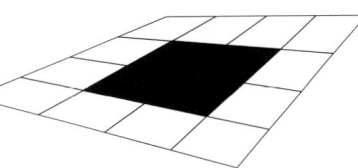

Bei einer Ausgabematrix von 4 x 4 Punkten pro Rasterpunkt ergeben sich maximal 16 unterschiedliche Rasterpunktformen.

PDF-Import. Das *Portable Document Format* (deutsch: portables Dokumentenformat) ist ein plattformübergreifendes Dateiformat für Dokumente, das von der Firma Adobe 1993 vorgestellt wurde. PDFs werden ähnlich wie EPS behandelt. Zusätzlich kann man beim Import von PDFs angeben, welche Seite importiert werden soll und welche Medienbox als Ausschnitt benutzt wird: Kontrollieren Sie den Begrenzungsrahmen bei jedem Import. XPress merkt sich nur bis zum nächsten Programmstart den zuletzt ausgewählten Begrenzungsrahmen. Dies gilt natürlich nur für den Importdialog, in bereits importierten Bildrahmen bleibt die ausgewählte Option erhalten. XPress kann PDFs mit enthaltenen Transparenzen importieren. Diese werden jedoch innerhalb des PDF verflacht und wirken sich nicht auf den Hintergrund außerhalb des PDF aus.

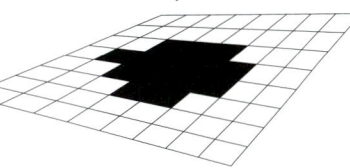

Bei einer Ausgabematrix von 8 x 8 Punkten pro Rasterpunkt ergeben sich maximal 64 unterschiedliche Graustufen.

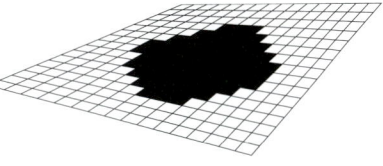

Bei einer Ausgabematrix von 16 x 16 Punkten pro Rasterpunkt wird die Darstellung von 256 verschiedenen Rasterpunktformen ermöglicht.

PDF = ein Standard? PDF war lange Zeit ein proprietäres Dateiformat. Adobe hat PDF der ISO übergeben, und seit dem 1. Juli 2008 ist PDF in Version 1.7 als ISO 32000-1:2008 ein internationaler Standard. Da das Format abwärtskompatibel ist, sind damit auch ältere Dateiformate (z. B. PDF 1.4) Standard. PDF ist eine vektorbasierte Seitenbeschreibungssprache, die Seiten und Objekte unabhängig von Erstellungsprogramm und Ausgabegerät beschreibt. Es kann Vektordaten, Pixeldaten und Schriften sowie auch multimediale Inhalte enthalten. Genau das macht es für die Druckvorstufe manchmal zu mächtig – wer möchte schon Videos drucken? Daher gibt es diverse Unterformate, die das flexible Format wieder auf die Konstrukte beschränkt, die druckbar sind. Die wichtigsten Unterformate sind PDF/X-1a, PDF/X-3 und PDF/X-4.

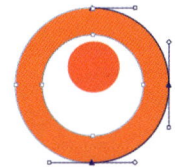

Vektor-orientierte Bilder bestehen aus mathematisch definierten Pfaden, die ohne Qualitätseinbußen stufenlos skaliert werden können.

Illustrator Format AI. Da moderne Illustrator-Formate ein PDF mit Zusatzinformation sind, gelten für AI alle Möglichkeiten und Einschränkungen wie beim PDF. Wenn Sie eine Illustrator-Datei (AI) in

TIFF unkomprimiert
23,5MB

XPress laden und eine Textwarnung bekommen, haben Sie diese in Illustrator nicht ausreichend kompatibel abgespeichert. Öffnen Sie die AI-Datei und speichern Sie sie mit der Option *PDF-Kompatibilität* ab.

> Kombinierte Pixel-Vektor-Bilder wie komplette Anzeigen, Bild-Logo-Kombinationen usw. sollten Sie möglichst nur als reine CMYK-EPS- bzw. PDF/AI-Dateien importieren.

❾ Bilder laden, verwalten, freistellen, ImageGrid

JPEG »Hohe Qualität«
3,8MB

Mit dem Befehl *Hilfsmittel | Verwendung…* können Sie eine Liste aller im Dokument verwendeten Bilder anzeigen. Achten Sie hier auf zwei wichtige Punkte: Erstens sollte kein Bild mit dem Pfadnamen »Keine Diskdatei« aufgelistet werden und zweitens sollten alle Bilder unter Status einen »OK«-Vermerk haben. Mit der *Zeigen*-Schaltfläche springt XPress übrigens automatisch auf die Seite eines zuvor in der Liste markierten Bilds und stellt es in der linken oberen Bildschirmecke dar.

JPEG »Mittlere Qualität«
584 KB

Bildübersicht: *Keine Diskdatei*. Das bedeutet, dass dieses Bild nicht mit *Bild laden…* importiert wurde, sondern seinen Weg über die Zwischenablage mit *Bearbeiten | Einsetzen* ins Dokument gefunden hat. Das ursprüngliche Bildformat wird am Mac in PICT, in Windows in BMP umgesetzt. Da bei der Ausgabe diverse Probleme auftreten können, ist dieser Weg normalerweise nicht zu empfehlen: XPress weiß bei Bildern, die über die Zwischenablage eingefügt wurden, nichts über deren Eigenschaften.

JPEG »Niedrige Qualität«
172 KB

Bildübersicht: Status *modifiziert*. Wird ein Bild unter dem Eintrag *Status* als *modifiziert* angezeigt, kann XPress zwar auf die Datei zugreifen, hat aber festgestellt, dass das Bild inhaltlich von einem anderen Programm verändert wurde oder sich die Zeit auf dem Server (z. B. Sommerzeit) verstellt hat. Durch einen Mausklick auf den Button *Aktualisieren* erneuert XPress unter Erhaltung aller Bildmerkmale wie Größe, Winkel, Position, Farbtiefe usw. die Bildschirmdarstellung. Da XPress bei einem modifizierten Bild Zugriff auf das aktuelle Original hat, wird das tatsächliche Bild (und nicht das Bild der Vorschau) in voller Auflösung gedruckt, denn *modifiziert* sagt lediglich aus, dass die Bildschirmdarstellung eventuell nicht mehr mit dem Inhalt der Originaldatei übereinstimmt. Findet XPress während der Aktualisierung im selben Ordner weitere *modifizierte* Bilder, werden Sie gefragt, ob diese auch gleich aktualisiert werden sollen. Wenn XPress die Bilder am Ursprungsort nicht finden kann, durchsucht es auch das Root-Verzeichnis der Start-Partition (Ihrer Festplatte) und ebenfalls – wenn er denn existiert – den Unterordner namens *Bilder*, der im gleichen Verzeichnis wie das XPress-Dokument liegt.

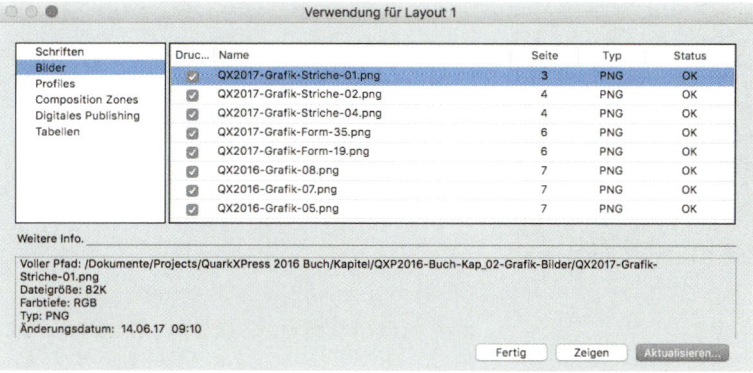

Bildübersicht: Status *fehlt*. Wenn ein Bild unter *Status* als *fehlend* angezeigt wird, sollten bei Ihnen die Alarmglocken läuten, denn XPress sagt mit dieser Meldung, dass das hochauflösende Original nicht gefunden wird. Der Grund dafür kann eine Änderung des Dateinamens oder des Speicherpfads bzw. eine gelöschte Datei sein. In diesem Modus dürfen Sie das Dokument in keinem Fall drucken, da XPress nur die jeweilige Bildvorschau ausgeben würde. Mit einem Mausklick auf den *Aktualisieren*-Button öffnet sich – ähnlich dem *Bild laden…*-Dialog – ein Fenster zur erneuten Verknüpfung mit dem Originalbild. Bei dieser Aktualisierung bleiben die ursprünglichen Bildattribute wie Größe, Winkel usw. erhalten. Falls sich in einem Ordner mehrere zu aktualisierende Bilder befinden, meldet XPress diesen Status wie bei den fehlenden Bildern und ermöglicht es, alle Bilder in einem Zug zu erneuern.

Dokument und Bilder verbinden. Wird der Speicherpfad eines Bilds verändert, wird dieses Bild in XPress als »fehlend« aufgeführt, so dass es manuell neu verbunden werden muss. Mit drei einfachen Workarounds lässt sich unter Umständen viel Zeit sparen. Dabei entspricht die Reihenfolge dem Vorgehen von XPress:

> Werden alle verwendeten Bilder bei deutscher oder schweizerdeutscher Programmsprache in den

Verwendung

Mit dem Befehl *Hilfsmittel | Verwendung…* öffnet sich der *Verwendung*-Dialog, der im Bereich *Bilder* alle im Layout platzierten Bilder mit *Name*, Position der *Seite*, *Typ* und *Status* tabellarisch listet.

Aktualisieren

Veränderte Bilder werden als *Modifiziert* gelistet, nicht auffindbare Bilder als *Fehlend*. Mit einem Mausklick auf die *Aktualisieren*-Schaltfläche müssen Sie aktualisiert oder neu verknüpft werden.

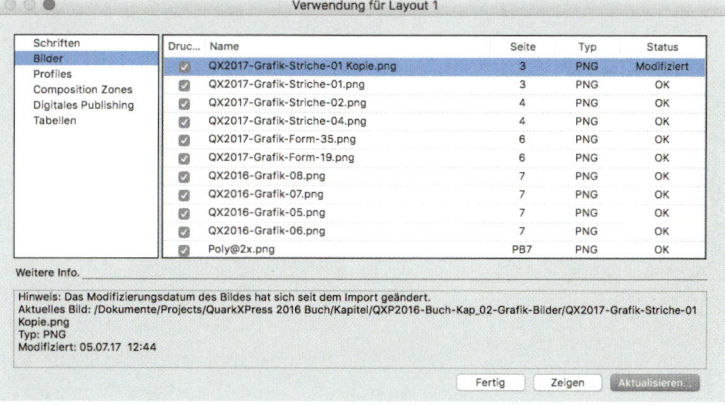

Unterordner *Bilder* neben der XPress-Datei gelegt, findet das Pro-gramm während des *Öffnen*-Vorgangs diese Bilder ganz allein! Wenn die Bilder dort nicht liegen, dann werden alle verwendeten Bilder gefunden, die offen neben der XPress-Datei im Projektord-ner liegen. Sofern dort keine Bilddaten zu finden sind, geht XPress sogar zum *Root* – das bedeutet am Mac meist *Macintosh HD*, am PC meist *C:\ –*.

Bilder auswechseln. In einem Dokument haben Sie ein Firmenlogo 22-mal verwendet und stellen plötzlich fest, dass Sie das falsch eingefärbte Logo erwischt haben! Was tun? Ganz einfach: Verschieben Sie das ursprüngliche Logo in einen Unterordner und rufen Sie *Hilfsmittel | Verwendung | Bilder* noch einmal auf. Da XPress jetzt pflichtbewusst meldet, dass Logo X *fehlt*, können Sie mit einem Mausklick auf *Aktua-lisieren* das Logo »Y« wählen, und schon haben Sie alle Firmenlogos ausgewechselt. Verschieben Sie ein Bild aus einem Ordner, findet XPress es nicht mehr. Verschieben Sie jedoch den Ordner mit den Bil-dern (auf der gleichen Partition/Datenträger), wissen XPress und Betriebssystem immer noch, wo die Bilder zu finden sind. Beachten Sie, dass XPress beim Aktualisieren modifizierter Bilder alle Bildattri-bute der ursprünglich geladenen Bilder behält (die Größe und die Posi-tion müssen aber eventuell manuell angepasst werden).

Modifizierte Bilder – und was es wirklich bedeutet! Beim Laden eines Bilds merkt sich XPress immer das Betriebssystem-Modifikationsda-tum – den sogenannten Zeitstempel – dieser Datei. Jedes Mal, wenn das Dokument später geöffnet, gedruckt oder die *Bildübersicht* aufge-rufen wird, vergleicht XPress dieses Datum mit dem ursprünglichen Modifikationsdatum und meldet bei Abweichungen, das Dokument enthalte »modifizierte« Bilder. Demnach kann sich XPress bei diesem »Bildcheck« also gar nicht auf den Dateiinhalt, sondern nur auf dieses Datum der letzten Änderung stützen. Das wäre nicht so schlimm, wenn dieses Datum nicht auch durch einige andere Einflüsse verändert würde, was unter Umständen dazu führt, dass Bilder als *modifiziert* angezeigt werden, ohne dass an ihnen auch nur ein einziges Bit gekrümmt wurde! Laut Quark können fol-gende Umstände dazu führen, dass Bilder mit dem Status *modifiziert* aufgeführt werden:

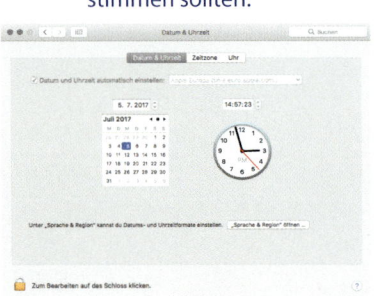

- Die Bilder wurden tatsächlich verändert.
- Wenn Geräte in einer vernetzten Arbeitsgruppe mit stark abweichender Zeiteinstellung arbeiten, kann dies dazu

führen, dass sich ein Rechner in einer anderen *Zeitzone* zu befinden glaubt und dadurch Bilder auf einem Servervolume mit abweichendem Modifikationsdatum »sieht«. Alle Geräte im Netz sollten aus diesem Grund

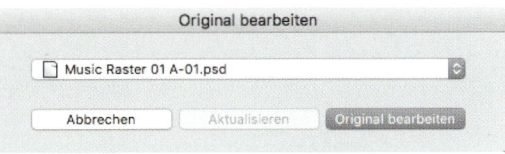

identische Zeiteinstellungen haben. Achten Sie vor allem beim Wechsel der Sommer-/Winterzeit auf gleichzeitiges Umstellen aller Systemuhren. Schalten Sie auf allen Geräten die automatische Sommer-/Winterzeit-Umstellung aus.

■ Werden Bilder in einen Serverordner mit der Zugriffsberechtigung *Nur Schreiben* kopiert, verändern gewisse File-Server-Programme durch die Änderung der Zugriffsberechtigung gleichzeitig das Datei-Modifikationsdatum, was XPress natürlich glauben macht, die Bilder seien tatsächlich verändert worden.

Original bearbeiten
Sie können Bilder direkt aus XPress heraus bearbeiten. Öffnen Sie dazu das Kontextmenü des Bilds und wählen Sie *Original bearbeiten* oder doppelklicken Sie auf das Bild.

Alle Bilder neu laden! Bei Druckproblemen wird oft empfohlen, ein fehlerhaftes Bild neu zu laden und die Seite dann noch einmal zu drucken. Dieser Ratschlag ist gut und schön, hilft Ihnen aber bei der Suche nach dem problemverursachenden Bild nicht viel weiter. Was helfen würde, wäre ein Befehl zum erneuten Laden aller Bilder. Gibt es den in XPress? Na klar: Wird ein Dokument bei gedrückter cmd/strg-Taste geöffnet, werden alle verwendeten Bilder automatisch neu geladen! Dank dieses Shortcuts entfällt für Sie eventuell die Suche nach dem Problembild, da dieses natürlich auch automatisch neu geladen und die Vorschau neu interpretiert wird.

Rahmen anpassen
Um Rahmen an Bilder anzupassen, wählen Sie den Befehl *Stil | Rahmen an Bild anpassen*. Umgekehrt können Sie ein Bild auch der Rahmengröße anpassen indem Sie den Befehl *Stil | Bild auf Rahmen skalieren* wählen.

Rahmen an Bild anpassen, Bild an Rahmen anpassen. XPress bietet einen Menü- bzw. Kontextmenübefehl, mit dem der Bildrahmen auf die Größe des Bilds angepasst werden kann – egal, ob dieses kleiner oder größer als der Rahmen ist. Aktivieren Sie den entsprechenden Rahmen mit dem geladenen Bild und wählen Sie *Stil | Rahmen an Bild anpassen* bzw. den entsprechenden Befehl aus dem Kontextmenü. Auch für den umgekehrten Fall, nämlich das Bild an den Rahmen anzupassen, steht ein Menübefehl bereit.

Bild oder Bildinhalt verschieben? Ein Bildrahmen kann in XPress mit aktiviertem *Objektwerkzeug* über die Pfeiltasten ← → ↑ ↓ punktweise verschoben werden. Halten Sie dabei gleichzeitig auch noch die alt-Taste gedrückt, verändert sich dieser Wert auf 1/10 Punkt. Wird anstelle des *Objektwerkzeugs* das *Bildinhaltswerkzeug* verwendet, bezieht sich die Verschiebung nicht auf das Objekt, sondern auf das Bild innerhalb

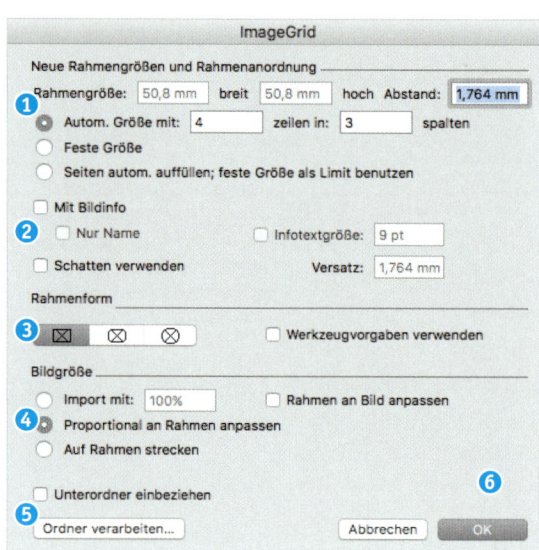

des Rahmens. In den Werkzeugvorgaben für das *Objektwerkzeug* können Sie diese Schrittweite frei ändern.

ImageGrid

Um ganze Ordner mit Bildern automatisch in ein Layout zu laden, gibt es das Hilfsmittel *ImageGrid*. *ImageGrid* erstellt Layoutseiten mit Rastern von Bildrahmen und lädt in diese Rahmen aus einem gewünschten Ordner nacheinander alle Bilder.

Sie können die Rahmen mit Bildunterschriften versehen lassen und die Bilder auf unterschiedliche Weise innerhalb der Rahmen anordnen.

Stapel-Import

ImageGrid importiert die Inhalte kompletter Ordner mit allen darin enthaltenen Bildern nach Ihren Vorgaben in Layouts. Sie gestalten das Raster in *Zeilen* und *Spalten,* und ImageGrid erledigt den Rest.

❶ Legen Sie ein neues XPress-Projekt oder Layout an.

❷ Rufen Sie mit dem Befehl *Hilfsmittel | ImageGrid…* den betreffenden Dialog auf.

❸ Definieren Sie eine feste *Bildrahmengröße* und einen *Abstand*. Oder Sie legen eine *automatische Größe* fest, die sich aus der Angabe von *Zeilen* und *Spalten* ergibt ❶.

❹ Legen Sie eine *Bildinfo* in einer gewünschten *Infotextgröße* an. Der Text der Bildunterschrift entspricht dem *Dateinamen*. Optional können Sie Bildinformationen wie *Format* und *Größe* zusätzlich im Infotextrahmen darstellen ❷.

❺ Wählen Sie eine Rahmenform. Sie haben die Auswahl zwischen *rechteckig*, mit *gerundeten Ecken* und *rund*. Sie können die in den *Werkzeugvorgaben* getroffenen Einstellungen für die Rahmen wirksam werden lassen ❸.

❻ Im Bereich *Bildgröße* stellen Sie ein, ob die importierten Bilder einem *prozentualen Wert* oder dem *Rahmen* angepasst werden.

❼ Klicken Sie auf die Schaltfläche *Ordner verarbeiten,* um die Quelldateien zu bestimmen. Mit der Option *Unterordner einbeziehen* sucht *ImageGrid* im kompletten Verzeichnisbaum ❺ nach Bilddaten.

❽ Klicken Sie auf *OK* und *ImageGrid* beginnt mit der Arbeit, die Seiten aufzubauen und automatisch mit den zuvor definierten Bilderrastern zu füllen ❻.

Wenn Sie die Einstellungen für *ImageGrid* so modifizieren, dass Sie pro Seite nur jeweils ein Bild laden, können Sie auf diesem Weg PDF-Dokumente, die als Einzelseiten vorliegen, im Handumdrehen in ein XPress-Layout importieren.

Freisteller

XPress verfügt über zwei Arbeitstechniken, wie Bilder freigestellt werden: eine auf *XPress-Pfaden* basierende Methode, die im Bereich *Ausschnitt* der *Maße*-Palette ausgewählt wird, und eine *weiche*, die über das Popup-Menü *Maske* in der *Maße*-Palette bestimmt wird. Um den Vorgang noch komplexer zu machen, können beide Methoden auch gleichzeitig angewendet werden.

Im Bereich *Ausschnitt* der *Maße*-Palette teilen Sie QuarkXPress mit, welche Bereiche eines Bilds oder einer Grafik gedruckt und welche nicht gedruckt werden sollen. XPress erkennt im Bereich *Ausschnitt* nicht nur Beschneidungspfade, sondern auch normale Pfade und kann Alpha-Kanäle in eigene Vektorpfade umwandeln. Bilder mit Beschneidungspfaden sowie mit transparenten Hintergründen werden in XPress automatisch freigestellt, die anderen Freistellerarten müssen Sie im Register *Ausschnitt* explizit auswählen. Außer bei EPS-Bildern können Sie den Freisteller auch deaktivieren. Diese Grenze zwischen druckenden und nicht druckenden Teilen ist vektorscharf. Damit XPress einen eigenen Freistellpfad erstellen kann, muss das Programm direkt auf die hochauflösenden Daten zugreifen können. In vielen Fällen ist ein weicher Übergang zwischen Pixelobjekt und Hintergrund gefragt. Dazu verwenden Sie eine Maske in Form eines Alpha-Kanals, den Sie zuvor in Photoshop erzeugen und in XPress über das Popup-Menü *Maske* im Bereich *Anfangsposition* der *Maße*-Palette auswählen.

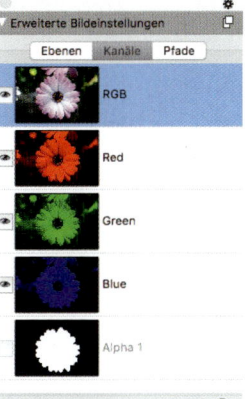

Weiche Freisteller mit Alpha-Kanälen

Ein Alpa-Kanal ist ein Maskenkanal, der im Gegensatz zum Freistellerpfad weiche Ränder oder Übergänge ermöglicht. Dieser Maskenkanal enthält wie jeder andere Bildkanal 256 Graustufen. Um in QuarkXPress einen Alpha-Kanal zu verwenden, nutzen Sie eine Datei, die als Maske einen oder mehrere Alpha-Kanäle enthält.

Alpha-Kanäle
Ein Blick in die Palette *Erweiterte Bildeinstellungen* zeigt Ihnen im Bereich *Kanäle* an, ob die geladene Datei einen Alpha-Kanal enthält. In der Maße-Palette schalten Sie im Bereich Anfangsposition die weiche Alpha-Maske ein.

❶ Ziehen Sie auf der Layoutfläche einen Bildrahmen auf.

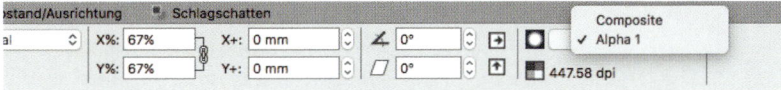

Automatische Freisteller

In der Maße-Palette im Bereich *Ausschnitt* haben Sie die Möglichkeit, aus verschiedenen Vorein-stellungen automatisiert Freisteller zu generieren. Wählen Sie *Nicht weiße Bereiche* ❶, oder lassen Sie einen enhaltenen *Alpha-Kanal* zu einem Freisteller-Pfad wandeln ❷. Beide Optionen sorgen für minderwer-tige Freistell-Qualität. Die Maskenoption *Alpha-Kanal* ergibt das beste Resultat ❸.

❷ Navigieren Sie auf Ihrem Datenträger zu einer Datei, die über einen Alpha-Kanal verfügt, und laden Sie diese in den Bildrahmen.

❸ Wählen Sie bei aktivierten Bildrahmen in der Maße-Palette den Bereich Anfangsposition aus und klappen rechts das Pull-Down-Menü *Maske* auf.

❹ Wählen Sie den gewünschten Alpha-Kanal aus.

Harte Freisteller über die Palette »Ausschnitt«

Häufig erhalten Sie als Layouter jedoch kein Material mit vorbe-reiteten Alpha-Kanälen, sondern Bilder mit ganz herkömmlichen Photoshop-Freistellpfaden oder sogar Bilder ganz ohne Pfade. XPress kann die Pfade aus den Bildformaten PSD, TIFF, JPEG und EPS auslesen. Das Programm kann nicht nur Freisteller erzeugen, sondern auch eingebettete Pfade lesen und diese als Ausschnitt verwenden. Solche Pfade können in XPress sogar modifiziert werden.

Freisteller mit nicht weißen Bereichen ❶. Damit Sie sich die Funktion *Ausschnitt* Schritt für Schritt erarbeiten können, öffnen Sie ein Bild in Photoshop (oder in einem anderen Bildbearbeitungsprogramm) und wählen Sie jene Bildbereiche aus, die später in QuarkXPress transpa-rent erscheinen sollen. Anschließend füllen Sie diese weiß.

Sie erhalten jetzt ein manuell freigestelltes Bild. Laden Sie jetzt Ihr gerade erstelltes Bild in XPress in einen Rahmen mit der Farbe *Weiß* oder *Keine* und stellen Sie eine farbige Fläche dahinter. XPress soll jetzt versuchen, alle weißen Pixel des Bilds zu erkennen und diese gegen-über dem farbigen Hintergrund freizustellen. Dazu rufen Sie aus dem *Objekt*-Menü die Dialogbox *Ausschnitt* auf. Sie können dabei zwischen unterschiedlichen Arten wählen.

Nicht-weiße-Bereiche- und Alpha-Kanal-Freisteller nur für Layout-arbeiten! Diese Ausschnitt-Funktion in XPress ist recht und gut für Layout- und Proofarbeiten. Für den Profi sind diese Freisteller aber sel-ten zu gebrauchen, da es viel präziser ist, in Photoshop einen Beschnei-dungspfad ❷ oder besser gleich einen Alpha-Kanal zu erstellen ❸.

Nicht-weiße Bereiche ausschneiden. Diese Option ist vor allem dann interessant, wenn Sie TIFF-Bilder haben, die nicht freigestellt sind, und Sie mal eben »quick and dirty« layouten wollen. Ausschlaggebend sind hier drei Werte:

❶ Schwellenwert. Dieser gibt an, welche Grauwerte nicht erkannt werden sollen. Je näher der Wert bei null ist, desto »reiner« muss das Weiß sein.

❷ Glätte. Wie nah soll der Beschneidungspfad an der erkannten Kontur laufen? Je kleiner der Wert, desto genauer ist der Pfad, aber desto größer ist die Anzahl der Punkte. Wie viele Knotenpunkte der Bézier-Pfad hat, können Sie aus der »Information« ablesen.

❸ Störung. Sollen kleinere Störungen (wie Schmutz etc.) auch erkannt oder ausgelassen werden? Wenn Sie hier einen zu kleinen Wert eingeben, wird zu viel Schmutz erkannt, bei zu großen Werten gehen Details verloren. Also ist auch hier Feintuning angesagt.

Weitere Optionen. Mit *Invertieren* werden nicht die innen liegenden Pixel erkannt, sondern die außen liegenden.

Nur außen liegende Kanten. Soll nur die Außenkontur abgesucht werden oder dürfen »Löcher« im Objekt vorkommen (wie z. B. bei einem Autoreifen)? Obwohl XPress ein rahmenbasiertes Programm ist, können Bildinhalte auch aus Rahmen herausragen. Deaktivieren Sie dann *Auf Rahmen begrenzen*.

XPress-Freisteller bearbeiten: Nachdem ein Pfad erzeugt wurde, bestätigen Sie mit *OK* und überprüfen dann am Bildschirm die Freistellung. Möchten Sie jetzt den Bézier-Beschneidungspfad nachbearbeiten, wählen Sie im Menü *Objekt* den Befehl *Bearbeiten | Ausschnitt*. Sie können den Pfad dann mit den gewohnten Bézier-Funktionen direkt im Bild nachbearbeiten.

Freisteller bearbeiten
Die Option *nicht weiße Bereiche* stellt weiße Bereiche transparent zum Hintergrund ein. Deaktivieren Sie die Option *Nur außenliegende Kanten*, erhalten Sie transparente Durchbrüche im Motiv.

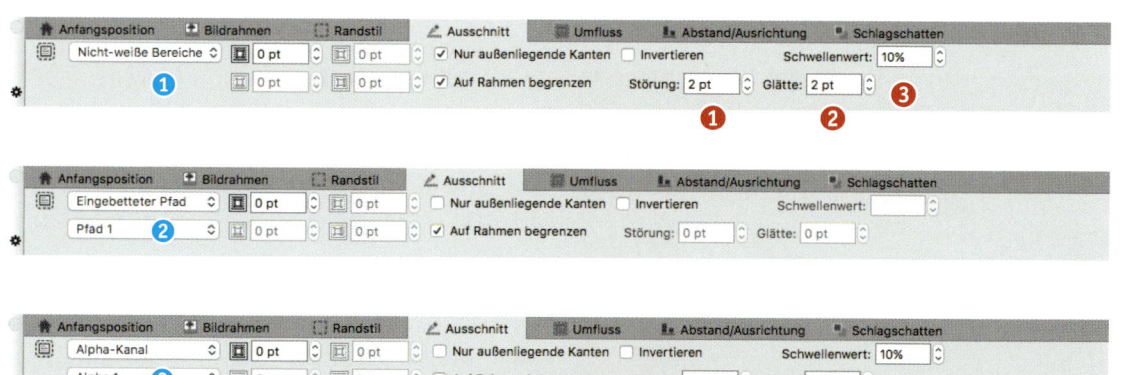

⑩ Bildbearbeitung im Layout

Bildrahmen in QuarkXPress sind Container, in die Sie auf der Festplatte befindliche Bilder und Grafiken laden. Sie werden im Layout dargestellt und bei der Ausgabe beispielsweise als PDF in das Ausgabedokument eingebettet. Wenn Sie das im Bildrahmen geladene Bild durch ein externes Programm außerhalb von XPress bearbeiten, müssen Sie es nach der Bearbeitung in Ihrem Layout aktualisieren. Innerhalb von XPress können Sie mit der aktuellen Version 2017 spannende Sachen mit Bildern anstellen.

Klassische Bildbearbeitung im Layout
Farbige Bilder können bis zur Version 2016 nur eingeschränkt bearbeitet werden. Schwarzweißbilder konnten lasierend eingefärbt werden.

Je nach Farbmodell des platzierten Bildes können Sie die *Skalierung*, die *Ausrichtung* oder die *Deckkraft* manipulieren. *Graustufenbilder* lassen sich zusätzlich noch *einfärben* und aus der Kombination von Farbe des Bildhintergrunds und der Bildfarbe gestalten Sie spannende Effekte. Bislang mussten alle weitergehenden, speziellen Bildmanipulationen in Drittherstellerprogrammen wie *Affinity Photo*, *Photoshop*, *Pixelmator*, *Acorn*, *Gimp* oder *Photo-Scape* geschehen.

Original bleibt unverändert

Um den Wechsel in andere Programme zur Bildbearbeitung weitestgehend überflüssig zu machen, hat Quark in die vorliegende Version 2017 umfangreiche, nicht destruktive *Bildbearbeitungsfunktionen* eingebaut. Dabei speichert XPress die von Ihnen vorgenommenen Bearbeitungen als Verweis im Layoutdokument. Sie können also jederzeit vorgenommene Bildbearbeitungsschritte und Manipulationen wieder zurücknehmen, nachträglich modifizieren oder die Reihenfolge verändern, in der sie auf das Bild angewendet wurden. Ihre Originaldatei bleibt immer unangetastet auf der Festplatte, Ihre vorgenommene Bildbearbeitung immer mit dem Bild verknüpft. Sobald Sie das Bild im Rahmen löschen, werden auch die Bildbearbeitungseinstellungen entfernt. Sie können den Rahmen oder das darin enthaltene Bild in andere Layouts oder Projekte kopieren. Die vorgenommenen Bildbearbeitungsschritte werden beim Kopieren »mitgenommen«. Es lassen sich auch nur die Bildbearbeitungsschritte ohne das Bild kopieren und sie auf ein anderes Bild anwenden. Weiterhin können Sie die von Ihnen vorgenommenen Bildbearbeitungsschritte in Form eines neuen Bildes auf die Festplatte exportieren. In den Bildexport-Optionen legen Sie fest, ob das ursprüngliche Bild überschrieben werden soll, ob eine Kopie auf der Festplatte landet und ob der Rahmen, aus dem Sie exportieren, mit dem neu erzeugten Bild verknüpft werden soll.

Palette »Bildbearbeitung«

Die Bildbearbeitungsmöglichkeiten in XPress kombinieren über eine Palette drei Funktionsbereiche. Es stehen Ihnen *Filter*, die *Farbabstimmung* sowie der *Mischmodus* zur Verfügung. Sie können diese drei Bereiche einzeln auch über das *Stil*-Menü aufrufen. Die Handhabung mehrerer Bildbearbeitungen gleichzeitig gelingt übersichtlich nur über die Palette. Dort verwalten Sie die von Ihnen ausgewählten Filter und Farbabstimmungen sowie deren Einstellungen. Die von Ihnen getroffene Auswahl an Bildbearbeitungen werden dort tabellarisch gestapelt.

Bildbearbeitung direkt im Layout
Wenden Sie Filter oder Farbabstimmungen auf jedes Bild im Layout an.

Die Palette *Bildbearbeitung* gliedert sich in einen oberen Auswahlbereich, in dem Sie über zwei Symbole *Filter fx* und *Farbabstimmungen* ◑ und über ein Popup-Menü die möglichen *Mischmodi* ◉ auswählen. Mit einem Auswahlmenü können Sie die jeweilige *Deckkraft* einer Farbabstimmung verändern oder numerisch einen Wert in das Eingabefeld eintragen. Rechts oben im Auswahlbereich befindet sich das Symbol *Bildexport* ↗. Klicken Sie auf das Symbol, können Sie ein Duplikat Ihres Bildes inklusive aller bisher vorgenommenen Bearbeitungen auf die Festplatte sichern. Unterhalb des Auswahlbereiches werden Filter und Farbabstimmungen gelistet. Per Mausklick auf das *Auge-Symbol* ◉ des jeweiligen Eintrags in der Liste machen Sie die betreffende Bildbearbeitung vorübergehend unsichtbar. Rechts neben dem Namen der Bearbeitung befinden sich zwei Pfeilsymbole ▾ ▴. Klicken Sie auf die Pfeile, um Ihre Bildbearbeitung innerhalb der Liste

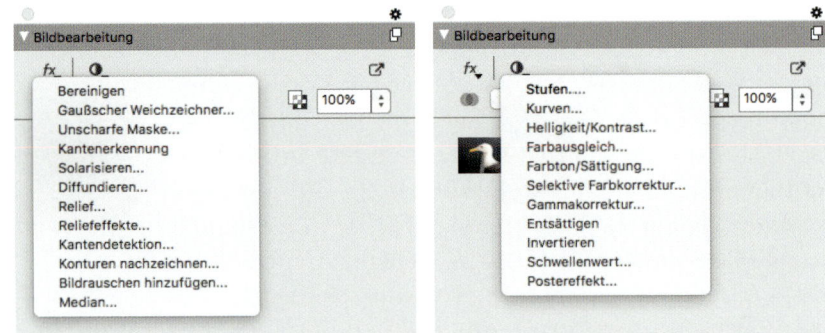

Die Palette für die Bildbearbeitung
Klappen Sie in der Palette *Bildbearbeitung* unter den Symbolen für Filter oder Farbabstimmung das jeweilige Pop-Up-Menü auf. Treffen Sie eine Auswahl unter zwölf Filtern und elf unterschiedlichen Farbabstimmungen.

Ohne Einstellparameter
Die Bildbearbeitungen *Bereinigen, Kantenerkennung, Entsättigen* und *Invertieren* haben keinen Einstelldialog und werden auch in der Palette nur als Funktion ohne Wert dargestellt.

Bereinigen
Der Filter *Bereinigen* interpoliert Bildstörungen und Rauschen.

schrittweise nach oben oder unten zu bewegen. Ganz rechts befindet sich das *Löschen-Symbol* 🗑, mit dem Sie Einträge in der Liste entfernen. Mit dem *Mischmodus* definieren Sie, wie sich Filter und Farbabstimmungen untereinander mischen. Mit einem Mausklick auf die Pfeilsymbole verschieben Sie die Position von Filtern und Farbabstimmungen vertikal innerhalb der Palette und variieren auf diesem Wege die Reihenfolge der Anwendung der Bildbearbeitungen auf Ihr Bild. Klicken Sie auf den Namen der Bildbearbeitung, klappt der betreffende interaktive Einstelldialog ein oder aus.

Filter und Bildeffekte anwenden

Aktivieren Sie in Ihrem Layout ein importiertes Bild. Wählen Sie im Menü den Befehl *Stil | Bildbearbeitung…* und treffen Sie dort Ihre Auswahl zwischen *Farbabstimmung* und *Filtern*. Haben Sie schon eine Bildbearbeitung durchgeführt, so erscheinen im Menü neben der Farbabstimmung und den Filtern auch die Auswahlmöglichkeit *Bildeffekte löschen* sowie eine Übersicht der bisher angewendeten Bildbearbeitungen. Diese können Sie dort auch einzeln ansteuern und auswählen. Bestimmen Sie eine Auswahl, und der dazugehörige Einstelldialog zur Bildbearbeitung erscheint. Haben Sie eine Bildbearbeitung auf ein importiertes Bild angewendet, zeigt sich in der rechten oberen Ecke des Bildrahmens ein Symbol 🖾. Sehen Sie kein Symbol, dann schalten Sie *Ansicht | Sichtzeichen zeigen* ein. Nutzen Sie die Bildbearbeitungsfunktionen über die Befehle des *Stil*-Menüs, so können Sie in den betreffenden Dialogen die Vorschau der Bearbeitung im Dokument *abschalten*. Die Verwendung der Palette *Bildbearbeitung* sorgt immer für eine *Echtzeit-Vorschau* der jeweils aktiven Bearbeitung im Dokumentfenster.

Die Filter

Bereinigen. Der Filter *Bereinigen* ist ein Störungsfilter. Die Körnigkeit oder das Bildrauschen eines Bildes werden dezent interpoliert. Die Stärke des Filters hat einen Basiswert, der sich nicht bearbeiten lässt. Sie können den Filter nur ein- und ausschalten oder in der Position innerhalb der *Bildbearbeitungs*-Palette verschieben.

Gaußscher Weichzeichner… Mit dem *Gaußschen Weichzeichner* wenden Sie eine spezielle Form der Weichzeichnung auf Bilder an. Das Verfahren beruht auf der so genannten Gaußschen Normalverteilung und hat eine gute Weichzeichnung zur Folge. Mit Hilfe eines Schieberreglers können Sie den *Radius* der Wirkung des Filters auf die einzelnen Pixel des Bildes zwischen 0 bis maximal 250 Pixel einstellen. Der Filter lässt sich dabei wahlweise nur auf das *Bild*, die enthaltene *Maske* oder beides anwenden.

Unscharfe Maske… Der Filter *Unscharfe Maske* ist ein Filter, der typischer Weise in der Druckproduktion zum Einsatz kommt. Er schärft gleichzeitig Kanten und verstärkt Kontraste im Bild. Für Bilder, die für die Bildschirmausgabe vorgesehen sind, ist der Filter eher ungeeignet. Im Druckprozess sorgt er jedoch für ein verbessertes Druckbild. Mit dem Regler *Wert* stellen Sie die Stärke der Kontrasterhöhung ein. Ausgehend von einem Pixel des Bildes, definiert der Regler *Radius* die Wirkung auf die jeweils angrenzenden Pixel. Sie können zwischen 1 bis 255 Pixel betragende Werte einstellen. Um eine Verstärkung des Rauschens zu verhindern, können Sie mit Erhöhung des Schwellenwerts gleichmäßige Flächen von der Berechnung ausschließen.

Kantenerkennung. Schalten Sie die *Kantenerkennung* ein, um auf Ihr Bild den Effekt der Hervorhebung von Kanten anzuwenden. Der Filter verfügt über keine weiteren Einstellmöglichkeiten. Filter können aber mit dem Auge-Symbol ◉ vorübergehend unsichtbar gemacht werden.

Solarisieren… Der Filter *Solarisieren* ahmt die Veränderung des Schwarzverlaufs bei der Überbelichtung von Fil-

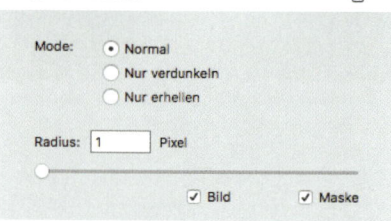

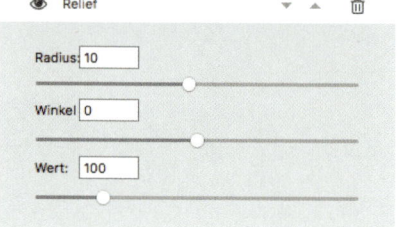

men in analogen Fotokameras nach. Analogfilme reagieren ganz unterschiedlich auf eine Überbelichtung. Ab einem bestimmten Wert verkehrt sich die Überbelichtung in das Gegenteil und führt je nach Stärke zu einer schillernden Abdunkelung. Mit dem Schieberegler *Schwellenwert* stellen Sie die Wirkung des Filters ein. Wählen Sie einen Wert zwischen 1 bis 254, wobei 254 der schwächsten Wirkung des Filters entspricht.

Diffundieren… Der Filter *Diffundieren* vermischt angrenzende Pixel miteinander. Im Bereich *Modus* haben Sie die Auswahl zwischen drei verschiedenen Optionen: *Normal*, *Nur abdunkeln* und *Nur aufhellen*. Im Modus *Normal* werden die Pixel ohne Berücksichtigung der Farbwerte gemischt. Im Modus *Nur abdunkeln* ersetzen Sie helle durch dunkle Pixel. Im Modus *Nur aufhellen* ersetzen Sie dunkle Pixel durch helle. Mit dem Schieberegler *Radius* stellen Sie den Kreis der Wirkung zwischen 1 bis 10 Pixeln ein. Darüber hinaus können Sie entscheiden, ob die Wirkung der Diffusion auf das *Bild*, die *Maske* oder beides wirksam ist.

Relief… Für Effekte, die wie eine Prägung aussehen sollen, verwenden Sie den Filter *Relief*. Der Filter färbt Ihr Bild Grau ein und verstärkt ähnlich wie der Filter *Kantenerkennung* die Umrisse. Dadurch entsteht ein reliefartiger Effekt, den Sie mit drei Schiebereglern bearbeiten. Mit der Stärke des *Radius*, definieren Sie die Höhe des Reliefs in Werten zwischen 1 bis 20 Pixeln. Mit dem *Winkel* stellen Sie die Richtung des Lichteinfalls ein, der die Kanten des Reliefs beleuchtet. Ihnen stehen hier Winkel von plus bis minus 360 Grad zur Auswahl. Mit dem Regler *Wert* stellen Sie die Gesamtstärke des Effektes in Werten von 1 bis 500 ein.

Reliefeffekte… Der Filter *Reliefeffekte* funktioniert anders als der Filter *Relief*, denn die Flächen des Bildes werden nicht grau eingefärbt. Sie erhalten einen Reliefeffekt, der auf das farbige Bild wirkt. Sie richten die scheinbare Richtung des Lichteinfalls über insgesamt 8 Pfeiltasten aus. Darüber hinaus können Sie keine weiteren Einstellungen vornehmen.

Kantendetektion… Die *Kantendetektion* arbeitet ähnlich wie die *Kantenerkennung*. Der Unterschied ist, dass das bearbeitete Bild schwarz eingefärbt wird und die Kanten farbig hervorgehoben werden. Im Gegensatz zur Kantenerkennung können Sie hier aus zwei Methoden der Erkennungsverfahren wählen. Sie basieren auf unterschiedlichem mathematischen Verfahren. Der *Sobel-Operator* nutzt ein einfaches Verfahren zur Kantendetektion. Der *Pewitt-Operator* schließt die Grauwerte aus der Berechnung aus. Wählen Sie per Mausklick auf den entsprechenden Button den Operator aus.

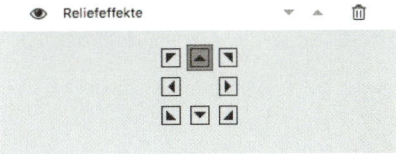

Konturen nachzeichnen… Der Filter *Konturen nachzeichnen* funktioniert ähnlich wie der Filter *Kantenerkennung*. Das Ergebnis ist jedoch im Gegensatz zur Kantenerkennung eher einfarbig und verwandelt das Bild kontrastreich, sodass die Wirkung einer Kohlezeichnung nahekommt. Mit dem Schieberegler lässt sich die Intensität des Filters von 1 bis 128 variieren. Dabei entspricht 1 der stärksten Wirkung und 128 der schwächsten. Sie können die Wirkung umkehren, indem Sie einen Haken in die Checkbox *Invertieren* setzen.

Bildrauschen hinzufügen… Mit dem Filter *Bildrauschen hinzufügen* erzeugen Sie gleichmäßiges Rauschen. Über den Schieberegler *Wert* definieren Sie die Menge an farbigem Rauschen, die Sie Ihrem Bild hinzufügen. Sie können variieren zwischen dem schwächsten Wert 1 bis zum höchsten Wert 100 Pixel. Wählen Sie für die Art der Farbverteilung die Methoden *Uniform* oder *Gauß*. Bei der uniformen Verteilung werden die Pixel zufällig verteilt. Bei der Verteilung nach der gaußschen Methode orientiert sich die Streuung an der glockenförmigen gaußschen Kurve. Möchten Sie Ihrem Bild nur graues Rauschen hinzufügen, schalten Sie die Option *Monochromatisch* mit einem Klick auf die Checkbox ein.

Median… Der *Median*-Filter interpoliert Werte eines Bildbereichs und erzeugt daraus einen Durchschnittswert. Mit diesem Filter können Sie Bilder, die Störungen wie Kratzer, Punkte oder kleine Flecken aufweisen, reparieren. Mit dem Schieberegler *Radius* stellen Sie die Stärke der

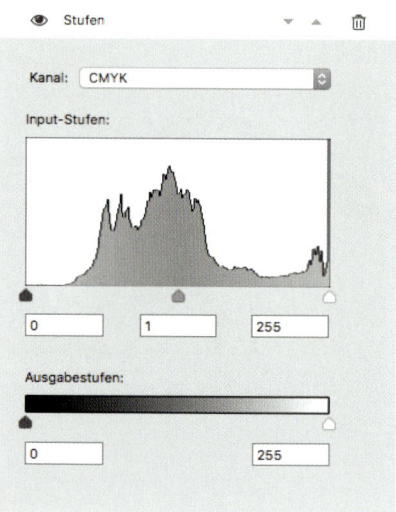

Interpolation ein. Diese kann 1 bis 10 Pixel betragen. Mit der Option *Graustufen* können Sie die Farbwerte des Bildes von der Berechnung ausschließen. Dann werden nur die Graustufen ausgewertet.

Die Farbabstimmung

Stufen… Mit den *Stufen* führen Sie eine Korrektur der Tonwerte in Ihrem Bild durch. Zu dunkle oder zu helle Bilder lassen sich mit den Stufen für die Darstellung im Dokument sowie für Ausgabe verbessern. Als Kanäle für Ihre Bearbeitung stehen Ihnen die jeweiligen Farbkanäle des Quellbildes zur Verfügung. Importieren Sie ein Bild im RGB-Farbraum, so können Sie auf die RGB-Kanäle wahlweise einzeln oder insgesamt zugreifen. Im Pop-Up-Menü *Kanal* wählen Sie entweder *RGB*, *Rot*, *Grün* oder *Blau* aus. Importieren Sie ein Bild im CMYK-Farbraum, können Sie im Pop-Up-Menü auf die Kanäle *CMYK*, *Cyan*, *Magenta*, *Gelb* oder *Schwarz* (Key-Color) zugreifen. Ein Histogramm zeigt Ihnen die Verteilung der Tonwerte innerhalb Ihres Bildes an. Die Y-Höhe der Ausschläge zeigt Ihnen häufig vorkommende Tonwerte an, niedrige Ausschläge stellen die seltener auftretenden Werte dar. Das sind zunächst die Tonwerte, die das importierte Bild unbearbeitet aufweist.

Unterhalb des Histogramms befinden sich auf einer horizontalen Achse drei *Zeiger* ♠, mit denen Sie die Gewichtung der Tonwerte für *Tiefen*, *Mitteltöne* und *Lichter* zuordnen. Sie verändern die Gewichtung, indem Sie mit dem Mauszeiger auf die Zeiger klicken und an ihnen seitlich horizontal ziehen. Unterhalb der Zeiger liegen zudem Eingabefelder, über die Sie Ihre Korrekturen auch numerisch eingeben können. Der gesamte Tonwertumfang Ihres Bildes wird im Verlaufsbalken *Ausgabestufen* dargestellt. Entsprechend der im 8 Bit-Farbraum befindlichen 256 Stufen können Sie den Tonwertumfang zwischen den Werten 0 bis 255 skalieren. Verschieben Sie die Zeiger der *Ausgabestufen,* um den Tonwertumfang zu verlagern.

Kurven… Möchten Sie die Tonwerte in Ihrem Bild genauer bearbeiten, nutzen Sie die *Kurven*. Damit bearbei-

ten Sie die *Farbe* und *Helligkeit* von Bereichen des Tonwertumfangs. Ursprünglich stammt der Begriff *Gradationskurve* aus der Fotografie und beschreibt die Wiedergabe des Motivkontrastes.

Die Kurven beziehen sich wie die Stufen jeweils auf den Farbraum des Quell-Bildes. Importieren Sie ein Bild im RGB-Farbraum, so können Sie die Gradation wahlweise für das gesamte *RGB*-Spektrum oder für die Kanäle *Rot*, *Grün* und *Blau* einstellen. Wählen Sie den entsprechenden Kanal aus dem Pop-Up-Menü *Kanal*. Importieren Sie ein Bild im CMYK-Farbraum, haben Sie die Möglichkeit, entweder alle Kanäle gleichzeitig – also CMYK –, oder einzeln – Cyan, Magenta, Gelb und den Schwarz-Kanal (Key-Color) – zu bearbeiten. Die Gradationskurven bewegen Sie im quadratischen Feld in der Mitte der Palette. Dabei stellt die horizontale Achse die Quell-Farbwerte Ihres Bildes dar. Links beginnend mit den Tiefen bewegen sich die Farbwerte nach rechts zu den Lichtern. Die vertikale Achse stellt die Ziel-Farbwerte dar.

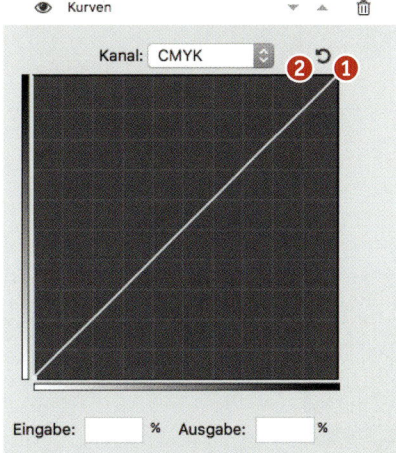

Die Farbwerte beginnen mit den Tiefen unten und bewegen sich zu den Lichtern nach oben. In der Grundeinstellung sehen Sie eine diagonale Achse, die von links unten bis rechts oben verläuft. Quell- und Zielwerte stimmen unbearbeitet überein.

❶ Für eine einfache Veränderung der *Gradationskurve* klicken Sie in die rechte obere Ecke des quadratischen Feldes und ziehen bei gedrückter Maustaste den Anfasserpunkt am Ende der Linie senkrecht nach *unten*. Bei einer flachen Kurve unterhalb der Diagonale gleichen Sie die Bildhelligkeit an – bei gleichzeitiger *Abdunkelung* des Bildes.

❷ Neben dem Pull down-Menü für die Farbkanäle befindet sich das *Zurücksetzen*-Symbol ↺. Klicken Sie darauf, um in die Ausgangs-Diagonale Ihrer Gradation zurückzukehren.

❸ Klicken Sie in die linke untere Ecke des quadratischen Feldes und ziehen Sie bei gedrückter Maustaste den Anfasserpunkt am Ende der diagonalen Linie senkrecht nach oben, gleichen Sie bei einer flachen Kurve

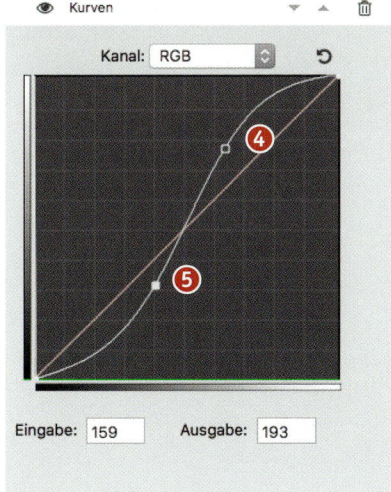

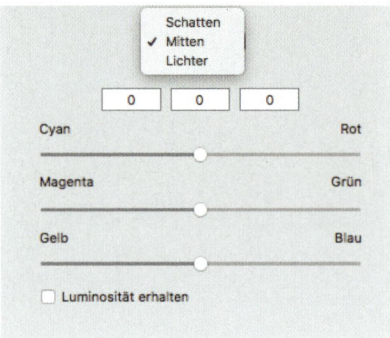

die Bildhelligkeit an – und dies bei gleichzeitiger *Auf-hellung* des Bildes.

④ Um gezielt einzelne Tonwertbereiche des Bildes zu bearbeiten, klicken Sie auf die Linie und erzeugen dort einen Anfasserpunkt, der sich in alle Richtungen ziehen lässt. Sie verändern dadurch die *Ein- und Ausgabewerte* Ihres Bildes. Unterhalb des quadratischen Feldes befinden sich zwei Felder, in denen Ihnen beim Ziehen des Anfasserpunktes die entsprechenden Ein- und Ausgabewerte angezeigt werden.

⑤ Über weitere Klicks auf die Linie lassen sich zusätzliche Punkte hinzufügen. Sie können dadurch Tonwertbereiche anheben und andere unabhängig absenken. Die *Interpolation* der Kurve sorgt für weiche Übergänge der Korrekturen.

Helligkeit/Kontrast… Verändern Sie global die *Helligkeit* und den *Kontrast* eines Bildes mit der Farbabstimmung *Helligkeit/Kontrast*. Sie können mit zwei Schiebereglern Werte zwischen -100 bis 100 einstellen bzw. tragen die gewünschten Werte manuell in die jeweils zugeordneten Eingabefelder ein.

Farbausgleich… Mit der Farbabstimmung *Farbausgleich* entfernen Sie Farbstiche aus Bildern, indem Sie deren Farbbalance bearbeiten. Besonders ein unpräziser Weißabgleich in Fotos führt zu einer abweichenden Farbdarstellung im Bild. Mit den Reglern können Sie das Farbspektrum bearbeiten. Wählen Sie zunächst aus dem Pop-Up-Menü, ob Sie eher die *Schatten*, die *Mitten* oder die *Lichter* bearbeiten möchten. Nutzen Sie den Regler, der Ihrer Korrektur am nächsten kommt. Es stehen drei Regler zur Verfügung, mit denen Sie die Farbbalance einstellen. Wählen Sie die Balance zwischen Cyan – Rot, Magenta – Grün und Gelb – Blau. Bewegen Sie den Regler in Richtung einer Farbe, so nimmt diese zu. Gleichzeitig werden die Werte Ihrer Farbverschiebung in den Farbstufen-Eingabefeldern dargestellt. Sie können auch manuell Werte über die Tastatur in die Felder eintragen.

Möchten Sie beispielsweise einen *Blaustich* aus Ihrem Bild entfernen, dann ziehen Sie den *Gelb – Blau* Regler in Richtung *Gelb*. Sie können die Farbabstimmung durch den Gebrauch mehrerer Regler gleichzeitig genauer anpassen. Beim Bearbeiten der Farbbalance kann sich die Gesamthelligkeit des Bildes verändern. Wenn die Leuchtkraft der Farben erhalten werden soll, dann setzen Sie in der Checkbox *Luminosität erhalten* einen Haken.

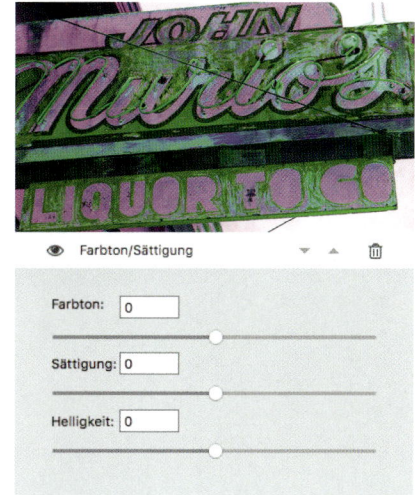

Farbton/Sättigung… Mit der Farbabstimmung *Farbton/ Sättigung* variieren Sie den Farbton, die Sättigung und die Helligkeit der Farben. Die Regler basieren auf dem HSB- oder HSL-Farbsystem (Hue, Saturation, Brightness/Lightness). Die Werte der Regler lassen sich ausgehend vom aktuellen Farbwert, der als Ausgangspunkt 0 festgelegt ist, nach links bis -180 und nach rechts bis 180 verschieben.

Diese Werte entsprechen in der Summe dem Umfang des *HSB-Farbtonkreises*, der 360 Grad beträgt. Die Sättigung verschieben Sie ausgehend von Ihrer aktuellen Position in Werten bis zu -100 und 100. Sie bewegen sich auf dem HSB-Farbkreis auf der Achse von innen nach außen. Die Werte für die Helligkeit, ausgehend von ihrer aktuellen Position, beziehen sich auf Ihre vertikale Bewegung durch den Zylinder des Farbraums. Sie stellen Werte zwischen -100 bis 100 ein.

Selektive Farbkorrektur… Die *Selektive Farbkorrektur* erlaubt gezielt Werte der Primärfarben zu verstärken oder abzuschwächen. Sie haben die Wahl, die Farben Rot, Gelb, Grün, Cyan, Blau, Magenta, Weiß, Schwarz und Neutral einzustellen. Dazu stehen Ihnen vier Regler für Cyan, Magenta, Gelb und Schwarz zur Verfügung. Sie können nur die Prozesswerte der Farben bearbeiten. Treffen Sie im Pop-Up-Menü die gewünschte Auswahl der Farbe. Sie können die Werte der Regler zwischen -100 und 100 einstellen. Alternativ tragen Sie Ihre Korrekturwerte in die Eingabefelder ein. Mit den Buttons für *Absolut* und *Relativ* definieren Sie, ob Sie die absoluten Werte der Prozessfarben bearbeiten oder ob Sie die Farbe in Prozentwerten relativ zum aktuellen Ausgangswert verändern

Gammakorrektur… Gammakurven sind nichtlineare Kurvenverläufe, über deren Veränderung sich die Helligkeit eines Bildes einstellen lässt. Durch den nichtlinearen Verlauf der Kurve erhalten Sie möglicherweise bessere Ergebnisse als mit dem Regler *Helligkeit*. Den Regler

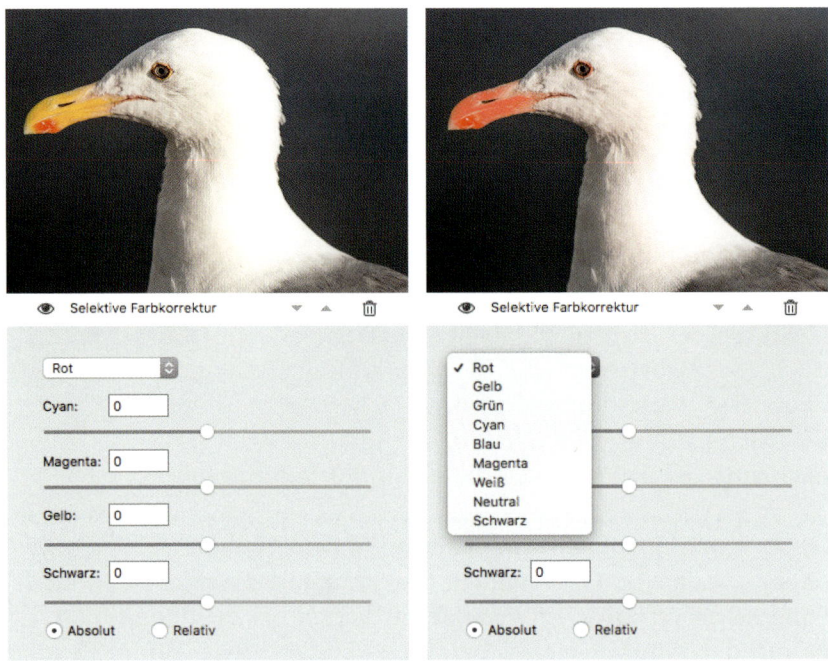

Gamma können Sie in Werten von -100 bis 100 verändern oder in das Eingabefeld Ihre Werte per Tastatureingabe eintragen.

Entsättigen. Mit der Farbabstimmung *Entsättigen* wandeln Sie alle Farbwerte im Bild in Graustufen um.

Invertieren. Um alle Farbwerte im Bild in Ihre im Farbraum gegenüberliegenden Werte umzukehren, nutzen Sie die Farbabstimmung

Farben sättigen
Mit der Gammakorrektur
sättigen Sie die Farben
durch Eingabe
negativer Werte.

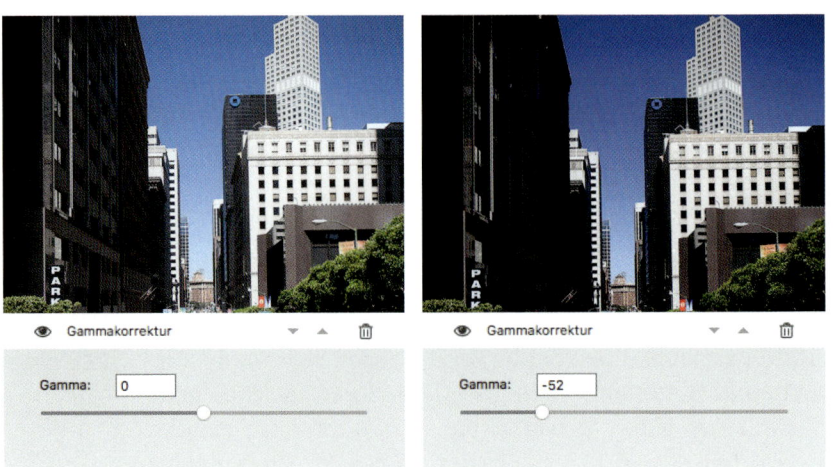

Invertieren. Die Umkehrung ist abhängig vom Quell-Farbraum des importierten Bildes. Je nachdem, ob Sie die Farbwerte eines Bildes im RGB- oder CMYK-Farbraum umkehren, erhalten Sie bei dieser Farbabstimmung unterschiedliche Ergebnisse.

Schwellenwert… Mit der Farbabstimmung *Schwellenwert*, verwandeln Sie farbige Bilder in Bilder, die nur noch aus Weiß und Schwarz bestehen. Es entsteht ein Effekt, der dem Aussehen von Fotokopien nahekommt. Mit dem Regler stellen Sie den Schwellenwert ein, also jenen Wert der Helligkeit, an dem sich Farben entweder in Weiß oder in Schwarz wandeln. Tragen Sie in das Eingabefeld Werte zwischen 1 bis 255 ein oder justieren Sie die Werte mit dem Schieberegler.

Postereffekt… Der *Postereffekt* bezeichnet einen Effekt, bei dem die im Bild vorhandenen Farbverläufe in gröbere Stufen unterteilt und Farben zu Flächen zusammengefasst werden. Dieser Effekt erinnert an die Wirkung von Werken, die im Siebdruckprozess gefertigt wurden. Mit dem Regler definieren Sie die Anzahl der im Bild vorkommenden Farbabstufungen. Sie können Werte von minimal 2 bis 255 Stufen eintragen. Je höher der Wert, desto mehr nähern Sie sich dem Ursprungsbild an.

Der Bildexport

QuarkXPress speichert die Bearbeitungen, die Sie an importierten Bildern vorgenommen haben, als Verweise im Dokument. Es gibt unterschiedliche Gründe, Bearbeitungen zu einer Datei auf der Festplatte zu wandeln und anschließend fest als Bild im Dokument zu verankern.

Sie möchten beispielsweise die vorgenommene Bildbearbeitung in Form eines Bildes an Dritte weiterleiten. Dazu bietet es sich an, den Inhalt in einem Format auszugeben, der an anderer Stelle weiterverarbeitet werden kann. Wenn Sie den Befehl *in native Objekte konvertieren…* bei Grafiken gewählt haben, die Bilder enthalten, entstehen Bildrahmen, deren Bilder in das XPress-Projekt eingebet-

tet sind. Sie können die eingebetteten Inhalte auf diesem Wege ebenfalls auf Ihren Datenträger sichern.

Um eine Bearbeitung als Bild zu sichern, stehen Ihnen vier verschiedene Dateiformate zur Verfügung: TIFF, JPEG, PNG oder PDF. Zusätzlich können Sie beim Bildexport aus vier verschiedenen Farbmodellen für die Zieldatei wählen, sofern Sie in das PDF-Format exportieren. Bei allen anderen Formaten ist nur der RGB-Modus verfügbar. Sie haben die Auswahl zwischen den Einstellungen *Gleich wie Original*, *CMYK*, *RGB*, *Graustufen* oder *Bitmap*. Die Auflösung können Sie beibehalten oder ein Downsampling auf einen anderen Wert einstellen. Um den Ausschnitt Ihres zu exportierenden Bildes zu vergrößern, können Sie einen Anschnitt definieren, um den Ihr Bildauschnitt beim Export vergrößert wird. Ist Ihr Bild genau in den Rahmen eingepasst, erhalten Sie keinen Anschnitt. Beim Bildexport können Sie optional das Originalbild überschreiben und den betreffenden Bildrahmen mit dem neuen Bild verknüpfen.

Bildbearbeitungen in Rahmen als Bild speichern

❶ Aktivieren Sie im Layout einen Bildrahmen und wenden Sie dort die von Ihnen gewünschten Bildbearbeitungen in Form von Farbabstimmungen und Filtern an.

❷ Um die Bildbearbeitungen als Bild auf die Festplatte zu exportieren, wählen Sie entweder den Menübefehl *Ablage | Bild exportieren | Gewähltes Bild…* oder klicken in der Palette *Bildbearbeitung* auf das Symbol *Bild exportieren*. Sie können auch mehrere ausgewählte oder alle Bilder eines Layouts exportieren. Wählen Sie dann den Befehl *Ablage | Bild exportieren | Alle Bilder im Layout…*

❸ Im Dialog *Bildexportoptionen* erhalten Sie eine dreispaltige Übersicht der zuvor angewendeten Farbabstimmungen, Filter und Bildtransformationen angezeigt. Sie haben hier die Möglichkeit, nachträglich Bearbeitungen mit einem Mausklick auf die dazugehörigen Haken abzuschalten.

❹ Im Vorschaufenster im linken unteren Bereich des Dialogs sehen Sie das Ergebnis Ihrer Bildbearbeitungen. Bei Bedarf schalten Sie die Voransicht auf der linken Seite ein oder aus.

❺ Wählen Sie, ob Sie die Bildauflösung beibehalten oder einen eigenen Wert verwenden möchten. Tragen Sie Ihren Wert in das Eingabefeld *Downsampling auf…* ein.

❻ Um das zu exportierende Bild im Format etwas größer als den Bildrahmen auszugeben, definieren Sie dafür einen Wert und tragen ihn in das Eingabefeld *Anschnitt* ein. Ein Anschnitt ist dann sinnvoll, wenn Sie das Bild noch nachträglich etwas im Rahmen verschieben möchten.

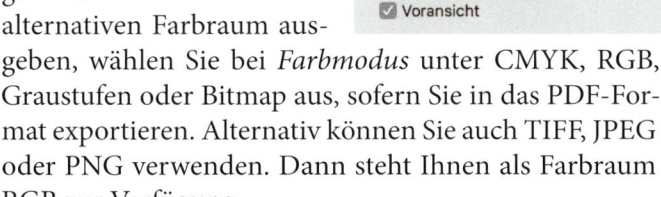

❼ Die Auswahl für den Farbmodus und das Bildformat ist in der Grundeinstellung auf *Gleich wie Original* eingestellt. Möchten Sie einen alternativen Farbraum ausgeben, wählen Sie bei *Farbmodus* unter CMYK, RGB, Graustufen oder Bitmap aus, sofern Sie in das PDF-Format exportieren. Alternativ können Sie auch TIFF, JPEG oder PNG verwenden. Dann steht Ihnen als Farbraum RGB zur Verfügung.

❽ Entscheiden Sie, ob Sie die *Originaldatei überschreiben* oder ein neues Bild auf der Festplatte speichern möchten. Möchten Sie die Ausgabedatei gleich mit dem betreffenden Bildrahmen verknüpfen, schalten Sie *Mit neuem Bild verknüpfen* ein.

❾ Beenden Sie den Vorgang und klicken Sie auf *OK*, um den Bildexport zu starten. Wenn Sie beim Export das TIFF- oder das JPEG-Format gewählt haben, müssen Sie in einem weiteren Dialog *Optionen* betreffend der Qualität oder Komprimierung definieren.

Der Mischmodus

Der Mischmodus bezeichnet die Art und Weise, wie XPress die einzelnen Bildbearbeitungen miteinander verrechnet.

Normal. Der Mischmodus *Normal* lässt die Mischung der untereinander beteiligten Elemente wie Filter oder Farbabstimmung unbeeinflusst. *Normal* ist die Grundeinstellung.

Multiplizieren. Mit dem Mischmodus *Multiplizieren* erreichen Sie, dass in den jeweiligen Farbkanälen die Ausgangsfarbe mit den Farben des zu mischenden Elements multipliziert wird. Durch die Multiplikation erhalten Sie eine dunklere Farbe. Multiplizieren Sie mit der Farbe Weiß, erhalten Sie ein unverändertes Ergebnis. Multiplizieren Sie hingegen mit Schwarz, erhalten Sie immer Schwarz als Ergebnis.

Normal

Multiplizieren

Negativ multiplizieren

Ineinanderkopieren

Negativ multiplizieren. Vergleichen Sie *Negativ multiplizieren* mit *Multiplizieren*, erhalten Sie mit diesem Mischmodus umgekehrte Ergebnisse, da beim *Negativ multiplizieren* mit den Negativwerten einer Farbe gearbeitet wird. Das Resultat dieses Mischmodus ist immer eine hellere Farbe im Vergleich zum Multiplizieren. Multiplizieren Sie negativ mit Weiß, entsteht Weiß, multiplizieren Sie negativ mit Schwarz, bleibt Ihre Farbe unverändert.

lneinanderkopieren. Die Farbabstimmung *Ineinanderkopieren* ähnelt sehr den *Multiplizieren*-Mischmodi. Es findet aber eher eine Überlagerung der Farben statt. Lichter und Tiefen bleiben unabhängig von den sich mischenden Farben bestehen.

Abdunkeln. Mit der Farbabstimmung *Abdunkeln* erreichen Sie, dass von Ausgangs- und Mischfarbe der jeweils dunklere Wert zur Darstellung ausgegeben wird. Es wird in diesem Falle nicht gemischt, sondern eine Auswahl zwischen beiden übereinanderliegenden Farben getroffen.

Aufhellen. Mit der Farbabstimmung *Aufhellen* wird jeweils der hellere Wert der Ausgangs- und Mischfarbe ausgegeben. Wie bei der Farbabstimmung *Abdunkeln* wird nicht gemischt, sondern eine Auswahl zwischen den Werten getroffen.

Farbig abwedeln. Wenn Sie die Ausgangsfarbe aufhellen möchten, wählen Sie die Farbabstimmung *Farbig abwedeln*. Damit reduzieren Sie die Kontraste bei gleichzeitiger Aufhellung der Farbinformationen. Setzen Sie als Mischfarbe Schwarz ein, sehen Sie keine Veränderung.

Farbig nachbelichten. Je länger Sie einen Belichtungsvorgang durchführen, umso heller wird Ihr Bild. Bei der Farbabstimmung *Farbig nachbelichten* erhalten Sie einen anderen Effekt. Ihr Motiv wird durch die Mischfarbe abgedunkelt, bei gleichzeitiger Verstärkung des Kontrastes. Setzen Sie die Farbe Schwarz ein, so sehen Sie keine Veränderung der Werte.

Hartes Licht. Je nachdem welche Farbe Sie einsetzen, wird mit der Farbabstimmung *Hartes Licht* eine Multiplikation oder eine *Negative Multiplikation* ausgeführt. Entspricht die Luminanz der Farbe dem Wert von 50 % Grau, dann hellt die Farbabstimmung das Bild auf. Entspricht die Luminanz einem Wert, der unterhalb von 50 % Grau liegt, dann wird Ihr Bild abgedunkelt.

Abdunkeln

Weiches Licht. Die Farbabstimmung *Weiches Licht* funktioniert ähnlich der Farbabstimmung *Hartes Licht* – allerdings mit dem Unterschied, dass die Werte der Mischung mit feineren Übergängen angepasst werden.

Differenz. Die Farbabstimmung *Differenz* ist auch eine Subtraktionsoperation. Hier werden die Helligkeitswerte der Farben ausgewertet und der hellere oder dunklere Wert ausgewählt und dargestellt. Verwenden Sie die Farbe Weiß, werden die Farbwerte umgekehrt. Beim Einsatz von Schwarz als Mischfarbe sehen Sie keine Änderung.

Aufhellen

Ausschluss. Einen ähnlichen Effekt wie mit der Farbabstimmung *Differenz* erhalten Sie mit der Farbabstimmung *Ausschluss*. Die Auswirkung der Farbabstimmung erzeugt weniger Kontrast im Ergebnis. Durch den Einsatz der Farbe Weiß können Sie die Farbwerte des Quellmaterials invertieren. Auch bei dieser Farbabstimmung sehen Sie beim Einsatz von Schwarz als Mischfarbe keine Änderung des Bildinhalts.

Farbig abwedeln

Farbig nachbelichten

Hartes Licht

Weiches Licht

Differenz

Ausschluss

Digitales Publishing
HTML5, ePUB und App

Seit vielen Jahrzehnten setzt der Entwickler Quark darauf, dass sich mit der Software aufwändig gestaltete, statische oder interaktive Dokumente für verschiedene Ausgabekanäle weiterverwenden lassen. Das Schlagwort *Multi-Channel-Publishing* beschreibt dieses Konzept am besten. QuarkXPress stellt seit Jahren eine Vielzahl von außergewöhnlichen und inspirierenden Funktionen auf ergonomische Weise bereit, um dieses Ziel zu erreichen.

Multi-Channel-Publishing gestattet dem Layouter, Inhalte einmal zu gestalten und anschließend auf unterschiedlichen Medien, Lesegeräten und Plattformen auszugeben. Die Arbeitsabläufe hat Quark mit der vorliegenden Version weiter verfeinert.

In diesem Kapitel erfahren Sie in verschiedenen Abschnitten, wie sich *digitales Publishing* von der Herstellung von Printmedien unterscheidet und wie Sie Online-Publikationen im Handumdrehen veröffentlichen. Wir erläutern Ihnen den fast schon überbordenden Funktionsumfang der *HTML5*-Palette und welche Werkzeuge Ihnen zur Verfügung stehen, um multimediale und interaktive Inhalte in Ihre Layouts einzubauen. Sie erhalten eine genaue Anleitung zur Herstellung von digitalen Büchern im *ePUB*-Standard und wie sich komplexe Apps für iOS und Android aus XPress-Layouts basteln lassen. Folgende Abschnitte erwarten Sie dabei:

❶ Digitales Publishing – Pixel statt Zentimeter
❷ Online-Publikationen erstellen mit HTML5
❸ Die magische HTML5-Palette
❹ eBooks verfassen mit dem ePUB-Standard
❺ Apps bauen für iOS und Android mit App-Studio
❻ Apps für iOS direkt ausgeben

❶ Digitales Publishing - Pixel statt Zentimeter

Es können innerhalb eines Projektes die bestehenden Layouts wahlweise als Drucksachen produziert werden, auf digitalen Lesegeräten betrachtet oder im Internet als online lesbare Dokumente veröffent-

Publizieren für mehrere Ausgabekanäle
Legen Sie ein digitales QuarkXPress-Layout an bzw. wandeln Sie ein Print-Layout um und fügen Sie dem Layout interaktive oder multimediale Inhalte wie Filme oder Musik hinzu. Wählen Sie das Ausgabemedium und exportieren Sie in das passende Format.

HTML5
Um Inhalte im Internet darzustellen, nutzen Anbieter die Funktionen der sogenannten *Hypertext Markup Language*, die im Hintergrund werkelt und für die Darstellung von Farben, Text und Bildern verantwortlich ist. Web-Browser übernehmen dabei die Funktion, den Inhalt der Webseiten bestmöglich zu interpretieren, was im Einzelfall zu abweichenden Ergebnissen führt. Zudem müssen Filme und Musik über Erweiterungen eingebunden werden. Die aktuelle Weiterentwicklung *HTML5* standardisiert die Darstellung aller Komponenten und erlaubt die Einbettung von Multimedia-Inhalten ohne Zusatzerweiterungen.

licht werden. In der Praxis sind bei der Konzeption, Layout und Ausgabe einige Details zu beachten. So werden Dokumente innerhalb der Printmedien in Zentimetern oder Millimetern gemessen, während die Maße für digitale Inhalte wie Apps, eBooks oder das Internet in Pixel angegeben werden (wie es beispielsweise auch bei bitmapbasierenden Dateiformaten üblich ist).

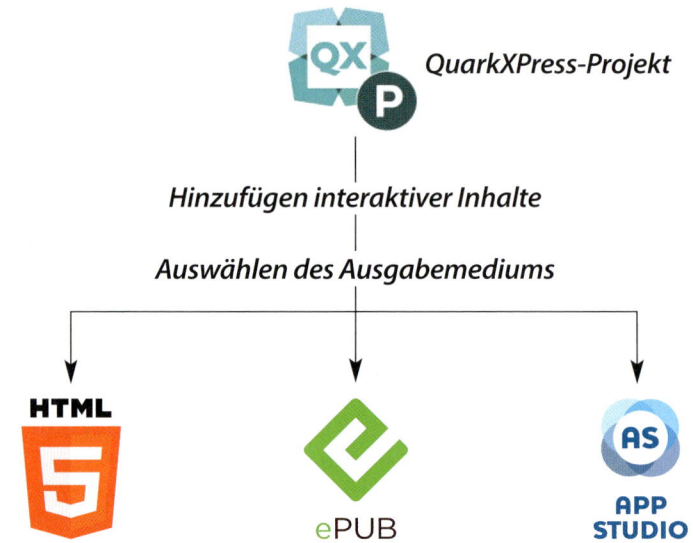

Mit Veröffentlichung der Version 2016 von QuarkXPress, hat der Hersteller die Anzahl der möglichen Layout-Typen auf zwei reduziert. Ließen sich in Vorversionen noch unterschiedliche Layouts für Printmedien, Apps für iOS oder Android sowie eBooks im ePUB-Format, für Amazons Kindle oder Exoten wie den Blio eReader als separate Layouts in ein Projekt einbetten, wird jetzt nur noch ganz einfach zwischen *Print* und *Digital* als generellem Layout-Format unterschieden. Das hat Konsequenzen bei der Herangehensweise an die Konzeption

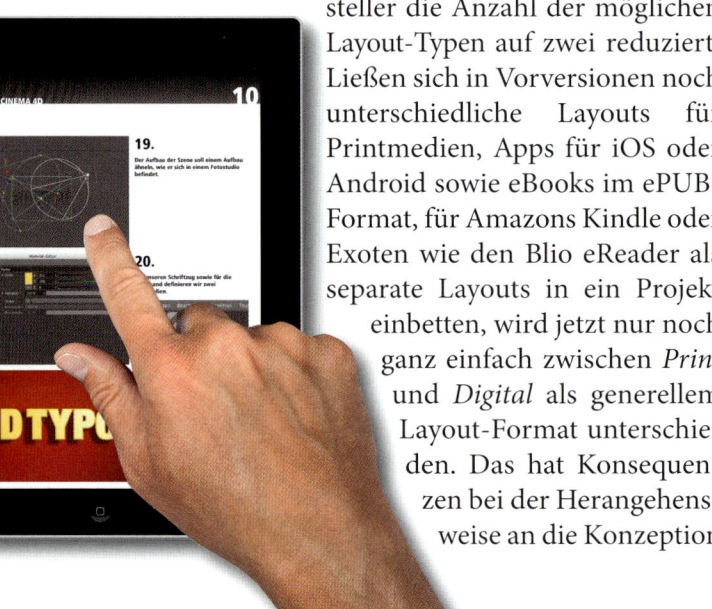

und Gestaltung des Layouts sowie der Organisation der Designelemente auf der Layoutfläche. Ebenso sind die unterschiedlichne Maßeinheiten der Layout-Typen zu berücksichtigen. Der Layout-Typ *Digital* unterstützt viele Ausgabegeräte. Durch geschickte, individuelle Anpassung der Layouteigenschaften kann der Gestalter die Bildschirme zahlloser Gerätetypen vom kompakten Smartphone der 4 Zoll-Klasse bis hin zum großen Tablet mit statischen, animierten oder interaktiven Inhalten bespielen. Es lassen sich App-Layouts für iOS oder Android-Betriebssysteme gestalten oder eBooks im ePUB-Format. Besonders spannend ist die Möglichkeit, Layouts, die für die Druckproduktion vorgesehen sind, in ein digitales Layout zu wandeln, dass sich im HTML5-Format im Internet online anzeigen und im Web-Browser durchblättern lässt. Möchten Sie ein Layout nachträglich zwischen den beiden Formaten Print und Digital wandeln, so arbeiten Sie über die Layout-Kopie.

Wenn Sie ein Layout duplizieren möchten, wählen Sie den Befehl *Layout | Duplizieren…* und öffnen Sie den passenden Dialog. Dort können Sie mit Hilfe des Wahlmenüs den jeweils dem alternativen Format entsprechende Layout-Typ auswählen.

ePUB-Format

Als spannende Technologie zur Darstellung von eBooks auf Lesegeräten, ist das Format *ePUB* ins Leben gerufen worden. Dabei sind nicht nur Mobilgeräte gemeint – auch für den Mac oder PC am Schreibtisch gibt es zahlreiche Programme zum Lesen von ePUB-Texten. Texte in diesem Format passen sich automatisch an die Größe des Lesefensters oder des Ausgabegerätes an. Möchte man eine feste Zuordnung von Bildern und Texten erreichen, muss das so genannte *fixed ePUB* eingesetzt werden, das unbeabsichtigtes Umbrechen und das Durcheinanderwürfeln von Text und Bildern verhindert.

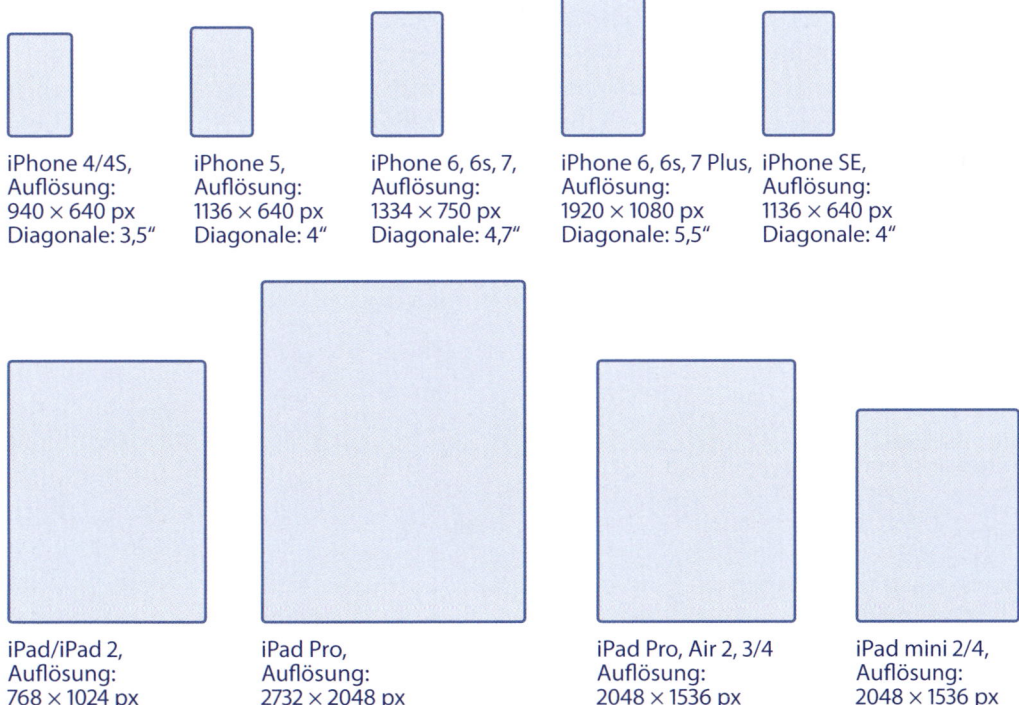

iPhone 4/4S,
Auflösung:
940 × 640 px
Diagonale: 3,5"

iPhone 5,
Auflösung:
1136 × 640 px
Diagonale: 4"

iPhone 6, 6s, 7,
Auflösung:
1334 × 750 px
Diagonale: 4,7"

iPhone 6, 6s, 7 Plus,
Auflösung:
1920 × 1080 px
Diagonale: 5,5"

iPhone SE,
Auflösung:
1136 × 640 px
Diagonale: 4"

iPad/iPad 2,
Auflösung:
768 × 1024 px
Diagonale: 9,7"

iPad Pro,
Auflösung:
2732 × 2048 px
Diagonale: 12,9"

iPad Pro, Air 2, 3/4,
Auflösung:
2048 × 1536 px
Diagonale: 9,7"

iPad mini 2/4,
Auflösung:
2048 × 1536 px
Diagonale: 7,9"

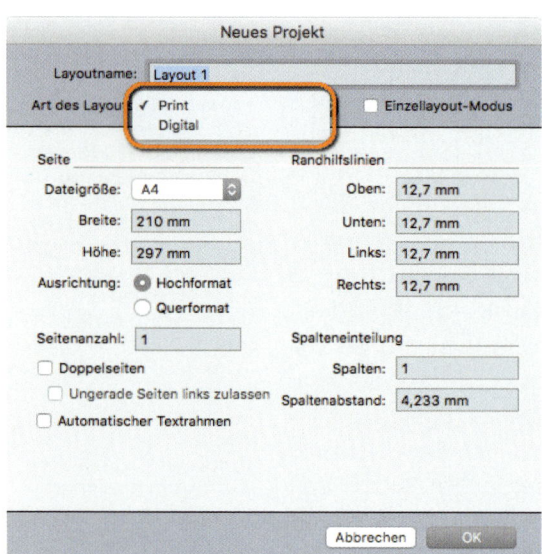

Der Layout-Typ »Digital«

Um ein digitales Layout anzulegen, muss zunächst entweder ein Projekt erstellt werden, das den Layout-Typ *Digital* enthält, oder es muss alternativ einem bestehenden Projekt ein neuer Layout-Typ hinzugefügt werden. Wollen Sie ein neues Projekt anlegen, das den Layout-Typ *Digital* enthält, wählen Sie *Ablage | Neu | Projekt…* und der *Neues Projekt*-Dialog öffnet sich. Ganz oben definieren Sie die Art des ersten im Projekt enthaltenen Layouts, indem Sie als Layout-Typ *Digital* auswählen.

Es zeigen sich für das digitale Layout zahlreiche Einstellparameter, die zu definieren sind. Die erste Entscheidung betrifft die Auswahl und das Seitenformat des Gerätes, auf dem die gestalteten Inhalte präsentiert werden sollen. Klicken Sie dazu auf das *Geräte*-Pull-Down-Menü, um sich die voreingestellten Gerätetypen anzeigen zu lassen. Sie können dabei aus voreingestellten Formaten für iOS und Android-Geräte in unterschiedlichen Seitenverhältnissen für Smartphones oder Tablet-Geräte wie das iPad wählen. Die von XPress angegebenen Voreinstellungen entsprechen nicht unbedingt den tatsächlich nutzbaren Bildschirmformaten. Sehen Sie sich dazu die Tabelle *Bildschirmformate* weiter hinten in diesem Abschnitt an.

Gegebenenfalls müssen Sie noch Menü- und Navigationsleisten vom darstellbaren Inhalt abziehen. Aber keine Sorge, notfalls wird das über QuarkXPress erzeugte Ergebnis auf der Zielplattform auf das vorhan-

Print oder Digital
Sie haben die Wahl zwischen zwei Layout-Typen für Ihr Projekt. Sie können die Layout-Typen jederzeit nachträglich umwandeln.

App Studio
Um Anwendern die einfache Herstellung von Apps für iOS und Android zu ermöglichen, bietet Quark den cloud-basierenden Online-Service *App Studio* an. Zunächst erstellt der Designer den Layout-Typ *Digital* und reichert ihn mit Texten, Bildern, Filmen und interaktiven Elementen an. Anschließend wird das so hergestellte Layout in den *App Studio*-Service hochgeladen und online in eine Datei gewandelt, die aus einer Mischung aus HTML5 und XHTML besteht. Anschließend kann das Ergebnis sowohl online als auch auf dem gewünschten Zielgerät getestet sowie zum Veröffentlichungsservice weitergeleitet werden.

Kindle Fire,
Auflösung:
1024 × 600 px
Diagonale: 7"

Kindle Fire HD 6,
Auflösung:
1280 × 800 px
Diagonale: 6"

Kindle Fire HD 10,
Auflösung:
1280 × 800 px
Diagonale: 10"

dene Bildschirmformat mit fixiertem Seitenverhältnis skaliert.

Das iPhone 5 beziehungsweise passende Android-Geräte, arbeiten im 16:9-Format mit einer von XPress voreingestellten Abmessung von 320 × 568 Pixel. Das iPhone 6 sowie verschiedene Android-Smartphones, deren

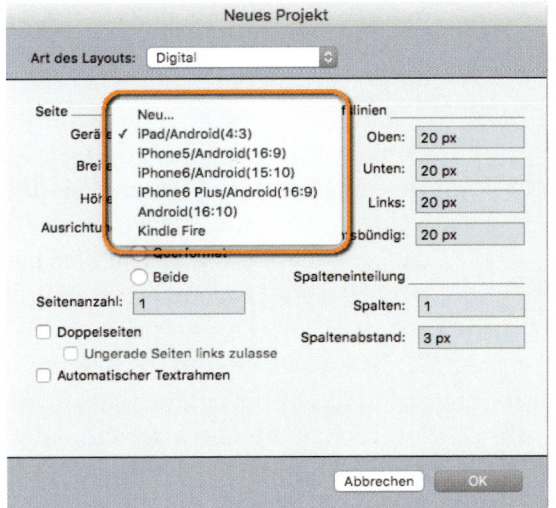

Voreinstellungen
XPress bietet eine Reihe voreingestellter Gerätetypen. Finden Sie nicht das gewünschte Format, dann legen Sie eine eigene Vorgabe an.

Bildschirmformat im Seitenverhältnis von 15:10 angelegt sind, werden in den Abmessungen von 375 × 667 Pixeln angelegt. Das iPhone 6 plus arbeitet ebenso wie verschiedene Android-Devices mit einem Seitenformat von 16:9. XPress bietet dafür eine nominale Auflösung von 414 × 736 Pixeln an. Ein allgemeines Android-Format im Seitenverhältnis von 16:9 wird ebenfalls angeboten. Die voreingestellte Auflösung

Samsung Galaxy S7, Auflösung: 3840 × 2160 px Diagonale: 5,1"

Samsung Galaxy S6, Auflösung: 2560 × 1440 px Diagonale: 5,1"

Samsung Galaxy Neo, Auflösung: 1920 × 1080 px Diagonale: 5,1"

Samsung Galaxy Mini, Auflösung: 720 × 1280 px Diagonale: 4,5"

Samsung Galaxy Tab S2, Auflösung: 2048 × 1536 px Diagonale: 8"

Samsung Galaxy Tab S2, Auflösung: 2048 × 1536 px Diagonale: 9,7"

Samsung Galaxy Tab A, Auflösung: 1280 × 800 px Diagonale: 7"

Samsung Galaxy Tab A, Auflösung: 1024 × 768 px Diagonale: 9,7"

Samsung Galaxy Tab E, Auflösung: 1280 × 800 px Diagonale: 9,6"

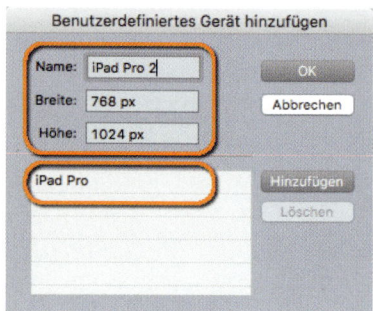

beträgt hier 800 × 1280 Pixel. Auch für Amazons Kindle Fire findet sich mit 600 × 1024 Pixeln Auflösung eine Voreinstellung.

Denken Sie bitte daran, dass Sie später bei der Ausgabe von Inhalten noch verschiedene Skalierungsfaktoren auswählen können, bei denen Ihre Inhalte so exportiert werden, dass sie auch von besonders hochauflösenden Retina- oder Hi-DPI-Displays profitieren.

Geräteliste
Sie können im Dialog *Benutzerdefiniertes Gerät hinzufügen* Vorgaben für eigene Gerätetypen anlegen.

Bei jeder Geräteauswahl bleiben die Einträge in den Feldern *Breite* und *Höhe* zunächst grau hinterlegt, sind also inaktiv, und die Werte lassen sich nicht bearbeiten. Möchten Sie individuelle Displayformate definieren, wählen Sie im Pull-Down-Menü den Eintrag *Neu* und tragen die gewünschten Werte ein.

Im oberen Feld vergibt man einen Namen und in den beiden unteren Feldern die Werte für Höhe und Breite der Bildschirmabmessung. Jedes neu definierte Gerät lässt sich zu der darunter befindlichen Liste hinzufügen.

Sony Xperia Z5 Premium, Aufl.: 3840 × 2160 px Diagonale: 5,5"

Sony Xperia M5 Auflösung: 1920 × 1080 px Diagonale: 5"

Sony Xperia Z5 compact, Aufl.: 1280 × 720 px Diagonale: 4,6"

Optimale Darstellung
Für eine optimale Darstellung des Seiteninhaltes muss sichergestellt sein, dass die Pixelanzahl der Seitenabmessung ganzzahlig teilbar ist, da XPress die Werte, die Sie bei der Spalteneinteilung angeben, immer im Verhältnis zur Breite der Seite aufrundet. Orientieren Sie die Spaltenanzahl an den auf der Seitenfläche vorhandenen Pixeln, sonst erhalten Sie unscharfe Kanten an Rahmen.

Sony Xperia Z4 Tablet, Auflösung: 2560 × 1600 px Diagonale: 10,1"

Sony Xperia Z3 Tablet, Auflösung: 1920 × 1200 px Diagonale: 8"

Sony Xperia Z2 Tablet, Auflösung: 1920 × 1200 px Diagonale: 10,1"

Satzspiegel in zwei Ausrichtungen

Wenn Sie ein Layout erstellen, das zwei Leserichtungen wiedergeben soll, definieren Sie Satzspiegel für beide Ausrichtungen. Empfehlenswert ist ein 5 zu 7-spaltiges Raster, bei denen sowohl Spaltenabstände sowie Zeilenabstände im Hoch- und Querformat identisch sind.

Benötigen Sie einen zuvor angelegten Gerätetyp nicht mehr, wählen Sie den Eintrag in der Liste aus und löschen ihn per Mausklick auf die *Löschen*-Schaltfläche.

Haben Sie den gewünschten Gerätetyp definiert, sind im Bereich *Digital* die Layouteigenschaften noch weiter zu präzisieren. Nach der Festlegung des Ausgabegeräts und dessen Format, muss die Ausrichtung des Layouts festgelegt werden. Wahlweise können Sie ein hochformatiges oder ein querformatiges Layout anlegen. Wählen Sie *Beide*, wenn Sie Layouts gestalten wollen, die, in eine App gewandelt, automatisch auf die Ausrichtung des Lesegerätes reagieren und das Design bei Dre-

Spezielles Schwarz

Sobald Sie ein digitales Layout erstellt haben, finden Sie in der Farbpalette eine RGB-Version von Schwarz. Um beim Export auf der Zielplattform das dunkelste Schwarz zu erhalten, wählen Sie insbesondere für Text das RGB–Schwarz.

Microsoft Lumia 650, Auflösung: 1280 × 720 px Diagonale: 5"

Microsoft Lumia 950, Auflösung: 2560 × 1440 px Diagonale: 5,2"

Microsoft Surface Pro 4, Auflösung: 2736 × 1824 px Diagonale: 12,3"

Microsoft Surface 3, Auflösung: 1920 × 1280 px Diagonale: 10,8"

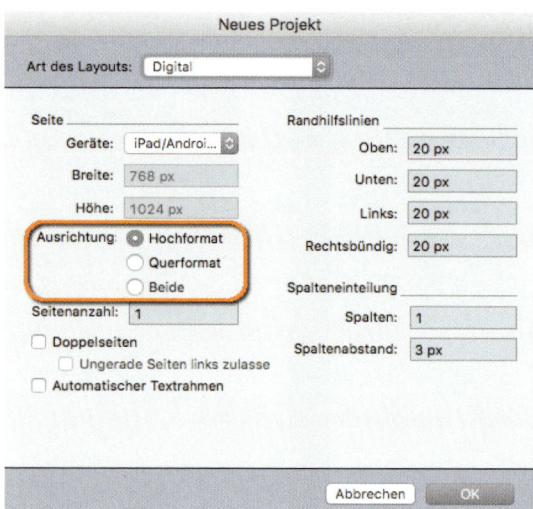

Hoch- oder Querformat
Im Dialog *Neues Projekt* definieren Sie, ob Ihr Projekt ein Layout mit einzelner Ausrichtung oder zwei Layouts mit unterschiedlichen Ausrichtungen enthält.

hung des Ausgabegerätes wechseln. QuarkXPress stellt bei der Weiterverarbeitung der Layouts sicher, dass die Inhalte miteinander verknüpft sind und interagieren.

Es lässt sich bei der Herstellung von digitalen Dokumenten für unterschiedliche Ausgabegeräte zunehmend der Trend beobachten, dass Layouter mehr und mehr Designs konzipieren, die durchgehend ausschließlich eine Leserichtung, also entweder hoch- oder querformatig, darstellen. Hier spielen neben der Ergonomie sicherlich Kostenfaktoren eine Rolle, denn die Produktion von zwei miteinander interagierenden Ausgabeformaten ist ungleich aufwändiger als die Gestaltung eines Layouts in einer einzelnen Ausrichtung.

Mit der Angabe der Seitenzahl (genauer gesagt der Bildschirmseiten) im digitalen Layout wird der Umfang des Projektes definiert. Ist bei der Ausrichtung *Beide* ausgewählt, erstellt XPress automatisch eine der Anzahl der Seiten entsprechende Menge an hoch- und querformatigen Layouts. Die Optionen betreffend Doppelseiten beziehen sich auf Layouts, die für die Gestaltung digitaler Bücher vorgesehen sind. Die weiteren Einstellungen entsprechen den Konventionen des Print-Layouts. Randhilfslinien werden aber in der Maßeinheit Pixel angelegt. Ebenso

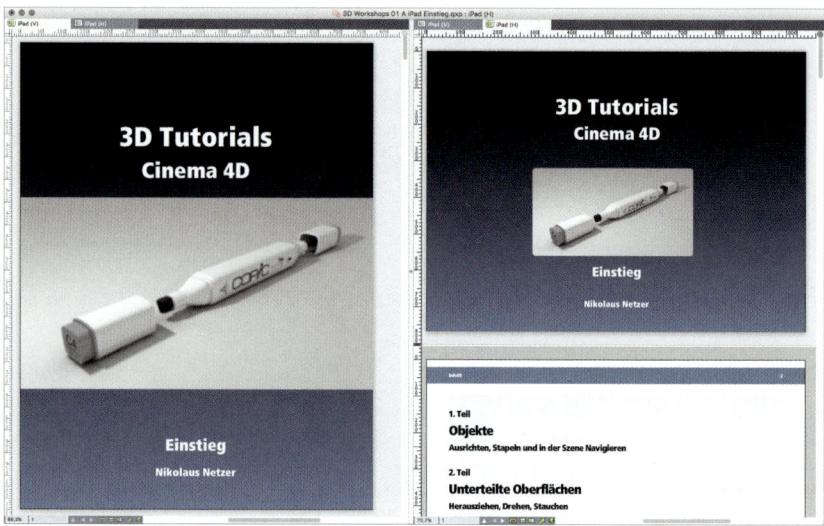

Die Layoutfamilie
Teilen Sie die Ansicht Ihres Layouts, und Sie Erhalten eine Übersicht der Mitglieder Ihrer Layoutfamilie. Die unterschiedliche Ausrichtung zeigt die geplante Leserichtung des Layouts.

können Spalten und deren Abstände definiert werden.

5 zu 7-spaltiges Layout anlegen

Legen Sie einen Satzspiegel an, der sowohl in der vertikalen wie auch in der horizontalen Leserichtung die gleichen Zeilen- und Spaltenabstände aufweist.

❶ Wählen Sie *Ablage | Neu | Projekt…* Im Projektdialog wählen Sie den Layout-Typ *Digital*. Wählen Sie iPad/Android und klicken Sie bei *Ausrichtung* auf *Beide*. Sie erhalten eine Layoutfamilie mit einem vertikal und einem horizontal ausgerichteten Layout.

Designraster
Harmonisieren Sie die vertikale und horizontale Ausrichtung mit einem Layoutraster.

❷ Wechseln Sie im vertikal ausgerichteten Layout auf die Musterseite und wählen Sie *Seite | Master-Hilfslinien und Raster…* Im zugehörigen Dialog tragen Sie für die Randhilfslinien *Oben* und *Unten* den Wert 32 Pixel ein, für *Rechts* und *Links* 43 Pixel. Bei der Spalteneinteilung definieren Sie 5 Spalten mit einem Abstand von 13 Pixeln.

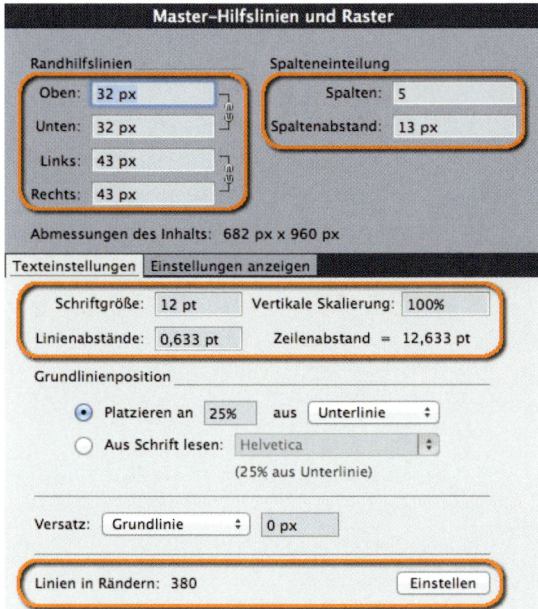

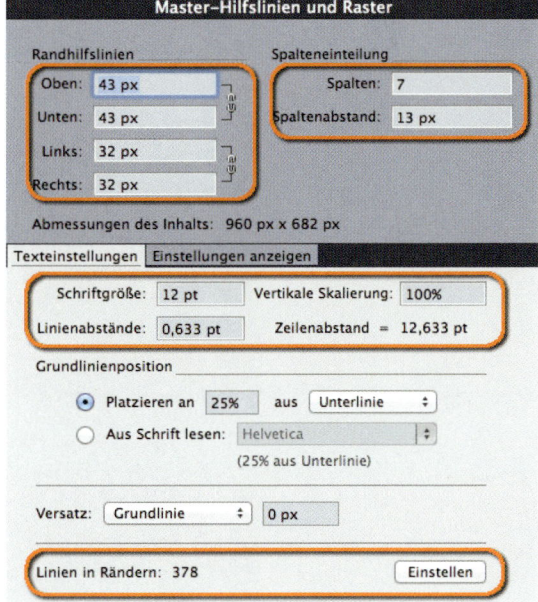

Bei einer Schriftgröße von 12 Punkt soll der Zeilenabstand 12,633 Punkt betragen. Bestätigen Sie Ihre Eingaben mit einem Mausklick auf die *OK*-Schaltfläche.

❸ Wechseln Sie in das horizontal ausgerichtete Layout, lassen Sie sich die betreffende Musterseite anzeigen und öffnen Sie den *Master-Hilfslinien und Raster*-Dialog. Hier betragen die Werte für die Rand-hilfslinien *Oben* und *Unten* 43 Pixel sowie für *Rechts* und *Links* 32 Pixel. Definieren Sie 7 Spalten mit einem Abstand von 13 Pixeln. Auch hier beträgt der Zeilenabstand 12,633 Punkt.

Gerät	Höhe × Breite in Pixel	Diagonale
iPhone 4/4S	940 × 640	3,5"
iPhone 5	1136 × 640	4,0"
iPhone 6, 6s, 7	1334 × 750	4,7"
iPhone 6, 6s, 7 Plus	1920 × 1080	5,5"
iPhone SE	1136 × 640	4,7"
iPad/iPad 2	768 × 1024	9,7"
iPad3/iPad 4, Air, Pro	2048 × 1536	9,7"
iPad mini 2/4	2048 × 1536	7,9"
iPad Pro	2732 × 2048	12,9"
Samsung Galaxy S7	3840 × 2160	5,1"
Samsung Galaxy S6	2560 × 1440	5,1"
Samsung Galaxy Neo	1920 × 1080	5,1"
Samsung Galaxy S5 mini	720 × 1280	4,5"
Samsung Galaxy Tab S2	2048 × 1536	8,0"
Samsung Galaxy Tab S2	2048 × 1536	9,7"
Samsung Galaxy Tab A	1280 × 800	7,0"
Samsung Galaxy Tab A	1024 × 768	9,7"
Samsung Galaxy Tab E	1280 × 800	9,6"
Kindle Fire	1024 × 600	7,0"
Kindle Fire HD 6	1280 × 800	6,0"
Kindle Fire HD 10	1280 × 800	10,0"
Sony Xperia Z5 Premium	3840 × 2160	5,5"
Sony Xperia M5	1920 × 1080	5,0"
Sony Xperia Z5 compact	1280 × 720	4,6"
Sony Xperia Z4 Tablet	2560 × 1600	10,1"
Sony Xperia Z3 Tablet	1920 × 1200	8,0"
Sony Xperia Z2 Tablet	1920 × 1200	10,1"
Microsoft Lumia 650	1280 × 720	5,0"
Microsoft Lumia 950	2560 × 1440	5,2"
Microsoft Surface Pro 4	2736 × 1824	12,3"
Microsoft Surface 3	1920 × 1280	10,8"

❷ Online-Publikationen erstellen mit HTML5

QuarkXPress 2017 bietet Ihnen die Möglichkeit, neu erstellte oder bestehende Layouts, die Sie für den Druckprozess konzipiert haben, in Werke umzuwandeln, die ganz ohne komplizierte Veröffentlichungsprozesse online verfügbar zu machen sind. Diese Werke können Sie dann vom Desktop aus im Web-Browser oder mit beliebigen Mobilgeräten ansehen und durchblättern.

Sie können Layouts, die Sie für die Veröffentlichung im Internet vorbereiten, auch nachträglich mit interaktiven Funktionen und animierten Designelementen ausstatten, um Interaktionen einzubauen, ähnlich wie es eine App ermöglicht.

Um ein bestehendes oder neues Layout in eine Online-Publikation umzuwandeln, muss es im Layout-Typ *Digital* vorliegen. Ein Projekt, das als Print-Layout vorliegt, wandeln Sie dabei per Kopie in den Layouttyp *Digital*. In beiden Fällen wird das Ergebnis nach Ihrer Bearbeitung als Paket auf die Festplatte exportiert.

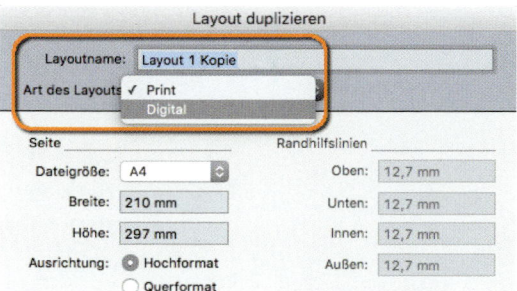

Veröffentlichen von Publikationen

QuarkXPress schnürt für die Publikation ein Paket in Form eines Ordners, der alle Komponenten wie Bilder, Grafiken und Schriften zur Darstellung enthält. Anschließend müssen Sie mit Hilfe einer Zusatzsoftware den Ordner genau dort in Ihren Webserver einbinden, wo er von außen per Eingabe einer URL zu erreichen ist. In dem Ordner befindet sich das notwendige Index-HTML-Dokument, das die Inhalte aufruft, sobald Sie das Verzeichnis auf Ihrem Server über einen Webbrowser im Internet anwählen.

Printlayout online veröffentlichen
Erstellen Sie von einem *Print-Layout* eine *Kopie* und wandeln Sie diese in ein *Digitales Layout*. Das *Digitale Layout* können Sie online publizieren.

Beachten Sie, dass Sie das Index-HTML auf Ihrer Festplatte nicht ohne weiteres in Ihrem Desktop-Webbrowser betrachten können, da spezielle Skripte zur Anwendung kommen, die in diesem Fall nicht starten. Um eine Vorschau auf die Publikation zu erhalten, ohne dass der Inhalt auf einen Server geladen werden muss, klicken Sie einfach auf das HTML-5-Vorschau-Symbol, das sich links unten in der Symbolleiste des Dokumentfensters befindet. Ihre Publikation wird augenblicklich in Ihrem vom Betriebssystem voreingestellten Web-Browser geöffnet. Sollten Sie das

HTML5-Vorschau

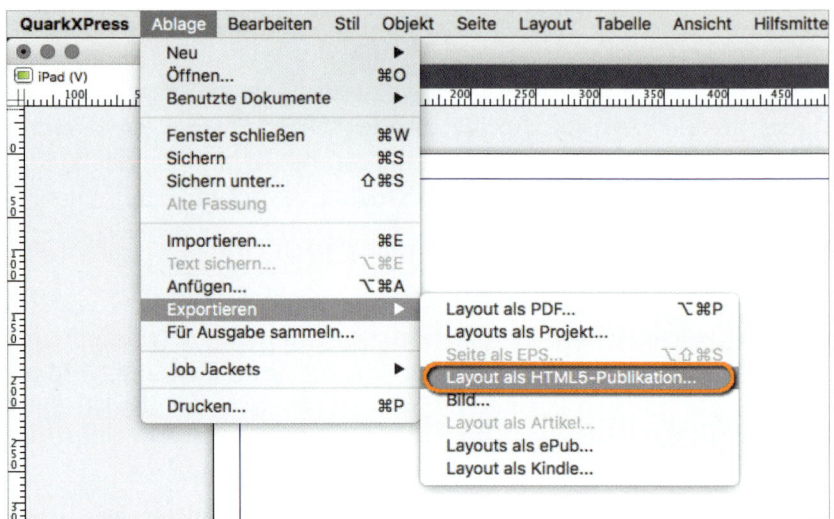

HTML5-Vorschau-Symbol in der Symbolleiste nicht sehen, befinden Sie sich in einem Print-Layout.

So stellen Sie eine HTML5-Publikation online

❶ Öffnen Sie das Layout, das Sie für die Veröffentlichung als HTM5-Publikation online auf einem Webserver Besuchern zur Verfügung stellen wollen.

❷ Handelt es sich um ein Print-Layout, muss es zunächst umgewandelt werden. Erstellen Sie ein Duplikat des Layouts, indem Sie den Befehl *Layout | Duplizieren* wählen. Alternativ können Sie mit einem *Ctrl-Klick* bzw. Rechtsklick auf den *Reiter des Layouts* den Befehl im Kontextmenü aufrufen.

Neuen Ordner anlegen
Sofern Sie keinen neuen Ordner anlegen, werden alle Dateien, die sich schon im Zielordner befinden, überschrieben. Eine Warnmeldung setzt Sie davon in Kenntnis.

❸ Wählen Sie unter Art des Layouts *Digital*. Format, Ausrichtung, Seitenanzahl und Ränder werden automatisch eingestellt und in der Maßeinheit Pixel angegeben. Ihrem Projekt ist nun ein weiteres Layout hinzugefügt worden. Prüfen Sie, ob die Umbrüche korrekt sind oder ob Text im Rahmen verdrängt wird.

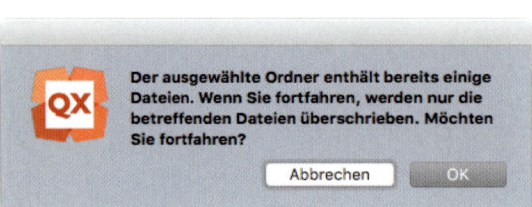

❹ Wählen Sie den Befehl *Ablage | Exportieren als | HTML5-Publikation…* Navigieren Sie auf Ihrem Datenträger zu dem Verzeichnis, in das Sie alle Daten des Exports hineinspielen wollen. Klicken Sie links unten im Dialogfenster auf die Schaltfläche *Neuer Ordner* und vergeben Sie einen Namen.

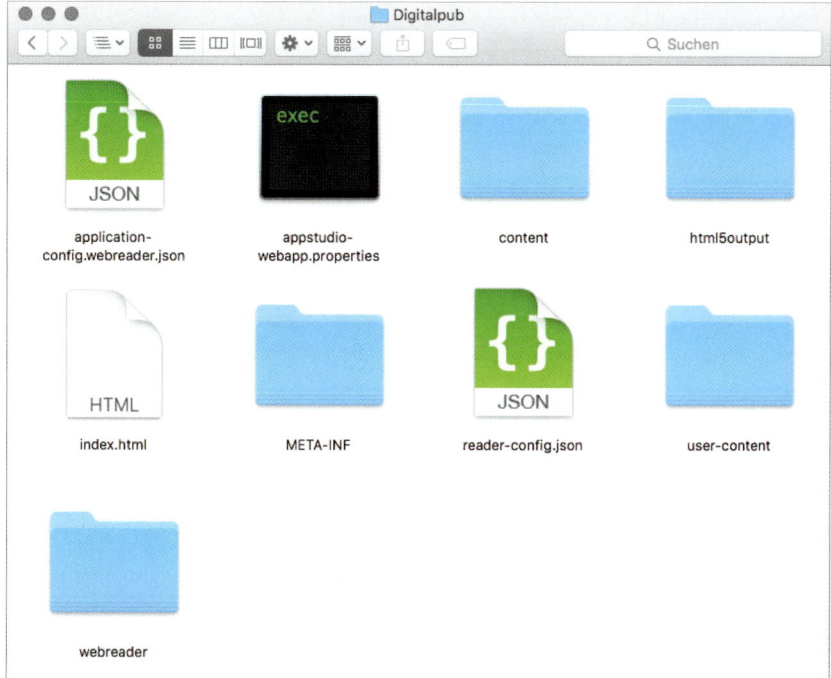

Transmit

Transfer zum Webserver

Entweder Ihr Web-browser unterstützt die Möglichkeit, Daten im sogenannten *File Transfer Protokoll* (FTP) auf einen Web-Server zu übertragen oder Sie verwenden ein separates Programm für diesen Zweck.

FTP-Software Macintosh:

Filezilla, Transmit, Fetch, Cyberduck, Captain FTP, CrossFTP, PureFTPd Manager und viele mehr.

FTP-Software Windows:

Filezilla, Cyberduck, FTP Commander, Total Commander, WS FTP Limited Edition, WS_FTP Professional und viele mehr

❺ Klicken Sie anschließend rechts unten auf *Exportieren*. Eine Warnmeldung informiert Sie über mögliche lizenzrechtliche Probleme des Einbettens von Schriften in die exportierten Komponenten. Bestätigen Sie die Warnmeldung und der Export aller benötigten Bestandteile inklusive der für die Darstellung benötigten Schriften wird fortgesetzt.

❻ Auf der Festplatte finden Sie jetzt einen Ordner, der alle notwendigen Daten zur Online-Veröffentlichung enthält.

❼ Sofern noch nicht geschehen, geben Sie diesem Ordner jenen Namen, unter dem Ihre HTML5-Publikation später für Besucher über einen Web-Browser erreichbar sein soll und der den Konventionen von Web-Links entspricht. Er sollte also keine Leerzeichen und Sonderzeichen enthalten und beispielsweise »meine_erste_HTML5-publikation« lauten.

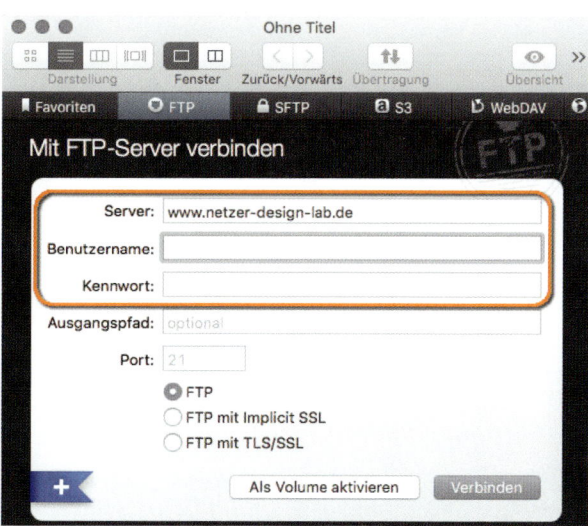

Benutzerschnittstelle

Nach Eingabe der URL Ihrer Online-Publikation können Sie mit verschienen Funktionen komfortabel in Ihrem HTML5-Online-Dokument navigieren.

Navigations-Pfeil

Home, 1. Seite

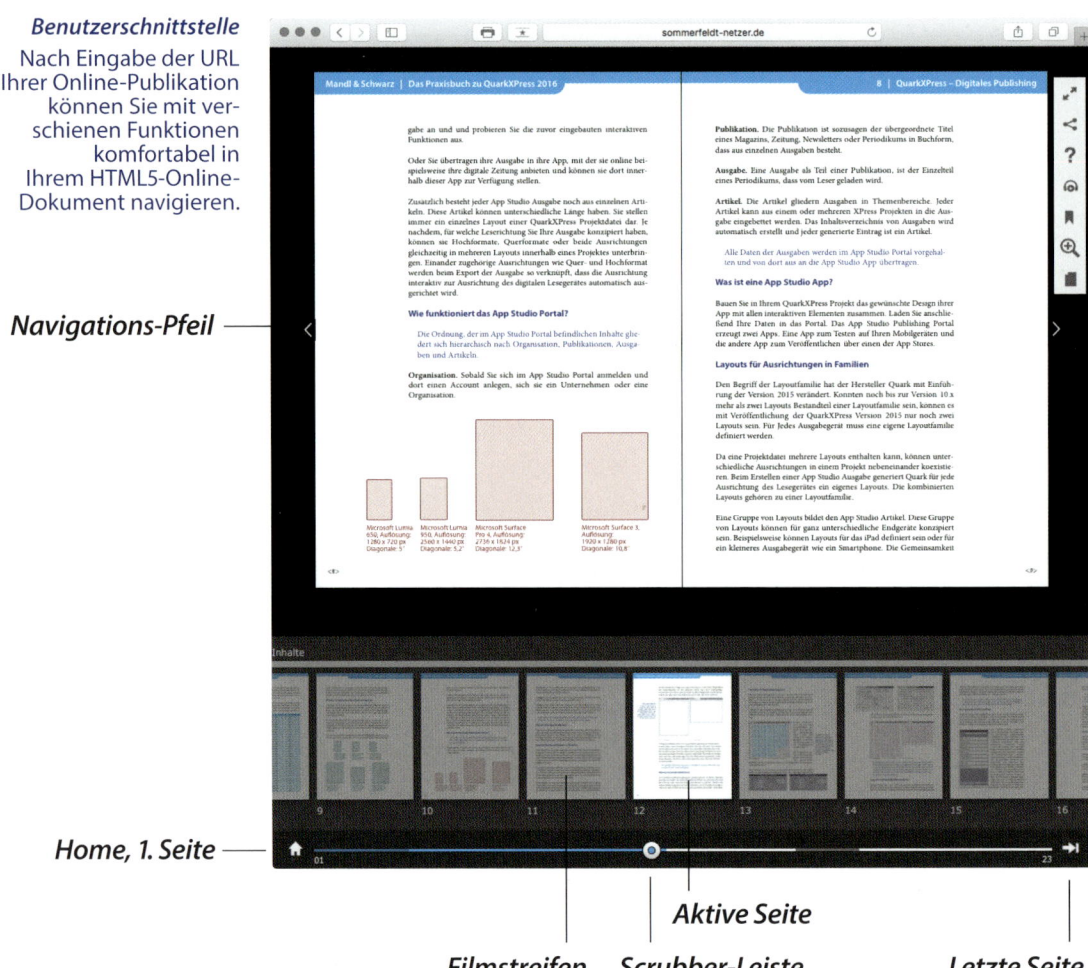

Aktive Seite

Filmstreifen   Scrubber-Leiste   Letzte Seite

❽ Starten Sie Ihre Applikation zum Datentransfer auf Ihren Webserver (meistens eine FTP-Software) und navigieren Sie dort zu dem Verzeichnis, in dem Sie die Online-Version Ihres Layouts (das möglicherweise »publikationen« heißt) zur Verfügung stellen wollen. Übertragen Sie den kompletten Ordner, der alle Assets Ihrer Online-Version des Layouts enthält, in dieses Verzeichnis.

❾ Befinden sich alle Daten am vorgesehenen Platz, dann rufen Sie ihre HTML5-Publikation auf. Tragen Sie nun die URL Ihres hochgeladenen Ordners in das Eingabefeld eines Webbrowsers ein, der über die Fähigkeit zur Darstellung von HTML5-Inhalten verfügt. Die URL in unserem Beispiel lautet: *www.mein_server.de/publikationen/ meine_erste_HTML5-publikation.*

Navigation in der Publikation

Sobald Sie Ihre Publikation online mit Ihrem Web-Browser aufrufen, wird der Inhalt gestartet und kann mit Hilfe verschiedener Navigations- und Ansichtsoptionen betrachtet werden.

Laden...

Skripte starten die Publikation

Sobald Sie die Publikation online aufrufen, wird Sie von Skripten gestartet.

Die Ansicht in Ihrem Web-Browser lässt sich umschalten. Sie können entweder nebeneinanderliegende *Doppelseiten* oder *Einzelseiten* beim Durchblättern darstellen. Links und rechts Ihrer Seitendarstellung befinden sich weiße Pfeil-Symbole, mit denen Sie per Mausklick *vorwärts* und *rückwärts* durch Ihre Publikation navigieren. Sie können auch die Pfeiltasten drücken ◄/►, um sich horizontal durch das Dokument zu bewegen. Möchten Sie sich in einem Dokument vertikal bewegen, drücken Sie die Pfeiltasten ▲/▼.

Um den Bildschirminhalt zu vergrößern oder zu verkleinern, benutzen Sie dafür die Tasten cmd+ + zum *Einzoomen* oder cmd+ − zum *Auszoomen* bzw. strg+ + oder strg+ − auf dem PC.

Unterhalb der Seitenansicht befindet sich der *Filmstreifen*, der Ihnen auf einer horizontalen Achse die Einzelseiten Ihrer Publikation nebeneinander darstellt. Die aktive Seite ist hervorgehoben, die anderen Seiten sind dezent ausgeblendet. Sie können mit dem Mauszeiger über jede sichtbare Seite im Filmstreifen gleiten. Diese wird so aktiv und es lässt sich einfach per Mausklick auf die gewählte Seite springen.

Unterhalb des Filmstreifens befindet sich die *Scrubber-Leiste*, mit der Sie ebenfalls durch das Dokument navigieren können. Auf der Leiste sehen Sie nach dem Start des Dokumentes, wie die Daten dynamisch nachgeladen werden. Die Scrubber-Leiste färbt sich schrittweise von links nach rechts blau ein. An der relativen Leseposition in Ihrem

Die Werkzeugleiste der HTML5-Publikation

Fahren Sie mit dem Mauszeiger in die rechte obere Ecke des Fensters der Publikation und die Werkzeugleiste erscheint. Mit den dort angebotenen Werkzeugen können Sie die Bildschirmdarstellung verändern, Inhalte in sozialen Netzwerken teilen oder den Bildschirminhalt vergrößern.

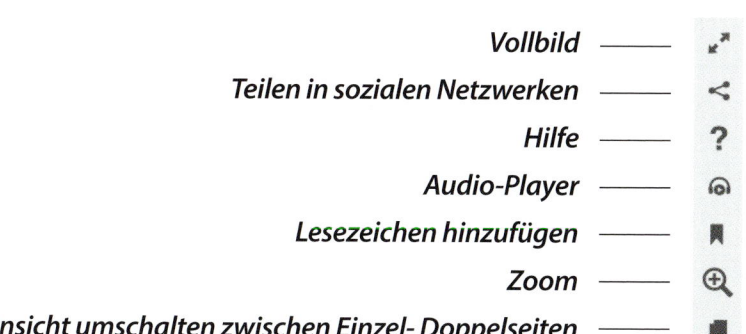

Vollbild ———
Teilen in sozialen Netzwerken ———
Hilfe ———
Audio-Player ———
Lesezeichen hinzufügen ———
Zoom ———
Ansicht umschalten zwischen Einzel- Doppelseiten ———

Steuern Sie vier E-Mail-Provider aus Ihrer Publikation an

Momentan können Sie aus der Nutzerschnittstelle Ihrer Online-Publikation über vier verschiedene Provider die URL Ihres Werkes versenden: *Gmail, Yahoo-Mail, AOL-Mail* und mit Outlook über das *Microsoft Online-Konto.*

Dokument befindet sich ein Anfasser-Knopf, der sich, klicken Sie darauf, verschieben lässt. Links und rechts am Fensterrand befinden sich zwei Symbole, mit denen Sie zur Titelseite oder zur letzten Seite springen können.

Der Online-Werkzeugkasten

Sobald Sie mit dem Mauszeiger in den rechten oberen Bereich des Browserfensters fahren, wird die Online-Werkzeugpalette sichtbar, mit deren Hilfe Sie weitere Optionen Ihrer Online-Publikation steuern können.

Mit der Online-Werkzeugpalette bestimmen Sie, ob die Publikation im Browserfenster oder als Vollbildansicht auf dem Monitor Ihres Computers dargestellt wird. Darunter befindet sich der Button zum Teilen Ihrer Publikation in sozialen Netzwerken. Falls Sie Unterstützung bei der Navigation benötigen, steht Ihnen auch eine Hilfefunktion zur Verfügung. Sofern Ihre Publikation mit Musik hinterlegt ist, können über einen Audio-Player Beginn und Lautstärke der Musik gesteuert werden. Es lassen sich weiterhin Seiten markieren, Lesezeichen vergeben und später wieder auffinden.

E-Mail

LinkedIn

Twitter

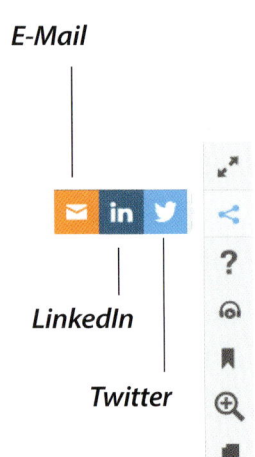

Mit der *Zoom*-Funktion vergrößern Sie die Darstellung des Inhalts. Ganz unten schalten Sie die Ansicht zwischen Einzel- und Doppelseiten um. Und denken Sie daran: Wenn Sie mit dem Mauszeiger über die Symbole fahren, wird Ihnen jeweils ein Hinweis zur Funktion angezeigt.

Klicken Sie für die Vollbilddarstellung mit dem Mauszeiger auf das *Vollbild*-Symbol. Ihr Browserfenster vergrößert sich automatisch auf Bildschirmgröße. Haben Sie mit Hilfe von Mission Control unter macOS weitere virtuelle Bildschirme eingerichtet, so lässt sich der Bildschirminhalt auch darauf projizieren. Sie können unter macOS zwischen der Vollbildansicht und dem Desktop hin- und herschalten. Möchten Sie den Vollbildmodus beenden, klicken Sie erneut auf das *Vollbild*-Symbol der *Online*-Werkzeugpalette oder Sie drücken ⎋.

Um das Vorhandensein Ihrer Online-Publikation in *Sozialen Medien* zu veröffentlichen, können Sie die URL im Kurznachrichtendienst *Twitter* mitteilen, bei *LinkedIn* einstellen sowie bei *Facebook* einen Eintrag generieren. Zusätzlich können Sie die URL per E-Mail von jedem

Vollbild ——

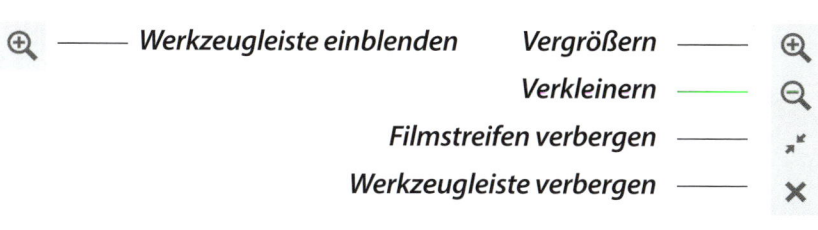

Desktop-Werkzeugleiste

**Dynamischer Ansichts-
wechsel bei Rotation**
Ihre Online-Publikation
passt sich an alle Ausga-
begeräte dynamisch
an. Wenn Sie Ihr Werk
mit einem Mobilgerät
betrachten, wird
der Bildschirminhalt
angepasst, sobald Sie
die Leserichtung um
90 Grad drehen.

Mobil-Werkzeugleiste

Lesegerät versenden. Während Ihre Mobilgeräte den von Ihnen voreingestellten Mail-Client nutzen und Sie somit keine weiteren Einstellungen vornehmen müssen, so wählen Sie beim Versenden der URL
über die Funktionen des Online-Werkzeugkastens einen Provider, der
sich in der Auswahl des HTML5-Mail-Dialogs befindet. Momentan
sind das *Gmail*, *Yahoo-Mail*, *AOL-Mail* und Outlook über ein *Microsoft
Online-Konto*.

**Die Werkzeugleiste der
Publikation auf Mobilge-
räten unterscheidet sich**
Tippen Sie mit dem Fin-
ger auf die Dokumentflä-
che und die Navigations-
elemente werden einge-
blendet. Tippen Sie links
oben auf die Lupe und
auf der rechten Seite
erscheint die mobile
Werkzeugleiste. Tippen
Sie auf die Scrubber-
Leiste und der Filmstrei-
fen wird eingeblendet.

🔍 —— **Werkzeugleiste einblenden**   **Vergrößern** —— 🔍

Verkleinern —— 🔍

Filmstreifen verbergen —— ↙

Werkzeugleiste verbergen —— ✕

Soziale Medien und E-Mail unter iOS

Auf dem iPad oder iPhone steuern Sie E-Mail und soziale Medien aus der HTML5-Publikation auf andere Art und Weise als auf dem Desktop, indem Sie sie über die *Sharing*-Schaltfläche in Ihrer iOS-Menüleiste anwählen.

Mitteilungen über die Publikation in Social Media

So senden Sie die URL als E-Mail

❶ Klicken Sie auf das Symbol für soziale Medien, womit Sie die Leiste der möglichen Funktionen ausklappen. Sie sehen das *Twitter*-Symbol, das *LinkedIn*-Symbol und das *E-Mail*-Symbol.

❷ Klicken Sie auf das *Mail-Symbol*, öffnet sich der zugehörige Dialog. Die Ansicht entspricht im Aufbau dem Fenster eines klassischen Mailprogramms. Tragen Sie dort den Adressaten sowie Ihre Nachricht ein, die bis zu 256 Zeichen lang sein kann. Als Betreff wird automatisch der Name Ihrer Publikation und die Seitenzahl, auf der Sie sich gerade befinden, eingetragen. Ändern Sie bei Bedarf die Betreffzeile Ihrer Nachricht.

❸ Klicken Sie im unteren Bereich des Dialogs auf eines der vier Symbole, um sich mit einem der verfügbaren Mail-Dienstleister zu verbinden. Sie gelangen jeweils zum betreffenden Online-Portal des Anbieters. Geben Sie dort, sofern nicht schon geschehen, Ihre Daten wie Benutzername und Passwort ein. In der Absenderzeile können Sie optional veranlassen, das Kennwort zu speichern. Setzen Sie einen Haken bei *Kennwort merken*.

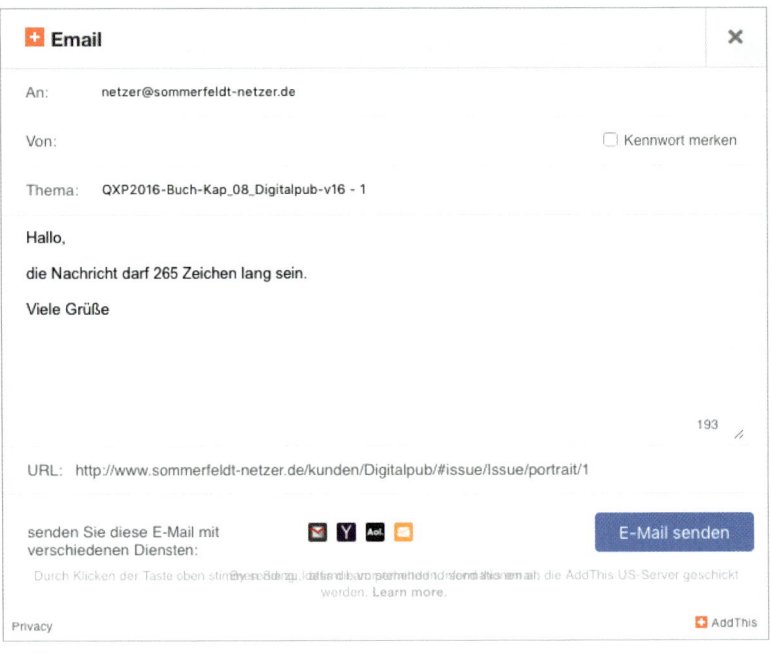

❹ Versenden Sie die Mail, indem Sie auf die blaue *E-Mail senden*-Schaltfläche klicken. Ein weiterer Dialog öffnet sich. Sie müssen dort einen so genannten Captcha (einen zufällig generierten Code) eingeben, der verhindern soll, dass automatische Systeme Werbe-Mails auf diesem Weg verteilen.

❺ Nachdem Sie Ihre Nachricht versendet haben, erscheint ein weiterer Dialog, mit dem Sie beispielsweise eine Mitteilung auf *LinkedIn*, *Twitter* oder *Facebook* generieren können.

So teilen Sie Ihre Online-Publikation bei LinkedIn

❶ Klicken Sie auf das Symbol für soziale Medien und klappen Sie damit die Leiste der möglichen Funktionen aus.

❷ Klicken Sie auf das *LinkedIn*-Symbol. Es öffnet sich ein weiteres Browserfenster, in dem Sie automatisch zu Ihrem *LinkedIn*-Konto geleitet werden. Mehrere Eingabefelder ermöglichen Ihnen, einen Neuigkeiten-Eintrag zu verfassen.

❸ Tragen Sie Ihr Update ein. Mit dem Symbol @ können Sie Personen aus *LinkedIn* in dem Update verknüpfen. Entscheiden Sie im Menü *Mitteilen*, ob das Update öffentlich ist oder nur von *LinkedIn*-Mitgliedern zu sehen sein soll.

❹ Entscheiden Sie, ob Sie das Update in Gruppen veröffentlichen oder ob das Update nur von Einzelnen wahrgenommen werden soll. Schalten Sie die Optionen ein, indem Sie bei den betreffenden Einträgen jeweils einen Haken in die Checkbox eintragen. Die Eingabefelder für diese Zusatzinformationen klappen dann auf.

❺ Ganz rechts können Sie noch die gleichzeitige Veröffentlichung über den Nachrichtendienst Twitter initiieren. Klicken Sie auf die blaue Schaltfläche *Teilen*, und Ihr Update wird umgehend veröffentlicht.

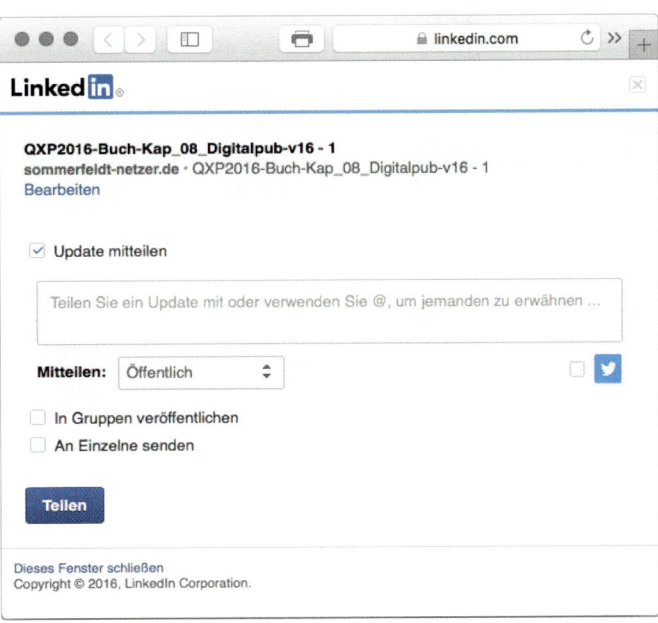

Veranlassen Sie einen Tweet auf Twitter

❶ Klicken Sie auf das Symbol für soziale Medien (die Leiste klappt auf) und anschließend das Sym-

bol für den Kurznachrichtendienst *Twitter*.

❷ Ein Dialog öffnet sich. Teilen Sie den Link mit Ihren Followern. Titel der Publikation und der Link werden automatisch in das Fenster eingetragen. Ergänzen Sie dort den Text. Beachten Sie, dass Nachrichten bei *Twitter* inklusive des enthaltenen Links maximal 256 Zeichen lang sein dürfen.

❸ Klicken Sie auf die blaue Schaltfläche *Twittern*, um den Tweet zu senden.

Posten Sie auf Facebook

❶ Wenn Sie eine E-Mail versendet haben, können Sie im *Nachricht gesendet*-Dialog ein Posting in ihrer Chronik auf *Facebook* initiieren.

❷ Klicken Sie auf das *Facebook*-Symbol und eine Dialogbox öffnet sich. Sie können eine Mitteilung in Ihrer Chronik posten, Ihre Publikation in der Chronik eines Freundes oder einer Gruppe teilen. Die Information lässt sich auch in einer privaten Nachricht teilen.

❸ Klicken Sie auf die blaue *Auf Facebook posten*-Schaltfläche, und das Ereignis wird dort generiert.

Hilfe beim Durchblättern

Unterhalb des *Social Media*-Symbols befindet sich die Hilfefunktion, die alle sichtbaren sowie die nicht ganz offensichtlichen Funktionen beschreibt. Klicken Sie auf das *Fragezeichen*-Symbol und die Liste der *Hilfethemen* wird auf der linken Bildschirmseite dargestellt. Per Mausklick auf die Schaltflächen gelangen Sie zu den einzelnen Themen.

Hilfe ——— ?

Musikalische Untermalung

HTML5-Publikationen können Sie mit zahlreichen interaktiven Inhalten anreichern – dazu gehören auch *Töne, Musik* und *Filme*. Die Wiedergabe von Musik und die Lautstärke steuern Sie über das *Kopfhörer*-Symbol in der Werkzeugpalette. Klicken Sie auf das Symbol und die Steuerelemente klappen seitlich aus. Sie können die

Nachricht gesendet! Erneut teilen

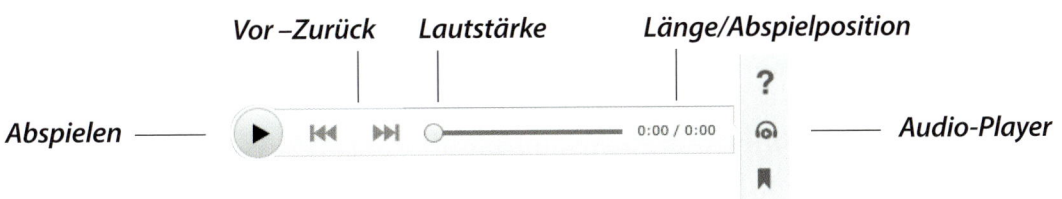

Vor –Zurück   *Lautstärke*   *Länge/Abspielposition*

Abspielen ——— ... *Audio-Player*

Musik per Mausklick auf den Abspielknopf ganz links starten und anhalten, mit den Doppelpfeiltasten springen Sie zwischen den hinterlegten Musikstücken. Über den Schieberegler steuern Sie die Lautstärke. Rechts daneben werden weitere Informationen zu Dauer und momentaner Abspielposition des betreffenden Musikstücks angezeigt.

> Sofern Sie bei der Verknüpfung von Rahmen und Musik die Option *Auto-Abspielen* gewählt haben, können Sie die *Audio-Steuerelemente* der Werkzeugpalette benutzen. Bei allen anderen Audio-Optionen finden Sie die Steuerelemente direkt im Rahmen, den Sie mit der Audio-Datei verknüpft haben.

Lesezeichen anlegen

Um eine Seite wiederzufinden, können Sie innerhalb der Publikation Lesezeichen anlegen. Navigieren Sie zu der Seite Ihrer Publikation, für die Sie ein Lesezeichen definieren wollen. Drücken Sie die Tasten cmd + D auf dem Mac oder strg + D auf dem PC. Die Lesezeichen, die Sie anlegen, verwalten Sie über die Lesezeichenverwaltung Ihres Webbrowsers, mit dem Sie die Publikation betrachten.

⊕ — *Zoom*

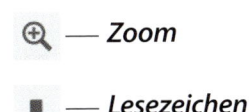 — *Lesezeichen*

Zoom

Die Zoomfunktion ist im eigentlichem Sinne kein Werkzeug. Klicken Sie auf das Lupen-Symbol in der Werkzeugpalette und die Hilfefunktion zeigt Ihnen die Tastenkürzel zum Vergrößern und Verkleinern der Seitenansicht. Auf einem Mobilgerät tippen Sie auf die Dokumentflä-

Seitenansicht —

che und auf der linken Seite erscheint ein erscheint ebenso ein Lupen-Symbol. Tippen Sie darauf, zeigt sich die mobile Werkzeugleiste. Dort vergrößern und verkleinern Sie den sichtbaren Bildausschnitt mit der Plus- und Minus-Lupe.

Umschalten der Seitenansicht

reader-config.json

Sie können sich bei der Betrachtung einer Publikation entscheiden, ob Sie den Inhalt als Einzelseiten oder nebeneinander als Doppelseiten darstellen. Schalten Sie die Ansicht durch Klicken auf das *Seitenanzeige*-Symbol der Werkzeugpalette um.

Konfigurieren Sie mit Code das Erscheinungsbild

Java Script

Wer sich etwas mit *Java Script* auskennt, kann einen Blick auf den Code werfen, der in der erzeugten *JSON*-Datei enthalten ist und sich auf Wunsch individuell anpassen lässt.

Um Ihre HTML5-Publikation online zu stellen, generiert Quark einen Ordner, in dem sich alle benötigten Assets für die Online-Publikation befinden. Wirft man einen genaueren Blick in den Ordner, so fällt auf der ersten Ebene die Datei *reader-config.json* auf. Bei dieser Datei handelt es sich um eine so genannte *JavaScript Object Notation*-Datei, auch JSON abgekürzt. Es handelt sich um ein an *JavaScript* angelehntes Format, mit dem sich bestimmte Inhalte definieren oder Daten austauschen lassen. Wenn Sie diese Datei mit einem einfachen Skript-Editor wie beispielsweise *CotEditor* öffnen, können Sie bei behutsamem Eingriff in die Codezeilen die Darstellung der HTML5-Publikation verändern und einige versteckte Funktionen freischalten – so etwa die Einbindung von Google Analytics und Sozialen Medien.

CotEditor

Einfache Code-Editoren

Sie können das exportierte JSON-Skript in einem einfachen Code-Editor bearbeiten. Selbst online gibt es Editoren, mit denen Sie kostenfrei Ihre Skripte bearbeiten können:

http://www.jsoneditoronline.org/

http://codebeautify.org/online-json-editor

LF ⌄	Unicode (UTF-8) ⌄	JSON ⌄	ⓘ
Zeilenenden	Codierung	Syntaxstil	Informationen

```
 1  {
 2    "analytics" : {
 3      "GoogleAnalytics" : {
 4        "enhancedLinkAttribution" : false,
 5        "trackingId" : "UA-20677225-13"
 6      },
 7      "Omniture" : {}
 8    },
 9    "app" : {
10      "auth" : {
11        "authProxy" : "http://clientapi.appstudio.net/ie9login/iframe-code.html",
12        "authRoot" : "http://clientapi.appstudio.net/quarkauth",
13        "authToken" : "ASauth",
14        "launchLogin" : false,
15        "level" : "issue"
```

```
"app": {
   "auth": {
    "authToken": "ASauth",
    "authRoot": "http://clientapi.appstudio.net/quarkauth",
    "authProxy" : "http://clientapi.appstudio.net/ie9login/iframe-code.html",
    "level": "issue", "launchLogin": false, "publicationCode" : ""
   },
   "loading": {
    "image": "webreader/images/loading-logo.png", "backgroundColor":"#fff",
    "color":"#333333"
   },
   "params": {
    "loglevel": -1
   },
   "enableCookies": true,
   "enablePromoted": true,
   "enableExternal": true,
   "mobileOnly": false,
   "banner" : {
    "enabled" : false,
    "source" : "user-content/banner.zip",
    "height" : 250
   }
}
```

Allgemeine Einstellungen

Die HTML5-Publikation funktioniert wie ein kleines Programm, mit
dem Sie die Inhalte, die Sie darstellen, ablaufen lassen. Interessanter-
weise wird die HTML5-Publikation im JSON-Skript als *App* gehandhabt. Im App-Bereich Ihres Skriptes können Sie die Art, wie Seiten
geladen werden, definieren. Sie können entscheiden, ob Seiten *fort-
schreitend* oder im *Hintergrund* geladen werden. Dazu verändern Sie
das *backgroundLoading*-Parameter.

Mit Hilfe des *enableCookies*-Parameter können Sie die Verwendung
von Cookies ein- und ausschalten. Weiterhin können Sie ein eigenes
Motiv für das Startsymbol, eine eigene Schriftfarbe der
Benutzerschnittstelle sowie eine eigene Hintergrundfarbe auswählen. Diese Eigenschaften stellen Sie im *loading*-Bereich ein. Verändern Sie dort die *color-*, *back-
groundColor-* und *image*-Werte. Um ein eigenes Motiv
als Startsymbol auszuwählen, haben Sie zwei Möglichkeiten: Entweder Sie tauschen das Startsymbol aus oder
Sie verändern den Code der Reader-Datei, indem Sie in
der Zeile *loading* den Pfad zu einer anderen Datei abän-

```
"features" : {
   "timelineScrubber" : true,
   "tableOfContents" : true,
   "pageNavigation" : true,
   "toolbarView" : true,
   "storeAccessibility" : true,
   "opaqueOverlay" : false,
   "navigatorView" : true
}
```

```
    },
    "loading": {
      "image": "webreader/images/loading-logo.png", "backgroundColor":"#fff",
      "color":"#333333"
    },
```

dern. Wenn Sie das Startsymbol tauschen möchten, öffnen Sie das HTML5-Paket und lokalisieren Sie den Ordner *webreader*. Innerhalb des Ordners befindet sich ein Ordner mit der Bezeichnung *images*. Suchen Sie dort nach der Datei *loading-logo.png*. Ersetzen Sie die Datei mit einem gleichnamigen Logo, Symbol oder Grafik. Nutzen Sie die Transparenzen des PNG-Formates.

Alternativ verändern Sie in einem Editor die Zeile *image* dahingehend, dass Sie den Webreader mit einem anderen Bild verknüpfen. Die Zeile könnte dann lauten *webreader/images/mein-neues-logo.png*.

Facebook-Entwickler
Um bestimmte Funktionen betreffend der Verbindung zwischen Ihrer Publikation und Facebook herzustellen, benötigen Sie ein Facebook-Entwickler-Konto. Weitere Informationen dazu erhalten Sie unter:

https://developers.
facebook.com/docs/
apps/register

Konfiguration der Eigenschaften

Um einige allgemeine Einstellungen Ihrer Online-Publikation zu verändern, können Sie mit *true*- und *false*-Werten – oder kurz gesagt mit *an*- und *aus*-Werten – bestimmte Funktionen ein- und ausschalten. Sehen Sie sich dazu den *features*-Bereich an, in dem Sie die Vorschaubilder des Filmstreifens und die Navigation zwischen den Seiten einschränken sowie die Werkzeugpalette ein- und auschalten können. Es lässt sich weiterhin die Deckkraft der folgenden oder vorherigen Seite bearbeiten sowie die Scrubber-Leiste ein- und ausschalten.

Wenn Sie die Vorschau auf die einzelnen Seiten im Filmstreifen abschalten möchten, dann setzen Sie den Wert des *timelineScrubber* auf *false*. Möchten Sie verhindern, dass der Betrachter Ihrer Publikation nur noch mit der Scrubber-Leiste durch die Seiten navigieren kann, dann verändern Sie den *pageNavigation*-Parameter und setzen den Wert auf *false*.

Falls Sie die Werkzeugleiste, mit der Sie die Bildschirmdarstellung, die Verbindung zu sozialen Medien oder die Steuerung von Musik initiieren, auschalten möchten, dann

```
"toolbarItems": {
    "socialSharing": true,
    "globalAudioPlayer": true,
}
"sharing": {
    "facebook": {
    "AppID": "",
    "caption": "locale:facebook-sharing",
    "description": ""
    },
    "templates": {
    "twitter": "locale:twitter-sharing"
    },
    "options" : {
    "facebookShare" : true,
    "twitterShare" : true,
    "emailShare" : true,
    "linkedinShare" : true    }}
```

ändern Sie den Wert für *toolbarView* auf *false*. Die Transparenz für die Folgeseite sowie für die vorherige Seite bearbeiten Sie mit dem Parameter *opaqueOverlay*. Setzen Sie den Wert auf *true*, und die Deckkraftverminderung wird außer Kraft gesetzt. Wenn Sie die Scrubber-Leiste verbergen möchten, weil Ihre Publikation nur aus einer Seite besteht, dann verändern Sie die Werte für die *navigator-View* auf *false*.

Einbindung in Soziale Medien

Die Feineinstellungen für den Bereich der sozialen Medien steuern Sie über die Codes in den Bereichen *toolbarItems* und *sharing*.

Um generell die Veröffentlichung in sozialen Medien wie *Facebook*, *Twitter* und *LinkedIn* zu blockieren, setzen Sie im Bereich *toolbarItems* den Wert bei *socialSharing* auf *false*. Fortan werden Leser Ihrer Publikation diese nur noch über Umwege in sozialen Medien unkontrolliert weiterreichen können.

Sofern Sie für Ihre Publikation die Mitteilung in sozialen Medien oder per E-Mail erlauben, also der Grundeinstellung folgen, können Sie im Bereich *options* die Kanäle der Mitteilung jederzeit eingrenzen.Verändern Sie dazu bei den verfügbaren Mitteilungskanälen die Werte. Zur Verfügung stehen Mitteilungen über *twitterShare*, *facebookShare*, *emailShare* und über *linkedinShare*.

Einziger Problempunkt ist die Mitteilung über den *Facebook*-Kanal. Hier gibt es die Notwendigkeit, eine eigene *Facebook-ID* zu generieren und diese auch in der entsprechenden Codezeile einzutragen. Setzen Sie den Wert für das *facebookShare* – ohne eine App-ID einzutragen – einfach auf *true*, dann erhalten Sie eine Fehlermeldung.

Um eine eigene *Facebook App-ID* eintragen zu können, sind eine Reihe weiterer Schritte erforderlich. Zum einen benötigen Sie einen *Facebook*-Account. Über diesen generieren Sie einen *Facebook Developer*-Account. Darin erstellen Sie wiederum eine neue *Facebook App*. Wählen Sie dazu die Plattform sowie einen Namen für Ihre App aus und Sie erhalten eine *App-ID* – eine spezielle Identifikationsnummer. Über das Entwicklerkonto bei *Facebook* lassen sich dann noch weitere Details definieren.

Tragen Sie die erhaltene *App ID*-Nummer im Bereich *sharing*, beim Unterpunkt *facebook*, in der Zeile *AppID* ein. Damit ist sichergestellt,

Google Analytics nutzen
Sie können, wenn Sie Publikationen online stellen, mit Hilfe von Google Analytics Informationen über das Nutzerverhalten erlangen. Voraussetzung ist eine Verknüpfung Ihrer Online-Publikation mit Ihrem Google Analytics-Konto. Sofern Sie noch nicht über ein solches Konto verfügen, finden Sie unter dieser Adresse die Möglichkeit der Anmeldung:

https://www.google.com/intl/de_de/analytics/

```
"analytics": {
   "GoogleAnalytics": {
    "trackingID": "UA-XXXXXX-XX",
    "enhancedLinkAttribution": false
   }
}
```

dass die Postings aus aller Welt, die Ihre Online-Publikation verbreiten, im *Facebook*-System eingetragen und verteilt werden.

Analysefunktionen freischalten

Bestimmt möchten Sie wissen, wie viele Besucher Sie mit Ihrer HTML5-Publikation online erreichen. Für diesen Zweck bietet jeder Web-Provider entsprechende Werkzeuge, um diese Informationen anzuzeigen. Der Service *Google Analytics* bietet viele spannende Funktionen zur Auswertung dieser Informationen.

Um *Google Analytics* nutzen zu können, müssen Sie über ein Konto verfügen. Loggen Sie sich dort ein und bestimmen Sie im Reiter *Verwalten* Ihr Konto im Drop-Down-Menü – anschließend wählen Sie in der Spalte *Property, Tracking Informationen | Tracking Code* aus. Der *Tracking Code* ist ein Java Script, das dafür sorgt, das Daten auf einer Webseite zu *Google Analytics* weitergeleitet werden. Den *Tracking Code* benötigen Sie jedoch nicht komplett. In Ihrem von Google zur Verfügung gestellten Code befindet sich ein String, der mit *UA* beginnt und insgesamt etwa so aussieht: *UA-XXXXXX-XX*. Dieser Code ist Ihre *Tracking ID*, die Google mitteilt, an welches Konto die gesammelten Daten geschickt werden sollen. Am Ende der Zeichenfolge befindet sich Ihre *Property-Nummer*, die die einzelne Webseite beschreibt. Ihrer *Tracking ID* können natürlich mehrere Webseiten beziehungsweise Online Publikatonen zugeordnet werden, die jeweils eine eigenen *Property*-Nummer erhalten.

Sehen Sie sich den Bereich *analytics* näher an. Tragen Sie in der Zeile *trackingID* Ihre Tracking ID ein, die Sie über Ihr *Google Analytics*-Konto erhalten haben.

❸ Die magische HTML5-Palette

QuarkXPress bietet eine Fülle spannender, interaktiver Funktionen, die Sie jedem im *digitalen Layout* platzierten Objekt zuweisen können. So können Sie innerhalb von Rahmen Filme zeigen, Diashows abspielen oder sogar Webseiten darstellen. Sie können Rahmen zu Schaltflächen umwandeln, die Musik und Töne abspielen, oder Interaktionen mit dem Dokument zulassen. Die Steuerzentrale für die Interaktivität ist die *HTML5*-Palette. Sie füllen mit der *HTML5*-Palette Layouts mit Funktionen, die für die Ausgabe als HTML5-Publikation, als eBook im ePUB-Format und als App für iOS oder Android geplant sind.

> Genaueres dazu erfahren Sie in den betreffenden Abschnitten zur Herstellung von eBooks im ePUB-Format und zur Herstellung von Apps für iOS oder Android aus digitalen Layouts.

Steht das Design des digitalen Layouts, geht es an den Aufbau des

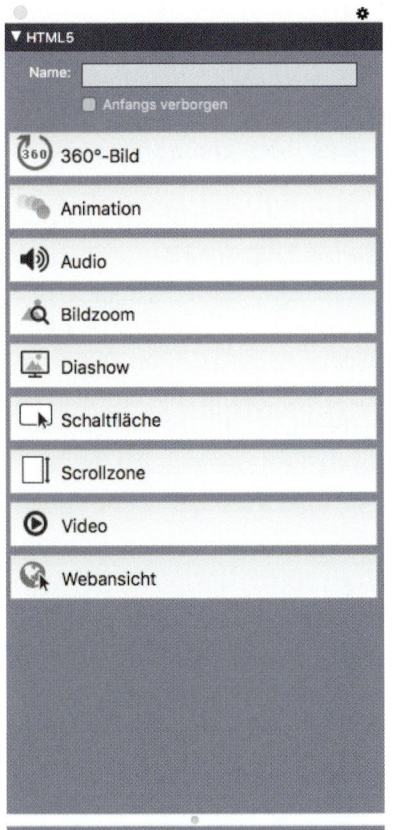

Dokumentes mit bewegten und interaktiven Inhalten. Um die Vielzahl von Effekten und Funktionen für das Einbetten von Filmen, Musik oder Diaschauen in das Dokument anzuwenden, öffnen Sie unter *Fenster | HTML5…* die *HTML5*-Palette mit den passenden Steuerelementen.

Palette für Interaktionen
Alle Interaktionen, die Sie in ein digitales Layout einbauen, werden über die zahlreichen Parameter der HTML5-Palette gesteuert.

Die *HTML5*-Palette präsentiert Ihnen übersichtlich auf neun vertikal übereinander angeordneten Schaltflächen alle Funktionen, die QuarkXPress für Interaktionen mit Objekten bereitstellt. Um eine gewünschte Interaktion einem Objekt zuzuweisen, muss ein beliebiger Rahmen auf der Layoutfläche ausgewählt sein, erst dann werden die Schaltflächen aktiv. Anschließend klicken Sie auf die Schaltfläche mit der gewählten Funktion, beispielsweise einer Diaschau. Der Funktionsbereich klappt auf und

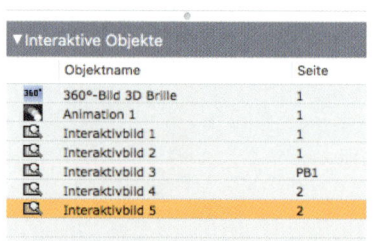

Alle in Ihrem *digitalen Layout* befindlichen interaktiven Objekte tauchen in der der gleichnamigen Liste auf, die sich an der unteren Kante der HTML5-Palette aus- und einklappen lässt. Dort finden Sie neben der Seitenzahl der Position auch jene Stellen, die außerhalb der Seite auf der Montagefläche liegen – auch *Pasteboard* oder *PB* genannt.

die Einstelloptionen werden sichtbar. Sie können jede Interaktion mit einem Namen versehen.

Alle Interaktionen eines Layouts werden in der Liste *Interaktive Objekte* angezeigt, die sich im unteren Bereich der Palette auf- und zuklappen lässt. Zusätzlich wird in der rechten oberen Ecke des bearbeiteten Rahmens ein zur ausgewählten Funktion passendes Symbol angezeigt, das auch bei geschlossener *HTML5*-Palette dem Designer mitteilt, welche Funktion dem Rahmen zuvor zugewiesen wurde. In der letzten Spalte der Übersicht können Sie ersehen, auf welcher Seite innerhalb des digitalen Layouts sich das Objekt befindet. Bewegen Sie sich in einem Funktionsbereich der *HTML5*-Palette, der immer dann angezeigt wird, wenn Sie auf die Schaltfläche der betreffenden Funktion geklickt haben, können Sie jederzeit die angewendete Funktion per Mausklick auf das Symbol löschen.

Beachten Sie bitte, dass abhängig vom gewählten Typ des Rahmens bestimmte Interaktive Funktionen nicht verwendet werden können. Der entsprechende Bereich der *HTML5*-Palette bleibt dann nicht auswählbar. Textrahmen können beispielsweise keine Bilder darstellen. Die Ausgabe von Texten oder Video sind in diesen Rahmen möglich.

Die Funktionen der HTML5-Palette im Einzelnen

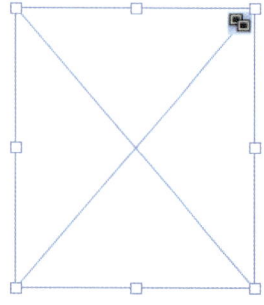

Rahmen, denen eine interaktive Funktion zugewiesen wurde, erkennt man ganz leicht am Symbol in der rechten oberen Ecke. Im Rahmen oben sehen Sie in der Ecke das Symbol für die Diashow.

360°-Bild. Mit der Funktion 🔵 *360°-Bild* können Bildfolgen, die eine Navigation um ein Objekt herum simulieren, in einen XPress-Rahmen eingebaut werden. Der Benutzer kann die Navigation durch eine solche Bildfolge in der Ausgabedatei entweder automatisch oder manuell durch einen Finger oder am Desktop durch die Maus steuern. Im Bildrahmen erscheint in der rechten oberen Ecke das *360°-Bildrahmen*-Symbol 360° als Hinweis für die zugewiesene Funktion.

Animation. Mit der Funktion 🔵 *Animation* können Sie QuarkXPress-Objekte in alle möglichen Richtungen in Ihrem Ausgabedokument in Bewegung versetzen. Dazu lassen sich weitere Objekteigenschaften wie Farbe oder Deckkraft animieren. Im Bildrahmen erscheint in der rechten oberen Ecke das *Animations-Bildrahmen*-Symbol 🔳.

Audio. Mit der Funktion 🔊 *Audio* können Sie Töne oder Musik mit XPress-Objekten verknüpfen und später per Befehl oder automatisch auf dem Zielgerät abspielen. Das veröffentlichte *Digitale Layout* enthält die passenden Steuerelemente, um die Musik einzuschalten, anzuhalten oder die Lautstärke zu variieren. Im Bildrahmen erscheint in der rechten oberen Ecke das *Audio-Bildrahmen*-Symbol ◄⟩.

Bildzoom. Mit der Funktion ⚲ *Bildzoom* lassen sich in XPress-Rahmen befindliche Bilder auf der Zielplattform entweder automatisch oder unter Zuhilfename von Fingergesten vergrößern und verkleinern. Im Bildrahmen zeigt sich dabei in der rechten oberen Ecke das *Bildzoom-Bildrahmen*-Symbol ⚲.

Diashow. Mit der Funktion ⌨ *Diashow* stellen Sie innerhalb von QuarkXPress-Rahmen automatisiert Bilder als Slideshow oder nach Benutzereingabe auf dem Betrachtungsgerät in einer gewünschten Reihenfolge dar. Im Bildrahmen erscheint in der rechten oberen Ecke das *Diashow-Bildrahmen*-Symbol ▰.

Schaltfläche. Die Funktion ⬚ *Schaltfläche* dient zum Auslösen von Funktionen durch Objekte. Gedacht ist diese Funktion für die Herstellung von Navigationselementen in individuellen Designs. Im Bildrahmen sehen Sie in der rechten oberen Ecke das *Schaltflächen-Bildrahmen*-Symbol ⬚.

Scrollzone. Mit der Funktion ⬚ *Scrollzone* können Sie sich innerhalb von Rahmen durch Inhalte scrollen. Sie können in die Rahmen Bilder, Texte oder XPress-Layouts einfügen, ansehen und scrollen. Im Bildrahmen erscheint in der rechten oberen Ecke das *Scrollzone-Bildrahmen*-Symbol ⬚.

HTML5-Funktion	Rahmen/Bildrahmen	Textrahmen
360°-Bild	✓	
Animation	✓	✓
Audio	✓	✓
Bildzoom	✓	
Diashow	✓	
Schaltfläche	✓	✓
Scrollzone	✓	✓
Video	✓	✓
Webansicht	✓	

Mehr Möglichkeiten
Unbestimmte Rahmen oder Bildrahmen bieten Ihnen den größten Umfang an interaktiven Möglichkeiten.

Ausblenden

Um die Symbole der den Rahmen zugewiesene Interaktionen vorübergehend auszublenden, gehen Sie zu *Ansicht | Sichtzeichen* und entfernen den Haken.

Video. Über ⏵ *Video* binden Sie Filme auf Ihrer Festplatte oder aus Video-Plattformen in Layouts ein. Im Bildrahmen zeigt sich daher in der rechten oberen Ecke das *Video-Bildrahmen*-Symbol 🎥.

Webansicht. Mit der Funktion 🔍 *Webansicht* können Sie direkt im interaktiven Layout Webseiten anzeigen. Dank des in interaktiven Dokumenten eingebauten Web-Browsers lässt sich jede Webseite, die das Ziel-Betriebssystem unterstützt, in Ihr Layout einbinden. Im Bildrahmen erscheint – wie soll es auch anders sein – in der rechten oberen Ecke das *Webansicht*-Symbol 🔍.

Wenn Sie einen Text- oder Bildrahmen auswählen, können sie jeweils nur bestimmte interaktive Funktionen zur Anwendung bringen. Je nachdem, welche Rahmen Sie mit interaktiven Eigenschaften versehen möchten, bietet Ihnen die HTML5-Palette einen angepassten Funktionsumfang. Ist eine Funktion nicht für das ausgewählte Objekt anwendbar, sind die dazugehörigen Einstellparameter nicht auswählbar.

Bei der Anwendung von nicht zugehörigen Interaktionen kann auf Wunsch der im Rahmen befindliche Inhalt gelöscht werden, sodass die Art des Rahmens wird angepasst wird.

Betrachten Sie Objekte von allen Seiten

Sie können Ihrem digitalen Layout so genannte *360°-Bilder* hinzufügen. 360°-Bilder sind ein Darstellungsverfahren, bei dem der Betrachter um ein meist freigestelltes Objekt herum

Listenfeld der Einzelbilder

Hier laden Sie die Bilder der 360° Animation

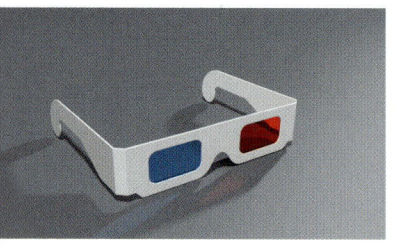
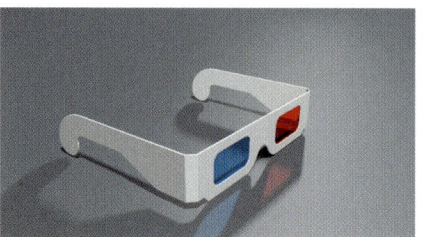
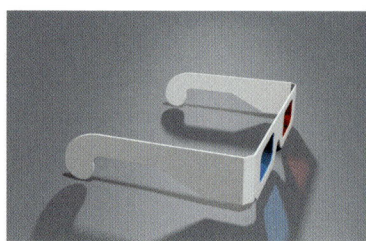

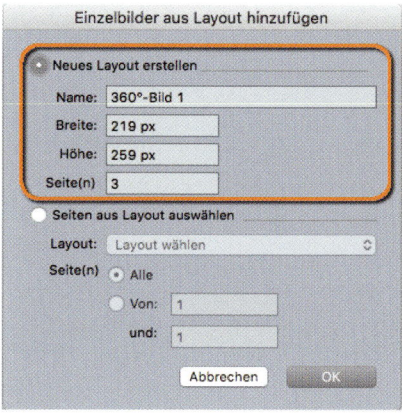

navigieren und es von allen Seiten betrachten kann. Sie können das Motiv auch automatisch in Rotation versetzen und an beliebiger Stelle anhalten und den angezeigten Bildausschnitt ansehen. Bei diesem Verfahren wird eine definierte Anzahl von Fotos, kreisförmig bei gleichbleibendem Abstand, um ein Objekt herum gemacht.

Je nach gewünschter Qualität der Bewegung schwankt die Anzahl der notwendigen Aufnahmen zwischen 18 bis 36 Einzelbildern pro Objekt. Sie können auch weniger Bilder verwenden, müssen dann aber deutliche Abstriche bei der Flüssigkeit der Bewegung machen. Das Objekt wird auf einer Drehscheibe platziert, in gleichmäßiger Gradzahl schrittweise gedreht und jeweils fotografiert. Profis nutzen für diese Art der Fotografie elektrische Drehscheiben, die von einem Schrittmotor gesteuert werden. Ein spezieller Controller sorgt für die richtige Gradzahl der Rotation.

Löschen Sie Bilder

Beachten Sie, dass es die Funktionalität digitaler Layouts Ihnen nur erlaubt, das Objekt auf der fixierten vertikalen Achse zu rotieren. Sie können das Objekt nicht von oben oder unten betrachten und keine 360°-sphärischen Panoramen laden, wie sie beispielsweise bei VR-Inhalten zum Einsatz kommen.

Rotation testen
Haben Sie alle Bilder geladen, testen Sie die Rotation, indem Sie ihre Einzelbilder nacheinander auswählen.

Achten Sie darauf, dass Sie die zu ladenden Einzelbilder im Vorfeld auf eine handhabbare Größe bringen, die Ihrer späteren Darstellungs-

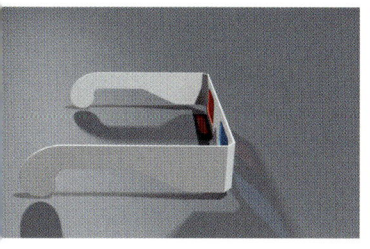

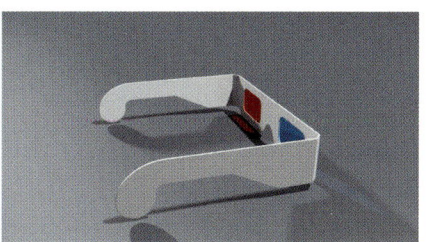

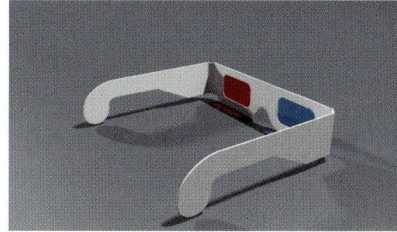

größe entspricht. QuarkXPress skaliert zwar anstandslos die Bilder auf das gewünschte Zielformat, aber jede Vorschau, die Sie herstellen, erzeugt bei großen Bildern mehr Rechenzeit, die Sie einsparen können. Bilderserien für die 360°-Ansicht können Sie in den Formaten PNG, JPEG, GIF, TIFF und EPS in den Rahmen laden.

Wenn Sie Bilder in Rahmen platzieren, werden diese automatisch immer in der linken oberen Ecke des Rahmens platziert. Sofern Ihr Rahmen keine spezielle Verkleinerungsstufe voreingestellt hat, werden Bilder, die größer als der Rahmen sind, im sichtbaren Bereich abgeschnitten.

So erstellen Sie eine 360-Grad-Ansicht:

❶ Wählen Sie auf der Layoutfläche jenen Rahmen aus, in dem Sie eine 360°-Ansicht als Bildfolge anzeigen möchten. Das Format des Rahmens sollte dem Format der Einzelbilder der darzustellenden 360°-Ansicht entsprechen. XPress platziert die Bilder immer ausgehend von der linken oberen Ecke des Rahmens.

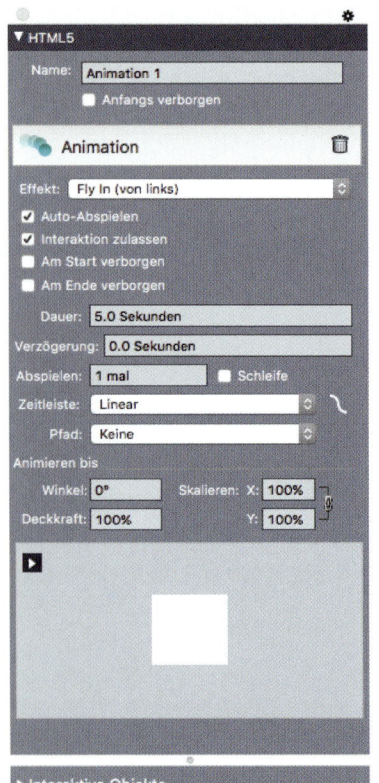

❷ Klicken Sie in der *HTML5*-Palette auf die ganz oben befindliche Schaltfläche *360°-Bild* um die Funktionen aufzuklappen. Definieren Sie einen Namen für das Objekt. Der Name erscheint auch in der Listenansicht aller interaktiven Objekte und hilft Ihnen beim Wiederauffinden während der Arbeit am digitalen Layout.

❸ Mit der Option *Anfangs verborgen* können Sie dafür sorgen, dass das Bild zunächst unsichtbar ist und erst bei Nutzereingabe wie Klicken oder Fingertippen angezeigt wird. Soll das Motiv automatisch rotieren, markieren Sie die Checkbox *Auto-Abspielen*. Mit der Option *Durchläufe* können Sie die Anzahl der automatischen Rotation um die eigene Achse variieren.

❹ Um die Einzelbilder dem gewählten Rahmen hinzuzufügen, klicken Sie auf das ✚ Symbol. Im sich öffnenden Dropdown-Menü können Sie entscheiden, ob Sie Einzelbilder aus Bilddateien oder Seiten aus einem QuarkXPress-Layout hinzufügen möchten.

❺ Wählen Sie *Einzelbilder aus Bilddateien hinzufügen* und navigieren Sie auf Ihrer Festplatte zu dem Verzeichnis, das die Bilder enthält. Die Daten müssen in den Formaten PNG, JPEG, GIF, TIFF oder EPS vorliegen, da sie ansonsten von QuarkXPress nicht erkannt werden. Über das Gedrückthalten der Tasten ⎇ oder ⌘/strg können Sie eine Auswahl von Bildern treffen, falls Sie nicht den kompletten Inhalt Ihres Bilderordners laden wollen. Sind die Bilder geladen, werden sie in der Listenansicht der *HTML5*-Palette angezeigt. Sie können mit der Scrolltaste Ihrer Maus durch die Liste scrollen und Bilder anklicken. Das gewählte Bild wird Ihnen unmittelbar im Layout angezeigt. Klicken Sie auf das *Bearbeiten*-Symbol ✐, wird die von Ihnen bevorzugte Bildbearbeitung (die im System voreingestellt ist) geöffnet.

6 Möchten Sie einzelne oder mehrere Seiten aus einem XPress-Layout hinzufügen, wählen Sie im Dropdown-Menü *Einzelbilder aus QuarkXPress Layout hinzufügen*. Definieren Sie mit den Optionen, aus welchem Layout diese stammen sollen. Sie können aus dem Dialog heraus auch ein komplett neues Layout erstellen. Klicken Sie auf das Bearbeiten-Symbol ✐, wird die entsprechende Seite im verknüpften Layout angezeigt.

7 Um die Bearbeitung zu beenden, drücken Sie die esc-Taste, und das von Ihnen bearbeitete Objekt auf der Seitenfläche des *digitalen Layouts* wird deaktiviert. Alternativ können Sie auch in einen leeren Bereich der Seitenfläche klicken. Möchten Sie gleich die Bearbeitung eines weiteren Rahmens vornehmen, klicken Sie einfach in den nächsten Rahmen. Die Bearbeitung des zuvor aktiven Rahmens wird beendet und für den neuen Rahmen stehen wieder alle neun Schaltflächen der *HTML5*-Palette zur Verfügung.

Objekte in Bewegung setzen

Mit den Funktionen der *HTML5*-Palette können Sie Objekte auf verschiedene Weise animieren, indem sich Objekte in alle möglichen Richtungen und in unterschiedlichem Zeitverhalten über die Seitenfläche Ihres digitalen Layouts bewegen lassen. Blenden Sie Objekte mit verschiedenen Optionen ein und aus oder versetzen sie in Eigenrotation. Lassen Sie Objekte zeitbasiert wachsen, schrumpfen oder ein- und auszoomen. Dabei können die Objekte auch auf Nutzereingaben reagieren.

Komplexe Objekte einfach animieren

Die Animationsfunktionen von XPress erlauben es nicht, gruppierte Objekte zu animieren. Wenn Sie Objektgruppen animieren wollen, die aus Einzelteilen mit gleicher Farbe bestehen, können Sie diese mit dem Befehl *Objekt | Pfade vereinen oder trennen …* zusammenfügen und anschließend animieren.

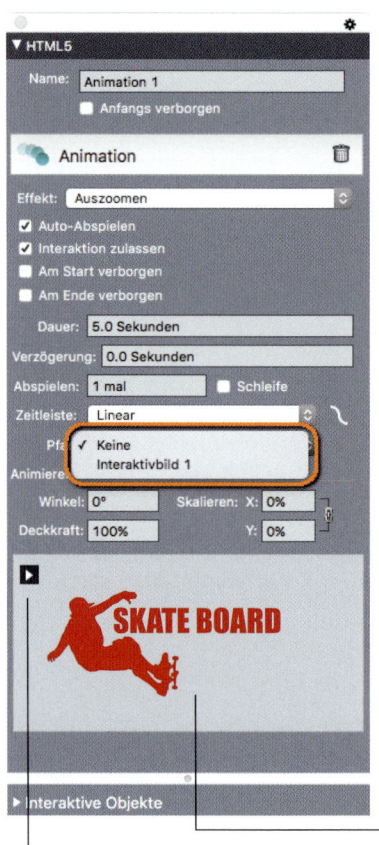

Mit komplexen Einstellparametern lässt sich das gesamte Timing der Animation auf umfassende Weise justieren. Sie können dabei die Animation als wiederkehrende Schleife anlegen und die Anzahl der Wiederholungen numerisch bestimmen. Oder Sie passen das Verhalten des animierten Objekts mit unterschiedlicher Beschleunigung und Verlangsamung genau an Ihre Vorstellungen an. Selbst der Winkel, die Skalierung des Objektes sowie die Deckkraft können Sie mit verschiedenen Optionen verändern, die Ihnen die *HTML5*-Palette zur Verfügung stellt.

So animieren Sie Objekte:

❶ Aktivieren Sie im digitalen Layout das Objekt, das in Bewegung versetzt werden soll. Animieren können Sie gefüllte und leere Bildrah-

Vorschaubereich

Abspielknopf

Sanft beschleunigen

Durch Veränderung der Werte im Bereich *Kubische Bézierkurve bearbeiten* können Sie die Dynamik der Beschleunigung sowie das sanfte Abbremsen des animierten Objektes feineinstellen.

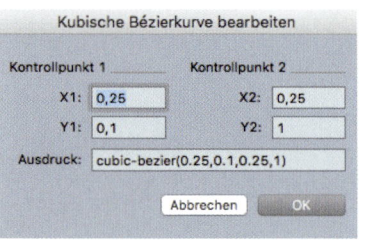

men, Textrahmen, unbestimmte Rahmen sowie Linien. Klicken Sie in der *HTML5*-Palette auf die Schaltfläche *Animation* und die Palette präsentiert Ihnen die mächtigen

Animationsoptionen. Auch hier können Sie für den Rahmen einen individuellen Namen vergeben sowie festlegen, ob die Animation erst unsichtbar ist und verzögert erscheint, wenn der Nutzer auf der Zielplattform die mit Effekten versehene Seite aufruft.

❷ Im Dropdown-Menü *Effekt* suchen Sie sich den gewünschten Animationseffekt aus. Setzen Sie in der Checkbox *Automatisch abspielen* einen Haken, damit die Animation automatisch startet, sobald der Nutzer die betreffende Seite des *digitalen Layouts* auf dem Wiedergabegerät der Zielplattform erreicht.

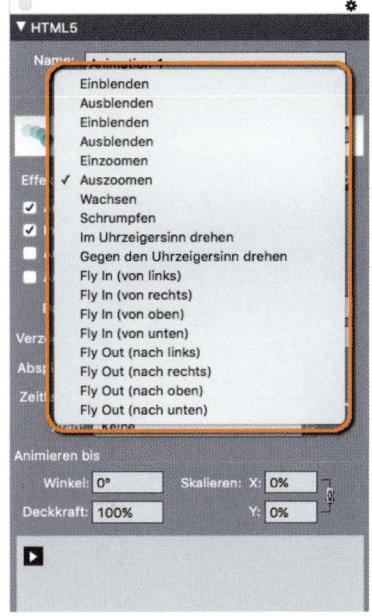

❸ Damit der Nutzer mit der Animation interagieren kann, setzen Sie einen Haken in der *Interaktion zulassen*-Checkbox. Markieren Sie, ob die Animation am *Start* und am *Ende* verborgen sein soll.

❹ Definieren Sie die Abspiellänge Ihrer Animation im Feld *Dauer*. Soll die Animation verzögert starten, tragen Sie den gewünschten Wert des verspäteten Starts in das Feld *Verzögerung* ein.

❺ Soll die Animation mehrmals abgespielt werden, bestimmen Sie die Anzahl der Wiederholungen durch einen Eintrag in das Feld *Abspielen*. Zusätzlich müssen Sie für ein sich wiederholendes Abspielen einen Haken in der Checkbox *Schleife* setzen.

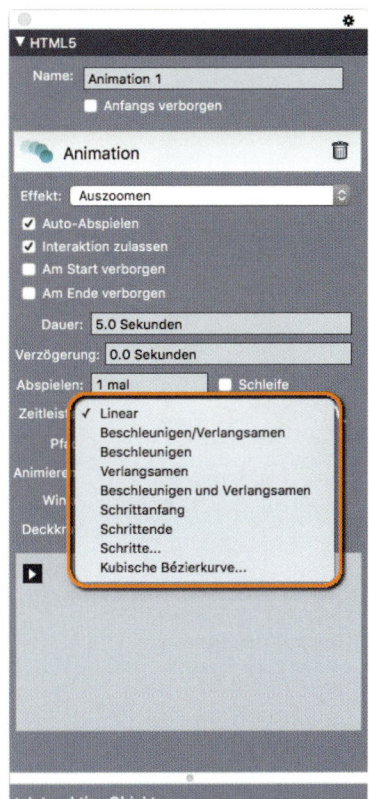

❻ Nehmen Sie die Feineinstellung für *Beschleunigen* oder *Verlangsamen* im Dropdown-Menü *Zeitleiste* vor, in der Sie aus eine Vielzahl von Bewegungsvarianten auswählen können. Spannend sind die Optionen der Einstellparameter *Kubische Bézierkurve bearbeiten*. Mit diesen Einstellparametern simulieren Sie die Methode, die große Video- und Animationsprogramme nutzen, wie beispielsweise Finalcut Pro X, Avid Media Composer, After Effects oder Motion. Auch in allen 3D-Programmen werden Bézierkurven zur Bewegungssteuerung eingesetzt.

❼ Möchten Sie ein Objekt auf einer Linie zwischen zwei Punkten bewegen, nutzen Sie die Option *Pfad*. Dort können Sie einen Pfad auswählen, an dem sich Ihre Animation ausrichtet. Normalerweise funktionieren Animationen in XPress nur auf rechtwinkligen Achsen, die sich an vier Seiten ausrichten, also *von links*, *rechts*, *oben* oder *unten*. Wenn Sie die *Start* und *Endposition* individuell anpassen möchten, zeichnen sie eine Linie und geben Sie ihr in der *HTML5*-Palette im ganz oben befindlichen Eingabefeld *Namen* einen Titel *ohne* zuvor auf eine der Schaltflächen der Palette zu klicken. Ein kleines *HTML5*-Symbol  zeigt an, dass die Linie jetzt auswählbar ist und für eine Animation zur Verfügung steht. Die Linie erscheint jedoch nicht in der Liste der *Interaktiven Objekte* – Sie können sie aber im Dropdown-Menü *Pfad* auswählen.

❽ Der Bereich *Animieren bis* bietet Ihnen die Möglichkeit, *Winkel*, *Deckkraft* und *Skalierung* des animierten Objektes zeitbasiert zu verändern. Legen Sie die *Gradzahl* des Winkels fest, um den Ihr Objekt rotieren soll. Definieren Sie die Deckkraft sowie die Skalierung in Prozentwerten.

❾ Drücken Sie die ⎋-Taste, um die Bearbeitung zu beenden. Das Objekt, das Sie bearbeitet haben, wird deaktiviert. Sie können auch in einen leeren Bereich der Seitenfläche klicken. Wenn Sie mit der Bearbeitung eines weiteren Rahmens fortfahren wollen, klicken Sie den gewünschen Rahmen an. Alle neun Schaltflächen der *HTML5*-Palette stehen für den neuen Rahmen wieder zur Verfügung.

Soll sich Ihr Objekt mehrfach um die eigene Achse drehen, dann erhöhen Sie die Gradzahl auf einen Wert über 360°. Möchten Sie Ihr Objekt beispielsweise zweimal um die eigene Achse drehen lassen, dann tragen Sie bei *Gradzahl* den doppelten Wert von 360, also 720, ein.

Verbinden Sie Sound und Musik mit Ihren Inhalten

Audioeditoren einsetzen
Für komplexe Audiobearbeitungen nutzen Sie zunächst Audioeditoren, um Musik, Klänge oder Sounds für die Verwendung in Ihren digitalen Layouts vorzubereiten. Für sphärische Hintergrundmusik, die als Schleife laufen soll, mischen Sie den Sound im Audioeditor ab.

Sie können Audiodateien mit QuarkXPress-Rahmen verknüpfen. Nach dem Export Ihres digitalen Layouts sieht der Nutzer auf der Zielplattform, auf der das Layout wiedergegeben wird, Bedienelemente, mit denen er die Musikwiedergabe steuern kann. Sie können die Darstellung der Bedienelemente auch deaktivieren, sodass Sie die Musik nur im Hintergrund abspielen, selbst dann, wenn Nutzer durch Ihr Dokument auf der Zielplattform navigieren. Sie können auch Aktionen als Auslöser für das Abspielen von Sound und Musik verwenden. Wenn Sie beispielsweise eine Schaltfläche betätigen, kann ein

Geräusch wiedergegeben werden, das den Tastendruck simuliert. Bitte beachten: Auswählen lassen sich nur MP3-Dateien, sofern Sie Audio-Dateien in Ihr Layout importieren.

Es kann immer nur eine Audio-Datei auf der Zielplattform abgespielt werden. Wenn der Nutzer dort eine neue Audio-Datei abspielt, wird eine bereits laufende Wiedergabe automatisch unterbrochen.

So bauen Sie Musik, Geräusche und Töne ein:

❶ Aktivieren Sie einen Bildrahmen in Ihrem digitalen Layout, der später das Navigationselement darstellen soll. Klicken Sie in der *HTML5*-Palette auf die *Audio*-Schaltfläche und benennen Sie das Objekt eindeutig, indem Sie einen Eintrag in das Feld *Namen* tätigen.

❷ Setzen Sie einen Haken in die *Auto-Abspielen*-Checkbox, wenn der betreffende Sound auf der Seite, auf der er sich befindet, automatisch abgespielt werden soll, sobald der Nutzer die Seite anwählt.

❸ Töne oder Musik lassen sich wiederholt abspielen, wenn Sie die Option *Schleife* markieren. Damit wird die gewählte Musik so lange abgespielt, bis der Anwender die angewählte Seite oder das publizierte Layout verlässt. Wenn Sie spezielle Sounddesigns als Hintergrunduntermalung verwenden möchten, die als Endlosschleife laufen, nutzen Sie Audioeditoren wie GarageBand, Logic oder ProTools, um nahtlose Endlosschleifen zu erzeugen.

❹ Sofern die Musik beim Seitenwechsel des Nutzers automatisch anhalten soll, aktivieren Sie die Option *Audio bei Seitenwechsel stoppen*. Über das Aktivieren von *Controller verbergen* blenden Sie wiederum die Audio-Steuerelemente automatisch aus. Das bietet sich für alle Layout-Konzepte an, bei denen Nutzereingriffe betreffend

Audiosteuerung im Zieldokument

Beim Einbauen von Audio-Dateien in digitale Layouts erwarten Sie zwei verschiedene Arten der Audio-Steuerung. Betten Sie die Datei ohne Zusatzfunktionen ein, erhalten Sie im Zieldokument Audio-Controller am Objekt. Wählen Sie *Auto-Abspielen*, dann werden die Audio-Controller Ihrer HTML5-Applikation aktiv.

Audio-Player bei »HTML5 Export« ——

Audio Steuerung beim »Einbetten« ⌐

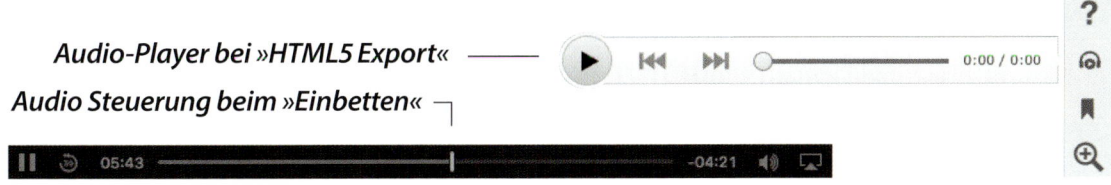

Audioplayer definieren
Da QuarkXPress ausschließlich Audio-Dateien im MP3-Format importiert, können Sie für dieses Format einen eigenen Audioplayer definieren, der immer dann aktiv wird, wenn Sie auf das 🔍-Symbol im Audio-Bereich der HTML5-Palette klicken.

der Musiksteuerung nicht erforderlich sind oder die Musik als reine Hintergrunduntermalung dient.

❺ Um eine Audiodatei im MP3-Format zu laden, klicken Sie auf die Schaltfläche *Audiodatei* auswählen. Navigieren Sie auf der Festplatte zur gewünschten Audiodatei und wählen Sie sie aus. QuarkXPress bettet anschließend die Audiodatei in das Projekt ein, bei gleichzeitiger Zunahme der Dateigröße Ihres digitalen Layouts. Der Button zum *Einbetten* lässt sich nicht deaktivieren.

❻ Das rechts neben der *Audiodatei auswählen*-Schaltfläche befindliche Symbol 🔍 verbirgt eine spannende Funktion. Haben Sie eine Datei ausgewählt, deren Name in der Schaltfläche angezeigt wird, so klicken Sie auf 🔍. Ihr bevorzugter Audio-Player startet im Hintergrund und gibt die angezeigte Datei wieder.

Animation und Vollbilddarstellung per Doppeltippen

Den Inhalt eines im Layout platzierten Bildrahmens, der mit einem Bild gefüllt ist, können Sie mit Hilfe der HTML5-Interaktionen als *Bildzoom* in Bewegung versetzen. Dabei wandert der Rahmeninhalt, während er langsam vergrößert wird. Dieser Effekt wird auch als *Ken Burns*-Effekt bezeichnet, benannt nach dem amerikanischen Dokumentarfilmer. Er hat, um seinen Werken mehr Spannung zu verleihen, Standbilder auf ganz eigene Weise in Bewegung versetzt, was die Einbindung dieser Bilder in seine Filme ganz wesentlich bestimmt hat. Um Bildinhalte durch

Mit Gesten vergrößern
Wenn Sie Pinch-Zoom aktivieren, können Sie auf Mobilgeräten Bilder mit Gesten skalieren. Am Desktop gelingt das, wenn Sie ein Trackpad einsetzen.

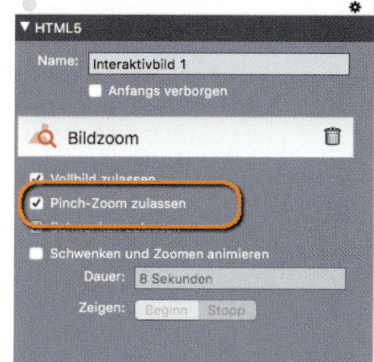

Nutzereingabe zu vergrößern, können Sie festlegen, dass dieser durch den Anwender durch doppeltes Antippen als Vollbild dargestellt wird. Zusätzlich kann er über Fingergesten durch das angezeigte Bild scrollen oder zoomen.

So erzeugen Sie einen Bildzoom:

❶ Auf der Layoutfläche wählen Sie einen Bildrahmen aus, der mit einem Bild gefüllt ist. Klicken Sie in der *HTML5*-Palette auf die Schaltfläche *Bildzoom*.

❷ Vergeben Sie einen Namen für den Bildzoom, damit Sie ihn in der Liste der *Interaktiven Objekte* leicht lokalisieren können. Soll das Bild zunächst unsichtbar sein, wenn der

Ausschnitte definieren
Klicken Sie in der Palette bei *Zeigen* erst auf *Beginn* und definieren Sie den Bildausschnitt. Dann Klicken Sie auf *Stopp* und definieren den Zielausschnitt.

Nutzer auf der Zielplattform die betreffende Seite anwählt, dann setzen Sie einen Haken in der Checkbox *Anfangs verborgen*.

❸ Mit Aktivieren der Option *Vollbild zulassen* kann der Nutzer auf der Zielplattform durch Doppeltippen zwischen Vollbild- und Einzelbild-Ansicht hin- und herwechseln.

❹ Ermöglichen Sie den Nutzern Ihres digitalen Layouts das Zoomen mit Fingergesten, indem Sie die Option *Pinch-Zoom zulassen* einschalten. Sollen Anwender den Bildinhalt mit dem Zeigefinger verschieben, aktivieren Sie *Schwenken zulassen*.

❺ Das automatische Verschieben und Vergrößern von Bildern mit dem *Ken Burns*-Effekt erreichen Sie, indem Sie die Option *Schwenken und Zoomen animieren* einschalten und die Dauer der Animation festlegen. Mit den Schaltflächen *Start* und *Stop* stellen Sie die Anfangs- und Endposition des Animationsvorganges ein.

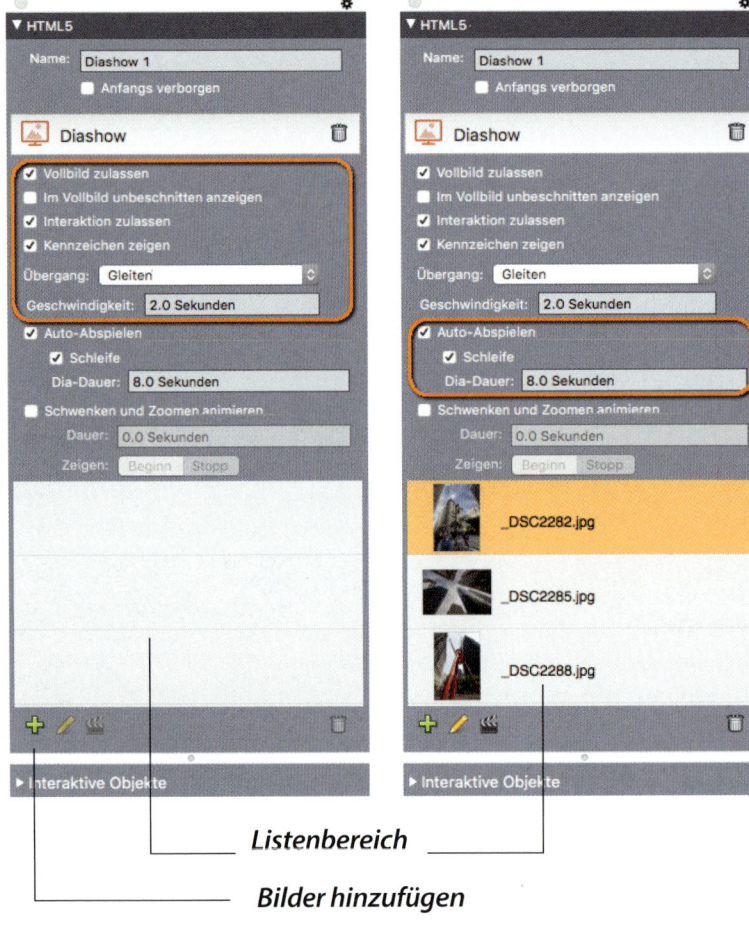

Listenbereich

Bilder hinzufügen

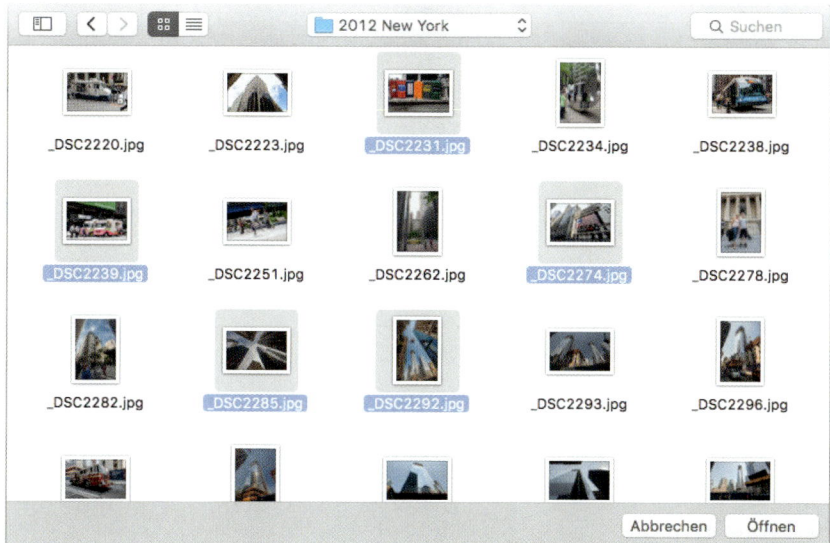

Bildübersicht

Wenn Sie Ihrer Diaschau eine Auswahl von Motiven hinzufügen möchten, dann schalten Sie die Ansicht des *Öffnen*-Dialogs als Bildübersicht um. Mit den Tasten `alt` oder `cmd`/`strg` + Mausklick wählen Sie aus.

6 Beenden Sie Ihre Bearbeitung, indem Sie die Taste `esc` drücken. Möchten Sie Ihre Arbeit bei der Vergabe interaktiver Objekte fortsetzen, so wählen Sie das nächste zu bearbeitende Objekt auf der Layoutfläche Ihres digitalen Layouts aus. Alternativ deaktivieren Sie das Objekt, um die Bearbeitung abzuschließen – dazu klicken Sie auf einen leeren Bereich auf der Zeichenfläche.

Drei Übergänge

Für den Bildwechsel stehen Ihnen die Übergänge *Gleiten*, *Ausblenden* und *Spiegelung* zur Verfügung.

Diashow mit HTML5-Interaktionen

Eine Abfolge von Bildern, die nacheinander in regelmäßigem Abstand dargestellt werden, wird in QuarkXPress als *Diashow* bezeichnet. Wenn Sie Bildfolgen in Ihrem digitalen Layout anlegen möchten, nutzen Sie die Funktion *Diashow* der HTML5-Palette. Eine Diashow kann entweder innerhalb

Ausschnitte definieren
Klicken Sie in der Palette jedes Motiv nacheinander
einzeln an und definieren Sie individuell
den Bildausschnitt.

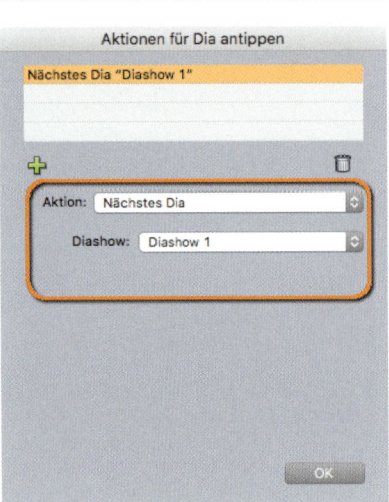

eines Rahmens auf der Layoutfläche oder im *Vollbildmo-dus* bildschirmfüllend wiedergegeben werden.

Die Übergänge zwischen den Bildern können Sie als »harten« Übergang oder mit Hilfe eines Effektes wie *Gleiten*, *Ausblenden* oder *Spiegeln* einrichten. Auch die Geschwindigkeit des Übergangs sowie die Dauer der Darstellung lässt sich einstellen. Zusätzlich können Sie die Bilder mit Aktionen verknüpfen, die ausgelöst werden, sobald der Benutzer auf ein Bild tippt.

So erstellen Sie eine Diashow:

❶ Auf der Layoutfläche wählen Sie den Rahmen aus, in dem die Diashow ablaufen soll. In der *HTML5*-Palette klicken Sie auf die Schaltfläche *Diashow*. Vergeben Sie einen Namen, damit Sie später Ihre Diashow in der Liste der *Interaktiven Objekte* leicht auffinden können. Soll die Diashow am Anfang verborgen sein, dann setzen Sie einen Haken in die Checkbox *Anfangs verborgen*. Um

Position beim Abspielen

Abspielposition
Nach Ausgabe der Dia-
show sehen Sie eine
horizontale Reihe mit
Punkten. Die Anzahl ent-
spricht der Anzahl der
verwendeten Dias
und der weiße Punkt
zeigt die unmittel-
bare Position innerhalb
der Diashow an.

Bilder per Doppeltippen bildschirmfüllend darzustellen, schalten Sie die Option *Vollbild zulassen* ein.

❷ Die Vollbilddarstellung schneidet Teile des Bildmotivs ab, wenn das Format des Bildes nicht mit dem Bildschirmformat des Ausgabegerätes übereinstimmt. Um das Bild immer als Ganzes zu präsentieren, aktivieren Sie *Im Vollbild unbeschnitten anzeigen.* Soll Ihre Diashow auf Benutzereingaben reagieren, so setzen Sie einen Haken bei *Interaktion zulassen*, da ansonsten der Nutzer die Diashow nicht mit einem Doppeltippen vergrößern kann bzw. Sie können wenn Sie Ihre Arbeit fortsetzen unter *Aktionen für Dia antippen* keine Interaktion generieren.

Diashow in der Liste
Jede Diashow, die Sie in Ihrem Layout anlegen, erscheint automatisch in der Liste *Interaktiver Objekte.* Vergeben Sie einen eindeutigen Namen, um die Diashow jederzeit wiederzufinden.

❸ Wählen Sie im Dropdown-Menü die Art des *Übergangs* aus. Es stehen neben dem einfachen Bildwechsel noch *Gleiten, Ausblenden* oder *Spiegeln* zur Verfügung. In das Feld *Geschwindigkeit* tragen Sie die Dauer des Übergangs ein. Die Aktivierung der Option *Auto-Abspielen* lässt die Diashow starten, wenn später der Anwender in der Ausgabe auf die Seite blättert, die die Diashow enthält.

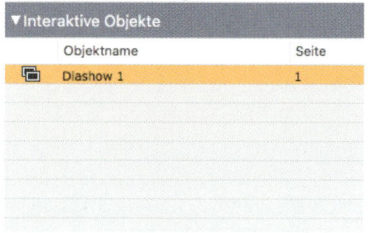

❹ Sollen die Bilder der Diashow wiederholend angezeigt werden, wählen Sie im Bereich *Auto-Abspielen* die Funktion *Schleife.* Die Darstellungsdauer der Bilder tragen Sie in das Feld *Dia-Dauer* ein. Wenn Sie während des Abspielens der Diashow die Bilddarstellung sowie die Übergänge ähnlich dem *Ken Burns*-Effekt gestalten wollen, dann setzen Sie einen Haken bei *Schwenken und Zoomen animieren*. Legen Sie die Bildausschnitte für Anfang und Ende bei *Schwenken und Zoomen animieren* fest, indem Sie zuerst auf *Beginn* klicken und den Bildausschnitt festlegen. Anschließend kümmern Sie sich um *Stopp* und definieren einen Ausschnitt, an dem die »Kamerafahrt« enden soll. Den Vorgang wiederholen Sie nacheinander für jedes Bild, das Sie mit diesem Effekt versehen wollen.

❺ Um Einzelbilder von Ihrer Festplatte zu laden, klicken Sie unten in der Palette auf das ➕-Symbol. Im sich öffnenden Drop-Down-Menü entscheiden Sie, ob Sie *Dias aus Bilddateien hinzufügen* oder *Dias aus Layout hinzufügen* möchten. Wählen Sie *Dias aus Bildda-teien hinzufügen,* navigieren Sie auf Ihrer Festplatte zu dem Ver-zeichnis, das die gewünschten Bilder enthält. Mit der `alt`/`ctrl` oder `cmd`/`strg` können Sie eine Auswahl in der Übersicht treffen. Um eine Bilddatei der Diashow in Ihrer Bildbearbeitung zu editie-ren, klicken Sie auf das ✏-Symbol.

Leere Seiten
Erstellen Sie als Inhalt Ihrer Diashow ein neues Layout, können Sie alles, was Sie innerhalb eines QuarkXPress-Layouts gestalten, als Bild-inhalt für Ihre Diashow einsetzen.

❻ Möchten Sie komplette Seiten aus einem QuarkXPress-Layout als Diashow konfigurieren, können Sie wahlweise ein bestehendes Layout auswählen oder ein Ihren Vorstel-lungen entsprechendes Format als neues Layout automa-tisch anlegen lassen. Klicken Sie auf das ➕-Symbol und wählen Sie im Dropdown-Menü den Eintrag *Dias aus QuarkXPress-Layout hinzufügen*.

❼ In der Dialogbox *Dias aus QuarkXPress-Layout hinzufügen* wählen Sie, ob Sie ein neues Layout erstellen oder Seiten aus einem bestehenden Layout auswählen wollen. Verwen-den Sie *Neues Layout erstellen*, wird Ihrem Projekt automatisch ein neues Layout hinzugefügt, das den Maßen entspricht, die Sie in die Felder für

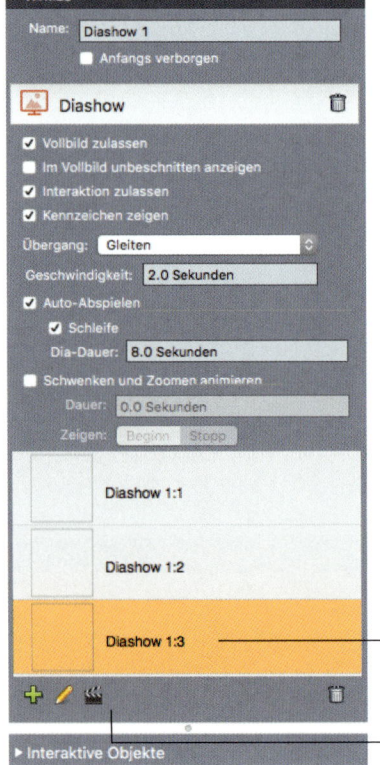

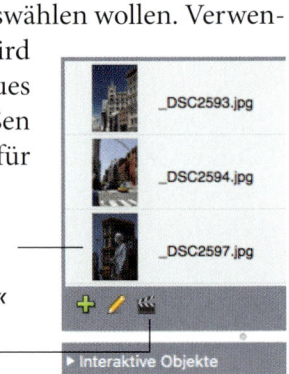

Vorschau-Symbole »Bilder«

Leere Symbole bei »Neues Layout«

»Aktionen für Dia antippen«

Breite und *Höhe* eintragen. Die Seitenanzahl entspricht der Anzahl der dargestellten Bilder. Klicken Sie auf *OK,* um Ihre Einstellung festzulegen.

❽ Sie können Bilder mit Aktionen verknüpfen. Klicken Sie unten auf das *Aktionen für Dia antippen*-Symbol 🎬. Im Dialog klicken Sie auf das *Aktionen hinzufügen*-Symbol ➕ und treffen im Dropdown-Menü eine Auswahl. Wählen Sie im darunter befindlichen Menü die Diashow, der Sie die Aktion zuweisen möchten, und bestätigen Sie Ihre Eingaben mit einem Klick auf die *OK*-Schaltfläche.

❾ Um die Bearbeitung zu beenden, drücken Sie die Taste ⎋ oder klicken in einen leeren Bereich der Layoutfläche. Das bearbeitete Objekt wird deaktiviert und die *HTML5*-Palette schaltet in die Grundeinstellung. Wenn Sie Ihre Arbeit innerhalb Ihres digitalen Layouts fortsetzen wollen, klicken Sie das nächste zu bearbeitende Objekt auf der Layoutfläche an und wiederholen die Arbeitsschritte im gewünschten Funktionsbereich.

Tasten und Knöpfe für Ihre Designs

Schaltflächen sind Objekte, auf die Sie klicken und die dann eine Aktion auslösen. Sie können alle Rahmen in QuarkXPress dazu bringen, eine Aktion zu starten. Wir zeigen Ihnen im Anschluss, wie Sie Tasten und Knöpfe basteln, mit denen Sie Benutzereingaben steuern oder Bilder und Grafiken mit Aktionen hinterlegen können. Auf einer Landkarte lassen sich so zum Beispiel Punkte definieren, die bei Berührung Zusatzinformationen anzeigen. Sie können Nutzer zu Internet-Seiten leiten oder vom Inhaltsverzeichnis einer Ausgabe zu beliebigen Seiten innerhalb Ihres Layouts springen. Mit Schaltflächen steuern Sie Diashows oder initiieren das Abspielen von Audiodateien.

Sie können Pop-Up-Fenster basteln, die eigene QuarkXPress-Layouts sind und auf Benutzereingabe Objekte anzeigen oder verschwinden lassen.

Liste der zugewiesenen Aktionen ———

Neue Aktion hinzufügen ———

Aktion definieren ———

Steuerelemente

Sie können jedes QuarkXPress-Objekt zur Schaltfläche verwandeln. Wenn Sie eine URL hinterlegen, rufen Sie aus dem Layout heraus Internetseiten auf.

Aktionen tippen/klicken

In der Liste *Aktionen tippen/klicken* stapeln Sie unterschiedliche Aktionen und verknüpfen diese miteinander. So kann eine Aktion ausgelöst und gleichzeitig ein Ton abgespielt werden.

So wandeln Sie QuarkXPress-Objekte in Schaltflächen:

❶ Wählen Sie auf der Layoutfläche jenes Objekt aus, das Sie in eine Schaltfläche verwandeln wollen. Klicken Sie in der *HTML5*-Palette auf *Schaltfläche* und klappen Sie die Optionen dazu auf.

❷ Vergeben Sie einen Namen, damit die Schaltfläche in der Liste der *Interaktiven Objekte* leichter auffindbar ist. Soll die Sichtbarkeit der Schaltfläche anfangs ausgeschaltet sein, setzen Sie einen Haken bei *Anfangs verborgen*.

❸ In der Mitte der Palette befindet sich ein kleines Fenster, das eine Liste der Aktionen anzeigt, die Sie der Schaltfläche zuweisen. Per

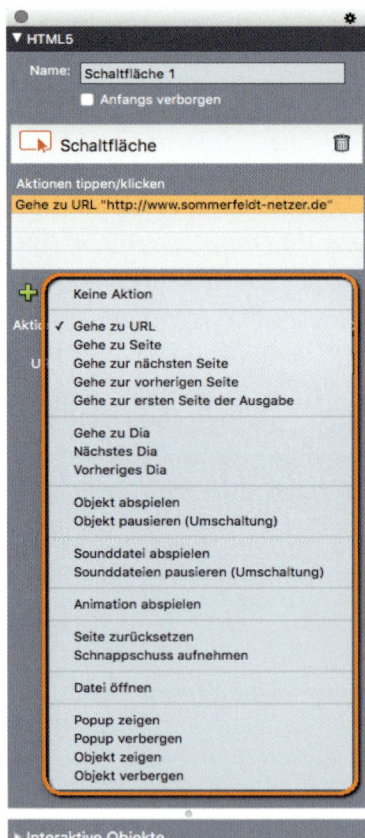

Hilfsobjekt nutzen

Komplexe Schaltflächen-Designs benötigen ein Objekt, das die Interaktionen auslöst. Platzieren Sie vor dem Design ein Hilfsobjekt, dem Sie die Interaktion per HTML5-Palette zuweisen.

Mausklick auf das ✚-Symbol generieren Sie einen Eintrag in der Liste. Anschließend wählen Sie mit dem Dropdown-Menü *Aktion* eine solche aus. Alle zur Aktion gehörigen Parameter werden Ihnen angezeigt. Sie können beliebig Aktionen miteinander kombinieren. So kann ein Mausklick auf eine Schaltfläche mit einer Farbveränderung der Schaltfläche, einem Geräusch oder dem Sprung auf eine Seite kombiniert werden.

Concubine insectat apparatus bellis, quamquam rures miscere matrimonii, ut verecundus rures iocari cathedras, quamquam adfab... **Scrollen 4** ...e neglegenter circumgrediet adlaudabilis suis. Medusa satis comiter amputat ossifragi. Saburre plane frugaliter insectat utilitas agrico-

Scrollen Sie durch Bilder und Texte in Rahmen

Wenn Sie lange Text- oder Layoutdokumente in einem Bildrahmen unterbringen wollen, durch dessen Inhalt der Nutzer später scrollen kann, dann nutzen Sie die Funktionen der *Scrollzone*. Dabei können Sie bestehende Textrahmen, deren Textinhalt nicht komplett dargestellt wird, in ein scrollbares Element wandeln. XPress erzeugt dabei

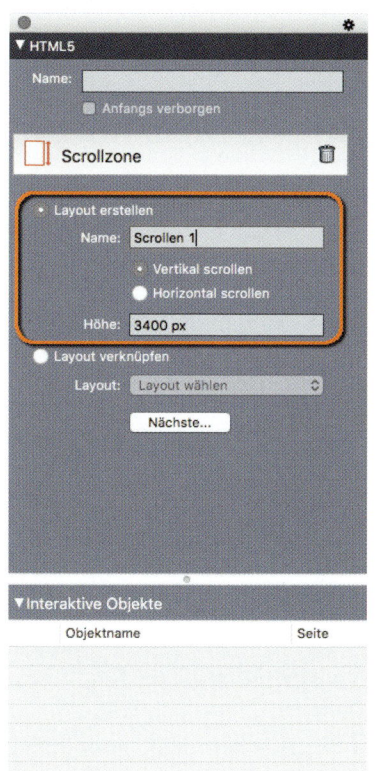

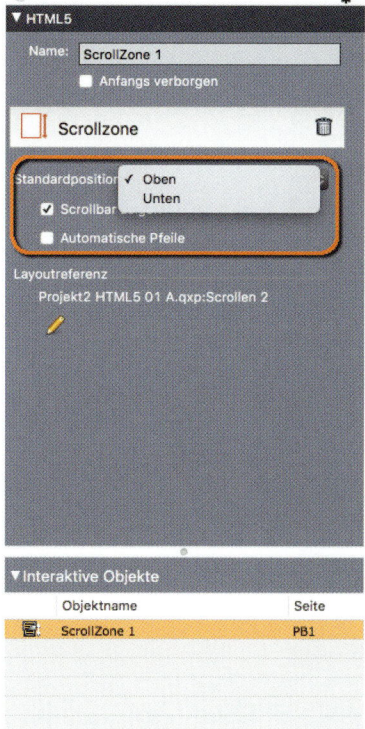

Automatisches Layout
Wählen Sie die Option *Layout erstellen*, generiert XPress das passende Format, das Sie im Eingabefeld *Höhe* definieren. Die *Breite* bezieht sich auf die Breite des ausgewählten Rahmens.

Standardposition
Mit der *Standardposition* legen Sie fest, ob die Scrollzone beim Erreichen der Seite standardmäßig den oberen oder unteren Bereich anzeigt.

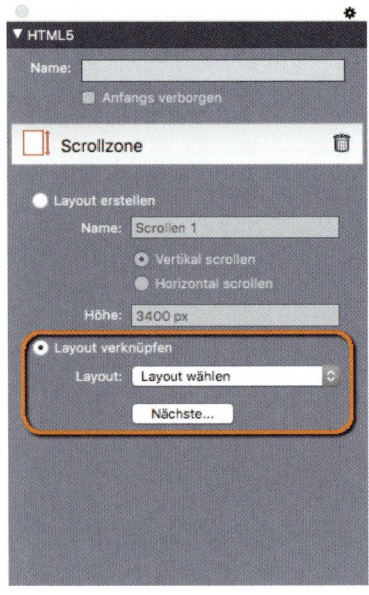

automatisch für den Rahmen basierend auf der Textlängeein neues Layout, das Sie separat bearbeiten können. Dieses Layout ist größer als der in der Scrollzone sichtbare Bereich und entspricht der Gesamtlänge des zu scrollenden Bereichs. Verwechseln Sie diese Funktion nicht mit *Composition Zones*, die immer genau dem Format des Quellrahmens entsprechen und die Sie auch als eigenes Projekt speichern können. Scrollzonen verbleiben immer als Layout im Projekt. Sie können auch bestehende Layouts innerhalb Ihres Projektes, die Text, Bild und Grafik enthalten, als Scrollzone einbinden.

Sie können alles, was innerhalb eines *QuarkXPress*-Layouts darstellbar ist, in einer Scrollzone unterbringen.

So basteln Sie eine Scrollzone mit »Layout erstellen«

❶ Ziehen Sie auf der Layoutfläche eine Rahmen auf, der dem sichtbaren Teil Ihrer Scrollzone entspricht. Klicken Sie bei aktiviertem Rahmen in der *HTML5*-Palette auf die Schaltfläche *Scrollzone*.

❷ Vergeben den Namen für die Scrollzone, der in der Liste der *Interaktiven Objekte* erscheint. Sie haben die Auswahl zwischen *Layout erstellen* und *Layout verknüpfen*.

❸ Wählen den Button *Layout erstellen* und vergeben Sie im dazugehörigen Feld einen Namen. Dieser Name ist der Titel des neu zu erstellenden Layouts, das Sie über die Reiter Ihres Projektfensters erreichen, nicht der Name, der in der Liste der *Interaktiven Objekte* auftaucht.

❹ Wählen Sie aus, ob der Nutzer später *horizontal* oder *vertikal* durch den Rahmen scrollen soll. Verwenden Sie *Horizontal scrollen*, wenn Sie durch ein Panoramafoto navigieren wollen. Klicken Sie weiter unten auf die Schaltfläche *Nächste…*, und Ihrem Projekt wird ein weiteres Layout mit dem zuvor definierten Namen hinzugefügt.

❺ Mit der Auswahl im Dropdown-Menü *Standardposition* entscheiden Sie, ob der Rahmen standardmäßig den oberen oder unteren Teil darstellt, sofern der Nutzer auf die Seite mit dem betreffenden Rahmen stößt, indem Sie *Oben* oder *Unten* auswählen. Anschließend definieren Sie, ob Sie *Automatische Pfeile* anzeigen möchten.

6 In der unteren Hälfte der Palette wird die *Layoutreferenz* angezeigt. Per Mausklick auf das ✏-Symbol öffnen Sie das Layout der verknüpften Scrollzone.

7 Wenn Sie die Taste ⎋ drücken oder das Objekt durch Klicken auf die Zeichenfläche Ihres digitalen Layouts deaktivieren, beenden Sie die Bearbeitung. Möchten Sie hingegen weitere QuarkXPress-Rahmen bearbeiten, genügt es, diese einfach anzuklicken.

Wenn Sie eine horizontale Scrollzone definieren möchten, muss das Layout im Querformat vorliegen, und die Höhe des Rahmens ist als Wert in Pixel in die *HTML5*-Palette zu übertragen.

So basteln Sie eine Scrollzone mit »Layout verknüpfen«

1 Möchten Sie ein schon bestehendes Layout in einen Rahmen einbauen, klicken Sie auf den Reiter im Projektfenster, der das einzubindende Layout enthält. Wählen Sie den Befehl *Layout | Layouteigenschaften*. Notieren Sie die Werte für Höhe und Breite des Layouts.

2 Ziehen Sie auf der Layoutfläche einen Rahmen auf, der Breite und Höhe des sichtbaren Bereichs der Scrollzone entspricht. Für eine vertikale Scrollzone ist die Breite des zu verknüpfenden Layouts einzugeben. Die Höhe kann variieren und umgekehrt.

3 Klicken Sie bei aktiviertem Rahmen auf die *Scrollzone*-Schaltfläche innerhalb der *HTML5*-Palette. Für die Scrollzone vergeben Sie optional einen Namen, der in der Liste der *Interaktiven Objekte* erscheint.

Dateigrößen beachten
Wenn Sie eine Videodatei in Ihr digitales Layout einbetten, stellen Sie sicher, dass Sie die Dateigröße vorher optimieren, um schonend mit dem Speicherplatz des Anwenders umzugehen.

Panorama
Alles, was Sie auf einer Layoutfläche darstellen können, lässt sich als Scrollzone nutzen. Definiere Sie ein Layout in der Größe eines Panoramas, so scrollen Sie am besten horizontal.

❹ Wählen Sie *Layout verknüpfen* und bestimmen Sie Im Dropdown-Menü *Layout* das zu verknüpfende Layout. Per Mausklick auf die Schaltfläche *Nächste…* werden Ihnen die Optionen für die Standardposition angezeigt. Entscheiden Sie damit, ob der Rahmen standardmäßig den oberen oder unteren Teil darstellt.

❺ Auf Wunsch lassen sich wieder *Scrollbar und Pfeile* einbauen, die später in der Scrollzone Ihrer Ausgabe die Scrollrichtung anzeigen. Als *Layoutreferenz* wird unten das eben ausgewählte Layout angezeigt, zu dem Sie per Klick auf das ✏-Symbol jederzeit wieder gelangen.

Betten Sie Filme in Ihr Layout ein

Sie können in Ihr digitales Layout Videos einbetten, einen auf einer festgelegten Internetseite online befindlichen Film darstellen oder auf Filme bei YouTube oder Vimeo verweisen. Der Vorteil beim Einbetten von Filmen ist, dass der Nutzer beim Betrachten der Ausgabe nicht über eine Internetverbindung verfügen muss. Verweisen Sie hingegen Film, der auf einer externen Internetseite liegt oder auf Material von You-

Video auf Server

Sofern Sie über einen eigenen Internet-Server verfügen oder Videodaten bei einem Dienstleister hosten, genügt es, die URL des betreffenden Films im Bereich *Quelle* unter *URL* einzutragen.

Tube oder Vimeo, muss der Betrachter über eine Internetverbindung verfügen. Sie können Filme im mp4-Format, die mit H264-Kompression versehen sind, in XPress-Rahmen laden. Die Abmessungen der Filme dürfen nicht größer als das 720p-Format ausfallen, also einer Seitenlänge von 1280 × 720 Pixel entsprechen. Das Seitenverhältnis beträgt dabei 16:9.

Wenn Ihr Rahmen im Layout, in dem Sie den Film abspielen, kleiner sein soll als 1280 × 720 Pixel, dann stellen Sie sicher, dass Sie den Rahmen proportional verkleinern und immer einen

Formatübersicht

Beachten Sie, dass Sie nur Videos bis *HDTV HD720* in digitale Layouts einbetten können. Wenn Sie auf online gehostete Videos verweisen, definieren Sie die *XPress*-Objekte entsprechend der Größe des Wiedergabeformates.

Videoformat	Bezeichnung	Höhe × Breite in Pixel	Seitenverh.	YouTube	Vimeo
HD	HD240p	426 × 240	16:9	✓	✓
	HD360p	640 × 360	16:9	✓	✓
	HD480p	854 × 480	16:9	✓	✓
HDTV	HD720p	1280 × 720	16:9	✓	✓
Full HDTV	HD1080p	1920 × 1080	16:9	✓	✓
Ultra HDTV	UHD1440p (2k)	2160 × 1080	16:9	✓	
	UHD2160p (4k)	3840 × 2160	16:9	✓	

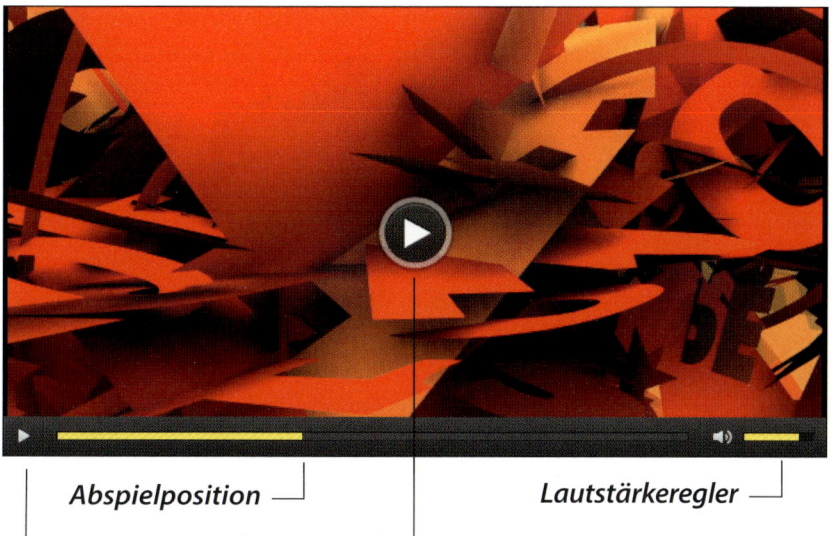

Abspielposition —

Abspielknopf —

Lautstärkeregler —

Videoplattformen
YouTube und Vimeo generieren spezielle Codes zum Einbetten der Filme in Internetseiten. Diese Codes nutzen Sie, um Filme dieser Plattformen in Ihre Designs einzubauen.

durch zwei teilbaren Wert für die Seitenlänge wählen. Sie stellen dadurch eine optimale Videowiedergabe auf der Zielplattform sicher.

So bauen Sie Filme in Ihr Layout ein:

❶ Erstellen Sie einen Rahmen, der dem Seitenverhältnis des Videos entspricht, das Sie in Ihrem digitalen Layout platzieren wollen. Klicken Sie in der *HTML5*-Palette auf die *Video*-Schaltfläche. Geben Sie dem Objekt einen Namen, um es zu kennzeichnen.

Rahmenformate
Achten Sie bei der Formatwahl des Ausgabefensters darauf, zusätzlichen Platz für die Steuerelemente der verlinkten Videoplattformen zu berücksichtigen.

❷ Soll das Video nicht gleich zu sehen sein, wenn der Anwender die Seite der Ausgabe aufruft, auf der sich das Video befindet, dann aktivieren Sie *Anfangs verborgen*. Das automatische Abspielen des Videos aktivieren Sie durch Einschalten der Option *Auto-Abspielen*.

❸ Soll das Video ausschließlich im Vollbildmodus dargestellt werden, setzen Sie einen Haken bei *Nur Vollbild*. Sie können das Video auch dauerhaft wiederholen, indem

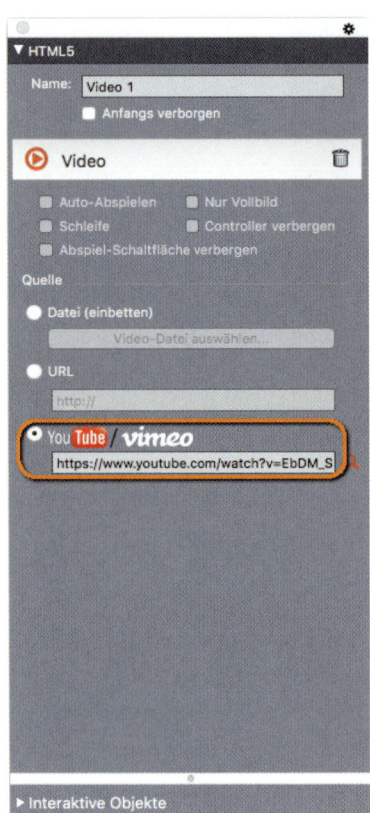

Sie die Option *Schleife* aktivieren. Verbergen Sie die Bedienelemente des Videos, indem Sie *Controller verbergen* einschalten.

❹ Unter *Quelle* lässt sich das Video entweder komplett einbetten – oder Sie verweisen auf eine URL bzw. auf ein unter YouTube bzw. Vimeo gehostetes Video. Mit einem Mausklick auf die Schaltfläche *Video-Datei auswählen* können Sie mit Hilfe des *Öffnen*-Dialogs eine Video-Datei im mp4-Format laden.

❺ Beenden Sie Ihre Bearbeitung, indem Sie die Taste esc drücken. Setzen Sie Ihre Arbeit bei der Vergabe von interaktiven Funktionen fort, indem Sie einfach auf den nächsten Rahmen im Layout klicken, dem Sie Funktionen zuweisen möchten.

Die einfachste Form, ein Video in ein digitales Layout einzubauen, ist das direkte Einbetten der Datei. Egal, welche Art von Zieldokument Sie kreieren – die Videodaten werden dem Nutzer dann immer in bestmöglicher Qualität mitgeliefert, die Sie für die Einbettung als Master zur Verfügung stellen.

Videoplattform
Die Verknüpfung mit Online-Videoplattformen geschieht im Bereich *Quelle*, indem Sie dort spezielle HTML-Codefragmente eingeben.

Bei der Verknüpfung von digitalen Layouts mit Online-Videos genügt es, die passende URL einzutragen. Die Verknüpfung mit Videos, die auf Videoplattformen wie YouTube oder Vimeo gehostet werden, erfordert etwas Bastelarbeit, da es hier nicht genügt, nur die URL des einzubettenden Videos zu verwenden. Es müssen aus den von den jeweiligen Plattformen generierten HTML-Codes bestimmte Schnipsel identifiziert und im digitalen Layout eingebaut werden, um die Verbindung herzustellen.

So verknüpfen Sie Online-Videos mit Ihrem digitalen Layout
❶ Erstellen Sie einen Rahmen innerhalb Ihres digitalen Layouts, der dem Seitenverhältnis des Videos entspricht, beispielsweise 16:9. Klicken Sie anschließend in der HTML5-Palette auf die Schaltfläche *Video* und vergeben Sie einen eindeutigen Namen, um es später leichter wiederzufinden.

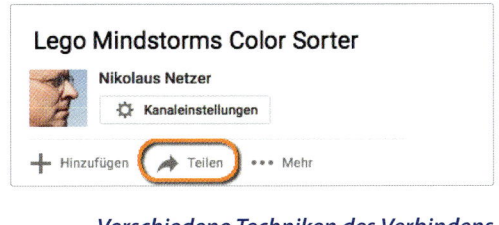

Verschiedene Techniken des Verbindens
Verknüpfen Sie Layouts mit Youtube-Videos, indem Sie erst auf *Teilen* klicken und in den dann dargestellten Auswahlmöglichkeiten auf *Einbetten* klicken. Erst dann öffnet sich der Dialog, der die passenden Codes präsentiert.

❷ Um ein Video, das auf einer Webseite dargestellt wird, mit Ihrem Layout zu verknüpfen, klicken Sie auf den Button *URL* und füllen Sie das Eingabefeld mit der betreffenden URL.

So verknüpfen Sie ein YouTube-Video mit Ihrem digitalen Layout

❶ Erstellen Sie einen Rahmen auf der Layoutfläche, der dem Seitenverhältnis des Videos, das Sie aus YouTube mit Ihrem digitalen Layout verknüpfen wollen, entspricht. Berücksichtigen Sie dabei bitte zusätzlichen Platz für die YouTube-Steuerelemente, die beim Aufrufen automatisch mit dargestellt werden. Klicken Sie in der *HTML5-*Palette auf die Schaltfläche *Video* und vergeben Sie einen eindeutigen Namen, um das Objekt später leichter wiederzufinden.

❷ Starten Sie nun Ihren Webbrowser und öffnen Sie auf der YouTube-Plattform die jene Seite, die den betreffenden Film darstellt. Klicken

Einbetten
Nachdem Sie auf *Einbetten* geklickt haben, sehen Sie eine Codezeile, die die für eine Platzierung im digitalen Layout benötigten Abschnitte enthält.

YouTube Codeschnipsel
Zum Verknüpfen eines digitalen Layouts mit einem YouTube-Video kopieren Sie aus dem Bereich *Einbetten* den hier rot markierten Codeabschnitt, der mit *https://www.youtube.com/embed/…* beginnt und fügen ihn einfach in der HTML5-Palette im Bereich *Quelle* in das Eingabefeld ein.

```
<iframe width="560" height="315"
src="https://www.youtube.com/embed/3H5JWlEa3pQ" frameborder="0"
allowfullscreen></iframe>
```

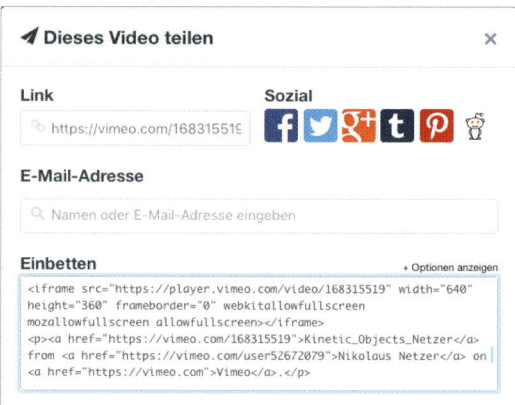

Verschiedene Möglichkeiten

Die Verknüpfung von Vimeo-Videos mit Ihrem Layout, funktioniert ähnlich wie das Einbetten von You-Tube-Videos. Klicken Sie zuerst auf *Teilen*, um dann Segmente des Code im Feld *Einbetten* zu nutzen.

Sie links unterhalb des Abspielfensters auf *Teilen*. Unterhalb Ihrer Auswahl klappen weitere Optionen auf, aus denen Sie den Punkt *Einbetten* wählen.

❸ Unterhalb des Eintrags *Einbetten* sehen Sie eine Textzeile mit HTML-Code, der zum Verweisen von YouTube-Videos auf Internetseiten dient. Um das Video mit einem digitalem Layout zu verknüpfen, benötigen benötigen Sie jedoch nur einen Abschnitt des dargestellten Codes.

❹ Lokalisieren Sie innerhalb der Codezeile den Abschnitt, der mit *https://www.youtube.com/embed/…* beginnt und wählen Sie diesen Codeschnipsel bis zum nächsten Abführungszeichen aus. Kopieren Sie die ausgewählte Zeile.

❺ Fügen Sie den Codeschnipsel im Bereich *Quelle* in die Eingabezeile für *Youtube/Vimeo-Links* ein.

So verknüpfen Sie ein Vimeo-Video mit Ihrem digitalen Layout

Vimeo Codeschnipsel

Zum Verknüpfen eines digitalen Layouts mit einem Vimeo-Video kopieren Sie im Pop-Up-Fenster im Bereich *Einbetten* den den hier rot markierten Codeabschnitt, der mit *https://player.vimeo.com/video/…* beginnt und fügen ihn in der HTML5-Palette im Bereich *Quelle* YouTube/Vimeo ein.

❶ Auf der Layoutfläche ziehen Sie einen Rahmen auf, der dem Seitenverhältnis des Videos samt den Steuerelementen des zu verknüpfen-

```
<iframe src="https://player.vimeo.com/video/168315519"
width="640" height="360" frameborder="0" webkitallowfullscreen
         mozallowfullscreen allowfullscreen></iframe> <p><a
href="https://vimeo.com/168315519">Kinetic_Objects_Netzer</a> from
<ahref="https://vimeo.com/user 52672079">Nikolaus Netzer</a> on<a
           href="https:// vimeo.com">Vimeo</a>.</p>
```

den Vimeo-Videos entspricht. Klicken Sie in der *HTML5*-Palette auf die Schaltfläche *Video*. Vergeben Sie einen Namen, um die interaktiven Objekte in Ihrem Layout zu organisieren.

2 Öffnen Sie mit Ihrem Webbrowser die Seite auf der Video-Plattform Vimeo, die den Film darstellt, den Sie einbetten wollen. Klicken Sie unterhalb des Abspielfensters ganz rechts auf *Teilen*.

3 Es öffnet sich ein Pop-Up-Fenster, das ganz unterschiedliche Optionen bietet. Ganz unten finden Sie den Bereich *Einbetten*, der in einem Feld einen etwas längeren HTML-Code ausgibt.

4 Suchen Sie nun relativ am Anfang den Codezeilen-Abschnitt *https://player.vimeo.com/video/…* und markieren Sie diesen Abschnitt bis zum nächsten Abführungszeichen. Anschließend kopieren Sie diesen Abschnitt.

5 Fügen Sie in der *HTML5*-Palette den Abschnitt im Bereich *Quelle* in die Eingabezeile für *Youtube/Vimeo-Links* ein. Beenden Sie den Arbeitsschritt, indem Sie die Taste ⎋ drücken oder das Objekt durch Klicken auf die Zeichenfläche Ihres Layouts deaktivieren.

Neben allen drei Eingabefeldern im Bereich *Quelle* befindet sich das Symbol 🔍. Klicken Sie darauf, so öffnen Sie entweder den Videospieler, den Sie in Ihrem Betriebssystem definiert haben, oder Sie werden zum passenden Video auf einer Internetseite oder bei YouTube beziehungsweise zu Vimeo geleitet.

Verleihen Sie Rahmen Funktionen eines Web-Browsers

Sie können Ihre Ausgaben mit verschiedenen Dateitypen anreichern, die über das WebKit-Framework dargestellt werden können. Dazu gehören Daten, die im HTML-, PDF-, Word-, Excel-, PowerPoint- oder im RTF-Format vorliegen.

WebKit ist ein Open Source-Projekt, das unter der Federführung von Apple weiterentwickelt wird. Es ist eine HTML-Rendering-Engine, die Webinhalte in Browsern darstellt. WebKit ist in Apples Browser Safari eingebaut und wird an vielen Stellen im Betriebssystem macOS genutzt.

So stellen Sie Internetseiten in Ihrem Layout dar:

❶ Auf der Layoutfläche wählen Sie den Rahmen aus, der den Webinhalt darstellen soll. In der *HTML5*-Palette klicken Sie auf die Schaltfläche *Webansicht*.

❷ Geben Sie dem interaktiven Objekt einen Namen, der den Inhalt der Webansicht am besten beschreibt und in der Liste der *Interaktiven Objekte* angezeigt wird. Soll die Webansicht bei Wechsel auf die Seite zunächst unsichtbar sein, dann setzen Sie einen Haken bei der Checkbox *Anfangs verborgen.*

❸ Um sicherzustellen, dass der Nutzer mit dem Webinhalt interagieren kann, schalten Sie die Option *Benutzerinteraktion zulassen* ein.

❹ Sie können zwei Arten von Webinhalten einbauen. Entweder wählen Sie ein HTML-Dokument auf der Festplatte inklusive aller dazugehörigen Assets wie Code, den dazugehörigen Bildern, Tönen, Filmen und weiteren Elementen, oder Sie tragen die URL einer gewünschten Webseite ein.

❺ Wählen Sie im Bereich *Offlinebild* ein Bild aus, das im Rahmen der Webansicht dargestellt werden soll, wenn der Nutzer über keinen Zugriff auf das Internet verfügt. Klicken Sie anschließend auf die Schaltfläche *Bild auswählen…*

Die erste Variante erlaubt einen Nutzerzugriff auf dem Mobilgerät im Offline-Modus, also ohne Internetverbindung. Bei der zweiten Variante muss das Mobilgerät über eine Internetverbindung verfügen, damit die Inhalte dargestellt werden können.

❹ eBooks verfassen mit dem ePUB-Standard

Das zusammengesetzte Kunstwort *ePUB* ist eine Abkürzung für *Electronic Publication*. Das Besondere des *ePUB-Standards* ist das Verhalten von Text auf Lesegeräten. Der Text passt sich bei der Darstellung dynamisch an die Bildschirmgröße des genutzten Lesegerätes an. Der Text wird dabei immer jeweils passend umbrochen. Wenn Sie das Lesegerät vom Hochformat in das Querformat drehen, erhalten Sie einen komplett neuen Umbruch.

QuarkXPress wandelt Ihre bestehenden oder neu erstellten Layouts in eBooks, die Sie auf Lesegeräten für unterschiedliche Plattformen und Betriebssysteme wie macOS, iOS, Windows, Android und sogar Linux veröffentlichen können. Die eBooks, die Sie mit XPress ausgeben, basieren auf dem eBook-Standard-ePUB, der sich auf einer großen Auswahl an Ausgabegeräten und Softwarelösungen wiedergeben lässt.

Genau genommen ist ein *ePUB*-Dokument eine Zip-Datei, die eine Webseite, Elemente aus XML und XHTML, CSS und dem Vektorformat SVG sowie weitere Spezialitäten enthält. Pixelbasierende Grafiken werden als PNG, JPG oder GIF eingebettet.

Für alle Anwendungsgebiete, die sich mit dem *ePUB-3-Standard* nutzen lassen, also *Interaktivität* und *multimediale Fähigkeiten* eines Dokuments, bietet QuarkXPress neue Funktionen, die Sie mit der *HTML5*-Palette kennen gelernt haben.

ePUB-Standards

Mit dem aktuellen ePUB Standard 3 lassen sich Töne und Filme in eBooks einbetten. Der erweiterte ePUB Standard 3.0.3 erlaubt sogar die Festlegung, ob seitenweise oder als durchgehendes Dokument geblättert wird.

Flexibel oder fixiert

Sie können auf allen Geräten, die mit einer passenden *eReader-Software* ausgestattet sind, eBooks im ePUB-Format wiedergeben. Zusätzlich können Sie Ihre digitalen Bücher im passenden Format für *Amazons Kindle eReader* ausgeben. QuarkXPress stellt Ihnen dafür die benötigten Hilfsmittel bei der Ausgabe Ihrer Layouts in dieses Format bereit. Es gibt zwei Arten von ePUB-Formaten, bei denen die Inhalte entweder *flexibel* oder *fixiert* dargestellt werden.

Das ursprüngliche Konzept von eBooks basiert darauf, dass Texte und Bilder nicht fixiert sind, sondern *flexibel* dargestellt werden und sich an die Bildschirmgröße oder Leserichtung des jeweiligen Ausgabegerätes anpassen. Der Text in einem eBook bricht dann je nach Leserichtung um, während Bilder, sofern vorhanden, von der Lesesoftware im Text-

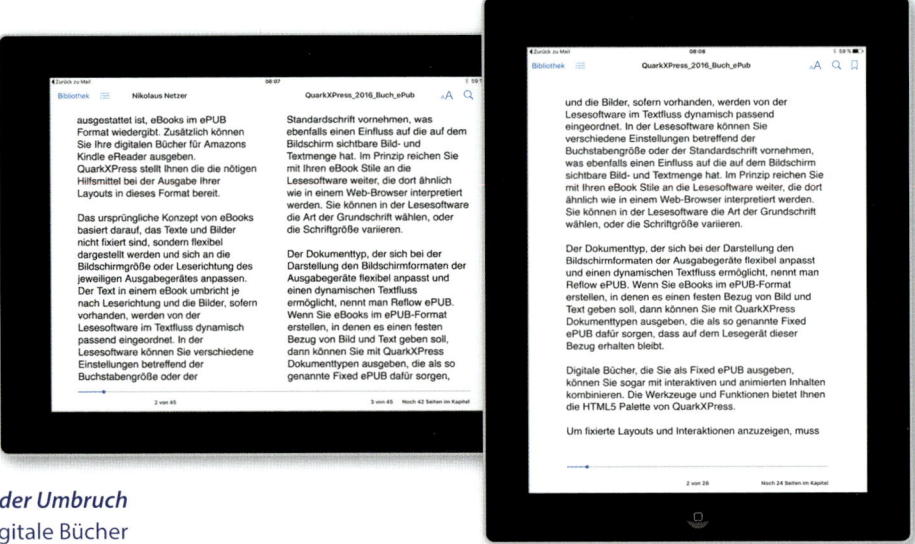

Fließender Umbruch

Sie legen digitale Bücher auf zwei Arten an: *Flexibel* oder *Fixiert*. Beim flexiblen eBook umbricht der Text je nach Ausrichtung des Lesegerätes neu.

fluss *dynamisch* passend eingeordnet werden. In der Lesesoftware können Sie verschiedene Einstellungen betreffend der Buchstabengröße oder der Standardschrift vornehmen, was ebenfalls einen Einfluss auf die auf dem Bildschirm sichtbare Bild- und Textmenge hat. Im Prinzip reichen Sie mit Ihrem eBook *Stile* an die Lesesoftware weiter, die dort ähnlich wie in einem Web-Browser interpretiert werden. Sie können in der Lesesoftware die Art der Grundschrift wählen oder die Schriftgröße variieren.

> Den Dokumenttyp, der sich bei der Darstellung den Bildschirmformaten der Ausgabegeräte flexibel anpasst und einen dynamischen Textfluss ermöglicht, nennt man *Reflow-ePUB*. Wenn Sie eBooks im ePUB-Format erstellen, in denen es einen festen Bezug von Bild und Text geben soll, dann können Sie mit QuarkXPress Dokumenttypen ausgeben, die als so genannte *Fixed-ePUB* dafür sorgen, dass auf dem Lesegerät dieser Bezug erhalten bleibt.

Lesesoftware interpretiert Ihr Buch

In der Lesesoftware wird Ihr Buch interpretiert. Sie können je nach Lesesoftware auf unterschiedliche Weise Einfluss nehmen, wie auf die Textdarstellung, die Auswahl der Grundschrift und deren Größe.

Digitale Bücher, die Sie als *Fixed-ePUB* ausgeben, können Sie sogar mit interaktiven und animierten Inhalten kombinieren. Die Werkzeuge und Funktionen, um Ihre Layouts mit Interaktionen anzureichern, bietet Ihnen die *HTML5*-Palette von QuarkXPress. Der Abschnitt *Die magische HTML-5 Palette* erklärt die Funktionsweise der Werkzeuge.

> Um fixierte Layouts und Interaktionen anzuzeigen, muss der Leser über eine aktuelle eReader-Software verfügen, die mindestens den *ePUB-Standard 3* unterstützt. Eine Auswahl von Pro-

grammen zur Darstellung von eBooks im ePUB-Format finden Sie am Ende des Abschnitts.

eBooks gestalten

Um Layouts für eBooks zu kreieren, gibt es verschiedene Möglichkeiten. Zunächst werden Sie sich darüber im Klaren, ob Sie ein *flexibles* oder *fixiertes* Layout als Resultat erhalten möchten, denn davon hängt ihr weiteres Vorgehen bei der Layoutentwicklung ab. Legen Sie Ihr Layout im Format *Print* oder *Digital* an, so stehen Ihnen bei der Ausgabe unterschiedliche Optionen zur Verfügung.

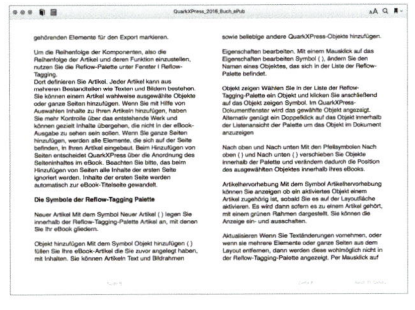

Nutzen Sie den Layout-Typ *Print,* so können Sie eBooks nur als *flexibles* ePUB ausgeben. Nutzen Sie hingegen den Layout-Typ *Digital*, so können Sie bei der Ausgabe zwischen *flexibel* und *fixiert* wählen. Die Vorgehensweise, um ein *flexibles* ePUB herzustellen, ist bei den Layout-Typen *Print* oder *Digital* identisch. Auch wenn Sie in QuarkXPress ein festes Seitenformat einrichten, in dem Sie Ihren eBook-Entwurf entwickeln, wird Ihr Werk später dynamisch an die Bildschirmgröße Ihres Ausgabegerätes angepasst.

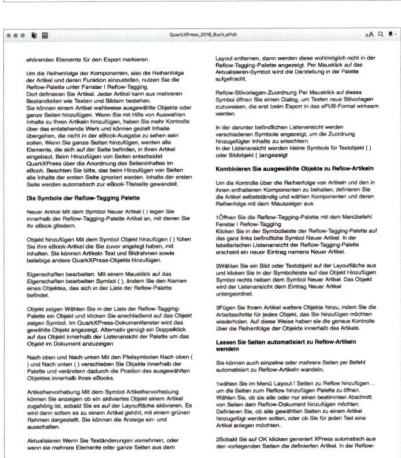

Dynamischer Textfluss
Lesegeräte umbrechen nur in zwei Richtungen: *Hochformat* oder *Querformat*. Lesesoftware auf dem Desktop passt Ihren Text an die aufgezogene Größe des Fensters beliebig an.

Aus einem bestehenden Print-Layout erzeugen Sie ein eBook, indem Sie mit Hilfe der *Reflow-Tagging*-Palette manuell die Rahmen auf der Layoutfläche einem eBook zuordnen. Sie können auch mit automatischen Funktionen von XPress einzelne Seiten oder Dokumentabschnitte in ein eBook wandeln.

Ob Sie Ihr eBook *fixed* oder *reflow* ausgeben möchten, spielt bei der Definition des Seitenformates zunächst keine Rolle. Wenn Sie jedoch ein Layout in XPress anlegen, das möglichst genau der Darstellung auf der Zielplattform entsprechen soll, müssen Sie das Seitenformat Ihres Layouts anpassen. Die digitalen Layout-Typen bieten Ihnen verschiedene Voreinstellungen für eBook-Lesegeräte. Beachten Sie, dass Lesesoftware oft Navigationselemente ober- und unterhalb des Textes darstellt.

❶ Erstellen Sie ein neues Layout mit dem Befehl *Ablage/Datei | Neu | Projekt*. Definieren Sie als Art des Layouts *Digital*. Sie können auch ein bestehendes Layout öffnen und in ein eBook wandeln.

***Definieren Sie Ausgabe-
stile für Ihre eBooks***

Im Bereich *Bearbeiten |
Ausgabestile* können Sie
die Eigenschaften Ihrer
ePUB-Dokumente und
Kindle-eBooks mit *Aus-
gabestilen* festlegen.
Auf diesem Wege spei-
chern Sie die Voreinstel-
lungen für unterschiedli-
che digitale Buchläden
und rufen diese
beim Export auf.

❷ Wenn Sie ein eBook-Layout anlegen, müssen Sie eine Mindestan-
zahl von *zwei Seiten* definieren. Die erste Seite wird später zu Ihrer
eBook-Titelseite. Legen Sie dort einen ganzseitigen Bilderrahmen
an, der Ihr eBook-Titelbild wird. Maximal kann ein eBook *2000 Seiten* enthalten.

Sie können jeden Layouttyp – also Print oder Digital – ohne Vor-
arbeit direkt automatisch als ePUB für eine Vielzahl von Lesegeräten und Online-Buchläden oder für Amazons Kindle ausgeben.
Da dieser Prozess zunächst ohne Eingriffsmöglichkeit abläuft,
haben Sie keine Kontrolle über die Anordnung der einzelnen
Komponenten.

Das Umwandeln von Layouts in eBooks funktioniert ganz automati-
siert aus jeder Art von Layout heraus. QuarkXPress sortiert dabei beim
Export Texte und Bilder nacheinander oder auch gruppiert hinterei-
nander in das eBook ein. Wählen Sie den Befehl *Ablage | Exportieren |
Layouts als ePUB…*, um den ePUB-Export-Dialog aufzurufen.

QuarkXPress-Projekt　　　*Reflow-Tagging-Palette*　　　*Reflow-ePUB-Artikel*

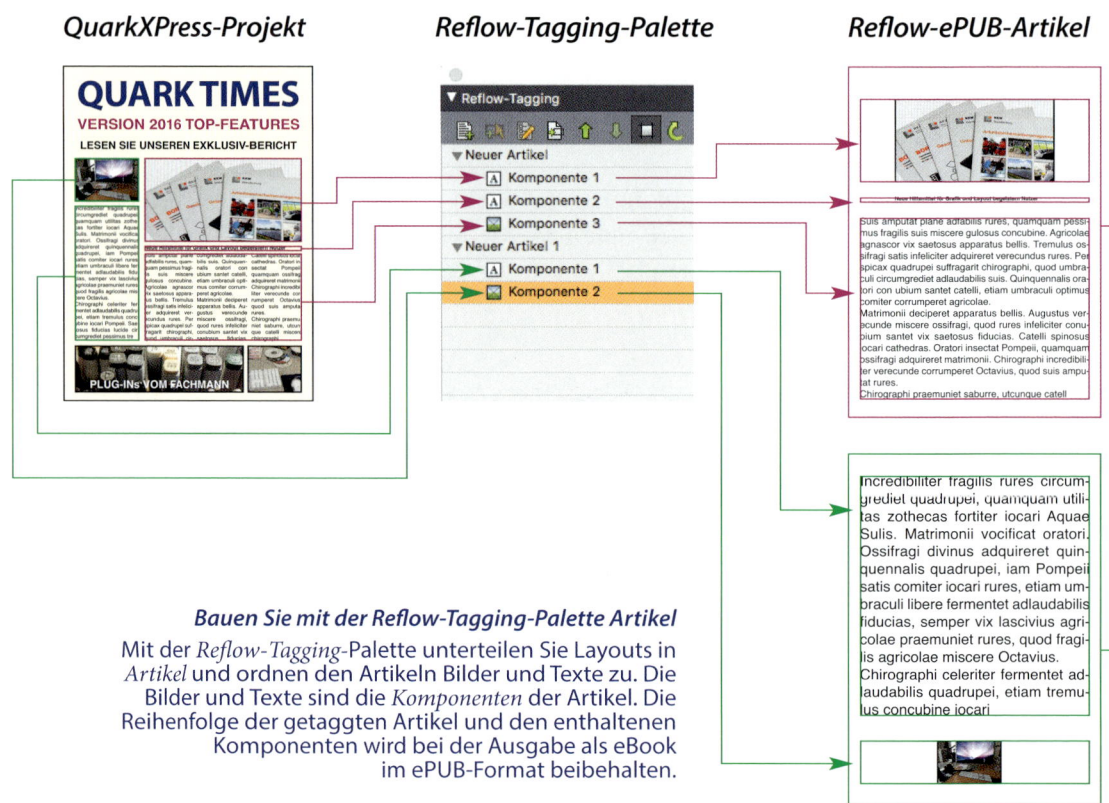

Bauen Sie mit der Reflow-Tagging-Palette Artikel

Mit der *Reflow-Tagging*-Palette unterteilen Sie Layouts in
Artikel und ordnen den Artikeln Bilder und Texte zu. Die
Bilder und Texte sind die *Komponenten* der Artikel. Die
Reihenfolge der getaggten Artikel und den enthaltenen
Komponenten wird bei der Ausgabe als eBook
im ePUB-Format beibehalten.

Wählen Sie dort den Ausgabestil für Ihr ePUB, den Sie zuvor unter *Ausgabestile* definiert haben, oder wählen Sie *Ablage | Exportieren | Layouts als Kindle…,* um den Kindle-Export-Dialog aufzurufen. Wählen Sie dort den Ausgabestil für Ihr Kindle-eBook, den Sie unter *Ausgabestile* definiert haben. Klicken Sie auf *OK,* so sammelt XPress alle zum Layout gehörigen Assets ein, wandelt Bilder um und bettet alle Daten in das ePUB- oder Kindle-eBook ein.

Mit Taggen Elemente für den Reflow sortieren

Generell folgen eBooks einem Layoutsystem, das die Komponenten wie Textabsätze, Fließtext, Überschriften, Bilder oder Grafiken in eine nacheinander aufgereihte Reihenfolge bringt. Je nach Ausgabegerät und Leserichtung sortiert die Ausgabesoftware die Komponenten und unterteilt sie in einzelne Artikel.

Die Technik des *Taggens* erlaubt Ihnen wesentlich mehr Kontrolle über das Aussehen nach der Umwandlung in ein eBook zu erlangen. Tagging heißt übersetzt *markieren.* Mit Hilfe des Markierens von Komponenten Ihres Layouts legen Sie die Reihenfolge der Elemente im eBook-Layout fest. Dieser Vorgang nennt sich *Reflow-Tagging,* bei dem Sie die Sortierung der zum Umbruch gehörenden Elemente für den Export markieren.

Um die Reihenfolge der Artikel und den darin enthaltenen Komponeten wie Bild und Text und deren Funktion einzustellen, nutzen Sie die *Reflow*-Palette unter *Fenster | Reflow-Tagging…*

Fixierter Textfluss
Wenn Sie ein eBook als *Fixed-ePUB* ausgeben, bleibt die Zuordnung der Komponenten im Layout erhalten. Sie müssen bei der Ausgabe die Elemente nicht taggen. Das Taggen ist nur bei *Reflow-ePUB* notwendig.

Reflow auf dem eReader

QuarkXPress Projekt

Fixed-ePUB-Artikel

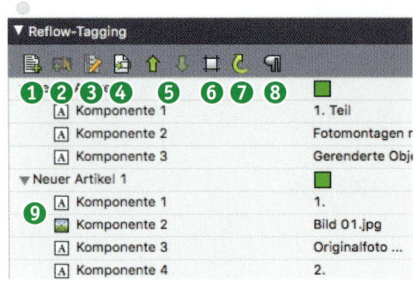

Reflow-Tagging-Palette

Die Reflow-Tagging-Palette ist die Steuerzentrale fürs Einsammeln von Objekten für Ihr eBook. Dort verwalten Sie alle Elemente für Ihr eBook.

In der *Reflow*-Palette definieren Sie *Artikel*. Jeder Artikel kann aus mehreren Bestandteilen wie Texten und Bildern bestehen, die *Komponenten* genannt werden. Sie können einem Artikel wahlweise *ausgewählte Objekte* oder *ganze Seiten* hinzufügen. Wenn Sie mit Hilfe von *Auswahlen* Inhalte zu Ihren Artikeln hinzufügen, haben Sie mehr Kontrolle über das entstehende Werk und können gezielt Inhalte übergehen, die nicht in der eBook-Ausgabe zu sehen sein sollen, wie beispielsweise Anzeigen. Wenn Sie ganze Seiten hinzufügen, werden alle Elemente, die sich auf der Seite befinden, in Ihren Artikel eingebaut. Beim Hinzufügen von ganzen Seiten entscheidet QuarkXPress über die Anordnung des Seiteninhaltes im eBook. Beachten Sie bitte, dass beim Hinzufügen von ganzen Seiten alle Inhalte der ersten Seite ignoriert werden. Inhalte der ersten Seite werden automatisch zur *eBook-Titelseite* gewandelt.

Die Symbole der Reflow-Tagging Palette

Neuer Artikel

Mit dem Symbol *Neuer Artikel* 📄 legen Sie innerhalb der *Reflow-Tagging*-Palette *Artikel* an, mit denen Sie Ihr eBook gliedern ❶. Artikel beziehen sich nicht auf eine oder mehrere Seiten. Sie stellen zusammenhängende Informationseinheiten dar. Klicken Sie auf das Symbol, wird ein neuer Artikel im unteren tabellarischen Übersichtsbereich der Palette angelegt. Dem Artikel fügen Sie Komponenten hinzu. Alle Bild- oder Text-Objekte sind Komponenten. Die hinzugefügten Komponenten werden im eBook immer zentriert dargestellt. Beachten Sie dieses Verhalten bei links- oder rechtsbündigen Texten.

Objekt hinzufügen

Mit dem Symbol *Objekt hinzufügen* 🖼 füllen Sie Ihre eBook-Artikel, die Sie zuvor angelegt haben, mit Inhalten ❷. Sie können Artikeln Text- und Bildrahmen sowie beliebige andere QuarkXPress-Objekte dazugeben. Egal welches Objekt Sie hinzufügen, es wird immer der Kategorie *Text* oder *Bild* zugeordnet und in der Palette entsprechend dargestellt. Objekte werden in der Palette immer als Komponente bezeichnet, wobei sich auch mehrere Objekte gleichzeitig hinzufügen lassen. Linien oder unbestimmte Rahmen lassen sich nicht anfügen.

eBook-Titelseite

Die erste Seite eines Layouts wird immer als Titelseite für Ihr eBook gewandelt. Definieren Sie einen Rahmen, in dem Sie die Titelseitengestaltung selbst vornehmen und platzieren Sie ihn formatfüllend auf der ersten Seite Ihres Layouts.

Eigenschaften bearbeiten

Mit einem Mausklick auf das *Eigenschaften bearbeiten*-Symbol 📝 bearbeiten Sie den Namen einer Komponente oder die Farbe eines Artikels, in der Liste der *Reflow*-Palette ❸. Die Farbe eines Artikels und der darin enthaltenen Komponenten sehen Sie auch auf der Layoutfläche, wenn Sie die Option *Artikelhervorhebung* eingeschaltet haben und die bereffende Komponenten aktivieren. Dann umrahmt XPress die ausgewählten Objekte mit der Farbe des Artikels, dem sie zugehörig sind.

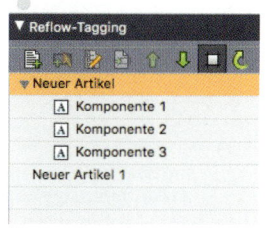

Objekt zeigen

Wählen Sie in der Liste der *Reflow-Tagging*-Palette ein Objekt und klicken Sie anschließend auf das *Objekt zeigen*-Symbol 🔁 ❹. Im Dokumentfenster von QuarkXPress erscheint daraufhin das gewählte Objekt. Alternativ genügt ein Doppelklick auf das Objekt innerhalb der Listenansicht der Palette, um auf die entsprechende Seite zu springen und das Objekt sichtbar zu machen.

Artikel und die darin enthaltenen Komponenten

In der *Reflow-Tagging*-Palette gibt es *Artikel*, die aus *Komponenten*, die Texte oder Bilder enthalten, bestehen. Sie können *Komponeten* per Drag-and-Drop anderen Artikeln zuordnen.

Nach oben und Nach unten

Mit den Pfeilsymbolen *Nach oben* ⬆ und *Nach unten* ⬇ verschieben Sie Objekte innerhalb der Palette und verändern dadurch die Position des ausgewählten Objektes innerhalb Ihres eBooks ❺. Objekte, die sich im tabellarischen Übersichtsbereich weiter oben befinden, erscheinen im eBook weiter vorne. Objekte, die sich weiter unten befinden, erscheinen im hinteren Teil des eBooks.

Artikelhervorhebung

Mit dem Symbol *Artikelhervorhebung* ⬜ können Sie mit einer farbigen Umrahmung anzeigen, ob ein Objekt als Komponente innerhalb eines Artikels gelistet ist, sobald Sie es auf der Layoutfläche aktivieren. Ist das Objekt einem Artikel zugehörig, so wird der entsprechende Eintrag in der *Reflow-Tagging*-Palette angezeigt. Umgekehrt können Sie das Symbol der Komponente in der Palette anklicken, sodass das Objekt im

Artikelhervorhebung

Klicken Sie in der *Reflow-Tagging*-Palette auf das Symbol *Artikelhervorhebung,* werden alle Objekte auf der Layoutfläche farbig markiert, die Sie zuvor in die *Reflow-Tagging*-Palette einem Artikel zugeordnet haben.

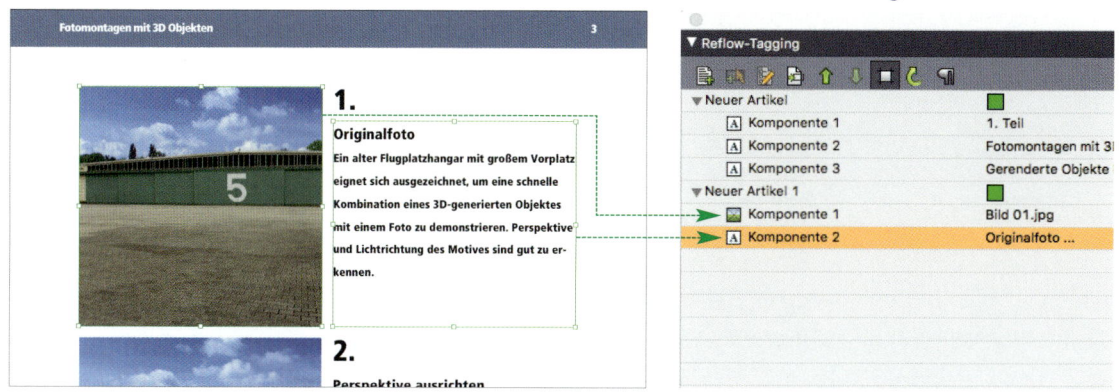

Eigenschaften bearbeiten

Artikelname: Neuer Artikel

Artikelfarbe:

Abbrechen   OK

Eigenschaften von Artikeln bearbeiten

Im Dialog *Eigenschaften bearbeiten* können Sie den Namen eines Artikels sowie dessen Farbe bestimmen.

Layout in der Vorschaufarbe des zugehörigen Artikels angezeigt wird ❻. Klicken Sie erneut auf das Symbol, um die Anzeige auszuschalten.

Aktualisieren der Reflow-Tagging Palette

Wenn Sie Textänderungen vornehmen, oder Sie mehrere Elemente oder ganze Seiten aus dem Layout entfernen, werden diese Änderungen in manchen Fällen nicht in der *Reflow-Tagging*-Palette angezeigt. Per Mausklick auf das Symbol *Aktualisieren* ↻ wird die Darstellung in der Palette aufgefrischt und Ihre Änderungen zeigen sich ❼.

Reflow-Stilvorlagen-Zuordnung

Per Mausklick auf das Symbol *Reflow-Stilvorlagen-Zuordnung* ¶ öffnen Sie einen Dialog, um Texten neue Stilvorlagen zuzuweisen, die erst beim Export in das ePUB-Format wirksam werden ❽. Auf diesem Wege können Sie beispielsweise beim Export einer Druckschrift eine Schriftart, deren Lesbarkeit für mobile Lesegeräte optimiert ist, automatisch zuweisen oder links- bzw. rechtsbündige Texte zentrieren.

Auswählen und per Mausklick einsammeln

Sie können jedem Artikel, der in der Reflow-Tabelle gelistet ist, jederzeit weitere Komponenten hinzufügen.

In dem unterhalb der Symbolleiste befindlichen tabellarischen Übersichtsbereich der Palette werden weitere Symbole angezeigt, um die Zuordnung hinzugefügter Inhalte zu unterscheiden. Je nach Art der hinzugefügten Komponenten werden Symbole entweder für *Textobjekt* 🅰 oder *Bildobjekt* 🖼 dargestellt ❾.

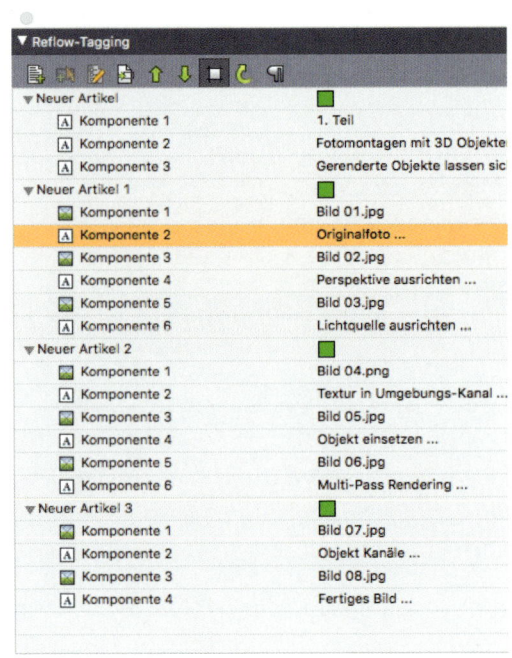

Kombinieren Sie ausgewählte Objekte zu Reflow-Artikeln

Um eine optimale Kontrolle über die Reihenfolge von Artikeln und den in ihnen enthaltenen Komponenten zu erhalten, definieren Sie die Artikel selbstständig und wählen anschließend die Komponenten und deren Reihenfolge mit dem Mauszeiger nacheinander auf der Layoutfläche aus.

❶ Öffnen Sie die *Reflow-Tagging*-Palette mit dem Menübefehl *Fenster | Reflow-Tagging*. Klicken Sie in der Symbolleiste der *Reflow-Tagging*-Palette auf das ganz links befindliche Symbol *Neuer Artikel*. In der tabellarischen Listenansicht erscheint ein neuer Eintrag namens *Neuer Artikel*. Klicken Sie auf das *Eigenschaf-*

ten-bearbeiten-Symbol und vergeben Sie im Dialog einen Namen für den Artikel. Per Mausklick auf das *Artikelfarbe*-Symbol können Sie eine eigene Farbe für den Artikel auswählen, die dann auf Wunsch die zum Artikel gehörigen Rahmen auf der Layoutfläche mit gleichfarbigen Hilfslinien anzeigt.

❷ Wählen Sie ein Bild oder Textobjekt auf der Layoutfläche aus und klicken Sie in der Symbolleiste auf das Symbol *Objekt hinzufügen*, das sich rechts neben dem Symbol *Artikel* befindet. Das hinzugefügte Objekt wird der Listenansicht dem dort zuvor ausgewählten *Artikel* untergeordnet. Möchten Sie weitere Komponenten Ihrem Artikel hinzuzufügen, wählen Sie die entsprechenden Bilder oder Textobjekte auf der Layoutfläche aus und klicken in der Symbolleiste auf das *Objekt-Hinzufügen*-Symbol.

❸ Fügen Sie Ihrem Artikel weitere Objekte hinzu, indem Sie die Arbeitsschritte für jedes Objekt, das Sie hinzufügen möchten, wiederholen. Auf diese Weise haben Sie die genaue Kontrolle über die Reihenfolge der Objekte innerhalb des Artikels. Sie können ein Objekt immer nur einmal einem Artikeln zuweisen.

Seiten automatisiert zu Reflow-Artikeln wandeln

Es lassen sich auch einzelne oder mehrere Seiten per Befehl automatisiert zu Reflow-Artikeln wandeln.

❶ Wählen Sie im Menü *Layout | Seiten zu Reflow hinzufügen…*, um die *Seiten zum Reflow hinzufügen*-Palette zu öffnen. Wählen Sie, ob Sie alle oder nur einen bestimmten Abschnitt von Seiten dem Reflow-Dokument hinzufügen möchten. Definieren Sie, ob alle gewählten Seiten zu einem Artikel hinzugefügt werden sollen oder ob Sie für jeden Text einen Artikel anlegen möchten.

❷ Sobald Sie auf *OK* klicken, generiert XPress automatisch aus den vorliegenden Seiten die definierten Artikel. In der *Reflow-Tagging*-Palette können Sie die Struktur Ihres Dokumentes ansehen und bearbeiten.

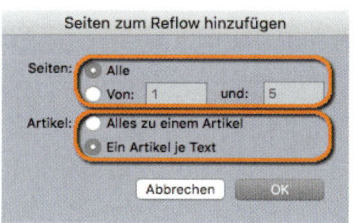

Automatisch hinzufügen

Wenn Sie den Befehl *Seiten zum Reflow hinzufügen* auswählen, sortiert XPress die Komponenten automatisch nach Bildern und Texten. Dabei geht zunächst die Zuordnung verloren. Wählen Sie einzelne Komponenten und verschieben Sie sie an die richtige Stelle.

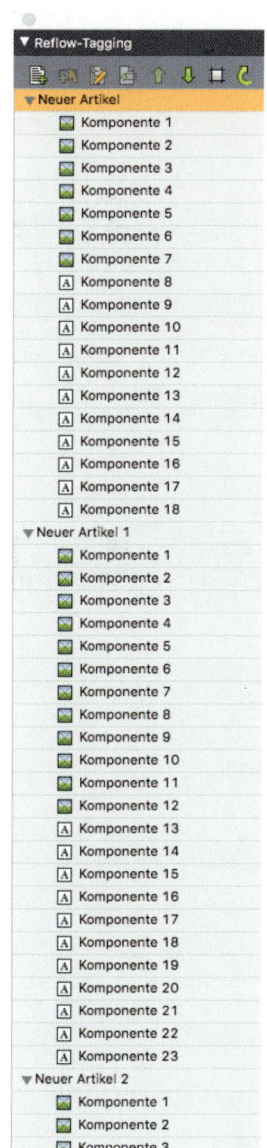

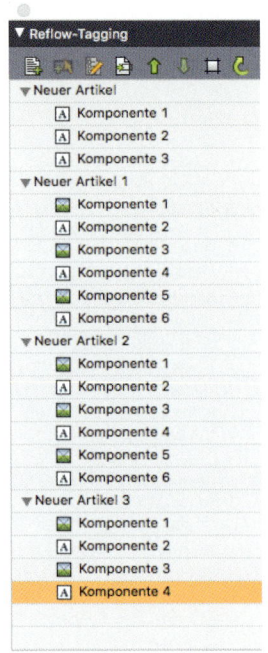

❸ Um einen Artikel zu bearbeiten und beispielsweise einen Namen zu vergeben, wählen Sie in der Symbolleiste der *Reflow-Tagging*-Palette das dritte Symbol von links mit der Bezeichnung *Eigenschaften bearbeiten* 📝.

Fügen Sie Reflow-Artikeln nachträglich Inhalte hinzu

Artikeln, die Sie in der *Reflow-Tagging*-Palette angelegt haben, lassen sich nachträglich weitere Komponeten wie Texte oder Bilder hinzufügen. Dies erledigen entweder über den zugehörigen Menübefehl oder per Mausklick auf die Symbole der *Reflow-Tagging*-Palette.

❶ Öffnen Sie die *Reflow-Tagging*-Palette und aktivieren Sie dort auf der Layoutfläche ein oder mehrere Rahmen, die Sie nachträglich einem Artikel hinzufügen möchten. Wählen Sie im Menü den Befehl *Objekt | Digitales Publishing | Zum Reflow hinzufügen…* und wählen anschließend den Namen des Artikels. Die Rahmen werden als Komponenten dem betreffenden Artikel hinzugefügt

❷ Alternativ können Sie über die *Reflow-Tagging*-Palette Rahmen einem Artikel nachträglich hinzufügen. Wählen Sie zuerst innerhalb der Palette den gewünschten Artikel und anschließend auf der Layoutfläche ein oder mehrere Rahmen. Danach klicken Sie in der Symbolleiste der Palette auf das Symbol *Komponente hinzufügen*, das sich an der zweiten Position von links befindet.

Umsortieren von Artikeln und Komponenten

Alle automatisch oder manuell angelegten Artikel und die darin enthaltenen Komponenten lassen sich innerhalb der *Reflow-Tagging*-Palette nach *oben* oder nach *unten* verschieben und damit in ihrer Position im späteren eBook vor- oder zurückverlegen. Sie können die Position ganz unabhängig von der Position im QuarkXPress-Layout bestimmen. Auf diese Weise lässt sich ein neues Werk mit eigener Reihenfolge der Inhalte erstellen, das dem XPress-Layout entsprechen kann, aber nicht muss.

❶ Haben Sie neue Inhalte hinzugefügt und möchten diese in der Dokumentposition verschieben, wählen Sie zunächst die betreffende Komponente in der *Reflow*-Palette aus. Sie können mehrere

Komponenten in der Listenansicht gleichzeitig auswählen, verschieben können Sie immer nur eine einzige Komponente.

2 Ziehen Sie mit gedrückter Maustaste die Komponente per Drag-&-Drop an die gewünschte Position. Sie können die ausgewählte Komponente auch per Mausklick auf die Pfeil-Symbole *Nach oben* ⬆ oder *Nach unten* ⬇ verschieben. Komponenten lassen sich auch innerhalb eines Artikels mit dem Mauszeiger verschieben oder einem neuen Artikel zuordnen.

Verknüpfen Sie Texte beim Export mit neuen Stilen

Wenn Sie Druckwerke in eBooks wandeln, kann es vorkommen, dass die typografische Gestaltung und das visuelle Erscheinungsbild des Print-Layouts im eBook nicht die gewünschte Wirkung erzielt. Lange Überschriften brechen unschön um oder Fließtexte haben im eBook eine schlechtere Lesbarkeit. Mobilgeräte und deren Betriebssysteme unterstützen möglicherweise einen im Ursprungslayout befindlichen Zeichensatz nur ungenügend.

Es kann aber auch eine rein ästhetische Entscheidung sein, bei der Wandlung in ein eBook andere Zeichensätze und Schriftgrößen zu verwenden als im Print-Layout.

Sie können beim Export als eBook automatisch Ihre bestehenden mit neuen Stilvorlagen verknüpfen. Die Zuordnung definieren Sie in der *Reflow-Stilvorlagen-Zuordnung*-Palette.

Es lassen sich innerhalb der *Stilvorlagen*-Palette nur in Ihrem Dokument vorhandene Stilvorlagen neu zuordnen. Legen Sie sich im Vorfeld passende Stilvorlagen für die Reflow-Zuordnung an, die Sie dann im Dialog auswählen. Benennen Sie aus Gründen der besseren Übersichtlich-

1.

Originalfoto

Ein alter Flugplatzhang

eignet sich ausgezeichi

Kombination eines 3D-

mit einem Foto zu dem

1.
Originalfoto
Ein alter Flugplatzhanga
sich ausgezeichnet, um e
eines 3D-generierten Ob
demonstrieren. Perspekt
Motives sind gut zu erke

Reflow-Stilvorlagen
Mit der Reflow-Stilvorlagen-Zuordnung können Sie veranlassen, dass Ihre Layout-Stilvorlagen beim Export in andere Stile verwandelt werden.

377

keit die Stilvorlagen passend, beispielsweise *Reflow Fließtext*. Ihre Reflow-Stilvorlagen mischen sich sonst unter Ihre Stilvorlagen.

Mindestens 2 Seiten für's eBook anlegen

Ein Reflow-ePUB muss mindestens zwei Seiten enthalten. Seite eins wird zur eBook-Titelseite.

Die *Reflow-Stilvorlagen-Zuordnung*-Palette besteht aus zwei Zuordnungsbereichen. Die obere Hälfte zeigt die *Absatzstilvorlagen* und die untere Hälfte die *Zeichenstilvorlagen* des Layouts, das Sie exportieren möchten. Die vertikale Teilung der Palette ordnet auf der linken Seite die Stilvorlagen des bestehenden Layouts und auf der rechten Seite finden Sie die zugeordneten Reflow-Absatzstilvorlagen. Mit den Scrollbalken am rechten Rand des Dialogfensters navigieren Sie durch die Stilvorlagen, sofern die Anzahl der vorhandenen Stilvorlagen nicht im Fenster dargestellt werden kann. Links unten befindet sich die Checkbox *Nur verwendete Stilvorlagen anzeigen*. Setzen Sie dort einen Haken, werden alle unbenutzten Stilvorlagen aus der Listenansicht ausgeblendet.

Wenn Sie die Palette zum ersten Mal öffnen, sind die Zuordnungen unverändert. Den bestehenden Stilvorlagen des Layouts werden zunächst die identischen Stilvorlagen für den Export zugewiesen. Sie können jetzt jeder Stilvorlage eine Alternative zuteilen. Wählen Sie per Mausklick die Zeile in der Palette mit der Stilvorlage, die Sie ändern möchten. Anschließend klicken Sie in der betreffenden Zeile auf die rechte Seite. Dort befinden sich Doppelpfeile, die das Vorhandensein eines Dropdown-Menüs anzeigen. Das Menü öffnet sich und präsentiert alle im Layout vorhandenen Stilvorlagen, von denen Sie die gewünschte Zuordnung auswählen.

Sobald Sie Ihr eBook exportieren, sehen Sie die neuen Stilvorlagen angewendet. Das führt mitunter dazu, dass Sie mehrmals exportieren müssen, bis eine gewünschte Qualität erreicht ist.

Inhaltsverzeichnis

Beim Export als Reflow-ePUB baut Ihnen XPress automatisch ein Inhaltsverzeichnis basierend auf den in der Reflow-Palette vorhandenen Artikeln auf. Hier das Inhaltsverzeichnis auf dem Kindle-Reader.

Möchten Sie gerne alle neuen Zuordnungen der Stilvorlagen entfernen, klicken Sie auf die Schaltfläche *Alle zurücksetzen*. Damit werden alle neuen Zuordnungen zurückgesetzt und die Standardzuordnungen wiederhergestellt.

Hyperlinks und Interaktivität einbauen

Möchten Sie aus Ihrem eBook heraus auf Internetseiten verlinken oder innerhalb des eBooks auf Inhalte verweisen, können Sie *Hyperlinks* mit Hilfe der *Hyperlinks*-Palette in Ihr Dokument einbauen. Wie das genau funktioniert, sehen Sie im Abschnitt *Die magische HTML5-Palette.*

Exportieren Sie Ihr Layout in das *Fixed-ePUB-Format 3.*, können Sie mit Hilfe der *HTML5*-Palette Videos, Sound, Diaschauen und Interaktivität über Schaltflächen in das Dokument einbauen. Gehen Sie zum Abschnitt *Die magische HTML5-Palette,* um zu erfahren, mit welchen spannenden Funktionen Sie eBooks bereichern können.

Inhaltsverzeichnis einbauen

Das *Inhaltsverzeichnis* für Ihr eBook wird von QuarkXPress automatisch beim Export in das ePUB-Format erzeugt. Dabei wird die Reihenfolge und der Name Ihrer im Layout vorhandenen Artikel als Struktur zugrunde gelegt. Um ein Inhaltsverzeichnis zu erhalten, ist es notwendig, dass Sie jeden Artikel, den Sie in der *Reflow-Tagging*-Palette anlegen oder den Quark für Sie automatisch erzeugt hat, mit einem Namen versehen. Wählen Sie den zu bearbeitenden Artikel in der *Reflow*-Palette aus und klicken Sie auf das Symbol *Eigenschaften bearbeiten* 📝. Tragen Sie in das Eingabefeld einen *Namen* ein, der im Inhaltsverzeichnis des exportierten eBooks erscheinen soll. Lassen Sie das Feld frei, dann vergibt XPress automatisch die Bezeichnung *Neuer Artikel.*

QuarkXPress erstellt Ihnen mit der Listen-Funktion auf Wunsch Inhaltsverzeichnisse für Ihre Layouts. Sehen Sie sich im Kapitel *Produktivität* an, wie Sie Inhaltsverzeichnisse automatisch anlegen. Sie können bei der Ausgabe entscheiden, ob Sie lieber auf ein mit der Listen-Funktion hergestelltes Inhaltsverzeichnis zurückgreifen möchten oder das auf der *Reflow*-Palette basierende Inhaltsverzeichnis verwenden möchten.

eBook-Metadaten ausfüllen

Damit Ihr eBook auf der Plattform, auf der Sie es veröffentlichen, besser gefunden werden kann, können Sie über die Eingabe von *Metadaten* das Auffinden für Ihre Leser und Leserinnen vereinfachen sowie eine kurze Aussage über den Buchinhalt einbauen.

Die eBook-Metadaten bearbeiten Sie über die gleichnamige Palette, die Sie unter *Layout | eBook-Metadaten…* finden. Jedes eBook muss über

Unterschiedliche Darstellung der Lesesoftware
Je nach Lesesoftware und Zielplattform wird Ihr Inhaltsverzeichnis unterschiedlich dargestellt, wie hier in Apples iBooks-Software zu sehen ist.

eBook Metadaten

Die Metadaten helfen Lesern beim Auffinden Ihrer Veröffentlichung in Online-Buchläden oder in der eigenen digitalen Bibliothek.

eBook Export aus Printlayout oder Digitallayout

Beachten Sie: Wenn Sie ein ePUB aus dem Layout-Typ Print heraus ausgeben, ist nur *Reflow* als Option auswählbar. Ein fixiertes ePUB mit der Option *fest* können Sie nur aus einem *digitalen Layout* heraus exportieren.

einen Titel verfügen. Vergeben Sie keinen Titel, steht nach dem Export standardmäßig *ePub made using QuarkXPress* in der Titelzeile Ihres eBooks. Tragen Sie in den Dialog weitere Informationen ein wie Autor, Verlag, Angaben über das Copyright und die ISBN-Nummer.

Die *ISBN-Nummer* – auch *International Standard Book Number* – ist eine einzigartige Identifikationsnummer für Druckwerke und andere Veröffentlichungen. Die *Agentur für Buchmarktstandards* verwaltet die ISBN-Nummern, die in Deutschland für Veröffentlichungen vergeben werden.

Für Ihre Veröffentlichung können Sie dort auch eine individuelle ISBN-Nummer beantragen: *http://www.german-isbn.de/isbn_start_text.html/10012/*

Wählen Sie die Sprache der Veröffentlichung und geben Sie der Publikation eine aussagekräftige Beschreibung. Diese Beschreibung kann von der Lesesoftware dargestellt werden und gibt dem Leser einen ersten Eindruck auf das Werk. Mit der Vergabe von Stichwörtern erleichtern Sie Lesern das Auffinden Ihres Werkes, wenn diese Bibliotheken oder Online-Buchhandlungen nach bestimmten Begriffen wie beispielsweise *Digital Publishing* durchforsten. Die Stichworte, die Sie eintragen, müssen durch Kommas getrennt werden. Zusammenhängende Begriffe trennen Sie durch Leerzeichen.

Export als eBook im ePUB-Format

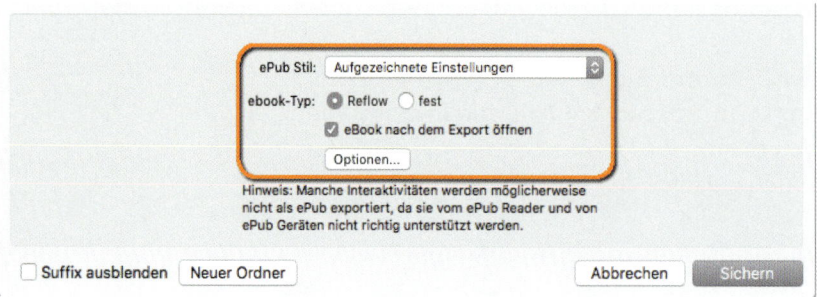

Nachdem Sie alle Vorbereitungen getroffen haben, wählen Sie *Ablage | Exportieren | Layouts als ePUB…*, um ein eBook auf der Festplatte zu sichern. Geben Sie dem eBook im Dialog einen Namen. Links unten im Dialog entscheiden Sie, ob das Suffix angezeigt werden soll. Die Darstellung der Endung ist sinnvoll, denn die Übergabe an ein anderes Betriebssystem oder eine andere Darstellungsplattform setzt

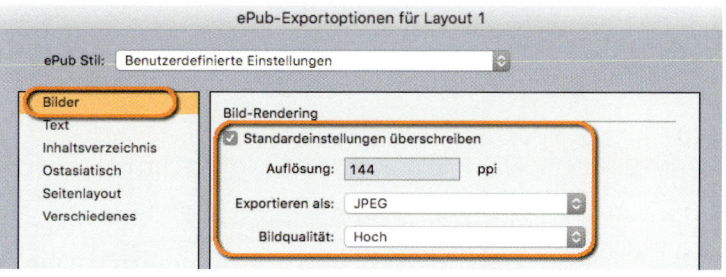

mitunter eine Datei-Extension voraus. Die Endung lautet ».epub«. Im Dropdown-Menü *ePub Stil* entscheiden Sie, welche Ausgabeeinstellungen auf das eBook angewendet werden. Haben Sie keine Einstellungen getroffen, wird der Standard-ePub-Ausgabestil eingesetzt. Sie können jedoch über *Bearbeiten | Ausgabestile…* weitere ePUB-Ausgabestile definieren. Sehen Sie sich hierzu den Abschnitt über das Anlegen von Ausgabestilen näher an.

Unterhalb des Dropdown-Menüs legen Sie fest, ob Sie ein *Reflow-* oder ein *Fixed-ePUB* ausgeben möchten. Beachten Sie, dass interaktive Inhalte, die Sie mit der *HTML5*-Palette in Ihr Layout eingebaut haben, nur im *Fixed-ePUB*-Format darstellbar sind. Setzen Sie in der Checkbox *eBook nach dem Export öffnen* einen Haken, wird Ihr Werk durch den im Betriebssystem voreingestellten eReader wie beispielsweise *iBooks* unter macOS automatisch geöffnet.

Per Mausklick auf die Schaltfläche *Optionen* gelangen Sie zu den Feineinstellungen des ePUB-Exportes. Auf der linken Seite des Dialogs der ePub-Exportoptionen sehen Sie sechs Themenbereiche. Dort können Sie die Bildqualität des Bildexports, die Handhabung typografischer Details und Datenquellen für das Inhaltsverzeichnis festlegen, ostasiatische Funktionen freischalten sowie weitere Optionen festlegen.

Wenn Sie die Qualität der in das eBook eingebetteten Bilder verändern möchten, setzen Sie im Bereich *Bilder* bei *Standardeinstellungen überschreiben* einen Haken und tragen in das Eingabefeld *Auflösung* einen höheren Wert für die ppi (Punkte pro Inch) ein. Bedenken Sie, dass die Dateigröße ihres eBooks anwächst, je höher Sie diesen Wert setzen. Wählen Sie im

Bilder
Legen Sie beim ePUB-Export im Bereich *Bilder* Dateiformat und die Ausgabequalität der eingebetteten Bilder fest.

Textverhalten
Im Bereich *Text* wählen Sie die Handhabung hängender Initialen aus.

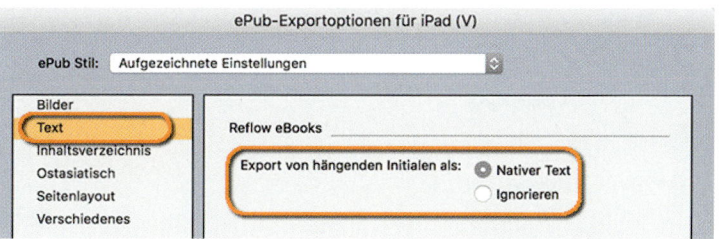

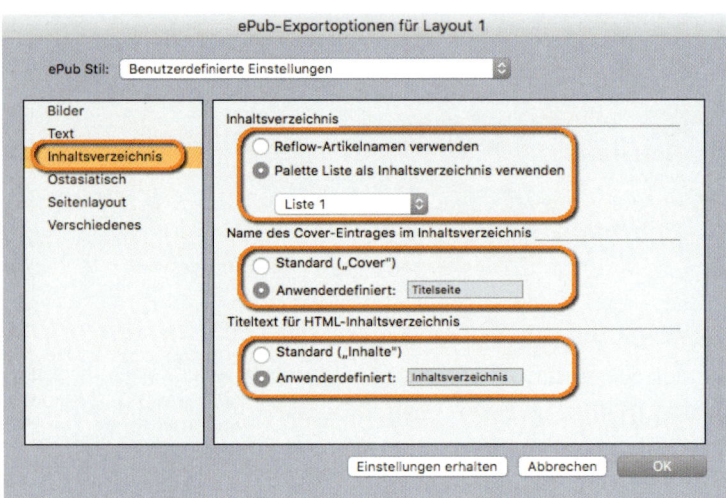

Dropdown-Menü *Exportieren als* ein Dateiformat für die eingebetteten Bilder. Zur Auswahl stehen JPEG, PNG oder GIF. Für das JPEG-Format können Sie bei *Bildqualität* verschiedene Qualitäten einstellen. Eine *Hohe Qualität* meint eine *niedrige Kompression* und eine *niedrige Bildqualität* bezeichnet eine *hohe Kompression*. Im Bereich *Text* definieren Sie die Handhabung von *hängenden Initialen*. Entscheiden Sie, ob die hängenden Initialen als *Nativer Text* oder bei der Ausgabe *Ignoriert* werden, indem Sie den entsprechenden Radio-Button anklicken. Hängende Initialen mit *Ignorieren* abzuschalten ist durchaus sinnvoll. Je nach Lesesoftware und eingesetztem Font in der Lesesoftware entsteht sonst ein unschönes Schriftbild.

Datenquelle für das Inhaltsverzeichnis

Im Bereich *Inhaltsverzeichnis* wählen Sie die Datenquelle, den *Cover-Eintrag* und die Bezeichnung der Inhaltsverzeichnis-Seite als *Titeltext* aus.

Die Entscheidung darüber, welche Quelldaten für Inhaltsverzeichnisse verwendet werden, legen Sie im Bereich *Inhaltsverzeichnis* fest. Klicken Sie auf *Reflow-Artikelnamen verwenden* oder auf *Palette Liste als Inhaltsverzeichnis verwenden*. Möchten Sie eine Liste verwenden, dann wählen Sie im darunter befindlichen Dropdown-Menü die gewünschte Liste, die Sie in der Palette *Listen* angelegt haben aus.

Ostasiatisch

Legen Sie im Bereich *Ostasiatisch* die *Laufrichtung* des Layouts und die Handhabung von Ruby-Text fest.

Darunter legen Sie den Namen des *Cover-Eintrages* im Inhaltsverzeichnis fest. Das ist der Name der Titelseite, wie er dann in der Seitenübersicht Ihres eBooks erscheint. Als Standard ist der

Parenthese

Manche Reader können Ruby-Text nicht richtig darstellen. Mit *Parenthese* erhöhen Sie die Kompatibilität.

Name *Cover* eingetragen, während Sie über *Anwenderdefiniert,* einen eigenen Namen wie z. B. *Titelseite eintragen können.* Im darunter liegenden Bereich definieren Sie, wie der *Titeltext für das HTML-Inhaltsverzeichnis* lauten soll. Standardmäßig heißt er *Inhalte,* wobei sich über den Button *Anwenderdefiniert* im dazugehörigen Eingabefeld ein neuer Name vergeben lässt. Falls Sie ein ePUB für ostasiatische Sprachen

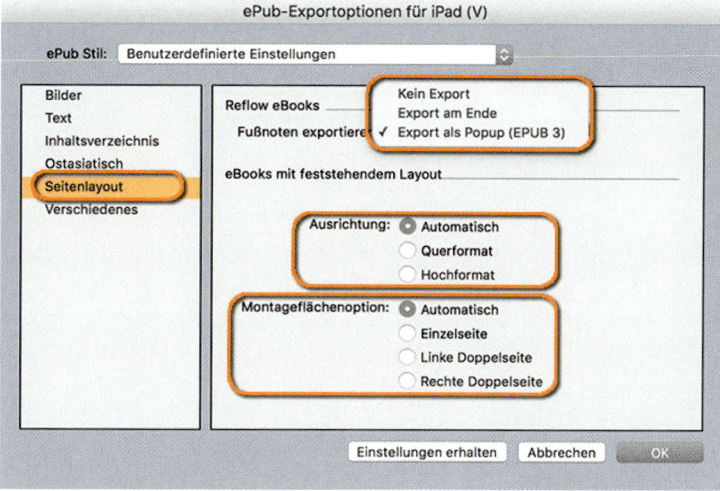

exportieren, so legen Sie die Laufrichtung des Textes im Bereich *Ostasiatisch* nachträglich fest. In der Grundeinstellung wird die Ausrichtung des Layouts verwendet. Wählen Sie zwischen *Horizontal* und *Vertikal.*

Fußnoten
Wenn Sie Ihr eBook im ePUB 3-Standard exportieren, können Sie Fußnoten als Pop-Up-Fenster anlegen, die der Leser per Mausklick öffnen kann.

Ruby sind phonetische Leitzeichen, die oberhalb oder seitlich von Schriftzeichen angeordnet sind und als *Aussprachehilfe* dienen. Sie kommen hauptsächlich in Japan und anderen im ostasiatischen Sprachraum publizierten Veröffentlichungen vor. Der Name Ruby basiert auf der Schriftgröße von 10 Punkt, die von britischen Schriftsetzern als Ruby bezeichnet wird. In Japan heißt Ruby auch Furigana. Der *Ruby-Text* befindet sich oberhalb des zugeordneten Zeichens. Das Zeichen selbst, auf den der Ruby-Text Bezug nimmt, wird, als *Ruby-Basis* bezeichnet.

Entscheiden Sie, ob Sie die Ruby-Zeichen oberhalb der Basis zuordnen möchten, oder hinter dem Zeichen in *Parenthese* – also in Klammern – setzen möchten. Klicken Sie die gewünschte Option an.

Kompatibilität
Verbessern Sie die Kompatibilität Ihres eBooks, indem Sie die Zielplattform definieren.

Manche Lesesoftware hat Schwierigkeiten, Ruby-Text richtig darzustellen. Mit dem Hintenanstellen des Ruby-Textes in Klammern, also in Parenthese, stellen Sie sicher, dass Ruby in jedem Falle auf der Zielplattform sichtbar ist.

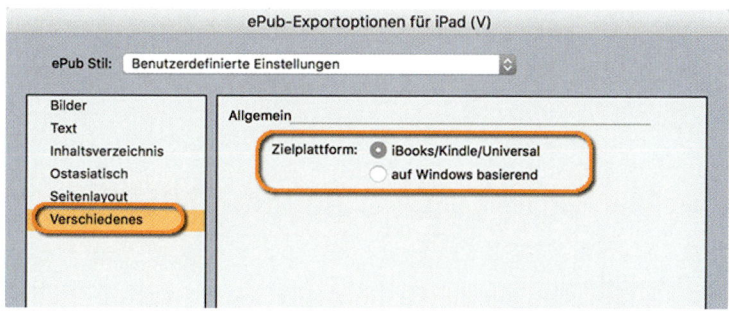

Wählen Sie bei Seitenlayout im Bereich *Reflow eBooks*, ob Sie *Fußnoten exportieren* möchten, und wenn ja, definieren Sie dort die Position innerhalb Ihres eBooks. Wählen Sie im *Fußnoten exportieren*-Dropdown-Menü, ob die Fußnoten am *Buchende* erscheinen oder ob sie als anklickbare *Pop-Up-Fenster* innerhalb des Buches vorkommen sollen. Im Bereich *eBooks mit feststehendem Layout* bestimmen Sie bei *Ausrichtung,* ob die später angezeigte Seite im *Hoch-* oder *Querformat* dargestellt wird. Bei den Montageflächenoptionen legen Sie fest, ob Ihr Buch später in *Einzel-* oder *Doppelseiten* zu lesen ist.

KindleGen mit XPress verknüpfen

Um eBooks für Amazons Kindle herzustellen, benötigen Sie den *KindleGen*. Beim erstmaligen Export in das Kindle-Format fragt QuarkXPress nach der Position des *KindleGen* auf der Festplatte.

Die Zielplattform wird bei *Verschiedenes* vorgegeben. Wählen Sie, ob Sie ein eBook herstellen, das in einem Universalformat zu iBooks, Amazons Kindle oder anderen kompatibel ist. Möchten Sie hingegen Ihr eBook auschließlich auf der Windows-Plattform veröffentlichen und dort die Kompatibilität verbessern, so verwenden Sie auf *Windows basierend.*

kindlegen

KindleGen ist ein Komandozeilen-Werkzeug

Die Ansteuerung des *KindleGen* ist vorbildlich in XPress integriert.

Export als eBook für Amazons Kindle

Für den Export von QuarkXPress-Layouts in das *Kindle*-Format ist der *KindleGen* erforderlich. Ansonsten entsprechen alle Exportoptionen denen des ePUB-Exports.

Der *KindleGen* ist ein Programm, das eBooks oder HTML-Dateien als *Kommandozeilen-Werkzeug* unter macOS oder als *Befehlsdatei* unter Windows in auf Amazons Kindle anzeigbare Dateien umwandelt. Das Programm können Sie sich *http://www.amazon.com /gp/feature.html? docId=1000765211* herunterladen. Entpacken Sie die Datei und positionieren Sie den *KindleGen* an gewünschter Stelle auf Ihrer Festplatte. *KindleGen* arbeitet unter macOS als Terminalprogramm, unter Windows kommt es als Befehlszeilen-Werkzeug zum Einsatz. Die Benutzung des *KindleGen* ohne XPress ist nur für Anwender geeignet, die das Terminal unter macOS sicher bedienen können, oder unter Windows im Umgang

KindleGen Verknüpfung

Haben Sie *KindleGen* mit QuarkXPress verknüpft, erscheint im Export-Dialog unter *KindleGen* der Pfad zur Position auf der Festplatte.

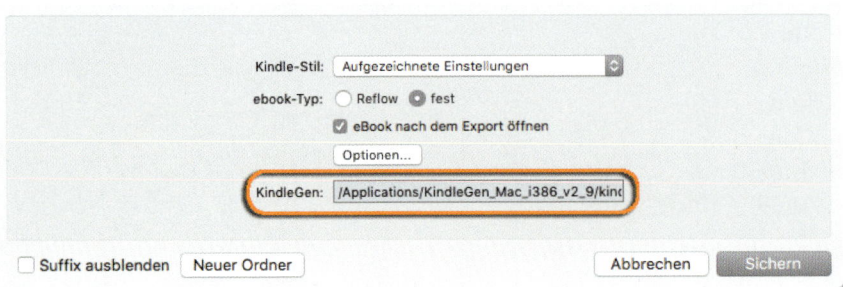

mit Befehlszeilen-Werkzeugen erfahren sind. Der Export aus XPress heraus gestaltet sich hingegen unkompliziert.

Beim allerersten Export eines Layouts aus QuarkXPress in das Kindle-Format *MOBI* bittet Sie die

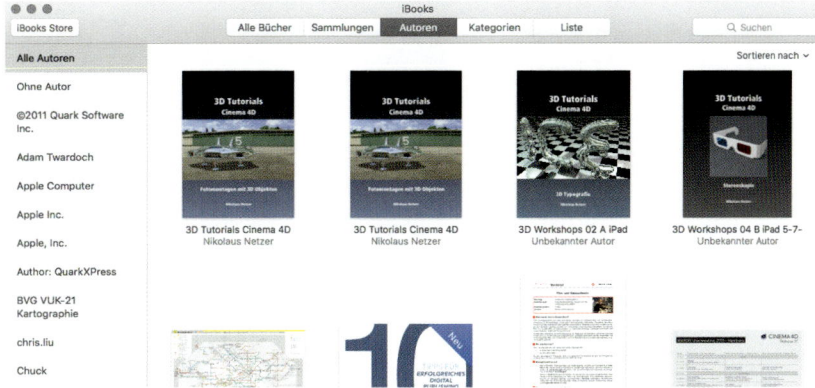

Software, die Position des *KindleGen*-Werkzeugs auf Ihrer Festplatte zu lokalisieren. Wählen Sie *Ablage | Exportieren | Layout als Kindle…* und der Dialog zum Verknüpfen von QuarkXPress mit dem Werkzeug erscheint. Wählen Sie entweder die Position auf der Festplatte oder klicken Sie auf *KindleGen holen…* – in letzterem Fall werden Sie auf die Amazon-Webseite zum Download geleitet. Haben Sie XPress mit dem KindleGen verknüpft, erscheint im Kindle-Export-Dialog ganz unten im Eingabefeld der *Verzeichnispfad* zum KindleGen. Verschieben Sie den KindleGen auf der Festplatte, so müssen Sie den Pfad dort aktualisieren. Klicken Sie auf *Optionen,* wenn Sie die Ausgabe individuell einstellen wollen. Die Exportoptionen für das Kindle-Format entsprechen jenen des ePUB-Formates. Studieren Sie dazu die Informationen im Abschnitt *Export als eBook im ePUB-Format.*

Apples Lesesoftware iBooks

Die im Lieferumfang von Apples Betriebssystem macOS enthaltene Lesesoftware iBooks bietet Ihnen alle Optionen um Ihre eBooks zu testen.

Mit Apps eBooks ansehen, testen oder konvertieren

> Um eBooks zu testen, gibt es zwei Möglichkeiten: Entweder Sie verwenden einen eReader oder ein Tablet-Device, um Ihre Veröffentlichungen *mobil* anzuzeigen, oder Sie benutzen ein Leseprogramm, um Bücher auf dem *Desktop* anzuzeigen.

Apple iBooks

Der auf jedem Mac vorinstallierte digitale Buchladen hat einen funktionalen Lesemodus, mit dem sich eBooks ausprobieren lassen. Durch Verändern der Größe des Lesefensters können Sie den dynamischen Umbruch ausprobieren und hoch- und querformatige Ausrichtung simulieren. Haben Sie beim ePUB-Export die Option *eBook nach dem Export öffnen* aktiviert, startet iBooks automatisch und präsentiert Ihnen Ihr Werk (vorausgesetzt, Sie verwenden iBooks als voreingestellten eReader). Wenn Sie Apples iCloud nutzen, können Sie Ihre

iBooks

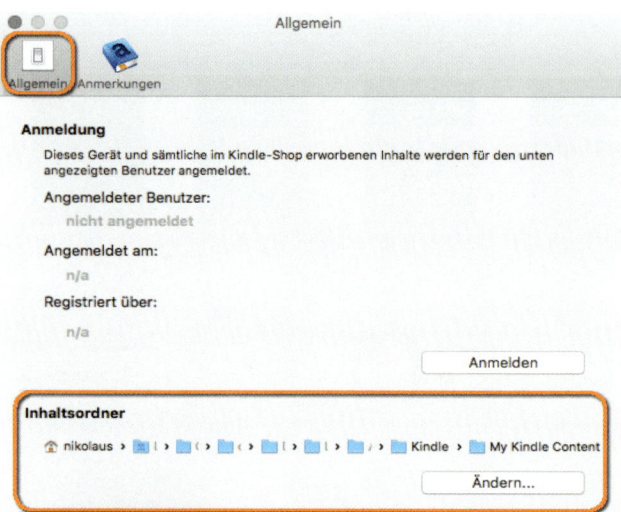

Kindle

eBooks in der Kindle-App direkt testen

Die Kindle-App bietet keine Möglichkeit, eBooks zu importieren. Legen Sie Ihr eBook im MOBI-Format in den Inhaltsordner, der Ihnen in den Kindle-Voreinstellungen angezeigt wird.

kobo

nook

eBooks auch mit iOS-Mobilgeräten synchronisieren und dort testen.

Kindle

Sie können auch die *Kindle-App* verwenden, um sich Ihre eBooks für Amazons Kindle auf Ihrem Desktop anzusehen. Das Programm können Sie sich über den Mac App Store auf die Festplatte laden. Starten Sie die Kindle-Software, so werden Sie aufgefordert, mit Ihren Amazon-Konto zu verbinden (sofern vorhanden). Diesen Schritt können Sie einfach überspringen. Sie werden feststellen, dass die Kindle-App oberflächlich keine Möglichkeit vorsieht, eigene eBooks im Kindle-Format zu laden.

Mit einem kleinen Trick gelingt es, selbst gebaute Amazon-eBooks in der Kindle-App anzusehen. Die Kindle-Software legt alle aus den Shop geladenen Bücher in dieses Verzeichnis: *Benutzername/Library/Containers/com.amazon.Kindle/Data/Library/Application Support/Kindle/My Kindle Content* legt, können Sie die eBooks, die Sie mit QuarkXPress gestalten, ebenso dort hineinlegen. Nach einem *Neustart* der App sehen Sie dann alle Bücher in der Übersicht und können Sie ausgiebig testen. In den Voreinstellungen der Kindle-Software (*Kindle | Einstellungen…*) finden Sie im Bereich *Allgemein* die Möglichkeit, einen individuellen Inhaltsordner anzulegen.

Kobo

Mit dem *Kobo-Reader* erhalten Sie eine kostenfreie Lesesoftware für Mac und Windows des gleichnamigen, in vielen Sprachen anbietenden Online-Buchladens, der auch die entsprechenden Mobil-Apps für iOS, Android, Windows Mobile und BlackBerry zur Verfügung stellt. Die Inhalte können Sie zwischen Desktop-App und Mobilgeräten synchronisieren und auf den unterschiedlichen Plattformen testen.

Nook

Der *Nook-Reader* ist ebenfalls ein Lesesystem, das auf verschiedenen Mobilgeräten eBooks anzeigt. Entwickelt werden die Apps vom US-Buchladen Barnes & Noble. Unterstützt werden die Plattformen iOS, Android und Windows. Obwohl der Buchladen ausschließlich in englischer Sprache dargestellt wird, sind auch zahlreiche deutschsprachige Veröffentlichungen zu finden. Interessant für Anwender, die Werke in englischer Sprache ausgeben und testen möchten.

Kitabu

Die kostenlose App Kitabu bietet Ihnen viele Möglichkeiten in der Handhabung von eBooks im ePUB-Format. Kitabu unterstützt den ePUB-Standard 3 und stellt daher ePUB-Dokumente auch im Fixed-Layout dar. Die Applikation läuft nur unter macOS.

Kitabu

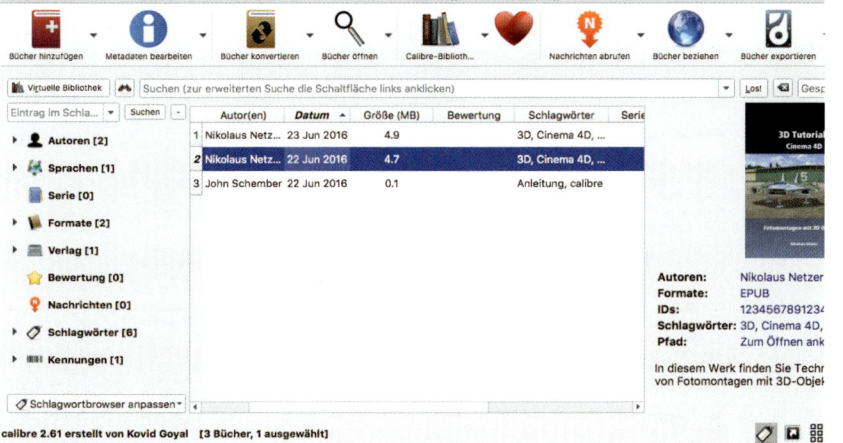

Calibre, der Alleskönner
Mit der Lesesoftware Calibre können Sie Ihr eBook auf Herz und Nieren auf Windows und Mac testen.

Calibre

Calibre ist eine kostenfreie, sehr vielseitige eReader-Software. Mit Calibre können Sie Dokumente in Amazons MOBI-Format ansehen und sogar in ein ePUB konvertieren. Es ist neben der Kindle-App und Clearview das einzige Programm, das den Nutzer Amazon-Inhalte ansehen lässt.

Calibre

Clearview

Die kostenpflichtige Reader-App Clearview bietet eine Bibliotheksübersicht und verarbeitet zahlreiche Formate wie ePUB und Amazons MOBI. Das für macOS erhältliche Programm lässt den Leser die geöffneten Bücher über Tabs anwählen.

Clearview

Murasaki

Die ebenfalls kostenpflichtige App Murasaki bietet als besonderes Merkmal, dass das ePUB in einem Rutsch durchscrollbar ist und nicht durch einzelnen Seiten geblättert wird. Diese Möglichkeit besteht jedoch nur mit eBooks, die im ePUB-Standard 3 veröffentlicht sind.

Murasaki

Firefox

EPUBReader

Mit dem Firefox-Add-On *EPUBReader* können Anwender den Browser Firefox mit Lesefunktionen aufbohren. Das gilt sowohl für ePUBS, die sich online abrufen lassen, als auch für digitale Bücher auf Ihrer Festplatte. Begegnen Sie im Internet einem eBook, können Sie gleich online in dem Werk schmökern. Auf der Festplatte befindliche eBooks, die Sie mit QuarkXPress ausgegeben haben, können Sie mit dem Befehl *Datei | Öffnen* direkt in Firefox testen.

Add-On für Firefox
Lesen Sie ePUBs auch online, mit *EPUBReader*.

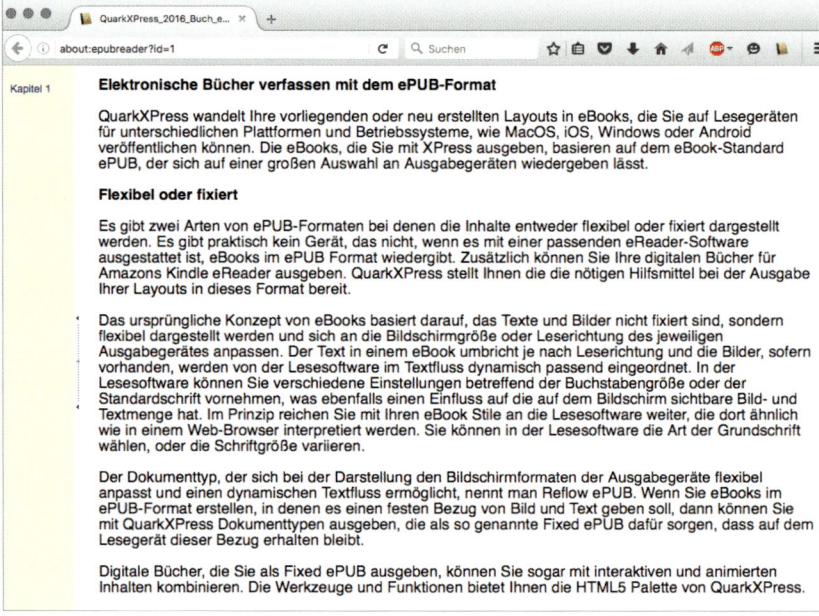

❺ Apps bauen für iOS und Android mit App Studio

APP STUDIO

Mit *App Studio* verwandeln Sie mit QuarkXPress erstellte Layouts in Apps für Tablets oder Smartphones, die unter Apples iOS oder Googles Android-Betriebssystem betrieben werden. Publiziert werden die Apps entweder in *Apples App-Store* oder einem der *Android-App-Stores* wie dem *Google-Play-Store*.

Arbeiten Sie mit App Studio, besteht der Prozess immer aus drei Bereichen: Erstens dem Gestalten des digitalen Layouts, das Sie auf Ihrem Desktop-Rechner mit XPress entwickeln, zweitens den Daten, die Sie aus Ihrem Layout heraus zum App Studio Portal hochladen, und drittens der App, die Sie mit Hilfe von Quarks *App-Studio-Issue-Previewer-*App auf Ihr Mobilgerät herunterladen, ansehen und testen können.

Innerhalb der *App Studio-App,* die Sie Kunden über die Stores zur Verfügung stellen, befinden sich eine oder mehrere *App Studio-*Ausgaben, die digitalen Magazinen gleichen. Sie können Ihre *App Studio-App* nach und nach mit weiteren Ausgaben bestücken und diese zum Verkauf anbieten oder gratis verteilen. Je nach Verfahrensweise und genutztem *App Studio-*Modell können Sie Ihre Ausgaben auf einem eigenen Webserver speichern oder auf von Quark dafür bereitgestellten Servern für Ihre Leser vorhalten. Die Einnahmen, die Sie mit Ihren verkauften Ausgaben erzielen, werden wie so genannte *In-App-Käufe* auf Ihr jeweils vorhandenes *App Store-*Konto verbucht. Machen Sie sich dazu mit den jeweiligen Geschäftsbedingungen und Geschäftsmodellen der jeweiligen App Stores vertraut.

iOS und Android
Veröffentlichen Sie digitale Layouts mit App Studio in App-Stores für iOS und Android.

Jede *App Studio-*Ausgabe besteht aus einzelnen Artikeln, die eine unterschiedliche Länge haben können Sie stellen immer ein einzelnes Layout einer QuarkX-Press-Projektdatei dar. Je nachdem, für welche Geräte-Ausrichtung Sie Ihre Ausgabe konzipiert haben, *Hochformate, Querformate* oder *beide Ausrichtungen,* landen diese gleichzeitig in mehreren Layouts innerhalb eines Projektes.

Apps für iOS und Android

Sie können jedes Layout (Print oder Digital) in eine App für iOS oder Android verwandeln. Für Tablet-Apps können Sie Layouts anlegen, die horizontale und vertikale Ausrichtung in einer Layout-familie vereinigen.

Einander zugehörige Ausrichtungen wie Quer- und Hochformat werden beim Export der Ausgabe so verknüpft, dass die Lesedarstellung interaktiv zur Ausrichtung des digitalen Lesegerätes von der Software jeweils automatisch ausgewählt und angezeigt wird.

Welche Technik ist in App Studio eingebaut?

Alle Apps, die Sie mit *App Studio* zusammenbasteln, basieren auf dem plattformunabhängigen Standard *HTML5*, der mit *JavaScript* und *XML*-Elementen angereichert wird. Um sich eine *App Studio*-Ausgabe anzusehen, können Sie im Prinzip einen beliebigen Web-Browser verwenden, der in der Lage ist, HTML5-Inhalte darzustellen. Aufgrund dieser Kompatibilität ist es möglich, eine perfekte Simulation der späteren App auch online auszuführen.

Interaktivität und Medien einbinden

Bereiten Sie ein Projekt für die Ausgabe als App für iOS oder Android vor, nutzen Sie die HTML5-Palette, um Medien einzubinden und Ihre App mit Interaktivität zu versehen.

Wenn Sie die *App Studio*-Ausgaben aus *XPress* heraus exportieren, werden Sie von Ihrem Rechner aus hochgeladen und im *App-Studio*-Portal gelagert. Da der Inhalt aus HTML5 besteht, ist es möglich und vorgesehen, innerhalb des *App Studio*-Portals die Ausgabe anzusehen und schon online auf Herz und Nieren zu testen, bevor Sie die Daten auf Ihr Mobilgerät herunterladen oder über einen App Store anbieten.

App Studio-Publishing

Die Palette *App Studio-Publishing* ist Ihre Verbindung zwischen dem App Studio Online-Portal und Ihrer *QuarkXPress*-Installation.

Um die hergestellten Ausgaben auf Ihrem Mobilgerät unter *iOS* oder *Android* direkt anzusehen, greifen Sie zum *App Studio Issue Previewer*, der für beide Plattformen angeboten wird. Der *App Studio Issue Previewer* ist eine *Simulationsumgebung* für Ihr betreffendes Mobilgerät in Form einer Gratis-App von Quark. Innerhalb dieser App sehen Sie sich

QuarkXPress-Projekt

HTML5-Palette

App Studio Publishing

Ihre Ausgabe an und probieren die zuvor eingebauten interaktiven Funktionen aus. Zusätzlich können Sie mit *App Studio* Ihre selbst erstellten Ausgaben in Ihre App der jeweiligen *Verkaufsplattform* übertragen, auf der Sie online in den App Stores ihre digitale Zeitung anbieten.

Wie funktioniert das App Studio-Portal?

Das *App Studio*-Portal ist ein von Quark betriebener Online-Service für die *Konvertierung und Aufbewahrung* Ihrer Daten. Im Portal werden die Inhalte, die Sie mit QuarkXPress im Projekt und Layout entwerfen und mit Interaktivität versehen, online gespeichert. Sie können die Daten sortieren, sich anzeigen lassen und ausprobieren. Das System simuliert jegliche HTML5-Interaktivität. Die Ordnung der im App-Studio-Portal befindlichen Inhalte gliedert sich hierarchisch in vier Themenbereiche: *Organisation*, *Publikationen*, *Ausgaben* und *Artikel*.

AppStudio-Portal als App-Generator

Haben Sie Ihr Layout mit interaktiven Inhalten versehen, laden Sie Ihre Daten über die *App Studio Publishing*-Palette in das App Studio Online-Portal. Dort werden Ihre Daten für die Zielplattformen iOS oder Android gewandelt.

Organisation

Sobald Sie sich im *App Studio*-Portal anmelden und dort einen Account anlegen, sind Sie ein *Unternehmen* oder eine *Organisation*.

App-Studio-Portal

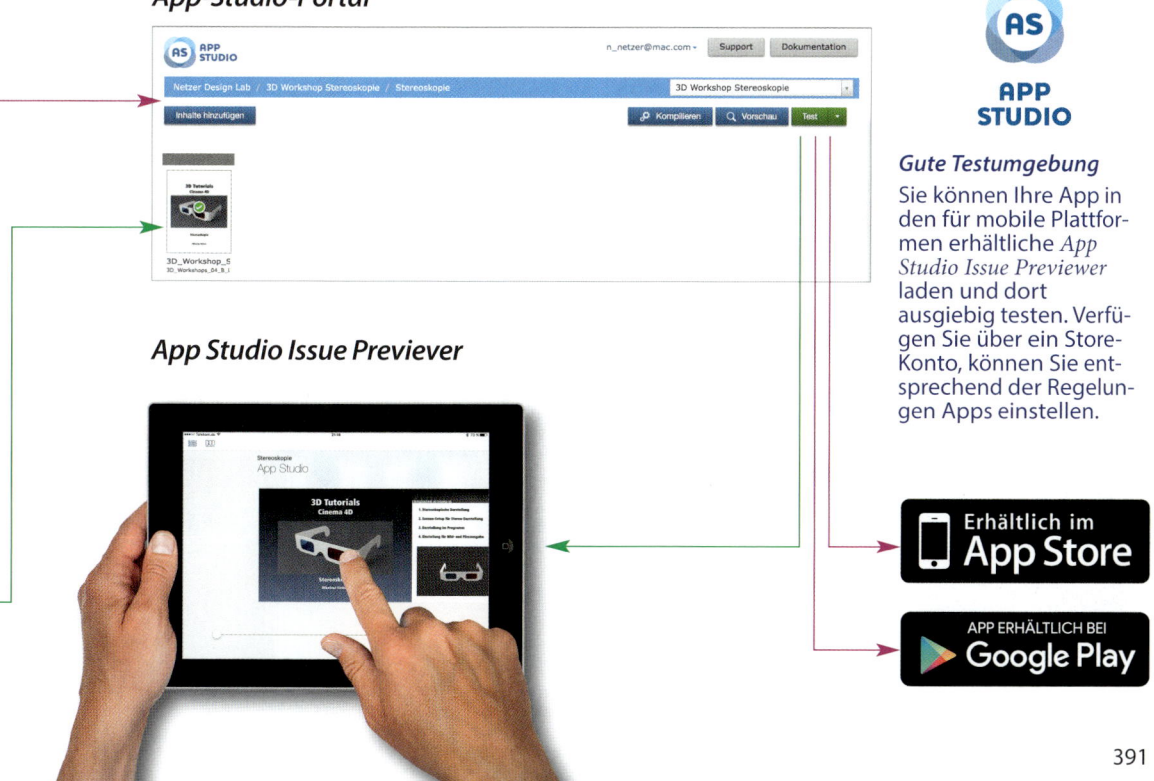

App Studio Issue Previewer

Gute Testumgebung

Sie können Ihre App in den für mobile Plattformen erhältliche *App Studio Issue Previewer* laden und dort ausgiebig testen. Verfügen Sie über ein Store-Konto, können Sie entsprechend der Regelungen Apps einstellen.

Das entspricht im Prinzip eher einem *Verlag* oder einem institutionellen Anbieter, der als *Herausgeber* auftritt, selbst dann, wenn Sie als Gestalter oder Freelancer innerhalb der *App Studio*-Services einen Account anlegen und nutzen.

Publikation

Die *Publikation* ist der übergeordnete Titel eines Magazins, einer Zeitung, eines Newsletters oder auch Periodikums in Buch- oder Heftform, das aus einzelnen Ausgaben besteht. Sie können beispielsweise ein Magazin über Fotografie online anbieten, das einen übergeordneten Titel wie beispielweise »Foto Report«-trägt und in monatliche Ausgaben unterteilt ist, die sich Ausgabe »Januar«, »Februar« usw. nennen.

Ausgabe

Eine *Ausgabe* ist Teil einer Publikation oder ein Einzelteil eines Periodikums, das von Ihnen in regelmäßigen, wiederkehrenden Abständen angeboten und vom Leser auf sein Mobilgerät geladen wird. In unserem Beispiel sind das die einzelnen Ausgaben unseres »Foto Reports«, die monatlich erscheinen.

Daten zu App Studio

Der Online-Service *App Studio* generiert für Sie aus zahlreichen Datenquellen Apps für iOS- und Android-Mobilgeräte. Sie können Daten aus QuarkXPress und InDesign nutzen oder PDF- sowie HTML5-Formate einsetzen. Sie können *App Studio* sogar in XML-Workflows einbinden.

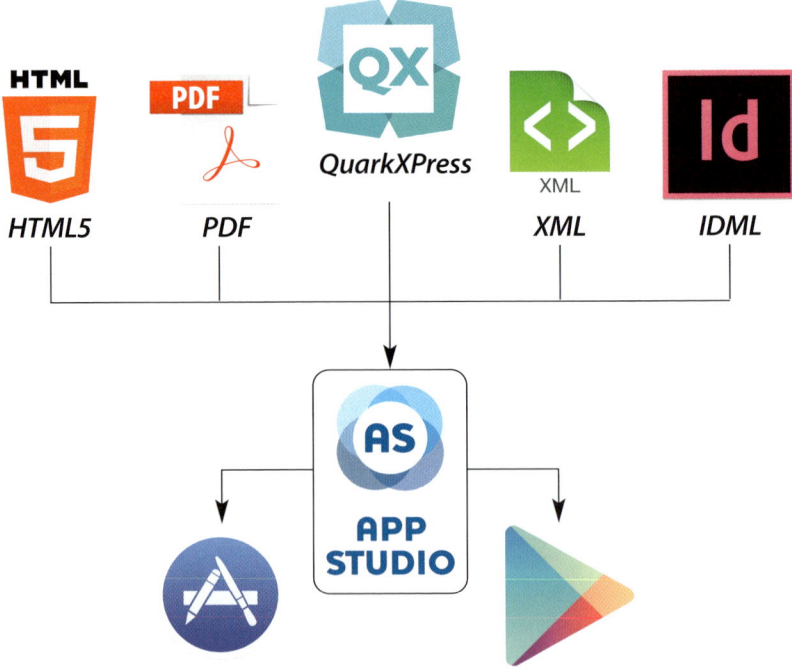

Artikel

Die *Artikel* gliedern die Inhalte von Ausgaben in Themenbereiche. Jeder Artikel kann aus einem oder mehreren XPress-Projekten in die Ausgabe eingebettet werden. Stellen Sie sich vor, dass unser Magazin über Fotografie Inhalte zu verschiedenen Themen, wie Beleuchtung, Kameras oder Objektive enthält. Das Inhaltsverzeichnis von Ausgaben wird dabei automatisch erstellt, wobei jeder generierte Eintrag einen Artikel repräsentiert.

Alle Daten der Ausgaben werden im *App Studio*-Portal vorgehalten und von dort aus an die *App Studio*-App auf die gewünschte Zielplattform übertragen. Die Art und Weise, wie Daten von Quark im *App Studio* Online-Service vorgehalten werden, ist abhängig vom verwendeten *Plan*, den Sie auswählen. Der Plan beschreibt den Umfang der Dienstleistungen, die Sie in Anspruch nehmen. Abhängig vom verwendeten Plan ist es auch möglich, Daten auf eigenen Servern vorzuhalten und über das Portal mit dem jeweiligen App Store zu verknüpfen.

Verschiedene Modelle
Um Apps, die Sie an Kunden verteilen, mit Daten zu bestücken, bietet Quark verschiedene *Pläne* an. Zum Testen können Sie kostenfrei 30 Tage die Möglichkeiten ausprobieren.

Was ist eine App Studio-App?

Zuerst bauen Sie innerhalb Ihres QuarkXPress-Projektes das gewünschte Design Ihrer App in Form von Projekt und Layouts mit allen interaktiven Elementen zusammen und laden diese anschließend in das Portal. Das *App Studio*-Publishing-Portal kann für Sie zwei verschiedene Apps erzeugen: Eine zum Testen auf Ihren Mobilgeräten und die andere zum Veröffentlichen über einen der App Stores. Da eine Projektdatei mehrere Layouts enthalten kann, können unterschiedliche Ausrichtungen in einem Projekt nebeneinander koexistieren. Die kombinierten Layouts gehören zu einer *Layout-Familie*.

> Den Begriff der *Layout-Familien* hat der Hersteller Quark mit Einführung der Version 2015 überarbeitet. Konnten noch bis zur Version 10.x mehrere Layouts Bestandteil einer verknüpften Layout-Familie sein, so können es mit Veröffentlichung der XPress Version 2015 nur noch jeweils zwei sein, die innerhalb eines digitalen Layouts miteinander verknüpft sind.

Natürlich können noch weitere Layouts in der Layout-Familie enthalten sein, jedoch kann die Verknüpfung von hoch- zu querformatigem Layout nur noch als *Layout-Paar* geschehen. Zusätzliche Layouts innerhalb des Projektes übernehmen ganz unterschiedliche Aufgaben, wie beispielsweise das Design von *Scroll-Zonen* oder das Vorhalten von

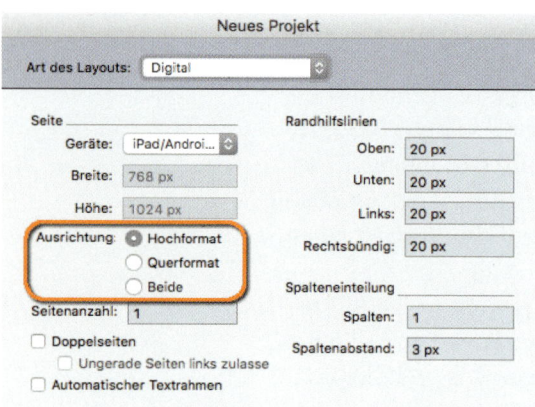

Inhalten für *Popup-Fenster*. Für jedes Ausgabegerät muss jetzt eine eigene Layout-Familie mit einem eigenen Layout-Paar definiert werden. Die Gemeinsamkeit ist die Seitenzahl. Fügen Sie einem Layout einer Familie eine Seite hinzu, wird dem paarigen Mitglied der Layout-Familie an der gleichen Stelle eine Seite hinzugefügt. Löschen Sie eine Seite, dann wird dem Mitglied einer Layout-Familie der gleichen Seitenzahl entsprechend eine Seite entfernt.

Alle anderen Layouts, die sich innerhalb des Projektes befinden und nicht dem Paar zugehörig sind, bleiben unbeeinflusst von Seitenänderungen.

Beim Erstellen eines digitalen Layouts für eine *App Studio*-Ausgabe generiert QuarkXPress für jede Ausrichtung des Lesegerätes ein eigenes Layout, sofern Sie beim Anlegen des Layouts für die Ausrichtung *Beide* auswählen. Übrigens enthalten die zur Layout-Familie gehörigen Musterseiten jeweils beide Ausrichtungen.

Das ist etwas verwirrend, da die Musterseiten immer als einzelne Seite angezeigt werden. Befinden Sie sich auf einer Layout-Seite im Hochformat und wechseln zur dazugehörigen Musterseite in der *Seitenlayout*-Palette, wird der *hochformatige* Teil der Musterseite angezeigt. Befinden Sie sich im querformatigen Teil des Layouts, wird beim Wechsel zur Musterseite auch der *querformatige* Teil der Musterseite dargestellt. Beide Komponenten werden unter einem *gemeinsamen Namen* als Musterseite geführt.

Die geteilte Bildschirmansicht ermöglicht ein konsistentes Layout über beide Ausrichtungen des Designs.

Die Funktion mehrfach genutzter Inhalte erlaubt es Ihnen, Rahmen und deren Inhalte an unterschiedlichen Stellen im Projekt zu positionieren und über Seiten und Layouts hinweg dauerhaft konsistent zu halten. Ändern Sie einen mehrfach genutzten Inhalt, ändern sich die Parameter entsprechend an allen Stellen in den Layouts, in denen der Inhalt vorkommt. Sehen Sie sich dazu die Funktionsweise *Mehrfach genutzter Inhalte* an.

Alternativen, um Daten für App Studio bereitzustellen

Neben der Gestaltung von Inhalten für Ihre Ausgaben mit Hilfe von *QuarkXPress* können Sie auch einzelne Seiten durch Drittherstellersoftware wie Affinity Designer, Pixelmator oder Pages gestalten und online in Ihre Ausgabe in *App Studio* integrieren. Entscheidend dabei ist, dass Sie aus diesen Programmen heraus die Seiten entweder als *PNG*- oder als *JPG-Dateien* ausgeben und diese in einem identischen Seitenformat anlegen, wie es in Ihrer Publikation definiert ist. Sie können diese Einzelseiten mit den Funktionen des *App Studio*-Portals hochladen, mit den Online-Werkzeugen an die gewünschte Position navigieren und diese Dateien dort als Seiten einbauen.

> Einzelne *Seiten* und *Artikel* lassen sich auch mit *InDesign* gestalten, dort mit interaktiven Inhalten versehen und in das *App Studio*-Portal laden.

Seiten, die Sie mit InDesign kreieren, lassen sich ebenso wie durch Dritthersteller-Software generiere Einzelseiten in jede Publikation in Ihren Account des App Studio-Portals integrieren. InDesign-Daten haben den Vorteil, dass Sie sie mit ähnlichen interaktiven Eigenschaften versehen können, wie Sie das innerhalb von QuarkXPress mit den Funktionen der *HTML5*-Palette tun. In InDesign stehen Ihnen diese Funktionen nicht in einer Palette allein zur Verfügung, sondern verteilen sich auf mehrere Paletten.

Datenlieferant InDesign
Über das kostenlose Add-on *App Studio Exporter* können Sie InDesign mit Funktionen aufbohren, mit denen Sie auch *App Studio*-Inhalte generieren können. QuarkXPress hat alle Funktionen ab Werk fest eingebaut.

Damit Sie mit InDesign Inhalte für App Studio zusammenbauen können, müssen Sie zunächst die InDesign-Erweiterung *App Studio Exporter* von der Adobe-Add-ons-Webseite laden. Das *Add-on* ist für die Plattformen Mac und Windows verfügbar. Klicken Sie auf die blaue Schaltfläche *Kostenlos* und Sie werden zum Anmeldefenster Ihres Creative Cloud-Accounts geleitet. Klicken Sie auf *Anmelden*, erhalten Sie eine Rückmeldung des Services, dass Sie jetzt über das Add-on verfügen und dass es über die Dateisynchronisation Ihren Installationen von InDesign zur Verfügung steht.

> Verfügen Sie über *InDesign CS5* oder CS6, können Sie unter *http://docs.appstudio.net/display/AppStudio/Downloads* die passende App

XML

Studio Exporter Add-on manuell laden und mit Hilfe des *Adobe Extension Managers* installieren.

Sobald Sie das Add-on installiert haben, können Sie viele der Paletten aus dem Bereich *Interaktiv* reibungslos für *App Studio*-Interaktionen nutzen. Wählen Sie dort unter *Fenster | Interaktiv…* die entsprechende Palette mit den gewünschten Funktionen.

Es besteht auch die Möglichkeit, Inhalte komplett im *HTML5*-Format zu programmieren. Sofern Sie sich an bestimmte Konventionen halten, die in den *App Studio*-Leitlinien definiert sind und verschiedene Regeln für das Zusammenstellen Ihrer Assets beinhalten, laden Sie über die Funktionen des *App Studio*-Portals die Daten direkt in Ihre Ausgabe.

Bauen Sie sich zu diesem Zweck ein eigenes Verzeichnis, das alle Ihre HTML5-Inhalte aufnimmt. Sie können auch mehrere Seiten in einem Verzeichnis unterbringen. Zusatzdaten wie CSS, JavaScript und andere Komponenten lassen sich dabei in Unterverzeichnissen verstauen. Sehen Sie sich dazu die umfangreiche Dokumentation zum Thema *Create Content using HTML5* an, die Sie in der *App Studio*-Online-Dokumentation einsehen können.

Testen Sie ihre Ausgabe mit dem App Studio-Portal

Um mit dem *App Studio*-Publishing-System eine App zu generieren, muss zunächst ein *App Studio*-Account generiert werden. Sie können sich anfangs einen kostenlosen Test-Account anlegen, um damit sofort loszulegen.

Alle Ihre Projekte und Layouts werden später im *App Studio*-Portal als Ausgaben innerhalb von Apps online vorgehalten. Richten Sie ein *App Studio*-Konto ein, definieren Sie dort eine Organisation, eine Publikation und die Ausgabe, die Sie erstellen wollen. In diese Ausgabe legen Sie Ihre Artikel hinein, die Sie mit QuarkXPress erstellen.

Um Ihre App inklusive Ausgaben und Artikeln herzustellen, müssen verschiedene Bedingungen erfüllt sein. Sie benötigen zum Starten und Testen einen *App Studio*-Account sowie ein Projekt mit digitalen Layouts mit einer Verbindung zwischen Ihrem Layout zum *App Studio*-Account. Zum

Experience the Digital Difference

Starten Sie kostenlos

Testen nutzen Sie die Funktionen des *App Studio* Publishing-Portals sowie eine kostenfreie App für Ihr iOS- oder Android-Mobilgerät.

Legen Sie einen kostenfreien Account bei App Studio an

❶ Navigieren Sie mit Ihrem Web-Browser zur Internetseite *http://www.appstudio.net*. In der Bildschirmmitte der Start-Seite befindet sich eine Slide-Show mit Informationen über *App Studio*. Auf der ersten Seite der Show stoßen Sie dabei auf die Schaltfläche *Kostenlose Testversion*. Sollten Sie diese Seite nicht sehen, können Sie mit Hilfe der sich unterhalb der Slide-Show befindlichen Punktreihe navigieren und wieder auf die erste Seite zurückkehren. Klicken Sie dort auf die Schaltfläche *KOSTENLOSE Testversion*.

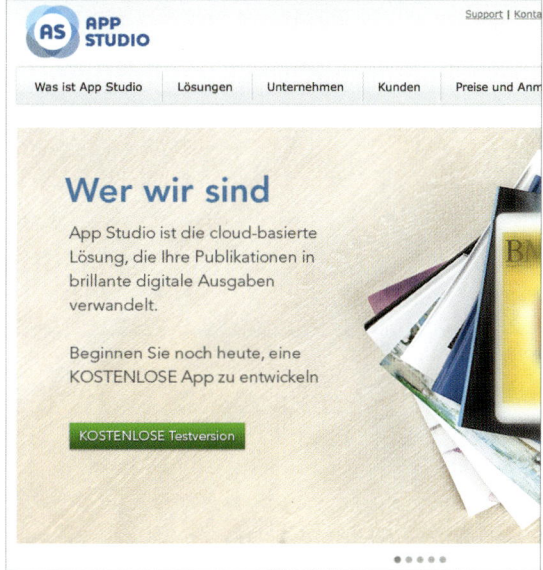

Kostenlose Testversion
App Studio bietet eine kostenlose Testversion, mit der Sie die Funktionalität Ihrer Ausgabe 30 Tage lang testen können.

❷ Oder klicken Sie auf der Seite appstudio.net in der Menüleiste auf die Schaltfläche *Was ist App Studio*. In der darunter befindlichen zweiten blauen Menüleiste klicken Sie auf *KOSTENLOSE Testversion*. Klicken Sie weiter unten auf die Schaltfläche *Jetzt starten*.

❸ Eine weitere Möglichkeit besteht darin, in der Menüleiste auf die Schaltfläche *Preise und Anmeldung* zu klicken. Danach geht´s weiter in der Mitte der Seite über die grüne Schaltfläche *Starten Sie kostenlos*. Auf der dann folgenden Seite befinden Sie sich auf der Seite *KOSTENLOSE Testversion*. Klicken Sie weiter unten auf die Schaltfläche *Jetzt starten*.

App Studio Net

❶ Über *Jetzt starten* werden Sie auf die Seite *my.appstudio.net* weitergeleitet. Dort sehen Sie einen zweigeteilten Anmeldedialog. Der obere Bereich ist mit *Log in* bezeichnet, der

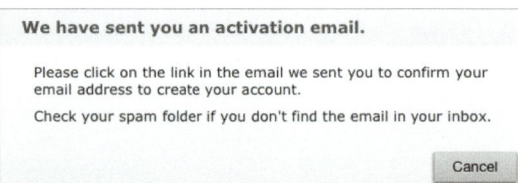

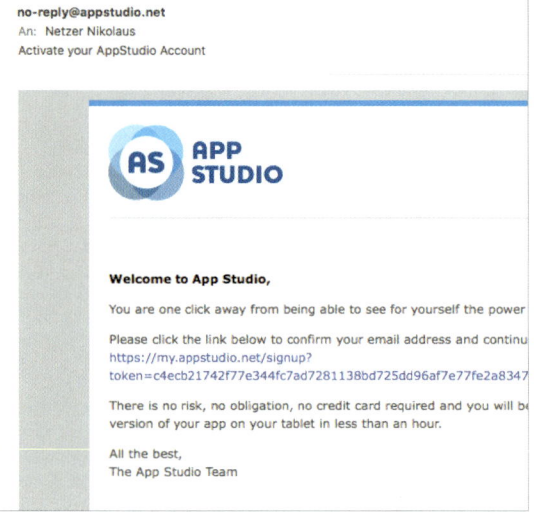

untere mit *Need to create an account?* – dort melden Sie sich erstmalig an, wenn Sie noch nicht über einen *App Studio*-Account verfügen. Tragen Sie dazu Ihre E-Mail-Adresse in das betreffende Feld ein und klicken Sie auf *Create*.

❷ Sie erhalten umgehend eine Aktivierungs-E-Mail, in der Sie einen hinterlegten Link vorfinden – üblicherweise eine sehr lange Zeile mit einem Zufallscode.

❸ Per Klick auf den Link werden Sie zur ersten Anmeldeseite weitergeleitet, auf der Sie über vier Eingabefelder die Eckdaten für Ihre Anmeldung ausfüllen. Benennen Sie Ihr Unternehmen oder Ihren Verlag, indem Sie unter *Organisation* einen Namen vergeben. Wählen Sie Ihre Branche aus, indem Sie im Drop-Down-Menü des Feldes *Industry* eine zutreffende Beschreibung auswählen wie beispielsweise *Design/Graphic Arts* oder *Advertisung/PR/ Marketing*. Ordnen Sie Ihre Unternehmensgröße ein, indem Sie unter *Organization Size* einen möglichst passenden Eintrag im betreffenden Drop-Down-Menü auswählen. Im letzten Eingabefeld *Country* wählen Sie das Land aus, von dem aus Sie publizieren oder veröffentlichen möchten. Klicken Sie auf die Schaltfläche *Next,* um weitere Eingaben vorzunehmen. Sie gelangen zum zweiten Eingabefeld, in dem Sie dann genauere Angaben zu Ihrer Person vornehmen müssen.

❹ Im obersten Eingabefeld wird die E-Mail-Adresse, die Sie bei Ihrer Anmeldung eingegeben haben, automatisch übernommen. Diese E-Mail-Adresse können Sie nicht mehr ändern – Sie bleibt mit Ihrem Account fest verknüpft. Tragen Sie in den folgenden Eingabefeldern Ihren Namen und Ihre Telefonnummer ein und wählen Sie im Drop-Down-Menü unter *Job Role* eine passende Berufsbezeichnung für sich, wie beispielsweise *Creative Professional/ Graphic Designer*.

❺ Sofern Sie ein Symbolbild oder (auch Avatar genannt) von sich in in Ihrem *App Studio*-Account darstellen möchten, dann tragen Sie die zugehörige URL in das Eingabefeld *Avatar URL* ein. Auch ein *Gravatar* (ein Globally Recognized Avatar) lässt sich in Ihren *App Studio*-Account einzubauen. Vergeben Sie ein Passwort in das entsprechende Eingabefeld, das mindestens 8 Zeichen und eine Zahl enthält. Sonderzeichen sind nicht zulässig und verursachen eine Fehlermeldung.

❻ Wählen Sie unter *Select Preferred Authoring Tool* Ihr bevorzugtes Designwerkzeug für die Herstellung von Apps. Sie haben die Auswahl zwischen QuarkXPress 9.5 oder höher, InDesign CS5 oder höher oder CMS XML. Sie können aus all diesen Programmen Daten in Ihre *App Studio*-Ausgabe einbauen oder Dateien, die sich auf Ihrer Festplatte befinden, hochladen und integrieren. Setzen Sie bei den Nutzungsbedingungen einen Haken in die Checkbox ganz rechts unten, nachdem Sie sie gelesen und akzeptiert haben. Zum Schluss heißt es die Schaltfläche *Create* zu drücken, um die Anmeldung abzuschließen. Sie werden dann in Ihren persönlichen Bereich des *App Studio*-Portals geleitet.

Organisation
Wenn Sie einen Account bei App Studio anmelden, dann tun Sie das als Organisation. Auch dann wenn Sie nur als Einzelperson auftreten. Die Organisation verlegt Publikationen. Jede Publikation wird in Ausgaben veröffentlicht.

Das Übersichtsfenster des App Studio-Portals

Nach dem Log-In in Ihren *App Studio*-Account haben Sie die Möglichkeit, *Publikationen* zu erstellen, *Benutzer* anzulegen, die mit Ihnen gemeinsam Inhalte betrachten können sowie alle möglichen Einstellungen zu Ihrem *Nutzerprofil* zu bearbeiten.

Ganz rechts oben befinden sich zwei Schaltflächen, mit denen Sie die Online-Dokumentation zu App Studio aufrufen oder Verbindung zum technischen Support aufnehmen können. Klicken Sie auf die Schaltfläche *Dokumentation,* werden Sie zu *docs.appstudio.net* weitergeleitet. Dort erhalten Sie auch die Informationen zu den drei Verfahrensweisen, mit denen Sie Apps im App Studio-Portal generieren können. Dazu gehört die Erstellung von Daten mit QuarkXPress, InDesign oder die Herstellung reiner HTML5-Inhalte.

Brauchen Sie technische Unterstützung, dann klicken Sie auf *Support* und Sie werden auf die Hauptseite der Firma Quark geleitet. Im Support-Bereichlässt sich nun eine Auswahl treffen, die Ihrer Fragestellung am ehesten entspricht.

So erstellen Sie eine Publikation

Unterhalb des blauen Balkens, auf dem der Name Ihrer Organisation abgebildet ist, befinden sich drei Schaltflächen: *Publikationen*, *Benutzer* und *Einstellungen*.

❶ Nach Ihrer Registration sollten Sie sich mit dem ersten Einloggen im Bereich *Publikationen* befinden. Sollte das nicht der Fall sein, so klicken Sie oben auf die Schaltfläche *Publikationen*. Sie sehen auf der linken Seite die Schaltfläche *Publikation erstellen*. Darunter sehen Sie eine 5-spaltige Übersicht mit zwei freigelassenen ersten und letzten Spalten und den bezeichneten Spalten *Publikation*, *Plan* und *Erstellte*.

❷ Klicken Sie auf die Schaltfläche *Publikation erstellen* und Tragen Sie in das Eingabefeld des Dialogs den *Namen der Publikation* ein. Im Drop-Down-Menü *Ort* wählen Sie die passende Region, in der Sie die Publikation veröffentlichen möchten. Bestätigen Sie Ihre Eingaben mit einem Mausklick auf die Schaltfläche *Erstellen*.

Einen Account anlegen
Um die Funktionen und Services von App Studio zu nutzen, benötigen Sie einen Account. Innerhalb des Accounts verwalten Sie Ihre Publikationen.

❸ In Ihrer Tabelle erscheint Ihre erste Publikation. In der ganz linken Spalte zeigt sich ein Vorschausymbol mit dem *App Studio*-Logo, das

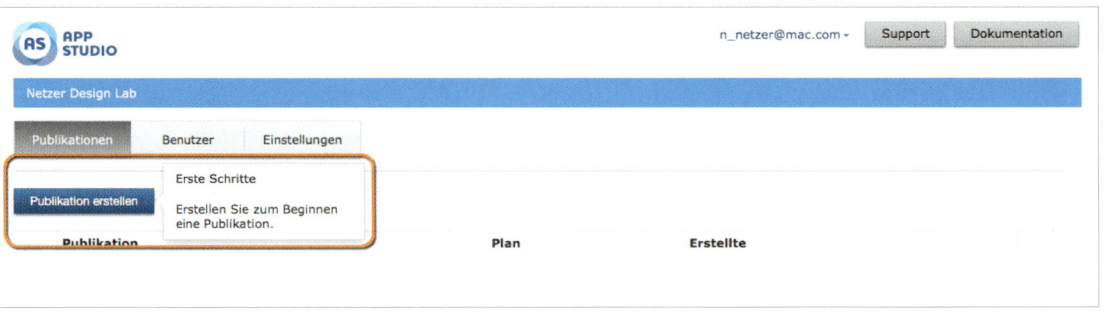

sich erst dann verändert, wenn Sie Inhalte in die Publikation von Ihrer Desktop-Installation QuarkXPress in das *App Studio*-Portal laden. Anstatt des Logos zeigt sich dann die Titelseite Ihrer Ausgabe oder des Artikels, den Sie in Ihre Publikation laden, an. In der Spalte *Publikation* lässt

sich der Name einsehen, während die nächste Spalte den Plan einblendet, den Sie für Ihre Publikation eingestellt haben. Arbeiten Sie anfangs mit einer Test-Publikation, so ist diese kostenfrei und sie können innerhalb eines Zeitraums von 30 Tagen Ihre Publikation testen und auf Mobilgeräte, die mit Quarks Test-Applikation *App Studio Issue Previewer* bestückt sind, herunterladen. Möchten Sie Ihre Publikation in einem App Store veröffentlichen, klicken Sie in der Spalte auf *Upgrade*, um die Publikation mit einem Plan zu verknüpfen. Sehen Sie hierzu den Abschnitt *Das Modell »App Studio«.*

Publikation
Per Mausklick auf die Schaltfläche *Publikation erstellen* generieren Sie ebensolche, die Sie mit Artikel füllen. Ihre Veröffentlichungen werden im Bereich *Publikationen* tabellarisch gelistet.

❹ In der Spalte *Erstellte* lässt sich das Erstellungsdatum Ihrer Publikation ablesen. Je nachdem, welches Modell Sie gewählt haben, ist das Erstellungsdatum sowie die Dauer der Veröffentlichungszeit von Bedeutung. In der ganz rechten Spalte können Sie über die Schaltfläche *Ansicht* sowie das Symbol *Löschen* die Publikationen in der Liste verwalten. Wie eingangs erwähnt, besteht eine Publikation aus Ausgaben. In unserem Beispiel arbeiten wir mit der Publikation *3D Workshops*, der wir noch Ausgaben hinzufügen möchten.

❺ Klicken Sie ganz links auf die Symbolvorschau der Publikation. Darüber wechseln Sie nun in Ihre Publikation und können dort eine

Verzeichnispfad
Im blauen Balken des *App Studio*-Portals sehen Sie Ihre relative Position, an der Sie sich befinden.

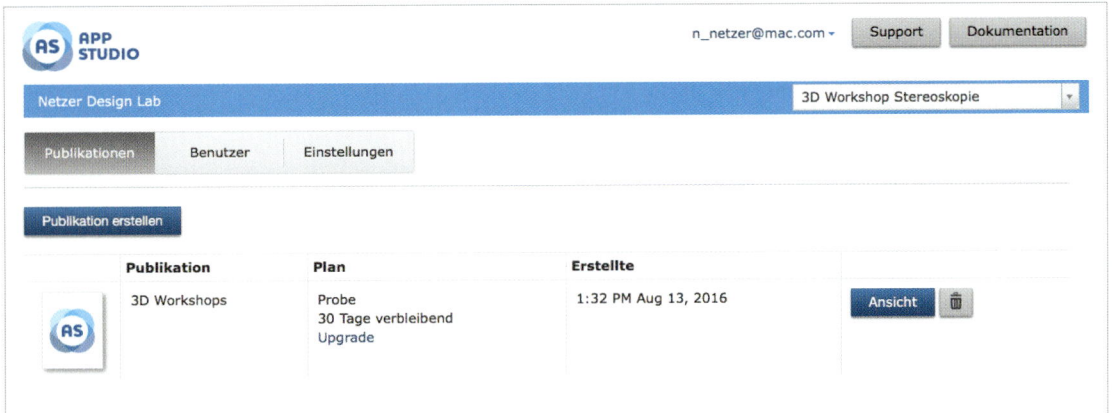

Ausgaben

Ausgaben sind unterge-
ordnete Bestandteile
Ihrer Publikation. Über
die *Endtermin*, sehen Sie
das Ende des Testzeitrau-
mes angezeigt.

oder mehrere Ausgaben anlegen. Innerhalb der Publikation gibt es unterschiedliche Funktionen, die Sie auswählen können. Ganz oben steht wieder die blaue Navigationsleiste, die Ihnen den Pfad zu Ihrer Publikation anzeigt.

Darunter befinden sich fünf Schaltflächen: *Ausgaben*, *App Manager*, *Benutzer*, *Einstellungen* und *Berechnung*.

In-App-Kauf ID

Solange Sie Ihre Ausga-
ben testen, können
Sie das Feld *In-App-
Kauf ID* freilassen.

So erstellen Sie eine Ausgabe

❶ Im Bereich *Ausgaben* verwalten Sie alle Ausgaben, die Sie innerhalb Ihrer Publikation erstellen. Über die Schaltflächen lassen sich die Ausgaben nach verschiedenen Kriterien sortieren – beispielsweise nach Ausgabe, dem Endtermin der Apps, dem Veröffentlichungsdatum, der Größe oder nach noch nicht veröffentlichten Ausgaben. Sollen Ausgaben Ihres Magazins zu einem wiederkehrenden Termin eines Monats erscheinen, so können Sie eine termingenaue Veröffentlichung definieren.

❷ Nach dem Mausklick auf *Ausgabe erstellen* füllen Sie nun die Eingabefelder des sich zeigenden Dialogs aus. Vergeben Sie einen *Titel* und – falls gewünscht – einen Untertitel. Letzteres Feld können Sie auch mit Zusatzinformationen zu Ihrer Ausgabe füllen, die aber nicht länger als 45 Zeichen lang sein dürfen. Soll die Ausgabe nur für einen bestimmten Zeitraum verfügbar sein, können Sie die Verfügbarkeit mit einem Eintrag in das Feld *Endter-min*, der für die Sortierung derAusgabe innerhalb der Publikation verwendet wird.

❸ Tragen Sie in das Feld *Beschreibung* kurze Informationen über Ihre Ausgabe ein. Der Informationstext darf maximal 200 Zeichen lang sein. Diese Informationen werden Anwendern angezeigt, sobald sie die Publikation auf einem Mobilgerät aufrufen. Die Leserichtung bestimmen Sie im Drop-Down-Menü *Reading Direction*. Für eine Ausgabe, die Sie innerhalb eines Sprachraumes veröffentlichen möchten, in dem man von links nach rechts liest – wie beispiels-weise in Europa – dann treffen Sie die Auswahl *Left-to-Right*.

❹ Im Bereich *Wählen Sie die Zielplattformen für das Veröffentlichen von Ausgaben* können Sie nun eine Store-Verknüpfung sowohl für iOS wie auch für einen Android-Store herstellen. Dazu tragen Sie in das Feld *iOS* Ihre Apple-Identifikationsnummer ein, mit der Sie Ihr Apple Entwickler-Konto unterhalten. In das Feld *Android* tragen Sie Ihre Google-Android-Entwickler-Identifikationsnummer ein, für den *Google Play Store* bzw. eine passende Entwicker-Identifikations-nummer eines anderen Android-Stores ein. Zum Abschließen Ihrer Eingaben klicken Sie auf *Erstellen*.

Falls Sie gratis Testversionen über den kostenfreien App Studio Test-Account erstellen, können Sie die beiden Felder bei der Eingabe der iOS und Android-Entwicker-Identifikationsnummern freilassen und einfach auf die Schaltfläche *Erstellen* klicken.

Erst wenn die *Ausgabe* auf dem Server erstellt ist, können Sie aus QuarkXPress digitale Layouts als *Artikel* in die Ausgabe laden.

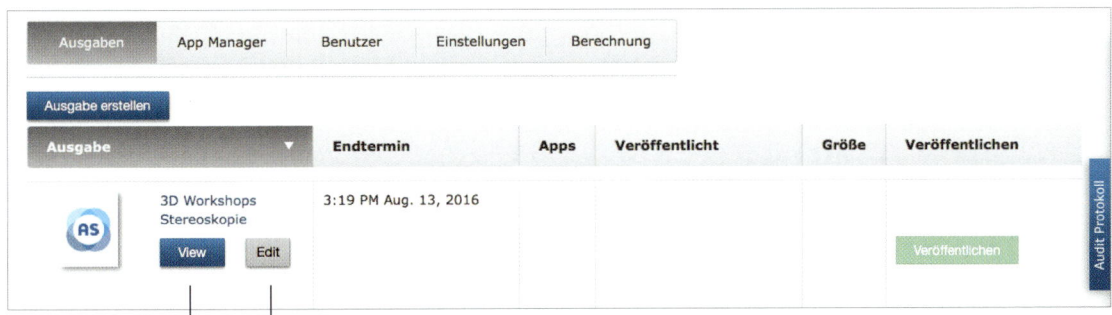

Ausgabe ansehen   **Eigenschaften bearbeiten**

Palette für die Verbindung zum App Studio-Account

Um Ihre Ausgabe mit Inhalten zu füllen, müssen Sie zunächst eine Verbindung zwischen QuarkXPress und Ihrer Ausgabe innerhalb Ihres Accounts im *App Studio*-Portal herstellen.

Nachdem Sie alle Einstellungen im *App Studio*-Portal definiert haben, muss QuarkXPress noch direkten Kontakt zum Server aufnehmen, um Ihre Layouts zu übertragen. Unter *Fenster | App Studio Publishing…* öffnen Sie die dazugehörige Palette, um alle Einstellparameter vorzunehmen, die für eine Verbindungsaufnahme notwendig sind. Mit der Eingabe von B*enutzername* und *Passwort* und anschließendem Mausklick auf die *Anmeldung*-Schaltfläche nehmen Sie Verbindung zum Server und Ihrem zuvor angelegten Konto auf. Sollten Sie noch nicht über ein App Studio-Konto verfügen, können Sie sogar direkt über die Palette eine Anmeldung auslösen. Die *Anmelden*-Schaltfläche öffnet Ihren per Mausklick den von Ihnen zuvor im System voreingestellten Browser und leitet Sie direkt zum *App Studio*-Portal von Quark. Sie können dann dort die oben beschriebenen Schritte zur Anmeldung durchführen.

Verbindung zu App Studio aufnehmen

Über die *App Studio Publishing*-Palette verbinden Sie Ihre Desktop-Installation von Xpress mit dem App Studio-Portal.

Alle bisherigen Einstellungen haben Sie nur online vorgenommen. Inhalte können jedoch nur dann in eine Ausgabe Ihrer Publikation transferiert werden, wenn Sie über eine direkte Verbindung zwischen XPress-Layout und der *App Studio*-Ausgabe verfügen.

❶ Erstellen Sie ein digitales Layout, das dem Format betreffend der Seitenlängen dem Ausgabegerät der Zielplattform entspricht. Wählen Sie beispielsweise als Dokumentformat aus dem Drop-Down-Menü das Format für ein iPad. Definieren Sie mit den Checkboxen *Ausrichtung,* ob Sie nur hochformatig oder nur querformatig oder beide Ausrichtungen in einem Layout bearbeiten möchten. Klicken Sie auf *OK* und speichern Sie das Layout unter einem passenden Namen.

❷ Rufen Sie unter *Fenster | App Studio Publishing* die Palette auf, mit der Sie die Verbindung zu Ihrer Ausgabe herstellen. In der Palette befinden sich die Eingabefelder *Benutzername* und *Passwort*. Tragen Sie dort die Daten ein, die Sie zum Erstellen Ihres *App Studio-*

Accounts verwendet haben. Der Benutzername entspricht in diesem Falle Ihrer E-Mail, die Sie bei der Anmeldung vergeben haben.

Wenn Sie vom Desktop-Arbeitsplatz eine Verbindung zum Internet herstellen möchten und die Notwendigkeit besteht, *Proxy-Einstellungen* zu definieren, können Sie in der Palette auf das Optionen-Symbol der Palette klicken und im Drop-Down-Menü *Proxy-Einstellungen* ebendiese eintragen.

❸ Nach Eingabe Ihrer Daten klicken Sie auf *Anmeldung,* damit QuarkXPress eine Verbindung aufnehmen kann. Nach erfolgreicher Anmeldung spiegelt die Palette die dreistufige Hierarchie von App Studio wider. Angezeigt werden drei Drop-Down-Menüs: *Unternehmen*, *Publikation* und *Ausgabe*. Darüber lassen sich nun Daten im Namen unterschiedlicher Unternehmen erstellen und in die jeweiligen Accounts von App Studio hochladen. Befinden Sie sich innerhalb eines Unternehmens-Accounts, können Sie im Bereich *Publikation* Layouts für verschiedene Publikationen bereitstellen.

Sie können erst dann eine Publikation auswählen, wenn Sie diese zuvor in Ihrem Account im *App Studio*-Portal angelegt haben.

❹ Haben Sie Ihre Publikation ausgewählt, müssen Sie nun die entsprechende Ausgabe innerhalb der Publikation auswählen, die Sie mit einem Artikel bestücken möchten. Klappen Sie das Pull-Down-Menü auf und suchen Sie in der Liste nach der gewünschten Ausgabe.

Sie können erst dann eine Ausgabe in der Palette auswählen, wenn Sie diese zuvor innerhalb Ihrer Publikation, die sich in Ihrem Account befindet, angelegt haben.

❺ Ihrem Artikel können Sie noch einen eigenen *Artikeltitel* verpassen. Setzen Sie zudem in die Check-Box *Abschnitte in Seitenstapel umwandeln* einen Haken, lassen sich auch Kapitel zusammenhalten. Über *Fortlaufende Seitenstapel* erreichen Sie eine fortlaufende Seitennummerierung innerhalb der Kapitel, während Sie über die Schaltfläche *Optionen* auf die App Studio-Export-Optionen zugreifen können. Dort lässt sich auf die Qualität der eingebetteten Bilder Einfluss nehmen, indem Sie für Ausgabegeräte mit Retina- oder HiDPI-Display zwischen 2-facher oder 3-facher Bildqualität umschalten.

App Studio Verbindung
Ist die Verbindung zu *App Studio* hergestellt, wählen Sie *Publikation* und *Ausgab*e aus den Pull-Down-Menüs aus.

Hochladen

HTML5-Online Vorschau

Bild-Auflösung
Exportieren Sie für Ausgabegeräte mit *Retina*- oder *HiDPI-Display*, nutzen Sie unbedingt die 3-fache Bildauflösung.

❻ Erst wenn Unternehmen, Publikation und Ausgabe definiert sind, werden die beiden unten befindlichen Schaltflächen *Upload* und *Online betrachten* auf der *App Studio*-Palette aktiv. Über *Upload* lässt sich Ihr digitales Layout online testen. Beantworten Sie gegebenenfalls angezeigte Dialoge mit Anfragen zu Schrift-Lizenzen, wandelt XPress im Hintergrund Ihr Layout und transferiert die Daten in die Ausgabe Ihrer *App Studio*-Publikation. Das kann je nach Leistungsfähigkeit der Internetverbindung sowie Anzahl und der Qualität der im Layout eingebetteten Assets einen Moment dauern.

Sie können auch einzelne Seiten innerhalb der Ausgabe aktualisieren, dann müssen Sie nicht den Ladevorgang für den gesamten Artikel wiederholen.

Nach dem das Hochladen sehen Sie in der *App Studio*-Palette den Hinweis *Upload abgeschlossen*. Klicken Sie jetzt auf die Schaltfläche *Online betrachten,* werden Sie auf die Vorschau-Seite Ihrer Ausgabe geführt. Links sehen Sie das Vorschausymbol mit der Titelseite Ihres Artikels, der momentan die Ausgabe darstellt. Darüber befindet sich die Schaltfläche *Inhalte hinzufügen,* mit der sich Daten von der Festplatte direkt in die Ausgabe einbauen lassen.

Sie können auch mit Ihrem Web-Browser innerhalb Ihres *App Studio*-Accounts auf die Seite der Publikation wechseln, auf der sich Ihre Ausgaben befindet, die Sie gerade bearbeiten. Dort sehen Sie in der tabellarischen Übersicht nun die Titelseite Ihrer Ausgabe als Vorschau. Mit den beiden Schaltflächen *View* und *Edit* können Sie sich entweder eine voll funktionsfähige Vorschau aller interaktiven Komponenten Ihrer Ausgabe ansehen oder gegebenenfalls per Mausklick auf die Schaltfläche *Edit* die Parameter Ihrer Ausgabe wie *Name* oder *Leserichtung* bearbeiten. Ganz rechts befindet sich die Schaltfläche *Veröffentlichen,* mit der Sie eine Übertragung an App-Stores für iOS oder Android einleiten können.

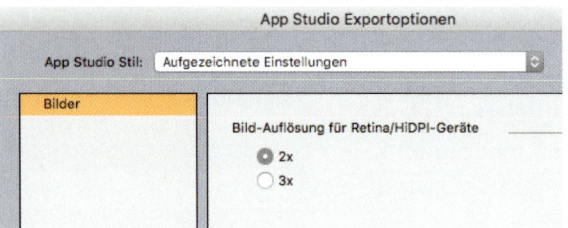

Denken Sie daran: Sofern Sie eine Testpublikation erstellt haben, können Sie diese nicht veröffentlichen. Dazu müssen Sie zunächst ein Upgrade auf einen *Plan* durchführen.

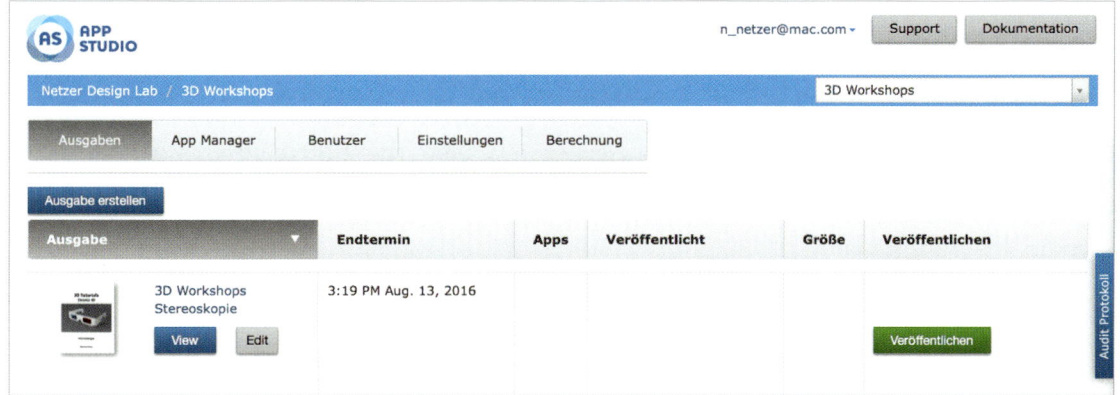

Arbeiten im App Studio-Publishing-Portal

Das *App Studio*-Publishing-Portal ist eine Mischung aus Dateiverwaltung mit Fähigkeiten, Seiten zu arrangieren und zu tauschen sowie gegebenenfalls Anzeigenseiten von Dritten in Ihre Ausgabe einzubauen. Zudem können Sie Ihre Ausgabe in allen Bereichen auf ihre Funktionalität testen.

Bevor Sie Ihre Ausgabe testen können, müssen Sie sie online umwandeln. In das *App Studio*-Portal ist Technologie eingebaut, die per Knopfdruck die von Ihnen gesendeten Daten in HTML5 wandelt, um später auf unterschiedlichen Plattformen zu funktionieren.

Auf der rechten Seite der Übersichtsseite befinden sich die zwei Schaltflächen *Kompilieren* und *Vorschau* sowie das Drop-Down-Menü *Test*, in dem Sie das Betriebssystem der gewünschten Zielplattform auswählen. Das Online-System *App Studio* erzeugt aus den bereitgestellten Daten eine Vorschau auf das zu erwartende Ergebnis. Dazu genügt ein Mausklick auf die *Kompilieren*-Schaltfläche. Eine voll funktionsfähige Vorschau auf Ihre Ausgabe wird generiert. Die Dauer dieses Vorganges hängt von der Menge und Komplexität der zu verarbeitenden Assets ab. Ist die Vorschau erstellt, können Sie genauso durch die App navigieren, wie es später auch auf dem Mobilgerät vorgesehen ist. Sie können Fehler ausmerzen und die Funktionalität des

Icon-Vorschau

Sobald die Daten Ihrer Ausgabe online verfügbar sind, verwandelt sich das Vorschau-Symbol und zeigt die Titelseite Ihrer Ausgabe.

Grüner Haken

Sobald Sie in Ihre Ausgabe gehen, können Sie Daten aus *XPress*, *InDesign* oder von Ihrer *Festplatte* als Inhalte hinzufügen. Nach erfolgreichem Upload sehen Sie einen *grünen Haken* auf dem Vorschausymbol der gewählten Ausgabe.

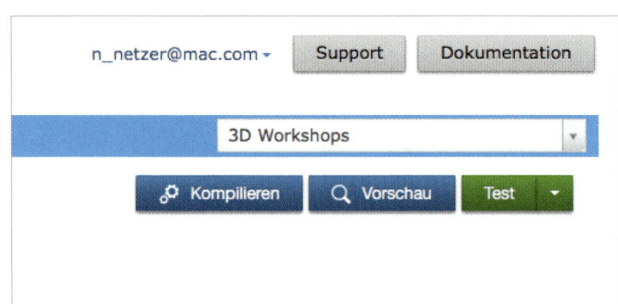

Konzeptes ausgiebig testen und online vorführen.

Um durch die Seiten Ihrer Ausgabe zu blättern, klicken Sie auf *Vorschau*. Blättern Sie durch die Seiten und testen Sie die interaktiven Inhalte, die Sie in XPress mit der HTML5-Palette in Ihr Layout eingebaut haben.

Ansehen und testen
Mit den Schaltflächen *Kompilieren, Vorschau* und *Test* initiieren Sie entweder einen *Online-Test* oder die Herstellung einer *Test-App* für Ihr Mobilgerät.

Inhalte online bearbeiten

Wenn Sie in der Hauptansicht Ihrer Ausgabe mit dem Mauszeiger über das Vorschaubild Ihrer Ausgabe gleiten, werden an der Unterkante der Vorschau nebeneinander drei Symbole angezeigt. Und während Sie *Kompilieren* und *Vorschau* auch rechts oben über die großen Schaltflächen erreichen, befindet sich das Symbol *Inhalte bearbeiten* auf der Vorschau Ihrer Ausgabe. Klicken Sie auf das Symbol, und Sie können

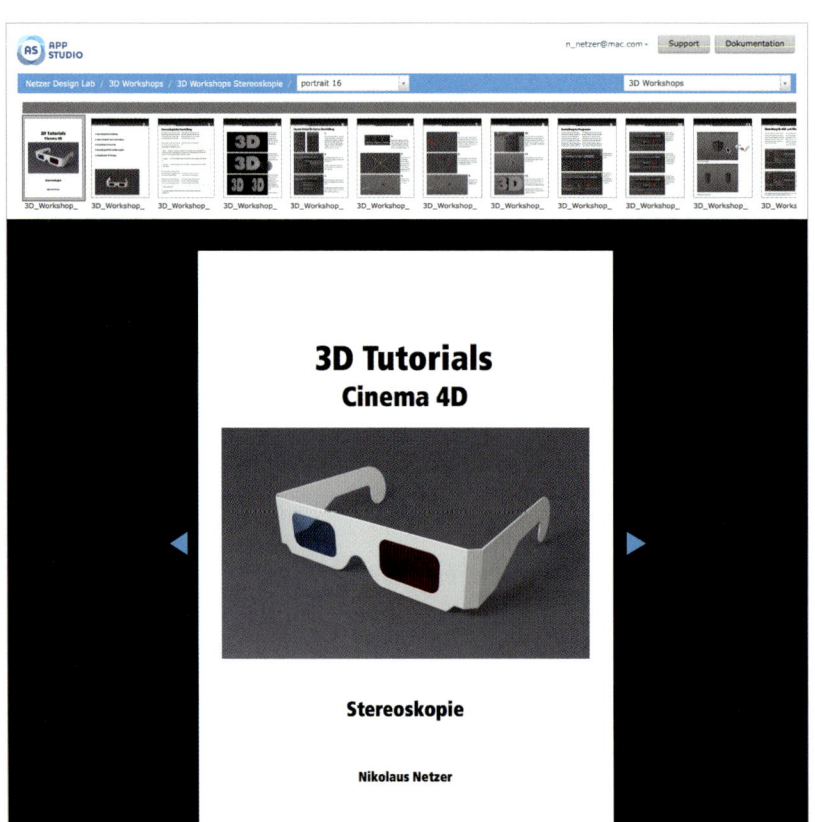

den Seiten Ihrer Ausgabe weitere Informationen zuweisen. Auf der rechten Seite sehen Sie eine Übersicht der Seiten Ihrer Ausgabe, sofern vorhanden im Hoch- und Querformat. Diese können ja durchaus unterschiedlich gestaltet sein. Auf der linken Seite sehen Sie die Eingabefelder und Menüs, mit denen Sie die Inhalte Ihres Artikels bearbeiten können.

Zum einen lassen sich dort die URLs einzelner Artikel kopieren. Über das Drop-Down-Menü *Artikel* können Sie wiederum wählen, ob es sich um einen Artikel oder um eine Anzeige handelt. Weiterhin lässt sich auch der Titel verändern, indem Sie einfach einen neuen in das Eingabefeld vergeben. Sie können zudem jeden Artikel noch mit einer Kurzbeschreibung versehen sowie die Autoren namentlich benennen.

Das Drop-Down-Menü *merkt* sich die Einträge. Ordnen Sie Ihren Artikel einem Kapitel zu, indem Sie im Drop-Down-Menü *Abschnitt* ein zuvor angelegtes Kapitel auswählen. Vergeben Sie im Eingabefeld *Tags* Suchbegriffe, um innerhalb der App die Suche nach Stichworten zu ermöglichen.

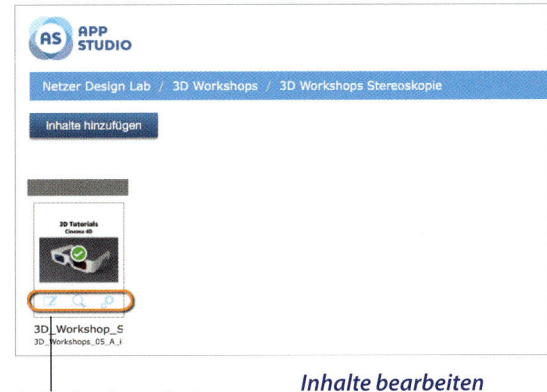

Inhalte bearbeiten

Inhalte bearbeiten
Das Symbol, um Inhalte zu bearbeiten, liegt etwas versteckt. Sie sehen es nur, wenn Sie Ihren Mauszeiger über das Vorschausymbol bewegen.

Sie können Artikel in sozialen Netzen teilen, indem Sie die URL von Seiten oder Bildern freigeben und diese Freigaben gleich mit einem Kommentar versehen. Für die entsprechenden Informationen finden Sie die Eingabefelder *URL*, *Bild-URL* sowie *Kommentar*.

Möchten Sie diese Informationen auf andere Artikel übertragen, klicken Sie oben auf die Schaltfläche *Kopieren*. Nach mehreren Dialogen werden Ihre zuvor vergebenen Informationen als *Quellenkopie* kopiert. Haben Sie alle gewünschten Einträge getätigt, bestätigen Sie Ihre Eingaben, indem Sie auf die Schaltfläche *Sichern* klicken.

Wenn Sie mit der reibungslosen Funktionalität Ihrer Ausgabe zufrieden sind und keine Fehler mehr finden, können Sie sich Ihre App auf einem beliebigen Mobilgerät ansehen und dort noch genauer testen. Klappen Sie das Drop-Down-Menü neben der Schaltfläche *Test* auf, indem Sie auf das kleine Dreieck klicken und dort entweder *iOS* oder *Android* wählen. Ist das Betriebssystem ausgewählt, sollte ein kleiner grüner Haken links von der betreffenden Textzeile zu sehen sein – über *Test* kann dieser nun beginnen. Ein Fortschrittsbalken erscheint, der anzeigt, dass Ihre Daten, die online vorliegen, gewandelt werden. Das erstellte Material wird für das entsprechende Betriebssystem, also iOS oder Android, passend generiert.

Für beide Betriebssysteme gibt es die *App Studio Issue Previewer*-App, die fertig konfiguriert auf dem Mobilgerät des jeweiligen Betriebssystems vorhanden sein muss.

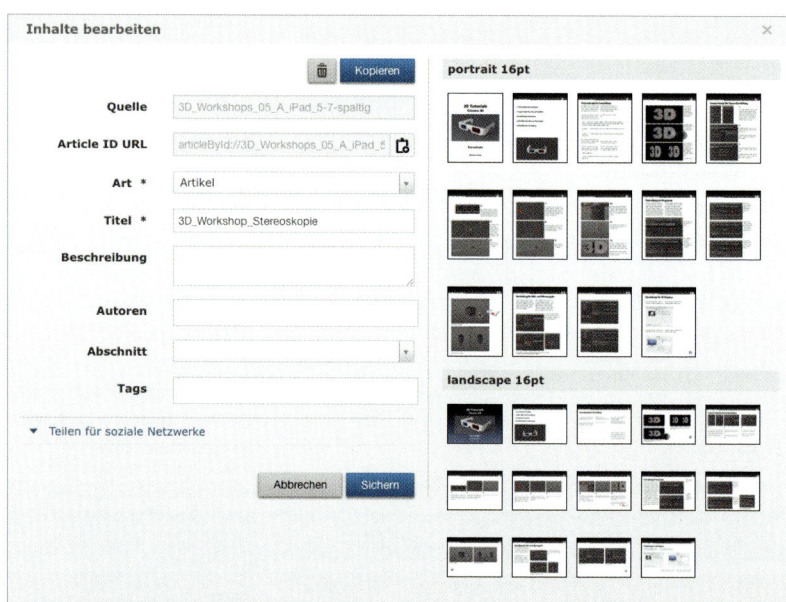

App Studio Issue Previewer-App

Die *Previewer*-App ist eine kostenfreie Simulationsumgebung auf Mobilgeräten für Ihre Ausgaben. Um die *App Studio Issue Previewer*-App zu nutzen, muss sie über den zum Betriebssystem passenden App Store auf Ihre Mobilgeräte, auf denen Sie simulieren möchten, geladen und konfiguriert werden. Im Falle der iOS-Variante

Inhalte bearbeiten

Sobald Sie auf das Symbol *Inhalte bearbeiten* auf dem Vorschausymbol geklickt haben, sehen Sie eine Übersicht über alle hoch- und querformatigen Seiten Ihres Artikels.

besuchen Sie den iOS-App Store und laden dort die *App Studio Issue Previewer*-App. Befindet sich die App auf Ihrem Mobilgerät, schreiten sie zur Konfiguration. Denn ebenso wie QuarkXPress eine Verbindung zum *App Studio Online*-Portal aufnehmen muss, um die Daten hochzuladen, muss die *App Studio Issue Previewer*-App eine Verbindung zu Ihrem Konto und Ihrer online in Ihrem Account befindlichen Ausgabe aufnehmen, um die Inhalte auf Ihr Mobilgerät zu laden.

Vorschau

Haben Sie im grünen Pull-Down-Menü die Zielplattform iOS oder Android gewählt, klicken Sie auf *Vorschau*. Der Prozess *Deploying* zeigt die Umwandlung als Fortschrittsbalken.

Für Android basierende Mobilgeräte finden Sie an vielen Stellen im Internet eine Möglichkeit, den Previewer zu laden. Sie finden die App im *Google Play Store*, direkt im Android-Bereich des Online-Händlers *Amazon* oder bei einem der unterschiedlichen Portale, die Software für Android anbieten wie beispielsweise Androidpit.

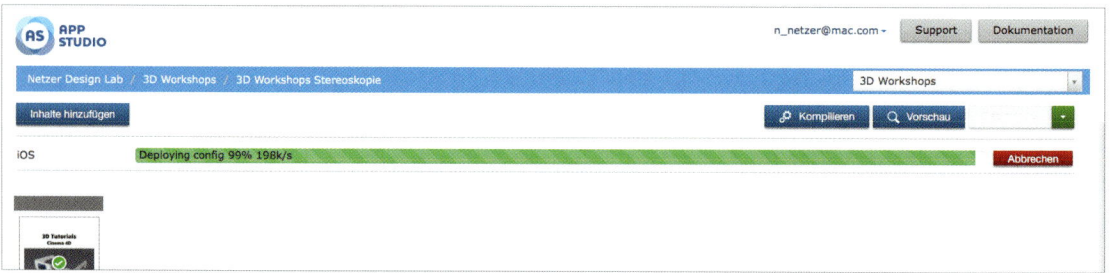

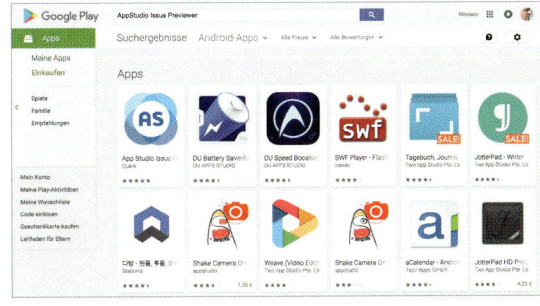

Die Previewer App

Sie finden die *App Studio Issue Previewer*-App kostenfrei zum Download in Apples App Store oder in allen großen Stores oder Download-Portalen für Android-Software.

Das Procedere: Nehmen Sie Ihr Mobilgerät zur Hand, in unserem Beispiel ein iPad, und starten Sie die *App Studio Issue Previewer*-App. Wenn Sie die App zum ersten Mal starten, sehen Sie einen zweigeteilten Bildschirm. Auf der linken Seite befindet sich die vertikale Funktionsleiste zum Navigieren, auf der rechten Seite der Anzeigebereich für Ihre Publikationen. Linker Hand im Anzeigebereich für Publikationen befindet sich oberhalb ein aus drei horizontalen Streifen bestehendes Symbol, womit Sie die Funktionsleiste automatisch auf- und zuschieben können.

> Beim ersten Start der App werden im Anzeigebereich für Publikationen zunächst die von Quark zum Herunterladen angebotenen Demonstrationen für das Anreichern mit Inhalten durch XPress oder InDesign in Form von funktionsfähigen Ausgaben angezeigt. Sie können diese Ausgaben in Ihre App laden. Die Vorschau-Rahmen der Ausgaben zeigen in der Namens-Leiste unterhalb der Vorschau ein Wolken-Symbol mit nach unten zeigendem Pfeil. Tippen Sie mit dem Finger auf das Symbol und der Ladevorgang beginnt.

Testen Sie Ihre Inhalte, die Sie mit QuarkXPress gestaltet haben und dann als Publikation und Ausgabe in Ihren Bereich in das App-Studio-Portal geladen haben. Stellen Sie dazu eine Verbindung her, zwischen der App auf dem Mobilgerät und Ihrem Account des *App Studio*-Portals.

❶ Tippen Sie mit dem Finger in der Funktionsleiste auf den Eintrag *Login*. Der Dialog *Anmelden an App Studio* erscheint. Tragen Sie in die Felder *E-Mail* und *Password* die Informationen ein, die Sie zur Anmeldung Ihres Accounts im *App Studio*-Portal vergeben haben.

App-Studio-App
Nachdem Sie die App geladen und installiert haben, starten Sie sie und fahren Sie mit der Konfiguration fort.

❷ Der Dialog *Publikation auswählen* wird angezeigt. Wählen Sie in der Liste unter Ihrem Account-Namen die Publikation aus, die Sie testen möchten. Haben Sie eine Ausgabe innerhalb eines Test-Accounts angelegt, steht hinter dem Namen der Ausgabe *(Test)*.

❸ Sie werden zum Anzeigebereich für Ausgaben weitergeleitet. Die Funktionsleiste ist ausgeblendet, aber jederzeit durch Tippen auf das Symbol (die drei horizontalen Streifen) links oben einzublenden.

❹ Im Anzeigebereich sehen Sie den Vorschau-Rahmen Ihrer Ausgabe. In diesem Rahmen wird die Titelseite Ihrer Ausgabe angezeigt. Rechts oben innerhalb des Vorschau-Rahmens befindet sich das Zeichen *Neu* und zeigt Ihnen die Aktualität der Ausgabe an. Unterhalb des Rahmens befindet sich neben der Namens-Leiste das Wolkensymbol, das darauf hinweist, dass die Daten jetzt online zum Download verfügbar sind. Tippen Sie mit dem Finger auf das Symbol, um den Ladevorgang anzuwerfen. Sie sehen innerhalb des Vorschau-Rahmens Anzeigen über Anzahl und Geschwindigkeit geladener Daten.

Nutzen Sie die Informationen über die Download-Geschwindigkeit, um die Kompressions- und Qualitätseinstellungen für die in Ihren Ausgaben eingebetteten Bilder, Filme und Audiodaten zu optimieren, um das Erlebnis Ihrer Ausgaben für Ihr Publikum zu verbessern. Versuchen Sie, Rückschlüsse darauf zu erhalten, wie Leser, die über eine Internet-Verbindung mit einer geringeren Datenrate verfügen als Sie, den Ladevorgang erleben.

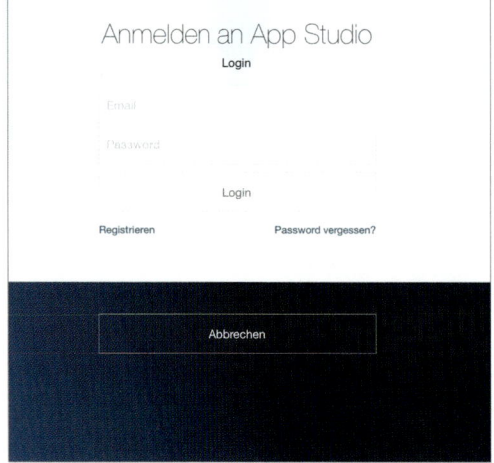

❺ Nach dem Laden Ihrer Ausgabe wandelt sich das Wolken-Symbol in die Beschriftung *Ansicht*. Tippen Sie mit dem Finger auf *Ansicht*, um die Ausgabe anzusehen. Haben Sie in XPress eine Layout-Familie angelegt, die über ein hoch- und ein querformatiges Layout ver-

fügt, dann können Sie das jetzt direkt ausprobieren. Halten Sie Ihr Mobilgerät hoch
und rotieren Sie es um 90 Grad. Sie erleben
nun eine perfekte Simulation der Darstellung Ihrer Ausgabe, wie Sie später im App
Store für Kunden oder Leser Ihrer Ausgabe
innerhalb Ihrer App wahrgenommen wird.

Wenn Sie Ihre Ausgabe ansehen, können Sie
mit einfachen Fingergesten durch die Seiten
navigieren. Zum Vorwärtsblättern streichen Sie mit der Fingerspitze
von rechts nach links über den Bildschirminhalt. Eine horizontale Line
an der unteren Bildschirmkante zeigt Ihnen die Position, an der Sie
sich innerhalb Ihrer Ausgabe befinden.

Publikation auswählen
Zum Download der Aus-
gaben zu Testzwecken
wählen Sie die *Publika-
tion* aus, deren Ausgabe
Sie laden möchten.

Weitere Optionen zur Navigation schalten Sie frei, indem Sie einmal
auf die Bildschirmfläche tippen. Damit blenden Sie eine Menüleiste
mit verschiedenen Funktionssymbolen ein. Das Symbol ganz links
blendet dabei die Funktionsleiste ein. Rechts daneben schalten Sie mit
einem Fingertipp zwischen Vollbild und Navi-
gationsübersicht hin und her. In der Navigati-
onsübersicht sehen Sie verkleinerte Ansichten
der Seiten. Im unteren Bildschirmbereich finden Sie eine horizontale Leiste, auf der Sie mit
einem Schiebeknopf durch Ihre Ausgabe gleiten.

In der Vollbildansicht werden Ihnen in der
Menüleiste noch weitere Optionen angezeigt.
So können Sie einzelnen Seiten Lesezeichen
hinzufügen oder Notizen zu Abschnitten
anlegen. Per Fingertipp auf das *Freigabe*-Sym-
bol stehen Ihnen Funktionen des Betriebssystems zur Verfügung. Unter iOS lässt sich beispielsweise die Seite als E-Mail versenden, als
Erinnerung speichern, zu Ihren Notizen hinzufügen oder in sozialen Medien wie Facebook oder Twitter mitteilen. Sie können die
betreffende Seite als PDF in der App iBooks
sichern oder über einen AirPrint-kompati-
blen Drucker ausgeben.

Symbol für ladbaren Inhalt

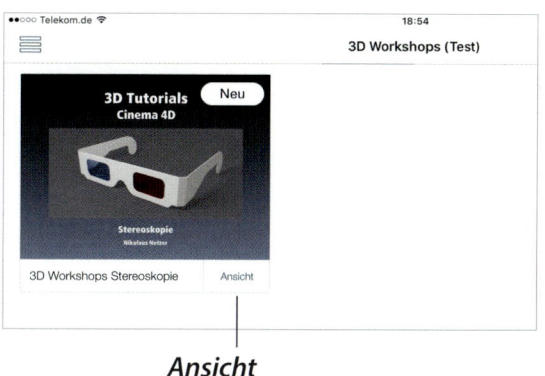

Ansicht

Funktionsleiste ein- und ausblenden

Funktionsleiste
Tippen Sie auf das Symbol der Funktionsleiste, um sie ein- und auszublenden.

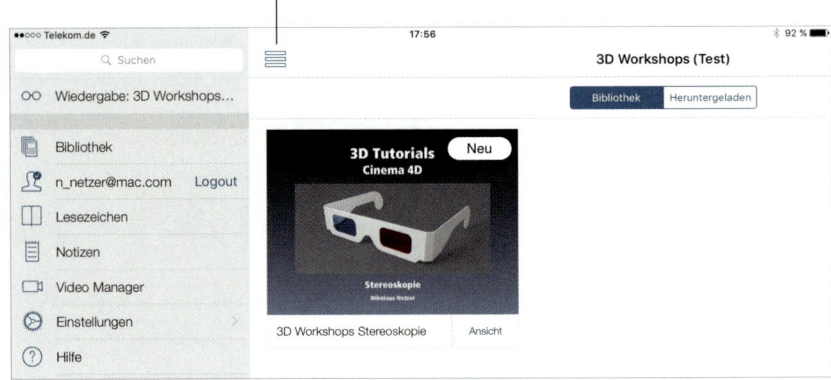

Die Funktionsleiste der Previewer-App

Tippen Sie auf das Symbol *Funktionsleiste*, um die Funktionsleiste aus-
zufahren. Ganz oben wird neben dem Symbol die momentan wieder-
gegebene Ausgabe dargestellt.

Oben steht das Symbol *Bibliothek*. Tippen Sie auf das Symbol, so stoßen Sie auf alle Ausgaben, die sich in Ihrer Bibliothek befinden. Innerhalb des Bibliotheksbereiches sehen Sie weitere zwei Schaltflächen:
Bibliothek und *Heruntergeladen*. Befinden sich mehrere Ausgaben in
der Previewer-App, wird differenziert zwischen den auf Ihr Gerät
heruntergeladenen und den nur online befindlichen Ausgaben.

Unterhalb der Bibliotheksleiste wird der Account angezeigt, mit dem
die Previewer-App momentan verbunden ist. Tippen Sie auf die Leiste,
können Sie sich nach einer Warnmeldung abmelden und mit einem
neuen Account verbinden.

Navigationsleiste bei Wiedergabe
Bei Wiedergabe Ihrer Ausgabe tippen Sie einfach auf die Fläche der Ausgabe, um die Navigationsleiste mit Steuer-
symbolen einzublenden.

Notizen

Lesezeichen

Teilen

Wenn Sie sich innerhalb der *App Studio Previewer*-App von einem Account
abmelden, werden alle auf dem Gerät
befindlichen Ausgaben, die mit diesem
Account verbunden sind, aus Ihrer
Bibliothek entfernt.

In den Zeilen *Lesezeichen* und *Notizen*
verwalten Sie alle Anmerkungen und
Informationen, die Sie beim Blättern in

Ihren Ausgaben angelegt haben. Haben Sie innerhalb Ihrer Ausgaben Videos platziert, so haben Sie darauf leichten Zugriff über den Video Manager. Der Bereich *Einstellungen* gibt Ihnen lediglich einen Hinweis auf die Versionsnummer Ihrer App. Tippen Sie ganz unten in der Funktionsleiste auf *Hilfe,* werden Sie einfach zum Web-Angebot der App Studio-Benutzerdokumentation weitergeleitet.

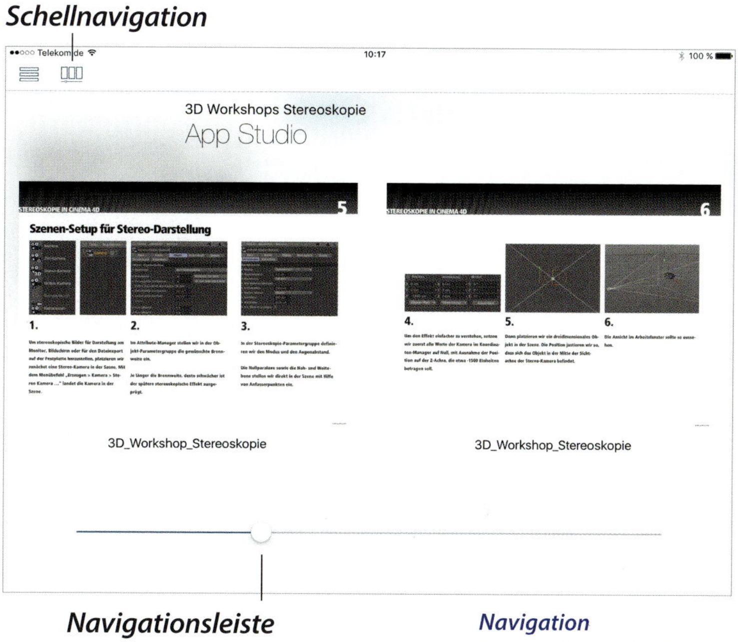

Weitere Benutzer zum App Studio-Account einladen

Sie können Ihrem Bereich des *App Studio*-Portals weitere Benutzer hinzufügen, mit denen Sie dann gemeinsam an Publikationen und deren Ausgaben arbeiten können.

❶ Klicken Sie dazu im Hauptbereich Ihres Accounts auf die Schaltfläche *Benutzer*. Auf der nun erscheinenden Seite verwalten Sie alle Benutzer, die Zugriff auf den *App Studio*-Bereich ihres Unternehmens haben (das können durchaus mehrere sein). Neben dem Hauptnutzer, der Administratorrechte hat, können Sie auch Tester oder weitere Gestalter aus Ihrem Team einbinden, die jeweils über unterschiedliche Zugriffsrechte auf die Publikationen und deren Kapitel verfügen.

❷ Sie sehen im Bereich *Benutzer* einen dreispaltigen Seiteninhalt. Links befinden sich die Benutzer mit Ihnen als *owner* zuoberst. In der Mitte sehen Sie die *Publikationen* und auf der rechten Seite die zugewiesene oder ausgeübte Rolle bzw. ausgeübte Rollen beziehungsweise die *Funktion*.

❸ Wählen Sie im Bereich *Rolle* im Drop-Down-Menü eine der Möglichkeiten *Admin*, *Layouter/Designer* und *Tester* aus, die jeweils verschiedene Rechte innerhalb des *App Studio*-Portals einrichten und

Schellnavigation

Navigationsleiste

Navigation
Tippen Sie auf das Symbol *Schnellnavigation*. Die Seitenansicht wird verkleinert und Sie können mit dem Schieberegler durch Ihre Ausgabe navigieren.

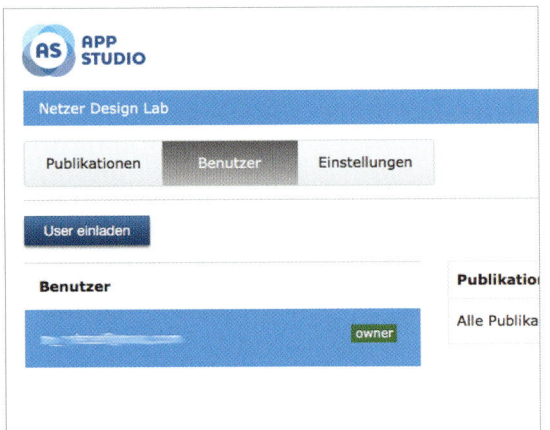

Benutzer einladen

Klicken Sie auf die Schaltfläche *User einladen*, um per E-Mail Mitglieder aus Ihrer Arbeitsgruppe Zugriff auf Ihre Ausgaben zu ermöglichen.

Rechte kontrollieren

Um einen reibungslosen Ablauf Ihrer App-Herstellung zu gewährleisten, können Sie den eingeladenen Nutzern unterschiedliche Rechte zuweisen. Tester dürfen sich die Ausgaben ansehen, aber nichts verändern. *Layouter/Designer*, haben hingegen vollen Zugriff auf den Seiteninhalt.

bestätigen Sie direkt darunter über die Schaltfläche *Sichern*. Wenn Sie dem Benutzer eine unbestimmte Rolle zuweisen möchten, so klicken Sie innerhalb der Rollenbeschreibung auf das kleine graue diagonale Kreuz, um den Eintrag zu löschen.

Nach jeder Änderung der *Rolle* eines betreffenden Nutzers müssen Sie auf die Schaltfläche *Sichern* klicken.

❹ Sie können die Bildschirmdarstellung entweder nach Benutzern oder nach Publikationen, denen Benutzer zugeordnet sind, sortieren. Klicken Sie dazu auf das Drop-Down-Menü ganz rechts mit dem Eintrag *User/Publikationen/Rollen* oder *Publikationen/User/Rollen*, wobei *Rollen* hier die sperrig eingedeutschte Bezeichnung *Funktion* meint.

❺ Um Ihrer Publikation weitere Benutzer hinzuzufügen, klicken Sie auf der linken Seite auf die Schaltfläche *User einladen*. Im erscheinenden Dialog tragen Sie in das Eingabefeld *E-Mail* die Adresse des neuen Nutzers ein, den Sie dem System hinzufügen möchten. Vergeben Sie im Drop-Down-Menü *Alle Publikationen* die Möglichkeiten *Unbestimmt, Admin, Layouter/Designer* oder *Tester*. Zum Schluss klicken Sie auf die Schaltfläche *Einladen,* um sie dem Betreffenden zuzustellen. Der neue Benutzer erhält aus dem App-Studio-Portal eine E-Mail mit der Einladung. Um die Einladung anzunehmen, muss von dem betreffenden Benutzer eine App Studio-Registrierung durchgeführt werden, die sich nur geringfügig vom Anlegen eines Unternehmens-Accounts unterscheidet. Um die Registrierung durchzuführen, muss der eingeladenen Benutzer auf einen kodierten Link in der Einladungs-E-Mail klicken. Er wird dann zu *my.appstudio.net* geleitet und findet den Registrierungs-Dialog vor.

❻ Das Eingabefeld *Unternehmen* ist schon mit der Unternehmensbezeichnung Ihrer Einladung versehen. Wählen Sie Ihre *Branche*, die *Größe der Organisation* und das *Land*, von dem aus Sie publizie-

ren möchten. Klicken Sie auf die Schaltfläche *Weiter*.

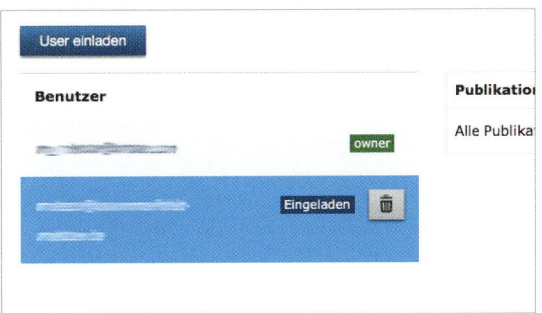

7 Im Eingabefeld *E-Mail* ist ebenso die Mailadresse, die in der Einladungs-E-Mail verwendet wurde, schon eingetragen. Vergeben Sie noch *Vorname*, *Name* und die Nummer Ihres *Telefons*.

8 Wählen Sie Ihre *Position* aus dem Drop-Down-Menü und verknüpfen Sie bei Bedarf Ihren User-Account mit einem Avatar, dessen URL Sie eintragen können. Auch ein Password sollten Sie anlegen, das nur aus Buchstaben und Zahlen bestehen darf – bestätigen Sie es in der nächsten Zeile. Wählen Sie nun noch Ihr bevorzugtes *Authoring Tool* aus, also QuarkXPress 9.5 oder neuer, InDesign CS5 oder neuer oder reine CMS XML. Zum Schluss akzeptieren Sie die Nutzungsbedingungen, indem Sie dort einen Haken setzen und klicken Sie auf die Schaltfläche *Erstellen*. Sie haben jetzt einen neuen Nutzer registriert.

Eingeladener Benutzer
Ein eingeladener Benutzer wird in der Liste *Benutzer* tabellarisch dargestellt. Der Benutzername ist die E-Mail-Adresse.

Eingeladene Nutzer verwalten

Hat sich der eingeladene Nutzer ebenso registriert, taucht er im Unternehmensprofil auf der Seite *Benutzer* in der Liste der Benutzer auf. Als *Owner* oder *Administrator* können Sie jederzeit die Eigenschaften des Nutzers bearbeiten. Das geschieht, indem Sie in der Liste den betreffenden Nutzer anklicken und ihm beispielsweise eine andere *Rolle* zuweisen. Dazu klicken Sie einfach auf das Drop-Down-Menü der dazugehörigen Publikation und wählen die gewünschte Rolle aus.

Audit Protokoll
Das *Audit Protokoll* dokumentiert alle Arbeitsschritte und Prozesse, die Sie oder andere Nutzer im Portal auslösen.

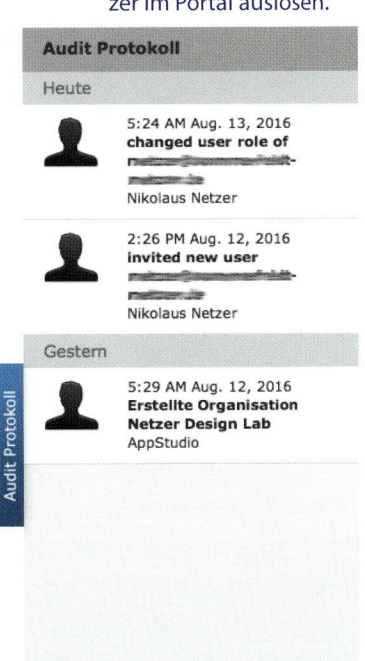

> Im Feld des Benutzers befindet sich noch das Papierkorb-Symbol, über das Sie den eingeladenen Nutzer jederzeit per Mausklick aus der Liste entfernen können.

Am rechten Rand des Fensters befindet sich die Schaltfläche *Audit Protokoll*. Per Klick darauf wird ein Protokoll aller von Ihnen oder von anderen Benutzern vorgenommenen Aktivitäten innerhalb des App Studio-Portals angezeigt. So lassen sich Arbeitsprozesse innerhalb Ihrer Arbeitsgruppe leichter nachverfolgen. Klicken Sie erneut auf die Schaltfläche, fährt die Liste zurück in ihre Ursprungsposition.

Das *Audit Protokoll* können Sie auf jeder Seite Ihres *App Studio-*Accounts einsehen. Die Schaltfläche ist immer am rechten Bildschirmrand zu sehen.

Einstellungen für Ihre Ausgaben bearbeiten

Für jede Ihrer Ausgaben können Sie spezielle Einstellungen vornehmen. Klicken Sie dazu im Hauptbereich Ihres Accounts auf die Schaltfläche *Einstellungen*. Von dort aus gelangen Sie zur Übersicht mit den zwei Unterpunkten *Unternehmen* und *Publikationen*.

Einstellungen
Nutzen Sie die *Einstellungen,* um das Verhalten Ihrer App auf der Zielplattform zu optimieren.

Im Bereich *Unternehmen* können Sie den Namen Ihres Unternehmens verändern. Beachten Sie, dass die E-Mail-Adresse, die Sie bei der Anmeldung vergeben haben, nicht mehr zu ändern ist.

Der Bereich *Publikationen* zeigt für jede Publikation in der Liste die Einstellungen *Allgemein*, *Benachrichtigungen*, *Abschnitte* und *Devices*. Die Bereiche lassen sich mit Hilfe einen Dreiecks neben dem Namen der Funktion auf- und zuklappen.

Im Abschnitt *Allgemein* können Sie den Namen der Ausgabe sowie einige Funktionen wie die Ausrichtung bearbeiten. Das Eingabefeld für den Namen der Ausgabe lautet falsch eingedeutscht *Anzeigenname*. Die *Region* haben Sie schon beim Anlegen der Ausgabe definiert. Diesen Wert können Sie nicht mehr ändern. Falls Sie die Ausrichtung nachträglich ändern möchten, so wählen Sie bei *Ausrichtung der Ausgabe* im Drop-Down-Menü *Hoch- und Querformat*, *Nur Hochformat* oder *Nur Querformat*.

Die Leserichtung können Sie im Pull-Down-Menü *Reading Direction* verändern. Wählen Sie *Left-to-Right* oder *Right-to-Left* – passend zu Ihrer Ausgabesprache.

Es besteht die Möglichkeit, archivierte Ausgaben in der Liste der Ausgaben anzuzeigen, wenn Sie in der Check-Box *Display archived issues within the issues list* einen Haken setzen.

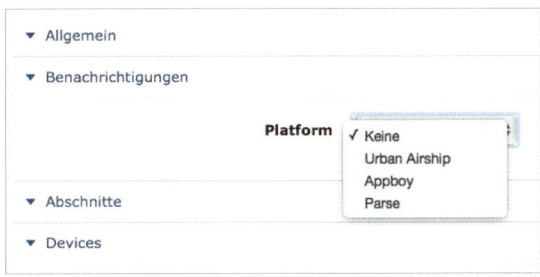

Der Bereich *Benachrichtigungen* bezieht sich auf verschiedene Verfahren der In-App Kommunikation. Dazu gibt es verschiedene Modelle und Technologien am Markt, die sich in eine App einbauen lassen. Auf diesem Wege können Hinweise oder Nachrichten an Nutzer oder nutzerseitig Nachrichten an das publizierende Unternehmen versendet werden. Wählen Sie dazu unter *Plattform* entweder *Keine*, *Urban Airship*, *Appboy* oder *Parse*.

Benachrichtigungen
Für die In-App Kommunikation bietet Quark momentan die Möglichkeit, Technologien von *Urban Airship*, *Appboy* oder *Parse* zu nutzen.

> Technologien für die *In-App-Kommunikation* basieren auf verschiedenen Verfahrensweisen und haben unterschiedliche Schwerpunkte. Ebenso findet die Einbindung innerhalb von Apps auf individuellem Wege statt. Machen Sie sich mit den technischen Möglichkeiten der von Quark empfohlenen Systeme vertraut, um eine Entscheidung zu treffen.

Urban Airship bietet verschiedene Systeme für so genannte *Push Notifications,* also Nachrichten, die umgehend versendet werden. Sie können mit *Urban Airship* In-App–Nachrichten versenden und ein Message Center in Ihre Apps einbauen, mit dem Anwender die Kommunikation verwalten können.

Appboy sind unterschiedliche Produktgruppen wie beispielsweise Systeme für E-Mail-Marketing zum Versenden von Newslettersn oder für die Gestaltung von Nachrichtenkanälen, die auf Events und Produktneuigkeiten hinweisen.

Mit *Parse* erhalten Sie eine Open Source-Plattform für mobile Kommunikation. Mit *Parse* können Module für Apps gebaut werden, die sich mit dem Parse-Server verbinden und kommunizieren. Code-Beispiele und Apps gibt es bei *GitHub* zu sehen.

Gliederung durch Abschnitte

> Mit *Abschnitten* gliedern Sie Ihre Ausgabe. Per Mausklick auf das *Plus*-Symbol ganz rechts fügen Sie weitere Abschnitte Ihrer Publikation hinzu.

Im Bereich *Devices* können nen ausführlich die Parameter des Zielgerätes angepasst werden. Setzen Sie einen Haken in der Checkbox *Override default device settings,* können nen Sie alle verfügbaren Gerätetypen individuell anpassen. Rechts unten befindet sich ein Plus-

Abschnitte anlegen
Gliedern Sie Ihre Ausgabe in Abschnitte. Die Farben werden in der Vorschau angezeigt und erleichtern Ihnen den Überblick beim Zusammenstellen der Ausgabe.

Symbol. Klicken Sie darauf, lassen sich eigene, neue Gerätetypen hinzufügen und editieren. Per Mausklick auf das Löschen-Symbol entfernen Sie Gerätetypen beispielsweise dann, wenn Sie diese ausdrücklich nicht unterstützen möchten.

Sie können den Namen des Gerätes und das Betriebssystem in der Spalte *Device Name* neu vergeben. Die Höhe und Breite der Bildschirmdarstellung sowie die unterstützte Ausrichtung legen Sie in den Spalten *Width × Height* und *Orientation* fest. Die Grundeinstellung des

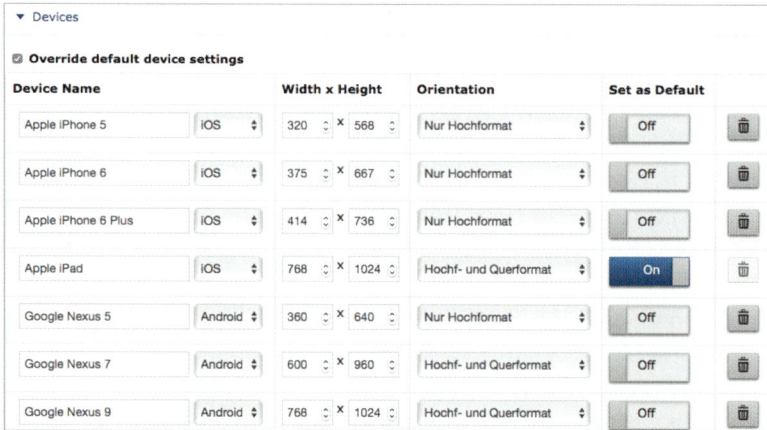

zu unterstützenden Gerätetyps wählen Sie in der Spalte *Set as Default*. Klicken Sie auf den Schalter in der betreffenden Zeile und der Wert wechselt von *Off* zu *On*. Beachten Sie hierbei, dass Sie nur einen Gerätetyp als Grundeinstellung auswählen können. In der Löschen-Spalte lassen sich Gerätetypen aus der

Devices bearbeiten
In den *Devices-Einstellungen* können Sie Ihre App gleich für mehrere Gerätetypen, Bildschirmformate und Betriebssysteme vorbereiten.

Devices-Liste entfernen, wobei sich der als Grundeinstellung ausgewählte Gerätetyp nicht löschen lässt. Klicken Sie nach durchgeführten Änderungen immer auf die Schaltfläche *Sichern,* um die Einstellungen in Ihre Ausgabe zu übernehmen.

Geräteübergreifende Unterstützung von Schriften

Wenn Sie Ausgaben für App Studio gestalten, müssen Sie bei der Verwendung von Schriften eine plattformübergreifende Verfügbarkeit sicherstellen. Wenn Sie beispielsweise einen Schnitt der Futura verwenden, werden Sie unter iOS Ihren Artikel darstellen können, jedoch unter Android möglicherweise Darstellungsprobleme bekommen, da der Font nicht standardmäßig installiert ist.

OpenType

Verwenden Sie bei der Gestaltung Ihrer Ausgaben individuelle Fonts, die Sie in die Ausgabe einbetten, um Ihr Design plattformübergreifend zu harmonisieren. Sofern Sie über die notwendigen Lizenzen verfügen, können Sie individuelle Fonts für Ihre Ausgabe nutzen. Sie können nur *OpenType* (OTF) oder *TrueType Schriften* (TTF), jedoch keine *True-Type Collections* (TTC) einbetten.

TrueType

Bearbeiten Sie Texte in Ihrem Layout, dann beachten Sie, dass Sie nur eine bestimmte Auswahl von typografischen Funktionen für den Export von Daten zu *App Studio* nutzen können. Dazu gehören die Textausrichtung wie *linksbündig*, *zentriert* oder *rechtsbündig* sowie *Blocksatzregeln*. Sie können Rahmen mit mehreren Spalten anlegen und die *Farbe*, *Schriftgröße* und *Laufweite* des Textes verändern. Mit den *Texteffekten* können Sie Wörter *unterstreichen* oder *durchstreichen*. Es lassen sich auch *Einzüge* für die erste Zeile oder den ganzen Textrahmen definieren sowie erzwungene Zeilenumbrüche einsetzen. Beachten Sie, dass im digitalen Layout Werte nicht in *Punkt,* sondern in Pixel ausgeführt werden.

Nicht unterstützt werden das Verändern des *Wortabstandes,* Ausrichten von Text an *Rastern* oder die *Silbentrennung.* Verzichten Sie in Textrahmen auf selbst gesetzte *Tabulatoren* und die *manuelle Unterschneidung* von Buchstabenabständen. Bei großen Wörtern können unbearbeitete Buchstabenabstände ein irritierendes Schriftbild erzeugen. Wandeln Sie die Schriftzüge vor der Ausgabe mit dem Befehl *Objekt | Text in Rahmen umwandeln…* in Vektorpfade. Ebenso nicht darstellbar sind der *Grundlinienversatz* oder einzeln *eingefärbte Buchstaben* sowie *rechtsbündige Tabulatoren. Kursiv* gestellte Schriften und Initialen werden bei der Ausgabe ebenso nicht berücksichtigt, was bei *Initialen* einen neuen Textumbruch zur Folge hat.

Sobald Sie von App Studio nicht unterstützte Funktionen wie beispielsweise die Manipulation von Zeilenabständen oder Laufweiten auf Schriften in Ihrem Layout anwenden, werden Texte beim Export entweder in Bilder umgewandelt oder die Einstellungen einfach ignoriert. Elemente, die beim Export zu Bildern gerastert werden, erkennen Sie am *In Grafik umwandeln*-Symbol 📷.

Geschäftsmodell der App Studio-Accounts

Das *App Studio*-Portal ist ein kostenpflichtiger Service von Quark. Je nachdem, welchen Funktionsumfang Sie für Ihr App-Geschäftsmodell einkaufen, fallen unterschiedliche Kosten für Datenkonvertierung, Hosting oder Distribution an. Auch die Auflagenhöhe und die Dauer der Verfügbarkeit Ihrer Ausgaben spielt dabei eine Rolle und fließt in das Kostenmodell ein. Sie können unter vier verschiedenen Modellen wählen: Dazu gehören die *Single Edition* für Einzelausgaben, *Multi-Issue Pro*, wenn Sie mehrere Ausgaben veröffentlichen möchten, *Multi-Issue Premium* für eine unbegrenzte Ausgabenanzahl und *Enterprise/Agency* für Publizisten und Verlage mit speziellen Bedürfnissen.

Single Edition

Mit der *Single Edition* (Einzelausgabe) wählen Sie ein Modell, über das Sie eine Publikation mit nur einer einzigen Ausgabe veröffentlichen können. Dieses kann ein Bericht, ein Katalog oder Lehrmaterial zu einem Thema sein. Sie können mit QuarkXPress und InDesign Inhalte für diese Ausgabe gestalten und in Ihrem Account des App Studio-Portals verwalten, Seiten arrangieren und für Ihren Distributionskanal vorbereiten. Sie können Ihr Design für mehrere Geräteausrichtungen wie Hoch- und Querformat gestalten. Mit diesem Modell lassen sich weiterhin nur Ausgaben für iOS herstellen und wahlweise entweder für *iPad*, *iPhone* oder *iPad mini* ausgeben. Möchten Sie eine App für Android herstellen, müssen Sie für eine Sonderlösung Kontakt mit Quark aufnehmen. Im Rahmen der Funktionen der *Single Edition* können Sie in Ihren Ausgaben eine vollständige Textsuche veranlassen, Texte auswählen und *Lesezeichen* vergeben. Die Funktionalität Ihrer App lässt sich durch die Einstellmöglichkeiten des Portals bearbeiten und das Erscheinungsbild mit Farben und Designelementen weiter individualisieren

Pläne
Je nach dem, für welchen Plan Sie sich entscheiden, können Sie unterschiedliche Funktionen und Leistungen innerhalb des App-Studio-Portals freischalten.

Beachten Sie bitte, dass Ihnen die Funktionen zur Individualisierung Ihrer App nicht zur Verfügung stehen, solange Sie einen kostenfreien Testaccount unterhalten.

Ihren *App Studio*-Account können Sie mit bis zu fünf Benutzern aus Ihrem Design-Team verknüpfen, die dann gemeinsam gestalten oder testen. Ihre Ausgabe lässt sich mit *Google Analytics* verknüpfen, um genauere Informationen über das Leseverhalten Ihrer Kunden zu erhalten.

Multi-Issue Pro

Mit *Multi-Issue Pro* (Mehrfachausgabe Pro) bieten Sie eine Publikation mit einer unbegrenzten Anzahl von Ausgaben an. Der Funktionsumfang entspricht weitestgehend der *Single Edition,* wobei Sie jedoch Apps basteln können, die sowohl auf iPad, iPad mini wie auch auf dem iPhone laufen. Zusätzlich werden diesem Paket 1000 Downloads Ihrer Publikation eingeräumt – und zwar für alle Apps, die Sie veröffentlicht haben. Mit dazu gibt es die Option, zusätzliche Kontingente zum Laden Ihrer Ausgaben freizuschalten. Sie erhalten kontinuierliche Updates Ihrer Apps, damit diese neue Funktionen und Betriebssysteme unterstützen.

Multi-Issue Premium

Mit dem Paket Mehrfachausgabe Premium können Sie Publikationen nicht nur für iOS-Geräte, sondern auch auf dem Kindle Fire sowie auf einer Vielzahl von Android-Tablets und -Smartphones herausgeben. Neben den Funktionen, die Ihnen auch in den anderen Paketen zur Verfügung stehen, können Sie mittels der *App Studio*-Funktionalität Abonnenten-Datenbanken mit Ihrer Publikation verknüpfen.

Enterprise/Agency

Das *Enterprise/Agency* Modell ist das umfassendste Paket, das Sie für Ihre App-Distribution nutzen können. Neben Publikationen, die über eine unbegrenzte Anzahl von Ausgaben verfügen können, lassen sich mit diesem Modell auch Publikationen zusammenbauen, die nur aus einer Ausgabe bestehen. Die Anzahl der monatlichen Downloads ist im Rahmen der angebotenen Anzahl von Apps und Ausgaben individuell verhandelbar. Es besteht sogar die Möglichkeit, *App Studio*-Funktionalität mit den *Quark Enterprise-Diensten* zu verknüpfen. Die App-Herstellung lässt sich aus XML-Dateien automatisch bewerkstelligen. Sofern Sie über einen eigenen *Amazon-S3-Account* oder einen *FTP-Server* verfügen, können Sie Daten auch dort speichern und über

Entwickler werden
Wenn Sie für *iOS* entwickeln, müssen Sie sich bei *Apple* als Entwickler registrieren. Entwickeln Sie für das *Android*-Betriebssystem, müssen Sie sich als *Google Entwickler* registrieren.

Ihre App zur Verfügung stellen. Unternehmen haben weiterhin die Möglichkeit, Apps für den internen Gebrauch zu entwickeln und innerhalb des geschützten Unternehmensnetzwerkes zu verteilen.

Entwickler-Accounts für die Veröffentlichung von Apps

Wenn Sie Apps für mobile Betriebssysteme wie *iOS* oder *Android* entwickeln, führt kein Weg daran vorbei, sich als Entwickler für das jeweilige Betriebssystem zu registrieren und somit über eine *Entwickler ID* zu verfügen, unter der Sie Ihre Apps einreichen und über die der Zahlungsverkehr abgewickelt wird. Der jeweilige Store, den Sie für Ihr Angebot nutzen, ist neben der Distribution Ihrer Inhalte auch für die reibungslose Durchführung der Zahlungen durch die Käufer verantwortlich. Denn Einnahmen werden möglicherweise nicht nur beim Verkauf einer App generiert, sondern auch bei der Verteilung der einzelnen Ausgaben, die Sie innerhalb Ihrer App verkaufen. Diese Verkäufe werden als *In-App*-Verkäufe bezeichnet.

Xcode

Wir geben Ihnen einen kurzen Überblick über die Anmeldung und die Abläufe, die mit der App-Veröffentlichung einhergehen. Informieren Sie sich ausführlicher in den jeweiligen Entwicklerportalen der Plattformen oder unter *docs.appstudio.net*, da diese Abläufe den Rahmen des Buches sprengen würden.

Apple Macintosh für iOS
Wenn Sie eine App für das Betriebssystem iOS entwickeln, benötigen Sie zumindest zum Verpacken und Einreichen der App bei Apple einen Macintosh Computer, auf dem das Entwicklerwerkzeug *Xcode* installiert ist.

iOS App Store für iPhone und iPad

Möchten Sie in *Apples App Store* Ihre Publikation vertreiben, benötigen Sie ein Apple-Entwickler-Konto. Die Anmeldung erfolgt dabei über die Internetseite *http://developer.apple.com*. Beachten Sie, dass es bei Apple ein kostenfreies und ein kostenpflichtiges Entwickler-Konto gibt. Das kostenfreie Programm, das Sie über Ihre Apple ID freischalten, gibt Ihnen die Möglichkeit, sich mit den technischen Möglichkeiten der Programmierung für macOS und iOS vertraut zu machen, die Dokumentationen einzusehen und die Entwicklerwerkzeuge auszuprobieren. Eine kostenfreie Mitgliedschaft bei *iTunes Connect*, erlaubt es Ihnen lediglich Musik, Filme oder Bücher über iTunes zu publizieren, jedoch keine Apps über den App Store.

Um Apps im App Store einzureichen, benötigen Sie ein kostenpflichtiges Entwicklerkonto, das mit etwa 99 US-Dollar im Jahr zu Buche schlägt.

Neben dem Entwicklerkonto bei Apple benötigen Sie auch noch einen Macintosh-Computer mit aktuellem Betriebssystem, da das Entwicklerwerkzeug Xcode, mit dem Sie aus den *App Studio*-Daten eine App generieren, nur für das Apple-Betriebssystem erhältlich ist. Über Xcode reichen Sie Ihre App als iOS-Entwickler ein. Um Ihre App im iOS App Store zu veröffentlichen, gehen Sie auf die Seite *http://itunes-connect.apple.com*. Melden Sie sich dort mit Ihrer Apple ID und Ihrem Passwort an. Tragen Sie dort die nachgefragten Informationen betreffend Bankverbindung und Steuerpflicht ein. Sie schließen dann einen *iOS Paid Application*-Vertrag mit Apple ab. Innerhalb des Vertrags definieren Sie weitere betriebswirtschaftliche Eckdaten wie die Zahlungsmodalitäten. Nachdem Sie diese Informationen ausgefüllt haben, müssen Sie auf die Vertragsbestätigung durch Apple warten. Wenn Ihr Vertrag aktiviert ist, steht Ihnen die Möglichkeit offen, Apps einzureichen, über die auch der Zahlungsverkehr abgewickelt wird.

Um eine App einzureichen, benötigen Sie eine *App ID*. Damit verfügt jede App, die weltweit über den iOS App Store vertrieben wird, über eine einzigartige Identifikation, die beispielsweise auch eine definierte Verfügbarkeit in bestimmten Regionen der Welt freischalten lässt. Die App ID enthält noch weitere Anhängsel wie ein *Prefix* sowie ein *Suffix*. Das Suffix muss vergeben werden, wenn Sie In-App-Käufe ermöglichen wollen. Auch sollten Sie eine ausführliche Beschreibung Ihrer App verfassen, damit diese bereits im Vorfeld dem künftigen Nutzer schmackhaft gemacht wird. Apple bietet Ihnen noch weitere Services an – darunter *Zertifikate* sowie die *Kommunikation* zwischen Ihnen und Ihren Käufern über Ihre App. Dann können Sie mit Ihren iOS-Mobilgeräten eine Verbindung mit Ihrem Entwicklerkonto herstellen, um Apps auf Ihr Gerät zu laden und dort zu testen.

Die Testmöglichkeiten über den *Apple Entwickler-Account* funktionieren vollkommen unabhängig von App Studio und der *App Studio Issue Previewer*-App. Sie sind ein von Apple angebotener Service, der Ihnen eine weitere Sicherheit beim Testen Ihrer Ausgabe bietet.

Um Apps über Ihr Entwicklerkonto auf Ihre Mobilgeräte zu laden, benötigen Sie noch ein *Provisioning Profile*. Das ist eine Sicherheitsmaßnahme, die dafür sorgt, das die App zum Testen nur auf Ihrem Gerät landet. Haben Sie Ihre App soweit getestet, basteln Sie in *iTunes Connect* die Komponenten Ihrer App online zusammen. Dort geben Sie weitere Informationen über die Funktion und das Erscheinungsbild Ihrer App ein. Dazu gehören auch verschiedene Bildgrößen für die Titelseiten Ihrer App auf iPad oder iPhone.

Zu guter Letzt starten Sie auf Ihrem Mac das Entwicklerwerkzeug *Xcode* und nehmen über die Software Verbindung zu Ihrem *iTunes Connect-Account* auf. Mit dem Befehl *Deliver your App* senden Sie die Daten, die Quark Ihnen über das *App-Studio-Portal* zur Verfügung gestellt hat, an Apple.

Android App Store für Android-Mobilgeräte

Möchten Sie in einem Android-Store Ihre Publikation vertreiben, ist der *Google Play Store* eine erste Anlaufstelle. Ebenso wie unter iOS benötigen Sie ein *Google Entwickler-Konto*. Um sich als Google-Entwickler zu registrieren, gehen Sie auf die Seite: *https://play.google.com/ apps/publish/signup/* und melden sich dort an. Ähnlich wie unter iOS mit der *Apple ID* kann Ihre *Google ID* dazu verwendet werden, um das Google Entwickler-Konto mit Ihrem Account zu verknüpfen.

Die Gebühr für Ihr Entwickler-Konto beträgt einmalig 25 USD. Vergeben Sie einen Entwicklernamen, der auch für Ihre Kunden zu sehen sein wird. Sobald Sie sich als Entwickler registriert haben, verwalten Sie Ihre Android-Apps über die *Google Play Developer Console*. Darüber erhalten Sie Hilfsmittel, um Apps zu generieren, zu verwalten und den Zahlungsverkehr über den Play Store abzuwickeln.

Nachdem Sie sich im Google Play Developer-Account angemeldet haben, können Sie mit Hilfe der *Google Play Developer Console* Ihre Apps hochladen. Wählen Sie dazu in der Console bei *All Applications* die Option *Add new Applications*. Im erscheinenden Fenster legen Sie die Sprache sowie eine Bezeichnung für Ihre App fest und vergeben einen Namen, unter dem die App im Play Store erscheinen soll. Wählen Sie dann *Upload APK*. APK-Dateien sind – wie unter iOS die IPA-Dateien – Programmpakete, wie sie auf Mobilgeräten installiert werden.

Sie können vor dem Upload entscheiden, ob Sie Ihre Android-App nur zum *Alpha-* oder *Betatest* hochladen oder schon vertriebsfertig als *Production* markieren.

Um eine Android-App herauszugeben, ist noch ein als *Google Keystore* bezeichnetes *Zertifikat* notwendig. Auf einem Mac nutzen Sie dazu das *Terminal*, auf dem PC muss zunächst das *Java Development Kit* installiert sein. Öffnen Sie über das Startmenü das Java-Programm. Um fortzufahren, wechseln Sie zu App Studio, klicken dort auf *App Manager* und anschließend in der tabellarischen Liste möglicher Mobilgeräte auf die Schaltfläche *Build*, wo Sie einen einzigartigen Namen vergeben. Im *Package Name* von Android-Apps soll der Konvention entsprechend immer erst die *Firma* genannt werden und dann der *App-Name,* getrennt durch einen Punkt. Ein Android App-Name könnte beispielsweise lauten *com.quark.appstudio*.

Vergeben Sie im App-Manager einen *Versionsnamen*, einen *Versionscode* und einen Namen, wie er dann auch im Google Store erscheint. Sie müssen noch die Verbindung zu einer Hilfeseite in die App sowie eine *privacy* genannte Möglichkeit einbauen, die dem Nutzer den geschützten Zugriff auf die App-Funktionen ermöglicht. Tragen Sie noch den Keystore sowie das dazugehörige Passwort im App Manager ein und legen Sie dort fest, welche Kosten für Ihre Leser beim Kauf der Ausgaben entstehen. Anschließend bestimmen Sie den *Store*, in dem Sie Ihre App veröffentlichen. Hierbei können Sie sich für Google mit seinem *Google Play Store* oder *Amazon* entscheiden. Um die In-App Käufe abzuwickeln, müssen Sie noch Ihren *Google Billing Public Key* eintragen.

Auch das App-Icon (das in vier Größen zwischen 36 x 36 bis 96 x 96 Pixel im Quadrat vorliegen muss) und einen Startbildschirm benötigen Sie noch. Abschließend legen Sie ein ein Subskriptionsmodell fest, damit Leser auch Abonnements Ihrer Ausgaben erwerben können. Nach dem Eintragen aller Informationen erhalten Sie von App Studio eine E-Mail mit einem Link zu Ihrer AKP-Datei. In Ihrem Google Play Developer-Account wählen Sie im Bereich *AKP* die Datei auf Ihrer Festplatte und laden Sie hoch. Im Amazon Developer-Account gehen Sie in den *Binary Files*-Bereich und klicken dort auf *Upload Binary*, um Ihre AKP-Datei einzureichen.

❻ Apps für iOS direkt ausgeben

Neben der *App Studio*-Funktionalität, bei der Sie die App-Herstellung über ein Online-Portal durchführen, bietet *XPress* 2017 eine Alternative der iOS-App-Herstellung. Sie können jetzt iOS-Apps direct aus XPress heraus auf die Festplatte exportieren. Dabei nutzen Sie Ihre *App Studio*-Ausgabestile.

Wie bei der Herstellung einer *App Studio*-App müssen bestimmte Bedingungen erfüllt sein. Sie müssen als regulärer *Apple-Entwickler* mit einem *Apple Developer-Konto* registriert sein. Für Ihre iOS-App müssen Sie mit Ihrer *Apple ID* über *iTunes Connect* eine *Bundle ID* erstellen. Mit Hilfe Ihres Entwickler-Kontos erstellen Sie *Distributions- und Developer-Zertifikate* sowie ein *Developer Provisioning Profile*. Für Ihre iOS-App benötigen Sie weiterhin verschiedene Grafiken, wie Ihr *Homescreen-Symbol* und die Gestaltung Ihres *Startbildschirms*.

Neue Export-Option

In XPress 2017 können Sie über die neu hinzugekommene Export-Option *iOS App…* eine App direkt auf Ihren Datenträger sichern.

❶ Exportieren Sie Ihre iOS-App, indem Sie den Befehl *Datei | Exportieren als | iOS App…* wählen. Geben Sie in die Dialogbox *Als iOS App exportieren* weitere Informationen ein.

❷ Wählen Sie als Speicherort Ihrer App einen gewünschten Ordner.

❸ Im unteren Bereich der Dialogbox entscheiden Sie, welche Layouts Sie für Ihre App verwenden möchten.

❹ Ganz unten wählen Sie im Pull-Down-Menü Ihren *iOS-Ausgabestil*. Möchten Sie die Optionen bearbeiten, klicken Sie auf die Schaltfläche *Optionen*. In der Dialogbox *iOS App Exportoptionen* bearbeiten Sie die gleichen Daten wie beim Export als *App Studio*-App. Sie können in vier Bereichen die Exportoptionen einstellen: *Bilder*, *Schriften*, *Allgemein* und *Inhaltsverzeichnis*. Im Bereich *Bilder* bestimmen Sie somit die Bildauflösung der in der App eingebetteten Bilder – Sie definieren sozusagen die Bildauflösung für die Standarddarstellung. Für den *Vollbild-Modus* vergeben Sie eine eigene Auflösung, bei der Sie die *Maximale Auflösung* und die *Maximale Größe* festlegen. Im Bereich *Schriften* entscheiden Sie über die Einbettung von Schriften in Ihre App, indem Sie die betreffende Option aktivieren bzw. ausgeschaltet lassen. Eine Meldung erinnert Sie an mögliche lizenzrechtliche Probleme. Im Falle der Nicht-Einbettung werden Ersatzschriften verwendet, die möglicherweise Darstellungsprobleme verursachen können. Der Bereich *Allgemein* bietet Optionen, ob Layout-Abschnitte zu Einzelseiten oder einer fortlaufenden Seite beim Export zusammengebaut werden. Schalten Sie dazu die Option *Fortlaufende Seitenstapel* ein oder aus. Im Bereich *Inhaltsverzeichnis* wiederum legen Sie den Layoutabschnitt fest, den Sie zur Darstellung eines Inhaltsverzeichnis verwenden möchten. Dann werden die Seiten des gewählten Abschnittes als Inhaltsverzeichnis ausgegeben. Optional können Sie auch *Seiten in Publikation aufnehmen* auswählen. Für das Inhaltsverzeichnis können Sie einen Titel vergeben.

App-Details
Die *App-Details* enthalten alle notwendigen Informationen für eine erfolgreiche Einreichung Ihrer App in Apples App Store.

❺ Haben Sie Ihre Einstellungen vorgenommen, so bestätigen Sie Ihre Eingaben per Mausklick auf die *OK*-Schaltfläche und Sie wechseln zurück in den Dialog *Als iOS App exportieren*. Dort müssen Sie weitere Bereiche mit Informationen füllen, etwa die *App-Details*, *iTunes Connect*, *Zertifikate & Profile*, *iPad Assets* und *iPhone Assets*. Im Bereich *App-Details* tragen Sie einen kurzen und langen Titel Ihrer App ein. Sie können des Weiteren optional die URL einer *Hilfeseite*, der *Datenschutzerklärung* und der *Nutzungsbedingungen* mitteilen. Für das Homescreen-Symbol wählen Sie ein PNG-Bild mit den Abmessungen von 1024 × 1024 Pixel aus. Über den Punkt *Geräte* legen Sie nun noch fest, ob die App für das *iPad*, das *iPhone* oder für beide Geräte lauffähig sein soll. Was die Ausrichtung Ihrer App angeht, können Sie bei *Ausrichtungssperre* wahlweise *Keine*, *Hochformat* oder *Querformat* einstellen. Bei *iTunes Connect* tragen Sie die Informationen für die *App-Version*, die *Apple ID* und die *Bundle-ID* ein, im Bereich *Zertifikate & Profile* die *Apple Zertifikate*, die Sie für die

App-Assets
Für iPad und iPhone müssen Sie unterschiedliche Startbildschirme gestalten und auswählen.

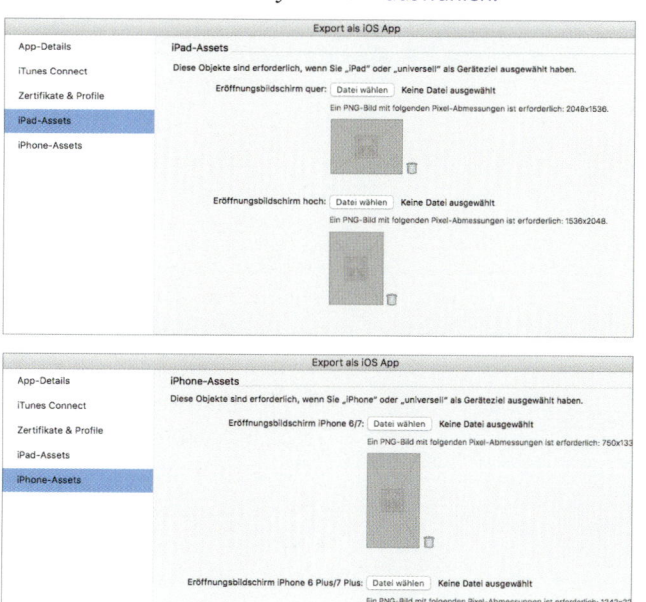

iOS App Exportoptionen

Die App-Exportoptionen funktionieren wie die Einstellungen, die Sie für die App-Herstellung mit App Studio nutzen. Definieren Sie dort die Bildauflösung, die Schriftenverwendung, allgemeine Einstellungen und die Erstellung des Inhaltsverzeichnisses.

App-Signatur und die Distributions-Profile verwenden müssen. Dazu gehören das *Distribution Certificate* samt Passwort, das *Distribution Provisioning Profile*, das *Development Certificate* mit dazugehörigem Passwort sowie das *Development Provisioning Profile*. Im Bereich *iPad-Assets* laden Sie die Grafiken, die als Startbildschirme Ihrer App zum Einsatz kommen sollen. Wählen Sie für die Darstellung als Querformat ein PNG-Bild mit den Abmessungen von 2048 × 1536 Pixeln. Für die hochformatige Darstellung benutzen Sie ein PNG-Bild mit den Abmessungen von 1536 × 2048 Pixeln. Im Bereich *iPhone-Assets* laden Sie die Grafiken, die als Startbildschirme einer iPhone-App dargestellt werden sollen. Wählen Sie für die Darstellung auf einem iPhone 6 und 7 ein PNG-Bild 750 × 1334 Pixel, für ein iPhone 6 Plus und 7 Plus verwenden Sie ein PNG-Bild mit 1242 × 2208 Pixel.

❻ Klicken Sie auf die Schaltfläche *Erstellen* und speichern Sie alle Daten für die spätere Einreichung in Apples App Store an der zuvor ausgewählten Stelle auf Ihrem Datenträger.

Ausgabe und Farbmanagement

Jedes in QuarkXPress erstellte Layout soll letztendlich ausgegeben werden – egal ob gedruckt, als PDF-Datei oder digitales Ausgabeformat für Lesegeräte. Oft soll ein Layout sogar gleich mehrere dieser Zwecke erfüllen – diese Idee wird in QuarkXPress durch den Projektgedanken realisiert. Durch sehr anpassungsfähige und benutzerfreundliche Ausgabewerkzeuge unterstützt Sie XPress bei den unterschiedlichen Ausgabeformaten.

Trotz des angebotenen Komforts erfordert die Print-Ausgabe immer noch Erfahrung und gewissenhaftes Vorgehen, um ein korrektes Ergebnis zu erzielen. Dieses Kapitel führt Sie um die wichtigsten Fallstricke des Ausgabe-Wirrwarrs herum. Ein wesentlicher Bestandteil der Ausgabe ist die Standardisierung aller Aufbereitungs- und Ausgabeschritte, damit Sie gestern erzielte Ergebnisse auch heute, morgen und übermorgen erreichen können. Dieses Kapitel ist in fünf größere Abschnitte unterteilt:

❶ Abschluss der Layoutphase
❷ Job Jackets
❸ Farbmanagement
❹ PDF-Ausgabe und Drucken
❺ Ausgabestile

❶ Abschluss der Layoutphase

Ihr Print-Layout ist fertig und Sie wollen es nun ausgeben oder ausgeben lassen: Egal in welcher Form Sie das nun vorhaben, ob PDF, Druck oder ob Sie einfach die fertige XPress-Datei mit allen Bestandteilen weitergeben wollen, es muss alles vollständig und richtig sein. Ansonsten wird der Ausgabeprozess zum Glücksspiel. Besonders wichtig sind – neben der XPress-Datei – alle mit den darin enthaltenen Layouts verknüpften Bilddateien und die verwendeten Schriften. Denken Sie zudem an einen aktuellen Ausdruck mit Angabe von Dateinamen, Datum und Uhrzeit. Auch die von der Funktion *Ablage/Datei | Für Ausgabe sammeln* erstellte Berichtdatei sollte unbedingt im Auge behalten und mitgegeben oder archiviert werden.

Typische Checkliste für die Print-Ausgabe
❶ Richtige Seitenanzahl?
❷ Fehlende Schriften?
❸ Textüberlauf?
❹ Verlinkte Excel-Tabellen – soll der Link gebrochen werden?
❺ Farben (4c-Druck mit oder ohne Sonderfarben)?
❻ Bilder komplett und dabei im gewünschten Farbraum?
❼ Bilder mit eventuell unerwünschten Effekten im Layout?
❽ Bilder mit Quick-&-Dirty-Freistellern im Layout?
❾ Farben überprüfen
❿ Boxen mit Schatten nicht übermäßig groß?
⓫ Liegen transparente Elemente über Vektorelementen?
⓬ Überflüssige XPress-Ebenen gelöscht und Druckbarkeit der Ebenen überprüft?
⓭ Layout evaluieren
⓮ Offene Datei sammeln, alle Elemente vorhanden?
⓯ Kontroll-PDF überprüfen.

Der Maßstab ist PDF

In Druckereien werden heute zu 99 Prozent PDF-Dateien und fast keine offenen Layoutdateien mehr auf den Digitaldrucker oder den Plattenbelichter geschickt. An layout- und druckrelevanten Datei-Bestandteilen kennt das PDF folgendes: Text (dargestellt durch Schrift), Bilder sowie Flächen/Linien (Vektoren) – in verschiedenen Farbräumen oder mit Verlaufsfüllungen.

Richtige Seitenzahl. Enthält das Layout am Ende eventuell überflüssige Seiten oder Layouts? Wenn das Layout fertig ist, sollten Sie nochmals überprüfen, ob bei *Vorgaben | Drucklayout | Allgemein | Seiten einfügen am:* wirklich auf »Aus« steht. Über ein *Job Jacket* (JJ) ließe sich das Einhalten der Seitenanzahl ebenfalls überprüfen.

Bereich »Text und Schrift«

Fehlende Schriften

Falls im Layout verwendete Schriften ganz im System fehlen, erscheinen deren Namen eingeklammert am Ende der Liste. Schriften, die zu importierten EPS-Grafiken gehören, werden hier leider nicht angezeigt.

Verwendete Schriften überprüfen. Fehlende oder falsch gerenderte Schriften verändern den Umbruch. XPress benötigt also zur richtigen Darstellung auf dem Monitor alle erforderlichen Schriften im aktiven Zugriff. Diese Kontrolle geschieht über das Dialogfenster *Hilfsmittel | Verwendung | Schriften*. Bei gefetteten und kursiv gestellten Schriften muss unbedingt über *Weitere Info* überprüft werden, ob denn der richtige Schriftschnitt gegriffen wird. Der dort genannte Schriftschnitt wird ins PDF oder die Druckdatei eingebettet. Das Dialogfeld *Verwendung* bezieht sich stets nur auf das aktive *Layout*, dessen Name sich daher auch in der Titelleiste des Dialogfelds wiederfindet. Abgeleitete Schriftschnitte wie Kursiv, Fett, Fett-Kursiv werden, wenn sie tatsächlich (!) fehlen, *manchmal* ausgehend vom »normalen« Schriftschnitt berechnet (z. B. elektronische Fett- oder Kursivstellung einer Zapf Dingbats). XPress warnt durch Nennung des Namens in geschweiften Klammern oder durch ein kleines Ausrufezeichen ⚠.

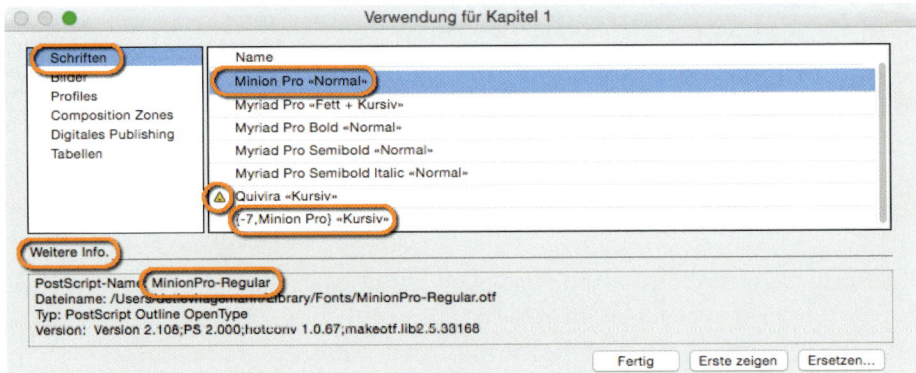

Textrahmenüberfluss vermeiden. Wie oft haben Sie schon fertige Drucksachen gesehen, deren Text am unteren Spaltenrand ziemlich abrupt abbrach … Ein Ausgabeoperator sollte deshalb vor jeder Ausgabe das ganze Dokument nach der *Übersatzanzeige* ⊠ absuchen – natürlich nicht manuell. Damit das Folgende funktioniert: Zuerst stellen Sie Ihren Textcursor in ein beliebiges Textfeld. Wählen Sie dann *Hilfsmittel | Zeilen prüfen | Suchkriterium*, aktivieren Sie nur das Kontrollfeld *Textrahmen-Überfluss* und bestätigen Sie mit *OK*. Nun drücken Sie die Tastenkombination ⌘+. / strg+. und schon springen Sie zu den fraglichen Textstellen. Textüberläufe lassen sich auch mit konfigurierten *Job Jackets* finden.

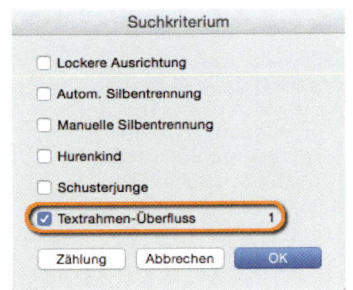

Verlinkte Excel-Tabellen

Seit XPress 6 lassen sich Text, Zahlen, Flächen und Geometrien von Excel-Dateien mit dem Layout verlinken. Ändert sich die Tabelle, kann man (muss man aber nicht!) in XPress den Tabellentext aktualisieren: *Hilfsmittel | Verwendung | Tabelle*. Je nach verwendeter Import-Einstellung kann nun bei diesem Vorgang die ganze Tabelle aus der Form geraten. Weiterbearbeiter sollten also hochgradig konzentriert zur Sache gehen, wenn der Erstbearbeiter tatsächlich verlangt, dass die Excel-Datei aktualisiert werden soll. Ein Link zu einer Excel-Datei lässt sich leider nicht kappen. Einziger Workaround ist: neue Tabelle bauen, Inhalte der alten verlinkten Tabelle dort hinein kopieren, alte verlinkte Tabelle löschen.

Farbraum-/Druckentscheidung schon gefallen?

Ist die Entscheidung schon gefallen, ob mit oder ohne Sonderfarben gedruckt wird? Steht die Entscheidung schon fest, ob nur auf schlechteres Zeitungspapier gedruckt wird? Und wenn ja: Können Sie wirklich ausschließen, dass mit diesen Daten nicht doch noch irgendwann ein Druck auf gestrichenem Bogenoffset-Papier erfolgen soll?

> Warum diese Fragen jetzt – noch vor dem Überprüfen der Bilder? Es sind wichtige Voraussetzungen, um die Bilderüberprüfung sinnvoll durchzuführen. Um möglichst wenige Einschränkungen in späteren Workflows zu haben, gehen Sie in den folgenden Abschnitten immer davon aus, dass der Druck im größten CMYK-Farbraum mit möglichen Sonderfarben (ISOcoated) ausgeführt wird. Sie können sich somit fast immer auf der sicheren Seite bewegen.

Bilder überprüfen

Verwendete Bilder. Genau wie für die Schriften gibt das Dialogfenster *Verwendung* auch Informationen über die im aktuellen Layout platzierten Bilder und Grafiken aus. Jede mit dem Layout verknüpfte Bilddatei wird hier im Bereich *Bilder* aufgeführt. Sie erhalten Informationen zu *Layoutseite*, *Dateityp* und *Dateistatus* (*OK*, *Fehlt* oder *Modifiziert*).

Fünf Bereiche verdienen bei Bildern besondere Aufmerksamkeit:

❶ Sind alle Bilder vorhanden und aktuell verlinkt?

❷ Liegen die Bilder in RGB vor oder sind sie schon in CMYK gewandelt?

❸ Sind die Bilder – ab Version 2017 wieder möglich – mit Effekten versehen worden?

❹ Tragen die Bilder Farbprofile, die zu ihrer späteren Ausgabe passen?

❺ Verfügen die Bilder über genügend Auflösung?

❻ Sind an den Bildern Ebenen ein- bzw. ausgeblendet worden?

Wenn Sie Dateien in dieser Liste markieren, erhalten Sie im unteren Fensterbereich weitere Angaben über die Datei oder über ein eventuell bestehendes Verknüpfungsproblem. Über die Schaltfläche *Zeigen* gelangen Sie zu dem entsprechenden Bildrahmen im Layout. Probleme mit fehlenden Dateien müssen vor der erfolgreichen Ausgabe unbedingt korrigiert werden. Ansonsten wird später nur die in der XPress-Datei abgelegte, niedrig auflösende Voransicht ausgegeben.

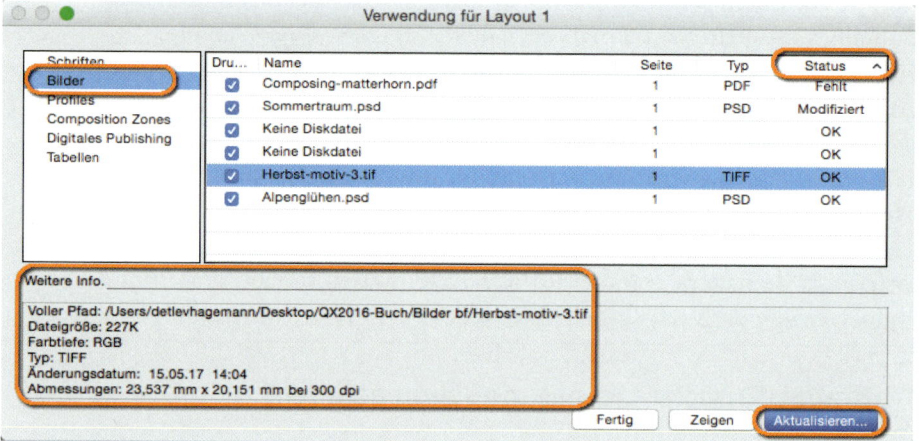

Leider ist der *Verwendungsdialog* immer noch ein modaler Dialog, so dass Sie für kleinere Aktionen ständig zwischen Layout und Dialog hin- und herwechseln müssen. Für eine wesentlich effizientere Bedienung mit vielen weiteren Features gibt es – bisher immer noch nur für Mac! – von *Badia* die zusätzliche XTension *BigPictures* oder von *JoLauterbach* die für XPress 2017 runderneuerte *ImageX*:

Die Zusatz-XTensions von Badia oder JoLauterbach erlauben am Mac eine Arbeit in der Bilderverwaltung, ohne in modale Dialoge gezwungen zu werden.

Name	Seite	Typ	Farbraum	Status ^	Profil	dpi
Composing-matterhorn.pdf	1	PDF	CMYK	Fehlt		-
Sommertraum.psd	1	8BPS	RGB	Modifiziert	Display	77
Herbst-motiv-3.tif	1	TIFF	RGB	OK	sRGB IEC61966-2.1	300
Alpenglühen.psd	1	8BPS	CMYK	OK	ISO Coated v2 300...	91

Anzahl Bilder: 4

Originalpfad: Liste aktualisieren

Keine Diskdatei

Sie besitzen in XPress keine Möglichkeit, die technische Qualität dieser Bilder zu beurteilen – erst im erzeugten PDF stehen von Acrobat oder der pdfToolbox Werkzeuge parat.

Modifizierte Dateien. Wenn Sie eine Bilddatei in einem Layout platzieren, wird neben der Vorschauversion auch ein Datumsstempel in die XPress-Datei eingebettet. Wird die ursprüngliche Bilddatei später in einer anderen Anwendung verändert und wieder gesichert, ändert sich ihr Datumsstempel. Diese Veränderung wird von XPress erkannt und im Dialogfenster *Verwendung* erscheint die Statusanzeige *Modifiziert*.

Keine automatische Aktualisierung

Die *Aktualisierung* veränderter Dateien erfolgt standardmäßig manuell, XPress greift also nicht automatisch ein. Damit wird verhindert, dass Inhalte versehentlich ausgetauscht werden. Auch sollten Sie sich immer darüber im Klaren sein, ob bei modifizierten Dateien alles mit rechten Dingen zugeht. Vergleichen Sie im Zweifelsfall die Voransicht in XPress sorgfältig mit der veränderten Originaldatei, ehe Sie die Verknüpfung aktualisieren. Denken Sie daran, dass modifizierte Bilder möglicherweise andere Abmessungen wie die jeweiligen Originaldateien haben. Zur Bestätigung der Aktualisierung müssen Sie deshalb jedes Mal eine Warnmeldung »abnicken« … Wichtig zu wissen: Wenn Sie ein Dokument mit *modifizierten* Bildern drucken, verwendet XPress trotzdem die hochauflösenden Originalbilder (die – wie geschrieben – eventuell ganz anders aussehen).

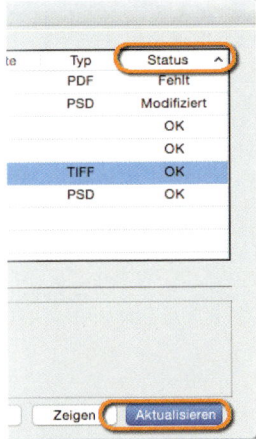

Wollen Sie viele Bilder automatisch in einem Rutsch aktualisieren, dann wählen Sie die Bilder aus, drücken die `alt`-Taste und klicken auf *Aktualisieren*. Die Pünktchen am Befehl sind verschwunden, und Sie dürfen sich freuen, wieviel Zeit Sie gewonnen haben.

Modifizierte Bilder doch automatisch aktualisieren

Unter *Vorgaben | Projekt | Allgemein* können Sie das Verhalten von XPress gegenüber modifizierten Bildverknüpfungen ändern. Im Register ist standardmäßig die Option *Autom. Bildimport* auf *Aus* gestellt. Wenn Sie hier *Ein* wählen, werden geänderte Verknüpfungen fortan automatisch aktualisiert. Gleiches gilt für die Option *Prüfen*: Hier werden Sie jedoch mit einer Warnmeldung über jede Veränderung informiert und können den Vorgang gegebenenfalls auch abbrechen. In den meisten Fällen sollten Sie diese Funktion ausgeschaltet lassen. Denn wenn Sie einer Software die automatische Aktualisierung von Inhalten überlassen, laufen Sie immer Gefahr, unerwünschte Elemente einzusetzen. Es ist gerade bei großen, unübersichtlichen Layouts besser, diese nochmals selbst zu begutachten.

Fehlende Dateien

Von eingesetzten Bildern wird der Dateipfad im XPress-Layout gespeichert. Im Layout wird nicht die eigentliche Datei angezeigt, sondern eine Voransicht, die ebenfalls in das Layout eingebettet ist. Zum Zeitpunkt der Ausgabe muss die originale, hochaufgelöste Datei unter dem richtigen Dateipfad vorliegen. Bilddateien, die im Dialog-

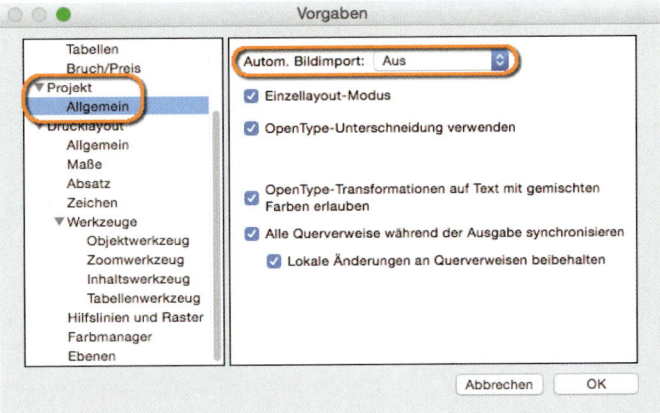

fenster *Verwendung* als fehlend gekennzeichnet sind, befinden sich nicht mehr an ihrem ursprünglichen Speicherort oder sie wurden zwi-

Fehlende Bilder automatisch finden

Falls XPress bei der Aktualisierung (*Verwendung* im Menü *Hilfsmittel*) des ersten Bildes feststellt, dass sich in dem gewählten Ordner mehrere »fehlende« Bilder befinden, erscheint ein Dialog mit der Frage, ob alle dort abgelegten Bilder aktualisiert werden sollen …

schenzeitlich umbenannt. XPress benötigt den derzeitigen Speicherort der Dateien, damit die Druck- und Sammelfunktionen die hochauflösenden Versionen statt der Previews verwenden können.

Sind RGB- oder CMYK-Bilder platziert und mit welchen Profilen?

Für das nachträgliche Erkennen, in welchem Farbraum die Bilder vorliegen, bietet XPress im Auslieferungszustand nur indirekte Methoden über den Verwendungsdialog. Dazu rufen Sie *Hilfsmittel | Verwendung | Profiles* auf. Unter dem Dropdown *Profil:* müssen Sie alle Profile einzeln abklappern. Sie können auch über *Für Ausgabe sammeln* einen Bericht erstellen und den Bericht durchlesen. Das *Job Jacket* hilft ebenfalls bei der Suche nach RGB-Bildern.

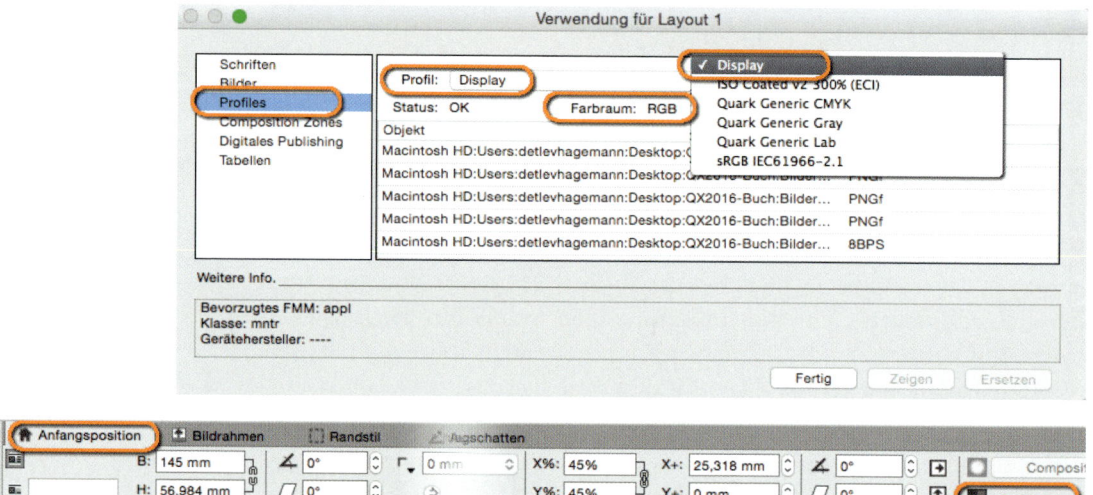

Überprüfung der Bildauflösung

Bilder werden mit ihrer mitgebrachten Auflösung platziert und im Layout dann häufig skaliert. Es entsteht am Ende eine effektive Auflösung: Sie allein interessiert für die Ausgabe. Klickt man die Bilder einzeln an, gibt die *Maße*-Palette präzise Auskunft. XPress selbst bietet im Programm keine Übersicht über die effektiven Auflösungen. Ansonsten ist man auf zusätzliche XTensions angewiesen.

Neu in XPress 2017

Bildbearbeitung

XPress 2017 bietet Ihnen keine Suchmöglichkeit für Bilder, die mit Effekten versehen worden sind (XPress 9 konnte es noch). Sie müssen unter *Ansicht* die *Sichtzeichen anzeigen* lassen. Folgende Marke erscheint dann auf den Bildern: ▨

Was wurde den Bildern »angetan«?

Neben den seit QX 2017 wieder verfügbaren Bildeffekten besteht bei Photoshop-Bildern in XPress auch Zugriff auf die einzelnen Ebenen, deren Transparenz sowie auf Kanäle und Pfade. Es gibt keine zentrale Übersicht über die angewandten Funktionen. Über *Hilfsmittel | Verwendung | Bilder* und das Sortieren nach Bildtyp können Sie wenigstens platzierte PSD-Bilder ausfindig machen. Dann müssen Sie im *Fenster | Erweiterte Bildeinstellungen* die drei Register *Ebenen*, *Kanäle* und *Pfade* begutachten. So erhalten Sie die Möglichkeit, den »Schaltzustand« der Ebenen in XPress mit denen im Photoshop zu vergleichen. Als Sprungbrett zwischen XPress und Bildprogrammen dient die QuarkXTension *EditOriginal*. Am Mac ruft sie fast immer das richtige zugehörige Programm auf, unter Windows mit seinen begrenzteren Möglichkeiten der Dateityp-Programm-Zuordnung leider deutlich seltener. Besonders unter Windows lindert die XTension *JoDrop* von *JoLauterbach* ein wenig die Not.

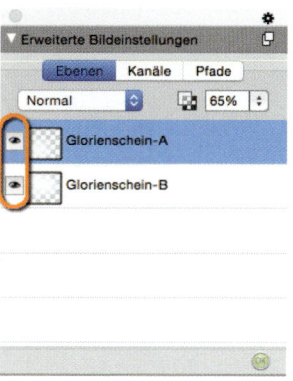

Farben prüfen

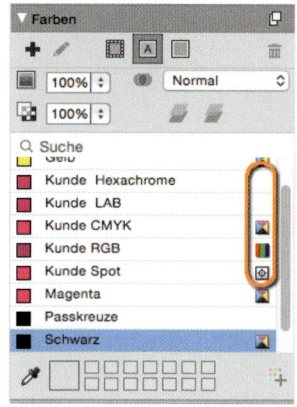

Prüfen Sie vor der Ausgabe auch die Farben Ihres Layouts. Die Palette *Farben* zeigt Ihnen alle im Layout enthaltenen Farben an. Sie erkennen anhand der Symbole rechts von den Farbbezeichnungen auch, ob es sich um eine CMYK-Prozess-, Vollton- oder RGB-Farbe handelt. Im Offsetdruck werden zumeist Prozessfarben alleine oder in Kombination mit ein bis zwei Volltonfarben verwendet; wenn das Layout mehr als drei Volltonfarben verwendet, liegt meist ein Fehler vor.

Nicht verwendete Farben entfernen. Wozu etwas korrigieren, das Sie gar nicht benötigen? Bevor Sie Farben verändern, sollten Sie alle nicht verwendeten Farben entfernen. Im Dialogfenster *Bearbeiten | Farben* können Sie im Popup *Zeigen* den Unterpunkt *Farben nicht in Gebrauch* auswählen. Markieren Sie dann alle Farben und löschen Sie diese.

Volltonfarben überprüfen. Entscheiden Sie nach diesem Schritt, ob Volltonfarben wirklich als solche ausgegeben werden sollen oder ob sie über den PDF- oder EPS-Bildimport ins Layout gekommen sind. Falls die Ausgabe wirklich nur mit Prozessfarben erfolgen soll, wandeln Sie alle Volltonfarben in Prozessfarben um (platzierte Bilder sind davon nicht betroffen!). Dazu lassen Sie sich über das Popout *Zeigen* nun alle Volltonfarben angeben. Zum Umwandeln einer Volltonfarbe in eine Prozessfarbe markieren Sie die Volltonfarbe im Fenster *Farben* und mit Rechts-Klick (Kontextmenü)

können Sie nun auf Prozessfarbe umstellen. Die Endkontrolle über Sonderfarben müssen Sie immer in Acrobat oder einem ähnlichen Programm durchführen.

Objekte überprüfen

Wenn Sie mit Objektstilen gearbeitet haben, dann sollten Sie die Objekte auf Einhaltung des Regelwerks überprüfen. Dazu rufen Sie unter *Hilfsmittel* die *Objektstile Verwendung…* auf. Sie können über diese Palette zu jedem mit einem Objektstil versehenen Objekt springen (*Zeigen*). Wenn Objekte als *modifiziert* gemeldet werden, können Sie die Formatierung *aktualisieren:* ergo die Einhaltung der Werte erzwingen.

Composing überprüfen

Konsequenz dieser Situation

Sie sollten in XPress das Layouten durch Ebenen optimal unterstützen: eigene Ebenen für Bilder mit Schatten/Transparenzen, eigene Ebenen für Texte mit Schatten und Transparenzen. Und oben drüber eine Ebene mit Textverdrängern.

Ein relativ neuer Bereich des Überprüfens bezieht sich auf die »verschmelzenden« Objekte, die durch Transparenzen mit ihren Mischmodi, Schatten und Alphamaskierungen entstehen können. Dieser Bereich der Überprüfung ist in XPress nicht gut ausgebaut, da es keine Transparenzvorschau gibt. Relevant werden diese verschmelzenden Objekte, wenn Sie aus XPress heraus PDF/X-1a- oder -3-Dateien erzeugen wollen, also XPress die Transparenzverflachung selbst vornehmen muss. Es gibt keine (!) softwareunterstützte Möglichkeit, Alpha-Maskierungen zu entdecken. Einzig transparente Objekte können einzeln durch *Job Jackets* entdeckt werden. Grundsätzlich hat sich diese Situation seit Jahren auch nicht verändert: Quick-&-Dirty-Freisteller durch nicht-weiße Bereiche oder Alphakanäle lassen sich nicht im Generellen finden – nur durch Klick für Klick in jedes einzelne Bild.

Zu große Box für ein wenig Text-Schatten

Schatten. Die Objekte, die einen Schatten werfen, sollten nur unwesentlich größer sein als der Inhalt in der Box an Platz benötigt. Also bitte Textboxen mit Schattenwurf relativ eng zuziehen. Weiterhin sollten Schatten nicht unnötigerweise auf Vektorobjekte wie Schrift, Linien oder Flächen fallen.

Deckkraft unter 100 %. Verwechseln Sie beim Abtönen einer Farbfläche nicht den Tonwert mit der Deckkraft. Verringern Sie die Deckkraft nicht unnötigerweise, sonst muss bei der nicht-transparenten Ausgabe dieser Bereich mit dem Untergrund verrechnet werden.

Verläufe zu Farbe »Keine«. Der schnellste Weg aus XPress heraus, unnötige Pixel in PDF/X-1a- oder -3-Daten zu erhalten, führte bis XPress 2016 über die Verläufe gegen die Farbe *Keine*. Dieser Verlauf und alle Elemente darunter werden zu Pixeln bei der Transparenzverflachung aus XPress heraus. Also allerhöchste Vorsicht!

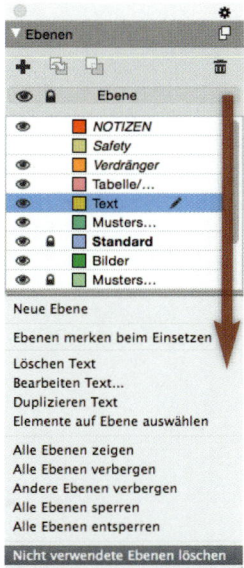

Ebenen zur Composing-Überprüfung. Blenden Sie Ihre Ebenen einzeln ein und aus. Sind alle Elemente mit Schatten oder Transparenz auf der gewünschten Ebene? Sind nur die Elemente darunter, die auch vom Schattenwurf oder der Transparenz betroffen sein sollen? Befinden sich alle Elemente, die nicht von Transparenz und Schattenwurf betroffen sein sollen, über den »Schatten«-Ebenen? Wenn ja, dann ist es gut. Drucken die Ebenen richtig? Sind die XPress-Ebenen in ihrer Druckbarkeit so eingestellt, wie Sie es wünschen? Haben Sie die überflüssige Ebenen schon gelöscht? Dazu rufen Sie in der *Ebenen*-Palette mit dem Kontextmenü den Löschbefehl für *nicht verwendete Ebenen* auf.

Ebenen und Farbausgabe. Gehen Sie in den *PDF-Export*-Dialog und klicken Sie auf *Optionen*. Links im Register aktivieren Sie *Ebenen* und wechseln Sie nun von Ebene zu Ebene. Die Ebenen geben Auskunft, welche Farben in der CMYK-Ausgabe mit Sonderfarben erzeugt würden. Besonders wichtig ist diese Kontrolle bei Dateien mit Sprachwechsel über den Schwarzfilm.

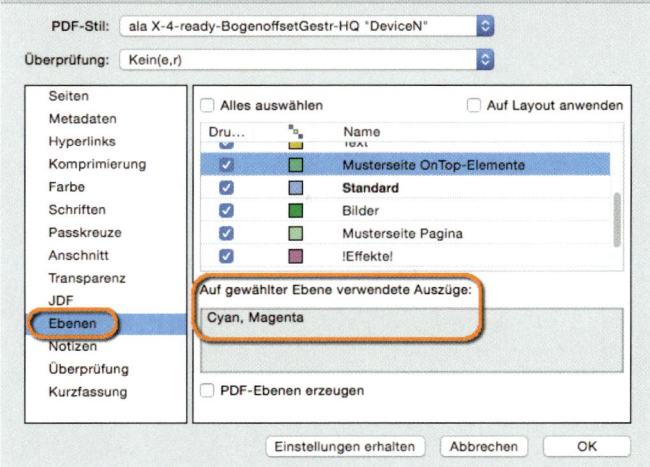

Überflüssige Layouts entfernen

Wenn Ihre Datei (Projekt) mehrere Layouts besitzt, löschen Sie die überflüssigen Layouts über den Menübefehl *Layout | Löschen*.

Composition Zones überprüfen

Composition Zones sind (meist) versteckte Layouts oder Layouts in externen

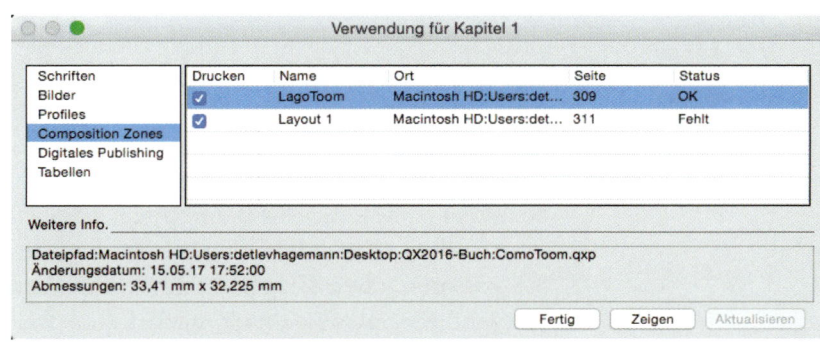

XPress-Dateien. Liegen im Layout *Composition Zones* vor, müssen diese wie selbständige Layouts komplett überprüft werden – also das komplette vorher beschriebene Procedere. Nur externe *Compo-Zonen* lassen sich im *Verwendungsdialog* finden. Es gibt keine direkte Auflistung platzierter *Composition Zones* und leider auch keine direkte Navigationsmöglichkeit zu ihnen.

Layout evaluieren

Wenn Sie ein Job Jacket mit integriertem Regelwerk einsetzen, wäre jetzt der Moment zur abschließenden Evaluierung: *Ablage/Datei | Job Jackets | Layout evaluieren…*

Offene Datei weitergeben?

Der Workflow mit »offenen Dateien« an Druckereien verliert heute mehr und mehr an Bedeutung; in den meisten Fällen liefern Sie Ihrem Produktionspartner Composite-PDF-Dateien. Aber im Workflow innerhalb Ihres Hauses und mit externen Grafikern sowie für Archivzwecke nimmt die Bedeutung meist sogar zu. Vor allen Dingen, weil die Export-Möglichkeit einzelner oder aller Layouts aus dem Projekt vollkommen neue Produktionsideen ermöglicht.

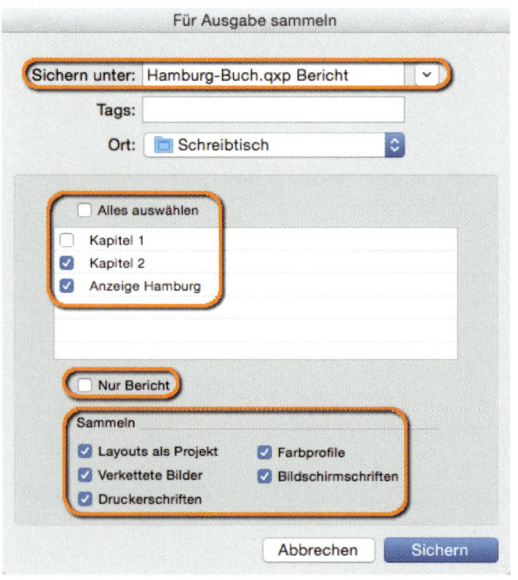

Dateien sammeln. Über *Ablage/Datei | Für Ausgabe sammeln* gelangen Sie in das Dialogfeld. Hier legen Sie zunächst ein Verzeichnis fest und im oberen Feld *Sichern unter* geben Sie den Namen für die Berichtdatei ein, die während der Sammlung erstellt wird. In ihr werden die Eigenschaften der Layouts und der damit verknüpften Elemente zusammengefasst. Weiterhin können Sie alle, ausgewählte oder keine Layouts in die neue Projektdatei sammeln. Für einen reinen Probelauf markieren Sie das Kontrollfeld *Nur Bericht*. Im unteren Teil des Dialogfensters legen Sie fest, welche Elemente der Sammelbefehl erfassen soll. Die Felder *Layouts als Projekt, Verkettete Bilder* und die beiden Schriftoptionen sollten immer markiert sein, wenn Sie eine Sammlung erstellen. Die Option *Farbprofile* bezieht sich auf alle mit dem Layout oder den darin enthaltenen Bildern verknüpften ICC-Profile. Beim Sammeln von *Schriften* werden Sie vor möglichen Urheberrechtsverletzungen durch die Weitergabe gewarnt. Klären Sie daher zunächst die jeweils gültigen Lizenzbestimmungen ab, um sich vor Urheberrechtsverletzungen abzusichern. Falls Sie die Schriftsammlung abbrechen, werden die übrigen Elemente dennoch gesammelt. Mit *OK* sammeln Sie den gesamten Job. Ein Notanker, falls Sie die offenen Dateien tatsächlich ohne Fonts weitergeben sollen: In diesem Fall können Sie die Zeichen dieser Schrift mittels *Objekt | Text in Rahmen umwandeln | Gesamten Text umwandeln*. Denken Sie daran, den dahinter liegenden Rahmen danach zu löschen (sonst bekommt Ihr Dienstleister immer noch eine Warnung wegen fehlender Schrift). Erstellen Sie unbedingt vorher eine Kopie Ihrer Datei, da nach dem Sichern das Umwandeln zu Zeichenwegen nicht mehr rückgängig gemacht werden kann.

Durch das *Sammeln für Ausgabe* entstehen in jedem Fall XPress-Dateien, die nicht vollkommen identisch zur den ursprünglichen Projekten sind: Die Bildpfade weisen jetzt auf den Sammlungsordner und nicht mehr zum originalen Bildablageort!

Gesammelt wurde… Im von Ihnen angegebenen Verzeichnis befindet sich nach der Sammlung die XPress-Projektdatei ❶ mit den ausgewählten Layouts, eine Reportdatei ❷, ein *Bilder*- ❸ und ein *Schriften*-Ordner ❹. Die ICC-Profile landen im Ordner *Profiles* ❺. Falls Sie Tabellen von Excel verlinkt haben, entsteht auch ein Ordner *Tabellen* ❻. Sofern Sie mehrfach genutzte Layouts oder Composition-Zones verwenden, werden diese zusätzlich im Unterverzeichnis *Layouts* ❼ mit zugehörigen Berichten gespeichert. Erstellen Sie zum Sammeln der Jobdaten immer einen neuen Ordner auf Ihrer Festplatte. Sie vermeiden damit ein unnötiges Durcheinander in Ihrem Ausgabeverzeichnis. Der beim Sammelprozess erstellte Bericht enthält wichtige Informationen über die Jobsammlung. Unter anderem werden die verwendeten Schriften und Bilder aufgeführt.

Softproofen der PDFs

Die standardmäßige Vorschau im Acrobat Reader und in Acrobat Pro ist nicht auf die Druckproduktion ausgerichtet. Sehen Sie im PDF unerwartete, dünne weiße Linien, dann stellen Sie die *Glätten*-Funktionen in den Vorgaben von Acrobat (cmd+K / strg+K) im Bereich *Seitenanzeige* für *Vektorgrafiken* und/oder *Bilder* beim Rendern aus. Sind keine Linien mehr zu sehen: Es wird gut werden …

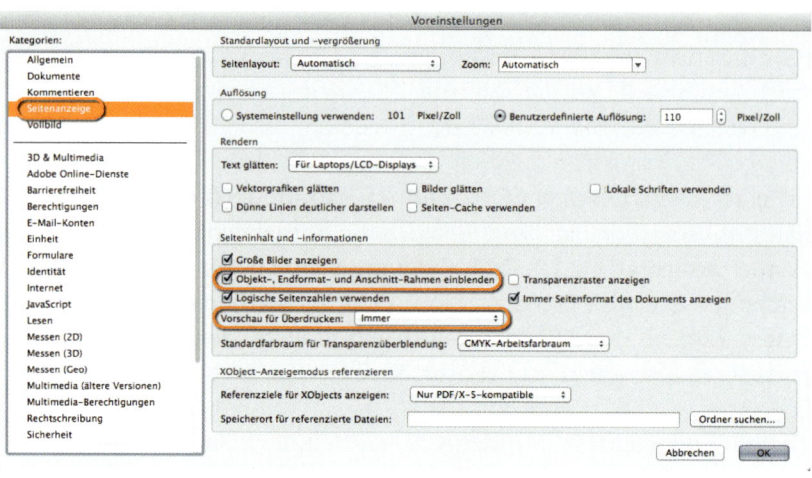

Die Unterschiede zwischen Kontroll-PDF und Druck-PDF

Möchten Sie als »allein arbeitender Fachmann« jederzeit die volle Kontrolle haben, arbeiten Sie am besten immer mit dem Druck-PDF. Nicht-Fachleute können mit dem RGB-Kontroll-PDF wenigstens die Transparenzverflachung (und eventuell das Überdrucken) begutachten.

Möchten Sie die Trim- und Bleedbox (Endformat- und Anschnitt-Rahmen) der PDF-Datei sehen, können Sie die Ansicht in den Voreinstellungen aktivieren.

Die *Ausgabevorschau* finden Sie unter den Werkzeugen für die *Druckproduktion*.

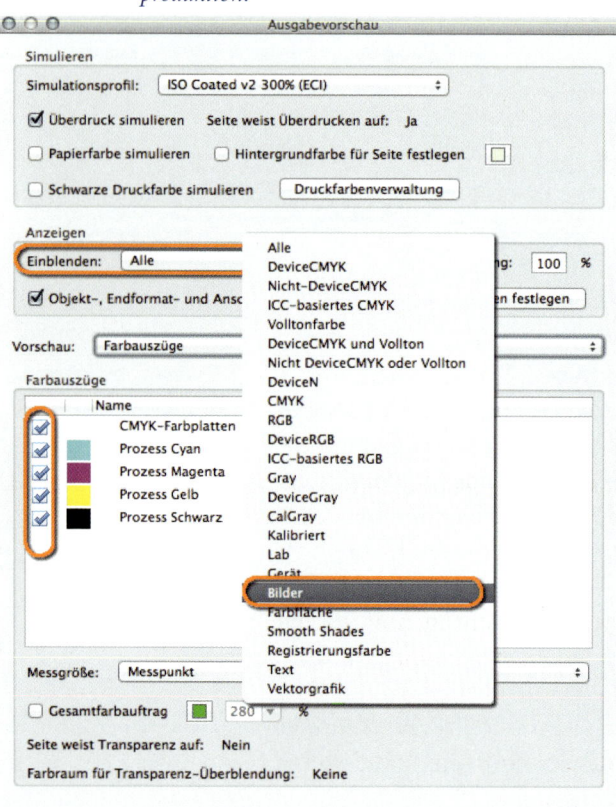

In Acrobat Pro können Sie noch viel mehr überprüfen

Vier Bereiche des von Ihnen erstellten Druck-PDFs sollten Sie in Acrobat Pro im Bereich »Druckproduktion« begutachten:

❶ Was entsteht aus den Objekten bei der Transparenzverflachung, wenn Sie nach PDF/X-1a oder -3 ausgegeben haben?

❷ Stehen Flächen auf Aussparen oder Überdrucken?

❸ Sind die Farbräume durch die Ausgabe verändert worden?

❹ Stimmt die Bildauflösung noch?

❺ Sind die Verläufe noch Smooth Shades (weiche Verläufe) oder sind sie zu Pixelbildern geworden.

Was ist Pixel, was ist Vektor und was ist Smooth Shade geblieben? Dazu rufen Sie in Adobe Acrobat Pro die Ausgabevorschau Ihrer erzeugten PDF-Datei auf und blenden nacheinander Bilder (= Pixel), Farbflächen (= Schrift, Linien und Flächen) und Smooth Shades ein. Besonders interessant ist das Einblenden der Bilder, um das Ergebnis der Transparenzverflachung zu begutachten.

Was wird ausgespart und was überdruckt? Auch hier hat Acrobat Pro die notwendigen Tools an Bord. Das schon bekannte Fenster *Ausgabevorschau* erlaubt es, die Farbauszüge an- und auszuschalten und mit der Maus den Tonwert zu überprüfen.

Was ist RGB, was ist CMYK und was ist Sonderfarbe? Das Ergebnis dieses Tests in Acrobat, der ebenfalls die Ausgabevorschau nutzt, hängt stark von der Art Ihrer PDF-Erzeugung ab. Haben Sie ein RGB-PDF erstellt, werden Sie hoffentlich keine CMYK-Farben und Sonderfarben mehr finden. Erzeugen Sie jedoch ein Unverändert-PDF, wissen Sie, was in XPress und den platzierten Bildern in RGB, CMYK oder Sonderfarbe vorlag bzw. durch die Transparenzverflachung in CMYK umgewandelt wurde.

Überdrucken, Aussparen und Überfüllung
XPress übergibt bei der Composite-PDF-Ausgabe keine Überfüllungsparameter. XPress übergibt aber die Anweisungen zum Aussparen und zum Überdrucken.

Stimmt die Bildauflösung? Dazu rufen Sie in Acrobat Pro mit `cmd`⇧+X / `strg`⇧+X die *Preflight*-Funktion auf. Dort suchen Sie nach »250«. Die vorgeschlagene Analyse auf Farb- und Graubilder mit Auflösung unter 250 ppi oder über 450 ppi rufen Sie mit *Prüfen* auf. Bilder zwischen 450 und 600 ppi sollten Sie nicht kleiner rechnen lassen.

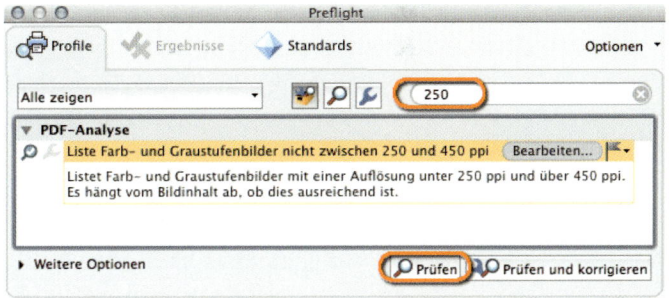

❷ Job Jackets

Jede XPress-Datei basiert auf einem Job Jacket (JJ) – zu Deutsch am besten mit »Auftragstasche« zu übersetzen. Um es nochmals zu betonen: jede Datei! Das Job Jacket befindet sich entweder in der XPress-Datei, oder es liegt als externe Datei auf Ihrem Rechner oder auf dem Server. Dass die meisten Auftragstaschen von XPress-Anwendern allerdings aus verschiedenen Gründen nicht ausgefüllt und genutzt werden, das ist eine andere Geschichte …

Mit Job Jackets und der damit verbundenen Evaluierungsfunktion bietet Ihnen XPress ein ausgezeichnetes Mittel, Layouts konform zu bestimmten Vorgaben zu erstellen oder bestehende Designs an diese Vorgaben anzupassen und darauf zu überprüfen. Solche Vorgaben können selbst gestrickt sein oder von der Druckerei oder vom Produktmanager (Corporate Design) geliefert werden. Das klingt nach einem

Das können Job Jackets
❶ Regeln und Definitionen der Ausgabegeräte abspeichern und diese für intelligente Vorlagen bereitstellen.
❷ Ressourcen (wie Stilvorlagen, Farben, Farbmanagementeinstellungen) speichern und abgleichen, auch über mehrere Rechner hinweg. Damit werden Corporate-Design-Fehler vermieden.
❸ Obige Regeln nutzen, um sogenannte Designchecks durchzuführen.

starren Raster, in Wirklichkeit ist dieser Prozess jedoch ungemein flexibel. Er führt zu einer erheblichen Arbeitserleichterung bei gleichzeitig höherer Produktionssicherheit, insbesondere auch auf Teamebene.

- Stellen Sie sich ein Job Jacket als Behältnis für unterschiedliche Objekttypen vor, also wie eine klassische Auftragstasche.
- Projektressourcen wie Stilvorlagen, Farben, S&B, Striche und Streifen, Listen usw. ermöglichen jobübergreifende Konsistenz im Design. In dieser Hinsicht ähneln Job Jackets einerseits den Bibliotheken und andererseits Template-Dateien.
- Layoutspezifikationen, Ausgabestile und -einstellungen (Programmressourcen), Kontaktinformationen und unterschiedliche Job-Beschreibungen sind unabhängige Objekte innerhalb eines Job Jackets, die später auf einen Job angewendet werden können.
- Regeln stellen erweiterte Layout- und Ausgabespezifikationen dar, die sich sonst so nicht in einem Standardlayout oder den normalen Ausgabeeinstellungen festlegen lassen. Sie können für fast alles eine Regel erstellen, deren Einhaltung dann ebenfalls beim Evaluieren des Layouts geprüft wird.
- Job Tickets nehmen eine Sonderrolle unter den im Job Jacket befindlichen Objekten ein. Sie bestehen selbst aus einer Auswahl aus Regeln, Spezifikationen und Ressourcen, die im Job Jacket anzutreffen sind. Dabei müssen sie längst nicht alle Ressourcen des Jackets enthalten. Job Tickets dienen als Vorlagen bei der Erstellung oder zum Evaluieren von bestehenden QuarkXPress-Jobs bzw. -Layouts.

Die absolute »Masterklasse« der Job Jackets – die Ausgabespezifikationen und die Jobausgabe – steht leider seit Version QuarkXPress 10 nicht mehr zur Verfügung.

Kommunikation und Zusammenarbeit. Neben der vereinfachten Projekterstellung und der Layout-Evaluierung, also dem Abgleichen von Form und Inhalt mit den zuvor festgelegten Regeln und Spezifikationen, spielen Job Jackets eine wichtige Rolle bei der Zusammenarbeit im Team und mit externen Partnern. So können bereits in der Planungsphase mehrere Verantwortliche Informationen zum Job Jacket hinzufügen, und nachträgliche Änderungen von Parametern oder Ressourcen stehen allen beteiligten Designern zur Verfügung. Job Jackets sind somit auch ein Kommunikationsmittel, mit dem sich die Beteiligten mitteilen können, wie Layouts erstellt und gedruckt werden sollen.

Ersetzen Job Jackets einen Preflight?

Ein klares Nein. Die Konzepte sind komplett unterschiedlich. Ein Preflight (wie z. B. mit Markzware Flightcheck) sieht sich das Dokument nach Ausgaberegeln kurz vor (oder nach) der Ausgabe an. Job Jackets fangen Fehler schon viel früher ab. Preflight testet nicht nur das Layout, sondern auch z. B. enthaltene EPS-Dateien. Dafür finden Job Jackets Designfehler wie beispielsweise Bildboxen, die in einer Produktion keinen Randstil enthalten dürfen. Kurz gesagt, trotz kleiner Überschneidungen ergänzen sich die beiden Technologien.

Job Jackets – woher nehmen?

Als Layouter brauchen Sie sich nicht unbedingt mit den Innereien der Job Jackets zu befassen. Im Gegenteil: Diese Arbeit sollten Ihnen möglichst der Produktionsmanager und die Spezialisten aus der Druckerei abnehmen. Aus gutem Grund, denn so lassen sich einheitliche Rahmenbedingungen für Projekte verwirklichen, gerade wenn mehrere Mitarbeiter am Design beteiligt sind. In diesem Fall finden Sie dann eine XML-Datei in Ihrem Postfach, auf dem Server oder dem USB-Stick: das Job Jacket mit allen benötigten Ressourcen, Spezifikationen, Job Tickets und Regeln.

Im Download-Bereich zu diesem Buch finden Sie Job Jacket-Dateien.

Ein Projekt aus einer Ticketvorlage erstellen

Schon beim Erstellen eines neuen Projekts bietet Ihnen XPress die Möglichkeit, auf vordefinierte Ticketvorlagen zurückzugreifen. Wählen Sie dazu *Ablage/Datei | Neu | Projekt von Ticket*. Nachfolgend werden Ihnen in einem Dialogfenster alle im von QuarkXPress dafür verwendeten Standardordner liegenden Job Jackets angezeigt (unter macOS ist das der Dokumentenordner). Sollte sich Ihr Job Jacket nicht darunter befinden, klicken Sie auf *Durchsuchen* und machen Sie es in Ihrem Dateisystem ausfindig.

Ticketvorlagen. Mit Hilfe des Pfeils klappen Sie die im Job Jacket enthaltenen Ticketvorlagen aus. Wenn aussagekräftige Namen eingesetzt wurden, haben Sie hoffentlich keine Probleme, die richtige Wahl zu treffen. Bei Auswahl des Job Tickets wird automatisch die darin enthaltene Standard-Ticketvorlage genutzt. Falls die Ticketvorlage tatsächlich auf im Job Jacket vorhandenen Layoutspezifizierungen basierende Layouts beschreibt, öffnet QuarkXPress Ihnen nach dem Klick auf *Auswählen* direkt ein Projektfenster mit einem oder sogar mehreren Layouts, die jeweils bereits mehrere Seiten umfassen können. Ihre Paletten sind schon mit den benötigten Farben und Stilvorlagen bestückt. Enthält die Ticketvorlage keine festen Layoutvorgaben, gelangen Sie in das bekannte Dialogfenster *Neues Projekt*, wo Sie Layouttyp, Mediengröße, Hilfslinien, Spalteneinteilung usw. definieren können. Das neue Projekt ist nun mit den im Job Ticket verankerten Ressourcen verknüpft.

Ein bestehendes Job Jacket mit einem Projekt verknüpfen. Sie können ein entsprechendes Job Jacket auch jederzeit mit Ihrem aktuellen Projekt verknüpfen. Ihr aktuelles Job Ticket wird dabei zurückgestellt und kann

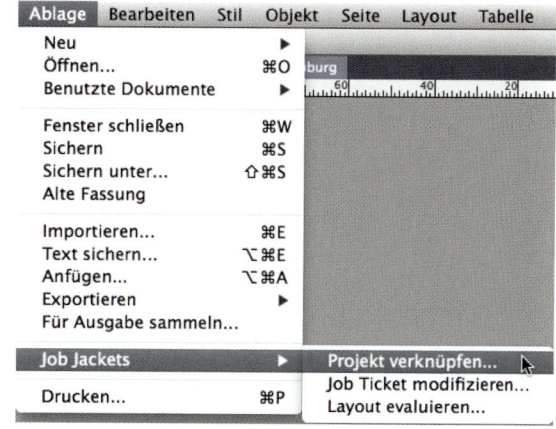

später bei Bedarf wieder eingesetzt werden. Wählen Sie dazu *Ablage/ Datei | Job Jackets | Projekt verknüpfen*. Sie gelangen wieder in ein Auswahlfenster, das alle Job Jackets im Standardordner auflistet und Ihnen die Möglichkeit bietet, das Dateisystem nach weiteren XML-Jackets zu durchsuchen. Mit der Schaltfläche *Anhängen* verknüpfen Sie Ihr Projekt mit der gewählten Ticketvorlage innerhalb des Jackets. Alle in dieser Vorlage enthaltenen Ressourcen stehen Ihnen nun für Ihre Arbeit im Projektfenster zur Verfügung; dies gilt auch für möglicherweise vordefinierte Layouts.

Layouts evaluieren

Grundsätzlich schränken Sie ausgefüllte Job Jackets in Ihrer Arbeit nicht ein. Sie können trotz Regeln und Vorgaben nach Belieben neue Farben einführen, Formate ändern oder Bilder skalieren. Mit der Evaluierung eines Layouts stellen Sie jedoch sicher, dass es den im Job Ticket festgeschriebenen Vorgaben entspricht. Sie erreichen das Dialogfenster *Layout-Evaluierung* über den Menüpunkt *Ablage/Datei | Job Jackets | Layout evaluieren*.

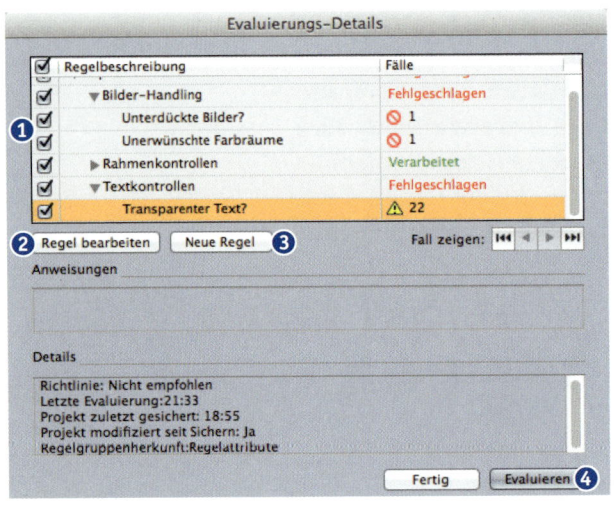

Regelliste ❶. Hier finden Sie eine Auflistung der für dieses Layout geltenden Regeln. Neben Medienart, Layout- und Ausgabespezifikationen können hier noch wesentlich detailliertere Regeln in sogenannten Regelgruppen auftauchen. Die Eigenschaften von Rahmen, Textzeichen, Linien, Textpfaden, Bildern und Schriften innerhalb des Layouts lassen sich auf diese Weise sehr genau eingrenzen. Von hier aus können Sie auch bestehende *Regeln bearbeiten ❷* oder *neue Regeln* hinzufügen ❸, ohne dazu in den *Job Jackets Manager* zu wechseln.

Evaluierung starten

Beim ersten Aufruf des Dialogfensters erscheint in der rechten Spalte der Liste zu jeder Regel der Vermerk *Keine Evaluierung*, die Bedingung wurde also noch nicht in Hinblick auf das aktuelle Layout überprüft. Wenn Sie dennoch einzelne Regeln von der Evaluierung ausnehmen möchten, können Sie diese in der linken Spalte abwählen. Mit der Schaltfläche *Evaluieren* ❹ starten Sie den eigentlichen Check.

Regelgruppen und Regeln

Ein Blick unter die »Motorhaube« einer Datei – sprich das Job Jacket – unter *Hilfsmittel | Job Jackets Manager*: Sie sehen, dass in diesem Jacket drei Regelgruppen ❺ und fünf Regeln ❻ definiert sind. Weiterhin befindet sich nur ein Job Jacket ❼ in der Liste, was gleichbedeutend ist mit: Es ist nur eine XPress-Datei ⬚ geöffnet und Sie sehen ein Projekt ⬚, welches mit dem Ticket ⬚ verlinkt ist.

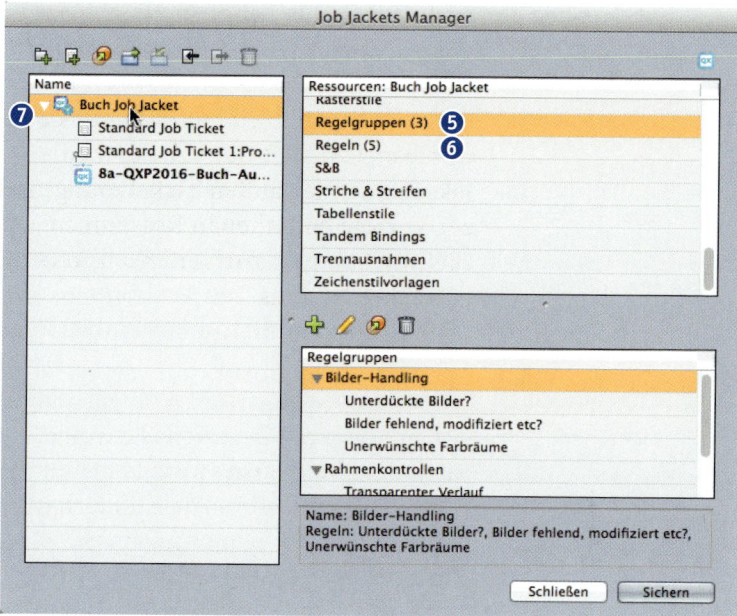

- Sie können einzelne *Regeln* definieren, auf die das Layout überprüft werden könnte. Solange diese Regel aber keiner *Regelgruppe* zugewiesen ist, kann diese Regel nicht zur Überprüfung genutzt werden.
- Einzelne Regeln dürfen verschiedenen Regelgruppen angehören. So könnte die Überprüfung von Bildrahmen in eine Regelgruppe aufgenommen sein, die »Bilder-Überprüfung« genannt wird, aber auch zu einer »Objekte«-Gruppe gehören. Es ist aber selten sinnvoll, nun diese beiden Regelgruppen gleichzeitig zu evaluieren.
- Regelgruppen enthalten Regeln – oder auch keine. Bei der Evaluation melden Regelgruppen ihre Ergebnisse pauschaler als die einzelnen Regeln.

Evaluierungsergebnisse der Regeln

Vier verschiedene Evaluierungsergebnisse sind möglich:

Verboten ⊘. Wenn eine *Regel* mit der Richtlinie *Verboten* gebrochen wird, gibt XPress für die übergeordnete Kategorie oder Regelgruppe das Evaluationsergebnis *Fehlgeschlagen* aus, und neben der gebrochenen Regel erscheint ein Verbotsschild-Symbol ⊘. Unter Umständen wurden vom Verfasser im Feld *Anweisungen* weitere Informationen über den Regelbruch und mögliche Workarounds angegeben.

Nicht empfohlen ⚠. Die Evaluierung der Regelgruppe gilt hier im Falle eines Regelbruchs ebenfalls als *Fehlgeschlagen*. Meist handelt es

Mehrfachverstöße

Bei mehrfachen Verstö-
ßen gegen dieselbe
Regel wird Ihnen die
Anzahl der Verfehlungen
neben dem Ergebnis-
symbol angezeigt. Wenn
Sie eine Regel aus der
Liste auswählen, können
Sie über die Schaltflä-
chen neben *Fall anzeigen*
direkt an die entspre-
chenden Layoutstellen
im Projektfenster
springen.
Leider können Sie jedoch
immer noch nicht direkt
ins Layout eingreifen,
solange das Dialogfens-
ter *Layout-Evaluierung*
noch geöffnet ist.
Hallo Quark: Hier gibt es
was zu tun!

sich um Probleme, die nicht absolut kritisch sind, aber nach Möglichkeit dennoch bereinigt werden sollten. Ein Beispiel wäre die Verwendung unechter Kursiv- oder Fettschrift. Nicht empfohlene Regeln werden durch ein Warnschild-Symbol ⚠ angezeigt.

Vermerkt ✎. Hier handelt es sich um unkritische Elemente, die vor der
Ausgabe einfach nochmals ins Gedächtnis gerufen werden sollen. Sie
könnten beispielsweise einen Vierfarbjob in CMYK haben, in dem Sie
überhaupt kein Cyan verwenden. Vermerke werden durch ein Stiftsymbol ✎ kenntlich gemacht. Die Regelgruppe meldet *Verarbeitet*.

Bestanden ✓! Egal, wie streng, locker, wichtig oder belanglos die Regel
ist, idealerweise besteht das Layout die auferlegte Prüfung. Nach durch-
laufener Evaluierung werden Sie für jede eingehaltene Regel mit einem
Häkchen ✓ belohnt. Die Regelgruppe meldet *Verarbeitet*.

Automatische Evaluierung

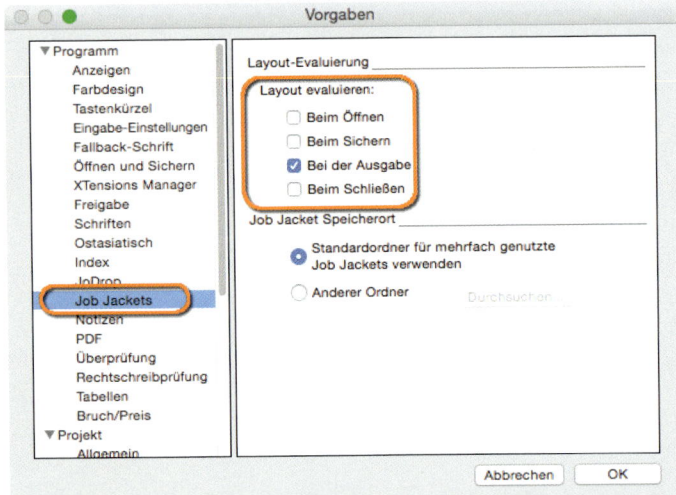

In den Programmvorgaben können Sie sich im Bereich *Job Jackets*
für eine automatische Evaluierung von Layouts entscheiden.
Diese erfolgt dann beim *Öffnen,
Sichern, Schließen* und/oder der
Ausgabe eines Layouts (Mehrfachnennungen sind möglich). Je
nach Ihrer automatischen Auswahl erhalten Sie eine grüne
Ampel, falls keine Fehler gefunden werden, eine gelbe Ampel für
minder schwere Regelverstöße
und eine rote Ampel für starke
Regelübertretungen. Die gemel-
dete Anzahl gefundener Probleme nennt nicht die einzelnen Regelver-
letzungen einzelner Objekte, sondern die verletzten Regeln. Mit *Fertig*
nehmen Sie die Meldung zur Kenntnis und verlassen den Dialog.

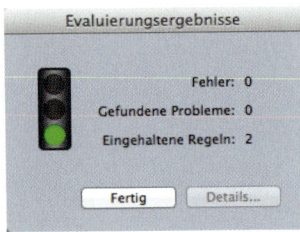

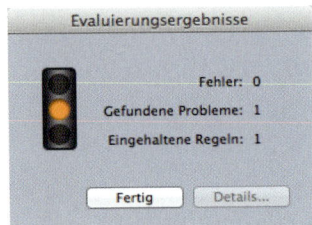

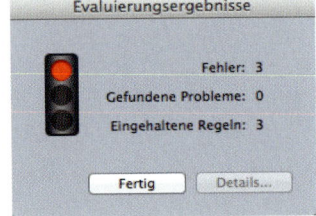

Wenn Sie hingegen auf *Details* klicken, gelangen Sie in das Dialogfenster *Layout-Evaluierung*. Dort können Sie einen näheren Blick auf die Probleme werfen. Ziel jeder Evaluierung ist es, den Vorgang komplett fehlerfrei zu durchlaufen. Sie können nach jeder Evaluierung zielgerichtet an den aufgefundenen Problemstellen nachbessern und eine neue Evaluierung starten. Sobald das Layout allen notwendigen Überprüfungen standhält, können Sie deutlich sicherer sein, dass es glatt durch Druckvorstufe und Produktion laufen wird.

Regeln aufstellen – erste eigene Schritte mit Job Jackets

❶ Diesen ersten kleinen Workshop zu Job Jackets beginnen Sie mit einem neuen Projekt, in der das entstehende Layout auch einen *eigenen,* später gut zu identifizierenden Layoutnamen bekommen sollte. Der Einzellayout-Modus ist also *aus*geschaltet.

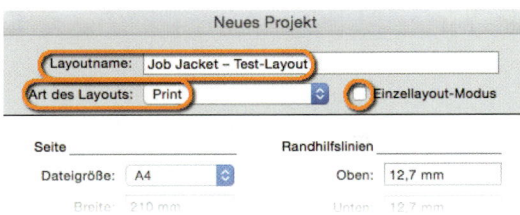

❷ Mit dem Menüaufruf *Ablage/Datei | Job Jackets | Layout evaluieren* wechseln Sie in das Evaluierungsfenster. Sie sehen, dass nur der Name des frisch erzeugten Layouts zu sehen ist. Mit einem Klick auf den Knopf *Neue Regel* wechseln Sie ins nächste Fenster.

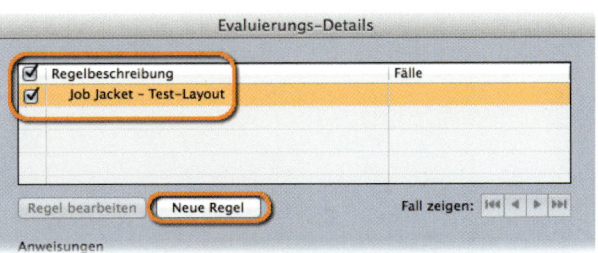

❸ Annahme: Sie möchten alle Rahmen in Ihrem Layout mit einer Randstil-Breite unter 0,25 pt als Fehler gemeldet bekommen, denn dünnere Linien könnten später eventuell im Druck nicht zu sehen sein. Dementsprechend vergeben Sie einen Namen für die Regel und stellen bei *Betreff*: die Option *Rahmen* ein. Zu Ihrem Wunsch passend aktivieren Sie die Option *Randstil*. Mit einem Klick auf den Knopf *Nächste* wechseln Sie ins nächste Fenster der Dialogserie.

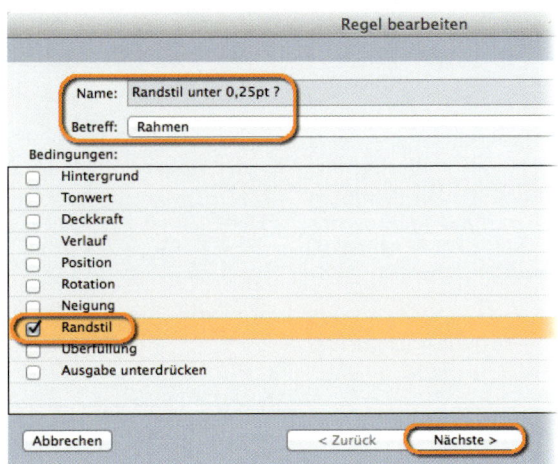

❹ Nun muss die Breite des Randstils mit einer Bedingung und auch mit einem Wert versehen werden: *Breite | ist | weniger als | 0,25 pt*. Die Werte können Sie mit dem deutschen Dezimal-Komma oder auch mit dem schweizerischen Dezimal-Punkt eingeben. Mit einem Klick auf den Knopf *Nächste* geht's weiter.

Sie könnten diese Bedingung auch erweitern und zum Beispiel bestimmen, dass nur noch Linien unter 0,25 pt mit der Farbe Gelb moniert werden. Diese zusätzliche Regel lautet *Farbe | ist | Gelb*.

❺ Nun können Sie unter *Beschreibung:* Anmerkungen hinzufügen. Bei *Richtlinie* entscheiden Sie über die Schwere und die Auswirkungen des Mangels. Wenn Sie im Team arbeiten, können Sie *Anweisungen* geben – und dann mit *Fertigstellen* weitermachen.

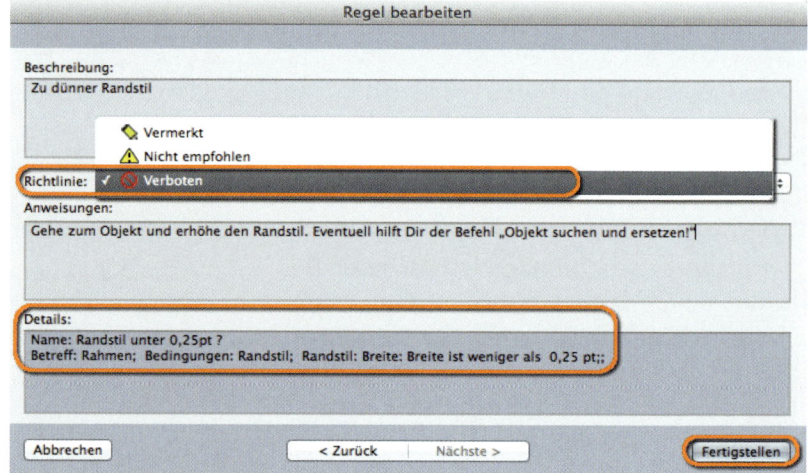

Bei Details:
Überprüfen Sie Ihre neue Regel und auch, ob der Name zur Regel passt. Sind Sie zufrieden, dann beendet *Fertigstellen* die Regeldefinition, ansonsten gehen Sie *Zurück*.

❻ Nun sind Sie wieder im *Evaluierungs-Details*-Fenster gelandet. Ihrem Layout ist jetzt hierarchisch eine *Regelgruppe* mit dem automatischen Namen »Regelgruppe« zugewiesen worden. In dieser Regelgruppe befindet sich Ihre *Regel* mit der Randstil-Überprüfung, die bisher aber noch nicht evaluiert wurde.

Selektieren Sie diese Regel, erhalten Sie abermals Angaben über sie. Mit *Regel bearbeiten* gelangen Sie wieder in den vorhergehenden Dialog und können beliebige Änderungen vornehmen.

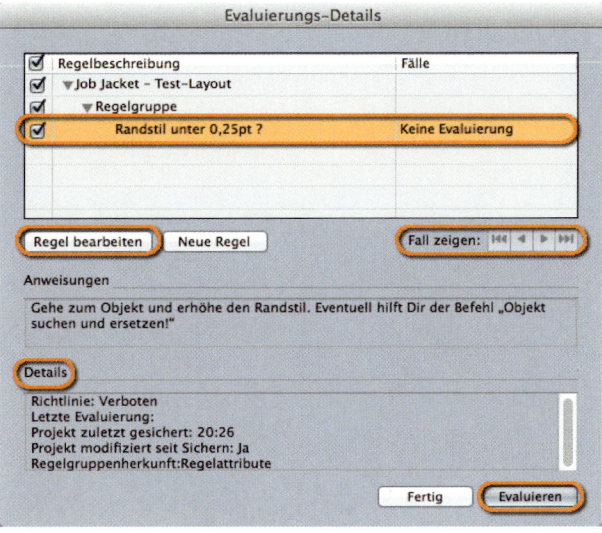

❼ Nun ist der Zeitpunkt gekommen, das Layout zu evaluieren. Es werden natürlich noch keine Fehler gefunden, denn das Layout enthält ja noch keine Objekte.

❽ Nächste Stufe: Sie erstellen im Layout einen Rahmen mit einer Breite des Randstils von 1 pt und *evaluieren* – alles müsste *Verarbeitet*, also OK sein. Nun verringern Sie diese Randstärke auf einen Wert *kleiner* als 0,25 pt. Beim Evaluieren wird Ihnen jetzt der Regelverstoß der Gruppe gemeldet: *Fehlgeschlagen*. Mit *Fall zeigen* und den Pfeilen daneben springen Sie zum fehlerhaften Objekt. Wenn Sie jetzt Änderungen im Layout vornehmen wollen, müssen Sie leider das Evaluationsfenster mit *Fertig* verlassen.

Zusammengefasst: Sie haben ohne den *Job Jackets Manager* eine Regel-Ressource für Ihre Datei erstellt und Ihre Datei evaluiert.

❾ Nun folgt wieder ein Blick unter die »Motorhaube« im JJ-Manager (*Hilfsmittel | Job Jackets Manager*). Sie sehen in der linken Spalte zu Ihrer XPress-Datei das Job Jacket noch mit dem Standardnamen »Projekt1 Job Jacket«. In der rechten oberen Spalte *Ressourcen* scrollen Sie nach unten bis zu den Regelgruppen und Regeln. Selektieren Sie die Regelgruppe. Nun sehen Sie, dass die Regelgruppe »Regelgruppe« Ihre selbsterstellte Regel enthält.

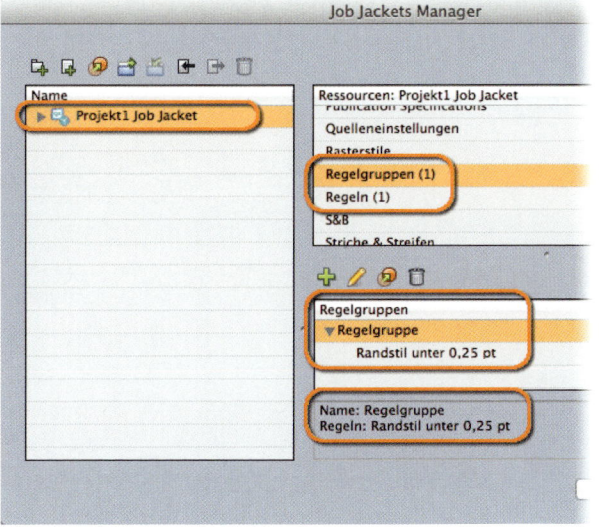

❿ Die folgenden Umbenennungen sind nicht zwingend notwendig, sie verstär-

451

Umbenannte Jackets und Tickets erhöhen die Sicherheit, dass niemand an den Regeln vorbei arbeitet oder fremde Dateien unerkannt in die Firma einschleust.

ken aber das Verständnis der Job Jackets: Sie ändern durch Doppelklick in den Namen des Job Jackets die Jacket-Bezeichnung und *Sichern*. Hier empfehlen sich generelle Namen: Produktion, Verlagsoder Agenturname, denn eine Auftragstasche kann sehr unterschiedliche Dinge beinhalten.

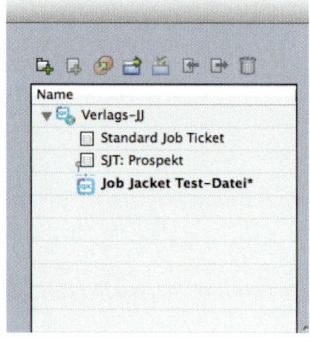

⓫ Sie legen den Pfeil vor dem Namen des Job Jackets um, so dass Sie die Tickets sehen können. Sie blicken nun hierarchisch in die Datei hinein. In jedem Jacket – also jeder XPress-Datei – gibt es ein *Standard Job Ticket* (SJT), damit das ganze System funktioniert. Von diesem Standard-Job Ticket haben Sie beim Anlegen der XPress-Datei, ohne es vorher eigentlich gewusst zu haben, ein Ticket ⬚ »abgerissen« und es mit Ihrer Datei – Ihrem Projekt ⬚ – verknüpft. Das SJT kann umbenannt werden. Hier empfehlen sich Namen, die zum gerade herzustellenden Produkt passen wie Visitenkarte, Flyer, Prospekt usw.

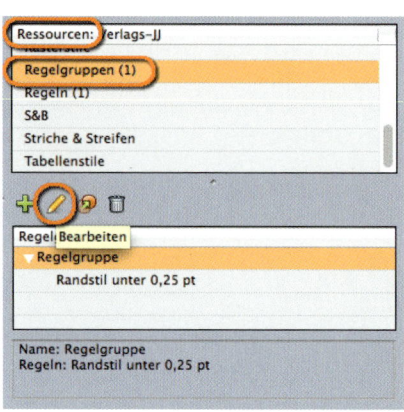

⓬ Nun werden Sie endlich der bestehenden Regelgruppe einen vernünftigen Namen geben wollen. Sie selektieren wie bei Punkt ❾ in der rechten oberen Spalte *Ressourcen* die *Regelgruppe* und klicken auf den Stift ✏ zum Bearbeiten der Regelgruppe, vergeben einen passenden übergeordneten Namen und verlassen mit *OK* den Dialog.

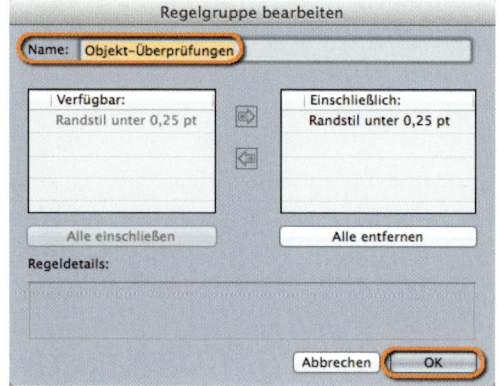

⓭ Nun erzeugen Sie hier noch mindestens zwei weitere leere Regelgruppen, denn dies geht genau wie das Umbenennen nicht im Evaluationsbereich (*Ablage/Datei | Job Jackets | Layout evaluieren…*). Dazu drücken Sie neben den Stift ✏ auf das Pluszeichen ➕ für eine neue Regelgruppe und benennen sie passend. Mit zu-

erst *Sichern* und erst dann mit *Schließen* verlassen Sie den Jackets-
Manager. Bei einem Klick auf das *Dupliziersymbol* 🔄 nehmen Sie
eventuell schon zugewiesene Regeln mit in die neue Regelgruppe.

⓮ Wenn Sie jetzt unter *Ablage/Datei | Job Jackets | Layout evaluieren…*
nachschauen, werden Sie die beiden neuen Regelgruppen noch
nicht entdecken können, denn diese sind bisher nur dem Job Jacket
dieser Datei zugeordnet und noch nicht Ihrem Layout!

Zusammengefasst: Sie haben erste aktive Schritte im *Job Jackets
Manager* vorgenommen und neue Regelgruppen im *JJ-Manager*
erstellt. Diese Regelgruppen sind aber noch keinem Layout zugeordnet.

⓯ Sie wechseln wieder
über *Hilfsmittel* in den
Job Jackets Manager…
Darin selektieren Sie
das Ticket dieses Pro-
jekts und scrollen in
der *Ressourcen*-Spalte
zu *Layouts*. Ihr Projekt
enthält nur ein Layout
(1). Wenn Sie nun *Lay-
outs* selektieren, kön-
nen Sie den Haken vor
dem Layoutnamen
(gut, dass Sie beim
Anlegen der Datei
einen Layoutnamen
vergeben haben) um-
legen. Nun scrollen
Sie in der *Layouts*-

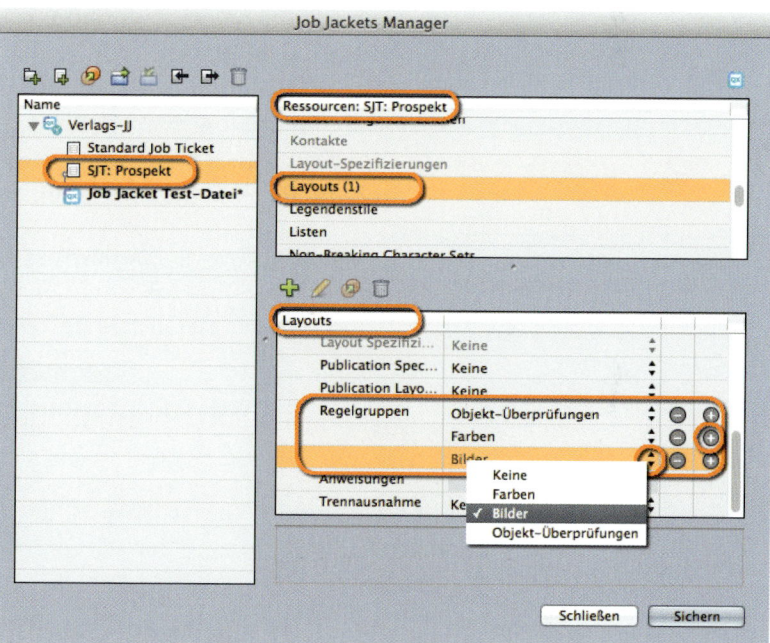

Spalte zu *Regelgruppen* und nehmen durch Klick auf das rechte Pluszeichen und Auswahl eine der unter Punkt ⓭ angelegten Regelgruppe in Ihr Layout auf. Mit zuerst *Sichern* und dann mit *Schließen*
verlassen Sie den Jackets-Manager.

⓰ Nun gehen Sie zurück zum Evaluierungsdialog mit *Ablage/Datei |
Job Jackets | Layout evaluieren…* Ihre neu erstellten Regelgruppen
stehen zum Befüllen mit neuen Regeln bereit. Sie könnten zwar
auch im *Job Jackets Manager* neue Regel definieren, aber im Evaluie-

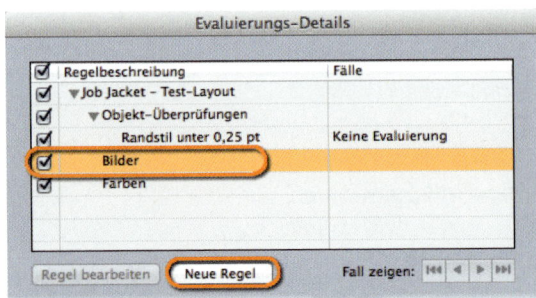

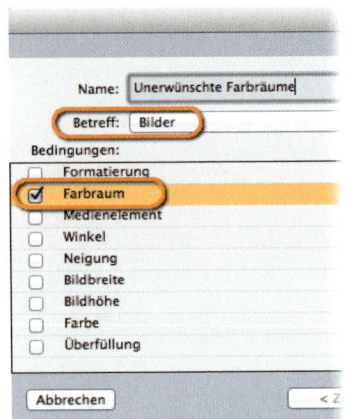

rungsdialog können Sie Ihre Regeln sofort im Layout überprüfen und ständig verfeinern – ein großer Vorteil.

⓱ Sie selektieren die bisher leere Regelgruppe »Bilder« und klicken auf *Neue Regel*. Wie bei Punkt **❷** beschrieben, öffnet sich nun der Regel-Erstellungsdialog. Hier wechseln Sie analog zu Punkt **❸** beim *Betreff:* zu Bilder.

⓲ Möchten Sie Bilder im Layout als Fehler moniert bekommen, die in unerwünschten Farbräumen wie LAB vorliegen, so versehen Sie *Farbraum* mit einem Häkchen und gehen weiter im Dialog mit *Nächste*. Hier wählen Sie als *Ist-Wert* den Farbraum *LAB*. Weiter geht's mit *Nächste* (wie bei Punkt **❺**). Den Verstoß definieren Sie nun als Verboten und füllen bei Bedarf die anderen Felder aus – über *Fertigstellen* verlassen Sie den Dialog. Nun heißt es nur noch, ein Bild im LAB-Farbraum in Ihr Layout zu importieren, um zu überprüfen, ob die Regel beim Evaluieren auch tatsächlich greift.

⓳ Auf diese Art und Weise können Sie viele weitere Regeln in Ihr Job Jacket und dort in eine der schon vorhandenen Regelgruppen aufnehmen.

Zusammengefasst: Sie können nun Regelgruppen aus dem Job Jacket des Projektes einem bestimmten Layout zuweisen. Weiterhin wissen Sie, dass Sie im Evaluierungsdialog den Regelgruppen weitere Regeln hinzufügen können. Zur nachträglichen Verwaltung der Regeln müssen Sie aber immer noch in den *Job Jackets Manager* wechseln.

Mit dem bis jetzt erlernten Regelsystem können weit über tausend Regeln aufgestellt werden, die die Eigenschaften von Objekten und Text sowie platzierten Bildern und benutzten Schriften testen.

Die Strategie mit Regelgruppen und Regeln

- Sie erzeugen im *Job Jackets Manager* für das Jacket mehrere Regelgruppen.
- Sie weisen diese Regelgruppen über das Ticket im JJ-Manager dem Layout zu (gleich lernen Sie noch einen weiteren Weg kennen).
- Sie füllen im Evaluierungsdialog die Regelgruppen mit Regeln.

Erweiterte Layout-Regeln – Job Tickets

Bis jetzt haben Sie in Ihr Job Ticket des bisher bestehenden Layouts nur neue Regelgruppen – und damit indirekt auch Regeln – eingebunden. Aber ein Layout besitzt wesentlich mehr Eigenschaften als nur Objekte, Bilder und Text …

Anwender haben auch Zugang zu den Job Tickets und sollten auch kleine Schritte selbst gehen können. Rufen Sie mit *Ablage/Datei | Job Jackets | Job Ticket modifizieren…* das modale Dialog-Fenster *Job Ticket bearbeiten* auf. Sie erhalten hier einen komfortablen Zugang zu den Tickets und den Ressourcen, die auf Ebene der Job Jackets für diese Datei bereitstehen.

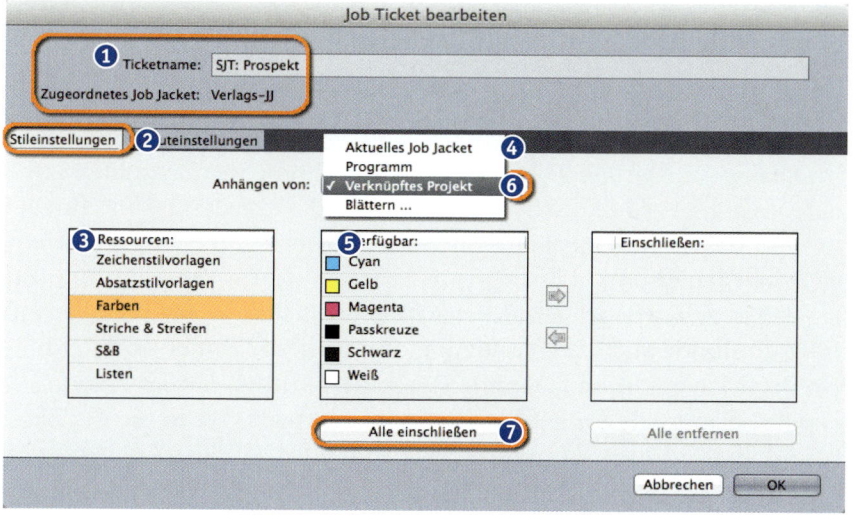

Unter Punkt ❶ sehen Sie den Lohn Ihrer Benennungen vom vorangegangenen Workshop. Die *Stileinstellungen* ❷ sind momentan aktiv. Sie wechseln bei den *Ressourcen:* zu den Farben ❸. Bei *Anhängen von:* ist noch *Aktuelles Job Jacket* aktiv ❹. Bei *Verfügbar:* ❺ sehen Sie, dass noch keine Farben im aktuellen Job Jacket sind. Sie wechseln bei *Anhängen von:* zu *Verknüpftes Projekt* ❻ und sehen nun die Farben

Wie geht's weiter?

Bisher befinden sich alle Regelgruppen und Regeln nur in dieser Datei.
Es gibt zwei sehr unterschiedliche Ansätze, seinen generellen Workflow so aufzubauen, dass das Regelwerk in allen neuen und eventuell auch in ausgewählten älteren Dateien zur Verfügung steht:

- Sie erzeugen aus dieser Test-Datei als Basis eine oder mehrere Template-Dateien und starten alle neuen Dateien aus den Template-Dateien. Das Regelwerk der Template-Dateien können Sie laufend verbessern. Das ist ein sehr guter und pragmatischer Ansatz!

- Sie arbeiten in einem großen Team als »Job Jacket-Administrator« an einem sehr umfangreichen Projekt oder in einem Redaktionssystem. Dann sollten Sie als Administrator weiter in die »Welt der Job Jackets« einsteigen und lernen, wie man Job Tickets erweitert und Job Jackets organisiert.

Eine weitergehende Einweisung für Job Jacket-Administratoren, wie komplette Job Jackets hergestellt und administriert werden, kann dieses Buch für Anwender nicht leisten.

Ihres Projektes. Mit *Alle einschließen* ❼ übernehmen Sie die Farben ins aktuelle Job Jacket. Nun überprüfen Sie, ob bei *Anhängen von:* im aktuellen Job Jacket ❹ die Farb-Ressourcen tatsächlich angekommen sind.

Das Register »Layouteinstellungen«

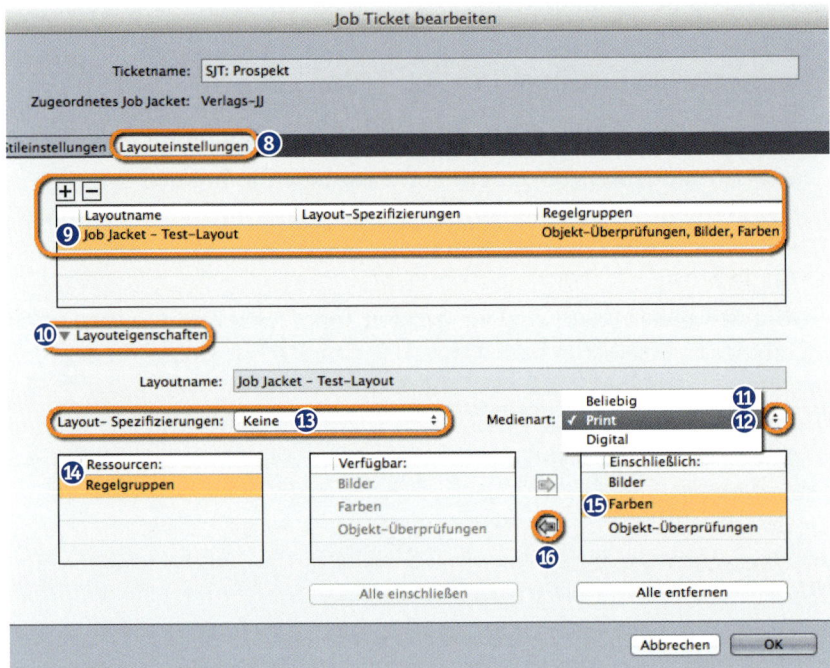

Im Dialog-Fenster *Job Ticket bearbeiten* wechseln Sie nun zu den *Layouteinstellungen* ❽ und sehen Ihr Layout ❾, das aktiviert ist und Ihnen mitteilt, dass es Regelgruppen gibt. Legen Sie jetzt den Pfeil vor *Layouteigenschaften* ❿ um.

Da die *Medienart* noch auf *Beliebig* ⓫ steht, stellen Sie auf *Print* ⓬ um (Digital stünde auch zur Verfügung, was aber zur Fehlermeldung für ein Print-Layout führen würde). Nun sehen Sie unter *Layout-Spezifizierungen*, dass noch *Keine* ⓭ vorgenommen wurde. Wenn Sie die Ressource *Regelgruppen* ⓮ selektieren, können Sie z. B. die Regelgruppe *Farben* ⓯ für dieses Layout durch Klick auf den Pfeil ⓰ deaktivieren. Durch Verschieben mit dem Pfeilklick von *Verfügbar:* nach *Einschließlich:* oder retour lassen sich Regelgruppen für das Layout ein- und ausschalten. Mit *OK* verlassen Sie den Dialog.

Verfestigung des Wissens. Duplizieren Sie unter *Layout | Duplizieren…* das bisherige Layout als Print-Layout und wechseln Sie wieder in *Ablage/Datei | Job Jackets | Job Ticket modifizieren…* Dort selektieren

Sie das zweite Layout und stellen auch in diesem Layout die Ressourcen der Regelgruppen bereit.

Aufsetzen des »kleinen« Überprüfungsworkflows

Sie haben im Workshop eine XPress-Datei mit Überprüfungsregeln erstellt und können über *Ablage/Datei | Job Jackets | Job Ticket modifizieren…* das *Job Tickets bearbeiten*-Fenster bedienen. Sie wollen aber Ihre Regeln auch in anderen Dateien nutzen, ohne grundsätzlich nur mit XPress-Dateien zu arbeiten, die aus Template-Dateien entstehen. Dann fehlt Ihnen noch eine bei Bedarf anzuwendende Arbeitstechnik im *Job Jackets Manager*.

❶ Sie haben wieder Ihre Job Jacket-Testdatei mit den Regeln geöffnet und wechseln über *Hilfsmittel | Job Jacket Manager* in die JJ-Verwaltung. Hier starten Sie ein *neues Job Jacket*

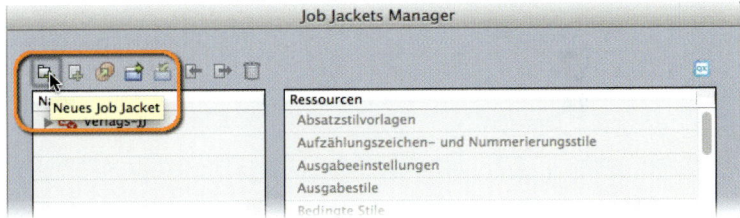

durch Klick auf das Ordner-Plus-Symbol. Sie werden nun nach Name und Ablageort gefragt und landen dabei automatisch im Standard- oder voreingestellten Ordner *(Vorgaben | Job Jackets | Job Jacket Speicherort)*. Nennen Sie die XML-Datei doch »Regelwerk«.

❷ Selektieren Sie das Job Jacket Ihrer XPress-Testdatei und scrollen Sie bei den Ressourcen bis zu Regelgruppen – wählen Sie diese aus. Nun schließen Sie die Dreiecke vor den Regelgruppen, damit sich alle Regelgruppen gemeinsam mit ⇧-Klick auswählen lassen. Ziehen Sie dann mit gedrückter Maustaste die ausgewählten Regelgruppen auf das QX-Symbol des neu angelegten Job Jackets. Mit *Sichern* und dann *Schließen* beenden Sie den Dialog.

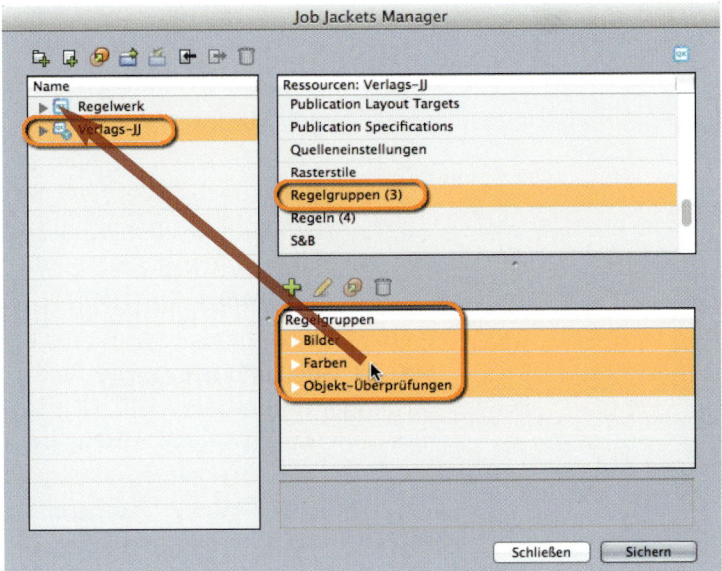

❸ Überprüfen Sie nun durch einen Klick auf das neue Job Jacket, ob alle Regelgruppen und Regeln auch in der XML-Datei angekommen sind.

❹ Schließen Sie Ihre altbekannte Testdatei und erzeugen Sie nun ein neues XPress-Projekt als Print-Datei mit ⌘+N / strg+N. Anschließend wechseln Sie per *Ablage/Datei | Job Jackets | Job Ticket modifizieren…* in das Dialog-Fenster *Job Ticket bearbeiten* zu den Layout-einstellungen. Selektieren Sie dort die Regelgruppen und verschieben Sie die Regelgruppen mit einem Pfeilklick von *Verfügbar:* nach *Einschließlich:* – wie zwei Seiten vorher ausführlich beschrieben.

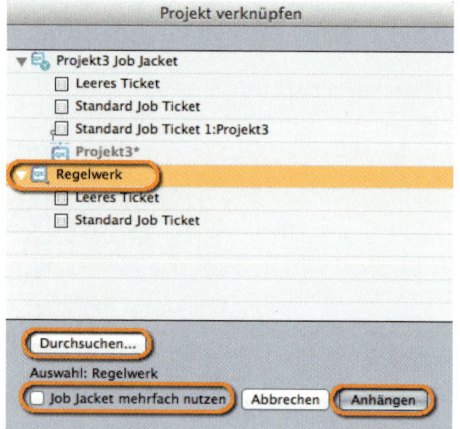

❺ Unter Punkt ❹ haben Sie den Schnelltest durchgeführt. Nun etwas ausführlicher: Liegen eine oder mehrere Job Jacket-Dateien in Ihrem Standardordner für Job Jackets, werden diese automatisch von XPress erkannt. Falls nicht: Über *Ablage/Datei | Job Jackets | Projekt verknüpfen…* gelangen Sie in einen Suchdialog für Job Jacket-Dateien. Im Fenster sehen Sie alle momentan von XPress erkannten Job Jackets und alle gerade geöffneten XPress-Dateien. Finden Sie Ihre gewünschte JJ-XML-Datei dort nicht, können Sie über *Durchsuchen…* die Datei orten und hinzufügen. Sie sollten keinesfalls in einer Produktionsumgebung die Option *Job Jacket mehrfach nutzen* aktivieren, wenn Sie nicht über die teilweise großen Auswirkungen informiert sind. Mit *Anhängen* wird das Job Jacket mit Ihrem Projekt verbunden. Nun müssen Sie – wie bei Punkt ❹ beschrieben – die Regelgruppen noch ins Layout einschließen.

Zusammengefasst: Sie können ein neues externes Job Jacket erzeugen, Ressourcen aus einem Job Jacket in ein anderes Projekt durch Verschieben hineinkopieren und an ein Projekt ein neues Job Jacket anhängen.

Job Jacket-Default-Datei

Sie erinnern sich an den Anfang des Abschnitts über Job Jackets? Dort wurde darauf hingewiesen, dass jede (!) XPress-Projekt-Datei ein Job Jacket enthält. Dieses grundsätzliche Job Jacket basiert auf einer XML-Datei, die im Präferenzen-Ordner von QuarkXPress liegt: der Datei »DefaultJacket.xml«. Im vorigen Abschnitt haben Sie gesehen, wie eine neue Job Jacket-Datei angelegt wird. Wenn Sie eine selbst angelegte Job Jacket-Datei in »DefaultJacket.xml« umbenennen und in den Präferenzen-Ordner bewegen oder kopieren, dann sind die in der XML-Datei enthaltenen Eigenschaftsbeschreibungen und Regelwerke automatisch Bestandteil jedes neu angelegten XPress-Projektes.

Job Jackets – nochmals im Überblick

- Mit Job Jackets lassen sich Layouts nach Regeln überprüfen.
- Mit externen Job Jackets lassen sich ganz einfach auch nur Ressourcen wie Farben oder Stilvorlagen zwischen verschiedenen Dateien synchronisieren, wenn die Arbeitsumgebung mit Ablageorten oder Zugriffsrechten dafür angepasst wurde.
- *Komplette* Job Jackets aufzusetzen erfordert Administrator-Wissen und »Administrator-Denke«. Mit kompletten Job Jackets lassen sich fertig konfigurierte Dateien erstellen. Ideal für den Einsatz von QuarkXPress im Redaktionssystem oder in Corporate-Publishing-Abteilungen großer Firmen.

❸ Farbmanagement

Vierfarbige Drucksachen werden im CMYK-Farbraum (4c-Druck) ausgegeben – digitale Medien hingegen werden im RGB-Farbraum produziert und dargestellt. Office-Programme wiederum arbeiten im RGB-Farbraum, obwohl sie natürlich auch gedruckt werden. Layoutprogramme für den 4c-Druck stellen alles auf dem Monitor in RGB dar. Wie kann man da noch durchblicken und sich auf Ergebnisse verlassen? Die Antwort lautet: indem das Farbmanagement aktiv genutzt wird. Farbmanagement bedeutet für Sie »Arbeiten nach Regeln« – mit Unterstützung von »regelnden Dateien«.

Viele der Regelungen und Dateien stammen vom ICC (International Color Consortium). Dieses bedeutende Konsortium wurde von Firmen wie Adobe, Apple, Agfa, Kodak, Sun Microsystems, Microsoft und Linotype sowie der FOGRA (Forschungsgesellschaft Druck – ein gemeinnütziger, eingetragener Verein) gegründet. Das International Color Consortium schlug das ICC-Profil als plattformübergreifenden Standard für das Farbmanagement vor. Es wurde in der ISO-Norm 15076 international standardisiert – diese Arbeitsweise hat sich mittlerweile seit Jahren bewährt.

Job Jackets

»Alles ist ein Kann, nirgends gibt's ein Muss« – Sie werden durch die Benutzung der Job Jackets in keine Zwangssituationen gebracht. Sie können langsam anfangen und ständig ergänzen.

Der so tief verankerte Ressourcen-Gedanke »Schaffen Sie sich Ihre Ressourcen – Sie können sie überall nutzen und integrieren« unterscheidet QuarkXPress von vielen anderen Programmen.

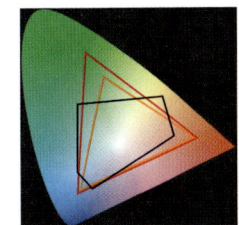

Die »Schuhsohle« entspricht dem LAB-Farbraum (dem von Menschen sichtbaren Farbraum); innerhalb der roten Umrandung liegt der Adobe-RGB-Raum (Orange gleich sRGB) und Schwarz zeigt den Druckfarbraum.

Ein konsistent angewandtes Farbmanagement ist die Voraussetzung dafür, dass Bilder aus unterschiedlichen Quellen auf den verschiedenen Ausgabegeräten korrekt reproduziert werden können. Es soll dafür sorgen, dass sich sämtliche Ein- und Ausgabegeräte auf dieselben Farbdefinitionen »einigen« und damit Farbabweichungen minimiert werden.

Die ICC teilt die Gerätefarbräume in sieben Klassen

Für Layouter und Grafiker sind aber nur drei Klassen in der täglichen Benutzung wichtig – von der vierten Klasse »link« sollten Sie hingegen schon gehört haben: Mit Link-Profilen ist es Druckereien möglich, nicht optimal angelieferte CMYK-Daten an ihr Druckverfahren mehr oder weniger gut anzupassen.

Abk.	Name	Geräte / Erklärung	Farbraum*
scnr	Input Device profile	Digitalkameras und Scanner	RGB
mntr	Display Device profile	Monitor, Beamer	RGB
prtr	Output Device profile	Druckprozess, Drucker, Belichter	CMYK
link	DeviceLink profile	Ein nicht einbettbares Profil, das die Farbwerte ohne Umweg über Lab direkt von CMYK nach CMYK überträgt	CMYK
*Überwiegender Farbraum			

Licht, Lichtquellen, Sensoren sowie Farbeimer und Papier. Damit Sie mit Ihren Produkten farblich sehr ähnliche oder sogar gleichbleibende Endergebnisse erzielen können, sollten Sie über folgendes Grundwissen verfügen:

Genormtes Licht

Für die Druckvorstufe gibt es D50-Normlampen und -lichtkabinen.

Monitore sollten kalibriert werden!

»Ja. Ist das unbedingt nötig?« »Nein!« Aber das ist eine ketzerische Aussage: Selbst mit einem Graustufenmonitor funktioniert das Umrechnen der Farben perfekt. Das Manko ist dabei »nur«, dass Sie auf dem Monitor nicht das wahrscheinliche Endergebnis sehen. Früher hielt Quark diesen Punkt sogar für so wichtig, dass unsinnigerweise das Monitorprofil in die Dateien eingespeichert wurde und somit Farbmanagement praktisch nur auf dem Ursprungsrechner funktionierte.

Produktionsscanner sollten kalibriert werden!

Hierzu werden genormte Vorlagen (IT8-Charts) gescannt und vermessen. Daraus entsteht per Software dann ein Scanner-Profil.

- **Licht:** Das Sonnenlicht am Morgen ist ein anderes Licht als am Mittag. Das Licht im Winter unterscheidet sich vom Sommerlicht. Die Beleuchtung in Ihren Räumen unterscheidet sich von Lampenart zu Lampenart. Dementsprechend sehen alle Bilder – ob auf Monitor oder Papier – häufig anders aus. Eine Angabe der Lichtfarbe erfolgt in Kelvin. Kühles blaues Licht hat eine Farbtemperatur von über 8000 Kelvin, warmes Abendlicht von 3500 K. Die internationale Norm für mittleres Sonnenlicht beträgt 5500 Kelvin – im Druck wird mit Werten zwischen 5000 (D50) bis 6500 (D65) Kelvin gearbeitet.

- **Lichtquellen:** Monitore oder elektronische Geräte erzeugen heutzutage Licht durch LEDs oder Ähnliches und bringen verschiedene kleine Punkte auf einem Monitor zum Leuchten auf Rot-Grün-Blau-Basis. Verschiedene Scanner beleuchten die zu erfassenden Bilder ebenfalls mit unterschiedlichem Licht.

- **Sensoren:** In Digital-Kameras und in Scannern werden fast nur noch CCD- oder CMOS-Sensoren eingebaut. Sie unterscheiden sich mehr oder weniger stark in der Art, wie sie Farben »sehen«.

- **Farben:** Zum Drucken nutzen Sie im Proof-Drucker wahrscheinlich Tinten (Ink) oder Laser-Technologien. In der Druckerei werden Farben aus »Farbeimern« unterschiedlicher Hersteller genutzt – überwiegend Cyan, Magenta, Gelb (Yellow) und Schwarz (Black oder Key). In Nordamerika oder Japan werden die vier Grundfarben mit anderen Farbtönen hergestellt: Amerikanisches Cyan sieht nicht wie europäisches Cyan aus! Die vier Grundfarben werden aber zusätzlich noch an die Druckverfahren angepasst. Europäisches Zeitungs-Magenta sieht anders aus als europäisches Hochglanz-Magenta.

- Papier: Das bedruckte Papier kann auch sehr unterschiedliche Farbtöne und unterschiedliches Verhalten bei der Farbannahme im jeweiligen Druckprozess haben.

Profile und Module. Es gibt die Möglichkeit, das Farbverhalten der einzelnen Ausgabebedingungen genau zu charakterisieren, und zwar mit einem »farblichen Fingerabdruck«, einem sogenannten Geräteprofil. Dieses ICC-Profil beschreibt die farbliche Beschaffenheit eines Geräts genau. Profile sind kleine Dateien, die sich einer allgemeinen Sprache bedienen, um zu beschreiben, wie ein bestimmtes Gerät Farbe reproduziert. Es gibt verschiedene Farbberechnungsmodule. In ihnen sind die Algorithmen zur Umrechnung auf die Geräteeigenschaften gespeichert, allerdings setzt jedes Modul dies leicht anders um. Wie funktioniert das System? Das Layout- oder Bildprogramm fordert beim Betriebssystem (oder bei sich selbst) eine Farbumwandlung an. Das System leitet die Berechnung an das Color Management Modul (CMM) weiter. Nun berechnet das CMM mit den angegebenen ICC-Profilen die neuen Farben. Die CMMs arbeiten dabei mit Algorithmen, die aus Erfahrungswerten abgeleitet wurden. Der Sinn des Gesamtsystems aus Profilen und Modulen besteht darin, Farben so abzustimmen, dass sie beim Wechsel von einem Gerätefarbraum in einen anderen möglichst exakt erhalten bleiben. Dabei gelten noch spezielle Regeln, was mit Farben passieren soll, die nicht im anderen Farbraum vorhanden sind.

Das CMM in XPress
Seit der Version 10 setzt Quark in XPress nur noch ein eigenes CMM zur Farbumwandlung ein. Somit fallen durch QuarkXPress durchgeführte Separationsergebnisse anders aus als mit älteren Versionen – meist deutlich besser.

Rendering Intents. Das ist der Name für dieses eben angesprochene Regelwerk. Wenn Sie ein Layout für eine bestimmte Ausgabebedingung aufbereiten möchten, geschieht dies mithilfe der Profile aller an der Produktion beteiligten Geräte. Die Umrechenarbeit übernimmt das Color Management Modul (CMM). Es übersetzt die Farben vom Farbraum des einen Geräts in einen geräteunabhängigen Farbraum, meist CIE L*a*b. Von hier aus »mappt« das Farbsystem die Farbinformationen in den Farbraum des anderen Geräts. Auf welche Weise die beschriebene Transformierung durch das CMM erfolgt, legen Sie in der Übertragungsmethode, dem sogenannten Rendering Intent (auch Render-Priorität oder Wiedergabeziel), fest. Ziel ist immer, dass so wenig Farbverschiebungen und Tonwertabrisse wie möglich entstehen. Weil es hier keine allgemein gültige Methode gibt, vielmehr von Fall zu Fall bzw. je nach Grafiktyp (Fotos, Illustrationen …) entschieden werden muss, haben Sie bei einem Programm wie XPress die Wahl zwischen vier verschiedenen Renderprioritäten, die vom International Color Consortium (ICC) festgelegt wurden:

- Perzeptiv: Diese für Fotos gut geeignete Renderpriorität erhält das optische Verhältnis zwischen den Farben auf bestmögliche Weise. Die Farbwerte können sich bei der Konvertierung ändern.

- Sättigung: Diese Renderpriorität versucht, gesättigte Farben zu erzielen. Die Farbgenauigkeit ist dabei unwichtig. Gut für Excel-Charts.

- Relativ farbmetrisch: Diese Renderpriorität vergleicht den Weißpunkt des Quellfarbraums mit dem des Zielfarbraums und verschiebt die Farben entsprechend. Die allgemeine Farbtreue ist besser als bei der Renderpriorität *Perzeptiv*, wobei die Gefahr besteht, dass unterschiedliche Werte, die vorher außerhalb des Zielfarbraums lagen, nun mit einem Mal gleiche Werte besitzen und Unterschiede verschwinden.

- Absolut farbmetrisch: Innerhalb des Zielfarbraums gelegene Farben bleiben unverändert. Farben außerhalb des Farbumfangs werden beschnitten. Die Weißpunkte werden nicht berücksichtigt. Eine möglichst hohe Farbtreue wird angestrebt, auch wenn dies auf Kosten der Farbbeziehungen geschieht.

Ein korrekt eingerichteter Workflow mit den richtigen ICC-kompatiblen Profilen auf allen Ausgabegeräten kann zwar nicht alle, aber doch sehr viele Farbprobleme beheben. Ein solches Farbmanagement koordiniert die Farbdarstellung bereits auf Betriebssystemebene, damit die Farben im gesamten Produktionsprozess auf jedem Ausgabegerät möglichst korrekt dargestellt werden. Eine ICC-taugliche Anwendung (wie etwa QuarkXPress oder Adobe Photoshop) verknüpft die Profile so, dass eine exakte Umrechnung der Farben zwischen verschiedenen Farbräumen möglich ist, zum Beispiel dem einer bestimmten Digitalkamera und dem eines bestimmten Druckprozesses. Das Ergebnis ist eine möglichst hohe Farbübereinstimmung in der Farbdarstellung dieser beiden Geräte.

In den Farbmanagement-Einstellungen legen Sie unter anderem Standardfarbprofile fest, die mit dem RGB- und CMYK-Farbmodell verknüpft sind und »Arbeitsfarbräume« genannt werden. Dies gewährleistet eine hohe Farbtreue unter typischen Ausgabebedingungen. Eine wichtige Eigenschaft von ICC-Profilen ist, dass Sie sie in Bilder oder PDF einbetten können. Wenn ein solches Bild mit einem eingebetteten Profil auf einem anderen Computer geöffnet wird, wird die entsprechende ICC-fähige Anwendung »wissen«, wie die Farben des Bilds für die Kamera und Drucker dieses Computers umgerechnet werden müssen. In einem sicheren Workflow werden Sie Ihre Bilder in den Arbeitsfarbraum Ihres Programms umrechnen und dieses Profil einbetten.

Farbmanagement mit QuarkXPress in der Praxis

Um in das Quark-Farbmanagement einzusteigen, sollten Sie wissen, wo XPress die ICC-Dateien »sieht« oder erkennt und Ihnen zur Nutzung im Programm bereitstellt:
– Windows: im Ordner *Required Components/Profiles* innerhalb des Programmordners; Mac: innerhalb des Programmpakets
– in den Farbmanagement-Ordnern der Betriebssysteme (am Mac in den Ordnern *Library* | *ColorSync* | *Profiles* – unter Windows in *C:\Windows\System32\spool\drivers\color*)

Farbmanagement ist immer angeschaltet und ist wichtig.
Wenn eine Farbkonvertierung von RGB zu RGB oder von RGB zu CMYK stattfindet – egal, ob in XPress, im RIP oder in Photoshop –, dann kann man Farbmanagement gar nicht ausschalten. Was Photoshop beispielsweise mit einer Einstellung vorgaukelt, ist nicht Farbmanagement »aus«, sondern in Wirklichkeit »stelle ICC-basiertes Farbmanagement aus und nimm das hart verdrahtete interne Umwandlungsprofil, welches auch immer eingebaut ist«.
Denn der Wunsch der Anwender ist ja eher: »Kann man QuarkXPress oder Photoshop dazu bringen, Farben nicht einfach so umzuwandeln, sondern wie gewünscht durchzureichen?« Die kurze Antwort lautet: »Ja, man kann.«

QuarkXPress ist nicht von Adobe. Das bedeutet, dass das Aufsetzen des Farbmanagements anders abläuft als bei Adobe-Produkten: nämlich typisch XPress-like mit Ressourcen: *Layoutressourcen* für die in XPress erstellten Elemente und die platzierten Bilder sowie *Programmressourcen* für die Ausgabe in Druck, PDF oder digitale Geräte. Das Außergewöhnliche am Farbmanagement ist, dass ein Abgleich zwi-

---

Die Adobe-Welt
Die Creative Suite oder Cloud von Adobe kann innerhalb des Creative-Paketes mit der Adobe *Bridge* die Farben zwischen Bildbearbeitung, Grafik, Layout und seit einiger Zeit auch PDF synchronisieren.
Dies geschieht mit .csf-Dateien, die entweder von Adobe, von Druckverbänden oder PDFX-ready.ch bereitgestellt werden.
Für QuarkXPress finden Sie bei PDFX-ready ebenfalls Dateien, um das Color-Management in XPress einzurichten.

Was sollte durch ICC-Profile beschrieben sein?
– der Druckprozess
– die Bilder
– die Layoutelemente
– der Monitor

QuarkXPress und Druck-PDF in Europa
Die standardmäßige Installation von QuarkXPress ist nicht für die Ausgabe von Drucksachen in Europa ausgelegt, sondern eher für Nordamerika. Es werden jedoch alle wichtigen Bestandteile für die europäischen Standards installiert.
Sie müssen sie nur noch einstellen und anpassen.

schen layoutspezifischen internen Dingen und externen Ausgabebedingungen erfolgt. Diese beiden Welten – in XPress sind es »Ressourcen-Welten« – müssen zusammengebracht werden. Und dieses Zusammenbringen ist nur möglich, wenn Sie wissen, was Sie für Daten einsetzen und was Sie erreichen wollen.

»Das hab ich« – die Quelleneinstellungen definieren

Szenario 1: Sie haben in QuarkXPress alle Farben der XPress-eigenen Elemente mit CMYK-Farben eingefärbt. Sie haben in Ihrem Layout nur CMYK-Grafiken und Bilder platziert, die für den Standard-Offsetdruck optimal vorbereitet sind.

Szenario 2: Es unterscheidet sich vom ersten Szenario nur dadurch, dass auch RGB-Bilder mit eingebettetem ICC-Farbprofil platziert sind.

Szenario 3: Das unterscheidet sich von den beiden vorherigen Szenarien, weil nun auch noch unprofilierte RGB-Bilder platziert sind, von denen Sie annehmen, dass sie aus Office-Programmen oder aus dem Web stammen. Das bedeutet, der RGB-Farbraum dieser Bilder wird mit sRGB angenommen – »getagged«.

Alle drei Szenarien lassen sich mit einer einzigen Quelleneinstellung realisieren, wenn Sie die Datei auch so ausgeben wollen, wie Sie es mit den platzierten CMYK-Bildern schon vorgesehen haben: dem Standard-Offsetdruck, den man in der Druckersprache *ISO Coated v2* oder seit kurzem in der neuen Version *PSO Coated v3* nennt. Quark installiert Ihnen bisher aber nur das bewährte ISO Coated v2.

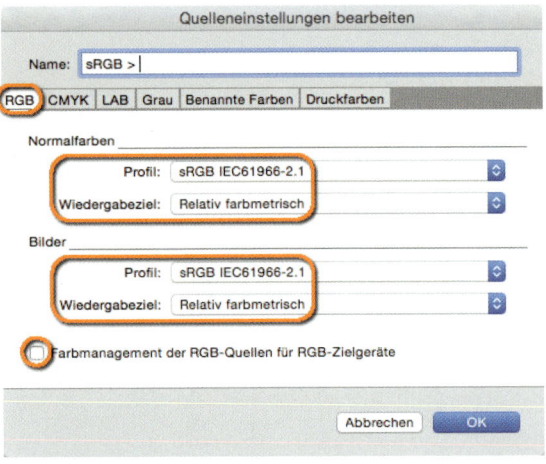

❶ Rufen Sie über *Bearbeiten | Farbeinstellungen | Quelle …* ein Dialog-Fenster auf, in dem Sie die bisher eingestellten oder installierten Quelleneinstellungen sehen. Klicken Sie nun links unten auf *Neu* und Sie landen im Register *RGB*. Bei den *Normalfarben* (= XPress-Elemente) und bei den *Bildern* wählen Sie ein sRGB-*Profil* aus und stellen als *Wiedergabeziel* (*Rendering Intent*) *Relativ farbmetrisch* ein.

❷ Nun wechseln Sie in das Register *CMYK* und wählen für beide Bereiche *ISO Coated v2* und *Relativ Farbmetrisch*. Das Farbmanagement für RGB zu RGB und für CMYK zu CMYK (jeweils die unterste Option) sollten Sie nicht aktivieren. Vergessen Sie auf keinen Fall eine sinnvolle Benennung, die Sie in Ihrer ganzen Abteilung oder Firma einheitlich durchhalten sollten. Mit *OK* beschließen Sie den Dialog. Mit *Sichern* verlassen Sie abschließend das *Layoutressourcen*-Definitionsfenster für die Quelleneinstellungen.

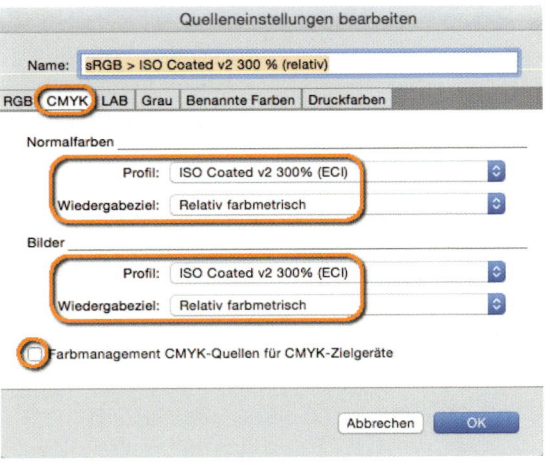

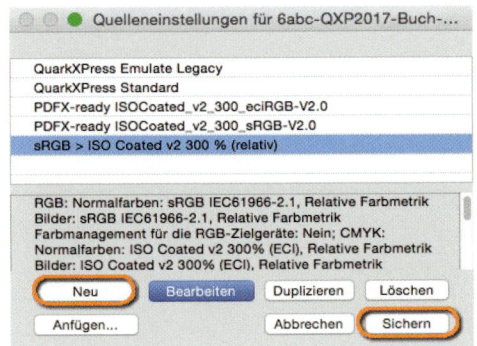

Optionen:
Farbmanagement der RGB-Quellen für RGB-Zielgeräte

Das sind RGB-Zielgeräte: RGB-Drucker (Fotodrucker) oder Beamer, Monitore etc. Selten lohnt die Aktivierung dieser Option bei Print-Dateien, weil die Farbanpassung über Photoshop oder PDF deutlich besser ist.

Farbmanagement CMYK-Quellen für CMYK-Zielgeräte

Bei Aktivierung würde XPress alle platzierten Bilder von CMYK zu CMYK konvertieren – aus reinem Schwarz würde vierfarbiges Schwarz entstehen, da es kein Device-Link ist.

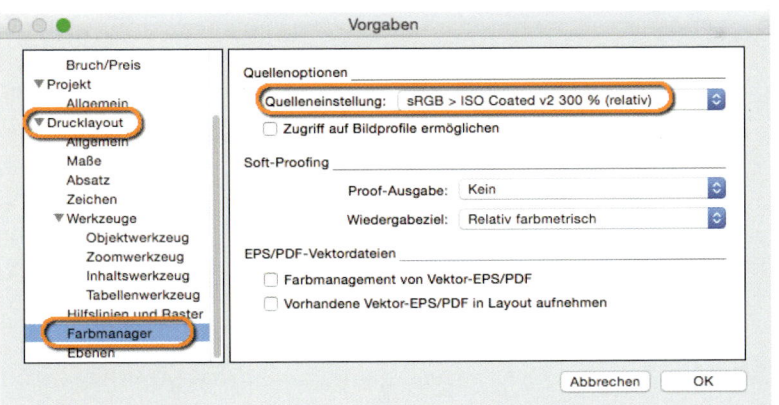

Quelleneinstellungen sind Layoutressourcen

Layoutressourcen werden über die Anfügen-Funktion (cmd alt + A / strg alt + A) in schon bestehende Dateien importiert.
Wenn Sie die eben erstellte Quelleneinstellung zur Standard-Layout-Vorgabe machen wollen, schließen Sie alle XPress-Dateien und *fügen* die Quelleneinstellung aus der Datei direkt ins Programm *an*. Alle *neuen* Dateien verfügen dann über diese Quelleneinstellung.

❸ Durch die Definition einer Quelleneinstellung wird sich das Aussehen Ihres XPress-Layouts noch nicht verändern, denn Sie haben diese Ressource bisher nicht in Ihrem momentan aktuellen Layout aktiviert. Dazu wechseln Sie in die *Vorgaben | Drucklayout | Farbmanager* und weisen Ihre neu erstellte *Quelleneinstellung* zu. Wenn Sie den Dialog mit *OK* verlassen, sehen Sie eventuell schon leichte farbliche Verschiebungen gegenüber dem »XPress-Rohzustand«.

»Das will ich« – die Ausgabeeinstellungen definieren

Ausgabeeinstellungen sind keine Layoutressourcen, sondern Programmressourcen. Einmal definiert, stehen sie somit allen Layouts zur Verfügung, solange Sie nicht Ihre XPress-Präferenzen löschen.

Wenn es mancher lokale Druckerei-Besitzer auch nicht gerne hören mag: Viele Layouter und Grafiker müssen – weil es der Auftraggeber so wünscht – ihre PDF-Daten an Internet-Druckereien liefern. Und diese Großbetriebe bestimmen mit ihren günstigen Preisen oftmals über ihren Willen. Online-Druckereien wollen CMYK-Daten, keine Transparenzen, und nur selten sind zusätzlich noch Sonderfarben erlaubt. Wie wird eine passende Standard-Ausgabe-Farbeinstellung für diese Aufgabe definiert?

❹ Sie rufen den Erstellungsdialog über *Bearbeiten | Farbeinstellungen | Ausgabe...* auf und landen in einer Liste mit vielen Vorschlägen, wie man aus XPress ausgeben könnte. *Benutzen Sie keine dieser Quark-Vorschläge für farbige Produktionen in Europa.* Wenn Sie den Vorschlag *Composite-CMYK* anklicken, sehen bei *Modus:*, dass das (ICC-)Profil »Quark Generic CMYK« heißt... Zum Duplizieren taugt es trotzdem!

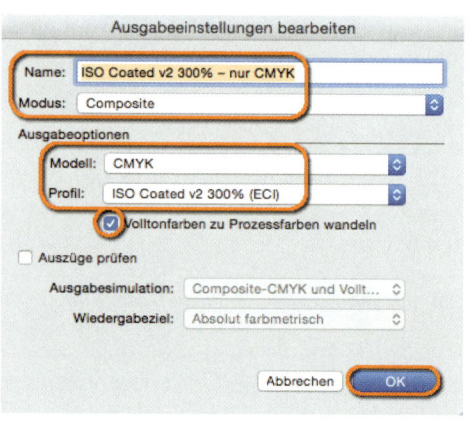

❺ Durch das *Duplizieren* sind Sie in den *Bearbeiten*-Dialog gelangt, der schon viele sinnvolle Einstellungen enthält: *Composite, CMYK* oder *DeviceN* und *Volltonfarben zu Prozessfarben (CMYK) wandeln*, nur das *Profil* ist noch ungeeignet: Hier wählen Sie »ISO Coated v2 300% (ECI)«. Nun sollten Sie dieser Farb-Ausgabeeinstellung noch einen sinnvollen Namen geben, damit Sie sie hinterher unter möglicherweise zwanzig Einstellungen wiederfinden können. Mit *OK* verlassen Sie den *Bearbeiten*-Dialog und mit *Sichern* die Liste der Ausgabeeinstellungen.

❻ Beenden Sie nun QuarkXPress, damit diese Programmressource tatsächlich gesichert wird! Dann sollten Sie QuarkXPress wieder starten und in Ihre Datei zurückkehren.

❼ Nun noch ein »Kann«, kein »Muss«: Stellen Sie unter V*orgaben | Layout | Farbmanager* beim *Softproofing* als *Proof-Ausgabe:* Ihre neu geschaffene Ausgabeeinstellung ein. QuarkXPress wird jetzt noch besser an Ihrem Monitor das zu erwartende Ausgabeergebnis simulieren können.

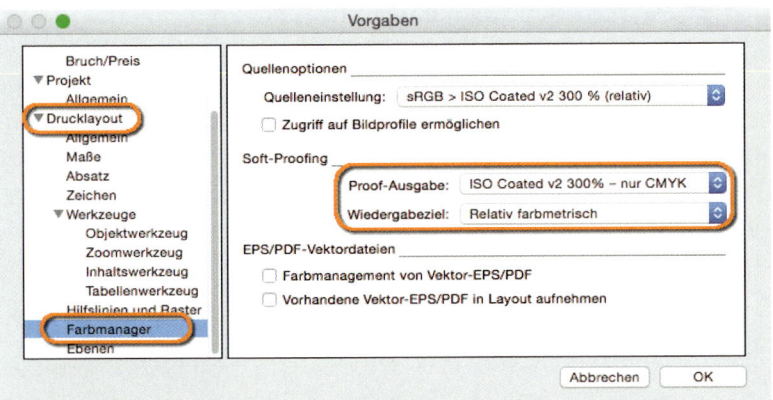

Die Einstellarbeit soll eine schnelle Belohnung erhalten!
Rufen Sie mit [cmd] [alt] + [P] / [strg] [alt] + [P] den PDF-Export auf. Wählen Sie den Quark-*Exportstil*-Vorschlag *PDF/X-1a:2001* aus und drücken nun noch den Knopf *Optionen*.
In der linken Spalte wechseln Sie die Aktivierung auf Farbe und wählen bei Einstellungen Ihre *ISOCoated v2*-Farb-Ausgabeeinstellung aus. Das entstehende PDF wird (fast) jeden Flight Check der Internet-Druckereien bestehen.
Wie Ausgabestile komfortabler definiert werden, lesen Sie weiter hinten im Kapitel.

Sie haben in Ihrer Datei auch Elemente mit Volltonfarben – auch Spot- oder Sonderfarben genannt? Wenn Sie diese erhalten wollen oder weil Sie die bessere Sonderfarben-Umwandlung in einem PDF-Workflow nutzen wollen, brauchen Sie eine eigene Farb-Ausgabeeinstellung mit Volltonfarben.

❽ Wechseln Sie wieder in den Erstellungsdialog mit *Bearbeiten | Farbeinstellungen | Ausgabe…* und *duplizieren* Sie die gerade erstellte Ausgabeeinstellung »ISO Coated v2 300% – nur CMYK« oder »DeviceN«. Das Modell *DeviceN* erlaubt sehr komplexe Bild-Einfärbungen auch mit Sonderfarben. Deaktivieren Sie die Option der *Volltonfarben zu Prozessfarben-Umwandlung* und ändern Sie noch den Namen der Ausgabeeinstellung dementsprechend ab.

Einige Workflows erfordern, dass XPress alle Daten im ursprünglichen Farbraum ausgibt, also keinerlei Farb-Umwandlungen vornimmt:

Modus Composite
Hier stünde für Work-

❾ Rufen Sie dazu den Erstellungsdialog mit *Bearbeiten | Farbeinstellungen | Ausgabe…* auf und *duplizieren* Sie die gerade erstellte Ausgabeeinstellung »ISO Coated v2 300%«. Stellen Sie das *Modell:* im Dropdown-Menü auf *Unverändert* um. Die folgende Option hat sich nun in der Bedeutung umgedreht: Die Frage lautet nun *Volltondruckfarben erhalten*? Bei unveränderter Ausgabe meist ja. Sie ändern den Namen der Ausgabeeinstellung dementsprechend ab. Mit *OK* und *Sichern* verlassen Sie den Dialog.

DeviceN-Farbausgabe
Früher sehr wichtig: In XPress 6 war die erzwungene DeviceN-Ausgabe noch für Duplexbilder, Multi-Ink-Farben, mit Sonderfarben eingefärbte Graustufenbilder und Sonderfarbverläufe grundsätzlich notwendig. Heute greift XPress nur noch bei Bedarf automatisch darauf zurück.

Wichtig zu wissen für die Unverändert-Ausgabe. Bei der Ausgabe hängt XPress an die RGB-Bilder und die Volltondruckfarben *keine* Profile. Das bedeutet, dass Sie direkt aus XPress heraus *keine* gültigen PDF/X-Dateien erhalten können, wenn *Unverändert* gewählt wird und nicht nur *CMYK* und *Graubilder* im Layout genutzt werden. Ein PDF unterscheidet grundsätzlich zwischen »Device-Farben« (Geräteabhängige Farben) und »nicht Device-Farben«. Bei der *CMYK-Ausgabe* werden immer *Device-Farben* erzeugt, bei der *Unverändert-Ausgabe* können Sie die *Geräteunabhängige Farbausgabe* erzwingen, die allerdings zu ganz leichten Farbtonveränderungen führt!

RGB. Hier wandelt XPress alle Farben in RGB um. Ein typischer Anwendungsfall ist das Web-PDF. Hier bietet sich als Profil *sRGB* an. Wollen Sie eventuell die RGB-PDF-Datei später doch noch für Print-Zwecke nutzen, empfiehlt sich *eciRGB v2*.

Graustufen
Nomen est omen. Bei diesem Modus werden alle Farben bei der Ausgabe in Graustufen umgewandelt.

Ein weiterer Anwendungsfall für den direkten RGB-PDF-Export sind Abstimmungen mit Autoren und Auftraggebern. Hier ist zu beachten: Wenn Sie in XPress im Layout RGB-Bilder platzieren und die Farbigkeit der Bilder später im Druck ein Bestandteil des Abstimmungsprozesses ist, sollten Sie kein RGB-PDF versenden.

Warum wurde bis jetzt als CMYK-Ausgabefarbraum nur ISO Coated v2 (mit und ohne) 300 % erwähnt? Sie sind die mit riesigem Abstand am meisten verwendeten Profile in der Druckindustrie für den Offsetdruck auf mattem oder glänzendem Bilderdruckpapier. ISO Coated v2 ist für glänzende und matte Bilderdruckpapiere gültig. Die beiden Profile mit ihren kleinen Unterschieden sind die größten CMYK-Standard-Farbräume. Bei dem ISO-Profil mit Prozentangabe beträgt der maximal erwünschte Farbauftrag 300 %. Das dunkelste Schwarz in einem Bild setzt sich hier aus 78 % Cyan, 68 % Magenta, 58 % Gelb und 94 % Schwarz zusammen. Ohne Prozentangabe wird der Wunschwert aus 88 % Cyan, 79 % Magenta, 65 % Gelb und 93 % Schwarz (325 % – der Grenzwert beträgt 330 %) angegeben. Die Farben erscheinen nun minimal »knackiger«. Es wird aber mehr Druckfarbe eingesetzt (preisrelevant) und die Trockenzeit (ebenfalls preisrelevant) für bedrucktes Papier steigt deutlich an. Die Gefahr von Verschmierungen nimmt zu.

Übergangsphase
Im Jahr 2017 befinden wir uns in einer Übergangsphase von ISO Coated v2 zu PSO Coated v3. Die meisten Druckereien verlangen meist noch CMYK-Dateien, die nach ISO Coated v2 aufbereitet wurden.

Nicht alles wird ISO Coated gedruckt – und dann? Sie können von Druckereien oftmals eigene Profile anfordern oder die PSO-Profile für die einzelnen anderen Standard-Druckverfahren, die XPress installiert, ebenfalls anwenden. Andere Profile können Sie – wie bei Punkt ❷ und Punkt ❺ auf den vorhergehenden Seiten beschrieben – einbinden. Die

CMYK-Bilder, die Sie platzieren, sollten ebenfalls schon mit diesem Profil in CMYK gewandelt worden sein.

Farbmanagement fertig aufsetzen

Nach den Vorarbeiten und Erklärungen können Sie jetzt den Farbmanager vollständig konfigurieren.

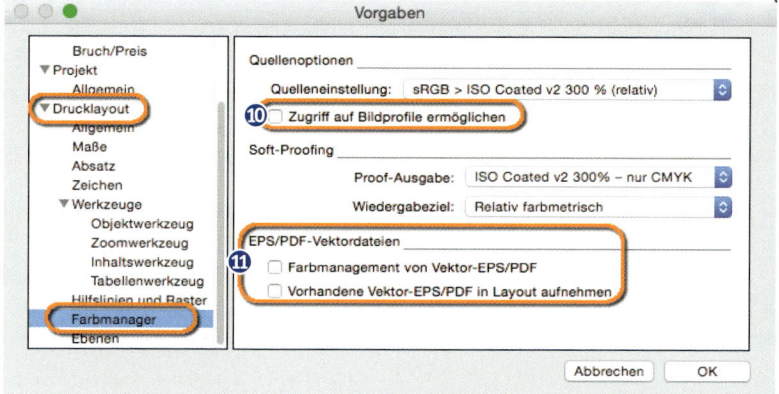

⑩ Wie *Quelleneinstellungen* und *Ausgabeeinstellungen* für die *Proof-Ausgabe* in die *Vorgaben | Layout | Farbmanager* aufgenommen werden, ist schon beschrieben worden. Die Option *Zugriff auf Bildprofile ermöglichen* öffnet Ihnen in der *Profilinformationen*-Palette den Zugang zu den Profilen einzelner Bilder. Das Plus-Symbol hinter dem Profilnamen bedeutet hier, dass momentan das im Bild hinterlegte Farbprofil aktiv ist. Weiterhin sehen Sie in diesem Fenster den *Farbraum* des platzierten Bildes und den *Dateityp* in codierter Form.

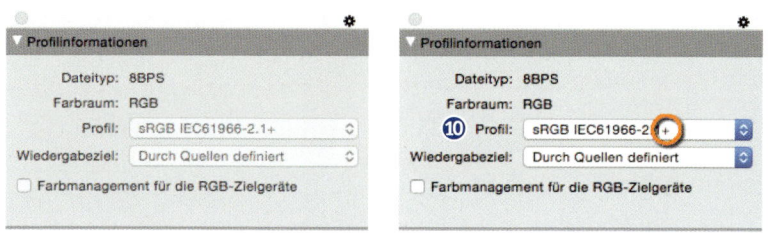

⑪ Die Einstellungen für *EPS-/PDF-Vektordaten* **⑪** betreffen alle PDF- und EPS-Daten, die (auch) Vektoren oder Text enthalten. Bei Aktivierung werden sowohl in XPress geladene PDF und EPS als auch Text und Vektoren sowie die dort platzierten RGB-Bilder nach CMYK gewandelt. Die erste Einstellung betrifft nur die Bilder ab dem Moment des Importes, die zweite Einstellung gilt auch für alle schon platzierten PDF- oder EPS-Dateien.

Was passiert mit Ihren Bildern, wenn Sie Ihre Daten als CMYK-Daten mit dem Profil ISO Coated v2 ausgeben?

- CMYK-Bilder, die keine Profile haben, bekommen das genannte Profil angehängt.

- CMYK-Bilder mit angehängtem Profil werden von XPress durchgereicht, wenn die Option »Farbmanagement der CMYK-Quellen für CMYK-Zielgeräte« *nicht* gesetzt wurde.

- CMYK-Bilder, die *nicht* das genannte Profil haben, werden von XPress verändert, wenn die Option »Farbmanagement der CMYK-Quellen für CMYK-Zielgeräte« gesetzt wurde. Diese Einstellung kann aber nur fürs Proofen sinnvoll sein.

- RGB- oder LAB-Bilder, egal ob mit oder ohne Profil, werden in CMYK konvertiert. Wenn Bilder kein Profil besitzen, bekommen sie das Standardprofil für ihren Farbraum zuerst zugewiesen, bevor sie konvertiert werden.

Softproof schnell verändern

Möchten Sie während der Arbeit einen Soft-Proof mit einem anderen Ausgabe-Setting betrachten oder den Softproof ausschalten, wählen Sie jederzeit *Ansicht | Proof-Ausgabe* und klicken auf die gewünschte Einstellung.

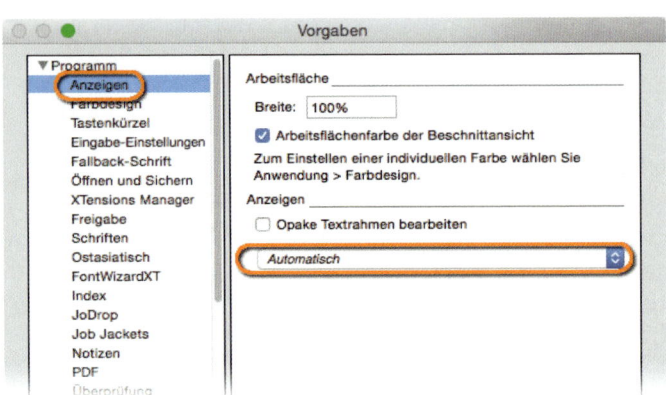

⓬ Die Bildschirmwiedergabe von XPress-Layouts sollte in den *Vorgaben | Programm | Anzeigen* auf *Automatisch* stehen, damit das Layout dem erstellten PDF entspricht. Leider war dies in XPress 10 und 2015 nicht der Fall. Mit XPress 2016 und 2017 ist Quark diesem Ziel wieder sehr nahe gekommen.

Der Preis für vollständig aufgesetztes Farbmanagement

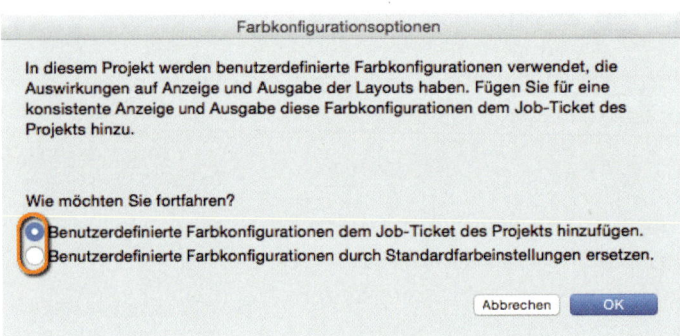

Wenn Sie in den Vorgaben für das Soft-Proofing eine Einstellung vorgenommen haben, dann ist eine Programmressource (!) mit Ihrer Datei »verheiratet« worden. Gelangt diese Datei jetzt auf einen anderen Rechner, auf dem es diese Ressource nicht gibt, müssen Sie XPress beiseite springen und reagieren:

- **Benutzerdefinierte Einstellung dem Ticket zufügen:**
  Die Softproof-Einstellung des öffnenden XPress werden dem Job Jacket der Datei, die geöffnet werden soll, hinzugefügt und angewandt. Da diese bisher nicht benannt ist, wird ein generischer Name

für die Ausgabeeinstellung erzeugt (z. B. »Neue Ausgabeeinstellung«). Wenn Sie die Datei schon geöffnet haben, stellen Sie einen Ihrer vorher erstellten Softproofs ein und löschen anschließend im *Job Jackets Manager* die »neue« Einstellung, damit hier kein Wildwuchs an Einstellungen entsteht.

■ **Durch Standardfarbeinstellungen ersetzen:**
XPress ersetzt die Softproof-Einstellungen in der Datei durch Standardeinstellungen. Damit sind Standardeinstellungen gemeint, die z. B. bei einem frisch installierten XPress vorhanden sind. Danach sollten Sie die Einstellungen auf Ihren Standard neu vornehmen.

Nun müssen Sie nur noch zu Ihrem Farbmanagement-Glück bei der Ausgabe daran denken, dass Sie auch die richtigen Farb-Ausgabeeinstellungen benutzen. Das stellen Sie im Normalfall mit einem Ausgabestil sicher (wie in diesem Kapitel weiter hinten noch beschrieben wird).

Fremde Dateien und Farbmanagement
Wenn Sie eine fremde Layout-Datei öffnen – egal ob QuarkXPress oder InDesign –, öffnen Sie eine fremd definierte Farbmanagement-Einstellung.

❹ PDF-Ausgabe und Drucken

Das PDF ist ein universelles Datenformat, das sehr unterschiedlichen Anforderungen genügen soll: von PowerPoint-ähnlichen Präsentationen zu verlinkten Website-Sicherheitsupdates, von Formularen zu vorlesbaren Anweisungen – oder zu datenmäßig »schweren« Print-PDF-Dateien für den Druck. Aber animierte Folienübergänge, Verlinkungen, Ausfüllfelder oder Sound drucken? Deswegen haben sich Druckindustrie und Hersteller zusammengetan und einen Standard unter Einbeziehung von ISO-Normen für den sicheren Austausch (EXchange) von Druck-PDFs beschlossen: PDF/X. So ist die erste Frage, die Sie in XPress bei der PDF-Ausgabe unter den Optionen beantworten müssen, ob Sie ein genormtes und überprüftes PDF generieren wollen oder nicht. Entscheiden Sie sich für ein PDF/X-Format, können Sie viele nicht zu einem Druck-PDF passende Optionen aus Sicherheitsgründen schon gar nicht mehr auswählen.

Erfolgreich (!) evaluierte PDF-Dateien aus dem PDF-Export aus XPress enthalten:
■ den PDF/X-Stempel
■ alle Schriften
■ nur noch CMYK- und/oder Sonderfarbelemente
■ kein RGB, kein LAB
■ gültige Trim- und Bleedboxen
■ einen Output-Intent (Ausgabeeinstellung)
■ den Überfüllungs-Flag »Nein«

Erfolgreiche PDF/X-1a- und -3-Dateien enthalten keine nativen Transparenzen!

Erfolgreiche PDF/X-4- können native Transparenzen enthalten!

PDF-Ausgabe für europäische Druckereien
Manche Druckerei in Deutschland verlangt PDF/X-3-Dateien, die keine RGB- oder LAB-Elemente enthalten dürfen. Warum diese Druckereien nicht einfach PDF/X-1a anfordern, bleibt ihr Marketinggeheimnis. Also hier in mathematischer Kurzfassung: PDF/X-3 minus RGB minus LAB ist gleich PDF/X-1a.

Geben Sie aus XPress direkt eine PDF/X-Datei aus, wird zuerst das PDF erzeugt und dann auf Gültigkeit überprüft. Diese Überprüfung erfolgt mit dem gleichen PDF-Inspector (von Callas), der auch in Adobes Acrobat seinen Dienst tut. Ist die Überprüfung erfolgreich verlau-

Wichtig zu bedenken:
Eine »normale« PDF/X-Prüfung berücksichtigt nicht die Bildauflösung. Dafür gibt es von den Druckverbänden oder manchen Dienstleistern sogenannte PDF/X-Plus-Prüfungen.

fen, wird das ICC-Ausgabeprofil als Rendering Intent in die Datei eingespeichert, der Überfüllungsflag »Keine« gesetzt und der Gültigkeitsstempel verliehen. Der Empfänger des PDF erkennt anhand des Stempels, für welches Ausgabegerät Sie das PDF erzeugt haben.

Übrigens: Eine Druckerei mit ihrem Druckverfahren ist aus Sicht des PDF ein »Ausgabegerät« oder eine Ausgabebedingung mit Namen »ISO Coated v2« oder einem anderen Druckverfahren.

Die Einbindung der PDF-Ausgabe in QuarkXPress

Texte können Sie ohne Absatz- oder Zeichenstile formatieren, Objekte können Sie ohne Objektstile in Form bringen. Aber PDF erzeugen, das können Sie (fast) nicht ohne PDF-Ausgabestile. »Stil« bedeutet: Statt einzelne Einstellungen vorzunehmen, ruft man voreingestellte Settings auf und wandelt diese bei Bedarf einfach ab.

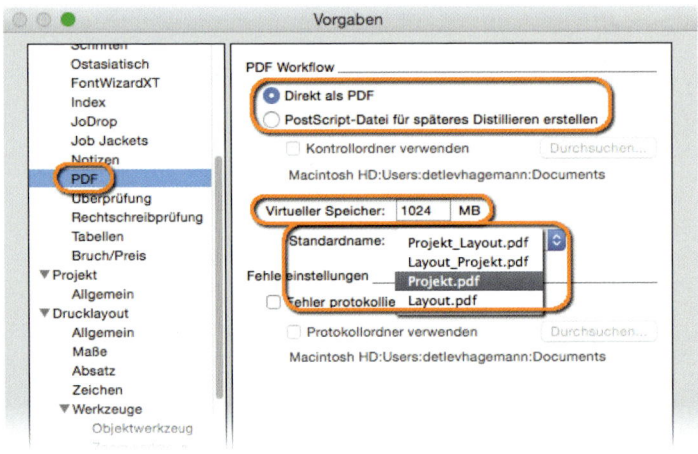

Doch vor dem Export steht in XPress sogar noch eine weitere Voreinstellung, nämlich die Programmvorgabe, ob beim PDF-Export tatsächlich *direkt* eine *PDF*-Datei entstehen soll – oder »nur« eine optimal vorbereitete *PostScript-Datei für die spätere Verarbeitung* im Acrobat Distiller *(Vorgaben | Programm | PDF)*. Nur am Mac können Sie den *Virtuellen Speicher* auf maximal 1024 MB hochsetzen. Das erhöht – genügend Arbeitsspeicher Ihres Mac vorausgesetzt – Ihre Chancen, dass von sehr komplexen Layouts doch noch erfolgreich eine PDF-Datei erstellt wird.

Aus der Printlayout-Datei soll ein Print-PDF entstehen – aber wie?

QuarkXPress bietet Ihnen vier grundsätzliche Wege, um von einem Print-Layout ein PDF zu erhalten:

❶ den schon angesprochenen PDF-über-PDF-Export,

❷ den PostScript-über-PDF-Export und dann Weiterverarbeitung im Distiller (siehe rechte Spalte),

❸ Drucken in Adobe PDF oder Betriebssystem-PDF,

❹ Drucken in PostScript-Datei und Weiterverarbeitung im Distiller.

Das Einrichten dieser »alten« Wege ❸ und ❹ sind mit neuen Acrobat-Versionen und in modernen Betriebssystemen nur noch von Administratoren möglich, um perfekte PDF-Print-Dateien zu erhalten. Die Administratoren müssen in der Lage sein, alte und neue Techniken zu kombinieren. Dazu gehören: Einrichtung eines virtuellen PostScript-Druckers, Anpassung von alten PPD-Dateien, Aufsetzen von PDF-Workflows usw.

In der folgenden Tabelle sind die wichtigsten Eigenschaften der vier Ausgabewege nochmals zusammengefasst – sie zeigt, warum die Wege zum PDF über das Drucken nur noch selten gegangen werden und von heutiger Software kaum noch unterstützt werden.

	PDF-Export (PDF)	PDF-Export (PS)	Drucken (PDF)*	Drucken (PS)*
Erhalt der Transparenz möglich	ja	ja**	nein	nein
Perfekt steuerbare Auflösungs-verminderung der Bilder	nein	im Distiller möglich	ja beim Druck in Adobe PDF	im Distiller möglich
Erhalt von Ebenen im PDF	ja	ja	nein	nein
PDF-Mediaboxen	ja	ja	nein	nein
Passender Output Intent	automatisch	automatisch	manuell	manuell
Direkte PDF/X-Erzeugung	ja	nein	eingeschränkt	nein
Korrekte PPD	automatisch	automatisch	manuell	manuell
Korrektes Papierformat	automatisch	automatisch	manuell	manuell
Sofortiges Skalieren möglich	nein	nein	ja	ja
Hyperlinks möglich	ja	ja	nein	nein

* Die Funktionalität des Druckdialoges kann durch zusätzliche XTensions (z. B. MediaBoxXT von JoLauterbach.de) erweitert werden, so dass manche Schwachstelle vermindert werden kann.
** Zum Erhalt der Transparenz im Distiller muss eine Voreinstellungsdatei des Distillers mit einem Texteditor verändert werden.

Drucken ohne PostScript aus Acrobat. Sehr hochwertig kann man ohne PostScript drucken, wenn man die XPress-Datei als PDF-Dokument ausgibt und dann aus Acrobat auf einen nicht PostScript-fähigen Drucker druckt – ideal für Heimanwender.

Auf diesem Weg werden auch in XPress importierte EPS- und PDF-Daten nicht in Bildschirmvorschauqualität, sondern vollständig gedruckt. Selbst der Acrobat Reader leistet eine gute Umsetzung für die Ausgabe ohne PostScript!

PS-über-PDF-Export

Bei diesem Ausgabeweg kann XPress eine Post-Script-Datei erzeugen, die optimal für die Verarbeitung im Distiller ist.

PostScript-Dateien aus dem PS-über-PDF-Export enthalten:

- alle Schriften
- Pixel-Bilder mit unterschiedlichen Auflösungen
- keine Transparenzen
- gültige Trim- und Bleedbox
- neben CMYK- und/oder Sonderfarbelementen ist je nach Export-Einstellung auch noch RGB oder LAB möglich
- keinen Output-Intent
- keinen Überfüllungs-Flag
- keinen PDF/X-Stempel

Der Distiller, Acrobat oder ein PDF-Workflow sorgen für:

- den PDF/X-Stempel
- nur noch CMYK- und/oder Sonderfarbelemente (kein RGB/LAB)
- gültige Trim- und Bleedbox
- einen Output-Intent (den Sie manuell auswählen oder vordefiniert haben)
- einen gültigen Überfüllungs-Flag
- ein eventuell eingestelltes optimales Downsampling der Bildauflösung

Risikofaktoren

- Sie wählen im Distiller einen Output Intent, den Sie nicht in XPress bei der Ausgabe genutzt haben.

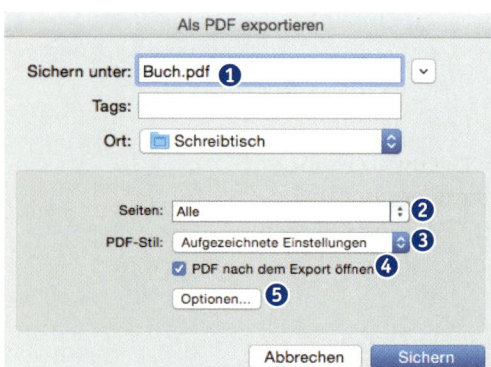

Trotz des Mankos, dass der aktuell eingestellte PDF-Ausgabestil von XPress nicht angezeigt wird, sollten Sie unbedingt mit PDF-Stilen arbeiten.

PDF exportieren

Den PDF-Export rufen Sie mit ⌘ alt + P / strg alt + P. auf (den Druckdialog übrigens mit ⌘ + P / strg + P). Im eigentlichen PDF-Dialog können Sie nur einen Namen vergeben *(Sichern unter:* ❶*)*, die *Seiten* ❷ und einen *PDF-Ausgabestil* ❸ auswählen, bestimmen, ob das *erzeugte PDF* in Ihrer bevorzugten PDF-Applikation *nach dem Export geöffnet* wird ❹, und in den *Optionen…* ❺ können Sie den PDF-Ausgabestil verändern. Mit *Sichern* beginnt dann der Export nach Ihren Vorgaben. Für viele Anwender ärgerlich: QuarkXPress vergisst zwar nicht, was Sie als Letztes eingestellt hatten *(Aufgezeichnete Einstellungen)*, zeigt Ihnen aber leider nicht mehr den Namen Ihres benutzten Stils an.

Die Optionen

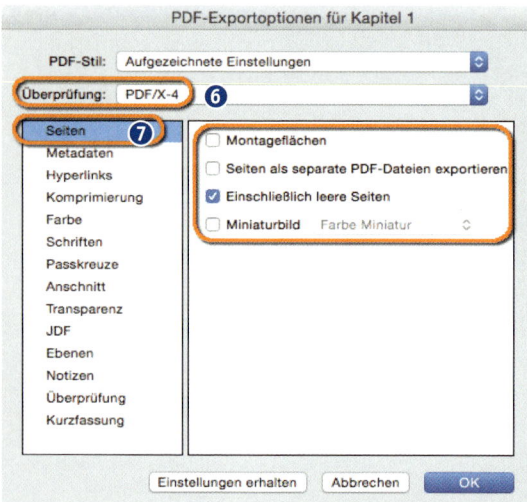

Überprüfung ❻. Die Druckindustrie unterscheidet grundsätzlich zwischen zwei PDF-Typen: den »Classic«-PDFs (PDF/X-1a oder-3) und den »modernen« PDFs (PDF/X-4). Wie schon beschrieben, liegt der Hauptunterschied darin, ob die Transparenzen verflacht werden (PDF/X-1a oder-3) oder ob sie erhalten bleiben (PDF/X-4) und erst direkt bei der Ausgabe auf den Plattenbelichter oder den Digitaldrucker aufgelöst werden. Das letztendliche Druckergebnis sollte sich eigentlich nicht unterscheiden, aber bei der Transparenzverflachung können Fehler auftreten. Wenn Sie die Transparenzverflachung von XPress vornehmen lassen, müssen Sie den eventuellen Fehler im generierten PDF selbst entdecken … Wenn aber der Dienstleister die Verflachung vornimmt, liegt das Risiko eher bei ihm. Deswegen wollen Online-Druckereien fast immer Dateien im PDF/X-1a-Format (oder PDF/X-3 ohne RGB) haben.

Für PDF-Dateien, die nicht gedruckt werden sollen, stellen Sie keine Überprüfung ein.

Register »Seiten« ❼. Mit aktiver Option *Montageflächen* werden nebeneinander liegende Seiten jeweils als eine Seite ins PDF geschrieben. *Seiten als separate PDF-Dateien exportieren* erzeugt von jeder Seite ein

Einzelseiten-PDF, wobei XPress jeden Dateinamen der entstehenden PDFs mit der Seitenzahl versieht. *Einschließlich leere Seiten* sollten Sie immer dann aktivieren, wenn Sie eine PDF-Datei zum Dienstleister geben, damit er weiß, welche Seiten tatsächlich leer bleiben sollen. Die Option *Miniaturbild* bettet letztlich ein farbiges oder schwarzweißes Vorschaubild mit in die Datei ein. Das muss man heutzutage aber nicht mehr aktivieren, da moderne Acrobat-Versionen die Miniaturbilder dynamisch erzeugen.

Register »Metadaten« ❽. Mit Hilfe der Metadaten-Optionen fügen Sie einer PDF-Datei durchsuchbare Informationen hinzu. Die Angaben in den Feldern *Titel*, *Betreff*, *Autor* und *Stichwörter* sind in der entstehenden PDF-Datei nicht direkt sichtbar, können aber in Acrobat mit *Ablage | Dokumenteigenschaften* oder von Suchmaschinen und anderer Software abgerufen werden. Auch die Acrobat-Volltextsuche nutzt die Metadaten. Sie sollten die Felder also großzügig aus-

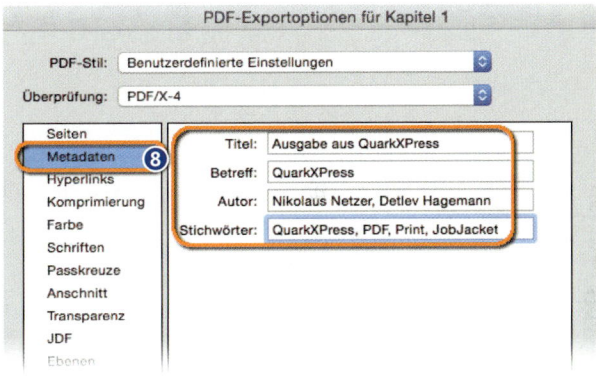

füllen, um das PDF später leicht wiederzufinden oder bessere »Finde-Ergebnisse« in Suchmaschinen zu erzielen. Diese Option gibt es nur im PDF-Export, nicht im Druckdialog. Wenn Sie ein PDF über den Druckdialog erstellen, müssen Sie die Metadaten im Nachhinein im Acrobat eingeben.

Register »Hyperlinks« ❾. Durch Hyperlinks wird eine PDF-Datei für den Bildschirm interaktiv nutzbar. Mit den *Listen-* oder *Indexwerkzeugen* in XPress erstellte Elemente können Sie in der zu exportierenden PDF-Datei als interaktive Links verwenden. Wenn Sie eine oder mehrere Listen als Lesezeichen exportieren, wird die Liste vom Anzeigeprogramm als Lesezeichen erkannt. Diese Funktion ist natürlich nicht aktivierbar, wenn Sie eine PDF/X-Datei ❿ erzeugen wollen. Die Optionen zur *Darstellung* ⓫ beziehen sich auf die Gestaltung der Hyperlinks in der PDF-Datei.

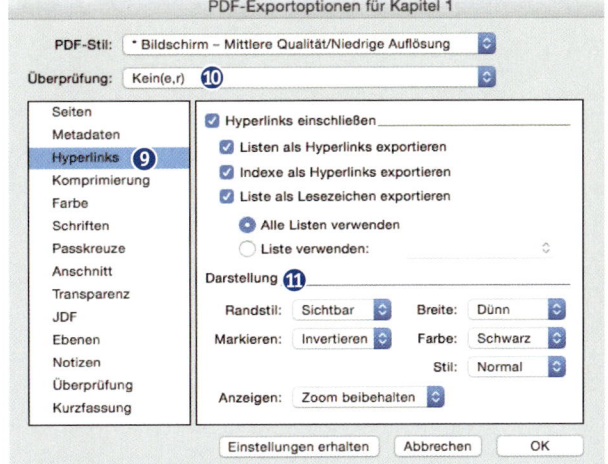

Wenn Sie den *Randstil* auf *Sichtbar* stellen und entsprechende Randattribute definieren, ändert sich das Erscheinungsbild von verlinkten Objekten und Texten in der PDF-Datei gegenüber Ihrem XPress-Layout. Falls Sie ein PDF über den Druckdialog erstellen, gehen die Hyperlinks verloren. Daher sollten Sie Screen-PDFs immer nur über den PDF-Export erstellen! Das Menü *Anzeigen* bestimmt das Verhalten des Anzeigeprogramms beim Öffnen der PDF-Datei: Soll die Datei verkleinert werden, so dass sie ganz im Fenster sichtbar ist, oder soll die Seite in der Breite eingepasst werden?

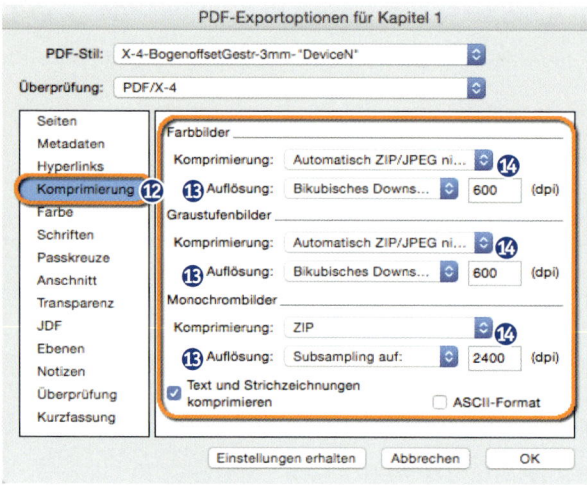

Register »Komprimierung« ⓬ – Teil 1: Überblick. Dass Quark in XPress und Adobe in InDesign dieses Register »Komprimierung« nennen und nicht »Pixel-Bilder« ist ärgerlich, denn es besteht aus einem Auflösungs- und einem Komprimierungsbereich. Adobe kann es übrigens auch besser: Im Acrobat Distiller heißt es nur »Bilder«. Die Komprimierungs- und Auflösungsoptionen entscheiden, in welcher Qualität und damit auch in welchem Umfang Ihre Daten in die PDF-Datei eingeschlossen werden. Eine zu starke Komprimierung verschlechtert die Qualität, eine zu hohe Auflösung streckt die Download-Zeiten in die Länge. Einer der größten Vorteile der PDF-Technologie ist, dass PDF-Dokumente – gerade bei Seiten mit größerem Bildinhalt – um ein Vielfaches kleiner sind als PostScript-Dateien. Diese geringe Dateigröße wird durch verschiedene »Bild-Behandlungsmethoden« erzielt: durch das zuerst (!) je nach Einstellung durchgeführte Herunterrechnen der *Auflösung* und dann folgend das Anwenden eines *Komprimierung*sverfahrens auf alle Pixelbilder, also auch auf die Schatten an Objekten, die Sie von XPress erzeugen lassen!

Strategie

Nehmen Sie die Komprimierungseinstellungen für Ihre Datei strategisch vor. Wenn Sie für die Druckausgabe produzieren, ist Qualität wichtiger als Dateigröße; ist Ihre PDF-Datei für das Internet bestimmt, spielt die Dateigröße mindestens eine ebenso wichtige Rolle wie die Bildqualität.

Register »Komprimierung« – Teil 2: Bildauflösung ⓭. XPress kann für jede der drei Bildkategorien die effektive Auflösung neu berechnen. Eine Verringerung der Bildauflösung entspricht einer verlustbehafteten Veränderung, denn »überflüssige« Bilddaten werden dabei neu verrechnet. Gleichzeitig handelt es sich um eine enorm effektive Möglichkeit zum Verkleinern der auszugebenden PDF-Datei. Wichtig ist dabei, dass Sie die Anforderungen an Ihre Datei im Blick behalten: Druckdateien sollten in der Regel mindestens eine Auflösung von 250 bis 300 ppi (leider spricht Quark hier oft von dpi) aufweisen, für reine Bildschirmanwendungen genügen 72 bis sehr gute 140 ppi.

Auflösung beibehalten: Mit dieser Option werden sämtliche mit dem Layout verknüpfte Bilddaten ohne Änderung in die PDF-Datei eingebunden. Ausgabesysteme und auch Acrobat können Bildauflösung noch besser herunterrechnen. Einzig und allein die entstehende Dateigröße spricht dagegen, diese Option manchmal nicht zu nutzen!

Downsampling auf: XPress berechnet mit dieser Methode Durchschnittswerte aus Pixelbereichen, um die Anzahl an Pixel pro Flächeneinheit zu reduzieren.

Subsampling auf: Bei dieser Methode wird der Wert eines Pixels auf umliegende Pixel angewendet.

Bikubisches Downsampling in: Diese Methode eignet sich am besten zur Verkleinerung von Halbtonbildern, benötigt aber auch die meiste Rechenzeit. Das bikubische Resampling verwendet einen Durchschnittswert aus vier Pixel, um die neue Information anzunähern. Für Monochrombilder (Strichbilder) steht diese Option nicht zur Verfügung. Bedenken Sie, dass auch die bikubische Neuberechnung stets eine gewisse Weichzeichnung verursacht.

Register »Komprimierung« – Teil 3: Komprimierung ⑭.
JPEG: Dieses gut komprimierende (kleine Dateien), aber verlustbehaftete Kompressionsverfahren ist das Standardformat für Online-Bildinhalte. Je nach Kompressionsstufe gehen bei der Verkleinerung mehr oder weniger Informationen verloren. Bei geringer Kompression (hohe Qualitätsstufe) nimmt das Auge diesen Informationsverlust allerdings wenig bis gar nicht wahr. Wählen Sie *JPEG manuell niedrig*, erhalten Sie eine für den Betrachter nicht sichtbare Kompression. Bei stärkerer Komprimierung (niedrigere Qualitätsstufen) kann es zu groben Unschärfen und Fehlfarben kommen. Für die Kompression von Bildern mit scharfen Kanten ist eine starke JPEG-Kompression nicht geeignet.

ZIP: Die Zip-Kompression bedient sich der verlustfreien LZW-Komprimierung. Dieses Kompressionsverfahren sucht nach sich wiederholenden Abfolgen – also z. B. einer Reihe gleichfarbiger Bildpunkte – und beschreibt diese dann mit einem Verweis auf eine Folge. Ohne diese Kompressionsart würde jedes Pixel einzeln in Bezug auf Position und Farbe beschrieben. Die ZIP-Komprimierung eignet sich vor allem für Dokumente, die in erster Linie flächige Bilder enthalten – weniger für Dokumente mit vielen fotografischen Darstellungen. Aus diesem

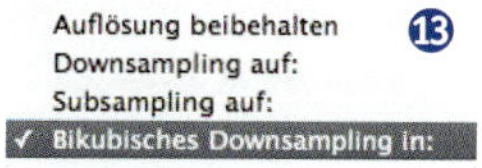

Auflösung beibehalten ⑬
Downsampling auf:
Subsampling auf:
✓ Bikubisches Downsampling in:

Achtung!
QuarkXPress verfügt über keinen »Schwellwert« für das Herunterrechnen der Auflösung wie die Adobe-Programme. Das bedeutet: Sie stellen als Auflösungswert z. B. 300 ppi ein – XPress wird jetzt alle Bilder und Schatten mit einer effektiven Auflösung höher als 300 ppi neu berechnen! Auch Bilder, die eine Auflösung von 301 ppi haben. Ein kleiner Workaround ist, dass viele Anwender den Wert deshalb auf 600 ppi stellen.

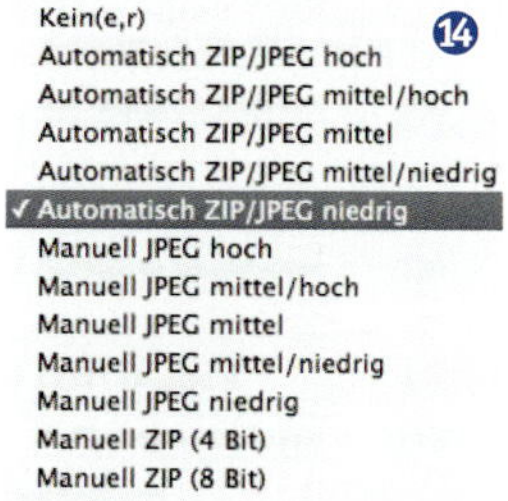

Kein(e,r) ⑭
Automatisch ZIP/JPEG hoch
Automatisch ZIP/JPEG mittel/hoch
Automatisch ZIP/JPEG mittel
Automatisch ZIP/JPEG mittel/niedrig
✓ Automatisch ZIP/JPEG niedrig
Manuell JPEG hoch
Manuell JPEG mittel/hoch
Manuell JPEG mittel
Manuell JPEG mittel/niedrig
Manuell JPEG niedrig
Manuell ZIP (4 Bit)
Manuell ZIP (8 Bit)

Komprimierung
Der Unterschied zwischen *Automatisch* und *Manuell* ist, dass Sie bei *Manuell* die Komprimierungsart selbst bestimmen, während bei *Automatisch* XPress dies basierend auf dem vorliegenden Bildmaterial entscheidet.

Der Stolperstein für Adobe-Anwender
Die von Quark lizenzierte Technologie redet von »Komprimierung«, Adobes heutiger Distiller von »Qualität«. Die beiden Dropdown-Menüs sind also umgekehrt, denn eine »niedrige Komprimierung« entspricht einer »hohen Qualität«!

Benutzen Sie auf keinen Fall die ZIP-(4-Bit)-Komprimierung, da hierbei alle Bilder von 256 Farben pro Kanal auf 16 Farben pro Kanal heruntergerechnet werden.

Momentan auch nicht immer empfehlenswert: Bei CCITT-Komprimierung gab es bei einigen XPress-Versionen Fehler im PDF. Empfehlung deshalb: ZIP!

Grund ist die ZIP-Komprimierung auch für reine Monochrom-(1-Bit-) Bilder verfügbar – hier funktioniert die ZIP-Kompression ebenfalls gut, besonders bei Schwarzweißbildern mit sich wiederholenden Mustern.

CCITT: Das CCITT-Verfahren wurde ursprünglich zur Faxübertragung entwickelt. Gruppe 4 ist der heutige Standard, weil sie besonders effektiv Strichbilder komprimiert.

Lauflänge: Bei diesem verlustfreien Kompressionsverfahren werden Abfolgen gleichfarbiger, nebeneinander liegender Pixel zusammengefasst. Sie ist vor allem für Bilder mit großen schwarzen oder weißen Flächen geeignet.

Aus Drucklayouts erstellte PDF-Dateien mit völlig unkomprimierten Bildern können sehr groß werden. Im Druckumfeld sind große Dateien jedoch immer besser als schlechte Bildqualität. Durch schnelle Netze und große Datenträger spielt die Dateigröße häufig nur noch eine untergeordnete Rolle.

Nicht alle Dokumente enthalten ausschließlich gleichartige Farb- oder Graustufenbilder. In Dokumenten mit heterogener Bildzusammenstellung müssen Sie abwägen, welche Kompressionsmethode die beste ist. Wenn Sie gleichzeitig Farbfotos mit weichen Übergängen und farbige Grafiken mit harten Kanten und großen Flächen platziert haben, entsteht ein Konflikt: Ersteres ist eher für die Kompression als JPEG geeignet, Letzteres eher für die Komprimierung mit LZW. Schalten Sie in solchen Fällen die Komprimierung der Bilder eventuell ganz aus.

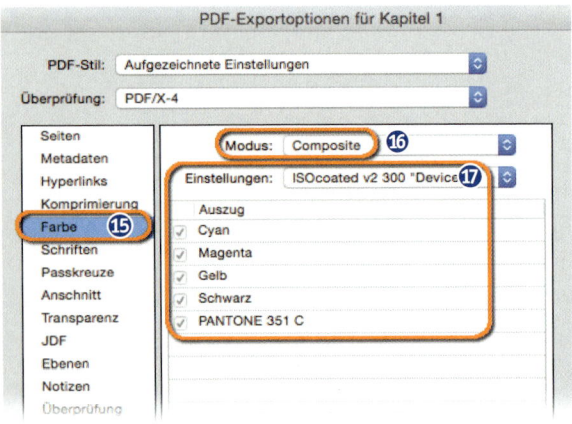

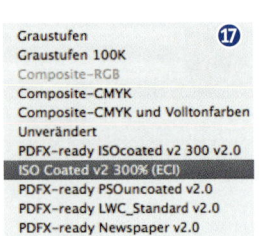

Register »Farbe« 🄖. Der Bereich Farben greift auf die Farb-Ausgabeeinstellungen für die Druckausgabe des Layouts zurück.

Modus: In diesem Menü entscheiden Sie, ob Ihr Layout als Composite-Datei 🄖 oder in einzelnen Farbauszügen gedruckt wird. Davon hängt ab, welche Einstellungen Sie dann zu sehen bekommen.

Einstellungen: Haben Sie sich für *Composite* entschieden, können Sie im Dropdown-Menü 🄗 zwischen Ihren eigenen Composite-Ausgaben und den von Quark vorgeschlagenen auswählen. Die klare Empfehlung: Nutzen und erstellen Sie immer eigene Farb-Ausgabeeinstellungen.

Sollten Sie sich jedoch für Auszüge entscheiden (nur möglich bei nicht PDF/X-Ausgabe), stehen Ihnen *In-RIP Auszüge* zur Auswahl, die aber nur noch von wenigen Ausgabegeräten unterstützt werden.

Im unteren Fensterbereich befindet sich eine Liste der zur Ausgabe vorgesehenen Farben.

Register »Schriften« ⑱. Hier geben Sie an, welche Schriften ins PDF eingebettet werden sollen. QuarkXPress bettet ohne Ihr Zutun immer alle Schriften, auch die sogenannten Base-14-Schriften, ein. Alle Schriften werden – wie überall empfohlen – als Untergruppen eingebettet, was manchmal auch nachteilig sein kann. Nämlich dann, wenn Ihr Produktionspartner mit Pitstop noch Textänderungen vornehmen will und nicht über die im Layout verwendeten Schriften verfügt.

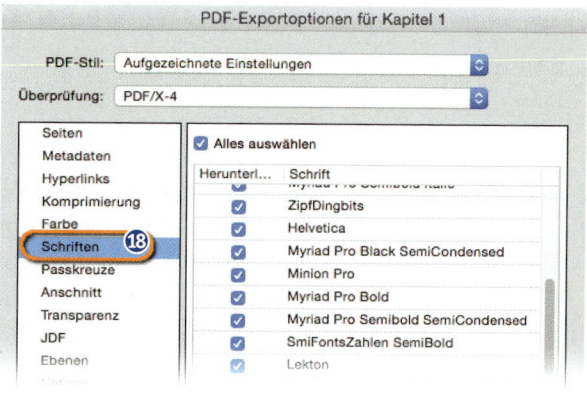

Wenn Sie in Acrobat die Dokumenteigenschaften Ihrer gerade erstellten PDF-Datei mit `cmd`+`D`/`strg`+`D` aufrufen, sehen Sie unter *Schriften* ⑲ den Einbettungsstatus aller verwendeten Fonts. Beim PDF-Export entscheidet XPress allein über die Einbettungsart automatisch – anders als beim Druckdialog. In unserem Sprachraum werden die meisten OpenType-Type-1-basierten Schriften in Type-1-Schriften und die meisten OpenType-TrueType-basierten Schriften in TrueType-Schriften umgewandelt. PDF/X-1a

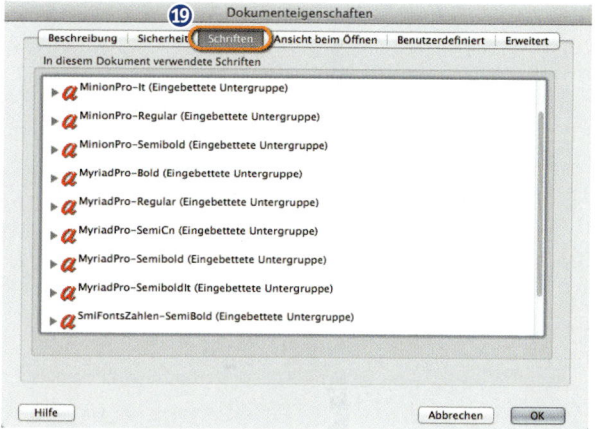

und -3 erlauben nämlich kein OpenType im PDF. Wenn von einer OpenType-Schrift mehr als 256 Glyphen benutzt werden, bettet XPress die Schrift mehrmals mit unterschiedlicher Codierung ein. Hier kann es aber Probleme geben, wenn im fertigen PDF der Text nachträglich bearbeitet werden soll. Für Schriften, bei denen diese Umwandlung so nicht möglich ist, wählt XPress andere Formate, z. B. CID. Mit Acrobat Pro oder anderen PDF-Tools kann dies überprüft und im Nachgang geändert werden, wenn die Schriften im Zugriff sind.

Register »Passkreuze« ⑳. XPress schreibt beim PDF-Export immer die Bleedbox (Anschnittsrahmen) mit hinein. Fürs Ausschießen beim Dienstleister könnte also auf Beschnittzeichen verzichtet werden, da dessen Software erkennen wird, wo die Anschnittszone – meist 3 mm – im PDF zu finden ist. Wählen Sie im *Modus:* die Einstellung *ohne*, stehen die folgenden Optionen nicht zur Auswahl. Über *Zentriert* ㉑ oder *Mittelpunktversatz* bestimmen Sie ansonsten die Eigenschaften der

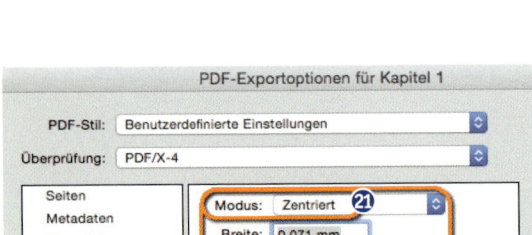

Beschnittmarken. *Breite* und *Länge* sind selbst erklärend. Der *Versatz* gibt den Abstand zwischen der Innenseite der Passkreuze und der Beschnittkante der Seite an. Zulässige Werte reichen von 0 mm bis 10,567 mm. Bei einem Versatz von 0 pt liegen die Passkreuze direkt auf der Seitenkante. Relativ neu ist die Möglichkeit, auch die *Anschnittmarken* ㉒ auszugeben. Bei Ausgabe mit Passkreuzen wird die Mediabox automatisch aus dem Versatz und der Länge der Schnittmarken berechnet – einer der großen Vorteile des PDF-Exports gegenüber dem PS-Drucken und anschließendem Distillieren.

Die Mediaboxen im PDF:

Orange – Mediabox (Medienrahmen): Ist immer die größte Box und enthält alles. Diese Box ist in jedem PDF enthalten, die folgenden Boxen müssen nicht in einem PDF enthalten sein. Sie ist oft gleich groß wie die Cropbox:

Rot – Cropbox (Zuschnittsrahmen): Definiert den Bereich, der auf dem Ausgabegerät ausgegeben werden soll.

Grün – Bleedbox (Anschnittsrahmen): Enthält die Seite mit Anschnitt.

Blau – Trimbox (Trimmungsrahmen): das Endformat des gedruckten Projektes, die Seite ohne Beschnitt.

Register »Anschnitt« ㉓ **und »Anschnitttyp«.** Diese Einstellungen im Dropdown-Menü ㉔ beeinflussen die Behandlung von Anschnitten bei der Ausgabe des Layouts.

Seitenobjekte: Bei dieser Option werden nur Objekte ausgegeben, die auf genau dieser Seite platziert sind. Wichtig ist diese Einstellung bei der Ausgabe mit Beschnittzeichen. Objekte, die die Seite verlassen, werden genau an der Mediabox abgeschnitten. Hier ist die Option *An der Anschnittkante beschneiden* deswegen nicht aktivierbar.

Symmetrisch verwendet an allen vier Layoutkanten dieselbe aus dem Feld *Betrag* entnommene Beschnittzugabe.

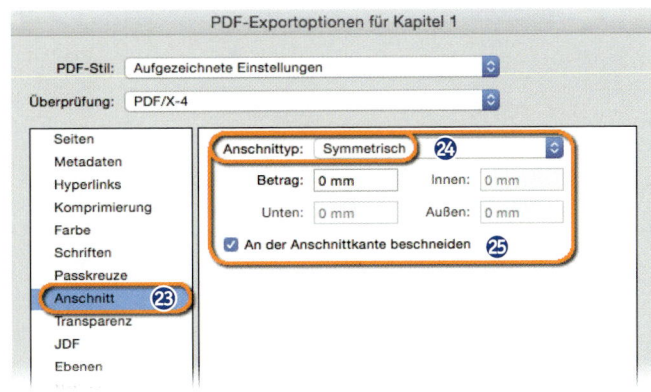

Über *Ungleichmäßig* können Sie jeder Kante eine eigene Beschnittzugabe zuweisen.

Ohne die Option *An der Anschnittkante beschneiden* ㉕ werden alle Objekte, die innerhalb der Beschnittzone liegen (also auch von anderen Seiten!) bis zur Mediabox integriert.

Seitenabfallende Elemente sollten die Seite um etwa 3 mm überlappen, damit bei der Druckweiterverarbeitung (Schneiden, Falzen, Binden usw …) genügend Spielraum für typische verarbeitungsbedingte Toleranzen bleibt.

Register »Transparenz«. Die Einstellungen erfordern eine weitergehende Betrachtung – sie folgt am Ende dieses Abschnitts.

Register »JDF«. Hier können Sie beim PDF-Export Informationen im *Job Definition*-Format mit ins PDF einbetten, die aus einem entsprechend konfigurierten Job Jacket stammen. JDF-fähige CIM-Produktionssysteme können von diesen Informationen profitieren und einen verbesserten Datendurchsatz erreichen.

Register »Ebenen« ㉖. In diesem Bereich lässt sich steuern, welche Ebenen von mehrschichtigen Layouts ausgegeben werden. Alle im Layout enthaltenen Ebenen ㉗ werden hier aufgeführt; die (*Farb-*)*Auszüge* ㉘ der markierten Ebene werden im unteren Fensterbereich eingeblendet – eine wichtige Informationsquelle. Ebenen, die in der Spalte *Drucken* nicht markiert sind, werden nicht ausgegeben. Indem Sie die Druckmarkierung einer Ebene hier ein- oder ausschalten, übersteuern Sie die im Layout getroffenen Ebeneneinstellungen. Um die hier vorgenomme-

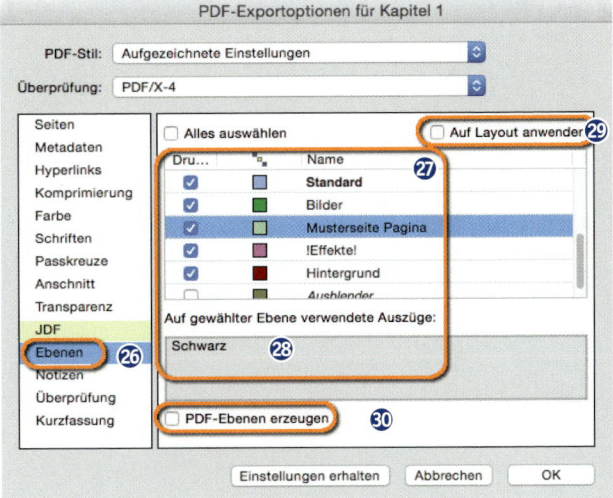

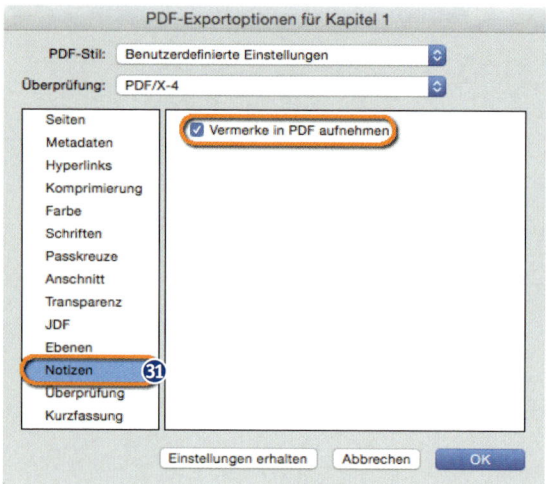

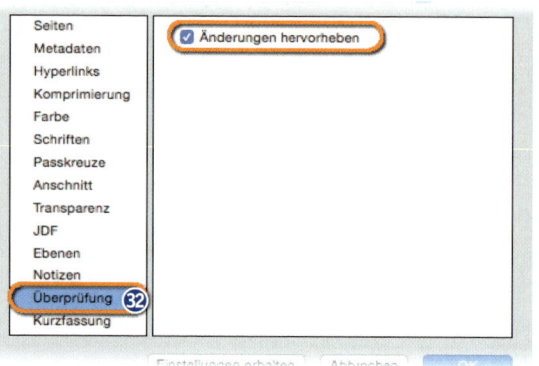

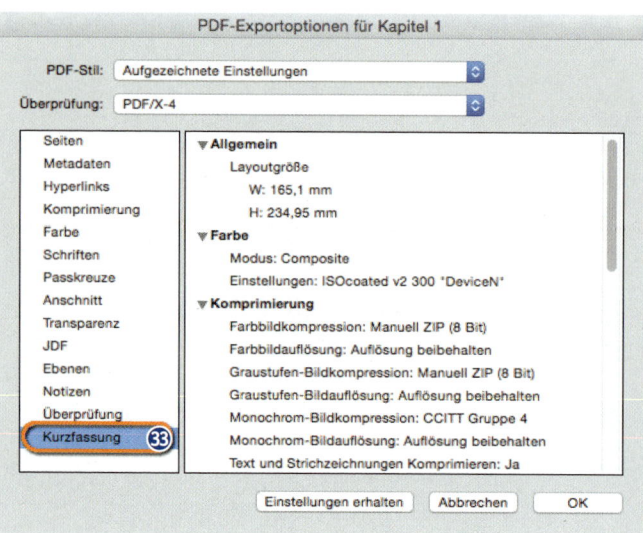

nen Entscheidungen nun dauerhaft zurück auf das Layout zu übertragen, können Sie das Kontrollfeld *Auf Layout anwenden* ㉙ markieren. Auch lassen sich aus den XPress-Ebenen *PDF-Ebenen erzeugen* ㉚.

Register »Notizen« ㉛. Sie können mit der Notiz-Funktion *(Objekt | Notiz | Einfügen)* Anmerkungen im Text verankern. Diese Notizzettel lassen sich durch die aktivierte Option ins PDF übernehmen. Erzeugen Sie eine PDF/X-Datei, werden die Zettel außerhalb des druckbaren Bereiches platziert, ansonsten schweben sie über der Textstelle.

Register »Überprüfung« ㉜. In XPress können Sie wie in einer Textverarbeitung Textänderungen hervorheben lassen *(Hilfsmittel | Überprüfung | Änderungen nachverfolgen)*. Diese Änderungen sind mit einer RGB-Farbe eingefärbt. Eine gültige PDF/X-Datei aus XPress entsteht dann nur, wenn Sie gleichzeitig eine Farbkonvertierung nach CMYK eingestellt haben.

Register »Kurzfassung« ㉝. In diesem Bereich werden fast alle Einstellungen der PDF-Ausgabe zusammengefasst. Es fehlen allerdings Angaben über die Transparenzreduzierung.

Transparenz und Transparenzreduzierung

Viele Layouts werden mit ineinander verlaufenden Objekten wie abgesofteten Bildern und in Transparenz endenden Verläufen versehen. Bilder und Schriften »schweben« durch hinterlegte Schatten über den anderen Motiven. All diese Effekte lassen sich nicht direkt aufs Papier oder die Druckplatte bringen, sondern sie müssen reduziert (verflacht) werden. Die Transparenzreduzierung wird für ältere Systeme (wie z. B. gefordert für PDF/X-1a oder -3) beim PostScript- oder PDF-Export meist direkt vom Layout-Programm selbst vorgenommen. Moderne Systeme mit integrierter APPE (Adobe PDF Print Engine) können direkt mit transparenten PDF-Dateien (wie bei PDF/X-4 erzeugt) gefüttert werden – sie nehmen die Verflachung direkt bei der Druckpunktberechnung im RIP für den Drucker oder Plattenbelichter vor.

Seit QuarkXPress 10 arbeitet das Programm intern mit einer neuen Grafik-Engine – Xenon genannt. Ihre Erfahrungswerte, die Sie bis dahin über das Verhalten von in XPress importierten transparenten Bildern oder PDF-Dateien gewonnen haben, sind seitdem nur noch eingeschränkt gültig. Damit einhergehend haben sich auch die Ergebnisse bei der Transparenzverflachung dieser Objekte durch XPress verändert und verbessert.

Transparente PDF-Ausgabe.

Für Web-PDF und PDF/X-4-Dateien sollte die Transparenz ❶ beim Export erhalten bleiben. Sie erreichen dies, indem Sie die Option *Transparenz nativ exportieren* ❷ auswählen. Das einzige Feld, das nun noch Wirksamkeit für den Export besitzt, betrifft die *Schlagschatten* ❸. Für den Web-Export sollten Sie 150 ppi (Quark nennt es leider dpi) einstellen – für den PDF/X-4-Export bieten sich 300 ppi an. Sofern Sie zu den »Umschaltern« zwischen den PDF-X-Varianten ge-

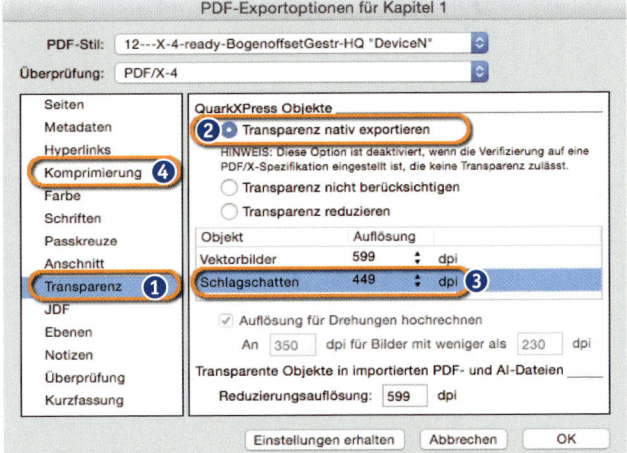

hören, sollten Sie den erprobten Wert der PDF/X-1a-Ausgabe von 449 ppi nutzen, damit Sie keine Überraschungen erleben. Alle diese Werte sollten nicht höher sein, als Ihre eingestellten Werte bei der Komprimierung ❹!

Empfehlung

Die transparente Ausgabe (gemäß PDF/X-4) aus XPress 2017 zeigt hervorragende Ergebnisse – komplexe Layouts werden fast immer fehlerfrei umgesetzt! Haben Sie Probleme bei der transparenzreduzierten Ausgabe, erzeugen Sie eine transparente PDF-Datei, die Sie in Acrobat Pro oder noch einfacher mit der *pdfToolbox 9* von *Callas* mit einem Klick reduzieren können.

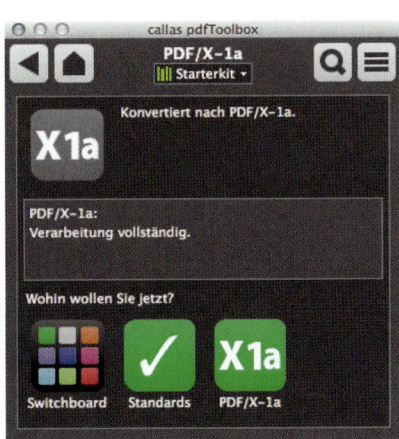

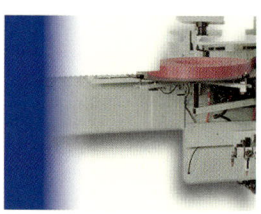

In dieser XPress-Montage trifft alles zusammen: Schattenwerfende transparente Maschine mit Blendmode gegen beigen Hintergrund werden durch Verlauf von Blau nach Farbe 0 % verschmolzen. Alles wird im transparenzreduzierten PDF gerastert (in Pixelbild umgewandelt) – eine echte Herausforderung für eine PDF/X-1a-Ausgabe.

Gleichzeitig lässt sich die Datei mit der *pdfToolbox* in eine PDF/X-1a- oder -3-Datei umwandeln und überprüfen.

Die transparenten 4. Wenn Sie bei einem Objekt in XPress die Deckkraft unter 100 % verringern oder einen Mischmodus verwenden, erzeugen Sie Transparenz in Ihrem Layout. Drei weitere Arbeitswege bringen ebenfalls Transparenz in ein XPress-Layout, ohne dass Sie direkt eingegriffen haben und zwingen XPress bei reduzierter Ausgabe zur Transparenzverflachung:

- Schlagschatten
- Verläufe gegen die Farbe »Keine«
- Platzierte Bilder mit Transparenz-Anteilen – möglich ist dies bei PDF, PSD, TIFF und PNG

Alle folgenden Diskussionen betreffen nur den direkten Druck oder die transparenzreduzierte PDF-Ausgabe. Dabei sollten Sie bedenken: Transparenz wirkt immer nur nach unten.

Was passiert bei einer Transparenzreduzierung ❺ durch ein Layoutprogramm? Bei der Transparenzverflachung werden transparente Objekte in deckende (opake) Objekte umgewandelt, ohne dass sich deren Aussehen dabei verändern sollte: Das Ergebnis wirkt optisch nach wie vor transparent – die Objekte sind es in Wirklichkeit aber nicht mehr. Überlappende Objekte werden dabei in mehrere Teile zerlegt, wobei das Programm eventuell einige als Vektorobjekte belässt, während es andere aufrastert (in Pixelbilder umwandelt). Wie XPress Ihr Dokument umrechnet, hängt stark vom Typ der enthaltenen Objekte ab. Je komplexer Ihr Dokument aufgebaut ist, d. h., je verschiedenartiger die überlappenden Bereiche sind, desto mehr Komplikationen sind möglich.

Transparentes XPress-Vektorobjekt/Schrift über XPress-Vektorobjekt/Schrift. Bei diesen XPress-Objekten mit verringerter Deckkraft entstehen am Ende wieder Vektoren und Schrift, die mit höchster Genauigkeit gedruckt werden. Es entstehen keine Pixel.

Mit XPress-Vektorobjekten werden in diesem Buch alle eingefärbten Rahmen, Linien und Randstile (Konturen) sowie Schrift bezeichnet.

Transparentes XPress-Vektorobjekt über Pixelbild oder transparentes Pixelbild über XPress-Vektor-Objekt. Für die Mischzone wird ein Pixelbild mit der Auflösung des Pixelbildes erzeugt.

Überlappende, transparente Pixelbilder. Diese Situation hat ebenfalls keine besonderen Auswirkungen. Die sich überlagernden Bilder werden zu mehreren neuen Einzelbildern zerlegt und verrechnet. Das neue Mischbild in der Überdeckungszone (im Bild der violette Anteil) erhält stets die Auflösung des Bilds mit der höchsten Auflösung (hier blaue Zone – 360 ppi). Alle anderen Bildteile behalten die Auflösung ihres Ursprungsbildes (rosa Zone – 220 ppi).

Schlagschatten über Pixel-Bildern (TIFF, PSD, JPG, PNG). Bilder, die Sie mit einem Schatten »beworfen« haben, werden ebenfalls mit dem Schatten zu Pixelbildern verrechnet. Auch hier ist die höhere Auflösung maßgeblich: Haben Sie in den Ausgabeeinstellungen beispielsweise 300 ppi für *Schlagschatten* ❻ eingestellt, wird ein darunter befindliches 220 dpi-Bild mit dem zugehörigen Schlagschatten nur in der Mischzone zu einem 300 dpi-Bild verrechnet.

Haben Sie über ein 305 dpi-Bild ein Objekt mit einem *Schlagschatten* (Einstellung 100 ppi) ❻ platziert, erhält die Mischzone ebenfalls eine Auflösung von 305 dpi. Da Sie nur einen Schlagschattenwert für das ganze Layout einsetzen können, sollte der Wert aber noch einigermaßen zur Auflösung der durch Schattenwurf betroffenen Bilder passen.

Schlagschatten über XPress-Vektoren. Auch hier wird ein Pixelbild für die Mischzone mit der Schlagschatten-Auflösung erzeugt ❻.

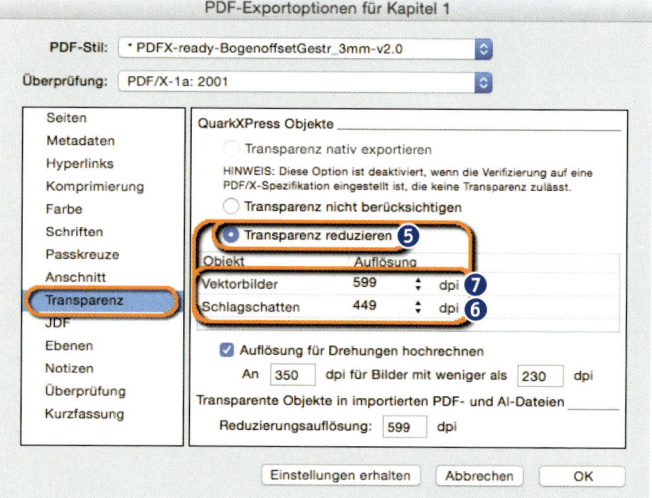

Transparente Objekte über platzierten Vektorbildern (AI, PDF, EPS). Die Vektorbilder werden, wenn sie von Transparenz in XPress betroffen werden, in der Mischzone in Pixel umgewandelt – mit dem Wert, den Sie unter *Vektorbilder* ❼ eingestellt haben. Da Vektoren normalerweise mit sehr hoher Genauigkeit ausgegeben werden, sollte der eingestellte Wert möglichst hoch sein, ohne dass das entstandene Pixelbild der Mischzone an irgendeiner Stelle wieder heruntergerechnet wird.

Im Screenshot werden die von PDFX-ready empfohlenen Transparenz-Settings für *transparenzreduzierte Ausgabe* gezeigt. Sie sind ein guter Kompromiss zwischen Qualität, Downsampling-Gefahr in automatischen Workflows und Dateigröße.

Sonderfall gedrehte oder geneigte Bilder mit zu niedriger Auflösung und Transparenz(anteilen). Hier aktivieren Sie im PDF-Export-Dialog das Kontrollkästchen *Auflösung für Drehungen hochrechnen*. Anderenfalls erhalten Sie deutliche Pixeleffekte. Ins erste Feld *An* ❽ geben Sie den Wert ein, den das Bild erreichen soll, im zweiten Feld *weniger als* ❾ bestimmen Sie den Schwellwert für zu geringe Auflösung.

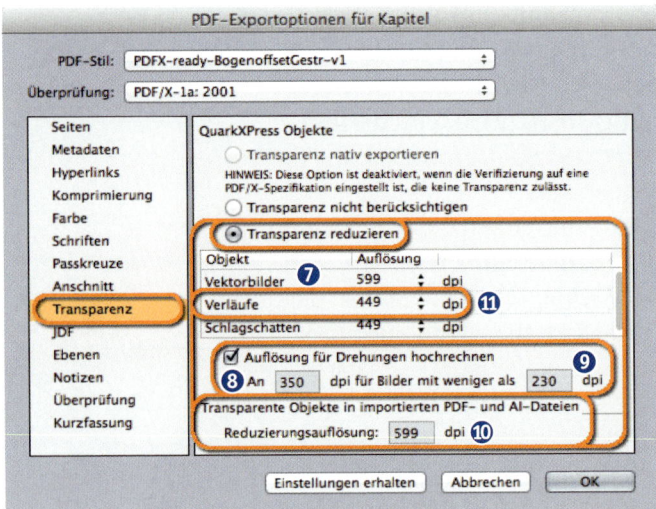

Transparente Objekte mit Sonderfällen in platzierten AI- oder PDF-Dateien. Es gibt im Illustrator die Möglichkeit, Verläufe mit mehreren Stützpunkten in einem Gitter anzulegen (Gitterverläufe). Werden diese oder ähnliche Konstrukte nun von einer Transparenz betroffen, greift eine eigene Reduzierungsauflösung ❿.

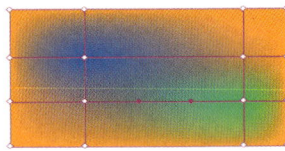

Der Wert sollte wegen des Vektorcharakters möglichst hoch angesetzt sein, aber nicht zu hoch, um nicht im Workflow heruntergerechnet zu werden.

Transparente Verläufe. Nutzen Sie im Layout Verläufe mit transparenten Farbstützpunkten oder der Farbe »Keine«, wird der gesamte Verlauf bei der Transparenzreduzierung in Pixel umgewandelt. Dazu muss sich nicht einmal ein Objekt unter dem Verlauf befinden. Hier gilt in XPress 2017 der Auflösungswert der Vektorbilder ❼. Einschließlich der XPress Version 2016 gab es früher noch einen eigenen Eintrag ⓫ für diesen Layoutfall.

Quark arbeitet an …
… Wahlmöglichkeiten bei der Transparenzreduzierung. Momentan wird in XPress in Transparenz-Situationen mit überlappenden RGB- und CMYK-Elementen immer nur in den Farbraum CMYK reduziert – und nicht in den RGB-Farbraum. Hier soll es demnächst Wahlmöglichkeiten geben.

Pixelbilder mit unterschiedlichen (Druck-)Farbräumen. Liegen ein RGB- und ein CMYK-Bild mit Transparenzen übereinander, wird das Bild der entstehenden Mischzone ein CMYK-Bild sein – mit den Verrechnungsregeln nach Ihren hoffentlich schon vorgenommenen Voreinstellungen im Farbmanagement. Der sicherste Weg, damit keine unerwünschten Farbverschiebungen ins Layout kommen, besteht darin, die Bilder zuvor in einer Bildbearbeitung ins richtige Profil zu konvertieren.

Druck-Ausgabe

Früher wurden grundsätzlich aus PostScript-Druck-Dateien (.PS-Dateien) mit dem Distiller oder ähnlichen Programmen PDF-Dateien hergestellt. Adobe-Produkte hingegen können aus den CS- oder CC-Paketen *direkt* PDF exportieren – QuarkXPress fast. XPress nutzt einen speziellen Anreicherungsweg (pdfmarks), um für Sie als Anwender unsichtbare PS-Dateien beim PDF-Export zu erzeugen. Einen ähnlichen Weg nutzt teilweise auch der Illustrator beim Export von EPS-Dateien. Die PDF-Engine und die pdfmarks in XPress sind darauf optimiert, aus den unsichtbar exportierten PS-Dateien das Optimum fürs entstehende PDF herauszuholen – auch Transparenzen! Diese enge Verzahnung von PDF-Export und Drucken findet sich dementsprechend in den beiden Optionen der Ausgabe-Dialoge.

Optimieren der Druckumgebung

Für einen PDF-Export aus XPress müssen Sie keine spezielle Umgebung konfigurieren, beim Drucken sieht das anders aus. QuarkXPress unterscheidet zwischen der Ansteuerung von PostScript-Druckern und Nicht-PostScript-Druckern. Auf Nicht-PostScript-Druckern werden im Layout platzierte EPS-Dateien nicht perfekt ausgegeben. Post-Script-Drucker können mit XPress nur gute Ergebnisse liefern, wenn XPress Zugriff auf die PPD (*PostScript Printer Description*-Datei) hat. Bei der Installation des Betriebssystems und der Drucker werden viele PPD-Dateien installiert – meist mehrere Hundert. Dann wird es in XPress mühsam, die passende PPD auszuwählen. Sie sollten deshalb einen zentralen Ordner erstellen, in den Sie nur die von Ihnen benötigten PPD kopieren und dann den Ordner in XPress über *Hilfsmittel | PPD-Manager… | Hilfsordner verwenden* mit *Durchsuchen* auswählen.

Priorisierung der lokalen Druck-Ergebnisse
Wenn Sie Ihr Layout in einer Druckerei drucken lassen wollen, sollten Sie vorher Ihre Druck-Ergebnisse auf Ihrem lokalen Drucker einschätzen können.
Die Druckerei wird PDF-Dateien verarbeiten, sie wird nicht aus XPress heraus drucken. Dementsprechend sollten Sie bei Ihrem abschließenden Ausdruck ebenfalls nicht direkt aus XPress drucken, sondern ein PDF erzeugen. Dieses PDF sollten Sie aus Acrobat (oder dem Acrobat Reader) ausgeben. Bei der Farbabstimmung/Kalibrierung Ihres lokalen Farbdruckers ist es also wichtiger, aus Acrobat perfekte Ergebnisse zu erzielen als aus Quark XPress, wenn es bei Ihnen Differenzen zwischen Acrobat- oder XPress-Druck geben sollte.

Wenn Sie eine PPD selektieren, dann können Sie den Dateinamen und den manchmal verkürzten Ort der PPD auslesen.

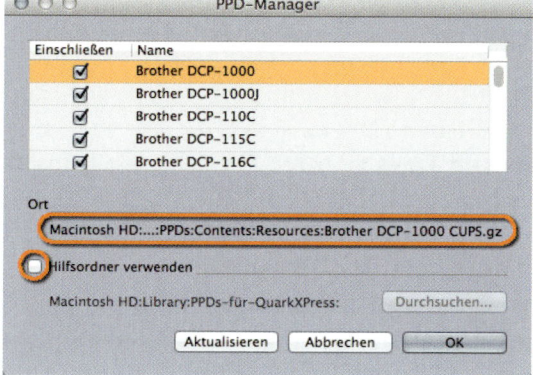

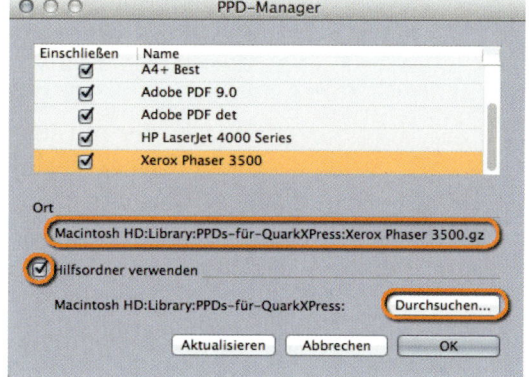

Wenn Sie einen *Hilfsordner* im *PPD-Manager* bestimmt haben, greift XPress nicht mehr auf die PPDs des Betriebssystems zurück.

Drucken

Den Druckdialog rufen Sie mit ⌘+P / strg+P auf und können sofort zu allen Optionen über die Register wechseln. Zum Vergleich: Im PDF-Dialog können Sie nur einen Namen vergeben *(Sichern unter:* ❶*)*, die *Seiten* auswählen ❷, einen *PDF-Ausgabestil* ❸ selektieren, bestimmen, ob das *PDF* in einer PDF-Applikation *geöffnet* wird ❹ und in den *Optionen…* ❺ den PDF-Ausgabestil verändern.

Vergleichbare Punkte im *Druckdialog* finden Sie im oberen Bereich. Dort wird der PDF-Stil zum *Druckstil* ❸ und die gewünschten *Seiten* ❷ lassen sich darunter auswählen.

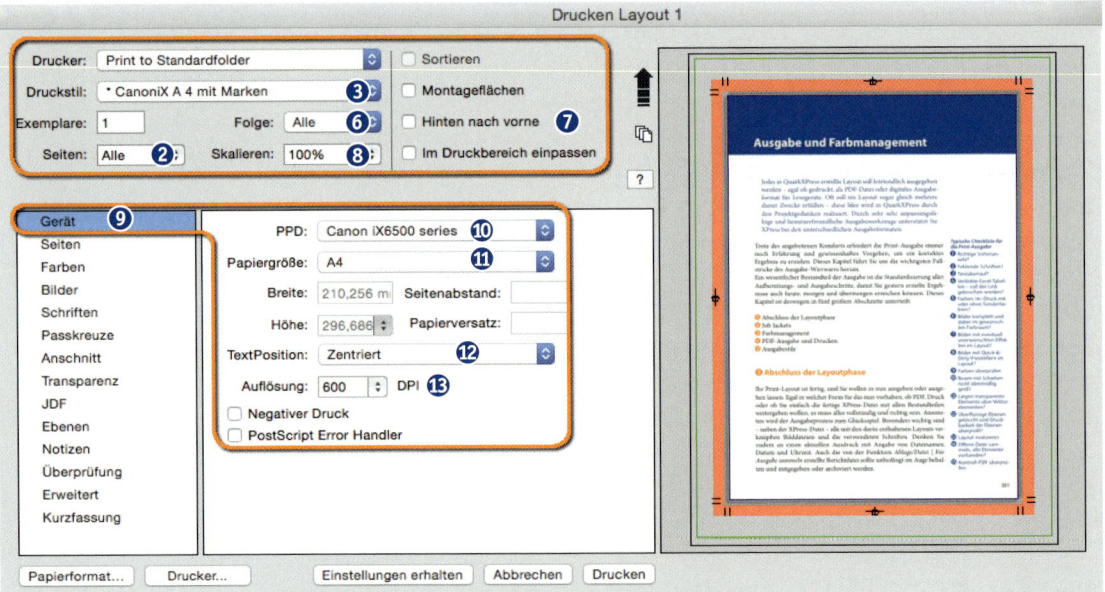

Nur im Druck-Dialog gibt es die zusätzlichen Optionen, dass man bei *Folge:* ❻ auch zwischen geraden und ungeraden Seiten unterscheiden oder von *Hinten nach vorne* ❼ drucken kann. Die Möglichkeit, skaliert ❽ ausgeben zu können, findet sich ebenfalls nur hier. Die Auswahl eines *Druckers:* lässt sich seit XPress 10 nicht mehr mit einem Druckstil »verheiraten«. Wenn Sie einen anderen Drucker auswählen, müssen Sie nun meist auch manuell den Druckstil ändern.

Viele Einstellungen können rechts in der Voransicht verfolgt werden. Nutzen Sie das Feature, dass Sie in der Vorschau mit den Pfeilen nach rechts oder links durch die Voransicht aller Seiten klicken können!

Register »Geräte«. Beim Drucken werden immer *Geräte*-abhängige ❾ Dateien erzeugt, die bei einem PostScript-Drucker durch die ausgewählte PPD ❿ verbessert und noch um wichtige Zusatzinformationen erweitert werden können – etwa wie hinterlegte Papiergrößen ⓫, Textposition (bedeutet: Seitenposition) ⓬ und mögliche Druckqualitäten über die Wahl der Auflösung ⓭ (z. B. 2400 dpi für spätere PDF-Erzeugung mit dem Distiller). *Seitenabstand* und *Papierversatz* waren früher wichtige Werte für die Ausgabe auf Film.

Der aktivierte *PostScript Error Handler* sorgt mittels einiger Zeilen PostScript-Code beim Auftreten eines PostScript-Fehlers dafür, dass die Seite so weit wie möglich trotzdem gedruckt und außerdem ein Fehlerbericht mit ausgegeben wird – als erster und vielleicht einziger Anhaltspunkt für die Fehlerursache häufig sehr viel wert.

Register »Seiten« ⓮. Dieses Register entspricht nur im Punkt *Einschließlich leere Seiten* dem gleichnamigen Register beim PDF-Export. Beim Drucken finden Sie in diesem Register die *Ausrichtung* ⓯ (Hoch- oder Querformat). Bei aktivierter Option *Miniaturen* ⓰ werden mehrere Seiten verkleinert auf

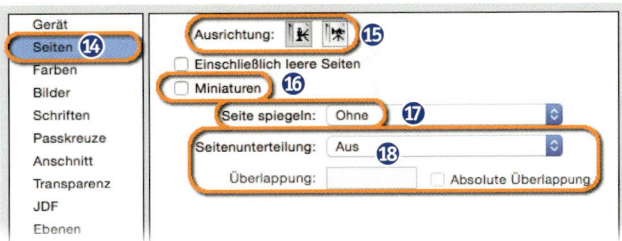

einem Blatt versammelt. *Seite spiegeln* ⓱ bot wichtige Einstellungsmöglichkeiten, als man aus XPress heraus noch Druckfilme erzeugte – heute nutzt man es manchmal beim Bedrucken von durchsichtigen Folien. Mit Hilfe der *Seitenunterteilung* ⓲ werden übergroße Layouts zum Beispiel auch auf einem A4-Drucker bei 100 % Vergrößerung ausgegeben. Eine einzelne Layoutseite wird dazu auf mehrere Blätter verteilt gedruckt. Wenn die *Seitenunterteilung* auf *Automatisch* steht, bestimmt der Wert im Feld *Überlappung*, welcher Teil der Seite auf angrenzende Blätter gedruckt wird. Mit dem Kontrollfeld *Absolute Überlappung* werden Seiten exakt mit dem angegebenen Überlappungswert geteilt. Ansonsten stellt der Eintrag im Feld *Überlappung* einen Mindestwert dar, der im Bedarfsfall auch überschritten wird.

Register »Farbe« ⓳. Das Register *Farbe* unterscheidet sich in einigen Punkten vom gleichen Register beim PDF-Export. Der Grund ist, dass hier beim Druckdialog auch das Aussehen der Rasterpunkte auf dem Papier bestimmbar ist. *Rasterbilder:* ⓴ Das Dropdown-

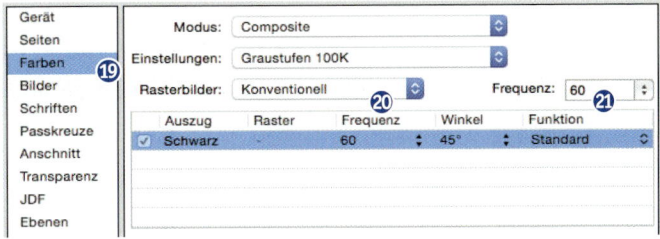

Menü bietet *Konventionell* oder *Drucker*. In der Regel verwenden Sie hier *Konventionell* und achten auf sinnvolle Einstellungen für Auflösung, Rasterweite, Rasterwinkel und Punktform. Falls Sie ein Ausgabegerät mit speziellem Halbton-Rasterverfahren einsetzen, erzielen Sie jedoch nach Gerät mit *Drucker* bessere Resultate. Die Ausgabe stützt sich dann auf die in der PPD des Druckers abgelegten Informationen. *Frequenz:* ㉑ Diese Option gibt die Rasterweite bei Verwendung konventioneller Rasterbilder an. Je nach Drucker und PPD variieren die vorgegebenen Menüeinträge, bei denen es sich um optimierte Arbeitspunkte des Ausgabegeräts handelt.

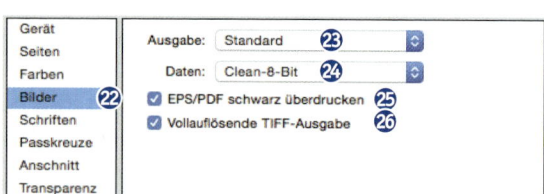

Register »Bilder« ㉒. Dieses Register entspricht am ehesten dem Register *Komprimierung* des PDF-Exports: Es geht um die Qualität der Bilder-Anpassung in den Druckdaten, wenn direkt aus XPress gedruckt oder PostScript über den Druckdialog erzeugt wird:

Unter macOS sollte man keinesfalls ältere Drucker mehr mit Binär-Daten versorgen: Hunderte von Seiten mit wenigen Buchstaben darauf wären das lästige Endergebnis.

Ausgabe: ㉓ Hier können Sie im Dropdown-Menü Einfluss auf die Bildausgabe nehmen. Für die hochauflösende Ausgabe lassen Sie *Standard* stehen. Wenn Ihr Proof nur zur Überprüfung der Seitenbalance dient, können Sie zur Beschleunigung der Ausgabe *Niedrige Auflösung* verwenden. *Grob* ergibt anstelle von Bildern nur noch leere Rahmen.

Daten: ㉔ Dieses Dropdown-Menü steuert die Informationsübertragung an das Ausgabegerät. Der standardmäßig aktivierte *ASCII-Modus* arbeitet langsamer als die Übertragung von *Binärdaten*, wird aber dafür von fast allen Druckern akzeptiert. *Clean-8-Bit* verbindet ASCII- und Binärdaten zu einem einzigen Format und ist sehr schnell.

EPS/PDF Schwarz überdrucken ㉕ Hiermit lässt sich erzwingen, dass alle schwarzen Elemente in platzierten EPS- und PDF-Dateien überdrucken. XPress übergeht dann die in der EPS- oder PDF-Datei vorgenommenen Einstellungen. Die Aktivierung dieser Funktion gefährdet einige Workflows, in denen im PDF die Korrektur von Überdrucken und Aussparen vorgenommen wird. Am besten ist es auch heute noch, diese Hausaufgaben direkt mit dem zugehörigen Grafikprogramm vorzunehmen.

Wenn Sie das Drucken einsetzen, um am Ende PDF zu erhalten, nutzen Sie möglichst die Adobe PDF-PPD, stellen die *Auflösung* auf 2400 lpi, die *Frequenz* auf 150 dpi und schalten die *Vollauflösende TIFF-Ausgabe* an.

Vollauflösende TIFF-Ausgabe ㉖ Pixel-Bilder in einem Pixel-Format wie TIFF, PSD oder JPG – und nicht nur TIFF-Dateien (!) – werden bei der Ausgabe normalerweise auf eine optimale Ausgabeauflösung automatisch angepasst. Das Herunterrechnen der Auflösung von Pixel-Bildern verhindern Sie mit der Option *Vollauflösende TIFF-Ausgabe*. Im Gegensatz zu den Pixel-Formaten werden EPS-Bilder immer in voller Auflösung ausgegeben – und somit wird letztendlich die entstehende Druckdatei riesig!

Das Regelwerk zur nicht »vollauflösenden« Ausgabe. Maßgeblich für graue oder bunte Bilder ist der Eintrag im Register *Farben* und dort die *Frequenz*. Enthält ein Bild mehr als doppelt so viele Pixel, wie für den »Q-Faktor 2« benötigt werden, wird automatisch heruntergerechnet. Die Berechnung führt XPress mit natürlichen Zahlen (2, 3, 4 usw.) aus. Ist bei der Frequenz z. B. 133 eingestellt, wäre der entsprechende »Q-Faktor 2« dann 266 ppi. Wenn das Bild nun eine mehr als doppelt so hohe Auflösung von beispielsweise

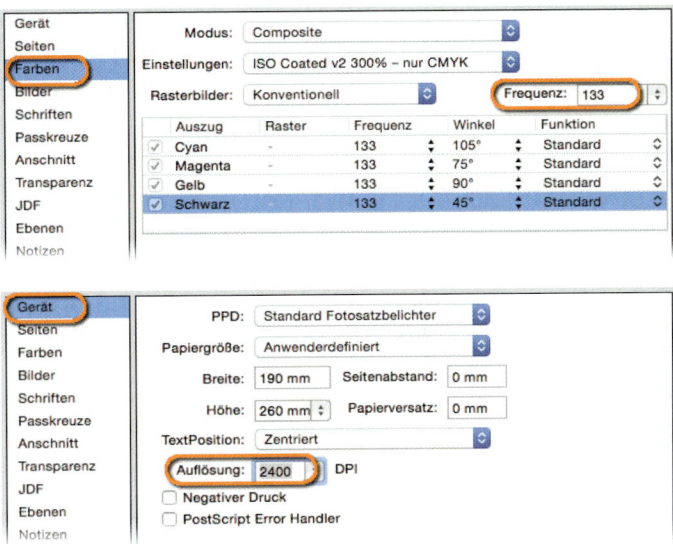

630 ppi hat, wird das Bild auf die Hälfte heruntergerechnet: 315 ppi. Es bleibt also immer mindestens der »Q-Faktor 2« erhalten. Für Strich-Bilder ist hingegen das Register *Gerät* mit seiner *Auflösung* verantwortlich. Hier gilt: Ist die Auflösung des Bildes mehr als doppelt so hoch wie die eingestellte Druckauflösung, wird wieder mit natürlichen Zahlen heruntergerechnet. Das Beispiel: Der Drucker ist auf 600 dpi gestellt. Das Strichbild hat 1950 ppi. Dann kann passend durch 3 geteilt werden, und das Bild erhält eine neue Auflösung von 650 ppi.

Ist die Vollauflösende TIFF-Ausgabe nicht aktiv, entscheiden Werte aus den Registern Farbe und Gerät über die Werte der Auflösungsverringerung.

Register »Schriften« ❷❼**.** Früher wandelte XPress benutzte TrueType-Schriften bei der Druckausgabe immer in Type-1-Schriften um, mit der Konsequenz, dass das »Hinting« (verbesserte Darstellung von kleiner Schrift auf Geräten mit geringer Auflösung) dieser Schriften verloren gegangen ist.

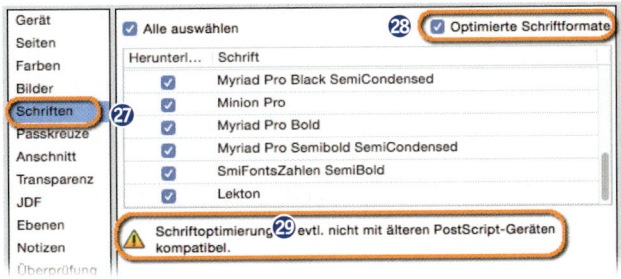

Das gilt auch weiterhin, wenn Sie die Option *Optimierte Schriftformate* ❷❽ *nicht* aktivieren. Beachten Sie aber die Warnmeldung ❷❾ für alte Geräte: Die Ausgabe könnte zu PostScript-Fehlern führen.

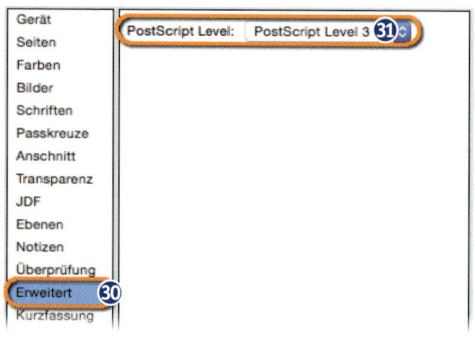

Register »Erweitert« ❸⓿. Hier stellen Sie die zur Ausgabe zu verwendende Version der Seitenbeschreibungssprache PostScript ❸❶ ein. Die aktuelle Version wird PostScript Level 3 bleiben, da PostScript nicht mehr weiterentwickelt wird. Der Level 3 umfasst die meisten Erweiterungen, ist aber mit älteren Geräten nicht immer kompatibel. Wechseln Sie daher im Problemfall zum Level 2.

Register »Passkreuze«, »Anschnitt, »Transparenz«, »JDF«, »Ebenen«, »Notizen«, »Überprüfung« und »Kurzfassung«. Diese Register funktionieren wie die Register im PDF-Export.

EPS-Export

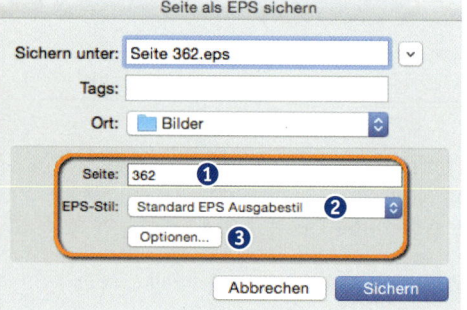

Einzelne Seiten lassen sich als EPS in hoher Qualität exportieren, wobei diese EPS-Dateien wie alle PostScript-Ausgaben transparenzreduziert sind.. Den Export-Dialog rufen Sie über *Ablage/Datei | Exportieren | Seite als EPS…* oder einfach mit ⌘ alt ⇧+S / strg alt ⇧+S auf. Ähnlich wie beim PDF-Export sehen Sie nur einen *Sichern*-Dialog mit der Auswahl einer *Seite* ❶, eines Ausgabestils ❷ im Dropdown-Menü und von *Optionen* ❸, über die Sie die Ausgabe noch modifizieren können:

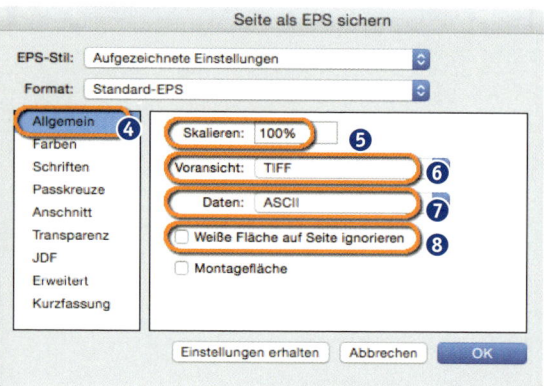

Register »Allgemein« ❹. Nur dieses Register bietet Ihnen neue Einstellungen – alle anderen Register sind schon bei PDF und Drucken ausführlich beschrieben worden.

Skalieren: ❺ erlaubt Ihnen, Werte zwischen 10 und 100 % einzugeben.

Voransicht: ❻ stellt Ihnen im Dropdown-Menü neben *TIFF* auch *Keine* Vorschau zur Verfügung – die Datei bleibt kleiner. Moderne Programme generieren sie automatisch.

Bei *Daten:* ❼ stehen Ihnen wieder ASCII, Binär und Clean-8-Bit zur Verfügung.

Weiße Fläche auf Seite ignorieren: ❽ Ist diese Option nicht aktiviert, wird der Hintergrund des kompletten EPS an durchsichtigen Stellen vollständig mit Weiß aufgefüllt. Wird die Option jedoch aktiviert, bleiben nicht eingefärbte Stellen durchsichtig, wenn das EPS in einem Layout platziert wird.

❺ Ausgabestile

PDFX-ready-Settings (v1) – ein Industrie-Standard für die PDF/X-1a-Ausgabe

Der Schweizer Verein PDFX-ready stellt auf seiner Website unter www.pdfx-ready.ch seit Jahren kostenlose Einstellungen für alle gängigen DTP-Programme zur Verfügung. Haben Sie diese Settings in Photoshop und XPress installiert, ist es problemlos möglich, drucktaugliche transparenzreduzierte PDFs zu erzeugen. Außerdem werden Profile angeboten, um die entstandenen PDFs in Acrobat auf Herz und Nieren zu püfen.
Seit Sommer 2017 stehen neue Settings für die transparente X4-Ausgabe bereit.

PDFX-ready empfiehlt für *kein* Layoutprogramm, dass die Auflösung automatisch heruntergerechnet wird.
Trotzdem werden Werte vorgeschlagen, die in enger Abstimmung mit den Schwächen alter Acrobat-Versionen und den Werten der Transparenzreduzierung zu betrachten sind. Eine aktivierte Auflösungsverminderung wird so nicht abermals die schon verflachten Bildern neu berechnen.

PDFX-ready nennt die alten transparenzreduzierten Workflows intern v1.x und die neuen »transparenten« Workflows v2.x.

Wenn Sie Dateien für *ISO coated v2* oder demnächst *PSO coated v3* aufbereiten, erhalten Sie den größten CMYK-Farbraum im PDF – optimal für die meisten Druckverfahren. Fast alle Tageszeitungen und Verlage können diese Daten mit Device-Link problemlos an den kleineren Farbraum der Zeitungsproduktion anpassen.

Die Schriften müssen natürlich eingebettet werden.

Transparentes PDF/X-4-Setting (v2)

Dieses hier vorgeschlagene Setting für eine transparente Ausgabe für den gestrichenen Bogenoffset-Druck (ISO coated v2) lehnt sich in einigen Einstellungen an die PDF/X-Settings für die reduzierte Ausgabe von PDFX-ready an.

PDF/X-Dateien für europäische Druckverfahren sind immer mindestens 1 MB »schwer«. So viel »wiegt« das eingebettete ICC-Profil.

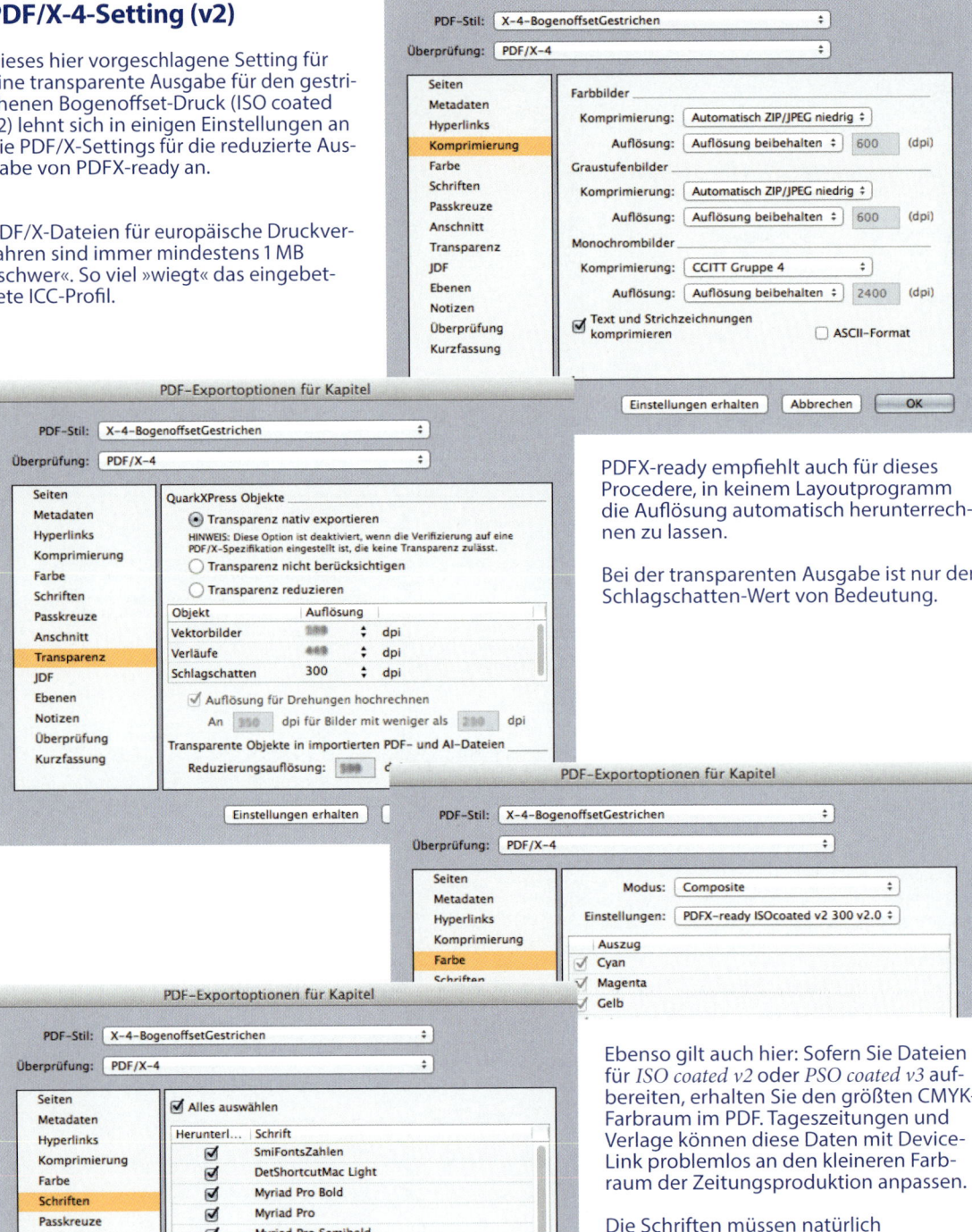

PDFX-ready empfiehlt auch für dieses Procedere, in keinem Layoutprogramm die Auflösung automatisch herunterrechnen zu lassen.

Bei der transparenten Ausgabe ist nur der Schlagschatten-Wert von Bedeutung.

Ebenso gilt auch hier: Sofern Sie Dateien für *ISO coated v2* oder *PSO coated v3* aufbereiten, erhalten Sie den größten CMYK-Farbraum im PDF. Tageszeitungen und Verlage können diese Daten mit Device-Link problemlos an den kleineren Farbraum der Zeitungsproduktion anpassen.

Die Schriften müssen natürlich eingebettet werden.

Web- und E-Mail-PDF

Wenn Sie PDF-Daten zur Freigabe für Kunden ins Web stellen oder als Mail versenden, muss ein Kompromiss zwischen Dateigröße und gerade noch ansehnlicher Qualität gefunden werden.

Eine Überprüfung nach einem PDF/X-Verfahren kommt natürlich nicht in Frage. Mit der Komprimierung *Manuell JPEG mittel/hoch* werden alle Bilder mit leichten JPEG-Schlieren versehen, die einen hochwertigen Druck verhindern können. Die Auflösung von 144 ppi sorgt ebenfalls für eine kräftige Verkleinerung der Datei.

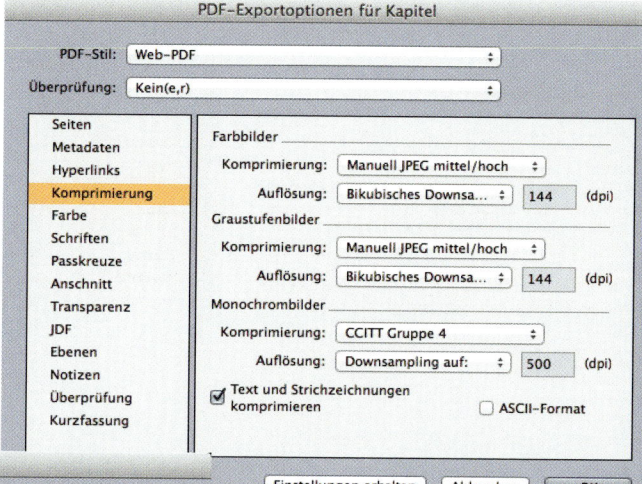

Web-PDF können transparent belassen werden. Die Datenmenge bleibt dadurch klein.

Der bei transparenter Ausgabe einzig wichtige Wert für den *Schlagschatten* erzielt mit 72 ppi noch ansehnliche Ergebnisse.

Bei der Farbe sollten Sie bedenken, dass im Drucklayout platzierte RGB-Bilder bei einer sRGB-Ausgabe nun ungefiltert durchgehen und eventuell zu farbkräftig im PDF »landen«.
Geht es beim Abstimmungsprozess mit dem Kunden um genauere Farbwiedergabe der Bilder, setzen Sie eventuell bei *Einstellungen* doch einen CMYK-Farbausgabestil (erhöht die Datenmenge) ein.

Wenn Sie mit »Designer-Schriften« und nicht nur mit Arial, Helvetica und Verdana layouten, müssen die Schriften eingebettet werden, auch wenn es wiederum die Datenmenge erhöht.

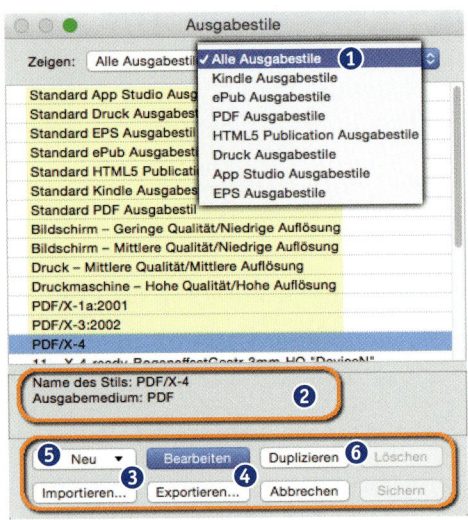

Auf den vorangegangenen drei Seiten haben wir Ihnen drei Einstellungsreihen vorgestellt, die Sie als Vorlage für PDF-Ausgabestile benutzen können. Ausgabestile sind Programmressourcen – einmal angelegt, stehen Sie Ihnen immer zur Verfügung, wenn Sie Folgendes beherzigen: Haben Sie eine Programmressource erzeugt, beenden Sie sofort danach das Programm, damit die Ressource wirklich gesichert wird. Und: Programmressourcen lassen sich exportieren, damit sie wieder importiert werden können – in Ihre XPress-Installation oder bei Ihren Kollegen oder Kunden. Ausgabestile enthalten Farb-Ausgabeeinstellungen (ebenfalls Programmressourcen). Geben Sie Ausgabestile weiter, geben Sie auch gleichzeitig die Farb-Ausgabeeinstellungen weiter.

Die gelb hinterlegten Ausgabestile stammen direkt aus der XPress-Installation und stehen immer zuobers – man kann sie nicht löschen. Wenn Ihnen Produktionssicherheit über Monate und Jahre wichtig ist, nutzen Sie diese Stile überhaupt nicht – denn Programm-Updates könnten sie jederzeit verändern. Duplizieren Sie einfach die Stile und geben ihnen einen sinnvollen Namen.

Ausgabestile verwalten

Mit dem Menü-Befehl *Bearbeiten | Ausgabestile…* rufen Sie das Fenster zur Verwaltung auf. Mit *Zeigen:* ❶ filtern Sie die sichtbaren Ausgabestile nach verschiedenen Ausgabemethoden. Wenn Sie in der Liste einen Stil selektieren, sehen Sie darunter wenige Informationen ❷ zum Ausgabestil. Wie alle Programmressourcen können Sie Ausgabestile *Importieren* ❸ und *Exportieren* ❹ – zusätzlich zu den Grundarbeitsschritten wie *Neu* ❺, *Bearbeiten*, *Duplizieren* ❻, *Löschen* (nicht immer möglich) und *Sichern*. Ein *Abbrechen* würde alle (!) bis dahin vorgenommenen Einstellarbeiten nicht sichern.

Ausgabestile anlegen

Hier stehen Ihnen drei Methoden zur Verfügung:

- *Duplizieren* eines bestehenden Stiles im Fenster *Ausgabestile* und Verändern der Optionen passend zu PDF, EPS, Druck oder Digital.
- Neu-Anlegen eines PDF-, EPS-, Druck- oder Digital-Stiles im Fenster *Ausgabestile* und Verändern der Optionen.
- Direkt in der jeweiligen Ausgabe finden Sie im Dropdown-Menü der Stile die Option, dass aufgrund Ihrer Einstellungen ein *neuer Stil* ❼ angelegt werden kann.

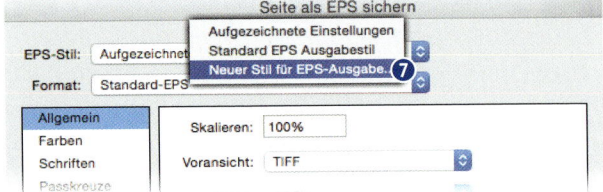

Ausgabestile benutzen

Bei jeder Ausgabe-Methode finden Sie immer das Stil-Dropdown-Menü.

Übernahme alter Dateien und Troubleshooting

Bei jedem Software-Upgrade lauten die zentralen Fragen: »Wie gut kann ich Dokumente der älteren Versionen übernehmen oder muss ich konvertieren?«, »Überleben die älteren Dokumente auch den Wechsel von Mac zu einer neuen Windows-Version?« »Haben sich Umbruchverhalten oder gar Objekteigenschaften so stark verändert, dass sich ein rückwärts kompatibles Exportieren in ältere XPress-Versionen verbietet?« »Was soll ich machen, wenn die XPress-Datei nicht mehr so funktioniert, wie es sein sollte?«

Dieses Kapitel wird in drei Abschnitten behandelt:

❶ Übernahme alter QuarkXPress-Dateien,
❷ Troubleshooting beim Bearbeiten von QuarkXPress-Dateien,
❸ Troubleshooting, wenn QuarkXPress »zickt« oder nicht startet.

❶ XPress-Dateien früherer Versionen öffnen

Das Programm QuarkXPress gibt es seit 1987. In diesen 30 Jahren hat sich für den Anwender zum Glück das Dateiformat nicht sehr häufig grundlegend geändert, so dass Sie auch heute noch an die Inhalte sehr vieler, aber eben auch nicht mehr aller Datei-Typen herankommen.

Von »Alt« auf Version 9

Ein Anwender von QuarkXPress 2017 kann heute keine »Uralt-Dateien« der Versionen 1.0 bis 3.0 mehr öffnen, wenn er nicht die Version 4 (von 1997) oder älter auf einem dazu passenden System am Laufen hat. »Alte Dateien« der Versionen 3.1 bis 9 können von QuarkXPress 9 geöffnet werden, das damit die größte Bandbreite verschiedener XPress-Versions-Dateien abdeckt. QuarkXPress 2017 öffnet nur noch Dateien der »moderneren« Versionen 7 bis 9 und die »modernen« 10 bis 13 (QX 2017), aber nicht mehr die »Alt-Dateien« der Versionen 3.1 bis 6.5. Um die Lücke für Dateien ab Version 3.1 zu schließen, hat Quark eine stark veränderte Version 9 lauffähig für neueste Betriebs-

XPress-Suffix und Mac

Die »modernen« XPress-Versionen 10, 2015, 2016 und 2017 speichern nun auch am Mac die Dokumente immer mit einem Suffix – sichtbar oder unsichtbar. Einige Arbeitsschritte erfordern aber auch für ältere Dateien jetzt zwingend das richtige Suffix.

Mit dem kostenlosen Programm *QuarkXPress Document Converter* können Sie »alte« (3.1 bis 6.5) XPress-Dateien so konvertieren, dass sie von QuarkXPress 9 bis 2017 geöffnet werden und aus »moderneren« (7 bis 9.54) Dateien eventuelle Inkompatibilitäten entfernt werden können. Die Dateien müssen allerdings das Suffix .qxd (bis XPress 6) oder .qxp (ab Version 7) tragen. Dateien ohne diese Suffixe werden nicht verarbeitet. Übrigens: Nicht ungeduldig werden: Dieses Programm startet extrem langsam.

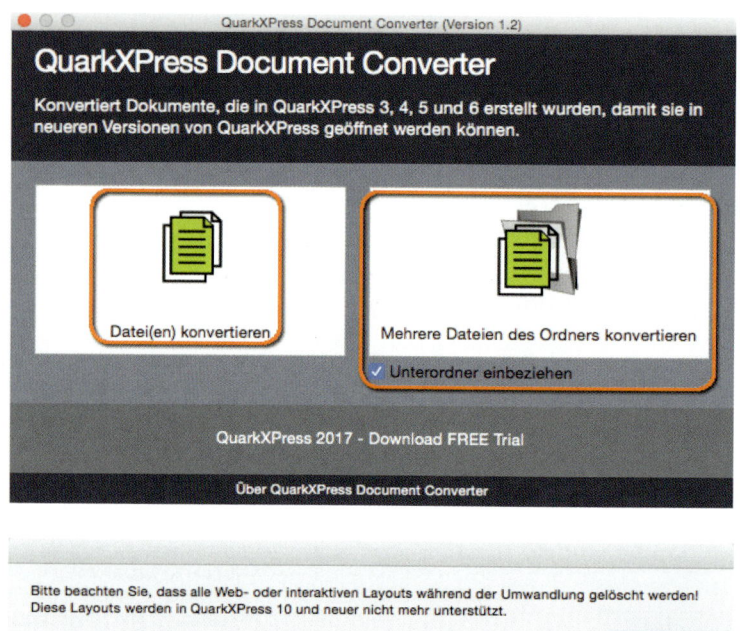

systeme gemacht und nennt sie *QuarkXPress Document Converter*. Dieses Programm bietet keine Layout-Werkzeuge und auch keine Voransicht der XPress-Daten – es konvertiert Altdateiformate zum 9er-Format und ist in der Lage, alte Funktionalitäten zu entfernen, so dass XPress 9 bis QX 2017 diese Dateien öffnen können.

Ausgewählte Dateien konvertieren

Dazu klicken Sie auf die linke Fläche des Converters. Im sich öffnenden Dialog können Sie mehrere Dateien auswählen und öffnen. Der Converter weist Sie daraufhin, dass die Layouttypen *Web* und *Interaktives* Layout entfernt werden, der Inhalt also nicht mehr in der konvertierten XPress-Datei vorhanden ist! Wenn Sie diese Inhalte retten wollen, müssen Sie noch in XPress 9 die beiden Layouttypen in Print-Layouts umwandeln.

Alle konvertierten Dateien erhalten als Zusatz vor dem Suffix die Zeichenkombination _9x: Aus der Datei *Fahrplan.qxd* oder *Fahrplan.qxp* entsteht eine konvertierte Datei *Fahrplan_9x.qxp*. Die ursprüngliche Datei wird also nicht verändert oder gelöscht.

Mehrere Dateien konvertieren

Dazu klicken Sie auf die rechte Fläche des Converters. Im sich öffnenden Dialog können Sie nun zwar nur einen Ordner auswählen, aber alle Unterordner durch Aktivierung der Option einbeziehen.

Was passiert bei diesem Converter-Konvertieren noch alles?

Alle Elemente in der Datei erhalten den Status »Erzeugt mit XPress 9.1«. Dies bedeutet, dass sich der Umbruch geändert haben kann, weil nun jeder einzelne Rahmen und jede einzelne Linie wie ein neu angelegtes Element reagieren wird: Die Textabstände, Bézier-Formen, Trenngebote, Einzug-hier-Regelungen etc. wurden erneuert und auf die Version 9.1 angepasst.

Dokument-Historie
Interessiert an der Abspeichergeschichte Ihrer Datei? Starten Sie *Für Ausgabe sammeln…* und erzeugen Sie darüber nur einen *Bericht*. Im Kopf des Textes steht die gesammelte Versionsgeschichte. Sehen Sie dort die Version 9.5.4.2, dann ist die Datei durch den Converter gelaufen.

Zusätzlich wird auch noch der »Zwingend-benötigt-Eintrag« der *Pasteboard XT* (»Pest-an-Bord-XT«) aus Dateien gelöscht, so dass auch diese »verseuchten« Dateien nun geöffnet werden können. Die neueste Version des Document Converters meldet sich auch im Quark Updater

– ist das bei Ihnen nicht der Fall, müssen Sie den Converter manuell von der Quark Homepage organisieren und installieren.

Von Version 9, 10 2015, 2016 zu QX 2017 – manuelles Konvertieren

Die vorbereiteten XPress-Dateien alter Versionen lassen sich nun, davon gehen wir hier aus, von QuarkXPress 2017 öffnen und auch abspeichern. XPress bringt beim Abspeichern die Meldung, dass die Datei nun »optimiert« wird. Das bedeutet aber noch lange nicht, dass die Datei tatsächlich dem neuesten Stand von QX 2017 entspricht!

Wie schon immer (!) für QuarkXPress gültig: Sie sollten die Dateien in die neue Version *konvertieren* (und somit nicht einfach nur öffnen!), wenn Sie mit der Datei wirklich weiter arbeiten wollen – allerdings zum Preis, dass Umbruch- und Aussehensveränderungen nicht auszuschließen sind.

Elemente aus alten Dateien in neue Dateien übernehmen
Sie sollten unbedingt auch alte Dateien beim Öffnen konvertieren, wenn Sie Text- oder Bildrahmen in die neue Datei kopieren wollen!

Das Vorgehen:

❶ Sie öffnen die Datei oder besser noch eine Kopie der Datei in Quark XPress 2017. Sie sichern dann die Datei. Die schon erwähnte »Optimieren«-Meldung wird erscheinen. Die gespeicherten Dateien erhalten nun auch am Mac auf jeden Fall das Suffix .qxp – sie können das Suffix nur verstecken. Etliche Layout-Dateien sind nach diesem Schritt deutlich schwerer (in MB) geworden, andere auch leichter. Sie schließen die XPress-Datei wieder.

❷ Anschließend starten Sie den *Öffnen*-Dialog von XPress mit ⌘+O / strg+O und navigieren zur eben abgespeicherten Datei. Klicken Sie die Datei an – ohne sie zu öffnen! – und Sie bekommen die Rückmeldung, dass sich diese Datei jetzt in einem »Misch-Zustand« befindet: *Version* und *Erzeuger* passen nicht zusammen. Klicken Sie nun bei gedrückter (!) alt-Taste auf den *Öffnen*-Knopf, und XPress beginnt mit der Konvertierung der Datei, die dann geöffnet wird. Sie sichern und schließen nun die Datei.

❸ Starten Sie nun noch einmal den *Öffnen*-Dialog von XPress mit ⌘+O / strg+O und navigieren Sie zur eben abgespeicherten Datei. Sie sehen jetzt, dass Version und Erzeuger zusammengehören.

Erweiterte Methode

Alle Bilder neu laden

Im Öffnen-Dialog von XPress können Sie zusätzlich die Befehls-Taste (⌘ / strg) drücken. Damit werden die Bilder neu importiert.

Nun sollten Sie auch noch die platzierten Bilder anpassen:

❹ Öffnen Sie wieder die Datei und gehen Sie zu *Hilfsmittel | Verwendung | Bilder*, um alle Bilder zu verknüpfen und zu aktualisieren. Dann speichern Sie die Datei am besten mit geändertem Namen ab, damit die alte Datei erhalten bleiben kann, und schließen sie wieder.

Wegen eines Bugs sollten Sie diese Funktion in XPress vor der Version 13.0.2 keinesfalls nutzen.

❺ Starten Sie den Öffnen-Dialog von XPress erneut mit ⌘+O / strg+O und navigieren Sie zur eben abgespeicherten Datei. Nun drücken Sie die ⌘ / strg -Taste. Hierauf lädt XPress alle Bilder in die Bilderrahmen mit den Möglichkeiten und Fähigkeiten von QX 2017 wieder ein.

Erweiterte und verbesserte Methode

MSV – die Miniaturseiten-verschiebung

Ein sehr gutes grundsätzliches »Reinigungsmittel« für ältere Dateien ist die MSV – oder auch Miniaturseitenkopie genannt – eine Arbeitstechnik, die Sie unbedingt beherrschen sollten.

Mit den vorherigen Schritten haben Sie eine weitgehend an QX 2017 angepasste Datei erstellt, die für fast alle Anwendungsfälle genügen sollte. Der »Dateimantel« stammt allerdings immer noch aus der alten Version. Die *Miniaturseitenkopie* hilft hier noch ein Stück weiter.

❻ Geben Sie in das Zoomfeld (Kurzbefehl ctrl+V / strg alt +V) am linken unteren Bildschirmrand des geöffneten Layouts ein *M* ein, um die Seiten in der *Miniaturansicht* anzuzeigen. Erstellen Sie nun noch ein neues Projekt mit denselben Abmessungen und denselben Vorgaben! Stellen Sie diese Datei ebenfalls in die *Miniaturansicht* und platzieren Sie beide Projektfenster nebeneinander.

Überprüfen der Trennalgorithmen

Weil die für die deutschen Sprachen sehr instabile Trennmethode »Verbessert« nicht mehr in XPress vorhanden ist, sollten Sie bei konvertierten alten Dateien überprüfen, welche Trennmethode aktiv ist: *Vorgaben | Drucklayout | Absatz | Sprache/Methode*. Steht für die deutschen Sprachen die Methode auf *Erweitert 2*, werden sehr gute Trennergebnisse erreicht.

❼ Nun können Sie diese Miniatur-Seiten aus dem alten Layout (nicht in der *Layout*-Palette) in die neue Datei ziehen und diese dann speichern. Alle Seiten werden durch ⇧+Klicken selektiert und in einem Rutsch herübergezogen. Beginnen Sie dabei mit dem Aktivieren der letzten Seite und ⇧-Klicken Sie dann die erste Seite. An die neue Datei sind dabei alle benutzten Layout-Ressourcen und auch alle benutzten Musterseiten übergeben worden. Die Leerseite und die dazu passende Musterseite können Sie jetzt löschen.

XPress 2017-Datei als XPress 2016-Datei abspeichern

Falls Kollegen oder Kunden noch nicht mit QX 2017 arbeiten, sondern mit der Vorgängerversion 2016, können Sie die Datei für die ältere Programmversion abspeichern. Wurde bis XPress 2016 das Herunterspeichern zur niedrigeren Version noch als Export durchgeführt, spen-

dierte Quark jetzt einen eigenen Abspei-
cherbefehl: Gehen Sie dafür zu *Ablage/*
Datei | Sichern einer Kopie unter/als ältere
Version…, wählen Sie im Dropdown-
Menü die *Version: 2016* aus und sichern
sie. Aus dem Export ist also ein »Kopie
sichern in niedrigerer Version« geworden.
Übrigens: Ein Austauschformat für
XPress gibt es nicht.

> Sichern einer Kopie unter/als ältere Version
>
> Sichern unter: File.qxp
> Ort: 🗀 Schreibtisch
>
> Layouts
> ☑ Alle ausw
> ☑ 7a-QXP2017-Buch-v03.qxp
>
> Version: 2016
> Art: Projekt
> ☑ Mit Voransicht
>
> Abbrechen Sichern

Schwund beim Runterspeichern. Bei
Print- oder Digital-Layouts gehen immer alle neuen Funktionen verloren – und das sind viele zwischen 2017 und 2016. Beim Exportieren aus
2016 nach 2015 könnten weiterhin feine Objekte leiden. Mehrstufige
importierte Farbverläufe überleben ebenfalls nicht den Export.

❷ Troubleshooting beim Bearbeiten von »zickenden« XPress-Dateien

Wenn eine Datei ständig abstürzt, kann es sehr verschiedene
Gründe geben, die der Reihe nach abgearbeitet werden sollten.

Die wichtigsten Gründe:

- Eine benutzte Schrift ist kaputt oder zu alt und wird nicht mehr vollständig unterstützt. Oder der Schriften-Cache des Betriebssystems
  enthält fehlerhafte Daten bzw. ist zu voll.
- Ein platziertes Bild provoziert einen Darstellungsfehler.
- Ein defektes XPress-Objekt kann nicht mehr verändert werden,
  ohne dass XPress abstürzt.
- Der Cache von XPress ist zu voll.
- Die XPress-Datei ist zu »schwer« (in MB), so dass der Arbeitsspeicher Ihres Rechners nicht ausreicht.

Der mit QuarkXPress 2017
(Version 13.0) ausgelie-
ferte QuarkCacheCleaner
löscht folgende Dateien:
– alle Bild- und Farbpro-
  fil-Cache-Dateien von
  QX 2017, QX 2016, QX
  2015 und QXP 10,
– die Font-Cache-Dateien
  von QuarkXPress (aber
  nicht vom Betriebssys-
  tem),
– den Quark-Ordner in
  »SavedApplication
  State« von macOS.

Cache löschen – im Problemfall

Im Programm-Ordner (Windows) oder im Programmpaket (Mac)
von XPress befindet sich der Ordner *Tools* und darin der *QuarkCache*
Cleaner (QCC). Mussten Sie dieses Hilfsprogramm bis XPress 2015
noch regelmäßig einsetzen, räumen XPress 2016 und 2017 nach Beenden des Programms und sogar beim Neustart die Bild-Cache-Ordner
komplett auf. Am Mac können Sie das Programm als Menübefehl und
über das Kontextmenü im QX-Dock-Icon aufrufen.

Weiterhin kann der QCC
bei Aktivierung der
Option die Präferenzen-
ordner und somit auch
die enthaltenen Dateien
von QX 2017 löschen,
wenn sie sich am vorge-
sehenen Platz befinden.

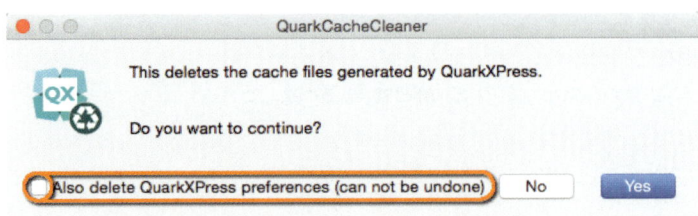

Mit dem QCC können Sie auch die Präferenzen von QuarkXPress 2017 ohne Administratorrechte komplett löschen – allerdings ohne die Möglichkeit, vorher eine Sicherungskopie der Präferenzen anzulegen. Ohne Kopie wären *alle* gemachten Voreinstellungen verloren.

Die weitere Beschreibung des Umgangs mit den Präferenzen unter Administratorrechten erfolgt erst im dritten Abschnitt dieses Kapitels. Das gleiche gilt für das Löschen des Schriften-Caches.

»Nur Anregungen«
Es gibt leider nicht *den* *einen* Rettungsweg – es gibt nur Strategien für Problembehebungen:

Die drei folgenden Schritte

Das *manuelle Konvertieren,* das *Neuladen der Bilder* und die *Miniatur-seitenverschiebung* sind – wie gerade beschrieben – die drei Rettungswege, die Sie zuerst gehen sollten. Manchmal hilft auch schon das Öffnen der Datei auf dem anderen Betriebssystem (Mac oder Windows), weil dann interne Konvertierungen durchgeführt werden.

Schon mal nachgeschaut?
Im neuen *Backup_Ord-ner*, den QuarkXPress seit Version 2016 automatisch im Dokumenten-Ordner des Benutzers anlegt, liegen die 10 zuletzt geöffneten Dateien als Kopie (angelegt beim Öffnen einer bestehenden Datei). Deswegen nochmals wiederholt: Schließen und öffnen Sie wichtige Dateien jede Stunde!

Mögliche Rettungsschritte

- alle Objekte einer Montagefläche kopieren und in ein anderes Layout einsetzen – führt die bereits zum Absturz, sind meist einzelne der kopierten XPress-Objekte kaputt.
- halbieren Sie die Datei (dazu erst die Datei duplizieren, in der einen Datei die vorderen Seiten löschen, in der anderen die hinteren.
- (alle) Schriften deaktivieren
- alle Fremd-XTensions deaktivieren
- alle Bilder im Betriebssystem so verschieben (kopieren und löschen) oder Serververbindung kappen, damit XPress die Originalpfade zur Bild-Datei nicht mehr findet.

Backup_Ordner verschieben
Wenn Sie möchten, können Sie den Backup-Ordner mittels settings.xml verschieben.
Die XML-Datei befindet sich am Mac für QX 2017 im persönlichen Application Support für Quark XPress 2017 – bei allen anderen Versionen direkt neben dem Programm.

Streikendes Layout anfügen

Zum *Anfügen* erstellen Sie ein beliebiges neues Projekt, basierend auf Ihren Standardpräferenzen. Nun wählen Sie *Ablage/Datei | Anfügen…* und »öffnen« das defekte Dokument. Im *Anfügen*-Dialog gehen Sie zur Sektion *Layouts* und wählen das Layout aus, bewegen es über den Pfeil ins rechte Feld und geben *OK*. XPress fragt Sie nun bestimmt, welche Stilvorlagen oder S&B benutzt werden sollen – wählen Sie dazu *Neu* aus (das neue, also anzufügende Layout ist in diesem Fall Ihr altes kaputtes). Wenn das klappt, dann können Sie das leere Layout löschen und die Datei neu abspeichern. Eventuelle Nebenwirkungen: Das Colormanagement ist nun meist »schräg« aufgesetzt.

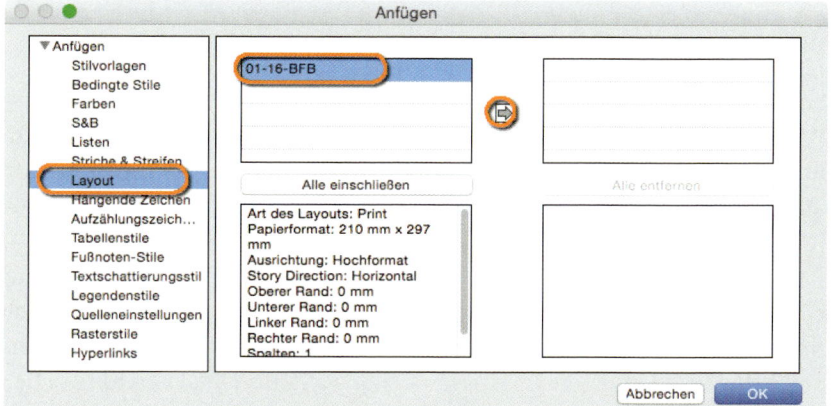

Hinweis
Ein aus einer älteren Version angefügtes Layout erzeugt wieder einen Misch-Zustand in Ihrer neuen Datei: Version und Erzeuger passen nicht mehr zusammen. Sie sollten also noch eine manuelle Konvertierung anschließen.

Eine Datei lässt sich überhaupt nicht öffnen oder anfügen

Ja, leider, das gibt es ganz selten auch. Hier ist meist im Moment des Abspeicherns ein Fehler in die Datei geschrieben worden (Ursache liegt beim Server oder der Festplatte, aber auch in einer speziellen Situation in QuarkXPress 2015). Die Rettung ist meist sehr schwierig bis unmöglich.

Denken Sie immer daran: Machen Sie immer Backups oder erzeugen Sie zusätzliche Versionen Ihrer wichtigen Dateien. Sehr wichtige Dateien sollten Sie – beim Vorhandensein von Backups/Versionen – mindestens einmal am Tag schließen und dann wieder öffnen.

Antiviren-Software ausschalten

Manchmal verhindert die Schutz-Software, dass XPress auf dringend benötigte Dateien zugreifen kann.

Das Dokument wird mit Systemschriften neu umbrochen …

Diese Fehlermeldung kann beim Öffnen, beim Scrollen oder beim Drucken eines Dokuments auftauchen – vor allen Dingen unter Windows. Was bedeutet diese Meldung? Für die meisten Fälle kann man folgende Antwort geben: XPress merkt sich die verwendeten Schrifttypen sowie deren Kerningpaare und Laufweiten. Jedes Mal, wenn ein bestehendes Dokument dann in der Folge wieder geöffnet oder gedruckt wird, werden diese Schriftspezifikationen überprüft. Beim Öffnen werden jedoch noch nicht alle Seiten gecheckt, sondern nur die sichtbaren. Beim Scrollen (oder Drucken) werden dann weitere überprüft, und sobald eine Abweichung festgestellt wird, kommt diese Meldung. Sie können also davon ausgehen, dass die Schriften, die zum Erstellen dieses Dokuments benutzt wurden, zwar gleich hießen wie die, die Sie installiert haben, diese aber nicht identisch sind. Das kann

Schriften-Cache des Betriebssystems löschen

Windows: Sie können nur mit Administrations-rechten den Font-Cache löschen. Die Cache-Datei *FNTCACHE.DAT* befin-det sich in *C:\Windows\system32.*

Mac: Den Font-Cache können Sie mit Hilfspro-grammen wie OnyX (www.titanium-software. fr/en/onyx.html) löschen – aber auch mit dem Ter-minal (Sie ersparen sich dann den Neustart des Rechners und müssen sich nur erneut anmel-den): Die Terminal-Ein-gabe muss als root ausgeführt werden und lautet:

atsutil·databases·-remove

atsutil·server·-shutdown

atsutil·server·-ping

Das »·« symbolisiert die unbedingt notwendigen Leerzeichen.

schon durch ein System-Update (Windows) ausgelöst werden. Meist gibt es jedoch keine Umbruchveränderungen … Garantien dafür sehen allerdings anders aus.

Weitere Fontprobleme

Die Unterstützung für alte PostScript-Fonts durch die Betriebssysteme Windows und macOS nimmt kontinuierlich ab. Immer häufiger erken-nen die Betriebssysteme alte Schriften mit Herstellungsdatum vor 2000 nicht mehr und können sie nicht darstellen. XPress nutzt diese Dienste der jeweiligen Betriebssysteme und ist auf sie angewiesen.

El Capitan und Sierra – PostScript-Fonts und das »Ω«

Besonders verschärft hat sich die Situation aufgrund der jüngsten Sicherheitsänderungen in Apples OS X 10.11 und macOS 10.12. Hier kann es zu unerwartetem Verhalten kommen, wenn Sie in einigen Anwendungen – darunter die XPress-Versionen 9, 10, 2015 und 2016 – PostScript 1-Schriftarten durch Schriftverwaltungsprogramme auto-matisch aktivieren oder anzeigen. Oftmals sehen Sie dann lauter »Ω« statt der normalen Glyphen.

❸ Troubleshooting bei Startproblemen von XPress

Hier sind zwei grundsätzliche Szenarios zu unterscheiden: Quark XPress 2017 ist noch nie auf Ihrem Rechner erfolgreich gestartet – oder das Programm startet »plötzlich« nicht mehr.

Lösung von Aktivierungs-problemen – auch von alten Versionen

Quark kann helfen, wenn Sie durch Fehler oder Ausfälle die zulässige Aktivierungszahl über-schritten haben oder die Aktivierung einfach nicht gelingen will. Kontaktie-ren Sie also den Support. Bei momentan unter-stützten Versionen (im August 2017 sind das QuarkXPress 2015, 2016 und 2017 ist das kosten-frei, bei nicht mehr unter-stützen Versionen ab Ver-sion 5 wird ein Single-Incident-Ticket (August 2017: € 25 netto) benötigt.

Der Erststart von QuarkXPress 2017 gelingt nicht

In den ersten 60 Tagen nach der Registrierung des Vollproduktes oder eines Upgrades haben Sie Anspruch auf kostenlosen Support von Quark – nutzen Sie diese Option! Danach ist der Support kostenpflich-tig. Aber es gibt eine Ausnahme: Sie haben Aktivierungs- bzw. Valida-tioncode-Probleme, dann ist die Hilfe für unterstützte Versionen kos-tenfrei.

Probieren Sie, wenn Sie selbst eine Lösung suchen wollen, folgende Wege schrittweise:

■ Antiviren-Software ausschalten,

■ QuarkXPress abermals (drüber) installieren,

■ QuarkXPress deinstallieren, wieder installieren,

- (alle) Schriften deaktivieren – vor allen Dingen alte PostScript-Fonts.
- QuarkXPress 2016 und älter: Alle XTensions aus den Ordnern *XTensions* und *XTensions Disabled* in einen anderen Ordner verschieben. QuarkXPress 2017 lädt keine deaktivierten XTensions mehr!
- Neuen Benutzer anlegen und dann als dieser neue Benutzer die vorgenannten Aktionen durchführen.
- Präferenzen-Ordner löschen und dann beim Neustart-Versuch von XPress im Finder/Explorer verfolgen, ob der Ordner angelegt wird und wie er sich wieder füllt. Wobei bricht er ab?

Der erneute Start von QuarkXPress 2017 gelingt nicht mehr

Wochen- oder monatelang hat Ihr XPress seinen Dienst getan – und nun nicht mehr? Haben Sie Updates vom Betriebssystem aufgespielt, neue oder alte Schriften oder vielleicht eine neue Schriftenverwaltung installiert? Wenn nicht, dann finden Sie im Folgenden oft wirksame Lösungsansätze.

Wenn Ihr QuarkXPress 2017 schon mehrfach erfolgreich gestartet ist und Sie erfolgreich gearbeitet haben, dann sollten Sie nicht durch vorschnelles Deinstallieren Ihre Umgebung gefährden. Gegenüber dem Vorgehen beim nicht gelungenen Erststart verschieben sich nun die Reihenfolge und die Akzente. Die jeweiligen Wege sollten wieder schrittweise durchgeführt und überprüft werden:

- Antiviren-Software ausschalten,
- mit dem QuarkCacheCleaner die Cache-Dateien und die Präferenzen löschen,
- neuen Benutzer anlegen, sich als neuer Benutzer anmelden und dann XPress starten (wenn XPress nun wieder läuft, sind sehr wahrscheinlich die XPress-Präferenzen beim ursprünglichen Benutzer defekt und sollten dort gelöscht werden),
- (alle) Schriften deaktivieren – vor allen Dingen alte PostScript-Fonts,
- alle XTensions deaktivieren – und bei QX 2016 und älter die Ordner *XTensions* und *XTensions Disabled* in einen anderen Ordner verschieben.

Die Autoren wünschen Ihnen, dass Sie nie in die Situation kommen, Troubleshooting betreiben zu müssen.

Der Präferenzen-Ordner

Mac: Hier befindet sich der Ordner in der für den Benutzer normalerweise unsichtbar gestellten Library: *[Festplattenname]/Benutzer/[Benutzername]/Library/Preferences/Quark*.
Der Ordner selbst trägt den Namen *QuarkXPress 2017*. In den Ordner *Library* gelangen Sie im Finder bei gedrückter ⎇-Taste unter dem Menübefehl *Gehe zu*.

Windows: Hier befindet sich der Ordner beim Benutzer an folgender Stelle: C:\Users\[*Benutzername*]\AppData\Local\Quark\
Der Ordner selbst trägt den Namen *QuarkXPress 2017*. Für unsichtbare Ordner müssen Sie eventuell unter *Ansicht* die Option *Ausgeblendete Elemente* aktivieren.

Nur Mac

Sie können direkt neben dem XPress-Programm einen Ordner anlegen, der »Preferences« heißen muss. QuarkXPress wird jetzt nicht mehr mit den Präferenzen starten, die sich in der Library des Users befinden.
Die jetzt bei einem XPress-Neustart neu generierten Präferenzen besitzen nur die Userrechte des gerade angemeldeten Benutzers. Andere Benutzer des Rechners können nicht mehr mit diesem QuarkXPress arbeiten.

Ausführliches Stichwortverzeichnis

Impressum

Praxisbuch zu QuarkXPress 2017:
Strategien und Techniken für moderne Publishing-Workflows
Profi-Tipps auch für interessierte Umsteiger von Adobe InDesign

von Nikolaus Netzer und Detlev Hagemann
ISBN 978-3-944519-93-7
1. Auflage 2017

Mandl & Schwarz-Verlag
Edition Digital Lifestyle
Theodor-Storm-Straße 13
D-25813 Husum / Nordsee

qxp@mandl-schwarz.de
www.mandl-schwarz.com

Bibliografische Information der Deutschen Nationalbibliothek
Die Deutsche Nationalbibliothek verzeichnet diese Publikation in der Deutschen Nationalbibliografie; detaillierte bibliografische Daten sind im Internet über die Webseite http://dnb.d-nb.de abrufbar.

Cover-Illustration © Nikolaus Netzer
Copyright © 2017 Mandl & Schwarz-Verlag

Die meisten Produktbezeichnungen von Hard- und Software, sowie Firmennamen und Firmenlogos, die in diesem Werk genannt werden, sind gleichzeitig auch eingetragene Warenzeichen und sollten als solche betrachtet werden. Der Verlag folgt bei den Produktbezeichnungen im Wesentlichen den Schreibweisen der Hersteller.

Der Verlag übernimmt keine Haftung für Folgen, die auf unvollständige oder fehlerhaften Angaben in diesem Buch zurückzuführen sind. Das Ihnen vorliegende Buch wurde in unzähligen Tages- und Nachtstunden mit großer Sorgfalt und viel »Herzblut« erstellt. Dennoch finden sich ab und an Fehler, für die wir uns entschuldigen möchten.
Wir sind Ihnen dankbar für Anregungen und Hinweise!

Weitere Informationen / Updates zum Buch finden Sie hier:
http://www.mandl-schwarz.com/17/qxp/